Stefan Ottersbach
Christliche Freude als Glück?

ERFURTER THEOLOGISCHE STUDIEN

im Auftrag
der Katholisch-Theologischen Fakultät
der Universität Erfurt

herausgegeben von
Elke Mack, Josef Römelt und Myriam Wijlens

BAND 121

Stefan Ottersbach

Christliche Freude als Glück?

Transversal-weltentheologische Erschließung
eines kulturellen und christlichen Leitthemas
für eine zukunftsfähige Pastoral

echter

Bibliografische Information der Deutschen Nationalbibliothek

Die Deutsche Nationalbibliothek verzeichnet diese Publikation in der Deutschen Nationalbibliografie; detaillierte bibliografische Daten sind im Internet über http://dnb.d-nb.de abrufbar

1. Auflage 2021
© 2021 Echter Verlag, Würzburg

Druck und Bindung
Pressel, Remshalden

ISBN
978-3-429-05648-3
978-3-429-05166-2 (PDF)

www.echter.de

INHALT

0 EINLEITUNG — 1

1 Freude und Pastoral — 1
- 1.1 „frustrated" — 1
- 1.2 Freudlose Pastoral? — 2
- 1.3 Evangelii gaudium — 3
- 1.4 Freude kultivieren — 4

2 Praktische Theologie in der Postmoderne — 5
- 2.1 Die Postmoderne in der Moderne — 6
  - *2.1.1 Vier Kennzeichen der Moderne* — 6
  - *2.1.2 Heterogenität als Kennzeichen der Postmoderne* — 9
  - *2.1.2.1 Paradigmenpluralismus* — 9
  - *2.1.2.2 Transversale Vernunft* — 12
- 2.2 Glaube in der Postmoderne — 13
  - *2.2.1 Paradigmenverschränkung – konziliar grundgelegt* — 13
  - *2.2.2 Von der Suchbewegung zum Weg* — 16
  - *2.2.3 Säkularisierungs- vs. Evangelisierungsparadigma* — 19
- 2.3 Pastoraltheologie als Evangelisierungswissenschaft — 21
  - *2.3.1 Perspektivität* — 22
  - *2.3.2 Weltentheologie als ästhetische Pneumatologie* — 23
  - *2.3.3 Transversalität – Brückenschlag zwischen differenten Welten* — 27

3 Der Gang der Argumentation — 29

I GLÜCK IN DER KULTUR — 33

1 Alltagspraktische Wahrnehmungen — 33
- 1.1 „wie ein Gottesdienst" (G. Schulze) — 37
- 1.2 Freude oder Glück? — 38

2 Empirische Glücksforschung – Das messbare Glück — 39
2.1 Konstruktionen des Glücks — 40
2.1.1 UN World Happiness Report (WHR) — 40
2.1.2 Legatum Prosperity Index (LPI) — 41
2.1.3 Happy Planet Index (HPI) — 42
2.1.4 Glück – subjektiv, politisch, ökonomisch — 43
2.2 Quellen des Glücks — 44
2.2.1 Allensbach 2002 — 45
2.2.2 Bertelsmann 2008 — 47
2.2.3 Sinus & YouGov 2019 — 48
2.2.4 Glück – Gesundheit, Beziehung, Beruf und Säkularität — 49
Exkurs: Religion und Glück — 51
2.3 Das messbare Glück – Ertrag — 53

3 Ratgeberliteratur – Das machbare Glück — 55
3.1 Arbeit am Glück — 55
3.1.1 Glück als individuelle Erfüllung — 56
3.1.2 Qualitäten des Glücks — 58
3.1.2.1 Sinn — 59
3.1.2.2 Körperliche Erfahrung von Emotionen — 59
3.1.2.3 Erfolg, Steigerung, Optimierung — 61
3.1.2.4 Augenblick — 62
3.1.3 Techniken des Glücks – praktischer Konstruktivismus des Selbst — 63
3.1.4 Die gesellschaftliche Relevanz von Glücksratgebern — 65
3.1.4.1 Wirkung und Antriebskraft gesellschaftlicher Ordnung — 66
3.1.4.2 Problematisierungsformel des gesamten Lebens — 67
3.1.4.3 Ökonomische Einbindung und radikale Subjektivität — 68
3.1.5 Arbeit am Glück – Fazit — 70
3.2 Glück als Versprechen — 72
3.2.1 Erscheinungsformen des Glücks — 73
3.2.2 Expertenwissen — 73
3.2.3 Religionsersatz — 74
3.2.4 Zwiespältige Wirkungen — 75
3.2.5 Glück als Versprechen – Fazit — 76
3.3 Das machbare Glück – Ertrag — 76

4 Ethnographische Entdeckungen in der Natur – Das empfundene Glück	77
4.1 Einführung	77
4.2 Glück und Natur	79
4.2.1 Aufbau und Methode	*80*
4.2.2 Alb-Glück in der Spannung von Natur und Kultur	*80*
4.2.3 Die Alb als Kulisse des Glücks	*83*
4.3 Das empfundene Glück – Ertrag	84
5 Glück als Leitthema der Kultur	**85**

II GLÜCK IN DER MODERNE   91

1 Pursuit of happiness – Einführung	**92**
2 Glück als Fülle-Erfahrung in der Säkularität	**95**
2.1 Phänomenologie der Fülle	96
2.1.1 Erfahrung der Fülle bei Gläubigen	*100*
2.1.2 Erfahrungen der Fülle bei nichtreligiösen Menschen	*100*
2.2 Der grundlegend veränderte Hintergrund	101
2.2.1 Säkularität 3	*101*
2.2.2 Poröses und abgepuffertes Selbst als Voraussetzung von Optionalität	*103*
2.2.3 Transzendenz, Immanenz und gegenläufiger Druck	*105*
2.3 Zusammenfassung und Fazit	106
3 Glück als individualisierte Gefühlsware	**109**
3.1 Positive Psychologie und Glücksökonomie	109
3.2 Normierungen des Glücks	112
3.2.1 Legitimation gesellschaftlicher Strukturen	*112*
3.2.2 Arbeitsverhältnisse: Autonomie und Flexibilität	*113*
3.2.3 Emotionale Selbststeuerung	*116*
3.2.4 Erfolg durch Aufblühen – Authentizität	*117*
3.3 Kritik des Glücksdiktats	119
3.3.1 Permanenz der Selbstoptimierung	*119*
3.3.2 Einseitige Positivität	*120*
3.3.3 Mangel an Mitleid und Mitgefühl	*122*

3.3.4 *Mangel an Hoffnung und Gerechtigkeit*   *124*

3.4 Zusammenfassung und Fazit   125

4 Glück als gutes Leben   129

4.1 Veränderte Glücksformation   131

4.2 Resonanz   132

    4.2.1 *Resonanzachsen*   *133*

    4.2.2 *Wechselwirkung von Affizierung und Emotion*   *134*

    4.2.3 *Unverfügbarkeit*   *135*

    4.2.4 *Autonomieverlust und Verwandlung*   *136*

4.3 Entfremdung   137

    4.3.1 *Beschleunigung*   *139*

    4.3.2 *Ressourcenmaximierung und Resonanzsteigerung*   *140*

4.4 Religion und Natur als Resonanzachsen   143

    4.4.1 *Religion*   *143*

    4.4.2 *Natur*   *145*

4.5 Zusammenfassung und Fazit   148

5 Sozialwissenschaftlicher Ertrag   152

5.1 Dimensionen des Glücks in moderner Kultur   153

    5.1.1 *Säkularität*   *153*

    5.1.2 *Konstruktivismus – Augenblicksglück*   *154*

    5.1.3 *Erfahrungsqualitäten*   *155*

    5.1.4 *Körper – Gefühle*   *156*

    5.1.5 *Natur – Kultur*   *157*

    5.1.6 *Gesellschaft – Politik – Ökonomie*   *158*

5.2 Diskussion der Erträge und Thesen zur theologischen Erschließung   159

    5.2.1 *Gott und Glück in der Säkularität*   *160*

    5.2.2 *Glück in der Spannung von Augenblick und Streben*   *162*

    5.2.3 *Glück des Menschseins*   *163*

    5.2.4 *Glück und Schöpfung*   *165*

    5.2.5 *Glück als Lebensstil*   *165*

III PERSPEKTIVEN AUF GLÜCK UND FREUDE IM THEOLOGISCHEN DISKURSARCHIV — 169

1 Einführung — 170
1.1 Zum Begriff Freude im theologischen Diskursarchiv — 170
1.2 Zum Begriff Glück im theologischen Diskursarchiv — 173

2 Macht Glaube glücklich? — 175
2.1 Glück und Heil — 176
2.1.1 *Aufpaltung von Glück und Heil – historischer Abriss* — 177
2.1.2 *Glück als unverfügbare Gabe* — 178
2.1.3 *Glück in Glaube, Hoffnung und Liebe* — 180
2.1.4 *Zusammenfassung und Ertrag* — 183
2.2 Glück und Gnade — 186
2.2.1 *Augenblicks- und Strebensglück* — 186
2.2.2 *Weltoffene Selbstbestimmung* — 188
2.2.3 *Kleine Phänomenologie des Augenblicksglücks* — 190
2.2.4 *Glaubensglück: Sinn, Mut, Vertrauen und heitere Gelassenheit* — 193
2.2.5 *Zusammenfassung und Ertrag* — 195
2.3 Glück in Christus — 197
2.3.1 *Barmherzige Liebe* — 198
2.3.2 *Lebensstil Evangelisierung* — 200
2.3.3 *Zusammenfassung und Ertrag* — 204
2.4 Diskussion: Macht Glaube glücklich? — 206

3 Die Freude ein Mensch zu sein — 210
3.1 Heiligkeit — 211
3.1.1 *Die Liebe leben* — 212
3.1.2 *Seligpreisungen – Lebensstil der Heiligkeit* — 213
3.1.3 *Zusammenfassung und Ertrag* — 214
3.2 Selbstannahme — 215
3.2.1 *„Maladie catholique"* — 216
3.2.2 *Selbsthingabe Gottes* — 217
3.2.3 *Fest und Gemeinschaft* — 219
3.2.4 *Zusammenfassung und Ertrag* — 220

3.3 Dankbare Bejahung ... 221
   3.3.1 Gelungenes Leben ... 222
   3.3.2 Selbstverstehen: Emotionen und Kognitionen ... 224
   3.3.3 Orte dankbarer Bejahung ... 227
   3.3.3.1 Selbstbestimmung: Freiheitsraum des schöpferischen Selbst ... 227
   3.3.3.2 Zugehörigkeit: Gemeinsame Vorstellung vom guten Leben ... 230
   3.3.3.3 Tätigsein: In Spannungen wirksam sein ... 231
   3.3.3.4 Schattenseiten: Leiden und Tod ... 232
   3.3.4 Identität und Spiritualität ... 234
   3.3.5 Zusammenfassung und Ertrag ... 234
3.4 Multidimensionalität ... 237
   3.4.1 Der Mensch als Seelenwesen ... 238
   3.4.2 Ambivalenzsensible Freude ... 239
   3.4.3 Zusammenfassung und Ertrag ... 241
3.5 Diskussion: Die Freude ein Mensch zu sein ... 242

4 Freude an, in, mit und als Schöpfung ... 247
4.1 Erlösung der ganzen Schöpfung ... 248
   4.1.1 Geist und Wort ... 248
   4.1.2 Gottes Selbstgabe in Christus in der Schöpfung ... 249
   4.1.3 Vergöttlichende Verwandlung der ganzen Schöpfung ... 250
   4.1.4 Zusammenfassung und Ertrag ... 251
4.2 Freude als Mit-Geschöpf ... 252
   4.2.1 Technokratisches Paradigma ... 253
   4.2.2 Ganzheitliche Ökologie ... 254
   4.2.3 Ökologischer Lebensstil und ökologische Spiritualität ... 256
   4.2.4 Zusammenfassung und Ertrag ... 261
4.3 Schöpfungsfriede als Freude ... 263
   4.3.1 Soteriologie und Schöpfungslehre ... 264
   4.3.2 Zivilisation der Artifizialität ... 265
   4.3.3 Geisteskraft: Wahrheit, Trost und Treue ... 266
   4.3.3.1 Kraft der Wahrheit ... 267
   4.3.3.2 Kraft des Trostes ... 268
   4.3.3.3 Kraft der Treue ... 269

4.3.4 Lebensraum der Freude (Schöpfungsfriede)	270
4.3.4.1 Ökodomische Fantasie	271
Exkurs: „psychic numbing" – Zynismus und Fundamentalismus	273
4.3.4.2 Ökodomische Gemeinde	275
4.3.5 Zusammenfassung und Ertrag	278
4.4 Diskussion: Freude an, in, mit und als Schöpfung	281

5 Theologische Relecture des sozialwissenschaftlichen Ertrags — 284

5.1 Dimensionen christlicher Freude in moderner Kultur	284
5.1.1 Freude in der Säkularität	284
5.1.2 Freude in der Spannung von Augenblick und Streben	285
5.1.3 Freude des Menschseins	286
5.1.4 Freude und Schöpfung	289
5.1.5 Freude als Lebensstil	291
5.2 Freude und Glück als Optionen für die christliche Praxis	292
5.2.1 Das alltägliche Glück als Gottesglück entdecken und deuten	292
5.2.2 Ganzheitliche menschliche Entwicklung fördern	293
5.2.3 Freude als schöpfungsgemäßen Lebensstil kultivieren	293
5.2.4 Gerechte und solidarische Netzwerke verantwortlich mitgestalten	294
5.2.5 Gottes Schönheit feiernd wahrnehmen	294

IV FREUDE ALS CHRISTLICHE PRAXIS — 297

1 Entdeckungsorte — 297

1.1 leben! Katholisches Magazin für Lebensfreude	298
1.1.1 Profil	298
1.1.2 Leser*innenstimmen	299
1.1.3 Fazit	302
1.2 Kontemplation – Haus Gries	303
1.2.1 Grieser Weg	304
1.2.2 Angebotsvielfalt	305
1.2.3 Freude und Dankbarkeit	306
1.2.4 Rückmeldungen von Teilnehmenden	307
1.2.5 Fazit	309

1.3 Raum_58 – Notschlafstelle für Jugendliche	311
1.3.1 Konzept	*312*
1.3.1.1 Zielgruppe	*312*
1.3.1.2 Pädagogisches Angebot	*313*
1.3.2 Spaß und Freude	*314*
1.3.3 Fazit	*315*
1.4 Internationale Arche-Gemeinschaften	317
1.4.1 Entstehung und Profil	*317*
1.4.2 Charta der Arche-Gemeinschaften	*318*
1.4.3 Erfülltes Menschsein	*319*
1.4.4 Fazit	*322*
1.5 Verschränkungen von christlicher Praxis und Kultur	323
1.5.1 Säkularität	*323*
1.5.2 Konstruktivismus	*324*
1.5.3 Augenblicksglück	*325*
1.5.4 Erfahrungsqualitäten	*325*
1.5.5 Körper – Gefühle	*326*
1.5.6 Natur – Kultur	*326*
1.5.7 Gesellschaft – Politik – Ökonomie	*327*
2 Pastoraltheologische Vergewisserung	**327**
2.1 Postmoderne Religiosität	328
2.1.1 Sozialformen	*328*
2.1.2 Grundmuster postmoderner Religiosität	*329*
2.2 Kirchlichkeit in der Postmoderne	331
2.2.1 Deutungsmuster in der Kirche	*331*
2.2.2 Sakramentalität der Kirche	*333*
2.2.3 Kirchliche Grundvollzüge postmodern reformuliert	*335*
2.3 Freude im Kontext kirchlicher Grundvollzüge	337
2.3.1 Freude und Lebenshilfe	*337*
2.3.2 Freude und Berufung	*338*
2.3.3 Freude und Orientierungswissen	*339*
2.3.4 Freude und Verheißung	*340*
2.3.5 Freude und erlöste Lebendigkeit	*340*

V RÜCKBLICK: CHRISTLICHE FREUDE ALS GLÜCK   343

DANK   345

VI LITERATURVERZEICHNIS   347

VII INTERNETQUELLEN   374

0 EINLEITUNG

1 Freude und Pastoral

1.1 „frustrated"

Der Zusammenhang von Freude und Pastoral ist mir im Rahmen meiner Tätigkeit als Diözesanjugendseelsorger zum Thema geworden. Im Jahr 2012 war eine Gruppe junger Erwachsener aus dem Partnerbistum Hong Kong zu Gast im Bistum Essen. Nachdem unsere Gäste verschiedene pastorale Handlungsorte besucht und sich dort über die Situation informiert hatten, trafen wir uns zu einem Auswertungsgespräch. Hierbei ging es um die Frage, wie die Teilnehmenden die Unterschiede zwischen den pastoralen Lebenswelten in Essen und Hong Kong beschreiben würden. Hierzu äußerte sich L., ein Teilnehmer aus Hong Kong, sinngemäß folgendermaßen: Obwohl die Ortskirche in Hong Kong auf keine lange Tradition zurückblicken könne, sowie jung, zahlenmäßig klein und gesellschaftlich unbedeutend sei, sei das kirchliche Leben in seiner Heimat überaus lebendig, beschwingt und freudvoll.

Ganz anders habe er die Situation hier wahrgenommen. Die katholische Kirche in Deutschland verfüge zwar über eine reiche und lange Tradition, sie sei lange Zeit prägend gewesen in Kunst und Kultur, Gesellschaft und Politik und sei dies im Vergleich zur Situation in Hong Kong noch immer, wie etwa die zahlreichen Kirchengebäude und sozial-caritativen Einrichtungen zeigten. Das Gefühl der Christ*innen[1] sei aber bestimmt von Verlust und Niedergang. Wörtlich sagte er dann: „The church in Germany seems to be psychologically frustrated." „Frustriert" – so lautete also ein Feedback eines befreundeten Fremden von der anderen Seite der Erde auf die pastorale Wirklichkeit, wie er sie hier wahrnahm. Und er meinte damit, dass das Christentum ihm hier freudlos, lustlos und wenig einladend erscheine und die kirchliche Pastoral wenig Freude ausstrahle.

Handelt es sich hierbei um eine berechtigte Wahrnehmung? Zumindest ist diese blitzlichtartige und subjektive Wahrnehmung keineswegs singulär. Es lassen sich weitere Hinweise entdecken, dass der Zusammenhang von Freude und Pastoral prekär ist.

---

[1] Diese Studie weiß sich einer gendergerechten Sprachform verpflichtet. In der Regel wird daher die hier gewählte Ausdrucksweise verwendet.

1.2 Freudlose Pastoral?

Pastorale Restrukturierung ist in den deutschen Diözesen seit Jahren an der Tagesordnung, verbunden mit finanziellen Einsparungen, Kirchenschließungen, Pfarreifusionen, Rückgang von Gottesdienstmitfeiernden und Kasualien etc.[2] Gemeindliche Gremien und engagierte Mitarbeitende scheinen dabei fortwährend den strukturellen Mangel zu verwalten. Die sog. Seelsorgestudie zeichnet ein entsprechendes Bild und lokalisiert die Seelsorgenden zwischen „Spirit und Stress".[3] Durch die Skandale um sexuellen und geistlichen Missbrauch und deren Vertuschung wurde die Situation noch verschärft.[4] Eine von haupt- und ehrenamtlichen Mitarbeitenden nicht selten zu hörende Aussage lautet dann auch: „Das, was wir gerade in der Kirche erleben, ist nicht vergnügungssteuerpflichtig!"[5]

Bekannt wurden einzelne Priesterpersönlichkeiten, die mit ihrer Resignation an eine größere Öffentlichkeit traten, wie etwa der Münsteraner Pfarrer Thomas Frings[6] oder ein Weihejahrgang von elf Priestern aus dem Erzbistum

---

[2] Hierzu liegt eine umfangreiche pastoraltheologische Reflexion vor. Exemplarisch sei verwiesen auf: Rainer Bucher, „… wenn nichts bleibt, wie es war". Zur prekären Zukunft der katholischen Kirche, Würzburg: Echter 2013. Matthias Sellmann, Gemeinde ohne Zukunft? Theologische Debatte und praktische Modelle (Theologie kontrovers), Freiburg: Herder 2013. Jan Loffeld, Das andere Volk Gottes. Eine Pluralitätsherausforderung für die Pastoral (Erfurter Theologische Studien 99), Würzburg: Echter 2011. Für das Feld der Kirchenentwicklung: Christian Hennecke, Glänzende Aussichten. Wie Kirche über sich selbst hinauswächst, Münster: Aschendorff 2011. Valentin Dessoy u.a. (Hg.), Kirchenentwicklung. Ansätze – Konzepte – Praxis – Perspektiven (Gesellschaft und Kirche – Wandel gestalten 4), Trier: Paulinus 2015. Thomas Wienhardt, Qualität in Pfarreien. Kriterien für eine wirkungsvolle Pastoral (Angewandte Pastoralforschung 3), Würzburg: Echter 2017. Wenig rezipiert: Christian A. Schwarz, Natürliche Gemeindeentwicklung in der katholischen Kirche, Vallendar: Patris 2003.

[3] Vgl. Klaus Baumann u.a. (Hg.), Zwischen Spirit und Stress. Die Seelsorgenden in den deutschen Diözesen, Würzburg: Echter 2017. Pastoraltheologische Reflexionen zur Studie bietet: Konferenz der deutschsprachigen Pastoraltheologen und Pastoraltheologinnen, Zur Debatte gestellt: die Seelsorgestudie, in: Zeitschrift für Pastoraltheologie 37 (1/2017).

[4] Hinzu kommen Finanzskandale wie im Bistum Limburg oder um die Verwendung des „Peterspfennig" im Jahr 2019.

[5] So fragt die Journalistin Alina Oehler in Christ und Welt angesichts einer „miesepetrigen Grundstimmung" in der Kirche nach der Freude und stellt fest: „In der Freude steckt die Zuversicht, dass es Gott ist, der die Dinge lenkt – und man als Mensch auch mal loslassen darf. Mit dieser Haltung macht mir kirchliches Engagement Spaß." Alina Oehler, Wo bleibt da die Freude? Die Anziehungskraft von Miesepetern ist begrenzt, in: Christ und Welt (08/2018), 6. Wichtig scheint, dass diese zunächst defizitär-negative Zustandsbeschreibung durch das „gerade" auch eine Sehnsucht bzw. Hoffnung beinhaltet. Denn in diesem Wort zeigt sich die anfanghafte Vorstellung davon, dass es in der Vergangenheit anders war bzw. zukünftig anders werden könnte. Und dennoch wird hier deutlich, dass die theologische Rede von der christlichen Freude vor einer großen Herausforderung steht, wenn sie die wahrgenommene Krise nicht vorschnell kleinreden oder gewaltsam marginalisieren will.

[6] Vgl. Thomas Frings, Aus, Amen, Ende? So kann ich nicht mehr Pfarrer sein, Freiburg: Herder 2017.

Köln, die anlässlich ihres fünfzigsten Weihejubiläums einen offenen Brief verfassten, in dem sie Enttäuschungen im kirchlichen Dienst thematisieren.[7]

So wird das real existierende kirchliche Christentum weder von Christ*innen selbst noch, jedenfalls nach landläufiger Einschätzung, von Nicht-Christen*innen mit der Erfahrung von Freude assoziiert.[8]

Dies alles zeigt: Die im Feedback genannte Situation des „frustrated" kann als recht pointierter Ausdruck einer spezifischen Stimmung oder Atmosphäre[9] gegenwärtiger pastoraler Wirklichkeit verstanden werden (was freilich nicht heißt, dass es nicht auch lebendige, positive und ermutigende Erfahrungen gibt).

Der Zusammenhang von Pastoral und Freude, insbesondere die Beobachtung, dass dieses Zueinander unter den gegenwärtigen kulturellen Bedingungen prekär geworden ist, stellt den Ausgangspunkt des Forschungsinteresses dar.[10]

Hinzu kommt noch ein zweiter Anlass, der mit dem erstgenannten in unmittelbarem Zusammenhang steht und diesen noch verschärft.

1.3 Evangelii gaudium

Seit Jorge Mario Kardinal Bergoglio im Jahr 2013 zum Papst gewählt wurde, ruft er immer wieder in Erinnerung, dass die Freude ein Kerngedanke des Christentums ist. P. Franziskus fokussiert Freude gleich in seinem ersten Apostolischen Schreiben „Evangelii gaudium"[11] vom 24. November 2013 als zentrales Thema. Aber auch in vielen weiteren Texten, Predigten, Ansprachen etc. hebt er die zentrale Bedeutung der Freude für die christliche Existenz

---

7 Vgl. Domradio, https://www.domradio.de/themen/erzbistum-koeln/2017-01-10/priester-aus-dem-erzbistum-koeln-schlagen-veraenderungen-der-kirche-vor (05.02.2020).
8 Dies ist letztlich eine aktuelle Bestätigung des bekannten Nietzsche-Diktums: „Bessere Lieder müssten sie mir singen, dass ich an ihren Erlöser glauben lerne: erlöster müssten mir seine Jünger aussehen!" Friedrich Nietzsche, Werke in drei Bänden. Bd. 2, München: Carl Hanser 1954, 350. Der Verweis auf Nietzsche zeigt, dass es sich bei der wahrnehmbaren Freudlosigkeit um ein Phänomen handelt, dass schon älter ist. Dies verweist auf sehr grundlegende Fragestellungen, die in Teil II vertieft werden.
9 Die Bedeutung von Stimmungen und Atmosphären ist möglicherweise ein Aspekt, der in pastoralen Veränderungsprozessen noch nicht hinreichend im Blick ist. Vgl. hierzu weiterführend: Heinz Bude, Das Gefühl der Welt. Über die Macht von Stimmungen, München: Carl Hanser 2016. Die wahrgenommene Freudlosigkeit kann vor diesem Hintergrund auch nicht psychologisch enggeführt werden.
10 Die Frage, ob es sich hierbei um eine Glaubens- oder um eine Kirchenkrise handelt, wird an dieser Stelle nicht weiterverfolgt. Diese dualistische Gegenüberstellung scheint von der Sache her nicht angemessen und im Kern nicht zielführend. Vgl. zu dieser Thematik vertiefend: Franz-Xaver Kaufmann, Kirchenkrise. Wie überlebt das Christentum?, Freiburg: Herder 2011.
11 Papst Franziskus, Apostolisches Schreiben EVANGELII GAUDIUM des Heiligen Vaters Papst Franziskus an die Bischöfe, an die Priester und Diakone, an die Personen geweihten Lebens und an die christgläubigen Laien über die Verkündigung des Evangeliums in der Welt von heute (Verlautbarungen des Apostolischen Stuhls 194), 24.11.2013.

hervor.¹² Viele Menschen schätzen an ihm, dass sein ganzes öffentliches Erscheinungsbild und persönliches Wirken von dieser Freude geprägt sind.¹³

Angesichts der oben als frustrierend und krisenhaft skizzierten Gemengelage werden durch die Appelle von P. Franziskus, zur Freude zurückzukehren, Fragen zugespitzt: Wie ist angesichts einer krisenhaften Situation, die wenig Freude erfahren lässt, glaubhaft von der Freude des Evangeliums zu sprechen? Ist es möglich, Freude herzustellen? Können sich Christ*innen für die Freude entscheiden, so wie man einen Lichtschalter betätigt, wenn es dunkel ist? Genügt ein affirmativer Appell, dass Christ*innen zur Freude des Glaubens zurückkehren sollen? Mit anderen Worten: Die andauernden Hinweise von P. Franziskus auf die Bedeutsamkeit der Freude für den christlichen Glauben machen eine Reflexion des oben als prekär beschriebenen Verhältnisses von Freude und Pastoral umso notwendiger.

Damit sind die Ausgangserfahrungen dieser Untersuchung benannt, die nun hinsichtlich der Forschungsperspektive dieser Studie zugespitzt werden sollen.

1.4 Freude kultivieren

Es legt sich von den oben skizzierten Wahrnehmungen die Annahme nahe, dass die Freude des Evangeliums in der aktuellen pastoralen Situation verloren gegangen, zumindest aber prekär geworden bzw. in Frage gestellt ist. Davon ausgehend lautet die grundlegende Forschungsthese dieser Untersuchung:

Insofern Freude ein zentrales Leitthema des christlichen Glaubens darstellt, ist es für die pastorale Praxis der Kirche von zukunftsweisender Bedeutung, sich der Freude zu vergewissern und diesbezüglich denk- und sprachfähig zu sein. Im besten Fall geht es darum, die Freude des christlichen Glaubens zu entdecken, zu profilieren und zu kultivieren.
Dazu soll diese Studie einen Beitrag leisten.

- Ausgehend von dem oben skizzierten Feedback ist anzunehmen, dass die Erfahrung von Freude sich weder neutral zur Kirchenerfahrung noch zur

---

12 Bekannt geworden ist sein Diktum aus einer Predigt am 23. Mai 2016, dass der „Personalausweis des Christen die Freude ist". Und auch an anderer Stelle betont er die zentrale Bedeutung der Freude für das christliche Leben: „Di gioia abbiamo bisogno tutti, ne ha bisogno ogni essere umano, creato per gioire dell' amore del suo Creatore. Senza la gioia la vita sarebbe come una pietanza senza sapore, sciapa, priva di gusto e di senso." Papst Franziskus, Prefazione, in: Mirilli (Hg.): Un briciolo di goia … purché sia piena, Cimisello Balsamo: Edizioni San Paolo 2018, 5-7, hier 5.

13 Gleichzeitig ist sein Pontifikat aber durch seine hohe Leidsensibilität und den Einsatz für Marginalisierte geprägt. Es legt sich von daher die These nahe, dass in seinem Pontifikat die spezifisch christliche Verknüpfung von Freude und Leidsensibilität erkennbar wird. Vgl. hierzu Teil III dieser Studie.

Kultur verhält. Freude-Erfahrung ist vielmehr sowohl in einen bestimmten kirchlichen wie kulturellen Kontext eingewoben. Es ist daher zu untersuchen, welche Bedeutung Freude gegenwärtig in Kirche und Kultur hat, in welcher Weise Freude thematisiert wird, ob, wo und auf welche Weise Menschen Freude suchen, finden bzw. erfahren.

- Zu analysieren ist auch, welche Bedeutung die Freude in der christlichen Tradition hat und ob es bestimmte Aspekte der christlichen Tradition gibt, die für das Leben der Menschen heute besonders relevant sein können. Anders gewendet ist zu untersuchen, wie sich die Freude theologisch zeitsensibel erschließen lässt.
- Schließlich ist danach zu fragen, in welchem Verhältnis Freude der Kultur und Freude des christlichen Glaubens zueinanderstehen. Gibt es Differenzen oder Übereinstimmungen? Lässt sich die Freude des christlichen Glaubens unter den gegenwärtigen Kirchenbedingungen kultivieren und in der Kultur plausibilisieren? Welche Schwierigkeiten stehen dem entgegen? Was können Merkmale einer Pastoral sein, die an der Freude des Evangeliums Maß nimmt?

Damit ist das Forschungsinteresse dieser Untersuchung skizziert. Dabei ist deutlich geworden, dass insbesondere der kulturelle Kontext von zentraler Bedeutung für die Fragestellung ist. In der gegenwärtigen Forschung wird dieser unter dem Aspekt der Postmoderne verhandelt. Dies wird bei der hermeneutischen Konzeption dieser Untersuchung berücksichtigt und im folgenden Kapitel einleitend reflektiert.

2 Praktische Theologie in der Postmoderne

Die vorliegende Untersuchung weiß sich hermeneutisch einer „Pastoraltheologie als Evangelisierungswissenschaft" verpflichtet.[14] Die Erfurter Lehrstuhlinhaberin

---

14 Sie ist damit innerhalb der differenzierten pastoraltheologischen Theoriedebatte an eine spezifische Forschungsperspektive gebunden. Vgl. einführend zur Entwicklungsgeschichte der Pastoraltheologie: Reinhard Feiter, Von der pastoraltheologischen Engführung zur pastoraltheologischen Zuspitzung der Praktischen Theologie, in: Göllner (Hg.): „Es ist so schwer, den falschen Weg zu meiden". Bilanz und Perspektiven der theologischen Disziplinen, Münster: LIT 2004, 127-136. Grundlegende Übersichten zu gegenwärtigen wissenschaftstheoretischen Ansätzen bieten: Doris Nauer u.a. (Hg.), Praktische Theologie. Bestandsaufnahmen und Zukunftsperspektiven (FS Fuchs) (Praktische Theologie heute 75), Stuttgart: Kohlhammer 2005. Konferenz der deutschsprachigen Pastoraltheologen und Pastoraltheologinnen, Wissenschaftstheorie, in: Pastoraltheologische Informationen 35 (2/2015). In jüngerer Zeit wurde vor dem Hintergrund aktueller Anfragen von Michael Schüßler herausgestellt, dass es der Pastoraltheologie als Wissenschaft nicht um „Kontingenzreduktion", sondern um „Kontingenzsteigerung" zu tun ist. Vgl. Michael Schüßler, Mit Gott gegen Wissenschaft?, in: https://www.

für Pastoraltheologie und Religionspädagogik, Maria Widl, hat diesen Ansatz umfassend im Sinne einer „transversalen Weltentheologie"[15] entfaltet.

Grundlegend für ihren Ansatz ist ein spezifisches Verständnis der Postmoderne (2.1) und der daraus resultierenden Situation des Glaubens (2.2). Auf diesen Vorannahmen beruht eine Pastoraltheologie als Evangelisierungswissenschaft (2.3).

2.1 Die Postmoderne in der Moderne

Zeitgemäße praktische Theologie berücksichtigt die Kennzeichen der Moderne (2.1.1) und eine spezifische Formatierung der Postmoderne in der Moderne (2.1.2).

2.1.1 Vier Kennzeichen der Moderne

Widl folgt der Analyse von Franz-Xaver Kaufmann, wonach Säkularität, Pluralität, Individualität und Modernität die vier entscheidenden Kennzeichen der Moderne sind. Widl bringt diese Kennzeichen der Moderne in praktisch-theologischer Absicht folgendermaßen auf den Punkt:[16]

Säkularität: Am Beginn der mit der Neuzeit beginnenden Moderne steht die Ausdifferenzierung und Spezialisierung, womit die Notwendigkeit von Toleranz gegenüber anderen Lebensentwürfen verbunden ist. Grundlage für Säkularität ist die Unterscheidung zwischen Funktion und Sinn; diese Unterscheidung kann als Definition von Säkularität verstanden werden. Es ist dabei uninteressant, in welchem Glauben bestimmte Leistungen erbracht werden.

Hierdurch verändert sich auch die Rolle des Christentums. Im Mittelalter war der Glaube zugewiesen und die ganze Gesellschaft verstand sich als societas christiana. In der Moderne wird der Glaube nicht mehr zugewiesen, eben aufgrund der Unterscheidung zwischen Funktion und Sinn. Dennoch wird der Glaube nicht irrelevant; er bekommt im Gegenteil als Orientierungspunkt

---

feinschwarz.net/mit-gott-gegen-wissenschaft/ (05.02.2020). Und Rainer Bucher erinnert in der jüngsten Debatte bzgl. der Verhältnisbestimmung von kirchlichem Lehramt und Praktischer Theologie daran, dass die Pastoraltheologie nicht auf einen Status als „Anwendungswissenschaft" beschränkt werden darf: Vgl. Rainer Bucher, Kulturwissenschaft des Volkes Gottes, in: https://www.feinschwarz.net/kulturwissenschaft-des-volkes-gottes/ (05.02.2020).

15 Maria Widl, Pastorale Weltentheologie – transversal entwickelt im Diskurs mit der Sozialpastoral (Praktische Theologie heute 48), Stuttgart: Kohlhammer 2000. Ein wichtiger Ausgangspunkt ist Widls Betroffenheit darüber, dass Menschen nicht mehr erwarten, in der Kirche gotteserfahrene Menschen treffen zu können. Theologie ist bei ihr insofern „nicht nur in den Traditionen der Kirche und im wissenschaftlichen Diskurs, sondern ebenso im existentiellen Vollzug des Glaubens zu verorten". Vgl. ebd., 8off.

16 Vgl. zum Folgenden: Maria Widl, Christliche Pluralität in der Differenz der Deutungsmuster. Anstößigkeiten und Perspektiven, in: Dies. (Hg.): Das Volk Gottes auf dem Weg durch die Postmoderne. Eine kleine Pastoraltheologie, Ostfildern: Grünewald 2018, 101-113, hier 101-106.

einen veränderten Stellenwert. Diese Situation wird jedoch erst verzögert spürbar, da der zugewiesene Glaube in kirchlichen Milieus und „christentümlichen Verhältnissen" lange bedeutsam bleibt. In der säkularen Moderne spüren Menschen, dass der Glaube „persönlich angeeignet" werden muss.

Säkularität, d.h. die Trennung von Funktion und Sinn, beinhaltet laut Widl als Gefahren eine Verzweckung von Vorgängen, den Verlust des Heiligen an Funktionalität sowie Legalismus und Bürokratismus. Säkularität beinhaltet aber auch Chancen, insofern sie eine tiefe ignatianische Mystik, eine Vernunft, die sagt, was Sache ist, ohne zu verleugnen, woran das Herz hängt, und einen nüchternen und praktischen Umgang mit den Dingen hervorbringt.

Pluralität: Modernes Leben ist durch Funktion und Leistung geprägt. Deshalb werden Expert*innen immer spezialisierter und Techniken immer ausgefeilter. Diese Vielfalt der Möglichkeiten gibt es auch in geistigen Dingen, sodass es in der Moderne zu einer Vielzahl an Lebenshaltungen und Wertentscheidungen kommt. Auch hier gibt es nun die „Qual der Wahl" oder den „Zwang zur Häresie" (Berger). Relevant für Entscheidungen in diesem Bereich ist die Rangfolge der Werte, also die eigenen Prioritäten.

Diese Pluralität, d.h. Vielfalt gleichwertiger Sinnangebote, beinhaltet laut Widl als Gefahren die Beliebigkeit in vielen Fragen, eine Politik, die sich an Meinungsumfragen orientiert und eine Wissenschaft, die für alles Pro- und Contra-Gutachten geben kann. Im religiösen Bereich kann es zu Synkretismus und zum Phänomen der Angst als Konsequenz von Orientierungslosigkeit kommen. Positiv erleben viele moderne Zeitgenossen hingegen, in so spannenden und bewegten Zeiten leben zu können.

Individualität: Die Notwendigkeit der Entscheidung zum christlichen Weg macht die gegenseitige Unterstützung und den Dialog in Glaubensfragen erforderlich. Gleichzeitig werden immer stärker einzelne, persönliche Glaubensbiographien erkennbar. Der moderne Mensch wird durch viele kleine und große Lebensentscheidungen zum Schriftsteller seiner eigenen (und der gemeinsamen) Lebens- und Glaubensgeschichte. Er tut dies auf der Basis von Freiheit und der Vielfalt der Möglichkeiten.

Individualität, d.h. Hochschätzung der persönlichen Freiheit, beinhaltet laut Widl als Gefahren Egoismus, Selbstzufriedenheit oder gesellschaftliche Entsolidarisierung. Als Chancen betrachtet sie hingegen die Entfaltung freier, belastbarer und verantwortungsbewusster Persönlichkeiten. Kirche kann dies durch die Eröffnung von Freiheitsspielräumen und die Ermutigung zu

Entscheidung, die als Entscheidung für etwas immer auch die Entscheidung gegen etwas und damit Verzicht bedeutet, fördern.

Modernität: Modernität ist als Selbstverständlichkeit des fortgesetzten Wandels bzw. der dauernden Veränderung zu verstehen. Dabei schafft der Mensch mit Arbeit und durch Leistung permanent neue und bessere Möglichkeiten, die allerdings auch unerwünschte Nebenwirkungen haben können. Der Mensch muss als Einzelner unter den sich stets verändernden Bedingungen sein Leben gestalten. Auch im Hinblick auf den Glauben bedeutet dies, dass der Mensch stets auf der Suche ist. Bedeutsam ist dabei, dass Menschen den Glauben nicht suchen, weil sie den Glauben verloren haben, sondern weil sie wissen, dass sie ihn nie ganz haben, nie als sicheren Besitz ansehen können. Denn in der Moderne sind Leben und Glaube geprägt durch Wandel, Entwicklung, Beziehung und Entscheidung.

Modernität, d.h. die Legitimität beständigen Wandels, birgt laut Widl als Gefährdung eine Wegwerfmentalität als Ausdruck der Konsumgesellschaft und den Zwang, dass alles neu sein muss. Hieraus erwächst aber zugleich die Chance einer neuen Suche nach Qualität und Vertiefung – auch im Religiösen[17] –, das Entstehen von Aufbruchs- und Erneuerungsbewegungen in der Kirche und der Ansatz zur neuen Evangelisierung.

Säkularität, Pluralität, Individualität und Modernität sind demnach vier Kennzeichen moderner Kultur und stellen das Bedingungsfeld der vorliegenden Untersuchung dar.[18] Darüber hinaus ist zu berücksichtigen, dass Heterogenität zu einem zentralen Kennzeichen der späten Moderne (Postmoderne)[19] wird.

---

17 Widl hat dies grundlegend für die sog. Neuen Religiösen Kulturformen untersucht. Vgl. Maria Widl, Sehnsuchtsreligion. Neue Religiöse Kulturformen als Herausforderung für die Praxis der Kirchen (Dissertation) (Europäische Hochschulschriften. Reihe 23 Theologie 501), Frankfurt/ M.: Peter Lang 1994.

18 Eine hiervon abweichende Typologie bietet der Soziologe Hartmut Rosa. Er bezeichnet Domestizierung, Rationalisierung, Differenzierung und Individualisierung als die vier Dimensionen der Moderne. Vgl. Hartmut Rosa u.a., Soziologische Theorien (utb 2836), Konstanz: UVK 32018, 21-24. Rosa kann hier auf die Klassifizierung von Hans van der Loo/ Willem van Reijen zurückgreifen: Vgl. Hans van der Loo, Willem van Reijen, Modernisierung. Projekt und Paradox, München: dtv 1997. Weitere soziologische Werke zur Deutung der Gegenwartsgesellschaft können hier nicht berücksichtigt werden. Exemplarisch sei verwiesen auf: Armin Nassehi, Muster. Theorie der digitalen Gesellschaft, München: C.H. Beck 32019. Andreas Reckwitz, Die Gesellschaft der Singularitäten. Zum Strukturwandel der Moderne, Berlin: Suhrkamp 2019. Bruno Latour, Das terrestrische Manifest (Aus dem Französischen von Bernd Schwibs), Berlin: Suhrkamp 2018. Ferner ist der folgende Sammelband instruktiv: Heinrich Geiselberger (Hg.), Die große Regression. Eine internationale Debatte über die geistige Situation der Zeit, Berlin: Suhrkamp 2017.

19 Die Bedingungen der Spätmoderne für die Praktische Theologie sind in jüngerer Zeit umfassend reflektiert worden in: Stefan Gärtner u.a. (Hg.), Praktische Theologie in der Spätmoderne. Herausforderungen und Entdeckungen (Studien zur Theologie und Praxis der Seelsorge 89), Würzburg: Echter 2014.

2.1.2 Heterogenität als Kennzeichen der Postmoderne

Heterogenität ist als Pluralismus von Paradigmen zu verstehen (2.1.2.1), der methodisch durch den Ansatz transversaler Vernunft reflektiert wird (2.1.2.2).

2.1.2.1 Paradigmenpluralismus

Im Hinblick auf Pluralität[20] kommt es laut Widl in der späten Moderne zu einem entscheidenden Bedeutungswandel. Während Pluralität nämlich in der Moderne als Schicksal gilt, wird sie in der Postmoderne als Chance und als „Raum der Freiheit" gesehen. Mit anderen Worten wird nun die Pluralität positiv anerkannt und jeder verbindlichen Utopie eine Absage erteilt.[21] Dies ist vor dem Hintergrund einer Moderne bedeutsam, die immer mit einem Ausschließlichkeitsanspruch verbunden ist:

„Formal orientiert sich neuzeitliches Denken an zwei Charakteristika: dem Pathos des radikalen Neuanfangs und dem Anspruch der Universalität. Es kann um keinerlei Renaissance gehen, weil alles grundsätzlich falsch gewesen ist. Um etwas Vollkommenes zu schaffen, muss man ganz neu anfangen. Das Alte wertet sich am Maßstab des Neuen ab. Und das Neue ist die Methode schlechthin und insofern universal: mathesis universalis. Sie gilt unabhängig von regionalen Besonderheiten. Damit ist die Universalität der Neuzeit vereinheitlichend,

---

20 Vgl. grundlegend zum Stichwort Pluralität aus praktisch-theologischer Sicht auch: Rainer Bucher, Pluralität als epochale Herausforderung, in: Haslinger (Hg.): Handbuch Praktische Theologie. Bd. 1 Grundlegungen, Mainz: Grünewald 1999, 91-101.
21 Ottmar Fuchs greift den Postmoderne-Ansatz in seinen Potentialen auf und entwickelt daraus eine radikale Pluralitätsethik. Vgl. Ottmar Fuchs, Plädoyer für eine radikale Pluralitätsethik, in: Zeitschrift für Missionswissenschaft und Religionswissenschaft 77 (1/1993), 62-77. Und: Ders., „Sein-Lassen" und „Nicht-im-Stich-Lassen!" Zur Pluralitätsprovokation der „Postmoderne", in: Hilpert/ Werbick (Hg.): Mit den anderen leben. Wege zur Toleranz, Düsseldorf: Patmos 1995, 132-160. Sowie: Ders., Umgang mit der Bibel als Lernschule der Pluralität, in: Una sancta 44 (3/1989), 208-214. Diesen Hinweis verdanke ich Marcus Minten. Die von Fuchs entworfene Pluralitätsethik skizziert Widl folgendermaßen: Sie ist geprägt durch den Verzicht der Mächtigen auf ihre Deutungshoheit, beinhaltet eine Irrtumslizenz, die gegenseitig Irrtum zugesteht, die blinde Anerkennung des anderen, Skepsis gegenüber der Utopie zu großen Veränderungsmöglichkeiten und den Abschied von absolutistischen Wahrheitsansprüchen. Stattdessen werden lokale Theologien und Ekklesiologien bejaht und Vielfalt nicht als beliebig, sondern als solidarisch betrachtet. Widl hierzu zusammenfassend: „Sie [die Pluralitätsethik, SO] denkt auch Gott plural und entlarvt universalistische Wahrheitskonzepte als Gottesanmaßung, sofern sie den eigenen Standpunkt zum Maßstab für alle machen. Eine solche Pluralitätsethik ist auf gutem Weg zur Postmoderne, insofern sie den Blickwinkel der radikalen Pluralität einfordert und legitimiert. Sie ist dort noch nicht angekommen, weil sie die Pluralität als Perspektive postuliert, den Paradigmenwechsel zu ihr aber (noch?) nicht vollzogen hat." Vgl. Widl, Weltentheologie, 135-138.

totalisierend. [...] Moderne Wahrheit tritt immer mit Ausschließlichkeitsanspruch an."[22]

Für die Postmoderne aber gilt:

„Für die Postmoderne liegt die Wahrheit in der Vielfalt (Derrida über den Turmbau zu Babel), die ein symbolisch gelungenes Zusammenspiel zeigt. [...] Die Postmoderne ist als eine mehrsprachige Verpflichtung auf die Einheit viel schwieriger als Einheitlichkeit oder Potpourri. Die verschiedenen Sprachen erläutern einander, indem sie sich kontrastieren; und ihre Mehrsprachigkeit ist funktional. [...] Vielheit ist die Minimalbedingung der Postmoderne, offene Einheit ihre Intention."[23]

Als Grundbedingung zum Umgang mit dieser postmodernen Vielheit gilt für Widl das Vertrauen in die Wirklichkeit:

„Ein solcher Umgang mit Vielheit, der die Brüche und das Ereignis zulässt, ist nur aus einem Wirklichkeitsvertrauen heraus möglich; Misstrauen bringt Herrschaftsverhalten hervor. Die Moderne strebt absolute Herrschaft an, die Postmoderne zeigt, dass der Plan des Beherrschens ans Ende kommt. Die Moderne ist apokalyptisch; und ihre Wahrheit ist der Tod. Die Postmoderne wehrt den Zugriffen und hält den Horizont des Unfasslichen offen."[24]

Wissenschaftstheoretisch wird diese veränderte Konstellation unter dem Stichwort des Paradigmenpluralismus[25] diskutiert. Paradigmenpluralismus

---

22 Ebd., 113f.
23 Ebd., 115.
24 Ebd., 122f. Diese Position entwickelt Widl im Gespräch mit Jean-François Lyotard und Wolfgang Welsch. Besonders Lyotard denkt Pluralität radikal heterogen und spricht sich gegen jede Universalkonzeption aus, weil Wirklichkeit darin manipulierbar wird. Grundanliegen seines Ansatzes ist eine Gerechtigkeitskonzeption, die nicht durch Konsens, sondern durch Widerstreit bestimmt ist. Mit postmodernen Dekonstruktivisten betont er das Differente, die Brüche und das Widerfahrnis.
25 Grundlegend für den Begriff des Paradigmas sind die Untersuchungen von Thomas S. Kuhn: Vgl. Thomas S. Kuhn, Die Struktur wissenschaftlicher Revolutionen, Frankfurt/ M.: Suhrkamp 21976. Sowie: Ders., Neue Überlegungen zum Begriff des Paradigmas, in: Kuhn (Hg.): Die Entstehung des Neuen. Studien zur Struktur der Wissenschaftsgeschichte, Frankfurt/ M.: Suhrkamp 1977, 389-420. Paradigmen sind demnach zu verstehen als Gesamtkonstellation von Überzeugungen, Werten und Verfahrensweisen, die den wissenschaftlichen Diskurs, Theologie wie Naturwissenschaften, immer prägen. Daran anknüpfend hat Hans Küng gezeigt, dass die Geschichte der Theologie als ein Wechselspiel von Innovation und Tradition beschrieben werden kann und hat eine Periodisierung von Paradigmenwechseln entwickelt. Vgl. Hans Küng, Was meint Paradigmenwechsel?, in: Ders./ Tracy (Hg.): Theologie – wohin? Auf dem Weg zu einem neuen Paradigma, Gütersloh: Gütersloher Verlagshaus Mohn 1984, 19-25. Solche Paradigmenwechsel finden statt, wenn neue Modelle notwendig werden. Es handelt sich dann jeweils um sehr grundlegende Umbrüche, die multifaktoriell bestimmt sind. Dabei stel-

bedeutet nach Wolfgang Welsch, dass sich verschiedene Paradigmen (binnendifferenziert) auf den gleichen Gegenstand beziehen. Denn:

> „Bei all der aufgezeigten Unverrechenbarkeit und Unvereinbarkeit verschiedener Paradigmen sind diese dennoch nicht absolut heterogen, sondern haben bereits durch ihre Entstehung vorgebildete Brücken."[26]

Paradigmen werden hier – anders als bei Lyotard – als gegenabhängig und verflochten betrachtet und bilden ein netzartiges Gefüge. Widl stellt zur Herausforderung des Paradigmenpluralismus in der Postmoderne pointiert fest:

> „Die Postmoderne versteht sich [...] als ein neues Paradigma, aber nicht im epochalen, sondern im optionalen Sinn: Sie will die Moderne nicht überwinden, sondern sie mit ihren eigenen Mitteln ganz anders weiterführen; und aus der anderen Perspektive der Heterogenität sieht die ganz anders aus und fordert andere Prioritäten. Die gleichzeitig bestehenden Perspektiven derselben Sache machen den Widerstreit im Paradigmenpluralismus aus; sie können nicht versöhnt, sondern nur vernetzt werden."[27]

Bedeutsam für den Ansatz einer pastoralen Weltentheologie ist also, bei grundsätzlicher Verwiesenheit auf das Evangelium, eine Anerkennung des Wertes unterschiedlicher Paradigmen und ihre notwendige Verschränkung[28]:

> „Da es kein paradigmenfreies Christentum geben kann, sind die verschiedenen Paradigmen nach Maßgabe dieser Zeit- und Schriftgemäßheit als gleich authentisch anzusehen."[29]

---

len solche Wechsel ein Risiko dar, weil noch nicht absehbar ist, wie weit neue Denkmodelle tragen. Aus religionssoziologischer Perspektive hat Karl Gabriel den Paradigmenpluralismus analysiert. Vgl. Karl Gabriel, Christentum zwischen Tradition und Postmoderne (Quaestiones disputatae 141), Freiburg: Herder 72000.

26 Widl, Weltentheologie, 126.
27 Ebd., 148. Franz-Xaver Kaufmann hat dies prägnant als „Verlust der Zentralperspektive" beschrieben. Vgl. Franz-Xaver Kaufmann, Zwischenräume und Wechselwirkungen. Der Verlust der Zentralperspektive und das Christentum, in: Theologie und Glaube 96 (3/2006), 309-323. Diesen Hinweis verdanke ich Jan Loffeld.
28 In praktisch-theologischer Perspektive wurde das Anliegen der Paradigmenverschränkung bereits von Rudolf Englert vertreten, der die Perspektivenverschränkung im größeren Rahmen eines Bemühens um Konziliarität sah. Vgl. Rudolf Englert, Religiöse Erwachsenenbildung. Situation – Probleme – Handlungsorientierung (Praktische Theologie heute 7), Stuttgart: Kohlhammer 1992.
29 Widl, Weltentheologie, 97.

Welsch entwickelt vor dem Hintergrund des postmodernen Paradigmenpluralismus, in Absetzung von Lyotard, die Option einer „transversalen Vernunft". Um sich im Paradigmenpluralismus zu bewegen brauche es, so Welsch, eine solche transversale Vernunft, die mit Brüchen und Irritationen rechnet. Diese Option wird von Widl im Rahmen ihrer postmodernen Weltentheologie rezipiert.

2.1.2.2 Transversale Vernunft

Wie bereits erwähnt sieht Welsch in der transversalen Vernunft die der Postmoderne angemessene Form der Vernunft, insofern sie die Aporien der Pluralität beseitigt. Welsch wörtlich:

> „Transversalität erlaubt uns, unterschiedliche Gesichtspunkte wahrzunehmen und zu verfolgen sowie in der Verschiedenheit von Optionen nicht unterzugehen, sondern vorletzte Optionen als lebbarer zu erkennen als ultimative Festschreibungen [...]. Transversalität befreit uns von alten, nötig scheinenden, in Wahrheit jedoch hemmend und ungerechtfertigt gewordenen Besetzungen [...]. Wer über unsere Verhältnisse redet, dass er uns noch einmal letzte inhaltliche Orientierung verspricht, der redet über seine und unsere Verhältnisse. Dass wir über unsere Verhältnisse leben, ist heute ein Gemeinplatz. Wir sollten aber nicht auch noch über unsere Verhältnisse reden [...]. Nicht derlei Letztorientierung zu predigen, sondern das Vermögen der Orientierung zu stärken, ist die Aufgabe. [...] Rigorismen sind Überstabilisierungen, die Fraglichkeit durch Dogmatik bannen und Schwäche durch den Gestus von Stärke kaschieren – bis hin zur Todesstarre inmitten des Lebens. Aber nicht solche Pseudo-Ewigkeitlichkeit oder das Leben nach dem Tode, sondern das Leben vor dem Tod ist unsere Aufgabe. Lebendigkeit im Sinne von Transversalität entspricht unserer Endlichkeit. Sie führt zum menschlichen Leben."[30]

Mit anderen Worten: Welsch verfolgt eine Vernunftkonzeption ohne Einheitsprämisse. Entscheidungsfindungen werden unter solchen Bedingungen komplex und kompliziert. Kriterien solcher Entscheidungsfindungen werden: Transparenz, Bewusstsein für die Entscheidungsnotwendigkeit, Konsistenz, Prämissenhierarchie und -präferenz, Beachtung der Grenzen der Begründbarkeit

---

[30] Welsch zitiert nach: Ebd., 127f. Widl hält ferner fest, dass, auch wenn Lyotard und Welsch ihre Modelle nicht christlich entwerfen, ihr Denken mindestens Fundament einer negativen Theologie sein könne, möglicherweise die Intention Karl Rahners zur ‚Mystagogie' aufgreifend. Vgl. ebd., 129.

innerhalb eines bestimmten Kontextes, Gespür für Zielhierarchien und Situationsadäquatheit. Die scheinbare Schwäche transversaler Vernunft ist zugleich ihre Stärke: sie dekretiert nicht und benutzt keinen festen Prinzipiensatz, dadurch ist sie aber hochgradig leistungsfähig und funktional stark; sie kann divergierende Ansprüche zulassen und ihnen im Einzelnen wie im Ganzen gerecht werden.[31]

Die solcherart analysierte und hier überblicksartig dargestellte Notwendigkeit transversaler Vernunft angesichts des Paradigmenpluralismus in der Postmoderne zeitigt erhebliche Konsequenzen für Religion, Glaube und Theologie, wie im folgenden Abschnitt zu zeigen ist.

2.2 Glaube in der Postmoderne

Die neue Situation wurde bereits vom Konzil gesehen (2.2.1) und nachkonziliar weitergehend reflektiert (2.2.2). Dies kommt praktisch-theologisch im Wechsel vom Säkularisierungs- zum Evangelisierungsparadigma zum Ausdruck (2.2.3).

2.2.1 Paradigmenverschränkung – konziliar grundgelegt

Widl vertritt die These, dass das Modell der Paradigmenverschränkung, also einer Vernunft, die auf der Suche nach Wahrheit transversal vorgeht, durch das Zweite Vatikanische Konzil, wenn auch nicht explizit, so doch implizit, vorgedacht worden ist.[32] Danach hat P. Johannes XXIII. den Dualismus zwischen Lehre und Pastoral (Gott/ Mensch, Kirche/ Welt, Leib/ Geist, Natur/ Gnade) überwunden, insofern bei ihm die Lehre als Pastoral verstanden wird. Widl stellt fest:

„Der dogmatische Auftrag des Konzils ist also die Überwindung aller Dualismen zwischen Leben und Lehre; als solcher führt er zur ganzheitlichen Erneuerung der Pastoral."[33]

---

31 Im konkreten Leben bedeutet Transversalität laut Widl, sich mit vorletzten Antworten zufrieden zu geben. Denn ein Anspruch auf Letztgültigkeit würde eine Grenzüberschreitung bedeuten und der menschlichen Endlichkeit widersprechen.
32 Widl bezieht sich hier auf: Elmar Klinger, Das Zweite Vatikanum und der Glaube an die Berufung des Menschen. Der pastorale Fortschritt – ein dogmatischer Fortschritt, in: Ders. (Hg.): Armut – eine Herausforderung Gottes. Der Glaube des Konzils und die Befreiung des Menschen, Zürich: Benzinger 1990, 71-154.
33 Widl, Welttheologie, 156.

Die dogmatische Basis für diese Einheit von Pastoral und Dogmatik liegt, laut Elmar Klinger, in der Offenbarung selbst.[34] Aus seiner Sicht ist die Konstitution Gaudium et spes der „Schlüssel zum Konzil" und sein „dogmatisches Hauptereignis":

> „Der dogmatische Schlüssel ist die Lehre von der Berufung des Menschen und seiner Existenz in Gott und Christus. Das Programm dieser Berufung ist die Kirche. Die neue dogmatische Perspektive betont die geistliche Existenz in der Welt, sieht Gott als das Geheimnis der Existenz von allem und den Menschen als das Geheimnis des Wesens Gottes, vertritt eine neue Ordnung von Gerechtigkeit und Liebe im Reich Gottes, die Würde des Menschen in der Religion und eine personale Zuordnung von Gnade und Natur in Christus durch den Geist. [...] Das zentrale Dogma des Konzils ist damit der Glaube an die Berufung des Menschen: Christus ist der Inbegriff seiner Existenz. Deshalb ist die Kirche weltlich und das menschliche Leben geistlich zu verstehen."[35]

Das Zweite Vatikanum hat insofern einen umfassenden Perspektivwechsel vollzogen, da es nicht nur die Menschen von der Kirche her, sondern diese auch von den Menschen her versteht. Widl hält fest, dass laut Klinger das Wesentliche des Paradigmenwechsels des Konzils seine Paradigmenverschränkung sei und sie folgert daraus für das Verständnis von Pastoral:

> „Pastoral bezeichnet über die herkömmliche Seelsorge hinaus das Verhältnis der Kirche zur Welt überhaupt und im Ganzen und umfasst damit die Sozialethik. [...] Die konkrete Verteidigung und Verkündigung dieses Glaubens nennt das Konzil Evangelisierung. Sie ist der Auftrag der Kirche als ganzer und Inbegriff ihrer Pastoral[36].

Für Widl ist in der Folge Karl Rahners die Fremdheit des Menschen der Schlüssel zum absoluten Geheimnis. Denn Gottes Fremdheit ist der Weg, auf dem er uns gegenwärtig ist. Sie legt Wert darauf, dass eine daraus folgende Spiritualität des Fremden im Alltäglichen keine unbedeutende spirituelle Form sei, sondern die Mystik der Zukunft. So müsse auch Theologie lernen neu von Gott zu sprechen:

---

34 Im Rahmen dieser Untersuchung kann dies nicht weiter entfaltet werden. Vgl. ergänzend hierzu: Julia Knop, Dem Christsein Gestalt geben. Weichenstellungen des Pastoralkonzils, in: Münchener Theologische Zeitschrift 63 (2012), 294-307.
35 Widl, Welttheologie, 157f. Vgl. hierzu auch: Elmar Klinger, Der Glaube des Konzils. Ein dogmatischer Fortschritt, in: Klinger/ Wittstadt (Hg.): Glaube im Prozess. Christsein nach dem II. Vatikanum (FS Karl Rahner zum 80. Geb.), Freiburg: Herder 1984, 615-626, hier 620f.
36 Widl, Welttheologie, 165.

„Inmitten der Pluralität und Fremdheit des Alltäglichen entdeckt sie die Mystik und wird prophetisch."[37]

Hierzu noch einmal Klinger:

„Rahner stellt im absoluten Geheimnis die Tradition und deren überlieferte Formeln des Lebens der Lebenserfahrung gegenüber. Er unterzieht die Formeln unweigerlich einer umfassenden Kritik; denn sie sind Formeln des Lebens, nicht das Leben selber. Sie halten die Erfahrungen des Lebens fest, aber schöpfen sie nicht aus. Es gibt neue Erfahrungen, die die Formeln übersteigen. Daher kann das Leben nicht von seinen Formeln abgeleitet werden. Die Formeln müssen vielmehr vor der Wirklichkeit des Lebens bestehen. Diese Kritik ist unumgänglich. Es gibt ohne sie kein geistliches Leben."[38]

Daraus folgt, dass die fundamentaltheologische Herausforderung des Konzils in der Zeitlichkeit des Glaubens liegt. Im Glauben sei die Zeit ein Kairos, also die Zeit der Gottesbegegnung. Insofern Gott im Alltäglichen präsent ist, muss Theologie ganz prophetisch im Alltag von Gott reden. Hier haben sich auch die alten Formen des Glaubens zu bewähren. Zusammenfassend hält Widl fest:

„Insgesamt ist Klingers Ansatz der Sache nach weitgehend postmodern im oben beschriebenen Sinn der standpunktbezogenen Paradigmenverschränkung. Er macht auch deutlich, dass das Konzil eine solche postmoderne Kirche intendiert, aber auch, warum diese davor zurückschreckt. [...] Er spricht auch nicht von Paradigmenverschränkung, sondern benutzt den etwas anders gelagerten Begriff der Idiomenkommunikation. Bezogen auf die kritischen Punkte der Postmoderne lässt sich von Klingers Ansatz her sagen: Die Wahrheit sprengt postmodern die Fesseln geschlossener Theorien, Systeme und Ideologien und streckt sich aus nach dem Unverrechenbaren. [...] Wahrheit ist also postmodern offen und perspektivisch. Dem entspricht keineswegs eine negative Theologie. Sondern es sind Theologien, die die Gotteserfahrungen ihrer Perspektive je präzise benennen, mit anderen Perspektiven heutiger und in der kirchlichen Tradition bewahrter Theologie verschränken

---

37 Ebd., 170.
38 Elmar Klinger, Das absolute Geheimnis im Alltag entdecken. Zur spirituellen Theologie Karl Rahners, Würzburg: Echter 1994, 59.

und so hörend, staunend und bezeugend dem Geheimnis Gottes Ausdruck verleihen, wie es sich mitten in den heutigen Welten inkarniert."[39]

Eine solche vom Konzil intendierte Paradigmenverschränkung wird nun aber besonders dadurch notwendig, dass sich die Situation von Glauben und Kirchlichkeit nachkonziliar noch einmal drastisch verändert.

2.2.2 Von der Suchbewegung zum Weg

Unter den Bedingungen der Moderne, so die Position von Widl, wird Glaube zur Suche nach jener Gottesbegegnung, die die Wertigkeiten des Lebens bestimmen hilft. Kirche als Gemeinschaft kann diesen Weg begleiten (ermutigend, mahnend, stärkend, kritisch). Die Verantwortung des Einzelnen kann sie aber nicht ersetzen. Denn die Herausforderung der Moderne lautet: sein Leben so zu gestalten, wie es einem selbst gemäß ist. In der Moderne ist der christliche Glaube also bewusster, entschiedener, persönlicher und wandelbarer als zuvor. Dies erfordert immer eine Vertiefung in das Geheimnis Gottes. Widl bringt dies so auf den Punkt, dass der Glaube unter den Bedingungen der Moderne zur Suchbewegung wird. Es ist der Abschied von einer volkskirchlichen Sicherung des Glaubens:

> „Der Glaube wird unter modernen Voraussetzungen zur Suchbewegung – sowohl danach, wie er zu verstehen, wie danach, wie er zu gestalten sei."[40]

Und weiter:

> „Die Logik der Moderne mit ihrer grundsätzlichen Säkularität – ihren Lebensvollzügen, die ohne Gott auskommen – erfordert es, beständig danach zu suchen, was denn der Glaube unter geänderten Voraussetzungen noch bedeuten mag."[41]

Widl stellt jedoch heraus, dass sich diese Situation nachkonziliar noch einmal grundlegend verändert. Die säkulare Welt kommt gut ohne Kirche aus und

---

39 Widl, Weltentheologie, 172.
40 Maria Widl, „Mein Joch drückt nicht und meine Last ist leicht." (Mt 11,30). Über den Glauben als Suchbewegung, in: Dies. (Hg.): Das Volk Gottes auf dem Weg durch die Postmoderne. Eine kleine Pastoraltheologie, Ostfildern: Grünewald 2018, 11-19, hier 12.
41 Ebd., 15. Ein mögliches kirchliches Reaktionsmuster auf diese Situation besteht darin, die christliche Deutung immer wieder zu wiederholen, um den Menschen die Wahrheit zu vermitteln und zwar in der Illusion eines linearen Sender-Empfänger-Modells. Dieses Modell ist laut Widl jedoch zum Scheitern verurteilt, da eine solche christliche Praxis säkularen Zeitgenossen ideologisch erscheint und mit moralischem Druck aufgeladen ist. Vgl. Widl, Transversalität. Eine inhaltliche Brücke zwischen Christentum und säkularer Welt gestalten, 23f.

sie deutet die Erfahrungen der Wirklichkeit – die sie mit Christen teilt – ganz selbstverständlich völlig anders.[42] Widl pointiert:

„Somit ergibt sich, dass zwischen Christentum und säkularer Gesellschaft ein tiefer Graben besteht."[43]

Während das Konzil noch hoffnungsfroh meinte, den bestehenden Glauben durch ausstrahlendes Zeugnis überwinden zu können, stellte P. Paul VI. ernüchtert den „Bruch zwischen Evangelium und Kultur"[44] fest, der eine „neue Evangelisierung" erforderlich mache.[45] Was darunter zu verstehen ist, bringt Widl folgendermaßen auf den Punkt:

„Sie beruht nicht auf Indoktrination, weder nach innen noch nach außen. Vielmehr gehe es darum, sich selbst als Zeitgenossen wahrzunehmen, die Teil dieser Welt, Gesellschaft und Kultur sind. Indem wir uns im vollen Bewusstsein unserer kulturell geprägten Säkularität unter das

---

42 In diesem Zusammenhang spricht Widl auf der Basis der Unterscheidung zwischen Religion und Lebensgrundausrichtung von „Religionsanaloga". Vertiefend zum Begriff der Religionsanaloga bei Widl: Maria Widl, Die katholische Kirche in Mittel- und Ostdeutschland. Situation und pastorale Herausforderungen angesichts der Säkularität, in: Pickel/ Sammet (Hg.): Religion und Religiosität im vereinigten Deutschland. Zwanzig Jahre nach dem Umbruch (Veröffentlichungen der Sektion Religionssoziologie der Deutschen Gesellschaft für Soziologie, Wiesbaden: VS 2011, 191-204, hier 196-201.

43 Widl, Transversalität, 24. Christen im Westen und Osten Deutschlands gehen mit dieser Situation laut Widl unterschiedlich um. Im Westen wird die säkularisierte Haltung als Ignoranz gedeutet, die in Teilen sogar nachvollziehbar erscheint, u.a. wegen so mancher mangelnden Qualität kirchlicher Angebote. Im Osten deutet man die säkulare Haltung viel stärker als Bedrohung und Feindseligkeit. Weiterführend, insbesondere hinsichtlich des differierenden Missionsverständnisses: Widl, Missionsland Deutschland Beobachtungen und Anstöße. Skizzen einer Baustelle, in: Dies. (Hg.): Das Volk Gottes auf dem Weg durch die Postmoderne. Eine kleine Pastoraltheologie, Ostfildern: Grünewald 2018, 43.64.

44 Dieser Bruch betrifft nicht nur die Kirche. Die Ausbildung von unterschiedlichen Lebenswelten, Paradigmen und Deutungsmustern ist – dies wurde oben gezeigt – ein Kennzeichen der postmodernen Welt insgesamt. Diese Unterschiedlichkeit der Lebenswelten, der sich niemand entziehen kann, wird sowohl als Zerrissenheit als auch als Erfüllung erlebt. Der Vermutung, dass diese Welt letztlich auseinanderbrechen müsse, weil es keinen gemeinsamen Nenner mehr gibt, steht aus christlicher Sicht der Schöpfungsglaube gegenüber. Dieser widerspricht im Letzten auch einer konstruktivistischen Position, die behauptet, dass die Welt nur das sei, was der Mensch daraus macht. Aus dem Schöpfungsglauben ergibt sich die Notwendigkeit einer wechselseitigen Perspektivübernahme, um die Wahrheit von Kultur und Menschsein zu erschließen und damit den diagnostizierten Bruch zu überwinden. Vgl. Widl, Transversalität, 27f. Vertiefend hierzu: Hans-Peter Großhans, Perspektivität des Erkennens und Verstehens als Grundproblem theologischer Rationalität, in: Theologische Literaturzeitung 128 (4/2003), 351-368. Einführend zur Bedeutung der Schöpfungstheologie: Dirk Ansorge, Medard Kehl, Und Gott sah, dass es gut war. Eine Theologie der Schöpfung, Freiburg: Herder 32018.

45 Papst Paul VI., Apostolisches Schreiben EVANGELII NUNTIANDI Seiner Heiligkeit Papst Paul VI. an den Episkopat, den Klerus und alle Gläubigen der Katholischen Kirche über die Evangelisierung in der Welt von heute (Verlautbarungen des Apostolischen Stuhls 2), 8.12.1975 (Neuauflage 2012), hier 20.

Evangelium stellen, uns von ihm herausfordern lassen und zur Umkehr bereit machen, ändert sich nicht nur unser eigenes Leben. Zugleich prägen wir jenes Stück Kultur um, das wir selbst sind, und lernen, der Kultur auf prophetische Weise je neu vom Evangelium zu erzählen."⁴⁶

Kirche muss sich demnach bewusst in der Kultur verorten, jedoch mit einer klaren Perspektive des Evangeliums.⁴⁷ Das führt dazu, dass sie selbst zur Umkehr findet und gleichzeitig in prophetischer Weise einen Teil der Kultur umgestaltet. An anderer Stelle formuliert Widl, dass in dieser postmodernen Perspektive das Verständnis vom Glauben als Suchbewegung problematisch wird. Für die Postmoderne ist Suche nämlich irrelevant, sie ist vielmehr an Angeboten interessiert. Theologisch reflektiert bedeutet dies:

„Der Glaube als Suchbewegung verweist auf das Innere der Gemeinde, auf die Sammlung, auf die Spiritualität. Er verschiebt die Sendung auf später oder meint, die Sammlung sei bereits die Sendung."⁴⁸

Unter postmodernen Voraussetzungen ist daher der Glaube nicht als Suchbewegung, sondern als Weg zu erschließen, wie dies durch das Konzil angebahnt wurde, indem es vom pilgernden Gottesvolk gesprochen hat:

„Kirche, das pilgernde Gottesvolk, unterwegs durch Zeit und Kultur, der Botschaft von einem anderen, einem neuen Leben verpflichtet, das unter uns schon angefangen hat, und dessen Vollendung wir entgegen gehen. [...] Der Suche haftet immer die Konnotation des Verlustes an. Dadurch hat sie etwas Rückwärts-Gewandtes. Der Weg liegt nicht nur hinter, sondern immer auch vor einem. Und selbst wenn man sich des Zieles unsicher ist, motiviert er zum Voran-Schreiten."⁴⁹

---

46 Widl, Transversalität, 25.
47 Widl hat dies exemplarisch im Hinblick auf die Citypastoral entfaltet. Vgl. Maria Widl, Evangelisierung städtischer Kulturen. Eine zentrale Herausforderung der Postmoderne, in: Dies./Schulte (Hg.): Folge dem Stern! Missionarische Projekte am Weihnachtsmarkt (Erfurter Theologische Schriften 36), Würzburg: Echter 2009, 151-160. Im Hinblick auf die Kirche reflektiert Widl, dass im Paradigmenpluralismus die Chance entstehe, aus dem Gefängnis der Kirchlichkeit herauszutreten und christliche Paradigmen des Lebensstils, der Kulturgestaltung und der Zukunftsverantwortung auszubilden. Konstitutives Element und Prüfkriterium bleibe aber die Verwiesenheit auf das Evangelium, welches allerdings nie in Gänze zu erschließen ist. Vgl. Widl, Weltentheologie, 139f.
48 Widl, Suchbewegung, 15.
49 Ebd., 16.

Die bis hierher skizzierte neue Herausforderung des Glaubens in der Postmoderne wird theologisch im Wechsel vom Säkularisierungs- zum Evangelisierungsparadigma reflektiert.

2.2.3 Säkularisierungs- vs. Evangelisierungsparadigma

Widl greift auf Überlegungen von Norbert Mette zurück, der im Kontext der Diskussion um die Grundausrichtung der deutschsprachigen Pastoraltheologie[50] den Wechsel vom Säkularisierungs- zum Evangelisierungsparadigma konturiert:

„Während das Säkularisierungsparadigma sein Hauptaugenmerk auf die gesellschaftliche und individuelle Relevanz von Religion, Kirche und Frömmigkeit richtet, lässt sich das Evangelisierungsparadigma stärker von der Sorge leiten, welche Folgen dieser Prozess für die Gestaltung einer humanen Praxis überhaupt zeitigt. Die gegenwärtige Situation ist ihm zufolge unzureichend erfasst, wenn die Säkularisierung als die epochale Bedrohung der Kirche angesehen und nicht vordringlich die schicksalhaft gewordene Bedrohung der Menschheit sowie der Schöpfung insgesamt in den Blick genommen wird."[51]

Zugespitzt:

„Die für dieses Paradigma zentrale Erfahrung bildet die Tatsache, dass sich im Gegensatz zu einer Minderheit, die davon profitiert, der Modernisierungsprozess für die Mehrheit der Menschheit und ihre Umwelt als zerstörerisch und vernichtend erweist. Wie soll man angesichts solchen Leidens und Todes Unschuldiger einen Gott verkünden, der Liebe ist und Leben will, wird dann zur zentralen Frage."[52]

Dabei sieht Mette den Wechsel zum Evangelisierungsparadigma innerhalb der Praktischen Theologie im Kontext der Entwicklung im Bereich Systematischer Theologie:

---

50 Von besonderer Bedeutung war hier der Kongress der deutschsprachigen Pastoraltheolog*innen im Jahr 1993 mit dem Titel „Planung und Vision. Die Frage nach der Zukunft der Seelsorge".
51 Norbert Mette, Das Problem der Methode in der Pastoraltheologie. Methodologische Grundlagen in den Handbüchern des deutschsprachigen Raumes, in: Pastoraltheologische Informationen 11 (2/1991), 167-187, hier 167.
52 Mette zitiert nach: Widl, Weltentheologie, 63.

„Es [das Evangelisierungsparadigma] bildet im übrigen die praktisch-theologische Konkretion eines Paradigmenwechsels innerhalb der Theologie insgesamt, wie er sich in verschiedenen neueren theologischen Ansätzen (z.B. Theologie der Befreiung, feministische Theologie, Black Theology, Minjung-Theologie) niederschlägt, die eine Ablösung sowohl vom neuscholastischen als auch vom transzendental-idealistischen Paradigma zugunsten eines nachidealistischen Paradigmas vollzogen haben. Gemeinsam ist ihnen, dass sie gegenüber einem abstrakt theoretisch verbleibenden Wahrheitsbezug die praktische und subjekthafte Grundverfassung der Theologie insgesamt herausstellen und ernstnehmen."[53]

Im Wesentlichen stellen Ansätze des Evangelisierungsparadigmas einem abstrakt-theoretischen Wahrheitsbegriff eine praktisch und subjekthaft verfasste Theologie gegenüber. Widl stellt fest:

„Die Praktische Theologie im neuen Paradigma wurzelt in der Betroffenheit vieler kirchlich Engagierter über enttäuschte Hoffnungen der Kirchenerneuerung im Zuge des Konzils, [...] über eine systematisch restaurative Kirchenpolitik, [...] über neue christlich motivierte soziale Bewegungen im interkonfessionellen Raum. [...] Sie hat Traditionsabbrüche wahrzunehmen, die heute nicht mehr von einer durchgängigen Christentumsgeschichte sprechen lassen. Sie hat die Spuren des Leides und der Vernichtung eben dieser Geschichte namhaft zu machen und den bisher Ignorierten und Ausgegrenzten Gehör zu verschaffen. Sie hat schließlich gegenüber postmodern-funktionalem Religionsgebrauch die widerständigen Elemente der christlichen Tradition in Erinnerung zu halten. In diesen Zusammenhängen vermittelt die Praktische Theologie eine Handlungskompetenz, die eine Sensibilisierung für und eine Befähigung zu einer authentisch christlichen Praxis ist. In ihr bindet sich der Glaube individuell, sozial und strukturell an elementar solidarisches und kommunikatives Handeln. Er wird darin eigenständig und schöpferisch. Insofern ist Praktische Theologie Charismenlehre."[54]

Im Evangelisierungsparadigma steht also die Frage im Mittelpunkt, wie angesichts der gesellschaftlichen Veränderungsprozesse, kirchliche Pastoral

---

53 Norbert Mette, Kritischer Ansatz der Praktischen Theologie, in: van der Ven/ Zieberts (Hg.): Paradigmenentwicklung in der Praktischen Theologie (Theologie und Empirie 13), Kampen-Weinheim: Deutscher Studienverlag 1993, 201-224, hier 210.
54 Widl, Weltentheologie, 69.

vollzogen werden kann. Innerhalb dieses Paradigmas wird unterschieden zwischen kirchen-, christentums- und gesellschaftsbezogenem Ansatz. Außerdem wird der Blick nicht so sehr auf die Folgen der Moderne für die Kirche, sondern auf deren Folgen für die gesamte Menschheit gelegt.[55] Ausgangspunkte einer solchen Theologie sind praktisch, subjekthafte Erfahrungen, entgegen einem abstrakt-theoretischen Wahrheitsbegriff. Es geht um die Vermittlung einer Handlungskompetenz, die Sensibilisierung für und Befähigung zu christlicher Praxis ist.[56]

Auf der Basis dieser hier nur knapp nachgezeichneten Situation in der Postmoderne entwickelt Widl die hermeneutischen Koordinaten einer Pastoraltheologie als Evangelisierungswissenschaft.

2.3 Pastoraltheologie als Evangelisierungswissenschaft

Es konnte bis hierher gezeigt werden: Widl vertritt bezugnehmend auf Welsch den Ansatz des Paradigmenpluralismus. Hieraus ergibt sich die Notwendigkeit zum Widerstreit. Es gibt in diesem Konzept kein Herrschaftswissen, vielmehr muss jede Perspektive transversal begründet werden. Hierin liegen im Hinblick auf die Postmoderne folgende Chancen:

Erstens wird eine kritische Infragestellung der Option der Profitmaximierung möglich, insofern diese Option als ein bestimmtes Paradigma von Weltdeutung entlarvt wird. Zweitens können dann, insofern die Systemlogik aufgebrochen ist, alternative Modelle entwickelt werden. Drittens müssen die

---

55 In diesem Kontext sind auch die Überlegungen von Eberhard Tiefensee zur „Ökumene der dritten Art" relevant. Vgl. Eberhard Tiefensee, Ökumene mit den Religionslosen. Anerkennung der Alterität, in: Herder Korrespondenz Spezial (1/2010), 39-43.
56 Evangelisierung als Inbegriff der Pastoral zielt demnach auf die christliche Gestaltung der Welt: „Evangelisierung ist die Macht der Liebe, die die Gesellschaft verändert und einen neuen Himmel und eine neue Erde ankündigt und mitschafft. Lineare Macht hingegen ist Ohnmacht, weil sie Menschen zerstört und Hass schürt. Entsprechend ist der Dissens ‚ein schöpferischer Konflikt der Evangelisierung'." Ebd., 168. Evangelisierung wird hier mit Klinger verstanden als Gestaltung der Welt nach den Wertmaßstäben des Reiches Gottes. Zugespitzt formuliert zielt die Pastoral der Kirche damit auf einen umfassenderen Erfahrungsraum als den institutionell verfassten. Dieser grundlegende, konziliar begründete Pastoralbegriff wird in der gegenwärtigen pastoraltheologischen Debatte unterschiedlich ausgefaltet. Rainer Bucher etwa bezeichnet Pastoral als „kreative Konfrontation zwischen Evangelium und Existenz" und Widl verweist darauf, dass entscheidend für die Pastoral nicht die Dichotomie von Kirche und Welt, sondern das „Überkreuzliegen von Sünde und Reich Gottes" sei. Die im französischen Sprachraum beheimatete „Zeugende Pastoral" rechnet von daher auch damit, dass die Pastoral der Kirche weder in die Christusnachfolge noch in eine kirchliche Existenz führen muss. Vgl. Reinhard Feiter, Das Evangelium wird zur „guten Nachricht", in: Ders./ Müller (Hg.): Frei geben. Pastoraltheologische Impulse aus Frankreich (Bildung und Pastoral 1), Freiburg: Herder 2012, 137-151. In diesem Sinne ist das Forschungsinteresse dieser Studie auch nicht auf kircheninstitutionelle Fragen gerichtet. Gleichwohl werden diesbezügliche Anschlüsse jeweils benannt. Vgl. ergänzend zur Frage kirchlicher Präsenz in der Postmoderne IV.2.2.

Kirchen sich nicht mehr auf einen ihnen zugewiesenen gesellschaftlichen Teilbereich beschränken. Evangelisierung geschieht dann vielmehr in umfassender Weise christlicher Weltgestaltung. Die Folge ist:

> „Theologie wird daher inmitten der Welten entworfen und für sie prophetisch – es braucht dann etwa eine Theologie der Wirtschaft oder eine Theologie der Arbeit."[57]

Solche Weltentheologien sind dogmatisch aus ihrem je eigenen Erfahrungshorizont heraus zu entwerfen und sind insofern nachidealistisch.[58] Und sie sind mystagogisch,

> „indem sie inmitten der Argumentationen Raum für Gott eröffnen, der als inspiratorische Quelle all ihres Theologisierens zwischen den Zeilen steht und als begeisternder Funke überspringt. Deshalb wird die Praktische Theologie hier als ‚Evangelisierungswissenschaft' gekennzeichnet."[59]

Praktische Theologie als Evangelisierungswissenschaft wahrt also die Dialektik von Theorie und Praxis, berücksichtigt die Perspektivität der (2.3.1) Postmoderne und wird als ästhetische Pneumatologie (2.3.2) konzipiert. Auf dieser Basis entwirft Widl schließlich die Methodik einer transversalen Weltentheologie (2.3.3).

2.3.1 Perspektivität

Die Beteiligung möglichst vieler an Entscheidungsprozessen ist eine Frage der Gerechtigkeit und zugleich Bedingung für das Reich Gottes, welches Gerechtigkeit, Frieden und Freude (vgl. Röm 14,17) ist. Denn systemisch Mächtige können aufgrund ihrer Position und der damit verbundenen Interessen gar nicht gerechte Lösungen herbeiführen. Das Signum der Postmoderne liegt darin, dass in solchen Diskursen zu berücksichtigende Kontexte, mit Klinger Perspektiven genannt, immer differenzierter werden. Kontextualität als Option der Theologie sieht Widl allerdings in der Gefahr lediglich die Betroffenheitsebene zu berücksichtigen. Die Gefahr eines ‚nur' perspektivischen Ansatzes

---

57 Widl, Weltentheologie, 176
58 Sie erfordern ‚integrierte Wissenschaftler*innen', welche sich als Teil einer Lebenswelt verstehen und aus dieser heraus Theorie bilden, „auf selbstreflexive Ganzheitlichkeit verpflichtet und daher vor lebensfeindlichen Ideologien geschützt". Vgl. Ebd., 185f. Für solche Wissenschaftler*innen ist die Praxis Ausgangs- und Zielpunkt der Reflexion.
59 Ebd., 177.

sieht sie in Unverbindlichkeit. Im Anschluss an die Entwürfe von Henning Luther[60] und Gert Otto[61] bedeutet Perspektivität bei Widl mehr:

„Hier geht es um den spezifischen Standpunkt, den Blickwinkel und die Wahrnehmungsweise des jeweils Ganzen, soweit es gesehen werden kann; insofern das mit den Maßstäben des Reiches Gottes und ihrem kirchlichen Ausdruck verschränkt ist, ist es Theologie; insofern es diese Verschränkung im Kontext der kirchlichen Tradition systematisch reflektiert, ist es wissenschaftliche Theologie; insofern sie sich darin explizit perspektivisch-transversal versteht, ist sie postmodern; insofern sie auf die konkrete kirchliche Praxis reflektiert – in welchem Rahmen auch immer – ist sie Praktische Theologie; insofern sie das auf postmoderne Weise theologisch inmitten der menschlichen Welten tut, ist sie pastorale Weltentheologie. Der hier verwendete Perspektivitätsbegriff ist daher kein methodischer, sondern ein fundamentaltheologisch-praktischer."[62]

Auf den Punkt gebracht:

„Für ein post-modernes Konzept der Praktischen Theologie folgt daraus, dass ihr Proprium nicht als Bereich, sondern als Perspektive zu konzipieren ist: als perspektivisch-transversale Reflexion des Glaubens inmitten der heutigen Welten."[63]

2.3.2 Weltentheologie als ästhetische Pneumatologie

In der pastoralen Weltentheologie hat die theologische Ästhetik eine spezifische Relevanz. Dabei bezieht sich Widl auf die Ansätze der evangelischen Theologen Grözinger und Bohren.
Bei Grözinger ist Ästhetik Erfahrung und Wahrnehmung, die das Mögliche erweitert. Widl fasst seine Position zusammen:

„Grözinger bricht damit technokratische, funktionalistische und ideologische Praxismodelle auf und wirbt für die Kunst der Darstellung.

---

60 Vgl. Henning Luther, Religion und Alltag. Bausteine zu einer Praktischen Theologie des Subjekts, Stuttgart: Radius 1992.
61 Vgl. Gerd Otto, Handlungsfelder der Praktischen Theologie (Praktische Theologie 2), München: Kaiser 1988.
62 Ebd., 192.
63 Ebd., 22.

Entsprechend wird die Erzählung als Erfahrungs- und Darstellungsform zur Schlüsselkategorie menschlichen Lebens als Geschichte, in der die göttliche Heilsgeschichte inkarniert. [...] Im Erzählen geschieht Erinnerung wie Unterbrechung. Es erschließt die menschliche Lebensgeschichte in der und als die christliche Heilsgeschichte und diese wird zum Ereignis der Biographie. Kirche handelt, wo sie erzählt."[64]

Während Grözinger eine praktisch orientierte Ästhetik in theologischer Absicht formuliert, entwickelt Bohren eine ästhetische Theologie. Gott mischt sich in diese Welt ein, indem er sich kleinmacht und dem Weltlichen zum Verwechseln ähnlich wird. Seine Allmacht besteht darin, dass er die Erneuerung der Welt durch kreatives Geistwirken von innen heraus vorantreibt. Von daher erhält die Praktische Theologie eine spezifische Aufgabe, die Widl wie folgt beschreibt:

„Es ist Aufgabe der Praktischen Theologie, gegen alle mittelmäßige – auch kirchliche – Geschäftigkeit dazu zu ermutigen, Gottes großen Taten zu trauen, die mitten unter uns geschehen, wo wir einen ästhetisch-prophetischen Sinn entwickeln. [...] Seine Kritik zielt also nicht auf das rechte Handeln, sondern zuerst auf einen schöpferischen Möglichkeitssinn, dessen Konsequenz die geistgewirkte Metamorphose ist."[65]

Und an anderer Stelle:

„Der Ernstfall dieses Sinns, der uns zum Werkzeug der großen Taten Gottes werden lässt, zeigt sich [...] im Umgang mit den Armen, den Marginalisierten und den Opfern. Wer keine Option für die Armen trifft, dessen Ästhetik ist ohne prophetische Kraft."[66]

Zentrale Bedeutung hinsichtlich der Wahrnehmung kommt hier nicht der Kunst, sondern der Prophetie zu:

„Es ist die Prophetie, die die Macht des Geistes inmitten des Weltlichen wahrnimmt – also entdeckt – und sie wahrnimmt – also ihre Wahrheit erkennt, die sich erweist."[67]

---

64 Widl, Gott im Weltlichen wahr-nehmen. Über die Kraft impliziter Symbolik als evangelisatorische Qualität, 95.
65 Ebd., 96.
66 Widl, Weltentheologie, 205.
67 Widl, Gott im Weltlichen, 96f.

Dies ist Aufgabe aller Getauften, weil der Geist Gottes an vielen Stellen fast unkenntlich wirkt. Hierdurch wird die Unterscheidung der Geister notwendig und das Gebet erhält seine Bedeutung, weil es die Wahrnehmung auf das Reich Gottes ausrichtet. Das Schönwerden Gottes als Thema der Gemeinde mündet schließlich im Gotteslob, welches auch die Klage einschließt.

Ein wesentliches Kennzeichen pastoraler Weltentheologie ist damit ferner eine positive Kritik. Sie nimmt die Stärken eines Systems bzw. Paradigmas ernst (kritisiert also nicht einfach seine Schwachpunkte) und bietet ihm jene Perspektiven zur Integration an, die es noch nicht wahrgenommen hat. Es wird also auf einen Paradigmenwechsel hingewirkt, der allerdings nicht folgenlos bleiben kann:

„Denkfaulheit, Statusdenken und situierter Wohlstand sind die zentralen Hindernisse des Reiches Gottes mitten unter uns. Ihnen Kreativität, Vertrauen und Lust auf eine neue Lebensqualität einzuimpfen, ist das prophetische Ziel der positiven Kritik pastoraler Weltentheologie."[68]

Pastorale Weltentheologie versteht Kunst als Übung, sie setzt Einübung und Ausübung voraus.[69] Fehlende Einübung würde zu Dilettantismus führen, fehlende Ausübung zu Erfahrungsdefiziten:

„Eine pastorale Weltentheologie, die das prophetische Aufspüren von Gottes Wahrheit inmitten der heutigen Welten durch eine solche Übung fördern will, hat damit eine Paradigmenverschränkung zwischen den dort wachsenden Lebensfragen und den traditionellen Inhalten der Theologie zu leisten."[70]

Eine Folge der Übung (z.B. der Gebetsübung) ist, dass der Übende frei wird für die konkrete Anforderung der Situation. Er lernt Gelassenheit und erlangt die Fähigkeit dem Reich Gottes gemäß zu handeln. Insofern der Mensch ein

---

68 In solcher Weise prophetisch beschriebene Weltentheologie (bzw. ästhetische Pneumatologie) ist eine ‚Laientheologie' und konvergiert laut Widl mit dem Laienverständnis des Konzils, wie es auch Klinger beschrieben hat. Letztlich ist „die Kunst der Wahrnehmung Gottes in seinem Schön-Werden, wie Bohren die Prophetie als Essenz einer ästhetischen Praktischen Theologie beschreibt", die Aufgabe (das Amt) der ganzen Gemeinde. Um diesem Anspruch gerecht zu werden braucht es Übung. Weitere Merkmale pastoraler Weltentheologie sind das Gebet, insofern es den Menschen auf das Reich Gottes hin ausrichtet, und die Unterscheidung der Geister zum Aufbau der Gemeinde. Widl, Weltentheologie, 205f.
69 Diese Überlegungen gehen zurück auf: Otto Friedrich Bollnow, Vom Geist des Übens. Eine Rückbesinnung auf elementare didaktische Erfahrungen, Stäfa: Rothenhäusler 31991. Karlfried Graf Dürkheim, Der Alltag als Übung. Vom Weg zur Verwandlung, Göttingen: Hohgrefe 122018. Eugen Herriegel, Zen in der Kunst des Bogenschießens, München: O. W. Barth 102010.
70 Widl, Weltentheologie, 208.

Geübter ist, ist sein ganzes Wesen vom Gegenstand der Übung durchdrungen, sein Alltag wird durchdrungen und zur Kunst gestaltet:

> „Ein erwachsener Mensch hat sein eigenes Paradigma zur Kunst gemacht, die er selber ist. [...] Menschliches Leben hat nicht nur eine bestimmte Perspektive, es ist sie. Existenz ist ganzheitlich nur als Perspektivität zu begreifen."[71]

In christlicher Gemeinde zusammengeführte Perspektivität ist insofern universal und zugleich offen bis an das Zeitenende. Auf diese Weise wird pastorale Weltentheologie aber zur Kritik jedes Absolutheitsanspruches und entlarvt ihn als Allmachtsphantasie. Verbindlichkeit erhält in dieser Konzeption jeder ganz konkrete Augenblick, da in ihm das Offenbarwerden Gottes geschehen kann. Übung zielt darauf diese Wahrnehmung zu fördern, und zwar nicht im Sinne von Überforderung, sondern im Sinne von Gelassenheit und Vertrauen auf den Kairos.

Hieraus erwächst letztlich ein Prozess der Veränderung im Rahmen der jeweiligen persönlichen Möglichkeiten. Ein solcher postmoderner Transformationsbegriff steht dem Fortschrittsbegriff der Moderne gegenüber. Diese hat weder eine Übung im Verändern, insofern sie das Faktische immer nur an der Utopie misst, noch hat sie einen Sinn für Paradigmenverschränkung, da in ihrer Logik Spezialwissen bedeutsam ist.

Die postmoderne Paradigmenverschränkung hingegen ist pragmatisch bestimmt. Sie orientiert sich am Gerechten und Guten, was jeweils aus einer bestimmten Perspektive zu erkennen ist. Bei einer Problemlösung sind die unterschiedlichen Perspektiven zu vergleichen und auf ihre Lösungsrelevanz hin zu untersuchen.[72]

Die bisherige Analyse auf den Punkt bringend ist festzuhalten: Der Ansatz der pastoralen Weltentheologie bei Widl gründet in der Heterogenität postmoderner Lebenswelten. Eine solche Theologie deckt die Perspektivität der Paradigmen auf und versucht sie transversal zu vermitteln. Sie nimmt ernst, dass in der Postmoderne jede Position perspektivisch ist, und zwar hinsichtlich Sach-, Person- und Betroffenheitsebene. Theologie ist demnach nicht länger als ein abgegrenzter Sonderbereich aufzufassen. Theologie wird vielmehr in den Lebenswelten vollzogen. Sie ist dimensional, insofern sie die vier kirchlichen Grundvollzüge[73] miteinander verschränkt und im Sinne von Prophetie

---

71 Ebd., 210.
72 Vgl. ebd., 211f.
73 Vgl. IV.2.2.3.

im Blick auf das Reich Gottes (Freiheit, Gerechtigkeit, Freude) wirksam werden lässt. In ihrem Vollzug ist sie offen für das Wirken Gottes, daher evangelisierend und mystagogisch.[74]

Diese in knapper Form dargestellten hermeneutischen Vorüberlegungen bilden das Fundament der fünf Schritte transversaler Weltentheologie, die nun zusammenfassend beschrieben werden können.

2.3.3 Transversalität – Brückenschlag zwischen differenten Welten

Die transversale Methode in der Praktischen Theologie fügt fünf Schritte zusammen, die aus der theologischen Tradition stammend unter postmodernen Bedingungen einen Brückenschlag zwischen Christentum und säkularer Kultur ermöglichen, ohne dabei die Unterschiedlichkeit der Perspektiven zu verwischen. Der transversale Ansatz sucht also nicht nach einem kleinsten gemeinsamen Nenner unterschiedlicher aus den heterogenen Lebenswelten entwickelten Theologien, noch werden diese unter eine weitere Metaebene subsumiert.[75] Transversalität kann als eine angemessene Form des Brückenschlages zwischen den Welten der Postmoderne in der Folge von Welsch (und Lyotard) gelten. Praktisch-theologisch erfolgt dies bei Widl in fünf Schritten:[76]

1. Apologetik: Klassisch ging es der Apologetik darum Häresien festzustellen. In einem weiteren Sinne geht es darum Fremdheit, eigene Vorbehalte und Vorurteile – also auch emotionale Anteile – wahrzunehmen und zu akzeptieren. Wer bei diesem Schritt stehenbleibt, der kann nicht in ein Gespräch eintreten und kann damit auch die erkannte Wahrheit nicht vermitteln. Durch die Apologetik wird die Differenz theologischer Positionen markiert.
2. Korrelation: Korrelation ist bezogen auf Erfahrung. Im weiteren Sinne geht es hier um vertrauensbildende Maßnahmen, damit zwischen Erfahrungen von Menschen eine Brücke geschlagen werden kann. Es ist daher ein wichtiger notwendiger Schritt. Korrelation kommt aber an eine Grenze, wo Erfahrung fehlt. Für die Perspektivenübernahme ist dies insofern relevant, weil nur das rational verstehbar ist, was emotional zugänglich ist. Dahinter steht die postmoderne Erkenntnis der Relationalität der Wahrheit. Danach ist die Wahrheit zwar unteilbar, jedoch für den Menschen nur perspektivisch

---
74 Vgl. hierzu auch die Zusammenfassung von Widl in siebzehn Punkten in: Ebd., 225f.
75 Ebd., 192f.
76 Vgl. zum Folgenden: Widl, Transversalität, 28-32.

erkennbar. In der Korrelation wird eine Brücke geschlagen zwischen der persönlichen Erfahrung und dem Glauben. Widl bezeichnet diese Methode als typisch modern. Dieser Schritt ist insofern nicht ausreichend, da er durch die Erfahrung bzw. die fehlende Erfahrung begrenzt wird.

3. Selbstevangelisierung/ Fremdprophetie: Die Position des anderen, die zunächst fremd und beängstigend erscheinen kann, wird zur Zumutung, die eigene Perspektive und den eigenen blinden Fleck zu hinterfragen. Biblisch zeigt sich dies bereits als Fremdprophetie, Evangelii nuntiandi nennt dies Selbstevangelisierung. Das daraus folgende Inkulturationsdiktum (Kirche muss sich in die Kultur hineinbegeben) korrespondiert mit der Inkarnationstheologie (Christus konnte nur erlösen, was er angenommen hatte). In der postmodernen Vielfalt begegnet Menschen in der Andersartigkeit und Fremdheit ein Aspekt Gottes, der ihnen selbst bisher verborgen geblieben war. Sie sind also gefordert wahrzunehmen und zu lernen. Auf diese Weise geschieht Fremdprophetie und Selbstevangelisierung. Ekklesiologisch gilt: Kirche kann nur dort evangelisierend wirken, wo sie sich selbst der Kultur wirklich ausgesetzt hat.

4. Prophetie/ Evangelisierung: Dieser Schritt markiert eine deutliche Veränderung gegenüber dem ersten Schritt der Apologetik. In diesem Schritt werden die eigenen bisherigen Begrenzungen erkennbar und reflektiert, die eigene Position ist bescheidener, Umkehr hat stattgefunden, die Position ist spirituell tiefer. Die eigene Position wird nun zur Zeugenschaft und verliert an Härte, kann aber auch ins Martyrium weisen. Auf diese Weise ist dann auch wirklich Prophetie/ Evangelisierung möglich. Denn die Position des anderen ist klarer verstanden, das Evangelium kann angemessener verkündet werden. Und zwar mit einer Autorität, die spirituell durchdrungen ist und nicht aus dem Zwang erwächst, etwas beweisen zu müssen.

5. Katholizität: Schließlich ist zu prüfen und zu erweisen, dass die auf diesem spirituellen Weg vertiefte Wahrheit in der Gemeinschaft der Kirche eingebunden ist und bleibt und in eine neue tiefere Form der Gemeinschaft hineinführt. Katholizität ist als fünfter Schritt das Prüfkriterium der Transversalität. Durch Selbstevangelisierung/ Fremdprophetie und Evangelisierung/ Prophetie erworbene Einsichten müssen sich in katholischer Perspektive einfügen und dürfen nicht zu Abspaltung führen.

Die damit vorliegende umfassende methodologische Konzeptionierung postmoderner Pastoraltheologie als transversale Weltentheologie dient als Fundament und Orientierung für die Frage nach der Freude, wie sie sich aus der konkreten Praxis ergibt (vgl. 1). Der vor diesem Hintergrund zu beschreitende

Gang der Argumentation wird nun zum Abschluss der Einleitung als Orientierungsrahmen vorgestellt.

3 Der Gang der Argumentation

Die Freude als christliches und kulturelles Leitthema wird im Sinne transversal-weltentheologischer Hermeneutik im Blick auf die pastorale Praxis in folgender Weise untersucht.

1. In Teil I wird das „Glück in der Kultur" zunächst in einer alltagspraktischen Wahrnehmung aus subjektiver Perspektive erschlossen. Dabei werden die enorme Varianz und Bedeutsamkeit der Thematik in der gegenwärtigen Kultur erkennbar. Zugleich zeigt sich hier erstmalig, dass sich das Forschungsinteresse einer begrifflichen Festlegung (Freude, Glück usw.) entzieht. Diese Beobachtung wird sich als roter Faden durch die Untersuchung ziehen und jeweils neu reflektierend eingeholt.

   Auf der Basis der ersten alltagspraktischen Wahrnehmung werden dann drei exemplarische Vertiefungsbereiche ausgewählt, um genauer zu analysieren, in welcher Weise Glück in der gegenwärtigen Kultur thematisiert wird. Gegenstand dieses Abschnitts werden ausgewählte Studienergebnisse der empirischen Glücksforschung und bzgl. der Ratgeberliteratur sowie eine ethnographische Studie zum „Alb-Glück" sein. Die Erträge dieser Analyse werden schließlich in sieben Dimensionen zusammengefasst. Vorausgesetzt wird dabei, dass sich im Rahmen dieser Untersuchung jeweils nur spezifische Perspektiven auf das Thema zeigen lassen.

   Im Sinne transversaler Weltentheologie werden in diesem Teil zunächst Fremdheiten und Vorbehalte ‚spürbar' (Apologetik). Im Fokus steht jedoch vor allem ein korrelatives Interesse, insofern es um die Wahrnehmung der Erfahrung von Freude und Glück in der Kultur geht. Es handelt sich also um eine bedeutsame Bedingung zur Bildung von Verständnisbrücken zwischen Lebenswelt und theologischer Reflexion. Zugleich ist hier aber auch schon der dritte Schritt der transversalen Methode anzielt, also Selbstevangelisierung/ Fremdprophetie. Mit anderen Worten werden sich hier Aspekte zeigen, die für die praktisch-theologische Erschließung von Freude relevant sind, weil sie auf ‚blinde Flecken' christlicher Praxis aufmerksam machen.

2. Auf dieser Basis wird im anschließenden Teil II unter der Überschrift „Glück in der Moderne" eine systematische Vertiefung in sozialwissenschaftlicher

Perspektive angeschlossen. Nach einer einleitenden Sichtung der gegenwärtigen soziologischen Forschung zum Thema werden drei Ansätze vertiefend analysiert: Erstens das Modell der Fülle-Erfahrung im Kontext der Säkularität von Charles Taylor, zweitens eine Analyse von Edgar Cabanas und Eva Illouz zur individualisierten Gefühlsware Glück sowie drittens das Resonanzkonzept von Hartmut Rosa.

Die aus der kulturwissenschaftlichen Analyse in Teil II entwickelten sieben Dimensionen werden auf der Basis der ausgewählten Perspektiven diskutiert und in fünf Thesen neu gewichtet. Diese Thesen stellen sozialwissenschaftlich begründete Orientierungen für die weitere praktisch-theologische Erschließung dar.

Auch in diesem Teil steht im Sinne des ersten, zweiten und dritten Schrittes transversaler Weltentheologie das Interesse im Fokus, das Evangelium sozialwissenschaftlichen Perspektiven auszusetzen und durch diese Perspektivität einen veränderten Zugang (Entdecken eigener Vorbehalte, Verständnisbrücken, Selbstevangelisierung/ Fremdprophetie) zur christlich-theologischen Erschließung anzubahnen.

3. Teil III der Untersuchung analysiert „Perspektiven auf Glück und Freude im theologischen Diskursarchiv". Insofern es sich, wie eingangs bereits erwähnt, bei der Freude um einen zentralen Aspekt des christlichen Glaubens handelt, wird zunächst eine Einführung in den gegenwärtigen theologischen Forschungsstand zur Freude gegeben. Die theologische Erschließung erfolgt dann in drei breit angelegten Durchgängen, wobei die erforderliche Schwerpunktsetzung auf der Basis des erhobenen theologischen Forschungsstandes sowie vor dem Hintergrund der im vorhergehenden Teil entwickelten und thesenartig zugespitzten Dimensionen des Glücks in der Moderne erfolgt.

Zunächst wird unter der Berücksichtigung von Gisbert Greshake, Jörg Lauster und P. Franziskus der Zusammenhang von Glauben und Glück analysiert. Im zweiten Kapitel werden mit Bezugnahme auf P. Franziskus, Joseph Ratzinger/ P. Benedikt XVI., Michael Bordt und Doris Nauer theologisch-anthropologische Perspektiven auf die „Freude ein Mensch zu sein" diskutiert. Und schließlich wird die Freude des christlichen Glaubens in schöpfungstheologischer Perspektive thematisiert. In diesem Kapitel sind Denis Edwards, (erneut) P. Franziskus und Geiko Müller-Fahrenholz die Referenzautoren.

Ziel von Teil III ist es, fünf Optionen für eine pastorale Praxis, die sich der Freude des Evangeliums verpflichtet weiß, vorschlagen zu können.

Im Sinne des vierten Schrittes der transversalen Weltentheologie (Prophetie/ Evangelisierung) zielt dieser Teil auf die theologische Relecture der sozialwissenschaftlichen Erträge. Es werden hier Berührungspunkte zwischen Kultur und Theologie offenkundig, aber auch ein prophetischer Mehrwert der theologischen Perspektiven gegenüber den kulturellen Perspektiven erkennbar. Dabei wird auch der fünfte Schritt (Katholizität) bereits mitvollzogen, insofern sich die Argumentation hier auf die theologische Tradition stützt.

4. Dieser Schritt wird in Teil IV „Freude als christliche Praxis" weiter vertieft. Trotz der anfangs skizzierten Krisenhaftigkeit gegenwärtiger Pastoral steht bei diesem Schritt die These im Hintergrund, dass es bereits heute eine christliche Praxis gibt, die die Freude des christlichen Glaubens kultiviert. Im Kontext von vier Entdeckungsorten soll daher analysiert werden, auf welche Weise die zuvor vorgeschlagenen fünf Optionen bereits heute erkennbar sind bzw. ob an diesen Entdeckungsorten noch ganz andere Aspekte der christlichen Freude zu erkennen sind. Materialiter werden das Mitgliedermagazin der Diözese Münster, das Modell des Grieser Weges als Beispiel kontemplativer Spiritualität, eine Notschlafstelle für Jugendliche und die Arche-Gemeinschaften ausgewählt.
5. Schließlich wird der fünfte Schritt der transversalen Weltentheologie abgeschlossen, indem die Ergebnisse der vorliegenden Studie auf der Basis gegenwärtiger pastoraltheologischer Theoriebildung diskutiert und in diese eingeordnet werden.

I GLÜCK IN DER KULTUR

In diesem Teil wird die Freude[77] in der Kultur analysiert. Eine erste Annäherung (1) erfolgt, indem das Thema Freude aus der Lebenswelt heraus wahrgenommen wird. Es geht hier um eine alltagspraktische Wahrnehmung davon, was in der gegenwärtigen Kultur mit Freude assoziiert wird und in welchen Kontexten Freudeerfahrungen relevant sind und thematisiert werden. Eine vertiefte kulturwissenschaftliche Analyse erfolgt in den folgenden Kapiteln (2-4). Die Ergebnisse werden schließlich in Kapitel 5 zusammengefasst.

1 Alltagspraktische Wahrnehmungen

Auf den ersten Blick fällt auf, dass Freude in einer unüberschaubaren Vielzahl von Varianten thematisiert wird.[78]

Freude und Glück sind Thema zahlreicher Medien, die Beratung dahingehend anbieten, wie der einzelne Mensch sein Glück finden kann: Es gibt Magazine[79],

---

77 Wie bereits angedeutet wird sich zeigen, dass Freude in der Alltagspraxis synonym mit anderen Begriffen wie Glück, Lebensfreude, Wohlbefinden, Zufriedenheit o.ä. verwendet wird. Diese Beobachtung wird hier nur angemerkt und unter 1.2 reflektiert.

78 Ein Marmeladenhersteller nennt sein Produkt Glück, Kaffeegenuss wird mit der Erfahrung von Lebensfreude beworben, biologische Produkte verheißen Lebensfreude. Das kleine Glück wird mit dem Genuss eines Kuchens verknüpft. In der Stille von Teegenuss wird Freude versprochen, die im Stress verloren ging. Ein Supermarkt wirbt, dass mit seinem Fleisch „Freude auf den Grill" kommt; ein Steakhouse serviert mit dem zubereiteten Fleisch Lebensfreude direkt auf den Tisch und thailändische Frühlingsrollen sind „Glücksrollen". Ein Eishersteller verkauft seine Produkte im eigenen Happiness-Store; eine andere Eisdiele heißt „Gioia" (ital. Freude). Ein Badezusatz verheißt eine „glückliche Auszeit". Ein Laden mit nachhaltig produzierter Kleidung bietet das „bunte Glück". Ein Trachtenhemd trägt den Namen „Lebensfreude". Das citynahe Wohnen verheißt „urbanes Lebensglück". Ein Autohersteller wirbt mit „Freude am Fahren". Ein großer amerikanischer Limonadenhersteller garantiert mit seinen Produkten seit 1886 Lebensfreude-Erfahrung. Bei einem Online-Händler ist alles zu finden, was glücklich macht. Das Konzept der „Kauf-dich-glücklich-Stores" fasst die Botschaft zusammen: Wer glücklich werden will und nach Lebensfreude sucht, der kann das Glück käuflich erwerben.

79 In den letzten Jahren haben sich folgende Magazine auf dem Markt etabliert: „Flow" (Seit 2013. Acht Ausgaben/ Jahr. 109.000 verkaufte Exemplare. Vgl. Zeitschrift FLOW, https://www.presseplus.de/Flow-Abo (30.01.2020). „Happinez" (Seit 2010. Erscheint monatlich. 131.000 verkaufte Exemplare. Vgl. Zeitschrift Happinez, https://www.presseplus.de/Happinez-Abo (30.01.2020). „Happy way" (Vier Ausgaben/ Jahr. 80.000 Druckauflage. Vgl. Zeitschrift Happy way, http://www.happy-way.de (30.01.2020). Oder „Hygge" (seit 2017. Sechs Ausgaben/ Jahr. 60.000 verkaufte Exemplare. Vgl. Zeitschrift Hygge, https://www.gujmedia.de/print/portfolio/hygge/profil/ (30.01.2020). Zielgruppe dieser Zeitschriften sind überdurchschnittlich gebildete und einkommensstarke Frauen im mittleren Erwachsenenalter.

Glücksratgeber[80], Geschenk-/ Textbände[81] und Coachingangebote[82]. Wegweiser zur (Lebens-) Freude sind ebenso im Bereich von New Age/ Esoterik[83] wie im christlichen Kontext[84] zu finden.

Oft steht die Thematisierung von Freude im Zusammenhang mit der Frage nach Heilung, Gesundheit und langem Leben.[85] Auf der anderen Seite ist auffällig, dass Erfahrungen von Freude und Glück immer wieder auch im Kontext von Kontingenzerfahrungen, wie Krankheit oder Behinderung, thematisiert wird.[86]

---

80 Aus der unüberschaubaren Fülle der Angebote zwei Beispiele aus der Bestsellerliste des Börsenblattes des Deutschen Buchhandels vom Oktober 2019: Rolf Dobelli, Die Kunst des guten Lebens. 52 überraschende Wege zum Glück, München: Pieper 2017. Biyon Kattilathu, Der Rikscha-Fahrer, der das Glück verschenkt, München: Gräfe und Unzer 2019. Vgl. Börsenblatt des Deutschen Buchhandels, https://www.boersenblatt.net/bestseller/ratgeber (14.10.2019).

81 Exemplarisch: Rolf Merkle, Doris Wolf, Der Lebensfreude Kalender 2020, München: PAL 2019. Phil Bosmans, Vergiss die Freude nicht, Freiburg: Herder 2019. Julia Gommel-Baharov (Hg.), Lebensfreude: Das große Lesebuch für glückliche Stunden, Frankfurt/ M.: S. Fischer 2019.

82 Bspw.: Michael Mönks, https://www.lebensfreude-akademie.com (30.01.2020). Gina Schöler, https://ministeriumfuerglueck.de (30.01.2020). Olaf Späth, https://www.akademie-des-gluecks.de (30.01.2020). Katharina Tempel, https://www.gluecksdetektiv.de (30.01.2020).

83 In Auswahl sind zu nennen: Zum Thema Achtsamkeit Iris Warkus, 365 Wege zur Achtsamkeit: Wertvolle Tipps für mehr Gelassenheit und Lebensfreude, Köln: Naumann und Göbel 2017. Zum Thema Transformationstherapie: Otto Betz, Willst du normal sein oder glücklich? Aufbruch in ein neues Leben und Lieben, München: Heyne 2011. Aus dem Bereich der indischen Meditation: Osho, Freude: Das Glück kommt von innen, Berlin: Allegria 2005. Aus dem Tao: Byron Katie, Stephen Mitchell, Eintausend Namen für Freude: Leben in Harmonie mit dem Tao, München: Goldmann 2012. Scientology: L. Ron Hubbard, Der Weg zum Glücklichsein, Kopenhagen: New Era 2007. Im Feld allgemeiner Meditationspraxis: James Baraz, Shoshana Alexander, Freude. Mit einem Geleitwort von Jack Kornfield und einem Vorwort von Ram Dass, München: Nymphenburger 2011. Gerhard Schmied, Die Erleuchteten sind unter uns. Spiritualität als moderner Weg zum Glück?, in: Bellebaum/ Hettlage (Hg.): Glück hat viele Gesichter, Wiesbaden: VS 2010, 371-385.

84 In Auswahl: Otto Betz, Zum Glück gibt es die Freude (Münsterschwarzacher Kleinschriften 190), Münsterschwarzach: Vier-Türme 2014. Clive Staples Lewis, Überrascht von Freude. Eine Autobiographie, Gießen: Brunnen 62014. John Piper, Wenn die Freude nicht mehr da ist, Bielefeld: CLV 22017. Alexander Schmemann, Aus der Freude leben. Ein Glaubensbuch der orthodoxen Christen, Köln: Koinonia-Oriens-e.V. 2000. Notker Wolf, Rudolf Walter (Hg.), Die sieben Säulen des Glücks. Tugenden zum Leben, Freiburg: Herder 2019. Anselm Grün, Die eigene Freude wiederfinden, Freiburg: Herder 2017 (Neuausgabe). Manfred Lütz, Wie sie unvermeidlich glücklich werden. Eine Psychologie des Gelingens, München: Penguin 2017.

85 Z.B.: Eckart von Hirschhausen, Tobias Esch, Die bessere Hälfte: Worauf wir uns mitten im Leben freuen können, Hamburg: Rowohlt 52018. Gabriele Pitschel-Walz, Lebensfreude zurückgewinnen: Ratgeber für Menschen mit Depressionen und deren Angehörige, München: Elesvier 22017.

86 So hat etwa der Photograph Florian Jaenicke das Zusammenleben mit seinem mehrfach schwerstbehinderten Sohn im Jahr 2018 in einer Fotoserie im Zeit-Magazin veröffentlicht. Er fasst das Leben seines Sohnes schließlich unter der Überschrift „Ein glücklicher Mensch" zusammen: „Es dauerte lange, bis wir akzeptieren konnten, dass wir nie sehen werden, wie Friedrich über eine Wiese rennt, dass er niemals Mama oder Papa zu uns sagt oder uns auch nur in die Augen sieht. Viele Jahre vergingen, bis wir unser Augenmerk von dem lösen konnten, was Friedrich nicht kann, um das sehen zu können, was er kann: ein glücklicher Mensch zu sein." Florian Jaenicke, Ein glücklicher Mensch (Wer bist du?), in: Zeit-Magazin (1/2020), 16. Vgl. auch: Shabnam und Wolfgang Arzt, Umarmen und loslassen. Was wir in 13 Jahren mit unserer totkranken Tochter über das Leben gelernt haben, München: Ludwig 2017, 240. Die Eheleute Arzt schreiben im Blick auf ihre verstorbene schwer mehrfachbehinderte Tochter Jaël: „Unsere Toch-

Kinder können bereits in Schule und Familie zum Glück erzogen werden.[87] Auf den ersten Blick scheinen Freude und Glück also wichtige Qualitäten des Lebens zu sein, dem einzelne ihr individuell biografisches Projekt widmen.[88] Diese individuelle Bedeutsamkeit von Freude und Glück spiegelt sich nicht zuletzt in künstlerischen Thematisierungen[89] wider, die zur Auseinandersetzung[90] anregen bzw. Ergebnis autobiographischer Erfahrungen sind[91].

Keineswegs aber wird die Suche nach dem Glück allein dem einzelnen Individuum überlassen. Vielmehr ist das Glück auch Gegenstand politischer Diskurse: etwa hinsichtlich der Digitalisierung[92], im Bereich von Gesetzgebung/ Verfassung[93],

ter war eine Meisterin der Lebensfreude. Ihr Lachen war ein Strahlen über das ganze Gesicht, bis man die Augen kaum mehr sehen konnte. [...] Nichts im Leben ist selbstverständlich, also macht Freude darüber immer Sinn. So haben wir die Fähigkeit entwickelt, selbst in schwierigen Zeiten ein dankbares Herz zu bewahren." Außerdem ist instruktiv: ARD Themenwoche, Sowas wie Glück. Eine Reise mit Anke Engelke, in: https://www.ardmediathek.de/ard/player/Y3JpZDovL2Rhc2Vyc3RlLmRlL3JlcG9ydGFnZSBfIGRva3VtZW50YXRpdW50aXZmV50YXRpdW5nL2NvaHJpc3NlL2NvbXB1dGVyL2lu/ (30.01.2020). Und eine Reportage im MDR Fernsehen über die Arbeit eines Kinderpalliativ-Teams: Susanne Beßler, Am Ende ist noch Platz für Glück. Ein Ärzteteam begleitet todkranke Kinder, in: https://www.mdr.de/tv/programm/sendung871086.html (02.02.2020)

87 Zum schulischen Bereich: Carina Mathes, Curriculum Schulfach Glückskompetenz: Leitfaden für den Glücksunterricht (2 Teile), Norderstedt: Books on Demand 2016. Pionier im Bereich der Etablierung von Glück als Schulfach in der Bundesrepublik ist Ernst Fritz-Schubert, vgl. Fritz Schubert, https://www.fritz-schubert-institut.de (30.01.2020). Zur familiären Erziehung: Ron Lieber, Die Verwöhnfalle. Wie man seine Kinder zu verantwortungsbewussten und glücklichen Menschen erzieht, München: mvg 2015. Noel Janis-Norton, Glückliche und entspannte Jungs. Wege zu einer stressfreien Erziehung, München: mvg 2016. Jörg Zirfas, Glück als Erziehungsziel. Pädagogische Gedanken zum Kinderglück, in: Englert (Hg.): Glück und Lebenskunst (Jahrbuch der Religionspädagogik 29), Neukirchen-Vluyn: Neukirchener Verlagsgesellschaft 2013, 21-30.

88 Z.B.: Alexandra Reinwarth, Das Glücksprojekt: Wie ich (fast) alles versucht habe, der glücklichste Mensch der Welt zu werden, München: mvg 2010. Als Familienprojekt: Christoph Wulf u.a. (Hg.), Das Glück in der Familie. Ethnographische Studien in Deutschland und Japan, Wiesbaden: VS 2011.

89 Musik: Ludwig van Beethoven, Ode an die Freude. Herbert Grönemeyer, Sekundenglück. Mercedes Sosa, Y dale alegria a mi Corazon. 2Raumwohnung, Besser geht's nicht. Literatur: Tankred Dorst, Die Freude am Leben. Drama/ Kupsch. Monolog. Stücke und Materialien (Mitarbeit Ursula Ehler) (edition suhrkamp theater 3409), Frankfurt/ M.: Suhrkamp 2001. György Konrád, Glück, Frankfurt/ M.: Suhrkamp 22004. Émile Zola, Die Lebensfreude, Berlin: elv 2013. Kunst: Michael Bischoff u.a., http://www.institutfuergluecksfindung.de (30.01.2020). Stefan Sagmeister, https://www.youtube.com/watch?v=F3Rl4E6K6ck (30.01.2020). Ein klassisches Feld der Thematisierung von Glück sind hierzu Märchen: Vgl. Helga Kohler-Spiegel, Glück im Märchen, in: Englert (Hg.): Glück und Lebenskunst (Jahrbuch der Religionspädagogik 29), Neukirchen-Vluyn: Vandenhoeck & Ruprecht 2013, 96-105.

90 In postmodern-essayistischer Prägung: Benjamin Kunkel, Marco Roth, Glück, in: n+1-Research (Hg.): Ein Schritt weiter. Die n+1-Anthologie. Aus dem Amerikanischen von Kevin Vennemann (edition suhrkamp 2539), Frankfurt/ M.: Suhrkamp 2006, 63-136.

91 Vgl. Annegret Braun, Wie Frauen Glück erleben, Freiburg: Kreuz 2013. Sowie: Dorothea Radzik-Bolt, Gesichter des Glücks. Glück und Unglück im Lebensrückblick alter Menschen (Dissertation), Zürich: o.A. 2006.

92 Vgl. Thomas Wehrs, Störfall Mensch! Verlieren wir im digitalen Rausch unsere Lebensfreude, Emotionalität und Beziehungsfähigkeit?, Lichtenau: MBS 2018.

93 Udo di Fabio, Recht auf Glück? Contradictio in adjecto, in: Internationale katholische Zeitschrift Communio 39 (2010), 547-554. Verfassungsrang bekam das Pursuit of happiness erstmals in der Unabhängigkeitserklärung der Vereinigten Staaten von Amerika am 4. Juli 1776.

von Kriegsfolgen[94] oder in anderen gesellschaftlichen Bereichen[95].

Besondere Relevanz hat das Thema in den letzten Jahren dabei vor allem im ökonomischen Sektor erhalten, etwa im Blick auf Bedingungen der Arbeit.[96]

Ein anderer bedeutender Schauplatz der Thematisierung von Freude und Glück ist die Natur.[97] Sie wird in zahlreichen Varianten als Szenerie und Projektionsfläche von Glückerfahrungen – oftmals auch als Gegenwelt zur modernen Lebenswelt – konstruiert.

Und schließlich hat sich als Basis des gesellschaftlichen Glücksdiskurses in den letzten Jahren die empirische Glücksforschung[98] entwickelt.

Vgl. Ina-Maria Greverus, Das wandelbare Glück. „Pursuit of Happiness" in Amerika und Europa, in: Jeggle (Hg.): Volkskultur in der Moderne. Probleme und Perspektiven empirischer Kulturforschung (Rowohlts Enzyklopädie 431), Reinbek: Rohwolt 1986, 270-289. In der Regel unbekannt ist hingegen ein Rechtskodex aus Bhutan aus dem Jahre 1729, in dem es heißt: „If the government cannot create happiness for its people, then there is no purpose for government to exist." Auf dieser Basis wurde in Bhutan gegen Ende des 20. Jahrhunderts die Idee des Bruttonationalglücks entwickelt. Vgl. Centre for Bhutan Studies & GNH Research, A compass towards ajust and harmonious society. 2015 GNH Survey Report, in: http://www.grossnationalhappiness.com/wp-content/uploads/2017/01/Final-GNH-Report-jp-21.3.17-ilovepdf-compressed.pdf (30.01.2020) 29.

94 Unter dem Motto „Fest der Freude" fand im Jahr 2019 in Wien zum siebten Mal eine Gedenkveranstaltung zur bedingungslosen Kapitulation der Wehrmacht statt. Auch in der Diskussion um transgenerationale Weitergabe von Kriegstraumata spielt die Freude bzw. fehlende Freude eine Rolle. Vgl. hierzu: Anne-Ev Ustorf, Wir Kinder der Kriegskinder. Die Generation im Schatten des Zweiten Weltkriegs, Freiburg: Herder 42013. Michael Schneider, Joachim Süss (Hg.), Nebelkinder. Kriegsenkel treten aus dem Traumaschatten der Geschichte, Berlin: Europa 22015. Aktuell zu Kriegstraumata: Evelyn Finger, „Freude kann man lernen!" (Interview Salah Ahmad), in: Die Zeit (51/2018), 56.

95 So wurde im Jahr 2016 in den Vereinigten Arabischen Emiraten erstmals eine Ministerin für Glück ernannt. Sowie auf der Ebene der Vereinten Nationen eine Resolution zum Glück als Entwicklungsziel: Happiness: towards a holistic approach to development vom 25. August 2011: Vgl. UN General Assembly, Happiness: towards a holistic approach to development, in: https://undocs.org/en/A/RES/65/309 (30.01.2020).

96 Z.B.: Sabine Donauer, Faktor Freude. Wie die Wirtschaft Arbeitsgefühle erzeugt, Hamburg: edition Körber-Stiftung 2015. Stephan Josef Dick u.a., Wertschätzung. Wie Flow entsteht und die Zahlen stimmen – Impulse und Praktiken zur Gestaltung gelingender Zusammenarbeit, München: Vahlen 2017. Alfred Bellebaum u.a. (Hg.), Ökonomie und Glück. Beiträge zu einer Wirtschaftslehre des guten Lebens, Opladen: Westdeutscher 1999. Happiness Research Organisation, https://www.happiness-research.org/de/ (30.01.2020). Heinrich Fisch, Glück: Politische und ökonomische Einflüsse, in: Bellebaum (Hg.): Glücksforschung. Eine Bestandsaufnahme (Analyse und Forschung: Sozialwissenschaften 39), Konstanz: UVK 2002, 213-226.

97 Laut einer Umfrage von infratest dimap im Auftrag des NDR im Jahr 2013 empfanden 90% der Befragten besondere Glücksmomente in der Natur. Vgl. Statista, https://de.statista.com/statistik/daten/studie/308267/umfrage/umfrage-unter-norddeutschen-zum-erleben-von-gluecksmomenten-in-der-natur/ (30.01.2020). Vgl. Außerdem: Michael McCarthy, The Moth Snowstorm: Nature and Joy, New York: New York Review Books 2018. Anne Kunze, Einer, der Glück verkauft. Der Zoohändler Stephan Wulfhorst erfährt, wonach sich Menschen sehnen, die sich Haustiere zulegen, in: Die Zeit (31/2018), 28. Johanna Romberg, Federnlesen. Vom Glück, Vögel zu beobachten, Köln: Ehrenwirth 2018.

98 Einen ersten Überblick bietet: Ruut Veenhoven, Glück als subjektives Wohlbefinden: Lehren aus der empirischen Forschung (aus dem Englischen übersetzt von Reiner Ansén), in: Thomä (Hg.): Glück. Ein interdisziplinäres Handbuch, Stuttgart: Metzler 2011, 396-403. Siehe auch:

Bereits aufgrund dieser alltagspraktischen Wahrnehmungen ist offenkundig, dass Freude und Glück zentrale Themen der Gegenwart sind, und zwar sowohl im Hinblick auf die individuelle Lebensgestaltung wie auch auf gesellschaftliche, politische und ökonomische Diskurse.[99]
Ein erster Blick in die soziologische Forschung stützt diese These (1.1).

1.1 „wie ein Gottesdienst" (G. Schulze)

Der deutsche Soziologe Alfred Bellebaum war einer der ersten, der sich wissenschaftlich dem Glück zugewandt hat. Er spricht von Aktualitätswellen des Glücks und datiert das Aufkommen der letzten Welle auf das Ende der 80er/ Anfang der 90er Jahre des letzten Jahrhunderts. Bereits im Jahr 1983 wurde Glück demnach als Modethema bezeichnet.

War das Thema vorher weitgehend in (moral-) theologischen bzw. philosophischen Diskursen beheimatet, wurden Beiträge zu einer Anthropologie des Glücks seitdem in fast allen Wissenschaftsbereichen wie Biologie, Psychologie, Sozialpsychologie, Soziologie, Kulturanthropologie, Staatstheorie, Ökonomie etc. entwickelt.[100]

Auch der Baseler Ethnologe Walter Leimgruber hat die zentrale Bedeutung von Glück in der Kultur herausgearbeitet. Er stellt fest, dass Glück (engl. Happiness) in der Gesellschaft allgegenwärtig ist, sodass Einzelne dazu angeregt werden, nach dem eigenen Glück zu suchen. Dazu gibt es ein „überwältigendes Angebot" an Glücklichmachern. Das gesellschaftlich vermittelte Bild suggeriert dabei die Botschaft: Die anderen sind glücklich; sei du es auch.

Glück ist nach Leimgruber eine höchst individuelle und zugleich gesellschaftlich bestimmte Tatsache, die jenseits struktureller oder ökonomischer Bedingungen zu erfassen sei.[101]

Leo Bormans (Hg.), Glück. The New World Book of Happiness. Mit den neuesten Erkenntnissen aus der Glücksforschung, Köln: DuMont 2017. Kritisch zur Glücksforschung: Slavoj Zizek, Glück? Nein danke! Die Grundlagen der Wahlbeeinflussung durch Cambridge Analytica lieferte die Glücksforschung. Diese gehört auf den Prüfstand gestellt, in: Die Zeit (15/2018), 43. Auch Hartmut Rosa weist kritisch darauf hin, dass die empirische Glücksforschung widersprüchliche und z.T. paradoxe Ergebnisse liefert, weshalb er die Grundsatzfrage stellt, ob sie tatsächlich brauchbare Ergebnisse liefert: Vgl. Hartmut Rosa, Resonanz. Eine Soziologie der Weltbeziehung, Berlin: Suhrkamp 2016, 48f.
99 Einen weitergehenden, multiperspektivischen Überblick vermittelt: Karl Kreichgauer, https://www.gluecksarchiv.de/index.htm (30.01.2020).
100 Vgl. Alfred Bellebaum, Glück. Erscheinungsvielfalt und Bedeutungsreichtum, in: Ders. (Hg.): Glücksforschung. Eine Bestandsaufnahme, Konstanz: UVK 2002, 13-42.
101 Vgl. Walter Leimgruber, Überglückt: wohin man blickt, nur Glück, in: Schweizerisches Archiv für Volkskunde 106 (1/2010), 47-54.

So belegen die soziologischen Befunde die alltagspraktischen Beobachtungen, dass Glück ein Leitthema unserer Kultur ist. Gerhard Schulze formuliert dies sehr prägnant auf folgende Weise:

„Der Glücksdiskurs zieht unsere Sozialwelt in ihren Bann wie ein Gottesdienst."[102]

Ausgangspunkt dieser Untersuchung war die Frage nach der Freude in der Pastoral. Die alltagspraktische Wahrnehmung hat bisher jedoch den Fokus auf den „Glücksdiskurs" gelenkt. Diese Beobachtung ist im Folgenden reflektierend einzuholen (1.2).

1.2 Freude oder Glück?

Durch die alltagspraktische Wahrnehmung wurde erkennbar, dass die Begriffe Freude und Glück in der Kultur sehr unscharf verwendet werden. Der Begriff (Lebens-) Freude kommt zwar vor, häufiger wird jedoch von Glück bzw. von Wohlbefinden, gutem Leben oder ähnlichem gesprochen. Dementsprechend spricht Schulze vom Glücksdiskurs. Wie ist nun mit diesem Befund hinsichtlich des Forschungsinteresses umzugehen?

Die Frage der Terminologie wird auch in der soziologischen Debatte reflektiert. Bellebaum rät angesichts der terminologischen Vielfalt zu einem pragmatischen Vorgehen:

„Es gibt zwar Versuche, die vielfältigen Bezeichnungen bedeutungsmäßig zu ordnen, wissenschaftsintern sind jedoch allseits anerkannte und zugleich einsehbare Abgrenzungen nicht vorhanden. Am besten geht man pragmatisch vor [...]."[103]

Ein solches pragmatisches Vorgehen scheint auch im Hinblick auf das praktisch-theologische Interesse dieser Arbeit zielführend. Es wird daher auf eine Begriffsdefinition verzichtet, um von dieser vermeintlich geklärten Perspektive her die Wirklichkeit zu systematisieren. Vielmehr soll im Folgenden durch drei ‚Tiefenbohrungen' die Differenziertheit der kulturellen Wirklichkeit wahrgenommen und auf diese Weise wichtige Aspekte von Freude und Glück in der gegenwärtigen Kultur veranschaulicht werden.

---

[102] Gerhard Schulze, Kulissen des Glücks. Streifzüge durch die Eventkultur, Frankfurt/ M.: Campus 1999, 9.
[103] Bellebaum, Erscheinungsvielfalt, 16.

Dazu werden aus den oben erschlossenen Thematisierungsfeldern des Glücks drei exemplarische Felder ausgewählt. Insofern in den vergangenen Jahren die empirische Glücksforschung für politische Glücksdiskurse an Bedeutung gewonnen hat, wird diese hier zunächst vertiefend untersucht (2). Im Bereich der individuellen Glückssuche ist die Ratgeberliteratur von großer Bedeutung (3). Und schließlich wird der Zusammenhang von Glück und Naturerfahrung mittels einer ethnografischen Studie (4) in den Blick genommen; ein Zusammenhang, der einerseits individuell codiert wird und zugleich, vor allem angesichts der gegenwärtigen Klimakrise, gesellschaftliche Aspekte beinhaltet.[104] Auf diese Weise wird das Glück als Leitthema der Kultur in sieben Dimensionen erschlossen (5).

2 Empirische Glücksforschung – Das messbare Glück

Die Ergebnisse der empirischen Glücksforschung finden in einer größeren Öffentlichkeit regelmäßig Aufmerksamkeit, z.B. anlässlich des Welttags des Glücks[105]. Andererseits werden sie als Grundlage für politische und ökonomische Entscheidungsprozesse genutzt. Die empirische Glücksforschung ist insofern sehr eng mit dem ökonomischen Sektor verknüpft. Die zentrale Hypothese empirischer Glücksforschung lautet, dass Glück messbar sei. Dabei beanspruchen ihre Proponenten durch ihre Forschung zur wirksamen Verbesserung des Wohlbefindens von Menschen und Gesellschaften beitragen zu können.[106]

Die Analyse erfolgt in zwei Schritten. Zunächst werden drei ausgewählte internationale Studien vorgestellt, um darzustellen, wie unterschiedlich der Glücksbegriff konstruiert wird (2.1). Anschließend werden anhand nationaler Studien Quellen des Glücks erschlossen (2.2). Eingefügt wird hier ein Exkurs zum Zusammenhang von Glück und Religion. Die Ergebnisse dieses Kapitels werden schließlich als Ertrag unter 2.3 zusammengefasst.

---

104 Selbstverständlich wären auch andere Vertiefungsfelder denkbar, etwa in den Bereichen Marketing, Magazine, Literatur, Musik, Esoterik/ New Age usw.
105 Dieser wurde erstmalig im Jahr 2012 durch die UN ausgerufen.
106 Grundlegende Kritik an der Relevanz von Umfragen für die Theologie übt der Münsteraner Philosoph Klaus Müller: Klaus Müller, Vox dei? Zum theologischen Status von Umfragen, in: Lebendige Seelsorge 57 (4/2006), 216-220.

2.1 Konstruktionen des Glücks

2.1.1 UN World Happiness Report (WHR)

Die Resolution 65/309 der Generalverammlung der Vereinten Nationen aus dem Jahr 2011 zielte darauf ab, dass die Teilnehmerländer das Glücksbefinden ihrer Bevölkerung erheben sollten, um ihre Politik besser ausrichten zu können. Der erste WHR aus dem Jahr 2012 basiert auf dieser Initiative.

Im Jahr 2019 wurde der WHR[107] zum siebten Mal in Folge veröffentlicht und bietet aktuelle Daten für 156 Staaten weltweit, sowie Einblicke in Veränderungen im Zeitverlauf. Der Report wurde u.a. von Jeffrey Sachs, Richard Layard und John F. Helliwell konzeptioniert sowie vom Sustainable Development Solutions Network der Vereinten Nationen erstellt. Er beruht auf Daten des Gallup World Poll[108] aus den Jahren 2016 bis 2018 und fokussiert nach einer allgemeinen Darstellung von „Happiness" drei spezifische Herausforderungen für das subjektive Wohlbefinden[109] von Menschen, nämlich „link between government and happiness", „power of social behaviour" und „changes in information technology".[110]

Neben dem subjektiven Wohlbefinden werden in dieser Untersuchung folgende Marker zur Messung des Glücks berücksichtigt:

- GDP (Bruttoinlandsprodukt),
- social support ("If you were in trouble, do you have relatives or friends you can count on to help you whenever you need them, or not?"),

---

[107] Vgl. John F. Helliwell u.a., World Happiness Report 2019, in: https://worldhappiness.report/ed/2019/#read (30.01.2020).
[108] Vgl. Gallup Advanced Analytics, https://www.gallup.com/analytics/232838/world-poll.aspx (30.01.2020).
[109] Glück wird in der empirischen Glücksforschung zunächst grundlegend als subjektives Wohlbefinden (subjective wellbeing) erhoben. In der Regel basieren die Ergebnisse der Befragungen zum subjective wellbeing auf der sog. Cantril-Leiter, wobei die Messung auf folgender standardisierten Frage basiert: Wie zufrieden sind Sie gegenwärtig, alles in allem, mit Ihrem Leben. Antworten Sie bitte anhand der folgenden Skala, bei der 0 ganz und gar unzufrieden, 10 ganz und gar zufrieden bedeutet. Die Befragten können hier also selbst entscheiden, nach welchen Kriterien sie die Frage beantworten. Untersuchungen haben eine Korrelation des subjektiv wahrgenommenen Wohlbefindens mit eher objektiven Kriterien wie Stresshormonen und Hirnscans ergeben. Je nach Untersuchungszusammenhang werden weitere Parameter (z.B. Bruttoinlandsprodukt, Lebenserwartung o.ä.) berücksichtigt, um das Glück zu messen (vgl. 2.1).
[110] Mit Berufung auf Bruno S. Frey bestätigt Rosa den Zusammenhang zwischen Lebenszufriedenheit und politischer Teilhabe: „Interessanterweise liefert die zeitgenössische Glücksforschung recht belastbare Hinweise darauf, dass die Lebenszufriedenheit der Menschen in der Tat unmittelbar mit ihren Möglichkeiten zur demokratischen Mitsprache und politischen Teilhabe korreliert. Dabei kommt es eben nicht so sehr auf den Output, also auf die individuelle Zufriedenheit mit den Ergebnissen politischen Handelns an, als vielmehr auf den Input, das heißt den inkludierenden Prozess des politischen Gestaltens." Rosa, Resonanz, 369.

- healthy life expectancy, freedom to make life choices ("Are you satisfied or dissatisfied with your freedom to choose what you do with your life?"),
- generosity ("Have you donated money to a charity in the past month?"),
- perceptions of corruption ("Is corruption widespread throughout the government or not? "Is corruption widespread within businesses or not?").

Die Verfasser der Studie beziehen sich auf diese Items, da sie nach deren Angaben in der wissenschaftlichen Literatur als wesentliche Marker für die Erklärung von Lebenszufriedenheit bezeichnet werden.[111] Sie weisen darauf hin, dass andere wichtige Faktoren wie z.B. Arbeitslosigkeit oder Ungleichheit nicht genannt werden, da kein ausreichendes Datenmaterial vorliegt.[112]

Das Ranking basiert auf der Zusammenfassung aller Items. Demnach sind die fünf glücklichsten Länder: Finnland, Dänemark, Norwegen, Island, Niederlande. Auf den letzten Plätzen (152-156) befinden sich: Ruanda, Tansania, Afghanistan, Zentralafrikanische Republik, Süd-Sudan. Deutschland befindet sich auf Rang 17.[113]

2.1.2 Legatum Prosperity Index (LPI)

Der in London ansässige private Think-tank Legatum-Institute[114] setzt sich seinem Selbstverständnis nach dafür ein, dass Armut weltweit abgeschafft, Wohlstand geschaffen wird und der Standard an Wohlbefinden erhöht wird, und zwar durch die Förderung von „Open Economies, Inclusive Societies and Empowered People".

Der vom Legatum-Institute im Jahr 2019 zum dreizehnten Mal veröffentlichte LPI beruht auf zwölf Indikatoren:

- Safety and Security,
- Personal Freedom,
- Governance,
- Social Capital,
- Investment Environment,
- Enterprise Conditions,
- Market Access and Infrastructure,
- Economic Quality,
- Living Conditions,

---
111 Ein Beleg fehlt leider.
112 Vgl. WHR 2019, FAQ, in: https://worldhappiness.report/faq/ (30.01.2020).
113 Vgl. Helliwell u.a., World Happiness Report 2019, 25ff.
114 Vgl. Legatum Institute, https://li.com (30.01.2020).

- Health,
- Education and Natural Environment.[115]

Bei gleichmäßiger Gewichtung der zwölf Kriterien ergeben sich folgende Ergebnisse: Auf den ersten fünf Plätzen liegen die Länder Dänemark, Norwegen, Schweiz, Schweden und Finnland. Auf den letzten fünf Plätzen (163-167) befinden sich Afghanistan, Tschad, Zentral Afrikanische Republik, Jemen und Süd-Sudan. Deutschland liegt auf Platz 8.[116]

2.1.3 Happy Planet Index (HPI)

Der HPI[117] wird von der britischen New Economics Foundation (NEF) erstellt, deren Ziel eine sozial-ökologische Transformation gegenwärtiger ökonomischer Systeme ist und aus deren Sicht die Priorisierung des wirtschaftlichen Wachstums eine zentrale Ursache für die wachsende Ungleichheit und die ökologische Krise darstellt.

Der HPI kombiniert vier Faktoren, die darstellen, wie effizient Menschen natürliche Lebensressourcen nutzen, um ein langes und glückliches Leben zu führen. Dazu vertreten die Forscher die These, dass allein das BIP als Maßstab für ein besseres Leben nicht hinreichend ist. Als Datengrundlage dienen hier stattdessen:

- das subjektive Wohlbefinden auf der Basis des Gallup World Poll,
- die durchschnittliche Lebenserwartung in einem Land, basierend auf Daten der UN,
- die Ungleichheit innerhalb eines Landes bezogen auf Lebenserwartung und subjektives Wohlbefinden (in Prozent) und
- der durchschnittliche ökologische Fußabdruck gemäß den Berechnungen des Global Footprint Network.

Ausdrücklich wird darauf hingewiesen, dass die Menschenrechtsverletzungen, die eine wichtige Einschränkung des subjektiven Wohlbefindens darstellen, nicht berücksichtigt werden. Ferner wird erwähnt, dass einzelne Länder wegen fehlender Daten nicht berücksichtigt werden.

---

115 Vgl. Legatum Institute (Hg.), The Legatum Prosperity Index 2019, London: o.A. 2019, 13. Online: https://www.prosperity.com/download_file/view_inline/3690 (04.02.2020).
116 Ebd., 14.
117 Vgl. New Economics Foundation, http://happyplanetindex.org (30.01.2020).

Folgende Länder belegen die ersten fünf Plätze: Costa Rica, Mexiko, Kolumbien, Vanuatu, Vietnam. Die letzten fünf Plätze (136-140) belegen: Mongolei, Benin, Togo, Luxemburg, Tschad. Deutschland liegt auf Rang 49.[118]
Diese erste Untersuchung drei verschiedener Modelle zur Konstruktion des Glücks kann an dieser Stelle zusammengefasst werden.

2.1.4 Glück – subjektiv, politisch, ökonomisch

Die empirische Glücksforschung nutzt als Basis der Befragungen in der Regel die Erhebung des subjektiven Wohlbefindens und beinhaltet damit einen Indikator, der sich der Vergleichbarkeit entzieht. Es werden allerdings jeweils weitere Parameter hinzugenommen, die aus Sicht der Sozialforscher*innen bzw. ihrer Auftraggeber*innen besonders entscheidend für das Glücksempfinden sind.

Auffällig ist, dass für die Qualifizierung des Glücks neben ökonomischen Faktoren auch gesellschaftspolitische, individuelle, soziale und zunehmend auch ökologische Aspekte eine wichtige Rolle spielen. Das Glück wird hier also gesellschaftlich determiniert konstruiert.[119]

Der WHR steht für einen politisch-gesellschaftlichen Glücksbegriff auf Basis der meisten Items (GDP, healthy life expectancy, freedom to make life choices, perceptions of corruptions), wobei auch einige individuelle Aspekte (subjective wellbeing, social support und generosity) berücksichtigt werden.

Der LPI hingegen verzichtet ganz auf die Berücksichtigung von subjektivem Wohlbefinden. Stattdessen kommen hier neben ökonomischen und politischen Faktoren auch soziale und ökologische Parameter in den Blick.

Der HPI wiederum bezieht auch soziale Ungleichheit und den ökologischen Fußabdruck mit ein. Je nach Auswahl der Items fallen dann die Ergebnisse bzgl. der Glücksniveaus in den Ländern recht unterschiedlich aus. Besonders auffällig ist das deutlich veränderte Ranking des HPI aufgrund der ökologischen Marker.

Übereinstimmend wird in der empirischen Glücksforschung von der Messbarkeit des Glücks und der Verwertbarkeit der Ergebnisse für politische und ökonomische Prozesse ausgegangen. Dieser Forschungszweig hält somit ein großes Versprechen für Menschen bereit: Das Glück ist machbar. Dies erklärt,

---

118 Die Werte für Deutschland lauten im Einzelnen: Lebenserwartung 80,6 (19/140), Wohlbefinden 6,7/ 10 (24/140), Ökologischer Fußabdruck 5,3 gha/p (114/140), Ungleichheit 8% (13/140).
119 Dies entspricht der grundlegenden soziologischen Auffassung, dass Glück „gesellschaftlich bedingt" ist. So etwa Friedrich Fürstenberg, Soziale Muster der Realisierung von Glückserwartungen, in: Kundler (Hg.): Anatomie des Glücks, Köln: Kiepenheuer & Witsch 1971, 58-70, hier 58.

warum dieses Forschungsgebiet in den letzten Jahren zunehmend an Bedeutung gewonnen hat.

Ferner herrscht Übereinstimmung dahingehend, dass eine bestimmte wirtschaftliche Basis wichtig für das Glücksempfinden ist, dass Wohlstand jedoch nicht der alleinige Maßstab sein kann, da das Glücksempfinden nicht im gleichen Maße wie das Einkommen steigt.[120] Insgesamt wird hier mit einem auf Dauer gestellten Glücksbegriff operiert, während Glück als schicksalhaftes Ereignis nicht in den Blick kommt.

Zugleich werden hier auch einige Problemanzeigen sichtbar: Der empirischen Glücksforschung liegt das Bedürfnis der Vergleichbarkeit zugrunde, weshalb sie auf objektives Datenmaterial angewiesen ist. Dass dieses nicht für alle Länder zugänglich ist, ist nur ein formaler Kritikpunkt. Viel entscheidender aber ist die Frage, ob sich das Glücksempfinden von Menschen tatsächlich anhand objektiver Kriterien widergeben lässt. Und falls ja, ob dann nicht ganz andere Faktoren wie z.B. Arbeitslosigkeit, Menschenrechtsverletzungen, Krieg etc. berücksichtigt werden müssten.[121] Eine weitere Anfrage ergibt sich hinsichtlich eines konstruktivistischen Verständnisses, nach dem Glück durch politische und ökonomische Maßnahmen hergestellt werden kann.

2.2 Quellen des Glücks

Oben hat sich gezeigt, dass das Glücksempfinden sehr stark individuell geprägt ist (subjective wellbeing). Daher soll nun der Fokus daraufgelegt werden, welche Quellen des Glücks Menschen kennen. Dazu werden drei unterschiedliche Studien aus der Zeit von 2002 bis 2019 für den Bereich der Bundesrepublik Deutschland ausgewertet.[122] So können im Blick auf den Zeitverlauf Konstanten aber auch Veränderungen aufgezeigt werden.

---

[120] Dieses Phänomen wird in der Forschung als Easterlin-Paradox bezeichnet, weil es im Jahre 1974 erstmalig vom Ökonomen Richard Easterlin beschrieben wurde. Vgl. Richard A. Easterlin, Does Economic Growth Improve the Human Lot?, in: David/ Reder (Hg.): Nations and Households in Economic Growth: Essays in Honor of Moses Abramovitz, New York Academic Press 1974, 89-125. In jüngerer Zeit hat der Schweizer Ökonom Mathias Binswanger diese These weiterverfolgt. Populärwissenschaftlich in: Mathias Binswanger, Die Tretmühlen des Glücks. Wir haben immer mehr und werden nicht glücklicher. Was können wir tun?, Freiburg: Herder 2006. Wissenschaftlich: Ders., Why Does Income Growth Fail to Make Us Happier? Searching for the Tread-mills Behind The Paradox of Happiness, in: Journal of Socio-Economics 35 (2/2006), 366-381.

[121] Interessanterweise wird diese Kritik dadurch berücksichtigt, dass man sich bei der Erhebung des subjektiven Wohlbefindens objektiver Parameter enthält.

[122] Die Auswahl erfolgt aufgrund unterschiedlicher Forschungsdesigns, wodurch auch ältere Datensätze Berücksichtigung finden. Bei wiederholt erscheinenden Untersuchungen wird auf die aktuellste Fassung Bezug genommen. Aus dem Jahr 2014 ist noch eine weitere Untersuchung des Coca-Cola Happiness Instituts verfügbar. Die Daten sind jedoch in Ratgeberform verfasst, wodurch die wissenschaftlich validen Ergebnisse leider nicht verfügbar sind. Vgl.

2.2.1 Allensbach 2002

Im Auftrag der Identity-Foundation[123] erstellte das Institut für Demoskopie Allensbach im Jahre 2002 die umfangreiche Studie „Glücksdefinitionen und -erfahrungen der Bevölkerung"[124]. Die Studie basiert auf der Auswertung damals vorliegender Arbeiten zum Thema, einer repräsentativen quantitativen Befragung der Bevölkerung ab 16 Jahren sowie auf 25 qualitativen Tiefeninterviews aus dem September 2002. Die Studie bietet sehr umfangreiches Material zur Geschichte der Glücksforschung, zu individuellen Glücksdefinitionen sowie zu persönlichen Glückserlebnissen.[125]

Die Autoren der Studie unterscheiden zwischen vier unterschiedlichen Glückskonzepten, nämlich:

- Glück als dauerhafter Zustand und positives Lebensgefühl;
- schicksalhaftes, oft unverhofftes und flüchtiges Ereignis;
- Freisein von materiellen Sorgen;
- Ergebnis von Persönlichkeitsmerkmalen und Leistung.

Statistisch relevant sind besonders die Konzepte eins (Glück als dauerhafter Zustand und positives Lebensgefühl) und drei (Glück als Freisein von materiellen Sorgen).[126] Wie bereits unter 2.1, so zeigt sich auch hier eine klare Neigung zu der Vorstellung, dass das Glück herzustellen sei:

Thorsten Sperlich, Die Megatrends unserer Gesellschaft und ihr Potenzial für Lebensfreude (Coca-Cola Happiness Studie), hg. v. Happiness Institut by Coca-Cola, Berlin 2014. Ein weiteres Forschungsfeld bietet die Glücksforschung unter Kindern und Jugendlichen. Vgl. hierzu: Kerstin Bund, Glück schlägt Geld. Generation Y: Was wir wirklich wollen, Hamburg: Murmann 2014. Michael N. Ebertz, Sinn, Glück, Erfolg. Glück in den Sinusmilieus, in: Thomas/ Calmbach (Hg.): Jugendliche Lebenswelten. Perspektiven für Politik, Pädagogik und Gesellschaft, Berlin: Springer Spectrum 2013, 299-316. Kathrin Müthing u.a., Jetzt sind wir dran! Stimmungen, Meinungen und Trends von Kindern und Jugendlichen. LBS-Kinderbarometer Deutschland 2018, Recklinghausen: o.A. 2018, online: https://www.prosoz.de/fileadmin/dokumente/service-downloads/LBS-Kinderbarometer_Deutschland_2018_online.pdf (03.02.2020).

123 Die 1998 von Margret und Paul J. Kothes gegründete und gemeinnützige Stiftung verfolgt das Ziel, das Thema Identität aus unterschiedlichen wissenschaftlichen Perspektiven (Philosophie, Soziologie, Psychologie, Kommunikationswissenschaften, Betriebswirtschaft, Theologie und Kunst) zu erforschen. Vgl. Identity Foundation, https://www.identity-foundation.de (04.02.2020).

124 Institut für Demoskopie Allensbach, Glücksdefinitionen und -erfahrungen der Bevölkerung. Ergebnisse einer qualitativen und quantitativen Befragung, hg. v. Identity Foundation (Schriftenreihe der Identity Foundation 5), Düsseldorf 2002.

125 Diese Aspekte werden an dieser Stelle nicht weiter analysiert, lohnen sich aber einer weiteren Vertiefung.

126 Vgl. ebd., 29.

„Insgesamt besteht ein breiter Konsens, dass individuelles Glück zwar durch äußere Einflüsse, Fügungen und glückliche Ereignisse mitbestimmt wird, nicht jedoch schicksalhaft determiniert. Die Mehrheit hängt nicht passiv-fatalistischen Glückskonzepten an, sondern der Vorstellung, dass die eigenen Ziele, eigenes Verhalten und Persönlichkeit von entscheidender Bedeutung sind. Das sprichwörtliche Vertrauen in die eigenen Steuerungsmöglichkeiten ‚Jeder ist seines Glückes Schmied' machen sich 58 Prozent der gesamten Bevölkerung zu eigen; diese Überzeugung geht quer durch alle Altersgruppen und sozialen Schichten."[127]

Sehr eindeutig zeigen die Ergebnisse dieser Studie, dass Askese, Disziplin oder religiöse Orientierung eine völlig untergeordnete Rolle spielen. Relativ nüchtern hierzu die Feststellung:

„Durch die weit verbreitete Säkularisierung der Gesellschaft, die in den alten Bundesländern noch durch die hohe Rate der Konfessionsmitgliedschaft überdeckt wird, wirkt die Vorstellung auf viele fremd, dass religiöse Überzeugungen zu einem glücklichen Leben beitragen können. Selbst Gesprächspartner, die einen Zusammenhang zwischen Glaube und Glück herstellen konnten, taten dies teilweise in einer distanzierten, auf andere Menschen projizierten Weise."[128]

Während also religiöse Überzeugungen keine nennenswerte Rolle spielen, werden von den Interviewten als Glücksquellen genannt: Gesundheit (91%); Glückliche Ehe/ Partnerschaft (86%); Familie (81%); Menschen, die einen lieben (81%); Beruf, in dem man aufgeht (74%).[129]

Am wenigsten relevant sind: Glaube/ religiöse Überzeugung (33%); Genuss (32%); Enthaltsamkeit, wenn man sich schon mit wenig zufriedengibt

---

[127] Ebd., 33.
[128] Ebd., 40.
[129] Auch Rosa kommt zu dem Ergebnis, dass die gängigen Befragungen den hohen Stellenwert von sozialen Nahbeziehungen als Glücksquellen belegen: „Liebe, Partnerschaft und Kinder stellen die paradigmatischen Kristallisationspunkte sowohl für die Verheißung zukünftigen Glücks (bei Jugendlichen) als auch für die Einschätzung je aktueller Glücksquellen (bei Erwachsenen) sowie schließlich die Beurteilung dessen, was im Leben wichtig war (bei Hochbetagten) dar.[Fußnote gelöscht, SO] Natürlich sind Menschen auch andere Ziele, insbesondere berufliche und Karriereziele sowie Erfolgsparameter wie Einkommen, Status und Ansehen wichtig, aber die Sehnsucht nach Verbundenheit und Resonanz, so scheint es, konzentriert sich weitgehend eindimensional auf den familialen Raum – und sie scheint dies umso stärker zu tun, je mehr die übrigen Sozialsphären als wettbewerbsdominierte, adverse Entfremdungszonen wahrgenommen werden." Rosa, Resonanz, 343.

(21%); Selbstdisziplin (17%); Entspannungstechniken wie Yoga, Meditation, Autogenes Training etc. (17%).

Mittels einer Faktorenanalyse[130] werden aus den in der Studie genannten Glücksquellen fünf Quellen zusammenfassend herausgearbeitet, die zeigen, welche Qualitäten Menschen glücklich sein lassen:

- Glück, das aus Entfaltungsspielräumen, Selbstvertrauen, einer positiven Grundhaltung und Empfänglichkeit für Schönes entsteht;
- Glück als Ergebnis intakter sozialer Beziehungen, einer glücklichen Beziehung und von Gesundheit;
- Glück als Ergebnis von religiösen Überzeugungen, Askese und Disziplin;
- Glück als Ergebnis beruflicher Leistung;
- Glück als Ergebnis materieller Faktoren und von Genussorientierung.

Wie bereits ausgeführt, ist die zweite Dimension besonders relevant, die dritte Dimension besonders irrelevant. Das Erleben von individuellen Glücksmomenten ist erwartungsgemäß höchst differenziert und variiert u.a. nach Alter und Geschlecht.[131]

2.2.2 Bertelsmann 2008

Die Bertelsmann Stiftung veröffentlichte im Jahr 2008 die Studie „Glück, Freude, Wohlbefinden – Welche Rolle spielt das Lernen?"[132]. Die für Menschen ab 14 Jahren repräsentative Umfrage wurde im September 2007 durch das Meinungsforschungsinstitut TNS Emnid als Telefon-Interview durchgeführt.

In dieser Studie gibt es vier Interessenschwerpunkte: Persönliches Glücksempfinden; Quellen für Glück und Wohlbefinden; Zusammenhang zwischen Qualifikation und Wohlbefinden; Bedeutung von lebenslangem Lernen für die Befragten. Der letztgenannte Bereich stellt den thematischen Schwerpunkt dar.

In der Studie wird zwischen der Bedeutung von Glück (Was bedeutet für Sie Glück?) und Quellen für Glück unterschieden. Die eigene Gesundheit und die Gesundheit der Familie (87%) bzw. das Aufwachsen in einem intakten Elternhaus (74%) sind für die Befragten die wichtigsten Parameter von Glück. Ferner sind bedeutsam: sich über die kleinen Dinge des Alltags freuen (69%), einen Arbeitsplatz haben (56%), sich an Erfolg/ Leistung freuen können (42%).

---

[130] Vgl. zur Methodik: Institut für Demoskopie Allensbach, Befragung, 66f.
[131] Vgl. ebd., 47-51.
[132] André Schleiter, „Glück, Freude, Wohlbefinden – Welche Rolle spielt das Lernen?". Ergebnisse einer repräsentativen Umfrage unter Erwachsenen in Deutschland, hg. v. Bertelsmann-Stiftung, Gütersloh: o.A. 2008.

Am Ende der Skala stehen Zeit für eigene Interessen haben (39%) und sich keine Sorgen über Geld machen müssen (31%).

Die fünf bedeutsamsten Quellen des Glücks sind: Freunde (64%); Partnerschaft (63%); selbst gesteckte Ziele erreichen (59%); Gutes tun, um anderen zu helfen (56%); Arbeits-/Ausbildungsplatz (52%). Am irrelevantesten sind: neue Qualifikationen durch Kurse/ Unterricht (18%); Vereinsmitgliedschaft (14%); Teilhaben am Leben in der Kirchengemeinde (10%).

2.2.3 Sinus & YouGov 2019

Anlässlich des Weltglückstages 2019 hat das SINUS-Institut in Kooperation mit YouGov eine repräsentative Studie zum Glück durchgeführt.[133] Als Schlüssel zum Glück werden hier beschrieben: Gesundheit (51%), Partnerschaft (32%), intakte Familie (31%), ausreichend Geld (25%) und ein schönes Zuhause (23%). Geringe Relevanz haben: erfülltes Sexualleben (6%), intakte Umwelt (5%), Schönheit/ gutes Aussehen (2%).

Aus der Sicht von Manfred Tautscher, Geschäftsführer des Sinus-Instituts, zeigt sich ferner, dass Menschen aus den privilegierten, modernen Milieus glücklicher sind, als solche aus traditionalen bzw. Unterschichts-Milieus. Die Milieus unterscheiden sich aber auch in den Quellen, die sie glücklich machen: in der sog. bürgerlichen Mitte sind dies Familie sowie ein verlässliches und harmonisches soziales Umfeld. Ein intensives und unkonventionelles Leben ist hingegen der Schlüssel zum Glück im expediten Milieu.

Die bisher größten Glückserlebnisse sind Geburt des eigenen Kindes (25%), Kennenlernen der Partner*in (13%), Reise (6%), besonderes Erlebnis mit Familie/ Freunden (5%). Zum Glück fehlen den Befragten Gesundheit (18%), ausreichend Geld (18%), gute Partnerschaft (8%), Spaß/ Freude im Leben (5%).

Auch die Autoren dieser Studie verweisen darauf, dass Glück höchst subjektiv erfahren wird. Sie differenzieren nach Milieus. Über alle Milieus sind vor allem Gesundheit, Partnerschaft/ intakte Familie, ausreichende Finanzmittel sowie ein schönes Zuhause wichtig für das Glücksempfinden. Erfüllte Sexualität, intakte Umwelt und Schönheit sind hingegen weniger wichtig.[134]

---

133 Basis ist eine Online-Umfrage an 2.026 Personen im Zeitraum 05.03.2019 bis 11.03.2019. Demnach geben 68% der Deutschen an, dass sie glücklich sind, 27% sagen allerdings auch, dass sie unglücklich sind. 28% blicken positiv in die Zukunft und denken, dass sie in fünf Jahren noch glücklicher sind. 49% allerdings rechnen damit, dann ebenso glücklich oder unglücklicher zu sein. Das direkte Umfeld wird als glücklicher eingeschätzt als die Bevölkerung insgesamt: 71% denken, dass Familie, Freunde oder Kollegen glücklich sind. Für die Gesamtbevölkerung rechnen nur 46% damit. 38% nehmen die eigenen Landsleute als unglücklich wahr.

134 Für das Jahr 2019 liegt außerdem der Deutsche Post Glücksatlas vor, der zum neunten Mal in jährlicher Folge veröffentlicht wurde. Da in dieser Studie aber eine Erhebung der individuellen Glücksquellen fehlt, wird diese hier nicht berücksichtigt. Einen ersten Einblick bietet die

Die Analysen der hier exemplarisch ausgewerteten Studien sind abschließend zusammenzufassen.

2.2.4 Glück – Gesundheit, Beziehung, Beruf und Säkularität

Die Studien sind nur schwer miteinander vergleichbar, sowohl im Hinblick auf das Erhebungsdesign (Allensbach bietet eine triangulierte Erhebung. Bertelsmann führt Telefoninterviews durch. Die Daten von Sinus beruhen auf einer Online-Erhebung) als auch im Hinblick auf die Zielgruppen (Allensbach befragt Personen ab 16 Jahren, Bertelsmann ab 14 Jahren, Sinus ab 18 Jahren). Außerdem werden den Interviewten z.T. unterschiedliche Items als mögliche Antwortoptionen angeboten.

Angesichts dieser Differenzen und der zeitlichen Varianz von fast 20 Jahren sind die Übereinstimmungen umso interessanter. In allen Befragungen sind Gesundheit (91%, 87%, 51%), Familie und Partnerschaft (86%, 63%, 32%) sowie (zumindest bei den Untersuchungen von Allensbach und Bertelsmann) Freunde (81%, 64%), Beruf/ Arbeitsplatz/ ausreichendes Geld (74%, 56%, 25%) entscheidende Quellen von Glück.[135]

Website: Deutsche Post DHL Group, https://www.dpdhl.com/de/presse/specials/gluecksatlas.html (04.02.2020). Im Mittelpunkt der Untersuchung steht in dieser Auflage der Sonderforschungsbereich Diversity. Vgl. Robert Grimm, Bernd Raffelhüschen, Deutsche Post Glücksatlas 2019, hg. v. Deutsche Post AG, München: Penguin 2019, 19-24. 97-132. Der Glücksatlas basiert auf einer repräsentativen Allensbach-Umfrage von 5000 Personen aus dem Frühsommer 2019, Daten des Sozio-oekonomischen Panels (SOEP) aus dem Jahr 2017, einer Sonderbefragung zu Diversity von IPSOS von Mai 2019 sowie dem Eurobarometer aus den Jahren 2008 bis 2018. Vgl. zur Datengrundlage: Ebd., 28f. Im Rahmen dieser Studie wird das Glück als Lebenszufriedenheit (subjective wellbeing) erhoben. Die Autoren konstatieren, dass das Lebenszufriedenheitsniveau in Deutschland mit einem Wert von 7,14 den höchsten Wert seit der Wiedervereinigung erreicht hat. Schwankungen des bundesweit erhobenen Wertes führen die Forscher insbesondere auf objektive Faktoren wie Beschäftigung, Einkommen und Gesundheit zurück. Beeinflusst wird der hier gemessene Wert insbesondere von der westdeutschen Bevölkerung, da diese einen proportional höheren Anteil gegenüber der ostdeutschen Bevölkerung ausmacht. Aber auch in Ostdeutschland hat der Wert im Jahr 2019 mit 7,0 seinen höchsten jemals gemessenen Wert erreicht. Vgl. ebd., Glücksatlas 2019, 7ff. Neben der allgemeinen Messung der Lebenszufriedenheit für die Bundesrepublik bietet der Glücksatlas Differenzierungen für die Regionen in Deutschland sowie einen Vergleich mit anderen Nationen in Europa. Vgl. ebd., 31-39. Standardisiert werden Zusammenhänge zwischen subjektiver Lebenszufriedenheit und den Lebensbereichen Freizeit, Arbeit, Gesundheit, persönliches Einkommen und Haushaltseinkommen erhoben, wobei der Zusammenhang von Gesundheit und Zufriedenheit besonders ausführlich behandelt wird. Vgl. ebd., 40-48 bzw. 70-96.

135 Dieser Befund wird von Hartmut Rosa bestätigt: „Untersucht man die gängigen Glücksratgeber der Gegenwart, die politischen Konzeptionen von Wohlstand oder die dominanten soziologischen Definitionen von Wohlergehen und Lebensqualität, so offenbaren sie in der Regel eine Ressourcenfixierung [...]: Gesundheit, Geld, Gemeinschaft (beziehungsweise stabile soziale Beziehungen), dazu häufig auch noch Bildung und Anerkennung, gelten als die wichtigsten Ressourcen für ein gutes Leben [...] und mehr noch: Sie haben sich zum Inbegriff des guten Lebens verselbständigt. Wie man reicher wird, wie man gesünder wird, wie man attraktiver wird, wie man mehr Freunde gewinnt, wie man sein soziales und kulturelles Ka-

Ein gleichbleibendes Moment ist ebenfalls die signifikante Irrelevanz von Glauben/ Religion/ Kirche[136] und die damit verbundenen Lebensstilen.[137]

Eine weitere Übereinstimmung ist, dass Natur/ Ökologie in keiner der Befragungen eine herausgehobene Rolle spielt.[138] Dies ist insofern bemerkenswert, weil es eine Differenz zu der oben erhobenen neueren Entwicklung im Bereich der internationalen empirischen Glücksforschung darstellt.

Hingegen differieren die Angaben dazu, was für das Glück irrelevant ist, sehr deutlich. Auf den letzten Rängen rangieren: Enthaltsamkeit, Selbstdisziplin, Entspannungstechniken (2002); Qualifizierungsmaßnahmen, Vereinsmitgliedschaft, Kirchengemeindezugehörigkeit (2008); erfülltes Sexualleben, intakte Umwelt, schönes Aussehen/ Körper (2019). Die Untersuchung von 2019 macht außerdem milieuspezifische Differenzen im Hinblick auf das Glücksempfinden sichtbar. Überraschend bzw. irritierend ist hier allerdings auch die geringe Relevanz von Sexualität sowie eines schönen Körpers/ Aussehens, gerade vor dem Hintergrund, dass Gesundheit, eine wesentlich über den Körper erfahrbare Qualität, eine so bedeutsame Relevanz hat. Hier ergibt sich darüber hinaus eine gewisse kognitive Dissonanz zu den scheinbar kulturell gelebten Werten, dem Marketing etc.[139]

---

pital erweitert und so weiter und so fort: das sind nicht nur die Themen der ‚Glücksratgeber', sondern auch die vorherrschenden Indikatoren für Lebensqualität." Daraus ergibt sich eine Kultur, die auf permanente Steigerung der Ressourcen abzielt, was aus der Sicht von Rosa insofern problematisch ist, weil dieser Optimierungsprozess von sich aus kein Ende findet. Vor diesem Hintergrund hat sich wohl in der Kultur die Idee der Work-Life-Balance entwickelt. Diese Idee lebt von der Voraussetzung, dass das Leben etwas anderes als die Arbeit (d.h. die Jagd nach Ressourcen) ist. Oftmals wird diese aber nicht als synchrones Konzept, sondern als diachrones Konzept angestrebt (Mit dem Renteneintritt beginnt das gute Leben). Vgl. Rosa, Resonanz, 16ff. Vgl. vertiefend hierzu II.4.3.1.

136 Für die Lebenswelten Jugendlicher hatte diese signifikante Irrelevanz zuletzt gezeigt: Maximilian von Schwartz u.a., Generation what? Europabericht, hg. v. SINUS Markt- und Sozialforschung, Heidelberg: o.A. 2017.

137 Bemerkenswert ist allerdings in der Bertelsmann-Studie aus dem Jahr 2008, dass „Gutes tun, um anderen zu helfen" mit 56% einen vergleichsweise hohen Wert erreicht, weil hiermit die einseitige Apostrophierung der Gesellschaft als „egoistisch" in Frage gestellt wird.

138 In der Umfrage von Allensbach sind „Schöne Landschaft, Natur" für 41% der Befragten eine Quelle persönlichen Glücks und für 51% eine Quelle allgemeinen Glücks. Diese Werte liegen damit im Mittelfeld des Rankings. Vgl. Institut für Demoskopie Allensbach, Befragung, 44. Bei Bertelsmann wird die Natur gar nicht als Glücksquelle erhoben, was aber möglicherweise mit dem Forschungsinteresse zusammenhängen kann. Offen ist, ob sich bezüglich dieses Befundes zukünftig etwas ändern wird. Die Bewegung „Fridays for future" etwa könnte durch ihr Engagement zu einem Bewusstseinswandel dahingehend beitragen, dass die ökologische Integrität der Erde eine grundlegende Basis von Glück darstellt.

139 Grundlegend zeigt sich hier ein Zusammenhang zwischen empirischer Glücksforschung und Maslowscher Bedürfnispyramide. Glück wird vor diesem Hintergrund als Befriedigung von Bedürfnissen verstehbar. Je mehr die unteren Bedürfnisschichten der Pyramide (Physiologie/ Sicherheit) weitgehend „selbstverständlich" erfüllt erscheinen, rücken die oberen Schichten (Sozialität, Individualität) in den Fokus.

In einem Exkurs soll aufgrund des erhobenen Befundes nun vertiefend das Verhältnis von Religion und Glück thematisiert werden, bevor die Erträge des gesamten Kapitels gebündelt werden (2.3).

Exkurs: Religion und Glück

Im Januar 2019 publizierte das Pew Research Center in Washington[140] eine Studie mit dem Titel „Religion's Relationship to Happiness, Civic Engagement and Health around the world"[141] auf der Datenbasis der World Value Surveys[142] aus den Jahren 2010-2014, für Deutschland aus dem Jahr 2011. Die Studie ist Teil eines größeren Projektes, in dem der Wandel der Religion und deren Einfluss auf Gesellschaften weltweit untersucht wird.

Die Studie basiert auf einem substantiellen Religionsbegriff, indem sie die Probanden in drei Gruppen aufteilt, nämlich:

- actively (A) religious (Menschen, die sich mit einer religiösen Gruppe identifizieren und mindestens monatlich einen Gottesdienst besuchen),
- inactively (I) religious (Menschen, die eine religiöse Identität beanspruchen, aber seltener als monatlich einen Gottesdienst besuchen) und
- religiously (U) unaffiliated (Personen, die sich mit keiner verfassten Religion identifizieren).[143]

Die Studie untersucht Zusammenhänge zwischen religiöser Teilhabe, Glück, zivilgesellschaftlichem Engagement und Gesundheit. Dabei kommen die Forscher zu folgendem Schluss:

> „This analysis finds that in the U.S. and many other countries around the world, regular participation in a religious community clearly is linked with higher levels of happiness and civic engagement (specifically,

---

140 Vgl. Pew Research Center, https://www.pewforum.org (04.02.2020).
141 Pew Research Center, Religion's Relationship to Happiness. Civic Engagement and Health Around the World, Washington: o.A. 2019, online: https://www.pewforum.org/2019/01/31/religions-relationship-to-happiness-civic-engagement-and-health-around-the-world/ (04.02.2020). Des Weiteren liegt für den deutschen Sprachraum eine ältere Studie aus dem Jahr 2003 vor, die hier aber nicht analysiert werden kann: Boris Kalbheim u.a., Christlicher Glaube und Glück. Eine empirische Studie zum Zusammenhang von Religiosität und Glückserfahrungen, in: Archiv für Religionspsychologie 25 (2003), 42-61.
142 Vgl. World Values Servey, http://www.worldvaluessurvey.org/wvs.jsp (04.02.2020).
143 Diese Differenzierung wirft Fragen auf: Inwiefern führen andere Abgrenzungen hinsichtlich des Gottesdienstbesuches zu anderen Ergebnissen? Welcher Religionsbegriff liegt zugrunde? Die Vorannahme von Gottesdiensten wirkt hier schon einschränkend. Sichtbar werden hierbei auch nicht Differenzierungen hinsichtlich unterschiedlicher Religionen bzw. Konfessionen.

voting in elections and joining community groups or other voluntary organizations). This may suggest that societies with declining levels of religious engagement, like the U.S., could be at risk for declines in personal and societal well-being. But the analysis finds comparatively little evidence that religious affiliation, by itself, is associated with a greater likelihood of personal happiness or civic involvement. [...] Moreover, there is a mixed picture on the five health measures. In the U.S. and elsewhere, actively religious people are less likely than others to engage in certain behaviors that are sometimes viewed as sinful, such as smoking tobacco and drinking alcohol. But religious activity does not have a clear association with how often people exercise or whether they are obese. And, after adjusting for differences in age, education, income and other factors, there is no statistical link between being actively religious and being in better self-reported overall health in any of the 26 countries and territories studied except Taiwan, Mexico and the United States. [Fußnote gelöscht, SO]"[144]

Für Deutschland bieten die Forscher folgende Daten: Aus der ersten Gruppe (A) geben 30% an, sehr glücklich zu sein, in der zweiten Gruppe (I) 24%, in der dritten Gruppe (U) 20%. Ein signifikanter Unterschied ergibt sich hier lediglich zwischen der ersten und der dritten Gruppe.[145]

Bezüglich der in Abschnitt 2.2 gefundenen engen Relation von Glück und Gesundheit ergeben sich in der Studie von Pew folgende Daten: Die Frage, ob sie sich in einem subjektiv guten gesundheitlichen Zustand befinden, beantworten in Deutschland 25% (A), 31% (I) bzw. 25% (U) positiv, was keine signifikanten Abweichungen darstellt.[146]

Weitergehend bietet die Studie folgende Ergebnisse: Bzgl. des Trinkverhaltens (weniger als einmal/ Woche) ergeben sich kleine Unterschiede zwischen den ersten beiden und der letzten Gruppe (A: 98%; I: 96%; U: 93%). Im Blick auf den Nicht-Raucher Status gibt es signifikante Unterschiede zwischen der ersten und den anderen beiden Gruppen (A: 87%; I: 69%; U: 65%). Im Hinblick auf Dickleibigkeit gibt es keinerlei Unterschiede. Ebenso wenig hinsichtlich sportlicher Aktivitäten. Die Forscher stellen schließlich fest:

„The exact nature of the connections between religious participation, happiness, civic engagement and health remains unclear and needs further study. While the data presented in this report indicate that there

---

144 Pew Research Center, Relationship, 6f.
145 Vgl. ebd., 44.
146 Vgl. ebd., 45. Vgl. zur Validität dieses Markers: Ebd., 15.

are links between religious activity and certain measures of well-being in many countries, the numbers do not prove that going to religious services is directly responsible for improving people's lives."[147]

Der von Pew erhobene Befund lässt sich wie folgt zusammenfassen.

Religion – glücklicher, aber nicht gesünder
Die Pew Studie lässt für Deutschland zwar erkennen, dass das subjektive Wohlbefinden (im Sinne eines substantiellen Religionsbegriffes) religiöser Menschen gegenüber nicht-religiösen Befragten leicht erhöht ist, der Unterschied zwischen praktizierenden und nicht-praktizierenden Menschen hingegen gering ist.

Im Hinblick auf den subjektiv wahrgenommenen Gesundheitszustand sind keine signifikanten Differenzen festzustellen. Gemäß dieser Studie sind religiöse Menschen demnach leicht glücklicher, was sich aber nicht in ihrem subjektiven Gesundheitsempfinden widerspiegelt. Es ist sogar so, dass das Gesundheitsempfinden der religiös nicht aktiven am höchsten ist.

Auch im Hinblick auf die Items Trinkverhalten, Dickleibigkeit und sportliche Aktivität zeigen sich keine Differenzen. Allein der Tabakkonsum ist bei religiösen Menschen deutlich geringer als bei nicht-religiösen.

Im Blick auf den internationalen Vergleich halten die Forscher sogar ausdrücklich fest, dass der Zusammenhang zwischen religiöser Beteiligung, Glück und Gesundheit unklar bleibt und weiterer Forschungen bedarf.

Einerseits zeigen die Daten also, dass es Zusammenhänge zwischen religiöser Aktivität und subjektivem Wohlbefinden gibt, andererseits beweisen sie aber keineswegs, dass es einen direkten Zusammenhang von Gottesdienstbesuch und besserem Lebensgefühl gibt.

2.3 Das messbare Glück – Ertrag

Die Fülle vorhandener empirischer Glücksforschung bestätigt erneut die These, dass Glück ein Leitthema der gegenwärtigen Kultur ist. Dabei zeigen sich bei den exemplarisch ausgewählten internationalen Studien erste Aspekte, die für eine zeitsensible Gottesrede im Kontext des Glücksdiskurses relevant sind. Erstens gilt Glück in der gegenwärtigen Kultur als machbar. Zweitens ist Glück einerseits stark an subjektives Erleben gebunden, d.h. es ist sehr unterschiedlich, was Menschen subjektiv zufrieden sein lässt. Andererseits wird Glück drittens durch politische und ökonomische Faktoren beeinflusst, d.h. es ist ein Thema gesellschaftlicher Diskurse und damit rationaler Argumentation

---
147 Ebd., 8.

zugänglich. Die Glücksthematik berührt demnach etwa die Frage von grundlegenden materiellen Bedürfnissen und Gerechtigkeitsfragen – weltweit und national. Viertens wird erkennbar, dass in der empirischen Glücksforschung in jüngster Zeit vor allem ökologische Aspekte thematisiert werden.

Für die theologische Erschließung des Themas zeigt sich auf der Basis von Abschnitt 2.2 ferner: der Zusammenhang von Glück und Religion ist in unserer Kultur nicht nachvollziehbar. Dies bestätigt die Erfahrung, die dieser Arbeit zugrunde liegt, und die Relevanz des Forschungsinteresses. Pastorale Praxis und Theologie müssen diesen Bruch ernst nehmen und nach Relevanzbrücken suchen. Eine wichtige Voraussetzung dazu ist die Wahrnehmung dessen, was Menschen als Quellen des Glücks bezeichnen. Der empirischen Glücksforschung zufolge sind hier Gesundheit, intakte soziale Nahbeziehungen (Familie/ Freunde) sowie eine berufliche Tätigkeit, die eine ausreichende finanzielle Absicherung garantiert, besonders relevant.

Mit Verweis auf das Sprichwort „des eigenen Glückes Schmied sein" wird der konstruktivistische Charakter des Glücksdiskurses erkennbar. Erneut zeigt sich ebenfalls die Relevanz des Zusammenhangs von Glückserleben und sozialem Status. Neu – wenn auch zwiespältig – in den Blick kommt die körperliche Dimension des Glücksempfindens, insofern einerseits Gesundheit eine sehr hohe Bedeutung hat, körperliches Aussehen/ Schönheit (zumindest in einer Studie) als irrelevant eingeschätzt wird. Im Gegensatz zur alltagspraktischen Wahrnehmung (1) ist kein signifikanter Zusammenhang von Glück und Naturerfahrung zu erkennen. Diesbezüglich ergibt sich an dieser Stelle kein kohärentes Bild.

Auf der Basis eines substantiellen Religionsbegriffes zeigt sich schließlich, dass religiöse Menschen in Deutschland zwar ein leicht höheres Maß an subjektivem Wohlbefinden haben als Menschen in den Vergleichsgruppen. In den Werten für die Gesundheit, die ja in hohem Maße mit dem Glücksempfinden verbunden ist, lässt sich dies aber nicht nachweisen. Es ist also davon auszugehen, dass ein Zusammenhang zwischen Religiosität und Glücksempfinden besteht, dieser aber noch nicht klar benennbar ist. Aus dem vorliegenden Datenmaterial ist jedoch ein unmittelbarer Zusammenhang von Gottesdienstpraxis und Glücksempfinden nicht ableitbar. Es zeigt sich ferner, dass Religion nicht automatisch zu besserer Gesundheit führt. Im Hinblick auf christliche Praxis erweist sich dieser Befund als weiterführend: Inwiefern zeigt sich das Glück des Glaubens als ambivalenzsensibel, d.h. nicht ausschließlich in Gesundheit, sondern auch in Krankheit? Lässt sich der Glaube qualitativ theologisch erschließen und nicht primär über den Versuch Teilhabe an Strukturen, wie Gottesdienstbesuch, messen?

3 Ratgeberliteratur – Das machbare Glück

In einer zweiten Perspektive wird nun der Glücksdiskurs über die Ratgeberliteratur erschlossen, wobei das leitende Forschungsinteresse weiterhin darin besteht, den Facettenreichtum des Glücksbegriffes in der Kultur wahrzunehmen.[148] Laut Statistik des Börsenvereins des Deutschen Buchhandels betrug der Umsatzanteil der Ratgeberbücher im Jahr 2018 14,0%, womit diese Warengruppe auf dem dritten Platz aller verlegten Bücher hinter Belletristik (31,5%) und Kinder- und Jugendbüchern (16,6%) lag.[149] Ratgeberliteratur ist demnach in der gegenwärtigen Kultur und damit auch für das Forschungsinteresse relevant.

Im Folgenden wird auf zwei kulturwissenschaftliche Studien zurückgegriffen, die die Thematisierung von Glück in der Ratgeberliteratur umfassend rekonstruieren (3.1 und 3.2). Die Analyse wird schließlich in einem Ertrag zusammengefasst (3.3).

3.1 Arbeit am Glück

Stefanie Duttweiler, Berner Professorin für Soziologie und Soziale Arbeit, hat sich in ihrer Dissertation mit der Relevanz von Glücksratgebern für die Arbeit am Selbst in der gegenwärtigen Kultur auseinandergesetzt.[150] Sie versteht die aus der Lektüre von Lebenshilferatgebern entstehenden Praktiken mit Foucault als „Technologien des Selbst".[151]

---

148 Die Ratgeberliteratur ist hier im Zusammenhang der Ratgebergesellschaft zu verstehen. Eine Einführung zur Thematik der Beratungsgesellschaft bieten u.a.: Peter Fuchs, Die magische Welt der Beratung, in: Schützeichel/ Brüsenmeister (Hg.): Die beratene Gesellschaft. Zur gesellschaftlichen Bedeutung von Beratung, Wiesbaden: VS 2004, 239-257. Manfred Prisching, Die Ratgeber-Gesellschaft, in: Theologisch-Praktische Quartalschrift 154 (2/2006), 115-126. Aus theologischer Perspektive nähern sich dem Themenfeld: Michael Rosenberger, Selbstständig machen, nicht abhängig. Die Moral der Beratung auf dem Prüfstand, in: Theologisch-Praktische Quartalschrift 154 (2006), 147-154. Andreas Müller, Die Suche nach Glückseligkeit. Ratgeber-Literatur in der Geschichte des Christentums, in: Praktische Theologie 45 (1/2010), 31-38. Bernhard Wulf, „Sehnsucht, die ins Unendliche reicht". Zur Spiritualität von Glücks-Ratgebern, in: Praktische Theologie 45 (1/2010), 17-24. Imke Hinrichs, Vom Glück, ein Mensch zu sein. Ein theologischer Blick auf das Menschenbild in Glücksratgebern, in: Praktische Theologie 45 (1/2010), 24-31. Sowie der Sammelband: Isolde Karle (Hg.), Lebensberatung – Weisheit – Lebenskunst, Leipzig: Evangelische Verlagsgesellschaft 2011.
149 Vgl. Börsenverein des Deutschen Buchhandels, https://www.boersenverein.de/markt-daten/marktforschung/wirtschaftszahlen/warengruppen/ (04.02.2020).
150 Stefanie Duttweiler, Sein Glück machen. Arbeit am Glück als neoliberale Regierungstechnologie, Konstanz: UVK 2007.
151 Vgl. ebd., 27-30. Vgl. hierzu grundlegend: Ulrich Bröckling u.a., Gouvernementalität. Neoliberalismus und Selbsttechnologien. Eine Einleitung, in: Ders. u.a. (Hg.): Gouvernementalität der Gegenwart: Studien zur Ökonomisierung des Sozialen (suhrkamp taschenbuch wissenschaft 1490), Frankfurt/ M.: Suhrkamp 2007, 7-40. Sowie: Ders., Das unternehmerische Selbst. Soziologie einer Subjektivierungsform (suhrkamp taschenbuch wissenschaft 1832), Frankfurt/

Die Untersuchung bezieht sich auf Ratgeber aus den Jahren 1990 bis 2004 im deutschsprachigen Raum, die das Wort Glück im Titel tragen und nicht ausschließlich religiöse oder esoterische Inhalte haben.[152] Dabei geht Duttweiler zunächst auf die spezifische Bedeutung von Beratung in der Moderne ein.[153]

Im Kontext dieser Untersuchung ist nun interessant, dass Duttweiler das Glück in der Ratgeberliteratur als Konstruktion individueller Erfüllung (3.1.1) analysiert. Trotz dieser grundlegend individuellen Bestimmung des Glücks in der Ratgeberliteratur werden aber auch übergreifende Qualitäten des Glücks (3.1.2) erkennbar, die durch entsprechende Selbsttechniken (3.1.3) von Individuen angeeignet werden können. Die Konstellation des Glücks in der Ratgeberliteratur erweist sich insofern als in höchstem Maße gesellschaftlich relevant (3.1.4). In einem Fazit wird die Analyse abschließend zusammengefasst (3.1.5).

3.1.1 Glück als individuelle Erfüllung

Wie wird das Glück in Ratgebern konstruiert? Laut der Analyse Duttweilers kommen Ratgeber überein in der Bestimmung des Glücks als

> „qualitative Verbesserung des ganzen Lebens, Glück verheißt erfülltes und gelungenes Leben"[154].

M.: Suhrkamp 2007. Und: Ders., Gute Hirten führen sanft. Über Menschenregierungskünste (suhrkamp taschenbuch wissenschaft 2217), Berlin: Suhrkamp 2017.

Eine theologische Kritik der Leistungsgesellschaft nimmt Ansgar Kreutzer vor: Ansgar Kreutzer, Gnade für das unternehmerische Selbst. Eine theologische Kritik der überzogenen Leistungsgesellschaft, in: Stimmen der Zeit 139 (8/2014), 547-557.

152 Zu Beginn der Studie werden einhundert Titel analysiert, die schließlich aufgrund inhaltlicher Konvergenzen auf dreißig reduziert werden.

153 Laut Duttweiler zeigen Glücksratgeber einen Beratungsbedarf an, forcieren diesen und erklären zugleich die dauerhafte Beratungsbedürftigkeit und Hilfsbedürftigkeit des Individuums. Dazu wird eine Asymmetrie zwischen Ratsuchendem und Ratgeber hergestellt. Die Beratung wird als Konversionspunkt dargestellt. Dies korrespondiert mit der Freiheitsannahme, dass Welt und Zukunft subjektiv gestaltbar sind. Es handelt sich dementsprechend um einen „paradoxen Zwang zur Freiheit". Damit entstehen durch Beratung zwei entgegengesetzte Wirkungen: sie wirkt durch Angebote zur Orientierung kontingenzreduktiv; zugleich wirkt sie jedoch kontingenzverstärkend, weil sie zu Freiheit und Selbstbestimmung verpflichtet. Umgekehrt bedeutet die Ablehnung von Beratung, die Kritik an den Verhältnissen oder das Beharren auf negativen Gefühlen die „Verweigerung der Verpflichtung gegenüber sich selbst". Vgl. Duttweiler, Regierungstechnologie, 229. Explizit verweist Duttweiler auf den von Foucault geprägten Begriff der „Pastoralmacht". Denn die Autor*innen der Ratgeber beanspruchen die Position der Autorität, die sich von den Ratsuchenden unterscheidet. So entsteht ein Machtverhältnis, insofern durch das Wissen, das sie aus unterschiedlichen Wissensbeständen generieren, bestimmte Lebensaspekte neu denk- und veränderbar werden. Auch wenn die Autorität zum Erlangen des Glücks den Ratsuchenden zugespielt wird, so wird doch die Autorität der Expert*innen nicht in Frage gestellt. Ihnen gilt ein Akt des Gehorsams unter den Bedingungen der Freiheit. Vgl. ebd., 120-147. Die Wirkungen der Pastoralmacht im kirchlichen Kontext wurden insbesondere von Hermann Steinkamp analysiert, etwa in: Hermann Steinkamp, Lange Schatten der Pastoralmacht, Münster: LIT 2015.

154 Duttweiler, Regierungstechnologie, 95.

Dabei wird wahres Glück in der Ratgeberliteratur als etwas Innerliches vorgestellt. Es ist eine besondere Identitätserfahrung und das Einssein mit sich selbst. Glück ist also ein Fluchtpunkt des individuellen Lebens, für dessen Erreichen sich die Individuen am Eigenen orientieren können, ohne in Egoismus oder Beliebigkeit zu verfallen:

„Die diskursive Konstruktion des Glücks produziert einen folgenreichen Effekt: Sie verschränkt individuelle Selbstbestimmung und die Orientierung am Wesentlichen und zieht damit Individualität und Erfüllung tendenziell zusammen. Glück verheißt individuelle Erfüllung und weist Individualität als Erfüllung aus – im Glück verwirklicht sich die eigene Wahrheit."[155]

Anders gewendet bedeutet Glück damit die individuelle Abkehr vom falschen Leben. Falsches Leben meint Strukturen der Abhängigkeit von anderen Menschen, die den Ratsuchenden die individuelle Selbstbestimmung und damit das Glücksgefühl verunmöglichen. Wahres Glück liegt demgegenüber in der aktiven Gestaltung von Beziehungen nach eigenen Wünschen und Vorstellungen. Falsches Leben heißt dementsprechend mangelnde Aufgeschlossenheit gegenüber dem Leben, ein Leben auf Distanz, ein Leben als Statist, nicht als Regisseur, in der Zuschauerposition, ein Leben aus zweiter Hand. Eine solche Distanz zum Leben erweist sich als falsch, weil sie identisch ist mit der Distanz zum wahren Selbst; es ist eine Entfremdungserfahrung. Duttweiler kommentiert:

„Diese vereindeutigende Polarisierung und die Neufiguration der Zurechnungsregeln schreibt den Einzelnen alle Verantwortung für ihr Glück zu und eröffnet so eine nahezu unbeschränkte Freiheit für Einwirkungsmöglichkeiten. Damit konstellieren Lebenshilferatgeber auch die Unterscheidung zwischen Selbst- und Fremdbestimmung als zwei Seiten der Differenz zwischen einem wahren und einem falschen Leben – Glück, Selbstbestimmung und das Wesentliche sind zwar nicht direkt ineinander übersetzbar, werden jedoch auf nahezu unlösbare Weise miteinander verkoppelt."[156]

Auf dieser Spur identifiziert Duttweiler in ihrer Untersuchung der Ratgeberliteratur bestimmte Gegenspieler des Glücks, die als Quellen individuellen Unglücks verstanden werden. Als solche werden etwa die Gesellschaft, die

---
[155] Ebd., 115.
[156] Ebd., 103.

Kultur oder Stress, der den gesellschaftlichen Bedingungen entspringt, betrachtet.

Auch Angebote der Glücksindustrie, die das käufliche Glück versprechen, sowie äußerer Erfolg, wie Besitz oder Status, werden als Gegenspieler des Glücks gezeichnet. Allerdings gelten diese Faktoren lediglich als sekundär, entscheidend für das Glück ist vor allem eine positive Lebenseinstellung.[157] Mit anderen Worten:

„Das Problem wird nicht in den Bedingungen der Außenwelt gesucht, sondern als fehlgeleitete Wahrnehmung bzw. unangemessene Reaktion darauf dargestellt; es wird radikal subjektiviert. Diese Strategie bringt einen doppelten Gewinn: Man wird sowohl in die Lage versetzt, die Existenz von Problemen zu relativieren, als auch Veränderungen herbeizuführen."[158]

Duttweiler fasst zusammen:

„Diese Darstellung akzentuiert die Möglichkeit einer Distanz zwischen Individuum und Gesellschaft und verweist das Individuum ausschließlich auf sich selbst. So wird eine Folie aufgespannt, vor deren Hintergrund sich die Orientierung am wahren Glück als Erlösung abzeichnet: Durch sie könne man sich, so die Verheißung der Bücher, destruktiven Einflüssen entziehen. Damit fungiert Glück auch als Figur der Restituierung einer vermeintlich abhanden gekommenen Menschlichkeit in einer als unmenschlich gebrandmarkten Gesellschaft."[159]

3.1.2 Qualitäten des Glücks

Ratgeber stellen das Glück als vielgestaltig, offen und subjektiv vor. Und dennoch lassen sich laut Duttweiler mit Sinn, Körperlichkeit, Erfolg und Augenblick (3.1.2.1-3.1.2.4) verbindende Qualitäten des Glücks bestimmen.

---

157 Vgl. ebd., 95ff.
158 Ebd., 98. Nicht erwähnt werden hingegen ernsthafte Unglücksursachen wie psychische Störungen, Armut, Suchtverhalten, radikales Scheitern oder Versagen. Insofern verfolgen Ratgeber laut Duttweiler eine Strategie der Normalisierung und Naturalisierung.
159 Ebd., 102.

3.1.2.1 Sinn

Glück bedeutet zunächst eine sinnhafte Bestimmung des Lebens, die vor falschem Glück schützt:

> „Sinn bezeichnet das je subjektiv Wesentliche, worin er für den Einzelnen konkret besteht, wird ihrer Bestimmung und Entscheidung überantwortet. [...] Nicht zur Wahl steht jedoch die Notwendigkeit, ihn zu suchen und zu finden, denn nur wer ihn findet, kann sich dem falschen Glück(-sversprechen) entziehen."[160]

Glück ist demnach ein Maßstab, um das Leben mit Sinn zu füllen und zwar jenseits von Religion, Politik oder Philosophie.[161] Dabei stellt das Finden der eigenen Wahrheit nur ein Element dar. Es gibt weder Gesetz noch Verbot oder überindividuelle Wahrheit mehr. Stattdessen sind Einzigartigkeit, Authentizität und Selbstfindung zu letzten Werten als letzter Sinnhorizont geworden.[162]

3.1.2.2 Körperliche Erfahrung von Emotionen

Das Glück bezieht sich übereinstimmend auch auf Körper[163], Psyche und Alltagsgestaltung, es integriert alle Elemente der Lebensführung und erweist sich so als Leitkategorie der Orientierung und Bewertung:

---

160 Ebd., 100.
161 Zum Zusammenhang von Glück und Sinn aus systematisch-theologischer und philosophischer Perspektive. Vgl. Martina Bär, Maximilian Paulin (Hg.), Macht Glück Sinn? Theologische und philosophische Erkundungen, Ostfildern: Grünewald 2014. Dieser Zusammenhang wird hier nicht vertiefend analysiert.
162 Weiterführend hierzu aus systematisch-theologischer Perspektive: Hans-Joachim Höhn, Auf der Suche nach dem „wahren" Ich. Erkundungen in säkularen und religiösen Szenen, in: Internationale katholische Zeitschrift Communio 45 (4/2016), 288-298. Sowie: Ders., Identität – Authentizität – Spiritualität. Zeitdiagnostische Schlaglichter, in: Pastoralblatt (10/2018), 302-307.
163 Auch Leimgruber macht auf die Bedeutung des Körpers im Glücksdiskurs aufmerksam. Er verdeutlicht, dass die Suche nach Glück sich aus dem religiösen Rahmen in den gesellschaftlichen und individuellen verlagert hat. Hier ist die Glückssuche nun vor allem mit dem Körper verbunden. Nachdem das Glück aus dem Jenseits ins Diesseits gewandert ist und innerhalb des Diesseits von den großen politischen Ideologien zum Individuum, hat es sich schließlich auch von der seelisch-geistigen Ebene auf die körperliche verlagert: „Der Körper wird zur neuen Projektionsfläche des Glücks, an ihm wird erarbeitet, was wir sind, er stellt uns dar, er ist Garant unseres Erfolges oder Ausdruck unseres Misserfolges. [...] Körper, Schönheit und Gesundheit sind zu den Kampfzonen des Glücks geworden, gehören zu den verpflichtenden Vorgaben, die es mit enormem Aufwand zu erarbeiten gilt." Beispielhaft wird dies im Sport, Wellness-Bereich, in der Esoterik oder in der Nahrungsmittelbranche erkennbar. Auch der Umgang mit Sexualität wird als Beispiel für eine Befreiung angeführt, bei gleichzeitigem Verweis auf die damit verbundenen Ansprüche, die manche auch überfordern. Es wird hier, wie im Sport, eine Paradoxie des Glücksstrebens sichtbar: „Er dient als emotionaler Freiraum zum durch und durch rationalisierten und kontrollierten Alltag. Gleichzeitig aber zielt er darauf

„Die Orientierung am Glück wirkt als einheitsstiftende Komplettadressierung des Lebens. [...] Glück fungiert als Problematisierungsformel der gesamten Lebensführung. [...] Die Problematisierungsformel Glück wirkt als dynamisierende ‚Sortieroperation' einer Arbeit an sich selbst."[164]

Entscheidende Bedeutung erhält das Gefühl als Glücksindikator. Denn Glücksgefühle werden zu Beurteilungskriterien für eine gelungene Lebensführung. Dazu gehört insbesondere das Gefühl von Selbstbestimmung, Selbstvertrauen, Selbstsicherheit und Selbstliebe. Zweitens gehört hierzu auch die Fähigkeit, ganz in einer Tätigkeit aufzugehen, die sich in einem Flow-Erleben[165] zeigt.

Als wichtige persönliche bedingende Haltungen werden Mut, Risikobereitschaft und Leidenschaft genannt. In Korrespondenz hierzu wird Glück ferner als ein Gefühl der Lebendigkeit gefasst. Diese Lebendigkeit ist mehr als bloßes Leben und steht hierzu in einem dualistischen Verhältnis (aktiv – passiv, beweglich – starr, optimistisch – pessimistisch). Hierzu Duttweiler:

„Die biologische Beschreibung wird so mit einer transzendierenden Bedeutung überzogen und bewahrt gleichzeitig die Assoziation der körperlichen Bedingtheit des Glücks. ‚Lebendigkeit' akzentuiert die Vorstellung einer ganzheitlichen Verkörperung des Glücks. Diese formale Bestimmung als Identitätserfahrung offeriert eine Definition des Glücks, ohne es inhaltlich festzulegen."[166]

Glück wird ferner als Zustand der Freude, die als bejahende Haltung gegenüber dem Leben und sich selbst verstanden wird, beschrieben. Es ist ein körperlich wahrnehmbares Gefühl, das im Zusammenhang mit Wohlfühlen, Energie

---

ab, unsere Leidenschaften zu beherrschen, dient der Selbstdisziplinierung. ‚Hedonistische(s) Erleben, Rausch und nutzlose Verausgabung von Lebenskraft', so Thomas Alkmeyer, verbinden sich mit einer ‚asketisch-instrumentelle(n) Körper-Rationalisierung und effiziente(n) Zeitökonomie'. [...] Die Suche nach Grenzüberschreitung, Leidenschaft und Glück wird kanalisiert, gesteuert, reglementiert. Wir holen uns das Glück des schnellen Kicks, um einen als öde und langweilig empfundenen Alltag zu ertragen." Leimgruber, Überglückt, 50f.

164 Duttweiler, Regierungstechnologie, 116f.

165 Der Begriff des Flow wurde von Mihaly Csiszentmihalyi in die Debatte eingeführt. Er gilt mit Martin Seligman als der prominenteste Vertreter der Positiven Psychologie, deren Annahmen die theoretische Basis nicht nur für zahlreiche Glücksratgeber, sondern auch für die empirische Glücksforschung bilden, vgl. einführend: Mihaly Csiszentmihalyi, Flow. Das Geheimnis des Glücks, Stuttgart: Klett-Cotta 62019. Ders., Finding Flow: the psyhology of engagement with everyday life, New York: Basic Books 1998. Ders., Martin Seligman, Positive Psychology. An Introduction, in: American Psychologist 55 (2000), 5-14. Martin Seligman, Flourish – Wie Menschen aufblühen. Die Positive Psychologie des gelingenden Lebens, München: Kösel 2012. Die enorme Bedeutung der Positiven Psychologie für den Glücksdiskurs ist jüngst von Edgar Cabanas und Eva Illouz analysiert worden. Vgl. hierzu II.3.

166 Duttweiler, Regierungstechnologie, 106.

und Stärke als Maßstab für erfülltes Leben ist. Dabei ist die Freude einerseits eine Folge erfüllten Lebens und zugleich ein Wirkstoff, der sich günstig auf das Leben auswirkt. Freude ist insofern ein Mittel zum Zweck.

Eine Quelle der Freude ist die Fähigkeit, das Leben zu genießen. So gilt der Genuss neben Freude und Energie als Merkmal eines erfüllten Lebens. Energie ist eine weitere Qualität des Glücks, die durch Stress und Kummer blockiert wird. Auch besteht ein reziprokes Verhältnis: Glück ermöglicht Energie und Energie fördert das Glück. Dabei ist die Selbstbestimmung ein wesentlicher Faktor der Energie. Energie wird dabei häufig als universales Prinzip verstanden, die alles durchwaltet und überall zur Verfügung steht, wodurch das Problem der Begrenztheit überflüssig wird. Allein: es muss ein Zugang gefunden werden. Duttweiler zusammenfassend:

„Die wechselseitig aufeinander verweisenden Bestimmungen des Glücks als Energie, Freude und Lebendigkeit umschreiben es als Zustand sinnlich erfahrbarer Intensität. Die begriffliche Vagheit von Energie und Lebendigkeit wird durch die vermeintlich unmittelbare Körpererfahrung plausibilisiert. Damit konzipieren die Ratgeber Glück als sinnliche Erfahrung und nicht als abstraktes Prinzip; vom Glück ist erst dann zu sprechen, wenn es an und mit dem eigenen Leib erfahrbar wird. In der Regel bleibt jedoch unklar, ob die Gefühlsqualitäten wie Lebendigkeit, Genuss oder Freude als vorausgesetzte Bedingungen des Glücks konzipiert oder als Umschreibungen angesehen werden."[167]

3.1.2.3 Erfolg, Steigerung, Optimierung

Die Suche nach Glück dient keineswegs nur dem subjektiven Wohlgefühl, sondern auch dem Zweck der Erfolgssteigerung, indem es Leistungspotentiale wachruft. Auch hier gibt es ein Wechselverhältnis:

„Erfolg macht glücklich und Glück fördert den Erfolg."[168]

---

167 Ebd.,109.
168 Ebd. Auch Leimgruber konstatiert einen engen Zusammenhang zwischen Glück, Arbeit und Erfolg: „Arbeit ist – wie im Konzept der bürgerlichen Gesellschaft insgesamt – auch hier die Basis des Erfolgs. Und Glück und Erfolg haben in unserer Gesellschaft sehr viel miteinander zu tun. Niemand gesteht ein, dass er unglücklich ist, das wäre ein Zugeständnis seines Misserfolges. Wir wären Versager, wenn wir nicht glücklich wären; und wir wären nicht glücklich, wenn wir erfolglos wären." Leimgruber, Überglückt, 49.

Streben nach Glück wird so zum permanenten Optimierungsprozess, der nicht abgeschlossen werden kann; so prägt sich in der Logik der Glücksratgeber die Steigerungs- und Veränderungslogik der Moderne ein.[169] Diese wird plausibilisiert durch eine Naturalisierung im Gedanken der Evolution, wonach permanente Veränderung die Bestimmung alles menschlich Lebendigen ist:

> „Entwicklung bedeutet permanente Optimierung der eigenen Glücksmöglichkeiten. [...] Wachstum, Leben und Glück erscheinen so nicht als unvereinbare Ziele oder gar Gegensätze; zu einem Fluchtpunkt zusammengezogen erscheinen sie nicht nur als grundsätzlich miteinander verträglich, sondern als tendenziell identisch: Wachstum impliziert die Orientierung am Glück, Leben die Verpflichtung auf Wachstum und Glück und Glück impliziert eine optimierende Steigerung des Lebens."[170]

3.1.2.4 Augenblick

Das Glück hat nur eine Stelle in der Zeit, nämlich den Augenblick. Im Augenblick ist das Glück potentiell immer erreichbar, es ist hier weder selbstverständlich noch unerreichbar. Glück ist damit potentiell allgegenwärtig. Um diese Potentialität in Wirklichkeit zu übersetzen, werden als Voraussetzungen die Fähigkeit, das kleine Glück wahrzunehmen oder in der Realität mehr als das Offensichtliche wahrzunehmen genannt. So werden Glücksmomente zu Augenblicken, die über den Alltag hinausweisen. Hier wird das Augenblicksglück als Transzendenzerfahrung gedacht. Im Augenblick kann Erfüllung und Erlösung von Zeit, Selbst und Welt geschehen. Doch zugleich kann dieser Moment auch verfehlt werden. So behält das Glück etwas von seiner Unverfügbarkeit. Duttweiler fasst hierzu zusammen:

> „Die Konzentration auf den Augenblick bietet somit einen Ausweg aus einer vermeintlich widersprüchlichen Konzeption: Zum einen ist das Glück so konstelliert, dass es Kontingenz in den Alltag und die routinierte Lebensführung einführt, in vielen Fällen wird es dabei mit der Vorstellung der Sphäre einer Transzendenz verknüpft – sei es als ubiquitäre Potentialität einer anderen Wirklichkeit, als Wesentliches, Eigentliches oder Gottesgabe. Doch all dies bedeutet im Diskurs um

---

[169] Vgl. Duttweiler, Regierungstechnologie, 110. Ein wichtiger Aspekt ist dabei, dass Lebendigkeit, Freude und Energie in dieser Logik quantifizierbar sein müssen, um sie gezielt intensivieren zu können.
[170] Ebd.

das geglückte Leben gerade nicht, man habe keine Kontrolle über das Glück. Auch wenn es gerade nicht als direkt beeinflussbar gilt, wird das Glück zum anderen in ausnahmslos jeder Spielart des Diskurses als erreichbar und zumindest indirekt steuerbar ausgewiesen. Dem ‚Augenblick' kommt im Diskurs um das Glück damit eine besondere Funktion zu: Er wird als bedeutungsvoller Punkt auf der Zeitachse vorgestellt, in dem sich Transzendenz und Immanenz beziehungsweise Kontingenz und Herstellbarkeit verschränken. Auf diese Weise werden kategoriale Gegensätze miteinander verbunden. Die damit einhergehende Praxisanleitung bringt sämtliche Ratschläge buchstäblich auf den Punkt: Sich auf den Augenblick zu konzentrieren, gilt als jederzeit und für alle ohne jede materielle oder psychische Voraussetzung durchführbar – das Glück zu erreichen ist eine Frage der Entscheidung."[171]

3.1.3 Techniken des Glücks – praktischer Konstruktivismus des Selbst

In den untersuchten Glücksratgebern werden bestimmte Techniken[172] vorgestellt, durch die die Qualitäten des Glücks (vgl. 3.1.2) erreicht werden können. Durch diese Techniken wird das Postulat der Herstellbarkeit des Glücks eingeholt. Es handelt sich um eine Zusammenführung von Glück und Selbst im Modus der Arbeit.[173] Mit Foucault wird dies als Selbsttechnologie gefasst. Während das Ziel (Glück) nur subjektiv zu deuten ist, sind die Wege (Methoden und Übungen) objektiviert.

Techniken der Selbsterkenntnis regen dazu an, sich umfassend selbst zu thematisieren und so die eigene Wahrheit zu erfassen. Die Techniken der Selbststimulation und Selbstgestaltung dienen dazu, die erkannte Wahrheit zu realisieren. Auf diese Weise wird die Lebensführung geprägt und Veränderungen wahrscheinlich. Die vorgeschlagenen Techniken wirken aufgrund ihrer Materialität plausibel und stimulierend. Durch die Techniken werden also Selbstproblematisierung und Selbstbearbeitung dynamisiert und Selbstverbesserung konkret erfahrbar. Sie erweisen sich damit einerseits produktiv im Hinblick auf den „praktischen Selbstbezug" und andererseits verändern sie den „theoretischen Bezug zum Selbst".

Die Arbeit am Glück erweist sich als in höchstem Maße effektiv zur Ausgestaltung der eigenen Individualität:

---

171 Ebd., 113f.
172 Vgl. ebd., 152-211.
173 Vgl. ebd., 212.

> „Dieses Verhältnis eines selbst- und weltverändernden praktischen Konstruktivismus potenziert die Möglichkeiten, sich als selbstbestimmt und selbstverantwortlich zu erfahren. Die verfahrensgeleitete Arbeit am eigenen Glück trägt so entscheidend dazu bei, Individualität im Sinne von Einzigartigkeit, Autonomiegewinn und in Abgrenzung zu anderen zu steigern. Individualität erweist sich so nicht als die Verwirklichung eines prädiskursiven, einzigartigen Selbst; sie ist konstitutiv gebunden an Praktiken und Verfahren des Selbstbezugs."[174]

Wie bereits oben gezeigt wurde, werden die Gefühle zum Ausweis und Indikator für die Bewertung der Techniken. Hier verweist Duttweiler auf die Erkenntnisse der Soziologie der Gefühle. Diese weist darauf hin, dass das individuelle Erleben von Gefühlen immer in soziale Gefühlsregeln eingebettet ist. Die Techniken der Herstellung des Glücks führen so nicht nur zur „Steigerung der Individualität", sondern auch zur „Herstellung von Identität". Mit Foucault sind die Techniken des Glücks „Konstrukteure" der Identität und „Orthopäden der Individualität".

Außerdem verändert die Arbeit am eigenen Glück den Menschen auch auf einer tieferen Ebene, nämlich hinsichtlich der formalen Organisation des Selbst; es wird getrennt in ein arbeitendes Subjekt und ein Objekt der Bearbeitung. Anders formuliert: es kommt zu einer Veränderung in Richtung Technologisierung und Objektivierung der Selbstwahrnehmung. Selbstdistanzierung und Selbstoperationalisierung führen jedoch gerade nicht zu Auflösung und Zerfall des Selbst. Vielmehr werden die Einzelteile durch die Problematisierungsformel Glück wieder zusammengeführt in einer Meta-Kohärenz. Damit gilt:

> „Das Individuum, das unentwegt an sich selbst arbeitet, erweist sich als ‚ein Spitzenprodukt des radikalen Konstruktivismus. Auch hier tritt an die Stelle der Begründung die Rekursion, bis sich Eigenwerte stabilisiert haben, die mich unverwechselbar machen.'"[175]

In theoretischer Hinsicht kommt es zu einer veränderten Konzeption des Selbst, denn nun bestimmt nicht mehr das Symptom das Subjekt, sondern die Fähigkeit zur Selbststeuerung:

> „Die Substanzlogik des Subjekts wird von einer Konstruktionslogik abgelöst. [...] Wo Körper, Kognition und Emotion als gleichberechtigte

---
174 Ebd., 214.
175 Ebd., 218.

und sich wechselseitig beeinflussende Einzelmomente des Selbst vorgestellt und in der Arbeit an sich selbst praktisch werden, entfällt eine übergeordnete unveränderbare Instanz. Es führt kein eigentliches Selbst hinter dem Selbst das Selbst, vielmehr bietet die Form des sich selbst steuernden Systems den organisierenden Rahmen. Das Subjekt der Glückssuche erweist sich so nicht als ‚Produkt, sondern [als] Produktionsverhältnis'."[176]

Damit wird das Wissen der Kybernetik auch für den Menschen anwendbar. So zeigt sich durch die Analyse der Techniken des Glücks:

„Die Technologien des Glücks affizieren auf fundamentale Weise den Selbstbezug. Die konkreten Verfahren und die theoretische Konzeption des Subjekts als kybernetischer Regelkreis koppeln Selbstdistanzierung, Verobjektivierung und Technologisierung des Selbst unlösbar mit Selbstermächtigung und Selbstverbesserung, mit Steigerung der Individualität und Stabilisierung der Identität."[177]

Dies ist aus der Sicht von Duttweiler positiv zu bewerten:

„Die theoretische und praktische Technisierung des Subjekts ist somit nicht als Einschränkung menschlicher Möglichkeiten, sondern als ihre Steigerung zu verstehen; sie etablieren neue Weisen des Selbstbezugs und neue Handlungsmöglichkeiten: Sich selbst nach Maßgabe der eigenen Träume und Lebensvisionen flexibel zu steuern und wunsch- und bedarfsgerecht in die eine Richtung zu modifizieren und ein einzigartiges, selbstbestimmtes und selbstwirksames und mithin ein glückliches Individuum zu werden."[178]

Diese Wirkung erweist sich als hochpolitisch. Denn die gegenwärtige gesellschaftliche Kultur benötigt genau solche sich selbst bewusste Individuen.

3.1.4 Die gesellschaftliche Relevanz von Glücksratgebern

Duttweiler macht deutlich, dass die Konstellation des Glücks in der Ratgeberliteratur keineswegs nur individualethische Implikationen beinhaltet, sondern dass sie gesellschaftlich, politisch und wirtschaftlich relevant sind. Dies wird in drei Dimensionen erläutert (3.1.4.1–3.1.4.3).

---

176 Ebd.
177 Ebd., 219.
178 Ebd.

3.1.4.1 Wirkung und Antriebskraft gesellschaftlicher Ordnung

Die Aufforderung sein Glück zu machen, ist attraktiv und allgemein erreichbar, weshalb es zur allgemeinen Norm wird. Duttweiler skizziert diese allgemeine Norm:

> „Diese Norm arbeitet nicht mit Verboten und Einschränkungen, im Gegenteil: Sie befreit von Selbstbeschränkungen, installiert aber gerade damit einen Zwang, das prinzipiell Mögliche auch zu verwirklichen. Weil die Problematisierungsformel Glück so vieles offen lässt und weil sie ausschließlich individuell bestimmt sowie der eigenen Selbstbearbeitung unterstellt ist, generiert sie unzählige Möglichkeiten und versperrt zugleich eine Option sich nicht zu seinem Glück zu verhalten."[179]

Glück wird also in moralisierender Weise zum zentralen Motiv der Gesellschaft: es ist so ein sichtbares Zeichen eines richtigen Lebens, umgekehrt aber ausbleibendes Glück ein Zeichen für mangelnde Moral.[180]

Zur entscheidenden Norm wird nicht wie, sondern dass man nach Glück strebt. Diese Norm wirkt plausibel und attraktiv, weil sie an das neuzeitliche Subjektverständnis von Autonomie und Einzigartigkeit anschließt und auf die Verunsicherungen der Moderne antwortet und Antworten auf das Warum, Wie und Was von Lebensführung gibt.

Zugleich aber werden die Dynamiken der Moderne mit der Problematisierungsformel Glück verschärft:

> „Als Anreiz zur Selbstproblematisierung etabliert sie einen Modus permanenter Selbstbeobachtung und -reflexion im Dienste der Selbstverbesserung. Als Metaregel, die auf Verluste allgemein verbindlicher Orientierungen und sozialer Zuständigkeiten mit dem Verweis auf Individualität

---

[179] Ebd., 118.

[180] Der Mensch wird also zu seines Glückes Schmied, wie dies etwa Ulrich Beck und andere Individualisierungstheoretiker beschreiben. Leimgruber macht diesbezüglich auf eine Schattenseite aufmerksam: „Zelebriert wird der erfolgreiche, schöne und gesunde Mensch, der das Leben feiert; auf der Strecke bleiben die unglücklichen, die eben nicht tüchtig genug sind, denen die Fähigkeit des Genießens abgeht. Auch das Glück lässt sich also nur in einem umkämpften Markt finden, der gnadenlos in Gewinner und Verlierer scheidet – und so ist ‚looser' zu einem der beliebtesten Schimpfwörter unter Jugendlichen geworden." Leimgruber, Überglückt, 49f. Und weiter: „Die Fixierung auf Glück führt in der Tat zur Illusion, wir seien als Individuen vollständige Kontrolleure unseres Lebens, sie bestärkt uns im Gefühl der alleinigen Verantwortung und macht uns damit zu Versagern – wenn wir erkennen müssen, dass wir es nicht schaffen, dass wir gefangen sind von Unvollkommenheiten, von Umständen, die außerhalb unserer Entscheidungsmacht liegen, und Ebenen unserer Emotionen, die sich der vollständigen Kontrolle und Regulierung entziehen." Ebd., 53f.

und der Verpflichtung zur Selbstverbesserung reagiert, erweist sich die Orientierung am Glück sowohl als Produkt aktueller politischer Rationalität als auch als deren Motor. Als Gegenstand der Machbarkeit und Gestaltung konstelliert, defatalisiert die Problematisierungsformel Glück, akzentuiert die Potentialität vor der Wirklichkeit und verpflichtet auf Individualität, Freiheit und Entscheidung ebenso wie auf Optimierung und Transformation der eigenen Lebensführung."[181]

Nicht nach dem Glück zu streben, gilt nun nicht nur als Verfehlung gegenüber sich selbst, sondern auch gegenüber der gesellschaftlichen Ordnung, deren oberste Priorität die Arbeit an sich selbst und die Steigerung des Wohlbefindens ist.

Glücksratgeber erweisen sich insofern als politisch, weil sie die Konstellation zwischen Freiheit und gesellschaftlicher Ordnung prägen. Die Arbeit am Glück ist in diesem Sinne funktional:

„Ratgeber zum Glück sind mehr als Anleitungen zu purem Eskapismus, sie sind wirkmächtige und unverzichtbare Momente neoliberaler Gouvernementalität, indem sie zu unentwegter Selbstproblematisierung verpflichten, zu Selbsttransformation und zur Suche nach individueller Orientierung anregen und orientierende Individualität und flexible Identität produzieren."[182]

Die Arbeit am Selbst ist also gleichermaßen Wirkung wie Antriebskraft der gesellschaftlichen Ordnung.

3.1.4.2 Problematisierungsformel des gesamten Lebens

In Glücksratgebern wird die Konstellation des Glücks zum verheißungsvollen Fluchtpunkt des gesamten Lebens, ohne die individuelle Entscheidung zu ersetzen. Es wird ein Selbstverhältnis konstituiert, in dem sich das Individuum vollständig selbst gegeben ist, was ein gravierender Unterschied zu klassischen philosophischen oder psychologischen Vorstellungen ist:

„Die Techniken der Herstellung des Glücks plausibilisieren die Zumutung, sich nach Maßgabe des Glücks umzugestalten und verschärfen die moderne Zumutung, über sich selbst in allen Belangen zu verfügen."[183]

---

[181] Duttweiler, Regierungstechnologie, 120.
[182] Ebd., 222.
[183] Ebd., 228. Eine hiervon grundlegend abweichende Einschätzung bietet Sigmund Freud mit dem bekannten Diktum, dass das Ich nicht Herr im eigenen Haus sei.

Gesellschaftlich bedeutsame Eigenschaften wie Optimismus, Aktivität, Energie, Lebendigkeit oder Veränderungsbereitschaft werden also gefördert, wodurch die Selbst- und Weltbeziehungen der Einzelnen moduliert werden. Noch einmal anders gewendet: Der Glücksdiskurs ist zwar hinsichtlich des Aspektes der Selbstoptimierung mit anderen Diskursen wie z.B. Wellness oder Jugendlichkeit vergleichbar. Er unterscheidet sich jedoch in einem entscheidenden Aspekt, insofern Glück als Problematisierungsformel das gesamte Leben umgreift:

> „Die Orientierung am Glück unterlegt der Lebensführung eine ,Tiefendimension', die jedoch vollständig ins Individuum verlagert ist. [...] Die Kopplung von Selbstbestimmung und Wesentlichem fungiert so auch als Legitimation, sich gegen äußere Anforderungen zu stellen und sich gegen sie abzugrenzen. Die Ausrichtung am Glück reguliert die Beziehung zwischen Individuum und Gesellschaft dergestalt, dass den Einzelnen ihre Individualität und ihr Glück gerade nicht vorgeschrieben wird, sondern sie darin unterstützt werden, es auszubauen."[184]

3.1.4.3 Ökonomische Einbindung und radikale Subjektivität

Damit gilt aber auch, dass dieser Modus der Selbststeuerung auf eine flexible Anpassung an äußere Bedingungen zielt. Es handelt sich um einen paradoxen Effekt:

> „Zum einen wirkt sie als gesellschaftlich geforderte Zumutung der Selbsttransformation, zum anderen kann die Arbeit am Glück eine ,Bastion' gegen überfordernde Vereinnahmungen gesellschaftlicher Erfordernisse darstellen, ohne in eine Frontalopposition zu gehen – die Arbeit am Glück etabliert einen begrenzenden und begrenzten Eskapismus."[185]

Dies ist aus der Sicht Duttweilers das spezifische Moment des Glücksdiskurses, insofern Glücksratgeber ein erfülltes Leben jenseits der Marktlogik versprechen:

> „Er [Der Glücksdiskurs, SO] konstruiert eine gerechte Welt, in der Handlungen Wirkungen zeigen und jeder dieselben Voraussetzungen

---
[184] Ebd., 230.
[185] Ebd.

mitbringt. Darüber hinaus setzt die Orientierung am Glück durch die Vorgabe, sich am ‚Wesentlichen' auszurichten, antimaterielle Akzente und stiftet Sinn, der sich einer ökonomischen Vereinnahmung auch widersetzen kann. [...] Diese Figuration des Glücks als Ausdruck von Gerechtigkeit, Sinn, Authentizität und Emanzipation errichtet eine ‚Bastion' gegen die Abhängigkeit von einer hochdynamischen Wirtschaft, die auf Subjektivität zugreift, Arbeit und Leben entgrenzt und grundlegende Existenzsicherheiten in Zweifel zieht."[186]

Und weiter:

„Individuelles Glück erscheint als Widerpart gegen die ‚Corrosion of Character' (Sennett 1998)[Fußnote gelöscht, SO] im flexiblen Kapitalismus. Glücksratgeber versprechen Sicherheit gegen diese existentielle Angst, die Kontrolle über das eigene Leben zu verlieren und geben mit den Techniken des Glücks den Einzelnen Mittel an die Hand, sich selbst zu ermächtigen und zu aktivieren, Halt in sich selbst zu finden und die äußeren Umstände als weniger beeinträchtigend zu erfahren."[187]

Die politische Bedeutung des Glücksdiskurses liegt also darin, dass die Individuen sozial und ökonomisch eingebunden werden bei gleichzeitiger Bewahrung ihrer Selbstbestimmung und Individualität. Die Identität erhält hierbei eine spezifische Form:

„flexibel, ohne ziellos zu sein, wachstumsorientiert und dennoch zufrieden mit sich selbst, sozial, ohne sich aufzugeben, selbstverantwortlich, ohne egoistisch zu sein, am Wesentlichen orientiert, ohne den gesellschaftlichen Erfolg aus den Augen zu lassen. Kurz: Die Problematisierungsformel Glück etabliert ein Selbstverhältnis, das ambivalente Anforderungen und gesellschaftliche Widersprüche durch Arbeit an sich selbst prozessiert."[188]

Damit zeigt sich jedoch zugleich ihre die Gesellschaftsordnung stabilisierende Funktion, weil soziale Sicherheiten und Bindungen abgebaut werden:

„Doch die Orientierung am Glück dynamisiert nicht nur das Selbstverhältnis der Individuen, sie arbeitet auch einer gesellschaftlichen

---
[186] Ebd., 231.
[187] Ebd.
[188] Ebd., 235.

Ordnung zu, in der soziale Sicherheiten und Bindungen abgebaut, gesellschaftliche und ökonomische Risiken der Selbstverantwortung der Einzelnen übergeben und Initiative, Aktivität und Eigenverantwortung zu gesellschaftlichen Inklusionskriterien werden. Die individuelle Ausrichtung am Glück ist dabei ein wesentliches Moment zur Herstellung dieser Ordnung, denn nicht zuletzt sie macht diese Ordnung den Einzelnen plausibel: Weniger durch die unmittelbare Plausibilisierung des neoliberalen Diskurses, vielmehr durch konkrete, erfahrungsbildende Techniken und Verfahren, die selbstverantwortliche und selbstbestimmte, flexible und sich selbst befriedigende Subjekte produzieren. In diesem Sinne ist die Arbeit am eigenen Glück wesentliches Moment neoliberaler Regierungstechnologien: Diese Diskurse, Verfahren und Praktiken konstruieren Bedingungen, die die neoliberale Transformation des Sozialen nicht nur plausibilisieren, sondern auch konkret mitproduzieren."[189]

3.1.5 Arbeit am Glück – Fazit

Duttweiler macht auf wichtige Aspekte des aktuellen Glücksdiskures aufmerksam. Es zeigt sich zunächst, dass Ratgeber das Glück radikal subjektivieren. Gesellschaftliche Bedingungen bilden hierbei zwar den Hintergrund, doch entscheidend ist vor allem, in welcher Weise das Individuum sich zur Wirklichkeit stellt und diese wahrnimmt.

So vielgestaltig und individuell die Konstellationen des Glücks auch sein mögen, so werden doch einige übereinstimmende Formationen erkennbar: Das Glück gilt als etwas Innerliches, als Erfahrung von Identität und Einssein, das sich nicht käuflich erwerben lässt. Es geht um das Sein, nicht um das Haben.[190]

Glück ist dann auch identisch mit Sinn, d.h. es wird zum umfassenden Fluchtpunkt des Lebens, es verheißt individuelle Erfüllung und weist Individualität als Erfüllung aus. Außerdem ist Glück nach Duttweiler eine Chiffre für Erlösung. Das wahre Glück setzt den Einzelnen in Bezug zu anderen und zur Gesellschaft, wobei die Individualität zum entscheidenden Maßstab wird. Glück, Selbstbestimmung und das Wesentliche sind aufs Engste miteinander verwoben, ohne ineinander aufzugehen. Dem Glück wird binär das Unglück entgegengesetzt. Dies entspricht etwa der Gegenüberstellung von Selbst- und Fremdbestimmung.

Prinzipiell gelten positive Gefühle als wichtige Indikatoren für das Glück; das Glück wird damit sehr stark an körperliches Erleben gebunden. Diese

---
[189] Ebd.
[190] Hier klingt der Gegensatz von Haben und Sein an. Vgl. hierzu den Klassiker: Erich Fromm, Haben oder Sein. Die seelischen Grundlagen einer neuen Gesellschaft, München: dtv 442017.

Gefühle werden dann wahlweise als Selbstvertrauen, Selbstliebe, Flow-Erleben, Lebendigkeit, Freude oder Energie gefasst und gehen mit Haltungen wie Mut, Risikobereitschaft o.ä. einher. Im Blick auf das Thema dieser Studie zeigt sich Freude hier als Haltung der Lebensbejahung und als ein Teilaspekt des Glücks, der im Zusammenhang mit dem Genuss steht.

Dabei wird der Glücksbegriff allerdings keineswegs emotional verharmlost. Es zeigt sich nämlich auch ein enger Zusammenhang mit dem Erfolg. Freude wird so qualifiziert, dass Glück erfolgreich macht und umgekehrt. Daraus allerdings resultiert ein permanenter Optimierungs- und Steigerungszwang, wie er für die Moderne typisch ist. Plausibilisiert wird dies durch Naturalisierung, d.h. durch den Verweis auf die evolutionäre Grundkonstante der Natur.

In der Zeit ist das Glück nur im Augenblick erfahrbar und bekommt dadurch einen transzendenten Charakter. Neben dem Motiv der Arbeit am Glück tritt so dessen Unverfügbarkeit. Die Aufforderung sein Glück zu machen, betrachtet Duttweiler als allgemeine Norm, da es ja in jedem Augenblick verfügbar und erreichbar ist. Und das Glücksstreben ist attraktiv, weil es gegen kulturellen Werteverfall und individuelle Orientierungsschwierigkeiten wirkt und anschlussfähig ist an das Subjekt- und Autonomieverständnis der Moderne, dieses sogar katalysiert.

Selbst und Glück werden im Modus der Arbeit in ein Verhältnis gesetzt. Mit „Selbsttechniken" wird das Selbst zum Glück hingeführt. Diese sind Selbsterkenntnis, Selbstgestaltung, Selbststimulation. Duttweiler nennt dies „praktischen Konstruktivismus am Selbst". Individualität ist so nicht die Verwirklichung eines prädiskursiven Selbst, sondern ereignet sich in Selbstpraktiken. Techniken des Glücks sind mit Foucault als Konstrukteure der Identität zu verstehen. Hinsichtlich der formalen Organisation des Menschen kommt es zu einer Trennung zwischen Subjekt und Objekt der Arbeit am Selbst. Der Mensch wird verstehbar mit dem Wissen der Kybernetik und es kommt zu einem Wechsel von Substanz- zu Konstruktionslogik.

Dies erweist sich nun schließlich auch hochgradig relevant in politischer Perspektive, da gegenwärtige Gesellschaften genau auf solche Selbstverhältnisse angewiesen sind. Mit anderen Worten wird das Glück durch Glücksratgeber in einen politischen Zusammenhang eingebettet. Sie sind Teil neoliberaler Gouvernementalität und ihnen wohnt im Sinne Foucaults „Pastoralmacht" inne. Paradoxerweise wirken Glücksratgeber in diesem Setting gleichermaßen kontingenzbeschränkend wie kontingenzerweiternd. Im Kontext der Marktlogik wird das Glück zum Synonym für Gerechtigkeit, Sinn, Authentizität und Emanzipation.

Diese Problematisierungsformel hilft dem Einzelnen sich gegenüber anderen und der Gesellschaft abzugrenzen. Über die Techniken des Glücks versprechen sie dem Einzelnen Selbstbestimmung anstelle von Fremdbestimmung sowie Hilfe, wenn er Angst vor Überforderung hat. Auf diese Weise wird der Einzelne gesellschaftlich eingebunden und zugleich in seiner Autonomie gestärkt. Genau hierin liegt aber auch die gesellschaftsstabilisierende Bedeutung, denn durch die Orientierung am Glück und die Techniken der Selbststeuerung werden Bedingungen neoliberaler Transformation gestützt.

Wie angekündigt wird nun ergänzend zu der detailreichen Analyse von Duttweiler eine weitere kulturwissenschaftliche Untersuchung zur Ratgeberliteratur analysiert.

3.2 Glück als Versprechen

Auch Ute Bergmann untersucht die Thematisierung des Glücks in der Ratgeberliteratur.[191] Dabei basiert ihre Studie auf vier Ratgebern, die im Jahr 2010 auf einer Bestsellerliste des Spiegel oder Focus geführt wurden.[192]

Diese Titel untersucht sie mit der Methodologie der wissenssoziologischen Diskursanalyse.[193] Der für ihre Untersuchung entscheidende Kontext ist die Wissensgesellschaft, die dadurch gekennzeichnet ist, dass die Einzelnen angesichts der Fülle an Wahlmöglichkeiten Beratung benötigen. Sie geht davon aus, dass bisher Orientierung stiftende Instanzen wie Wissenschaft, Traditionen oder Normen sowie bisherige Lebens- und Arbeitsverhältnisse in der Wissensgesellschaft an Relevanz verlieren. Das Wissen erhält zwar eine enorme Bedeutung, weil es im Übermaß vorhanden ist, zugleich kann es aber auch zu neuer Ratlosigkeit führen. Insofern ist die Bedeutung von Glücksratgebern in der Wissensgesellschaft naheliegend, da sie passgenaue Hilfestellung für die Einzelnen versprechen.[194]

---

191 Vgl. Ute Bergmann, Glücksversprechen. Diskursive Formationen einer Verheißung, hg. v. Schmidt (Praxis und Kultur 3), Göttingen: Cuvillier 2013.

192 Dies sind: Werner Bartens, Körperglück. Byrne, The Secret. Frankh, Erfolgreich wünschen. Grün, Das große Buch der Lebenskunst. Hirschhausen, Glück kommt selten allein. Käßmann, In der Mitte des Lebens. Mannschatz, Buddhas Anleitung zum Glücklichsein. Precht, Wer bin ich und wenn ja wieviele? Schache, Der geheime Plan des Lebens. Tolle, Jetzt! Die Kraft der Gegenwart.

193 In einer Strukturanalyse untersucht Bergmann die Selbstpräsentation der jeweiligen Autor*innen (Legitimationsstrategie), den Präsentationsmodus, die formale Struktur sowie die inhaltliche Argumentation des Buches und schließlich die ökonomisch relevante Gesamtstrategie. Vgl. ebd., 73-102. In der Feinanalyse werden vier Formationsmomente berücksichtigt: 1. Welche Form nimmt der Gegenstand Glück an? 2. Akteure des Glücks 3. Die Sprache des Glücks 4. Der Glücks-Diskurs im Kontext anderer Diskurse. Vgl. ebd., 102-123.

194 Vgl. ebd., 9-12. Sie betont außerdem, dass die Inanspruchnahme von Ratgebern bereits Ausdruck von Identitätsarbeit sei. Allein die Existenz von Glücksratgebern führe in der Wissensgesellschaft zu einem Zwang, sich mit diesem Thema zu beschäftigen.

Bergmann analysiert die in Glücksratgebern zu findenden Erscheinungsformen des Glücks (3.2.1), sowie deren Status in der Wissensgesellschaft (3.2.2 und 3.2.3) und reflektiert zwiespältige Wirkungen (3.2.4). Ihre Analyse wird in einem Fazit (4.2.5) zusammengetragen.

3.2.1 Erscheinungsformen des Glücks

Bergmann stellt fest, dass in den von ihr untersuchten Ratgebern keine Definition von Glück zu finden ist, gleichwohl aber bestimmte, tieferliegende Regelmäßigkeiten zu erfassen sind. Diesbezüglich stellt sie fest:

„Die Bedeutung des Begriffs Glück ergibt sich für diese vor allem aus der Beschreibung komplementärer Diskurse, die mit dem Glücksdiskurs in einen Zusammenhang gebracht werden. Dies geschieht meist durch eine implizite oder explizite Einteilung des Glücks in unterschiedliche diskursive Kontexte. Dazu gehören vor allem gelingende Beziehungen und Liebe, der Umgang mit Zeit, der Umgang mit dem Alter, die Einstellung zum Körper, Freizeitbeschäftigungen und Arbeit sowie Spiritualität."[195]

In Ratgebern wird also für die Erfahrung von Glück die Relevanz sozialer Beziehungen und gelingender Beziehung zu sich selbst betont.

Außerdem verweist Bergmann auf zwei weitere zentrale Motive: einerseits liegt die Quelle des Glücks im jeweiligen Menschen selbst, er ist damit für sein Glück selbst verantwortlich. Andererseits wird auf die zeitliche Begrenztheit des Glücks hingewiesen. Mit diesen zwei zentralen Motiven verknüpft sie weitere Zuschreibungen. Glück verdankt sich demnach kleinen Dingen und kurzen Momenten, oftmals sogar ohne erkennbaren Grund. Glück wird ferner als hohes anzustrebendes Ziel angesehen und synonym mit Liebe verwendet, alternativ wird auch von „schön" oder „gelungen" gesprochen.[196]

3.2.2 Expertenwissen

Da bisherige Wissensformen an Bedeutung verloren haben, steigt auch für das Thema Glück der Bedarf an Expertenwissen. Hier setzt die Ratgeberliteratur

---
195 Ebd., 150f.
196 Bergmann weist darauf hin, dass in einigen Ratgebern auch die Erfahrung von misslingendem Glück gezeigt wird. Sie kommt daher zu dem Schluss, dass aktuelle Ratgeber gelingendes Leben fokussieren, die Möglichkeit des Scheiterns jedoch nicht vollständig ausschließen. Vgl. ebd., 162f.

an, indem sie verallgemeinerbare, für viele anschlussfähige Konzepte zur Glücksfindung verspricht. Damit

> „suggerieren Lebenshilferatgeber Orientierung, wie sie in einer multioptionalen, enttraditionalisierten Gesellschaft benötigt wird. Meist liefern Lebenshilferatgeber neben diesen Entwürfen Ratschläge und Anleitungen zum glücksorientierten Umgang mit sich selbst und den gegebenen Umständen. Diese Anleitungen setzen die Annahme voraus, dass Glück machbar ist und benennen das Individuum als einzig möglichen Ort für gezielte auf Glück ausgerichtete Veränderungen, wodurch die Verantwortung für das eigene Glück dem Individuum zugesprochen und die Möglichkeit dazu allein in seinem Inneren lokalisiert wird."[197]

Die Autor*innen der von Bergmann analysierten Glücksratgeber weisen sich durch zwei unterschiedliche Arten von Legitimation aus: Sie verweisen entweder auf ein Hochschulstudium (Medizin, Theologie, Philosophie) oder sie legitimieren sich durch spirituelle Erfahrungen. Immer werden Aussagen mittels anderer bekannter Autoren oder Zitate belegt. In Lebenshilferatgebern, insbesondere in spirituellen Ratgebern, wird die Darstellung des Glücks also sehr stark an die Autor*innen gebunden. Eine Varianz gibt es allerdings in der Art der Hilfestellung. So beschränken sich wissenschaftlich ausgerichtete Ratgeber eher auf die Ansammlung von Wissen und verzichten auf Ratschläge.[198]

3.2.3 Religionsersatz

Die einzelnen Ratgeberbücher beziehen sich in der Regel auf einen Grundgedanken oder einen alles verbindenden Sinn, der im Zusammenhang mit religiösen oder spirituellen Weisheiten steht. Durch die Zusammenstellung von Passagen aus zentralen Texten mehrerer Religionen wird einerseits das Bedürfnis nach einem einheitlichen Konzept und andererseits dem Anspruch auf breitangelegtes Wissen entsprochen.

Aus diesem Grund ergibt sich auch die Beobachtung, dass die Vielzahl der Ratgeberbücher nicht einer Vielzahl von Konzepten entspricht. Vielmehr lassen sie sich auf einander ähnelnde Aussagen reduzieren. Aus der Sicht von Bergmann lässt sich daraus folgern, dass die verschiedenen Glaubensrichtungen und Religionen im Kontext von Identitätsfindung und Handlungsleitung immer noch relevant sein können. Bergmann formuliert prägnant:

---

197 Ebd., 157f.
198 Vgl. ebd., 159f.

„So liefern viele Ratgeber ein Glückskonzept, das auf Fragen nach Sinn und Identität sowie dem daraus resultierenden Handeln eine spirituell motivierte Antwort vorschlägt. Die entsprechenden Lebenshilferatgeber können deshalb auch als Religionsersatz aufgefasst werden."[199]

3.2.4 Zwiespältige Wirkungen

Die Wirkung der Ratgeber ist laut Bergmann zwiespältig. Denn zum einen befeuern sie selbst den Glücksdiskurs weiter, weil sie sich auf keinen allgemeingültigen Glücksbegriff stützen; hierdurch kommt es also zu immer neuen Perspektiven und Standpunkten. Zum anderen führen sie aber bei den Rezipienten, obwohl sie Orientierung versprechen, zu weiterer Verunsicherung, weil sie das Individuum als alleinverantwortlich für Glück, Misslingen und Scheitern benennen, was zu stets neuen Entscheidungen zwingt und damit weiteren Beratungsbedarf produziert.

Aus diesem Grund kommt Bergmann zu der Einschätzung, dass der Glücksdiskurs auch zukünftig eine große gesellschaftliche Relevanz haben wird, was sich in entsprechenden Formen des Glücksdiskurses ausdrücken wird:

„Die zunehmende Relevanz von Glück sowie der gestiegene Bedarf an Glücksberatung verweisen auf die gesellschaftliche Reichweite des Glücksphänomens. Da Glück als eine Leitkategorie und als Ziel des Alltagshandelns anerkannt ist, die das gesellschaftliche Wahrnehmen und Handeln stark beeinflussen, ist ein genaues Bild der Streuungen des Glücksdiskurses wichtig. [...] Vor dem Hintergrund einer auf Wissen und Expertise ausgerichteten Gesellschaft wird deshalb auch das Bedürfnis nach Glücksberatung so schnell nicht nachlassen, wobei Lebenshilferatgeber nur eine, wenn auch prominente Position einnehmen. Entsprechend ist die Zukunft der Lebenshilfeliteratur zumindest für das Andauern der Wissensgesellschaft gesichert. Es ist davon auszugehen, dass die Bereiche, in denen sich mit Glück beschäftigt wird, sowie die Formen, in denen Beratung zum Ausdruck kommt, weiter zunehmen werden."[200]

---

199 Ebd., 159.
200 Ebd., 165.

3.2.5 Glück als Versprechen – Fazit

Glück zeigt sich bei Bergmann als Chiffre für die gesamte Lebensführung, für die der Einzelne angesichts der Vielzahl der Optionen selbst verantwortlich wird. Auch sie stellt fest, dass das Glück in der Kultur allgegenwärtig ist.

Ratgeber werden hier für Einzelne zum wichtigen Instrument der Orientierung. Glück, so Bergmann, wird erschlossen in den diskursiven Kontexten von gelingenden Beziehungen und Liebe, Umgang mit Zeit, Umgang mit dem Alter, Einstellung zum Körper, Freizeitbeschäftigungen und Arbeit sowie Spiritualität.

Autor*innen der Ratgeber sind immer Personen, die eine besondere Autorität aufweisen und zwar entweder in wissenschaftlicher oder spiritueller Hinsicht. So sieht Bergmann in Ratgebern einen Religionsersatz, da sie letztlich Fragen der Identitäts- und Sinnfindung beantworten wollen, wobei sie weitgehend auf traditionelle Lehren, Weltanschauungen und Religionen zurückgreifen. Dabei konstatiert sie, dass sich viele Konzepte ähneln.

Auch Bergmann stellt die paradoxe Wirkung von Glücksratgebern heraus, da sie letztlich dem Individuum die Verantwortung für das Gelingen des Lebens zuschreiben und damit strukturell immer neuen Beratungsbedarf generieren. Interessant ist schließlich der Hinweis, dass Ratgeberliteratur zwar auf gelingendes Leben abzielt, dass aber Misslingen und Scheitern durchaus auch thematisiert werden.

3.3 Das machbare Glück – Ertrag

Das Glück wird in der Analyse von Duttweiler erschlossen in qualitativen Erfahrungsdimensionen für den Einzelnen, nämlich als Erfahrung von Identität und Einssein, äquivalent zu Sinnerfahrung und auch als Erfahrung von Fülle. Bedeutsam sind körperlich wahrnehmbare, positive Gefühle (Flow, Freude), denn sie gelten als Indikatoren des Glücks. Zugleich wird Glück zur Chiffre für Erlösung. Selbstvertrauen und Selbstliebe werden dabei die entscheidenden Faktoren.

Es liegt wesentlich in der Möglichkeit des Einzelnen an seinem Glück zu arbeiten, was Duttweiler als praktischen Konstruktivismus am Selbst mittels Arbeit am Glück durch entsprechende „Selbsttechniken" bezeichnet. Wobei die Arbeit am Glück letztlich auf den Modus des Erfolges zielt. Dies setzt das Individuum unter einen fortgesetzten Optimierungszwang, der auf Naturalisierung zurückgeführt wird. Glück wird identisch mit Selbstbestimmung, während Fremdbestimmung als Unglückserfahrung codiert wird. Ferner wird Glückserfahrung zur Orientierungshilfe in Unübersichtlichkeit.

In der Zeit ist das Glück stets im Augenblick zu verorten, wodurch sich ein Anteil der Unverfügbarkeit des Glücks zeigt.

Dabei ist der Glücksbegriff jedoch alles andere als unpolitisch. Er hat eine politische Relevanz im Sinne neoliberaler Gouvernementalität und stabilisierende Funktion für neoliberale Transformation. Erhellend ist auch ihre Analyse, dass sich die Foucaultsche Pastoralmacht hier im Gewand der Ratgeberliteratur zeigt. Insofern erweist sich das Glück als Spezifikum moderner Existenz, weil Glück als Problematisierungsformel die Herausforderungen der modernen Gesellschaft für Freiheit und Autonomie des Einzelnen widerspiegelt.

Die Studie von Bergmann bestätigt die Erkenntnisse von Duttweiler dahingehend, dass auch hier Glück als Erfahrung von Sinn- und Identitätsfindung und Beziehungserfahrung in der Multioptionsgesellschaft verstanden wird.

Auch sie stellt die paradoxe Wirkung der individualisierten Gesellschaft heraus. Eindeutig zeigt sich hier der Zusammenhang mit Körperlichkeit, Arbeit und Freizeit. Vermutlich aufgrund der Differenz in der der Untersuchung zugrunde liegenden Literatur zeigt sich hier deutlicher der Rückgriff auf Quellen aus Spiritualität und klassischen Religionen.

Die Autor*innen der Ratgeberbücher stellen sich selbst als authentische Vermittler*innen dar, die auf je unterschiedliche Weise (wissenschaftlich oder spirituell) kompetent erscheinen.

Die Funktion der Ratgeberliteratur als Religionsersatz wird auch von ihr benannt, ebenso wie die Dimension der Zeit als relevante Bezugsgröße für Glückserfahrung.

Schließlich wird auch hier das Glück als Leitkategorie und Ziel des Alltagshandelns analysiert.

4 Ethnographische Entdeckungen in der Natur – Das empfundene Glück

4.1 Einführung

Während sich im Bereich der internationalen empirischen Glücksforschung gezeigt hat, dass der Zusammenhang von Glück und Natur/Ökologie in einzelnen Forschungsdesigns in den Blick kommt, konnte dies anhand der Glücksquellen, die im Feld der nationalen empirischen Glücksforschung ansichtig wurden, nicht bestätigt werden. Allerdings hatte sich aus der Wahrnehmung der Alltagskultur heraus ein enger Zusammenhang zwischen der

Suche nach Glück und Naturerfahrungen ergeben.[201] Wie ist nun mit diesem Befund umzugehen?

Der Zusammenhang von Natur und Freude erweist sich als historisch codiert. So schreibt der volkstümliche, österreichische Schriftsteller Peter Rosegger (1843-1918): „Kein Mensch auf Erden hat mir soviel Freude gemacht als die Natur mit ihren Farben, Klängen, Düften, mit ihrem Frieden und ihren Stimmungen." Dieser Satz steht exemplarisch für eine naturromantische Strömung, die in der Natur Freude sucht und findet und die bis in die heutige Kultur hinein bedeutsam ist. Rosegger erkennt in der Natur insofern eine Quelle der Freude, als er in ihr Einfachheit, Schönheit und Frieden finden kann.

Besonders prägend für die naturromantische Bewegung war der US-Amerikaner Henry David Thoreau (1817-1862) mit seinem breit rezipierten Buch Walden oder Leben in den Wäldern (1854). Thoreau stand dem amerikanischen Transzendentalismus nahe, dessen Gründerpersönlichkeit Ralph W. Emerson sein Mentor war. In Walden schildert Thoreau sein Leben in einer Waldhütte, in die er sich im Jahre 1845 zurückzog, um dort für zwei Jahre jenseits der Industriegesellschaft zu leben.[202] Thoreau hat mit Walden eine breite Wirkungsgeschichte entfaltet: So gilt er als Inspirator der Naturschutzbewegung und der 68er-Bewegung des letzten Jahrhunderts und mit seiner Vision vom zivilen Ungehorsam beeinflusste er u.a. Mahatma Gandhi und Martin Luther King.

Bis in unsere Kultur hinein ist die Vision von einem einfachen und tiefen Leben im Einklang mit der Natur für Menschen attraktiv und gleichbedeutend mit der Erfahrung von Lebensfreude.[203]

---

201 Vgl. exemplarisch hierzu auch die Antwort des Bloggers und Journalisten Sascha Lobo auf die Frage, was Glück sei: „Durch Digitalisierung und Globalisierung ist die Welt so groß, so intensiv geworden, eine Überdosis Weltgeschehen strömt auf uns ein, daraus folgen Überforderung und Überlastung. Deswegen suche ich die kleinen Dinge. Das kann zum Beispiel die Raupe des Wolfsmilchschwärmers sein, eine der schönsten heimischen Raupen, eine Sensation! Sie ist ziemlich groß, Knallrot mischt sich mit Grün, Gelb und Schwarz. Hinten am Schwanz hat sie ein Hörnchen, das Feinde abschrecken soll. Wenn ich so eine Raupe finde, ist das ein glücklicher Moment. Und wenn ich das mit meiner raupenbegeisterten Frau erlebe, kann es ein Moment des großen Glücks werden." Dirk von Nayhauß, Die Welt ist so groß geworden. Interview mit Sascha Lobo (Fragen an das Leben 162), in: Chrismon (10/2019), 36. Der enge Zusammenhang von Natur und Glück wird darüber hinaus auch in der jüngeren Biodiversitätsforschung betont. „Beim Naturschutz geht es nicht um rein nutzungsbezogene Argumente, sondern auch um das gute Leben, um Glück." Katrin Vohland u.a., Biodiversitätsforschung und politisches Handeln, in: Beck (Hg.): Die Vielfalt des Lebens. Wie hoch, wie komplex, warum?, Weinheim: Wiley-VCH Verlag 2013, 225-234, hier 234. Einen weiteren literarischen Zugang zum Zusammenhang von Lebensfreude, Glück und Natur erschließt: Carl Zuckmayer, Der fröhliche Weinberg. Theaterstücke 1917-1925, Frankfurt/ M.: Fischer 31995. Vgl. hierzu: Friedrich Fürstenberg, Entkrampfung. Der fröhliche Weinberg. – Carl Zuckmayers Bild von Lebensfreude und Glück, München: GRIN 2004, online: https://www.grin.com/document/109036 (17.01.2020).

202 Vgl. Henry David Thoreau, Walden oder Leben in den Wäldern, Berlin: elv 2017. Sowie: Ders., Vom Glück durch die Natur zu gehen, Köln: Anaconda 2010.

203 Dies zeigt sich etwa in den Bereichen der Männerbewegung, Esoterik (MännerQuest), Initiationsrituale usw. Exemplarisch hierzu: Oriah Mountain Dreamer, Die Einladung (übersetzt

Die Zeitschrift Walden[204] (gegr. 2015) bezieht sich explizit auf Thoreau, thematisiert die Faszination der Natur und greift die Sehnsucht nach Einfachheit auf. Die Existenz der Zeitschrift zeigt, dass die aktuelle Bewegung derjenigen, die nach Naturerfahrungen suchen, einen ökonomisch relevanten Sektor in unserer Kultur darstellt. Die Zeitschrift wirkt wie eine Mischung aus der Suche nach Natur und Einfachheit gepaart mit einem Loblied auf die Errungenschaften menschlicher Technik und deren Annehmlichkeiten. Attraktiv erscheint hier nicht die Natur in ihrer Unberührtheit und Einfachheit, sondern vielmehr die Möglichkeiten des Menschen, sich in der Natur behaupten und selbst explorieren zu können. Die Freude in der Natur und dem damit verbundenen einfachen Leben wird hier auf anscheinend zeitgemäße Weise mit der Vorstellung davon verbunden, dass der Mensch im Naturraum anhand spezifischer Selbsttechniken Glück finden kann.

Vor diesem Hintergrund wird abschließend der Zusammenhang von Natur und Glück in der modernen Kultur mittels einer ethnographischen Untersuchung vertiefend analysiert.

4.2 Glück und Natur

Die Ethnographin Carmen Weith legt mit ihrer im Jahre 2012 an der Universität Tübingen eingereichten Dissertation „Alb-Glück. Zur Kulturtechnik der Naturerfahrung"[205] eine emotionale Topographie der Schwäbischen Alb vor. Im Zentrum der Forschungsarbeit steht die Frage, welche Praktiken Menschen anwenden, um im Naturraum Schwäbische Alb Glück zu erleben bzw. herzustellen. Diese Forschungsarbeit erschließt also in ethnographischer Perspektive exemplarisch den Zusammenhang von Natur- und Glückserfahrung.

Im Folgenden werden zunächst Aufbau und Methodik der Arbeit vorgestellt (4.2.1), die das Alb-Glück in der Spannung von Natur und Kultur (4.2.2) sowie als ästhetische Erfahrung (4.2.3) rekonstruiert. Unter 4.3 werden die Erträge schließlich gesichert.

---

von Ulla Rahn-Huber), München: Goldmann 2000. Udo Schroeter, Bin am Meer. Eine Erzählung für Männer, Asslar: adeo 62015. Jan Temmel, http://www.naturundfreiheit.de/item/101-freiheit-des-menschen (04.02.2020). In einem weiteren Sinne sind hier relevant (beispielhaft): Rainer Schall, Waldbaden mit allen Sinnen. Die Heilkraft der Natur erleben, Stuttgart: Kosmos 2019. Nick Naker, Wild leben! Unser Weg zurück zur Natur (aus dem Engl. von S. Schmidt-Wussow), Darmstadt: wbg Theiss 2018. Sy Montgomery, Vom magischen Leuchten des Glühwürmchens bei Mitternacht. Und anderen kleinen großen Wundern der Natur, München: Knesebeck 2019.

204 Vgl. G+J Medien GmbH, https://www.geo.de/magazine/walden (04.02.2020).
205 Carmen Weith, Alb-Glück. Zur Kulturtechnik der Naturerfahrung, hg. v. Bausinger (Untersuchungen des Ludwig-Uhland-Instituts der Universität Tübingen 116), Tübingen: TVV 2014.

4.2.1 Aufbau und Methode

Die Studie lenkt die Aufmerksamkeit besonders auf körperliche Erfahrungen, insofern Körper sowie sinnliches und emotionales Erleben hier zur Erkenntnisbasis werden. Weith orientiert sich an Sarah Pink („Doing Sensory Ethnography"), insofern sie Aspekte der sinnlichen Wahrnehmung zum integralen Bestandteil der Erhebung macht. Sie weitet diesen phänomenologischen Ansatz jedoch in Richtung einer „umfassenden Ethnographie".

Durch das Sample von bis zu zwanzig Personen wird keine Repräsentativität angestrebt oder erreicht. Die Teilnehmenden verorten sich selbst hinsichtlich ideeller Werte am gesellschaftlichen Rand und als Gegenüber zur Welt ‚da draußen'.

In der ersten orientierungsgebenden Erhebungsphase wurden mit zwanzig Personen, die die Alb entweder aus beruflichen Gründen (als Landwirtin, Waldkindergärtnerin, Ritt-Führerin, Erlebnispädagogin, Wanderführer, Organisatorin von Pilgerwanderungen) bewohnen oder in ihrer Freizeit (als Mountainbiker, Teilnehmer an Goa-Partys, Schamanin, fotografierender Wanderer (2), Spaziergängerin (3), dichtender Wanderer, Wanderin (2), Segelflieger, Radfahrer, Kletterer) besuchen, Gespräche geführt, Foto-Alben erstellt und Piktogramme gemalt. In der zweiten Phase wurde mit fünf Personen weitergearbeitet. Im Mittelpunkt dieser Phase standen bewegte Interviews. In der dritten Erhebungsphase wurden Expertengespräche mittels leitfaden-gestützter Interviews und Mental Maps geführt.[206]

4.2.2 Alb-Glück in der Spannung von Natur und Kultur

Weith geht davon aus, dass Natur und Kultur eine unauflösbare Dichotomie bilden, insofern es Natur nie an und für sich gibt, sondern immer nur kulturell vermittelt. Gernot Böhme spricht in diesem Zusammenhang von „anthropogener Natur".

Von den Befragten wird der Alb eine „Natürlichkeit" zugeschrieben, die klar von der städtischen Umgebung abgegrenzt ist. Dabei geht es um mehr als um eine Ortsangabe:

> „‚Draußen' ist dann keine bloße Ortsangabe und meint mehr als nur die Abwesenheit anderer Personen. In dieser Perspektive liegt der Reiz vielmehr darin, die negativen Befindlichkeiten hinter sich lassen zu können, die die befragten Personen mit der ‚Gesellschaft' assoziieren –diese

---

[206] Vgl. zum ethnographischen Forschungsdesign: Ebd., 29-69.

wird damit zu einer nicht näher definierten Macht, die sich in sozio-kulturellen Rahmungen ausdrückt."[207]

Die Natur ist für die befragten Personen das Gute, wo sie sich frei und sorglos fühlen und zu sich selbst finden. Diese Gemeinsamkeit der Interviewten kann auch als „emotionaler Stil" bezeichnet werden. Natur ist eine ästhetisch aufgeladene Fläche, die ihre Bedeutung als Produktionsfläche verloren hat. Der Aufenthalt dort wird zum Ausdruck der Kritik an der Gesellschaft. Eine solche schwärmerische Verklärung findet sich in den Darstellungen der Interviewpartner wieder.

Ein anderer Aspekt wird mit dem Stichwort der „Zähmung der natürlichen und biologischen Kräfte" gefasst. Durch die neuzeitliche Entwicklung der naturwissenschaftlichen Weltaneignung wird die Welt einerseits entmystifiziert, beherrschbar, die Natur zugleich sentimental verklärt. Letztgenannter Aspekt ist prägend für die Interviews:

„Während die Zivilisation ehemals Sicherheit vor Naturkräften bot, beginnt sie mit der Romantik als überfordernd wahrgenommen zu werden. Es erfolgt der Ausweg hin zur Natur, die es in der Wahrnehmung der Befragten im Gegensatz zum gesellschaftlichen Leben erlaubt, so zu sein, wie ‚man' wirklich ist. Die Sehnsucht nach diesem Zustand zieht sich als Motivation für einen Aufenthalt auf der Alb durch alle Interviews."[208]

Die Natur wird nun unterschiedlich gedeutet:
Natur als Gegenwelt: Die Natur ist in diesem Sinne eine Gegenwelt zu alltäglichen Erfahrungen und ein Ort der Freiheit. Natur ist das Gute, während die Zivilisation als abweisend charakterisiert wird. Es handelt sich um eine Umkehrung der ursprünglichen Bedeutung von Zivilisation. Weith kommentiert:

„Vielmehr ist die Natur ein stummes Gegenüber, das keinerlei direkte Reaktionen zeigt, das nicht wertet und nicht urteilt. So wird die Erfahrung von Ablehnung unmöglich, was Natur zur perfekten Projektionsfläche für gegenweltliche Wünsche oder Sehnsüchte macht."[209]

Natur als Gegenüber: Natur wird ferner personalisiert und mit anthropomorphen Bildern aufgeladen, ausgedrückt etwa in Wendungen wie „der dritte Erzieher" oder „von Liebe umfangen".

---

207 Ebd., 222.
208 Ebd., 121.
209 Ebd., 128.

Natur als Heil- und Hilfsmittel: Die Befragten sprechen zwar kein Bedürfnis nach Sinnstiftung an, gleichwohl besprechen sie die positiven Wirkungen auf ihre Gesundheit. Und dies oft in kritischer Abgrenzung zu negativen Tendenzen in der Gesellschaft, wie z.B. Rationalisierung. Natur wird ferner mit Entspannung, Geborgenheit und Ausgleich identifiziert.

Konsumort Natur: Eine Konsumhaltung gegenüber der Natur wird häufig bei anderen Nutzern kritisiert, hin und wieder auch selbstreflexiv. Marginal ist das Eintreten für den Umweltschutz; Umweltzerstörung bleibt abstrakt und regt nicht zum Handeln an. Z.T. wird diesbezüglich auch eine fatalistische Haltung geäußert.

Die Suche nach dem „guten" Leben in der Natur: Die befragten Menschen suchen auf der Alb nach dem Positiven und assoziieren mit dem Aufenthalt angenehme Gefühle, mentale Zustände und körperliches Wohlbefinden. Es geht ihnen um Genuss. Es sind nicht konkrete Elemente, sondern die Nicht-Begegnung mit anderen Personen, Ruhe und Einsamkeit. Hierdurch wird eine Begegnung mit dem eigenen Selbst erfahren. Auf welche konkrete Weise die Natur formiert sein muss, damit dies gelingt, dazu gibt es höchst unterschiedliche Vorstellungen.

Schließlich werden die Ergebnisse der Interviews von Weith noch einmal metatheoretisch reflektiert. Dabei stellt sie heraus, dass die Modernisierung mit der Rationalisierung zu einem Ende der kultischen Verehrung der Natur geführt habe. Aus dem „geheimnisvollen Zaubergarten" entstand die rationale Welt. Auf dieser Basis entstehen zwei widerstrebende Naturkonzeptionen: einerseits die profitorientierte, naturwissenschaftlich-entzauberte. Auf der anderen Seite die sentimentale, mit Bildern der Sehnsucht aufgeladene. Allerdings weist Weith ausdrücklich darauf hin, dass bei den Befragten kein magisches Naturverständnis zu finden ist. Ihnen erscheint die Natur vielmehr als nutzbare Fläche, die für individuelle Performanzen bereitsteht.

Kirig und Schick verstehen eine solche Natur als Neo-Nature, deren Kennzeichen ein entzauberter Zustand sowie deren stete Verfügbarkeit sind, wodurch sie Teil des jeweiligen Lebensstils wird. Zusammenfassend stellt Weith fest:

> „[Es, SO] wurde deutlich, dass sie ein idealisierendes und romantisierendes Verständnis von Natur haben. Auf dieser Basis können als gemeinsame Elemente konstatiert werden: Die ‚schöne Natur' gilt als harmonisches und liebliches Gegenbild zu den Mühen des Alltags, als

etwas, das ästhetische Bedürfnisse befriedigt und allen Flüchtigkeiten Stabilität entgegensetzt. Was die befragten Personen in der Natur suchen, ist ein Raum, der ihnen jederzeit und ohne Ansprüche zu stellen für intensive (emotionale und sinnliche) Erlebnisse bereitsteht, kurz: das ‚Gute'. Demnach gibt es nach wir vor ein rein praktisches, an Nützlichkeit orientiertes Verhältnis zur Natur – wenn Utilitarismus auf das persönliche Wohlbefinden und auf Erholung bezogen wird."[210]

4.2.3 Die Alb als Kulisse des Glücks

Weith erschließt dann auch, auf welche differenzierte, subjektive Weise Menschen das Alb-Glück in der Natur erfahren. Dabei wird das Alb-Glück einerseits als Identitätserfahrung geschildert, ein Moment, in dem man in Kontakt mit sich selbst kommt, und andererseits als Erfahrung von Verbundenheit.

Dabei zeigt Weith, wie über Körpereinsatz und Sinneswahrnehmung diese individuellen Erlebnis- und Sinneswelten entstehen:

„Ein Resultat ist, dass die Alb immer als zur Verfügung stehender Raum erlebt wird, in der der Einsatz des Körpers positive Emotionen schafft. Dies meint nicht die Arbeit am schönen Körper, er ist keine zu disziplinierende Materie."[211]

Die ästhetische Erfahrung des Alb-Glück bezieht sich also auf Praktiken, die körperliche und leibnahe Erfahrungen ermöglichen und zwar in einem Raum, der nicht überfordernd wirkt. Innerhalb dieser kulturellen Rahmungen ist die sinnliche Wahrnehmung jedoch individuell codiert:

„Trotz solcher kulturellen Rahmungen ist die sinnliche Wahrnehmung aber ein höchst individueller Vorgang, den die Befragten meist als Moment der Abgrenzung gegenüber anderen und damit als identitätsstiftendes Moment erleben – aus der Melange all dieser Aspekte entsteht die individuell ‚schöne Alb'."[212]

---

[210] Ebd., 140.
[211] Ebd., 218. Dies wird von Schulze bestätigt: „Ästhetik geht durch den Körper; das Schöne und das Hässliche ist, bei aller Vernetzung mit Gedanken, Bildern, Erinnerungen, Assoziationen, bei aller Intellektualität der Wahrnehmung formaler Muster, in der körperlichen Erfahrung verankert, auch wenn wir uns dessen oft nicht bewusst sind. Das Erleben der Welt ist immer auch ein körperliches Erfühlen." Gerhard Schulze, Die Erlebnisgesellschaft. Kultursoziologie der Gegenwart, Frankfurt/M.: Campus 82000, 106.
[212] Weith, Alb-Glück, 220.

Im Blick auf die Schwäbische Alb, so die zusammenfassende Einschätzung,

> „kreieren die Befragten eine mit Glück assoziierte Gegenwelt. So wird eine Verbindung etabliert, die es erlaubt, Zugehörigkeiten zu spüren. Aufgrund dieser kulturell geprägten Beziehungen zwischen Individuen und Natur-Raum kann die Alb als Ergebnis emotionaler Praktiken gedacht werden."[213]

Die Natur ist dabei eine Kulisse, die Gegenerfahrungen zum Alltag ermöglicht:

> „Wiewohl auch der Alltag angenehme Erlebnisse bereitstellt, macht doch die Garantie auf das ‚Schöne' den untersuchten Raum besonders: Hier scheint ein selbstbestimmtes Leben ohne Zwänge möglich. Dazu trägt wiederum die grundlegende Zuschreibung an den Raum bei. Mit der positiven Einschätzung als naturnah sind Attribute wie harmonisch, stressreduzierend und gesundheitsverheißend verbunden. Das Streben nach der Integration dieser Aspekte in die eigene Lebenswelt bildet das Bedürfnis nach unmittelbaren Erlebnissen ab. Über eine solche körperliche Erfahrung wird die Natur eine nutzbare Kulisse für die ungestörte Auseinandersetzung mit dem eigenen Selbst: Je nach Bedürfnislage ist sie eine Gegenwelt, ein Gegenüber oder auch ein Heil- und Hilfsmittel. Bemühungen um ihren Schutz spielen dabei keine Rolle – die Befragten versuchen nicht, die Natur zu retten, sondern wollen in und von ihr gerettet werden. Es ist von den individuellen Ansprüchen abhängig, wie sich dies im Einzelnen gestaltet, das heißt, ob etwa Sportlichkeit, Bildung oder Spiritualität im Vordergrund steht."[214]

4.3 Das empfundene Glück – Ertrag

Die nicht-repräsentative Studie von Weith hat weitere wichtige Erkenntnisse im Hinblick auf die Fragestellung ermöglicht, in welcher Weise in der gegenwärtigen Kultur Glückserfahrungen konstelliert werden.
Natur wird von den Befragten als Raum verstanden, in dem sie ganz zu sich selbst kommen können. Es handelt sich dabei vor allem um eine ästhetisch wahrgenommene Projektionsfläche, die kaum mehr als Raum des Broterwerbs angeeignet wird. Im Blick auf das Glück erscheint Natur hier als romantische

---
213 Ebd., 225.
214 Ebd., 224.

Gegenwelt zu den Mühen und Sorgen des Alltags. Hier scheint sich also ein Motiv der naturromantischen Tradition wiederzufinden, insofern es zu einer dualistischen Aufspaltung zwischen menschengemachter Welt und unberührter Natur, die zum Sehnsuchtsort wird, kommt.

Ferner zeigt sich, dass die Erfahrung des Alb-Glücks eine Frage der Identität und der Verbundenheit ist. Gleichwohl benennt Weith unterschiedliche Konzeptionalisierungen von Natur: Als Gegenwelt, als Gegenüber, als Heil- und Hilfsmittel, als Konsumort. Natur wird hier im größeren Zusammenhang einer Doppelstruktur ansichtig, nämlich als Teil wissenschaftlicher bzw. romantischer Weltsicht. Das Alb-Glück besteht, so sieht es Weith, in der Erfahrung von der Natur gerettet zu werden. Sie ist der Ort für die Wahrnehmungen des Schönen und des Guten, die aber immer individuell codiert werden.

Ein Spezifikum der hier vorgestellten Studie liegt darin, dass sie die Erfahrung des Alb-Glücks mittels sinnlicher Wahrnehmung erschließt, womit sie im Bereich der Ethnographie innovativ ist. Der Körper ist hier nicht das stets zu disziplinierende Objekt, sondern die Bedingung der Möglichkeit, um im Raum der Alb positive Emotionen zu erleben. Das Erleben positiver Empfindungen, eben auch der Freude, ist immer an den Körper gebunden. Die Schönheit bleibt aber letztlich individuell.

5 Glück als Leitthema der Kultur

Der kulturwissenschaftliche Teil hat gezeigt, dass Glück ein Leitthema der gegenwärtigen Kultur ist, wobei im alltäglichen Sprachgebrauch Begriffe wie Freude, Lebensfreude, Glück, Zufriedenheit u.a. nicht eindeutig begrifflich voneinander unterschieden werden.

Insgesamt zeigt sich Glück als Leitkategorie und Ziel des Alltagshandelns, was es für die praktisch-theologische Forschung interessant macht. Mehr noch: Es scheint sogar von enormer praktisch-theologischer Relevanz zu sein, bezüglich des Glücksdiskurses denk- und sprachfähig zu sein und die Freude des Evangeliums in diesem kulturellen Kontext erschließen zu können.

Im wissenschaftlichen Diskurs steht der Glücksbegriff zwar im Mittelpunkt des Interesses, doch auch hier entzieht er sich (wie in der alltagspraktischen Verwendung) einer exakten Definition. Zwar wird Freude bisweilen von Glück abgegrenzt, insofern es ausschließlich als Gefühl verstanden wird, doch wird diese Differenz in den untersuchten Kontexten keineswegs allgemein geteilt. Glück wird vielmehr jeweils konstellativ greifbar. Offensichtlich gibt es so viele Wege zum Glück und Formationen des Glücks, wie es Menschen gibt.[215]

Damit ist einer allein begrifflichen Gegenüberstellung vom Glück in der Kultur auf der einen und christlicher Freude auf der anderen Seite der Boden entzogen. Anders formuliert ist nach diesem ersten Zugang Zuversicht dahingehend angezeigt, dass sich prinzipiell Relevanzbrücken zwischen der Freude des Evangeliums und dem Glück in der Kultur herstellen lassen. Dies gilt insbesondere auch deshalb, weil dem Glücksdiskurs von einzelnen Kulturwissenschaftler*innen quasi religiöse Bedeutung zugemessen wird.

Folgende sieben Dimensionen lassen sich nun in Bezug auf das Glück in der Kultur verdichtet zusammenfassen:[216]

1. Säkularität: Schulze spricht dem Glücksdiskurs den Charakter eines Gottesdienstes zu und verweist damit auf die religionsaffine Bedeutung des Glücksdiskurses. Gleichwohl hat sich gezeigt, dass traditionelle Formen von Religion und Kirchlichkeit nur marginal für das Glücksempfinden von Menschen relevant sind. Mit anderen Worten: der Zusammenhang von Glück und Religion, der ja zum Selbstverständnis des christlichen Glaubens gehört, ist in der modernen Kultur nicht nachvollziehbar.

   Auf der Basis eines substantiellen Religionsbegriffes zeigte sich, dass religiös praktizierende Menschen in Deutschland zwar ein leicht höheres Maß an subjektivem Wohlbefinden haben als nicht religiös-praktizierende oder areligiöse Menschen. In den Werten für die Gesundheit, die ja in hohem Maße mit dem Glücksempfinden verbunden ist, schlägt sich dies aber nicht nieder. Danach ist in der empirischen Forschung ein Zusammenhang zwischen praktizierter Religiosität und Glücksempfinden nicht eindeutig zu belegen. Damit wird einerseits die Erfahrung, die dieser Arbeit zugrunde liegt, und andererseits die Relevanz des Forschungsinteresses bestätigt.

   Eine weitere äußerst interessante Beobachtung ist, dass Glück sich in manchen Kontexten als Chiffre für Erlösung, Fülle oder Rettung gezeigt hat. In diesem Kontext ist bemerkenswert, dass das Foucaultsche Motiv der Pastoralmacht im Gewand der Ratgeberliteratur präsent wird. So werden Ratgeber durchaus als „Religionsanaloga" (Widl) verstehbar, die wesentlich von der authentischen (wissenschaftlichen oder spirituellen) Kompetenz und Authentizität ihrer Expert*innen leben.

---

215 Hier zeigt sich eine Strukturanalogie zum bekannten Diktum von Joseph Ratzinger/ P. Benedikt XVI., dass es so viele Wege zu Gott gibt, wie es Menschen gibt.
216 Selbstverständlich handelt es sich hier um eine perspektivische Zusammenfassung im Hinblick auf das Forschungsinteresse. Zahlreiche Aspekte müssen im Rahmen dieser Untersuchung unberücksichtigt bleiben.

2. Konstruktivismus: Kennzeichnend für den Glücksdiskurs in allen untersuchten Feldern ist, dass das Glück konstruktivistisch gedacht wird. Glück gilt als machbar und als Gut, für das der Einzelne verantwortlich ist. Exemplarisch wird dies im Sprichwort „des eigenen Glückes Schmied sein" auf den Punkt gebracht. Es liegt demnach vor allem am Einzelnen, an seinem Glück zu arbeiten.

Laut Duttweiler handelt es sich dabei um einen praktischen Konstruktivismus am Selbst durch entsprechende Selbsttechniken, die auf die Kategorie des Erfolges zielen. Damit sind für das Individuum einerseits ein fortgesetzter Optimierungszwang und andererseits eine Technologisierung des Selbst verbunden. Glück ist hier gleichbedeutend mit Selbstbestimmung, Selbstvertrauen und Selbstliebe, während Fremdbestimmung als Unglückserfahrung verstanden wird.

Die Erfahrung von Glück wird zur Orientierungshilfe in Unübersichtlichkeit und Kontingenz. Es zeigt sich als Spezifikum moderner Existenz, weil Glück als Problematisierungsformel die Herausforderungen der modernen Gesellschaft für Freiheit und Autonomie des Einzelnen widerspiegelt.

3. Augenblicksglück: Auf der anderen Seite hat sich, vor allem im Bereich der Ratgeberliteratur, auch die Dimension des Augenblicksglücks gezeigt. Damit ist die Erfahrung thematisiert, dass das Glück in der Zeit jeweils nur im Augenblick erfahren werden kann, womit entgegen dem konstruktivistischen Zugang die Unverfügbarkeit des Glücks hervorgehoben wird.

4. Erfahrungsqualitäten: Es wurde deutlich, dass Glück sehr deutlich an subjektives Erleben gebunden ist. Was Menschen glücklich sein lässt, ist also sehr unterschiedlich, worauf die empirische Glücksforschung mit der Erhebung des subjektiven Wohlbefindens als Basisindikator reflektiert.

Die exemplarisch ausgewählten Beiträge empirischer Glücksforschung haben für die letzten Jahre in der Bundesrepublik als Quellen des Glücks konstant Gesundheit, intakte soziale Nahbeziehungen (Familie/ Freunde) sowie eine berufliche Tätigkeit, die eine ausreichende finanzielle Absicherung gewährleistet, gezeigt.

Trotz der Tatsache, dass Glückserleben eindeutig individuell konstelliert wird, sind doch bestimmte übergreifende Erfahrungsqualitäten des Glücks erkennbar geworden. Als solche Erfahrungsqualitäten zeigen sich: Einssein/ Identität, Beziehung/ Kontakt, Heilsein/ Ganzsein/ Fülle, Schönheit und Sinn. Eine besondere Qualität hat das Glück, insofern es sich kontrastiv von Kontingenzerfahrungen abhebt.

5. Körper – Gefühle: Bedeutsam sind körperlich wahrnehmbare, positive Gefühle (Flow), denn sie gelten als Indikatoren des individuellen Glücks.

Dabei ist das Erleben positiver Empfindungen immer an den Körper gebunden. In diesem Zusammenhang erscheint auch plausibel, dass die Gesundheit einen bedeutsamen Rang für das Glücksempfinden erhält. Überzeugend wird dies in der Studie zum Alb-Glück rekonstruiert, wo der Körper die Bedingung der Möglichkeit ist, um positive Emotionen zu erleben. Für diesen Zusammenhang wird der Begriff „doing emotions" geprägt. Allerdings zeigt sich auch eine auffallende Differenz, insofern körperliches Aussehen in einer Studie (You-Gov & Sinus) als irrelevant für das Glück eingeschätzt wird.

6. Natur – Kultur: Es wurde ferner deutlich, dass der Glücksdiskurs in das Spannungsfeld von Natur und Kultur führt. Die Natur ist für das Glück ein besonderes Erfahrungsfeld, sowohl in der individuellen Aneignung als auch in der gesellschaftlichen (Glücksforschung) Reflexion, wenngleich sich hier kein kohärentes Bild ergibt.

Das Glück in der Natur erscheint als romantische Gegenerfahrung zu Erfahrungen in der technischen Welt und zu den Mühen und Sorgen des Alltags. Insofern impliziert die Suche nach Glück oftmals eine spezifische Konstruktion von Natur, die die menschliche Welt der natürlichen Welt gegenüberstellt. Natur wird hier vor allem als eine ästhetisch wahrgenommene Projektionsfläche sowie als Gegenwelt, als Gegenüber, als Heil- und Hilfsmittel, als Konsumort oder auch als Ort der Rettung, konstruiert. In ihr lassen sich viele der oben genannten Erfahrungsqualitäten, wie Identität, Verbundenheit, Schönheit, suchen und finden.

Natur wird damit im größeren Zusammenhang einer Doppelstruktur ansichtig, nämlich als Teil wissenschaftlich-technischer bzw. romantischer Weltsicht, die klassischerweise in der Natur-Kultur-Differenz gefasst wird und Gegenstand umfassender systematisch-theologischer und philosophischer Reflexion ist.[217]

7. Gesellschaft – Politik – Ökonomie: Neben diesen zunächst individuellen Codierungen ist das Glück auch als gesellschaftlicher, politischer und wirtschaftlicher Faktor erkennbar geworden.

Zum einen wird es durch entsprechende gesellschafts- und wirtschaftspolitische Rahmenbedingungen und Faktoren als beeinflussbar betrachtet und damit auch im politischen Sektor im Sinne eines konstruktivistischen Anspruches herstellbar. So wird verstehbar, warum das Glück immer mehr zum Thema gesellschaftlicher Diskurse wird. Denn die Glücksthematik berührt u.a. die Frage nach grundlegenden materiellen Bedürfnissen sowie sozialer und zunehmend auch ökologischer Gerechtigkeit, im nationalen

---

[217] Diese wird im Rahmen der vorliegenden Untersuchung nicht weiter berücksichtigt.

wie im internationalen Kontext. Glück scheint demnach nicht indifferent hinsichtlich des sozialen Status zu sein. Zum anderen wurde deutlich, dass sich die individuelle Glückssuche im Sinne neoliberaler Gouvernementalität stabilisierend auf gesellschaftliche Transformationsprozesse auswirkt.

Hinsichtlich des formulierten Forschungsinteresses ergeben sich in diesen sieben Dimensionen folgende weiterführende Perspektiven:

- Der Glücksdiskurs ist nichts weniger als eine Anfrage an den personalen Gottglauben und zugleich eine Herausforderung, ein trinitarisches Gottesverständnis in der Gegenwartskultur zu erschließen. Dabei ist einerseits der Bruch ernst zu nehmen, dass sich kein unmittelbarer Zusammenhang von Religion (Gottesdienstpraxis) und Glücksempfinden herstellen lässt. Zu fragen ist etwa nach theologischen und spirituellen Kompetenzen, durch die Christ*innen zu Expert*innen der Freude werden, wenn es ganz offenbar nicht die regelmäßige Gottesdienstpraxis zu sein scheint. In diesem Kontext ist insbesondere nach Möglichkeiten zu suchen, die dem Glücksdiskurs inhärente Suche nach Erlösung, Fülle oder Rettung so aufzugreifen, dass sich die Freude des Evangeliums als ambivalenz- und kontingenzsensibel bewähren kann.
- Eine kulturrelevante Rede von der Freude des Evangeliums wird sich zur konstruktivistischen Formatierung des Glücks positionieren müssen. Dabei geht es um Aspekte wie Selbstverantwortung und Selbststeuerung, Erfolg, Freiheit und Autonomie, Optimierungszwang und Technologisierung des Selbst. Es stellt sich diesbezüglich die Frage, inwiefern theologische Optionen an die damit verbundenen positiven Aspekte anknüpfen und zugleich im Sinne prophetischer Kritik andere Perspektiven aufzeigen können.
- Bezüglich der im Glücksdiskurs gefundenen Vorstellung vom Augenblicksglück sind im theologischen Diskursarchiv anschlussfähige Modelle zu suchen.
- Ferner wäre zu zeigen, dass auch die Freude des Evangeliums einen Zugang zu den dem kulturellen Diskurs inhärenten Erfahrungsqualitäten des Glücks, nämlich Einssein/ Identität, Beziehung/ Kontakt, Heilsein/ Ganzsein/ Fülle, Schönheit, Sinn sowie die Abwesenheit von Kontingenz und Scheitern, eröffnet. Die genannten Erfahrungsqualitäten wären als Kennzeichen des christlichen Glaubens zu profilieren.
- Zu reflektieren wäre dann auch, welche Rolle ästhetische Wahrnehmung, Körper und Gefühl in einer christlichen Praxis haben, die sich der Freude des Evangeliums verpflichtet weiß.

- Der Freude-Begriff wird sich im Spannungsfeld von Natur und Kultur zu positionieren haben. Bedeutsam ist dabei, ob christliche Freude im Naturkontext als Kontrasterfahrung zur menschengemachten technischen Welt konstruiert wird und insofern letztlich romantisierend und ausschließlich kulturkritisch zu verstehen ist.
- Im Anschluss an die kulturwissenschaftliche Analyse hat der Topos der christlichen Freude schließlich die Dimensionen sozialer und ökologischer Gerechtigkeit zu berücksichtigen. Zu fragen ist, ob es analog zu Techniken des Glücks spezifische Selbsttechniken christlicher Freude gibt. Und falls ja, in welchem Verhältnis diese zu neoliberaler Gouvernementalität stehen.

Damit liegen auf der Basis der perspektivischen Analyse des „Glücks in der Kultur" sieben äußerst umfangreiche Forschungsperspektiven. Um diese im Hinblick auf das Forschungsinteresse dieser Studie weiter zu gewichten, zu konturieren und zuzuspitzen, ist im folgenden Teil eine vertiefende sozialwissenschaftliche Reflexion im Hinblick auf das „Glück in der Moderne" zu leisten. Hierdurch wird eine weitere Eingrenzung dieser umfangreichen Fragestellungen angestrebt, die die Voraussetzung für eine theologische Erschließung von Freude und Glück ist.

II GLÜCK IN DER MODERNE

In diesem zweiten Teil wird an die bisherige kulturwissenschaftliche Diskussion angeknüpft und die Ergebnisse werden vertiefend analysiert. Dabei sind insbesondere die sieben Dimensionen des Glücks in der Kultur (vgl. I.5.2) im Blick zu behalten. Diese Dimensionen werden am Ende dieses Teils erneut diskutiert und thesenartig zugespitzt (5). Im Sinne des einleitend beschriebenen hermeneutischen Ansatzes werden so wissenschaftlich begründete Perspektiven auf das Glück in der Moderne analysiert.

Zu Beginn dieses Teils erfolgt eine Einführung zum „Glück in der Moderne" im wissenschaftlichen Diskurs (1).

In Kapitel 2 wird das Glück unter den Bedingungen der Säkularität analysiert. Die Diesseits-Orientierung des Glücksstrebens hatte sich im ersten Teil als gravierend herausgestellt und ist selbstverständlich in theologischer Perspektive von zentraler Bedeutung, sie wird daher an erster Stelle in den Fokus gerückt. Ein renommierter und sehr breit rezipierter Forscher zur Säkularität ist der kanadische Sozialphilosoph Charles Taylor, dessen Ansatz zur Erfahrung der Fülle hier berücksichtigt wird.[218]

Im ersten Teil hatte sich ferner angedeutet, dass sowohl die empirische Glücksforschung als auch die Ratgeberliteratur in Teilen auf den Annahmen der Positiven Psychologie, die seit den 1990er Jahren von Seligman und anderen propagiert wird, beruhen.[219] Edgar Cabanas und Eva Illouz analysieren in ihrer jüngsten Studie die Wirkungen der Positiven Psychologie im Sinne eines „Glücksdiktats".[220] Darin machen sie auf die damit verbundenen Konstruktionen des Glücks in individualisierungstheoretisch-konstruktivistischer Perspektive aufmerksam, womit eine vertiefende Analyse der Dimensionen

---

[218] Weitere Zugänge zum Themenfeld von Religion und Säkularität bieten aus soziologischer, religionssoziologischer bzw. theologischer Perspektive (in Auswahl): Peter Gross, Jenseits der Erlösung. Die Wiederkehr der Religion und die Zukunft des Christentums, Bielefeld: transcript 2007. Ulrich Willems u.a. (Hg.), Moderne und Religion. Kontroversen um Modernität und Säkularisierung, Bielefeld: transcript 2013. Matthias Lutz-Bachmann (Hg.), Postsäkularismus. Zur Diskussion eines umstrittenen Begriffs, Frankfurt/ M.: Campus 2015. Hans-Joachim Höhn, Gewinnwarnung. Religion – nach ihrer Wiederkehr, Paderborn: Schöningh 2015. Detlef Pollack, Gergeley Rosta, Religion in der Moderne. Ein internationaler Vergleich (Religion und Moderne 1), Frankfurt/ M.: Campus 2015. Judith Könemann, Saskia Wendel (Hg.), Religion, Öffentlichkeit, Moderne. Transdisziplinäre Perspektiven (unter Mitarbet von Martin Breul), Bielefeld: transcript 2016. Julia Knop (Hg.), Die Gottesfrage zwischen Umbruch und Abbruch. Theologie und Pastoral unter säkularen Bedingungen (Quaestiones disputatae 297), Freiburg: Herder 2019.

[219] Vgl. I.3.1.2.2.

[220] Die Analyse des Glücksdiktats von Cabanas/ Illouz ist an der Grenze von wissenschaftlicher und populärwissenschaftlicher Diskussion einzuordnen. Aufgrund des ausgewiesenen fachlichen Hintergrunds und der umfassenden Rezeption, insbesondere der früheren Veröffentlichungen von Illouz (s.u.), scheint aber eine Rezeption im Rahmen dieser Studie vertretbar.

Konstruktivismus, Körper – Gefühle und Gesellschaft – Politik – Ökonomie, wie sie sich in Teil I gezeigt haben, angestrebt wird (3).

Schließlich wird der Jenaer Soziologe Hartmut Rosa mit seiner Soziologie der Weltbeziehungen berücksichtigt (4). Während Cabanas/ Illouz sich – wie noch zu zeigen ist –weitgehend auf eine Kritik des Glücksdiktats beschränken, stellt das Resonanzkonzept einen, insbesondere in der Theologie umfassend diskutierten, Vorschlag dar, wie die Frage der Glückssuche unter den Bedingungen von Entfremdung positiv gefasst werden kann. Dabei werden insbesondere die Dimensionen Natur – Kultur, Augenblicksglück und Säkularität thematisiert.

Vereinfachend betrachtet wird durch die hier vorgenommene Auswahl von Referenzautoren[221] das Glück in der Moderne aus einer säkularisierungs-, individualisierungs- und rationalisierungstheoretischen Perspektive fassbar. Die hier vorgenommene Auswahl der Ansätze stellt sich damit einem dreifachen Anspruch: Einerseits sollen drei wesentliche Kennzeichen der Moderne[222] berücksichtigt und zugleich die bisher aus kulturwissenschaftlicher Perspektive wahrgenommenen Dimensionen des Glücks von differenten wissenschaftlichen Perspektiven her reflektiert werden. Schließlich wird mit dieser Auswahl auch die postmoderne Paradigmenpluralität berücksichtigt, insofern ein sozialphilosophischer, ein sozialpsychologischer und ein soziologischer Forschungsansatz, deren Proponenten zudem aus unterschiedlichen geographischen Hintergründen stammen, ausgewählt.

Zunächst erfolgt jedoch eine Einführung zum „Glück in der Moderne" (1).

1 Pursuit of happiness – Einführung

Die spezifische Perspektive der Moderne auf das Glück kann mit dem Diktum des „Pursuit of happiness" aus der US-amerikanischen Unabhängigkeitserklärung treffend erfasst werden. Denn auch in solchen Gesellschaften, in denen das Pursuit of happiness keinen Verfassungsrang hat, wird es kulturprägend. Das Glück ist verbunden mit der Idee einer liberalen Gesellschaft, die den Bürger*innen die Gelegenheit bieten soll, ihr Glück zu machen. Der Staat selbst kann dies zwar nicht garantieren, kann aber durch eine entsprechende Sozialpolitik

---

221 Alternativ wären auch andere Referenzautoren instruktiv, etwa: Zygmunt Bauman, Wir Lebenskünstler. Aus dem Englischen von Frank Jakubzik (edition suhrkamp 2594), Berlin: Suhrkamp 2010. Peter Gross, Die Multioptionsgesellschaft (edition suhrkamp 1917), Frankfurt/ M.: Suhrkamp 111994. Byung-Chul Han, Close-Up in Unschärfe. Bericht über einige Glückserfahrungen, Berlin: Merve 2016.

222 Vgl. hierzu die Hinweise zu den Kennzeichen der Moderne in der Einleitung (0.2.1.1).

dazu beitragen, dass Bürger*innen günstige Bedingungen für ein gelingendes Leben finden. Glück ist damit beides: eine höchst individuelle wie gesellschaftlich bestimmte Tatsache.

Dieses Streben nach Glück wird aus der Sicht von Bellebaum in der Moderne insofern möglich, weil viele Quellen von Unglück erfolgreich bekämpft wurden. Mit anderen Worten: Unter den Bedingungen der Moderne hat sich die Suche nach Glück weitgehend aus dem religiösen Rahmen in den gesellschaftlichen und individuellen verlagert.[223]

Dennoch oder gerade deshalb muss berücksichtigt werden, dass das Glück nicht nur vom Individuum verantwortet werden kann, sondern von strukturellen Bedingungen und Rahmungen abhängt. Leimgruber bringt es auf den Punkt:

„Die Fixierung auf Glück führt in der Tat zur Illusion, wir seien als Individuen vollständige Kontrolleure unseres Lebens, sie bestärkt uns im Gefühl der alleinigen Verantwortung und macht uns damit zu Versagern – wenn wir erkennen müssen, dass wir es nicht schaffen, dass wir gefangen sind von Unvollkommenheiten, von Umständen, die außerhalb unserer Entscheidungsmacht liegen, und Ebenen unserer Emotionen, die sich der vollständigen Kontrolle und Regulierung entziehen."[224]

Und weiter:

„Doch die gesellschaftliche Grundhaltung hat sich verschoben: weg vom Bestreben, Unglück und Leiden zu vermeiden und die äußeren Bedingungen dafür zu schaffen, dass möglichst viele Menschen ein Leben ohne Not führen können, hin zu einem inneren, individualisierten Streben nach Glück und Erfüllung."[225]

Entgegen der zunächst sehr eindeutig wirkenden These von dem die Moderne prägenden Pursuit of happiness ist allerdings hervorzuheben, dass das Glück in der Moderne eine nahezu unüberschaubare Bandbreite an „Erscheinungsvielfalt und Bedeutungsreichtum" aufweist, wie Bellebaum treffend formuliert. Dieter Thomä, Prof. für Philosophie in St. Gallen, ist mit seiner grundlegenden Untersuchung zum Glück in der Moderne aktuell einer der profiliertesten

---

[223] Vgl. auch: Martina Bär, Irdisches Glück mit Gott und heutiger Sinn im Glauben, in: Bär/ Paulin (Hg.): Macht Glück Sinn? Theologische und philosophische Erkundungen, Ostfildern: Grünewald 2014, 8-17.
[224] Leimgruber, Überglückt, 53f.
[225] Ebd., 54.

(philosophischen) Gesprächspartner zum Thema.[226] Er konstatiert, dass es insbesondere in der Folge von Kant zu einer Abstinenz der philosophischen Forschung zum Glück gekommen sei, während das Glück bis zu dieser Zeit seit Aristoteles ein bedeutendes Thema der Philosophie gewesen war.[227]

Neben der Philosophie findet das Glück inzwischen seinen Platz auch im Diskurs anderer Wissenschaften[228], wie etwa in Soziologie und Ökonomie[229], Psychologie/ Medizin[230] und Biologie[231].

Angesichts einer mit dieser Pluralität an Perspektiven einhergehenden Ablehnung von normativen Festlegungen des Glücks ist das Nachdenken über das Glück jedoch keineswegs der Beliebigkeit preiszugeben. So urteilt etwa Dieter Thomä:

> „Heute verbindet sich die Wertschätzung des individualisierten Glücks mit einem Vorbehalt gegen allgemeine Erörterungen oder normative Festlegungen und begnügt sich mit einem Forschungsprogramm, das beim ‚subjective well-being' ansetzt und sich auf die empirische Erhebung von Daten, die auf Selbstauskünften beruhen, konzentriert. [... Aber] wer Pluralität achtet, muss doch nicht zu dem Schluss kommen, dass das Nachdenken über das Glück angesichts einer Vielzahl von Meinungen zur Beliebigkeit verurteilt."[232]

Vor diesem Hintergrund und mit diesem Anspruch sollen nun die exemplarisch ausgewählten Perspektiven zum Glück in der Moderne analysiert werden.

---

226 Dieter Thomä, Vom Glück in der Moderne (suhrkamp taschenbuch wissenschaft 1648), Frankfurt/ M.: Suhrkamp 2003.
227 Vgl. ders., Einleitung, in: Ders. (Hg.): Glück. Ein interdisziplinäres Handbuch, Stuttgart: Metzler 2011, 1-10, hier 7. Diesbezüglich ist das Nietzsche zugeschriebene Bonmot bezeichnend: „Der Mensch strebt nicht nach Glück; nur der Engländer thut das." (Im Hinblick auf die englischen Utilitaristen gesprochen.) Weitere Hinweise zur Glücksthematik in der Philosophie vgl. III.1.2.
228 Eine interdisziplinäre Einführung bietet: Dieter Thomä u.a. (Hg.), Glück. Ein interdisziplinäres Handbuch, Stuttgart: Metzler 2011.
229 Einführend sei verwiesen auf: Horst Kämpfer, Wer schmiedet wessen Glück? Arbeitsüberlastung: Individualisierung als Entsolidarisierung, in: Wege zum Menschen 68 (2016), 325-338. Schulze, Kulissen des Glücks. Streifzüge durch die Eventkultur. Alfred Bellebaum, Klaus Bartheier (Hg.), Glücksvorstellungen. Ein Rückgriff in die Geschichte der Soziologie, Wiesbaden: VS 1997.
230 Beispielhaft sei verwiesen auf: Anton A. Bucher, Psychologie des Glücks. Ein Handbuch, Weinheim: Beltz 2009. Susan A. David u.a. (Hg.), The Oxford Handbook of Happiness (Oxford Library of Psychology), Oxford: OUP 2014. Tobias Esch, Die Neurobiologie des Glücks. Wie die Positive Psychologie die Medizin verändert, Stuttgart: Thieme 32017.
231 Etwa: Christoph Kessler, Glücksgefühle. Wie Glück im Gehirn entsteht und andere erstaunliche Erkenntnisse der Hirnforschung, München: Bertelsmann 2017.
232 Thomä, Einleitung, 6.

2 Glück als Fülle-Erfahrung in der Säkularität

Der kanadische Sozialphilosoph Charles Taylor hat mit seinem Werk „Das säkulare Zeitalter"[233] im Jahr 2007 eine umfangreiche und vielbeachtete Monographie vorgelegt, in der er die „komplementäre Hintergrundgeschichte zur Geschichte des Westens zu erzählen versucht"[234]. Die Geschichte der Moderne muss demnach ganz neu als „Entzauberung der Entzauberungstheorie" (Kühnlein) gelesen werden. D.h. bei Taylor ist die Moderne nicht notwendigerweise eine Geschichte der Entzauberung und des Niedergangs der Religion, sondern „das Resultat des Aufstiegs anderer Glaubensformen". Der Taylor-Experte Kühnlein fasst das folgendermaßen:

> „Nicht der Glaube wird also durch das Wissen ersetzt, sondern ein Glaube durch einen anderen ausgetauscht – z.B. durch den Glauben an Menschen (Feuerbach), an die proletarische Weltrevolution (Marx) oder an das nachmetaphysische Denken (Habermas). Ein a priori bestehendes epistemisches Gefälle zwischen Wissenschaft und Religion besteht demnach inhaltlich gerade nicht."[235]

Er wendet sich damit sowohl gegen eine Erzählung der Moderne als Entzauberungsgeschichte als auch gegen eine fundamentalistische Deutung der Religion:

> „Erzählend will sich Taylor also beide Geschichten gleichermaßen vom Leibe halten, sowohl die säkularistische Minustheorie als auch die revisionistische Ermächtigungstheorie des Sakralen, denn beide verzerren in seinen Augen die Dignität der religiösen Option."[236]

Taylor ist es dabei keineswegs darum zu tun, die Errungenschaften der Moderne in Frage zu stellen. Vielmehr gilt sein Interesse der Fragestellung,

> „wie das säkulare Denken überhaupt zu einem Ort tief empfundener Fülle werden konnte."[237]

---

233 Charles Taylor, Ein säkulares Zeitalter (Aus dem Englischen von Joachim Schulte), Frankfurt/M.: Suhrkamp 2009.
234 Michael Kühnlein, Einführung: Taylors Gegenwart, in: Ders. (Hg.): Charles Taylor: Ein säkulares Zeitalter (Klassiker Auslegen 59), Berlin: de Gruyter 2019, 1-15, hier 5.
235 Ebd., 8.
236 Ebd., 12. Weiterführend hierzu Hans Joas, der eine Gegenerzählung zur Entzauberung bietet: Hans Joas, Die Macht des Heiligen. Eine Alternative zur Geschichte von der Entzauberung (suhrkamp taschenbuch wissenschaft 2303), Berlin: Suhrkamp 2019.
237 Kühnlein, Einführung, 11.

Genau an dieser Stelle zeigt sich die Relevanz des Taylorschen Ansatzes für die vorliegende Studie. Denn im kulturwissenschaftlichen Teil wurde ja deutlich, dass es einen Bruch zwischen der immanenten und der religiösen Formation des Glücks gibt. In einer solchen Konstellation des Bruchs aber ist eine Erschließung der Freude des christlichen Glaubens aussichtslos und könnte geradezu nahelegen, die christliche Freude fundamentalistisch dem Glück der Kultur gegenüberzustellen. Es muss also darum gehen, eine im Hintergrund stehende Gemeinsamkeit zwischen beiden Glücksverständnissen denkbar erscheinen zu lassen. Diese Möglichkeit ist bei Taylor mit dem Begriff der Fülle gegeben, was seinen Entwurf in diesem Kontext so interessant macht.

Aus dem Forschungsinteresse ergibt sich die Fokussierung auf den Begriff der Fülle bei Taylor (2.1) und die grundlegend neue Formatierung des Hintergrunds im säkularen Zeitalter (2.2). Unter 2.3 wird die Analyse unter Berücksichtigung der kulturwissenschaftlichen Erträge zusammengefasst.

2.1 Phänomenologie der Fülle

Taylor stellt die Bedingungen des Glaubens, der Erfahrung und des Strebens in den Mittelpunkt seiner Forschung. Er versteht Glauben und Unglauben, Vernunft und Religion, wie oben bereits angedeutet wurde, nicht als konkurrierende Theorien, sondern als „alternative Möglichkeiten der Führung unseres moralisch-spirituellen Lebens". In diesem Zusammenhang erhält der Begriff der Fülle seine entscheidende Bedeutung:

„Wir alle begreifen unser Leben und/ oder den Raum, in dem wir unser Leben führen, als etwas, das eine bestimmte moralisch-spirituelle Form aufweist. Irgendwo – in irgendeiner Tätigkeit oder in irgendeinem Zustand – liegt eine gewisse Fülle, ein gewisser Reichtum. Soll heißen: An diesem Ort (in dieser Tätigkeit oder in diesem Zustand) ist das Leben voller, reicher, tiefer, lohnender, bewundernswerter und in höherem Maße das, was es sein sollte. Vielleicht handelt es sich um einen Ort der Belebung, denn oft fühlt man sich dabei tief bewegt, ja beseelt. Mag sein, dass dieses Gefühl der Fülle etwas ist, das man nur für Augenblicke aus der Ferne wahrnimmt. Man spürt dann ganz eindringlich, was es mit dieser Fülle auf sich hätte, wenn man sich in diesem Zustand befände, beispielsweise im Zustand der Ruhe oder der Ganzheit, oder wenn man dazu fähig wäre, auf dieser Ebene der Integrität oder Großherzigkeit, der Hingabe oder Selbstvergessenheit zu handeln. Manchmal jedoch wird es Augenblicke der erlebten Fülle, der Freude und der Erfüllung geben, in denen wir das Gefühl haben, wirklich dort zu sein."[238]

Auch wenn Taylor hier nicht explizit auf das Glück zu sprechen kommt, lässt sich doch die Auffassung vertreten, dass mit diesem Fülle-Begriff annäherungsweise jene Erfahrung reformuliert ist, die im kulturwissenschaftlichen Teil als Glück rekonstruiert wurde. Hinweise auf die vermutete Anschlussfähigkeit der Begriffe Fülle und Glück sind u.a. darin zu sehen, dass Menschen nach Taylor die Erfahrung teilen, dass bestimmte Orte, Tätigkeiten oder Zustände so bewegend sind, dass das Leben als voller, reicher oder lohnender wahrnehmbar wird. Des Weiteren fällt der Hinweis auf die Unverfügbarkeit und die Augenblickshaftigkeit der Fülle auf. Interessant ist auch, dass Taylor Fülle als Erfahrung von Ganzheit, Integrität, Freude und Erfüllung umschreibt. Hierbei handelt es sich ja um Erfahrungsqualitäten des Glücks, die bereits in Teil I kulturell rekonstruiert werden konnten.

Taylor unterscheidet nun drei Ereignisweisen der Fülle: Das Erlebnis von Fülle kann sich erstens solcherart ereignen, dass es das Alltagsempfinden erschüttert und durchdringt oder, dass die gewöhnliche Realität „ausgeschaltet und etwas erschreckend anderes durchscheint" (Peter Berger).[239]

Diese erste Ereignisweise muss nicht zwangsläufig im Modus eines solchen Grenzerlebnisses geschehen. Es können auch Augenblicke sein, in denen Traurigkeit, Sorge und Trennung aufgehoben sind, sodass Menschen sich geeint, tatkräftig und voller Energie fühlen.[240] Diese lediglich exemplarisch genannten Erfahrungen kennzeichnen laut Taylor einen „Ort der Fülle". Ein solcher Ort der Fülle weist in moralischer und spiritueller Hinsicht orientierende Bedeutung auf:

„Sie [Orte der Fülle, SO] können eine Orientierungshilfe sein, weil sie ein Gefühl von ihrem Bezugsgegenstand vermitteln: von der Gegenwart Gottes, der Stimme der Natur, der alles durchströmenden Kraft oder der Harmonisierung von Trieb und Gestaltungsdrang in unserem Inneren."[241]

Solche Erfahrungen müssen aber keineswegs nur bestätigend sein, sondern können sich auch als beunruhigend und rätselhaft zeigen, tiefbewegend und erschütternd zugleich.

---

238 Taylor, Zeitalter, 18. Er weist dabei auf die Problematik und Unzulänglichkeit des Begriffes hin, insofern im Buddhismus das höchste Streben einer Art von Leere gilt.
239 Vgl. ebd., 19.
240 Schiller hatte solche Erfahrungen mit Hilfe des Spiel-Begriffes zu fassen versucht.
241 Ebd., 20.

Zweitens gibt es dann auch eine Schattenseite dieser mit der Fülle verbundenen Orientierungsfunktion, die im Empfinden von Distanz, Abwesenheit, Ausgestoßensein, Ohnmacht oder Verwirrung besteht. Dies ist ein Zustand des Unten:

> „Das Schreckliche an diesem Zustand liegt darin, dass man den Sinn dafür verliert, wo der Ort der Fülle überhaupt ist, ja den Sinn dafür, worin Fülle bestehen könnte. Man hat das Gefühl, vergessen zu haben, wie die Fülle aussähe, oder man hat den Glauben an sie verloren. Aber das Elend der Abwesenheit, des Verlusts, ist nach wie vor da; in manchen Hinsichten ist es sogar noch schlimmer geworden."[242]

Und schließlich gibt es als dritte Möglichkeit einen „stabilisierten mittleren Zustand", in dem man dem Empfinden der Verneinung und der Leere entkommt, ohne jedoch die zuerst geschilderte Fülle zu erreichen. Diese mittlere Fülle-Erfahrung geschieht in Alltagsroutinen:

> „Wir finden uns mit der mittleren Position ab, und das gelingt oft durch eine feste, ja routinemäßige Ordnung des Lebens, in deren Rahmen wir Dinge tun, die eine gewisse Bedeutung für uns haben, die beispielsweise zu unserem normalen Glück beitragen, die in der einen oder anderen Hinsicht befriedigend sind oder zu dem beisteuern, was wir für das Gute halten."[243]

Dieser mittlere Zustand hat zwei Voraussetzungen: Einerseits eine alltagspraktische Routine, die die Verbindung zur sinngebenden Instanz aufrechterhält und auf diese Weise das Empfinden des Ausgestoßen-Seins etc. minimiert und bannt. Andererseits eine Verbindung zum Ort der Fülle, auf den sich Menschen langsam durch die Zeit hindurch annähern. Ohne einen solchen Ort bzw. eine Hoffnung darauf ist es nicht möglich, im mittleren Zustand des Gleichgewichts zu bleiben.[244]

Taylor bezeichnet diese dreigliedrige Ortsbeschreibung (Oben, Unten, Mitte) als „Skizze einer Phänomenologie der moralisch-spirituellen Erfahrung", die sich keineswegs nur auf religiöse Menschen bezieht. So ist der skizzierte mittlere Zustand insbesondere für das Leben nichtgläubiger Menschen ein wichtiges Ziel, das Taylor im Szenario einer glücklichen Familienkonstellation,

---
242 Ebd., 21.
243 Ebd. Diesbezüglich ist im christlichen Bereich an die benediktinische Tradition des Ora et labora zu denken.
244 Vgl. ebd., 21f.

befriedigender Tätigkeiten und einem befriedigenden Beitrag zum Wohlergehen anderer veranschaulicht. Und dies, so Taylor, gelte es keineswegs zu banalisieren, denn es handle sich hierbei ja um gar nicht wenig. Eine besondere Gefahr sieht er darin, dass ein Streben auf ein jenseits des Todes oder einen Zustand der Heiligkeit dazu führen kann, diesen hohen Wert mittlerer Fülle-Erfahrung zu schädigen. Mit anderen Worten darf der Ort der Fülle nicht als unterschieden von diesem mittleren Zustand gedacht werden:

„Es kann also irreführend sein, die Fülle als einen ‚Ort' zu beschreiben, der von diesem mittleren Zustand verschieden ist. Dennoch besteht hier wirklich eine strukturelle Ähnlichkeit. Der nichtgläubige Mensch möchte jemand sein, für den dieses Leben völlig befriedigend ist, über das er sich mit seinem ganzen Wesen freuen und in dem sein Sinn für Fülle einen angemessenen Gegenstand finden kann. Außerdem ist er noch nicht ganz angekommen. Entweder er kostet die sinnstiftenden Elemente seines Lebens nicht zur Gänze aus – er ist nicht wirklich glücklich in seiner Ehe, sein Beruf befriedigt ihn nicht ganz [...] oder er ist zwar ziemlich zuversichtlich und glaubt, in allen diesen Hinsichten über das Wesentliche zu verfügen, kann aber im Gegensatz zu seiner erklärten Auffassung in diesem Leben weder den ganzen Seelenfrieden finden noch das Gefühl der Erfülltheit und Ganzheit. Mit anderen Worten: Sein Streben richtet sich auf etwas, das jenseits des gegenwärtigen Orts liegt. Vielleicht ist es ihm noch nicht ganz gelungen, die Sehnsucht nach etwas Transzendentem zu überwinden."[245]

Durch den bisher mit Taylor beschrittenen Weg der Analyse moralisch-spirituellen Lebens werden Glauben und Nichtglauben nicht nur als Theorien, sondern als Rahmen des Erlebens verstehbar. Der Unterschied zwischen beiden besteht nun darin, dass Gläubige den Ort der Fülle mit Bezug auf Gott (bzw. eine Instanz jenseits des Lebens und/ oder die Natur des Menschen) erklären, während Ungläubige dies nicht tun. Bis hierhin wird der Unterschied aber immer noch als Unterschied von Überzeugungen beschrieben. Notwendig ist daher ein Verständnis für den Unterschied in den Erfahrungen von gläubigen (2.1.1) und nichtreligiösen (2.1.2) Menschen.[246]

---

245 Ebd., 22f.
246 Vgl. ebd., 23.

2.1.1 Erfahrung der Fülle bei Gläubigen

Aus der Sicht Taylors haben (christliche) Gläubige das Gefühl, dass ihnen Fülle im Rahmen einer persönlichen Beziehung zuteilwird.[247] Die Annäherung an Fülle beinhaltet eine „Praxis der Verehrung und des Gebets (sowie der Barmherzigkeit und des Gebens)". Zugleich wissen Gläubige um Begrenztheit und Vorläufigkeit und um ihre Distanz zum Ort der Fülle. Taylor wörtlich:

> „Hier herrscht also folgende Vorstellung: Kraft und Fülle werden im Rahmen einer Beziehung empfangen; der Empfangende erhält seine Kraft allerdings nicht ohne weiteres im gegenwärtigen Zustand, sondern er muss dafür geöffnet, verwandelt und aus seinem Selbst befreit werden."[248]

Anders skizziert er nichtreligiöse Fülle-Erfahrungen.

2.1.2 Erfahrungen der Fülle bei nichtreligiösen Menschen

Bei nichtreligiösen Menschen führt der Weg zur Fülle über das Innere, allerdings in drei verschiedenen Formen.

Ein erster Ansatz (in verschiedenen Varianten) sieht den Menschen in der Folge von Kant als Vernunftwesen.[249] Als handlungsfähiges Vernunftwesen hat der Mensch die Möglichkeit sich Gesetze zu geben, nach denen er lebt. Der Ort der Fülle ist die Kraft, diese Möglichkeit zu verwirklichen und danach zu leben:

---

[247] Religion versteht Taylor im Sinn von Transzendenz, die dreidimensional gesehen werden muss: die bedeutsamste Dimension besteht darin, dass es sich um einen höchsten Wert handelt, der menschliches Gedeihen übersteigt (im Christentum ist dies Agape). Dieser höchste Wert hat zweitens seinen Sinn, durch die Vorstellung eines transzendenten Gottes als höchstes Glaubensgut. Drittens ist damit die Vorstellung verbunden, dass unser Leben die natürlichen Grenzen übersteigt. Vgl. ebd., 44f.

[248] Ebd., 24. Taylor hebt hervor, dass es sich hierbei um eine christlich geprägte Religiosität handelt. Im buddhistischen Kontext würden wohl Elemente wie Selbstüberwindung, Öffnung und Empfangen stärker betont werden.

[249] Max Scheler hat die Perspektive von Kant auf das Glück als „Verrat an der Freude" kritisiert. Aus seiner Sicht führt der Kategorische Imperativ mit seinem Pflichtethos und einem falschen Heroismus zu einem Verrat der Freude. Scheler kritisiert den Kantischen Anti-Eudämonismus, weil diesem ein falsches Verständnis des Glücks zugrunde liege. Kant verstehe Glück nämlich als Seelen-Lust und als sinnliche Zustandslust. Kants Begriff der Freude greife zu kurz, weil er aristotelische, römische und christliche Implikationen übersehe. Dabei stimmt Scheler freilich mit Kant in der Ablehnung eines Zweck- und Zieleudämonismus überein. Freude ist bei Scheler die gnadenhaft vermittelte Quelle und notwendige Begleiterscheinung jedes guten Lebens. Sie ist nicht machbar, sondern quillt empor. Vgl. Max Scheler, Vom Verrat der Freude, in: Frings (Hg.): Schriften zur Soziologie und Weltanschauungslehre. Mit einem Anhang von Maria Scheler (Gesammelte Werke 6), Bonn: Bouvier 31986, 73-76. Dieter Thomä bezeichnet diesen Beitrag Schelers als einen „der aufregendsten Texte der Philosophie des 20. Jahrhunderts". Vgl. Thomä, Glück in der Moderne, 11.

„Wir haben das Gefühl der Rezeptivität, wenn wir im vollen Bewusstsein der uns als Triebwesen eigenen Schwäche und Leidensanfälligkeit mit Bewunderung und Ehrfurcht zur Kraft der Gesetzgebungsfähigkeit aufblicken."[250]

Dieses Gefühl der eigenen Größe kann als ein erster Ort der Fülle fungieren. Ein zweiter Ansatz der Erfahrung von Fülle bei nicht-religiösen Menschen besteht in der Kritik an der Hochschätzung der Vernunft. Es sind Theorien der Immanenz, die aus der Kritik an der ungebundenen und z.T. zerstörerischen Kraft der Vernunft erwachsen. Betont werden hier (etwa in der ökologischen Ethik) die tiefsten inneren Gefühle oder Instinkte. Diese sind neu wahrzunehmen, um den Bruch zwischen Denken, Gefühl, Instinkt und Intuition zu überwinden. Dieser zweite Ansatz hat Ähnlichkeiten mit der religiösen Reaktion auf die Aufklärung, weil auch hier die Seite des Empfangens betont wird. Dennoch bleiben beide immanent.[251]

Einen dritten Ansatz schließlich wählen laut Taylor postmoderne Autoren, die sowohl die Ansprüche des erstgenannten als auch des zweitgenannten Weges in Frage stellen und kritisieren, indem sie die Unheilbarkeit des Bruchs und die immerwährende Abwesenheit der Fülle behaupten.[252]

Bei Taylor besteht also hinsichtlich der Erfahrung von Fülle zwischen nicht-religiösen und religiösen Menschen ein Unterschied darin, ob die Kraft von außen oder von innen kommt. Diese grundlegende Differenz des Fülle-Erlebens führt Taylor auf eine grundlegende mit der Moderne verbundene Verschiebung zurück. Diese Veränderung ist, wie oben bereits angekündigt, um der besseren Verständlichkeit willen nachfolgend zu erläutern.

2.2 Der grundlegend veränderte Hintergrund

In der Moderne werden Fülle-Erfahrungen vor einem grundlegend veränderten Hintergrund gemacht, den Taylor durch die Aspekte Säkularität 3 (2.2.1), abgepuffertes Selbst (2.2.2) und gegenläufiger Druck (2.2.3) kennzeichnet.

2.2.1 Säkularität 3

Taylor führt in seinem säkularen Zeitalter die Unterscheidung von drei Bedeutungsebenen der Säkularität ein:

---

250 Taylor, Zeitalter, 25.
251 Vgl. ebd., 26f.
252 Ebd., 27.

Säkularität 1 bezieht sich auf die Öffentlichkeit und nimmt die Tatsache der funktionalen Differenzierung in den Blick. Die verschiedenen funktionalen Bereiche haben ihre je eigene Logik, die ohne Gott oder Bezugnahme auf letzte Realitätsgründe auskommt. Der Gegensatz zu früheren Zeiten, in denen etwa das Christentum maßgeblich normierend auf alle Felder der Öffentlichkeit einwirkte, ist hier offensichtlich.[253]

Säkularität 2 bezieht sich auf die religiöse Praxis der Individuen. Gemeint ist hier, das Schwinden von religiösem Glauben und religiöser Praxis.[254]

Säkularität 3 bezieht sich auf die Bedingungen des Glaubens. Diese Bedeutungsebene steht in Beziehung zu den erstgenannten. Säkularität 3 bezeichnet jene gesellschaftlichen Bedingungen, in denen der Glaube an Gott eine Option unter mehreren darstellt, während dieser Glaube in früheren Gesellschaften außer Frage stand (also nicht optional war). In dieser dritten Bedeutung von Säkularität ist der Gottesglaube keine unabdingbare Voraussetzung mehr. Und genau darum geht es Taylor:

> „Der Wandel, den ich bestimmen und nachvollziehen möchte, ist ein Wandel, der von einer Gesellschaft, in der es praktisch unmöglich war, nicht an Gott zu glauben, zu einer Gesellschaft führt, in der dieser Glaube auch für besonders religiöse Menschen nur eine menschliche Möglichkeit neben anderen ist."[255]

Säkularität 3 steht in einem Zusammenhang mit dem „Verstehenskontext", in dem sich menschliche Erfahrung und menschliches Streben (moralisch, spirituell, religiös) vollzieht. Ob also ein Zeitalter in diesem Sinne säkular ist oder nicht, hängt von den Bedingungen des Spirituellen und des Strebens nach dem Spirituellen ab.[256] Daher gilt: Die beschriebene Differenzierung in zwei verschiedene Weisen der Fülle-Erfahrung (außen/ innen bzw. religiös/ nicht-religiös) kann nur vor dieser grundlegenden „Hintergrundverschiebung" zur Säkularität 3 angemessen verstanden werden. Denn erst durch den neuen Hintergrund werden neue Fragestellungen möglich:

> „Der Unterschied, von dem hier die Rede ist, betrifft den gesamten Hintergrundrahmen, in dem man an Gott glaubt oder sich weigert, an Gott

---
253 Vgl. ebd., 13.
254 Vgl. ebd., 14.
255 Ebd., 15.
256 Vgl. ebd., 16.

zu glauben. Der Rahmen von früher und der Rahmen von heute verhalten sich zueinander wie das ‚Naive' und das ‚Reflektierte', denn der heutige Rahmen lässt eine Fragestellung zu, die durch die nicht ausdrücklich anerkannte Form des einstigen Hintergrunds ausgeschlossen war."[257]

In dieser Situation ist der Glaube also eine Option geworden und hat seine Selbstverständlichkeit verloren. Dies wird deutlich an heute völlig selbstverständlichen Gegensatzpaaren wie immanent/ transzendent oder natürlich/ übernatürlich. In früheren Zeiten hätten diese keinen Sinn gehabt und wären nicht verstanden worden. Heute aber werden diese Unterscheidungen von jedem verstanden, unabhängig davon, wie man sich dazu positioniert. Diesen Wandel des Hintergrundes, vor dem Fülle erlebt und erstrebt wird, bezeichnet Taylor als den Anbruch eines säkularen Zeitalters.[258]

Diese Hintergrundverschiebung muss gesehen werden, um die Unterschiede zwischen den beiden grundlegend differenten Optionen hinsichtlich Erfahrung und Empfinden zu begreifen. Dabei sind zwei Aspekte besonders relevant: einerseits der Wandel von einem „naiven" Rahmen zu einem „reflektierten" System und andererseits, dass für einen religiösen Menschen das Gefühl der Fülle als Erfahrungstatsache von außen hereinbrechen kann. Hinsichtlich der Säkularität 3 ist daher die Frage bedeutsam, ob bestimmte Formen von Erfahrungen möglich sind oder nicht.[259]

2.2.2 Poröses und abgepuffertes Selbst als Voraussetzung von Optionalität

Die mit der Säkularität 3 verbundene gänzlich veränderte Fülle-Erfahrung hängt bei Taylor sehr eng mit einer veränderten Bestimmung des Selbst zusammen, die insofern als weitere wichtige Voraussetzung thematisiert werden muss.

Taylor markiert einen gravierenden Unterschied zwischen der Selbstwahrnehmung des vormodernen und des modernen Individuums, indem er zwischen „porösem" und „abgepufferten" Selbst unterscheidet. Er schreibt:

---

257 Ebd., 33.
258 Ivan Illich hat darauf hingewiesen, dass es sich bei der Säkularisierung um einen Vorgang handelt, der im höchsten Maße mit einer „Korrumpierung des Christentums" zusammenhängt und Taylor schließt sich dieser „inspirierenden" Sichtweise an. Vgl. ders., Vorwort, in: Illich (Hg.): In den Flüssen nördlich der Zukunft. Letzte Gespräche über Religion und Gesellschaft mit David Cayley (Aus dem Englischen von Sebastian Trapp), München: C. H. Beck 2006, 9-14, hier 11. Diesen Hinweis verdanke ich Thomas Krafft. Eine vertiefende Diskussion zur Position Illichs bietet Karl Lehmann: Karl Lehmann, Entsteht aus dem verfälschten Christentum die Moderne? Zur Begegnung von Charles Taylor und Ivan Illich, in: Kühnlein/ Lutz-Bachmann (Hg.): Unerfüllte Moderne? Neue Perspektiven auf das Werk von Charles Taylor, Berlin: Suhrkamp 2011, 327-349.
259 Vgl. Taylor, Zeitalter, 28-35.

„Für das neuzeitliche, abgepufferte Ich gibt es die Möglichkeit sich von allem, was außerhalb des Geistes liegt, zu distanzieren und zu lösen. Meine maßgeblichen Ziele sind jene, die sich in meinem Inneren entwickeln, die entscheidenden Bedeutungen der Dinge sind jene, die durch meine Reaktionen auf diese Dinge definiert sind. [...] Das poröse Selbst ist so definiert, dass die Quellen seiner eindringlichsten und wichtigsten Gefühle außerhalb des ‚Geistes' liegen."[260]

Das abgepufferte Ich kann also bestimmen, welche Bedeutungen die Dinge erhalten, es ist ein begrenztes Ich. Die Vorstellung einer Grenze ist dem porösen Ich hingegen fremd. Das poröse Ich kann durch Geister, Dämonen und kosmische Kräfte verwundet werden, womit spezifische Ängste verbunden sind. Das abgepufferte Ich ist von diesen Ängsten frei, wenngleich Analoges an ihre Stelle treten kann. Der entscheidende Unterschied ist aber, dass solche analogen Ängste aufgrund der veränderten Beziehung zwischen Ich und Welt als etwas Inneres verstanden werden. Außerdem kann das abgepufferte Ich den Ehrgeiz entwickeln, sich von den Dingen des Außen zu lösen und ihnen eine eigene autonome Ordnung zu verleihen.

Vor diesem Hintergrund, so Taylor, ist Widerstand gegen die Vorstellung Gottes unter den Bedingungen der Porösität (Verzauberung) keine attraktive Option. Unter der Bedingung der Abpufferung hat sich diese Situation aber fundamental verändert, worin der Ausgangspunkt der Optionenvielfalt des säkularen Zeitalters begründet liegt.[261]

Um bis zu diesem Status zu gelangen wurden historisch betrachtet mehrere Schritte vollzogen, wobei entscheidende Wendepunkte „Deismus" und „unpersönliche Ordnung" waren.[262] Ausgangspunkt ist aber zunächst ein „frappierender anthropozentrischer Wandel"[263], der vier wesentliche Veränderungen beinhaltet:

Erstens kommt es zum neu auftretenden menschlichen Bewusstsein, Gott außer der Verwirklichung seines Plans nichts zu schulden.[264] Zweitens folgt der Bedeutungsverlust der Gnade, wobei Gott noch als Schöpfer und als Richter präsent bleibt.[265] Drittens – dies ergibt sich aus den ersten beiden Schritten – wird der Sinn für das Geheimnisvolle schwächer. Vorsehung ist nun der von Gott gefasste Plan, den es mittels der Vernunft zu entdecken gilt.[266] Viertens

---

260 Ebd., 72.
261 Vgl. ebd., 72-78.
262 Vgl. ebd., 377-503.
263 Ebd., 380.
264 Vgl. ebd., 380f.
265 Vgl. ebd., 381f.
266 Vgl. ebd., 383.

schwindet dann auch die Vorstellung einer Vergöttlichung des Menschen und der Glaube an ein Leben nach dem Tod.[267]

Durch diesen anthropozentrischen Wandel konnte sich, so Taylor, schließlich der ausgrenzende Humanismus durchsetzen. Taylor vertritt explizit nicht die Auffassung, dass die neuzeitliche Säkularität mit dem ausgrenzenden Humanismus zusammenfällt, das Aufkommen des Humanismus aber ein ausschlaggebender Transformationsschritt ist. Demnach ist eine säkulare Epoche eine, in der der Niedergang aller Ziele, die über das menschliche Gedeihen hinausgehen, denkbar wird. Taylor knapp:

„So kam es, dass sich der ausgrenzende Humanismus durchsetzen konnte und zwar nicht bloß als eine von einer winzigen Minderheit verfochtene Theorie, sondern als eine immer tragfähigere spirituelle Auffassung. Damit sie zum Vorschein kommen konnte, mussten zwei Bedingungen erfüllt sein: erstens die negative Bedingung des Verschwindens der verzauberten Welt und zweitens die positive Bedingung, dass eine tragfähige Konzeption unserer höchsten spirituellen und moralischen Bestrebungen derart zustande kommt, dass wir uns vorstellen können, diese Ziele anzuerkennen und zu verfolgen, ohne dass Gott ins Spiel kommt. [...] Die Punkte, an denen es so ausgesehen hatte, als sei Gott eine für diese ordnende Kraft unentbehrliche Quelle, traten in den Hintergrund und wurden unsichtbar. Das bisher Ungedachte wurde denkbar."[268]

2.2.3 Transzendenz, Immanenz und gegenläufiger Druck

Ist damit aber die Perspektive des religiösen Glaubens im säkularen Zeitalter endgültig chancenlos geworden und damit auch die Kommunizierbarkeit der Erfahrung von christlicher Freude? Keineswegs. Einleitend wurde bereits darauf hingewiesen, dass Taylor der gängigen Säkularisierungsthese, wonach mit der Moderne zwangsläufig eine Abkehr von der Religion verbunden sei, entgegentritt. Das Spezifikum der Säkularität 3 ist bei ihm ja gerade, dass sowohl religiöse als auch nichtreligiöse Fülle-Erfahrungen nicht den Charakter von Zwangsläufigkeit haben, sondern beide Erfahrungsweisen von Fülle nunmehr legitime Optionen darstellen. Eine Zuversicht hinsichtlich der Vermittelbarkeit religiöser Erfahrungen entwickelt Taylor dabei auf der Basis der Wahrnehmung

---

267 Vgl. ebd., 384.
268 Ebd., 401f.

eines „gegenläufigen Drucks", den er unter den Bedingungen der Säkularität 3 erkennt:

> „Die ganze Kultur ist durch Erfahrungen gegenläufigen Drucks gekennzeichnet, der einerseits von Erzählungen der abgeschlossenen Immanenz und andererseits vom Gefühl der Unzulänglichkeit solcher Erzählungen ausgeht, wobei dieses Gefühl durch die Begegnung mit religiösen Milieus oder schon durch Andeutungen des Transzendenten verstärkt wird. In manchen Milieus wird der gegenläufige Druck stärker empfunden als in anderen, aber im gesamten Bereich unserer Kultur spiegelt er sich in einer Vielzahl mittlerer Positionen, die von beiden Seiten unter Druck gesetzt werden."[269]

Taylor kritisiert in diesem Zusammenhang die Annahme des immanenten Rahmens und seine argumentative Verteidigung.[270] Es sind aus der Perspektive Taylors Phänomene des gegenläufigen Drucks, die die Möglichkeit, nicht jedoch die Notwendigkeit der Kommunikation religiöser Fülle-Erfahrung eröffnen.[271]

2.3 Zusammenfassung und Fazit

Taylor stellt fest, dass alle Menschen die Erfahrung von Fülle kennen.[272] Der Fülle-Begriff erscheint in seiner Terminologie anschlussfähig an das, was in der Kultur mit Glück bezeichnet wird. Entsprechende Verbindungslinien ergeben sich bspw. hinsichtlich der Erfahrung von Lebendigkeit, Ganzheit, Integrität und Freude. Aber auch die Unverfügbarkeit, Augenblickshaftigkeit sowie die Orientierungsfunktion für die moralisch-spirituelle Lebensführung zeigt die Anschlussfähigkeit des Begriffes an die bisherigen Überlegungen.

Besonders aufschlussreich zeigt sich die Unterscheidung von drei Ereignisweisen der Fülle im Oben, im Unten und in der Mitte. Bedeutsam ist dies deshalb, weil Taylor hier ausführt, dass sich Fülle-Erfahrung nicht nur in Bestätigung und Trost ereignen, sondern auch mit Erschrecken verbunden sein kann. Dieser Aspekt hatte sich so nicht in der kulturellen Codierung des Glücks gezeigt

---

269 Ebd., 991.
270 Vgl. ebd., 982f.
271 In diesem Kontext geht Taylor auch auf die Unterscheidung zwischen traditionellen Formen der Religion und New Age/ Spiritualität ein. Vgl. ebd., 845-856.
272 Hier ist daran zu erinnern, dass Aristoteles in beinahe analoger Weise davon gesprochen hatte, dass alle Menschen nach Glück streben.

und ist bei Taylor zweifelsohne mit seiner religionsphilosophischen Perspektive verbunden.[273]

Bedeutsam ist bei dieser dreigliedrigen Phänomenologie ferner, dass hier die Mitte, also das alltägliche Leben (Familie, Beruf, allgemeines Wohlergehen) mit seinen Ambivalenzen, als bedeutsamer Ort der Fülle-Erfahrung in den Blick bekommt. Es ist, seiner Meinung nach, jener Ort der Fülle, der für die meisten Menschen am relevantesten ist. Dieser Blick auf die Mitte und das Alltägliche der Fülle unterscheidet sich deutlich von einem eher reduktionistischen Verständnis (vgl. I.4.3). Wichtig ist der Hinweis, dass es diesen Bereich nicht zu banalisieren und schädigen gilt. Hiermit nimmt er das alltagsnahe Glücksstreben der Menschen ernst.

Durch die von Taylor gewählte Heuristik, Glauben und Nichtglauben nicht als Theorien, sondern als Erleben zu verstehen, wird die Fülle-Erfahrung zum verbindenden Element in der Betrachtung des moralisch-spirituellen Lebens. Durch Taylor gelangt man damit zu der sehr relevanten Frage nach Unterschieden in den Fülle-Erfahrungen. Für gläubige Menschen konstatiert Taylor, dass Fülle im Kontext einer persönlichen Beziehung und einer Praxis der Verehrung, des Gebets, der Barmherzigkeit und des Gebens gemacht wird. Sie ist verbunden mit dem Wissen um die eigene Begrenztheit, Vorläufigkeit und Distanz zum Ort der Fülle, die nur durch Öffnung, Verwandlung und Befreiung von außen überwunden werden kann. Anders rekonstruiert Taylor die Fülle-Erfahrung von unreligiösen Menschen. Hierbei handelt es sich um immanente Erfahrungen, sei es in der Folge Kants durch den Vernunftgebrauch oder (als Kritik daran) mit Berufung auf die stärkere Fokussierung auf Instinkt und Gefühl oder postmodern als radikale Kritik. Religiöse Menschen erfahren Fülle also mit Bezug auf Gott, während Nichtreligiöse dies nicht tun.

Taylor zeigt, dass die zwei skizzierten grundlegend verschiedenen Weisen von Fülle-Erfahrung unter den Bedingungen der Säkularität 3 notwendigerweise Optionen geworden sind, was wesentlich mit einer Hintergrundverschiebung zusammenhängt, die mit einem anthropozentrischen Wandel beginnt und zu einem Wechsel von einem porösen zu einem abgepufferten Ich führte. Bei Taylor zeigt sich also, dass eine transzendente Welt (und damit eine transzendente Fülle-Erfahrung) möglich, aber nicht zwingend ist.

Allerdings ist Taylor durchaus optimistisch bzgl. dieser Möglichkeit, insofern es gesellschaftliche Phänomene von gegenläufigem Druck gibt. Dieser gegenläufige Druck zeigt sich dort, wo Menschen Erzählungen der Immanenz vertrauen und zugleich deren mangelnde Überzeugungskraft wahrnehmen.

---

273 Rudolf Otto etwa hatte in Bezug auf das Heilige vom „Fascinosum et Tremendum" gesprochen. Vgl. Rudolf Otto, Das Heilige. Über das Irrationale in der Idee des Göttlichen und sein Verhältnis zum Rationalen (Beck'sche Reihe 328), München: Beck 2014.

Solche Erfahrungen von gegenläufigem Druck wären demnach die Bedingung der Möglichkeit, die transzendente Fülle-Erfahrung ins Spiel zu bringen. Als kritische Anfrage ergibt sich allerdings, ob die religiöse Fülle-Erfahrung damit nicht in eine Lückenbüßerfunktion gerät, insofern sie nämlich erst dann als Option relevant wird, wenn sich der Gegendruck aufbaut, also die autonomen Fülle-Erfahrungen (noch) nicht ausreichen.

Im Blick auf die praktisch-theologische Erschließung der Freude zeigen sich folgende wichtige Perspektiven:

- Mit Taylors Monographie liegt eine Analyse der Moderne vor, die für kirchliche Pastoral zwei entscheidende Erkenntnisse bereithält: Erstens kann Pastoral unter diesen Bedingungen immer nur als Option verstanden werden, die sich einer authentischen Glaubenserfahrung verdankt, die aber für keinen Zeitgenossen zwingend oder gar notwendig ist. Zweitens ist historisch bedeutsam, dass der Weg in die Säkularität ein Weg ist, der seinen Anfang wesentlich im Christentum selbst genommen hat. Dies hat aber zur Folge, dass christliche Pastoral damit rechnen kann, dass sich diese Säkularität keineswegs nur als glaubensfeindlich zeigen muss, sondern dass in der Säkularität religiöse Anteile in transformierter Form vorliegen können. Dies kann für christliche Pastoral als positiven Effekt beinhalten, in den Glücks- und Freude-Erfahrungen der Kultur mit Gotteserfahrungen zu rechnen.
- Die Kategorie der Fülle ist bei Taylor zentral für das moralisch-spirituelle Leben der säkularen Moderne. Er sieht hierin eine Größe, die religiöse und nichtreligiöse Menschen verbindet. Allerdings markiert er eine Differenz im Erleben dieser Fülle. Taylor bietet hiermit einen wichtigen Rahmen für das Anliegen dieser Untersuchung, das darin besteht, die Anschlussfähigkeit christlicher Freude und zugleich ihr Spezifikum zu bewahren. Das verweist aber auf die Notwendigkeit, dass Christ*innen hinsichtlich dieser spezifischen religiösen Erfahrung, die bei Taylor Verehrung Gebet, Barmherzigkeit, Empfangen, Geben u.a. einschließt, kundig und sprachfähig sein sollten.
- Mit Taylor ist Fülle (resp. Glück) nicht nur als eine Erfahrung von höchster Erhebung, sondern auch als mittlere Erfahrung des Alltags zu denken. Dies bestätigt die empirische Glücksforschung, die durchgängig diese Lebensbereiche als Quellen des Glücks gezeigt hatte.
- Ein weiteres Merkmal der Fülle-Erfahrung ist bei Taylor, dass sie nicht nur bestätigend, sondern auch erschreckend und verstörend wirken kann. Zugleich umfasst sie den Bereich des Ausgestoßen-Seins. Dies ist als Ergänzung

bzw. Korrektur zur Ratgeberliteratur zu sehen und zugleich wichtig für die weitere Erschließung, insofern sich hier eine erfahrungsnähere und damit menschlichere Konstellation zeigt.

3 Glück als individualisierte Gefühlsware

Eine ganz andere Perspektive auf das Glück in der Moderne bieten Edgar Cabanas, Prof. für Psychologie an der Universidad Camilo José Cela in Madrid und Eva Illouz, Prof. für Soziologie an der Hebrew University in Jerusalem und Studiendirektorin am Centre européen de sociologie et de science politique de la Sorbonne. Denn sie analysieren den Glücksdiskurs in der Moderne kritisch aus sozial-psychologischer Perspektive. Dabei basiert ihre aktuellste Veröffentlichung „Das Glücksdiktat. Und wie es unser Leben beherrscht"[274] auf früheren Arbeiten zu Emotionen, Neoliberalismus und therapeutischer Kultur.[275] Im nun vorliegenden Band zielen sie darauf ab, eine neue Analyse zum Verhältnis von Glücksdiskurs und Machtausübung in neoliberalen Gesellschaften vorzulegen.

Einführend wird dargestellt, wie Cabanas/ Illouz den Zusammenhang zwischen Positiver Psychologie und moderner Glücksökonomie rekonstruieren (3.1). Anschließend werden die spezifischen Normierungen des Glücks auf der Basis Positiver Psychologie (3.2) und deren Kritik nachgezeichnet (3.3). Erneut steht am Ende des Kapitels eine Zusammenfassung unter Berücksichtigung der kulturwissenschaftlichen Erträge (3.4).

3.1 Positive Psychologie und Glücksökonomie

Cabanas/ Illouz konstatieren, dass das Glück die gegenwärtigen kulturellen Vorstellungswelten grundlegend beeinflusst und zum zentralen Motiv und Ziel moderner Biographien wird:

„Doch hat die Idee des Glücks in den vergangenen Jahrzehnten nicht nur enorme Prominenz erlangt, wir verstehen heutzutage auch etwas ganz

---

274 Edgar Cabanas, Eva Illouz, Das Glücksdiktat. Und wie es unser Leben beherrscht (Aus dem Englischen von Michael Adrian), Berlin: Suhrkamp 2019.
275 Einschlägig: Eva Illouz, Gefühle in Zeiten des Kapitalismus (suhrkamp-taschenbuch wissenschaft 1857), Frankfurt/ M.: Suhrkamp 2007. Eva Illouz (Hg.), Wa(h)re Gefühle. Authentizität im Konsumkapitalismus. Mit einem Vorwort von Axel Honneth. Aus dem Englischen von Michael Adrian (suhrkamp taschenbuch wissenschaft 2208), Berlin: Suhrkamp 22018.

anderes darunter als früher. Wir glauben nicht mehr, dass Glück etwas mit Schicksal, Lebensumständen oder der Abwesenheit von Leid zu tun hat, dass es ein tugendhaftes Leben krönt oder einfältigen Menschen mageren Trost gewährt. Nein, Glück gilt in unseren Zeiten als eine Geisteshaltung, die sich willentlich herbeiführen lässt, als Resultat der Mobilisierung unserer inneren Stärken und unseres ‚wahren Selbst', als einziges Ziel, das anzustreben sich lohnt, als der Maßstab, an dem wir den Wert unserer Biographien, die Größe unserer Erfolge und Niederlagen sowie den Stand unserer psychischen und emotionalen Entwicklung messen."[276]

Damit bieten Cabanas/ Illouz eine prägnante Typologie des Glücks in der Moderne, wonach das Glück erstens in moralischer und psychologischer Hinsicht ein Gradmesser des gelungenen Lebens wird. Zweitens ist es auf dem Weg der Selbstverbesserung[277] zu finden und drittens gilt die Grundannahme, dass das Glück ständig zu steigern ist. Zusammenfassend bringen sie die Relevanz des Glücks in der Moderne auf den Punkt:

„Glück ist heute nicht mehr nur ein Nebenaspekt oder ein eingängiger Slogan, mit dem man andere Waren verkauft, nicht mehr nur ein trügerisches Versprechen, das die Kundschaft zu flüchtigen Vergnügungen verführen soll. Es ist vielmehr selbst zum Produkt schlechthin geworden, zum wirtschaftlichen Motor eines Marktes, der den Individuen eine kontinuierliche Steigerung ihres Glücks in Aussicht stellt – insofern es der Maßstab ist, an dem sich die Selbstverwirklichung und Selbstermächtigung des Individuums, die sich im Markt entfalten, messen lassen müssen."[278]

So bestätigen Cabanas/ Illouz den bisher erhobenen Befund vom Stellenwert des Glücks in der Kultur. Glück wird demnach einem Individuum zugesprochen, das sich selbst treu bleibt, Niederlagen bewältigt, Initiative zeigt, optimistisch und von hoher sozialer Intelligenz ist.

---

[276] Cabanas, Illouz, Glücksdiktat, 11.
[277] Es handelt sich um einen kontinuierlichen Prozess der Selbstgestaltung, der folgende Schritte beinhaltet: Problem einräumen; Entschluss, das Leben selbst in die Hand zu nehmen; evtl. Ratschläge von Fachleuten einholen; Gedanken und Gefühle positiv ausrichten, wobei genauere Spezifizierungen unterbleiben. So ist das Glück eine Universalerzählung, die es jede*m recht macht, weil jede*r selbst entscheiden kann, was seinem Leben Sinn gibt.
[278] Ebd., 134f.

Von besonderem Interesse bei Cabanas/ Illouz ist nun, dass sich auf der Basis der sog. Positiven Psychologie[279] eine umfassende Glücksökonomie und Glückswissenschaft entwickelt hat:

„Diesen Psychologen zufolge unterliegen alle Individuen von Natur aus dem Drang, glücklich sein zu wollen, so dass man dieses Streben nicht nur als natürlich, sondern als höchsten Ausdruck menschlicher Erfüllung sehen sollte. [...] In wenigen Jahren gelang dieser Bewegung, was davor noch niemand geschafft hatte: Sie brachte das Glück an die Spitze der universitären Prioritätenliste und zumindest weit nach oben auf der gesellschaftlichen politischen und wirtschaftlichen Tagesordnung zahlreicher Länder."[280]

Die auf diese Weise im 21. Jahrhundert entstandene Glücksökonomie bietet eine Vielzahl von Gefühlswaren:

„Es sind die Dienstleistungen, Therapien und Produkte, die mittels wissenschaftlicher Techniken und Hilfen zur psychologischen Selbststeuerung produziert und konsumiert werden, immer mit dem Ziel, einen persönlichen Wandel herbeizuführen."[281]

Hier zeigt sich der enge Zusammenhang von Glück und Konsumkapitalismus: das Glück wird so bedeutsam, weil es eine entsprechende Glücksökonomie gibt und umgekehrt hat der Konsumkapitalismus im Glück (als Kriterium für den persönlichen, wirtschaftlichen und politischen Wert) ein scheinbar objektives Prinzip erhalten.[282]

---

[279] Cabanas/ Illouz unterstellen der Positiven Psychologie massive wirtschaftliche Interessen: „Vertreter der Positiven Psychologie verhalfen mächtigen Institutionen, den wichtigsten multinationalen Konzernen und einer milliardenschweren globalen Industrie zu vermeintlich objektiver wissenschaftlicher Legitimität." Ebd., 16. Ausführlich zeichnen sie Entstehung und Ausbreitung sowie Gründungsziele und methodische Grundannahmen der Positiven Psychologie und der Glücksökonomie nach. Dabei kommen sie zu dem Schluss, dass es zur spezifischen Wirkung beider Wissenszweige gehört, dass sich ideologische und moralische Themen (z.B. Ungleichheit) nunmehr technokratisch, d.h. ohne moralische Beurteilung, bearbeiten lassen. Vgl. ebd., 25-64.

[280] Ebd., 15.

[281] Ebd., 135.

[282] Anhand des Beispiels von Self-Tracking Applikationen wie „Happify" zeigen Cabanas/ Illouz den engen Zusammenhang von Glücksökonomie, Politik und Wissenschaft. Dabei kritisieren sie, wie leichtfertig Menschen bereit sind, sich selbst zu überwachen, um dadurch Großstatistiken mit Daten zu versorgen. Was dabei verschleiert werde, sei die übermäßige Beschäftigung mit dem Innenleben und die gesteigerte Kontrolle über Gedanken, Gefühle und Körper, wodurch neue Formen von Unzufriedenheit und Frustration entstehen („wer sich nicht permanent selbst überwacht, riskiert, ein unglücklicher Mensch zu werden"). Nutzer*innen wer-

Das Glück ist deshalb von so zentraler Bedeutung, weil es mehr verspricht als kurzlebige glückliche Momente. Gefühlswaren machen aus dem Streben nach Glück vielmehr einen „Lebensstil", eine geistige und seelische Gewohnheit, letztlich ein Modell für Individualität, das Bürger in neoliberalen Gesellschaften zu „Psychobürgern"[283] macht.

Für Psychobürger wird das Streben nach Glück zur zweiten Natur und sie sind der Überzeugung, dass ihr Wert von permanenter Selbstoptimierung abhängt. Dieses Modell von Individualität legitimiert, entspricht und ist kompatibel mit einem Wirtschaftssystem, das auf emotionaler Selbststeuerung, Authentizität und konstanter Selbstverbesserung beruht. Cabanas/ Illouz knapp zur normierenden Wirkung des Glücksdiskurses:

> „Folglich verstehen wir das Glück, das mit dem Markt verwoben ist und von ihm geformt wird, weniger als ein Gefühl denn als eine Norm."[284]

Die spezifisch modernen Normierungen des Glücks werden im folgenden Abschnitt nachgezeichnet.

3.2 Normierungen des Glücks

Die normierende Wirkung des Glücksdiskurses bezieht sich laut Cabanas/ Illouz auf die Legitimation gesellschaftlicher Strukturen (3.2.1), Arbeitsverhältnisse (3.2.2), emotionale Selbststeuerung (3.2.3) und Erfolg durch Aufblühen (3.2.4).

3.2.1 Legitimation gesellschaftlicher Strukturen

Cabanas/ Illouz vertreten die These, dass das Glück eine besondere Passung in neoliberalen Gesellschaften im Sinne des Individualismus hat, vor allem auch aufgrund der scheinbar neutral-positiven Terminologie.[285] Glück umfasst nun weit mehr als Wohlbefinden und Zufriedenheit, es ist vielmehr zur synonymen Zusammenfassung individualistischer Werte avanciert:

---

den demnach darüber getäuscht, dass sie die Innerlichkeit verdinglichen. Scheinbar werden ja durch Grafiken ihre Psychen vergegenständlicht; in diesem Prozess passen sich Nutzer*innen beinahe unbewusst an die Vorgaben der Apps an. Dadurch aber entdecken sie eben nicht, wer sie selbst sind. Vgl. ebd., 142-148.

283 Hierunter versteht das Autorenpaar eine individualistische und konsumorientierte Subjektivität.

284 Vgl. ebd., 136.

285 Ausdrücklich weisen Cabanas/ Illouz darauf hin, dass dieser Diskurs seinen Ursprung zwar in entwickelten Weltregionen hat, dass seine Auswirkungen aber besonders Menschen in wirtschaftlich schwachen Ländern betreffen.

„Wir wollen zeigen, dass sich Glück in neoliberalen Gesellschaften als ein sehr nützliches Vehikel erwiesen hat, um den Individualismus in der scheinbar nichtideologischen Sprache der neutralen und maßgeblichen Wissenschaft wiederzubeleben, zu legitimieren und neu zu institutionalisieren."[286]

Der Glücksdiskurs dient demnach der Legitimierung individualistischer Gesellschaftsstrukturen mit Ausdrucksformen wie Distanziertheit, Egoismus, Narzissmus und Egozentrik, mittels scheinbar unideologischer Diktion. Konkret wird dies etwa erkennbar, wenn Coaches in wirtschaftlichen Krisenzeiten zum „Rückzug in die eigene Zitadelle" (Achtsamkeit) animieren, was laut Cabanas/ Illouz die Gefahr impliziert, dass sich Individuen aus politischen Bezügen zurückziehen und somit Möglichkeiten für einen kollektiven, soziopolitischen Wandel sinken.[287]

3.2.2 Arbeitsverhältnisse: Autonomie und Flexibilität

Bei Cabanas/ Illouz wird das Glück in der Moderne nicht nur als Instrument, um negative Aspekte der Marktwirtschaft zu rechtfertigen, rekonstruiert, sondern auch um Vorstellungen von Arbeit und Arbeitnehmerschaft an Bedürfnisse von Organisationen anzupassen.

War es im Taylorismus[288] darum gegangen, dass sich Arbeitnehmer*innen an den Herstellungsprozess anpassen mussten, so wurde diese Perspektive im „industriellen Humanismus" (William Scott) umgekehrt, indem die Arbeitsbedingungen an die Bedürfnisse der Arbeitnehmer angepasst wurden, um die Produktivität zu steigern. Dies geschah mit Rückgriff etwa auf die Maslowsche Motivationstheorie bzw. seine Bedürfnispyramide.[289] Von entscheidender Bedeutung war dabei der Begriff der Sicherheit, der das Fundament der Bedürfnispyramide bildet.[290] Unter den Bedingungen des Neoliberalismus bzw. „flexiblen Kapitalismus" (R. Sennett) kommt es zu einem erneuten Wandel dieser Vorstellung, insofern in der Arbeitsethik nun sehr viel stärker auf die persönliche Verantwortung und weniger auf Sicherheit rekurriert wird:

---

286 Ebd., 67.
287 Vgl. ebd., 78-83.
288 Gemeint ist nicht Charles, sondern Frederick W. Taylor.
289 Abraham H. Maslow gehört gemeinsam mit Carl. R. Rogers und Erich Fromm zu den Begründern der Humanistischen Psychologie. Vertiefende Hinweise zur hier genannten Bedürfnispyramide sind zu finden in dem Grundlagenwerk: Abraham H. Maslow, Motivation und Persönlichkeit, Hamburg: Rowohlt 151981.
290 Vgl. Cabanas, Illouz, Glücksdiktat, 103-105.

„Die neue Arbeitsethik der Gegenwart ist insbesondere von der außergewöhnlichen Bedeutung geprägt, die sie dem Gedanken der persönlichen Verantwortung beimisst. Dass die Arbeitskräfte nicht mehr von außen kontrolliert werden, sondern sich zunehmend selbst kontrollieren, ist eine der bezeichnendsten Veränderungen in der Entwicklung der Organisationen und der Managementliteratur der letzten vierzig Jahre."[291]

In diesem Kontext erweist sich die Theorie von Maslow zunehmend als bedeutungslos. Neue Managementtheorien müssen dementsprechend nach neuen psychologischen Modellen suchen. Fündig werden sie in der Positiven Psychologie, wodurch es zu einer Umkehrung der Maslowschen Bedürfnispyramide kommt. Hatte bisher die Annahme gegolten, dass berufliche Erfolge zu Glück und Zufriedenheit führen, behauptet die Glücksforschung nun, dass Glück ein wichtiger Wegbereiter und Faktor für beruflichen Erfolg sei:

„Glückliche Arbeitnehmerinnen bringen mehr Leistung und zeigen mehr Flexibilität; sie sind risikobereiter und zögern nicht, sich mit für die neuartigen Situationen auseinanderzusetzen oder sich neue und ambitioniertere Ziele zu stecken [...]. Ein höheres Glücksniveau führt zu kurzfristigen Erfolgen und positiven Gefühlen, die die Grundlage für langfristige Erfolge und positive Gefühlszustände bilden."[292]

Die praktische Konsequenz ist, dass Mitarbeitende danach ausgewählt werden, wie glücklich und zufrieden sie sind (oder wirken). Außerdem werden positive Einstellungen, Gefühle und Motivationen zu zentralen Persönlichkeitsmerkmalen. Dementsprechend wird das seit den 1960er Jahren bekannte Konzept des „Humankapital" (G. Becker) zunehmend vom „positiven psychologischen Kapital" abgelöst, in dem es um die Stärkung von glücksrelevanten Eigenschaften wie persönlicher Stärke, Autonomie, Selbstwirksamkeit, Optimismus, Hoffnung und Resilienz geht.[293]

Außerdem ist der Gedanke von Arbeit als Berufung grundlegend, die darin gesehen wird, dass der Einzelne auf diese Weise nach seinem wahren Selbst sucht und es verwirklicht.[294] Mit anderen Worten avanciert nun Autonomie, verstanden als Selbstkontrolle, Selbstregulation bzw. Selbstwirksamkeit, zu einer der wichtigsten Variablen zur Erklärung des individuellen Glücks.

---

291 Ebd., 107.
292 Ebd., 111.
293 Sie verweisen darauf, dass große Unternehmen wie Lego, Ikea oder Google hierzu die Stelle eines Chief Happiness Officers (CHO) eingeführt haben.
294 Vgl. ebd., 115-119.

Ein wichtiges Element ist ferner eine Unternehmenskultur, die ein moralisches Verhältnis zwischen Angestellten und Firmen installiert. Wobei dies im unternehmerischen Kontext eine Paradoxie ansichtig werden lässt, da die Unternehmen zwar einerseits auf Autonomie der Mitarbeitenden setzen, andererseits aber über die Unternehmenskultur auf Grundsätze, Werte und Ziele verpflichten:

> „Unabhängigkeit, und Eigeninitiative werden [...] zur Schau gestellt, obwohl die Masse der Mitarbeiterinnen keine wirkliche Kontrolle über Entscheidungen, Aufgaben und Zielsetzungen hat."[295]

Autonomie und Flexibilität sind damit zu einem begehrten Vermögen avanciert, das allerdings paradoxe Eigenschaften hat. Denn Autonomie und Flexibilität nötigen die Beschäftigten dazu, die Kontrolle der Arbeitgeber*innen zu verinnerlichen, sich mit deren Erwartungen zu identifizieren und die Widersprüche und Selbstausbeutung bei der Arbeit akzeptabel zu finden.[296] Das heißt:

> „Politische und wirtschaftliche Unsicherheiten werden so in persönliche Ungeschütztheit übersetzt; in einer solcherart entpolitisierten und psychologisierten Arbeitswelt werden die Arbeitnehmer – und nicht etwa die Organisation – zum vorrangigen Gegenstand der Maßnahmen des Managements."[297]

Cabanas/ Illouz kritisieren, dass auf diese Weise eine Reihe anderer arbeitsbezogener Maßnahmen nicht in den Blick kommen und Aspekte, wie z.B. Budget- und Gehaltserhöhungen, Urlaub, Anerkennung am Arbeitsplatz oder andere eine geringere Bedeutung für Glück (und Produktivität) zugemessen wird:

> „Statt jedoch zuzugeben, dass es sich bei ‚Resilienz' um eine psychologische Schönfärberei dafür handelt, dass die Individuen angesichts ihres schwierigen Arbeitsumfeldes aus der Not eine Tugend machen sollen, wird sie uns als eine fantastische persönliche Fähigkeit angedient."[298]

Problematisch ist dabei nicht, dass Unternehmen Produktivität verlangen, sondern dass sie die Sprache manipulieren und suggerieren, dass dies alles im Interesse der Mitarbeitenden geschieht. Auch die Suggestion, die Mitarbeitenden

---
295 Ebd., 127.
296 Vgl. ebd., 109-115.
297 Ebd., 121.
298 Ebd., 123.

seien mit der Firma identisch kritisiert das Autorenpaar. Der Zusammenhang von Glück und Autonomie diene ferner nicht primär der Selbstentfaltung, sondern der Verantwortungsdelegation bei Fehlschlägen. Autonomie und Unabhängigkeit am Arbeitsplatz dienen somit nicht primär dem Glück der Arbeitenden, sondern den Interessen der Arbeitgeber*innen.[299]

Durch die Positive Psychologie ist es also zu einer grundlegenden Perspektivenverschiebung gekommen, weil Glück nun als Voraussetzung für Erfolg und Erfüllung geworden ist. Demnach sind glückliche Menschen nicht nur bessere Arbeitnehmer*innen, sondern auch bessere Bürger*innen. Dem entspricht laut Cabanas/Illouz das Credo der Glücksindustrie im 21. Jahrhundert, die dem Individuum die Verwandlung in ein glücklicheres Selbst verheißt.[300]

Eine dritte normierende Wirkung des Glücksdiskurses analysieren Cabanas/Illouz im Hinblick auf emotionale Selbststeuerung.

3.2.3 Emotionale Selbststeuerung

Selbststeuerung (Self-management) beinhaltet die Fähigkeit, Gefühle und Gedanken rational und strategisch zu steuern. Die damit verbundene Auffassung, der Mensch könne seine Existenz nach eigenen Vorstellungen beherrschen und sei insofern auch für alles verantwortlich, ist mit Rückbezug auf Foucault bestritten worden. Dennoch gehen Glücksforscher davon aus, dass Selbststeuerung nicht nur eine individuelle Eigenschaft, sondern ein psychisches Merkmal sei, gleichsam wie ein Muskel, den man trainieren kann.[301] Diese emotionale Selbststeuerung geschieht mittels des Konsums. Dementsprechend geht es beim Konsum nicht primär um Statusgewinn, sondern um die Regulation des Gefühlslebens.

Die sehr unterschiedlichen Angebote und Techniken zur Stärkung der Selbststeuerung lassen bestimmte Gemeinsamkeiten erkennen: sie sind auf schnellen Konsum und Erfolg ausgerichtet, indem sie auf umfangreiche psychologische Analysen und den Bezug auf das Unbewusste verzichten. Die Psyche erscheint hier als transparent und mathematisch erschließbar. Sie nutzen eine vertraute, nichttechnische Sprache (Optimismus, Hoffnung, Dankbarkeit, ...), die den Einzelnen ermöglicht, sich als Selbst-Therapeut zu verstehen. Schließlich fokussieren sie den Einzelnen ausschließlich auf alle positiven Gefühle, Träume und vermeiden die Thematisierung alles Negativen.

---

299 Vgl. ebd., 125-129.
300 Vgl. ebd., 129f.
301 Vgl. ebd., 137f.

Zusammengefasst besteht das wesentliche Ziel der Glücksangebote darin, das Streben nach Glück zur Gewohnheit zu machen. In diesem Kontext ist „emotionale Intelligenz"[302] zur entscheidenden Fähigkeit – vor allem im Wirtschaftsleben und in der Arbeitswelt –geworden. Das bedeutet aber im Blick auf den Stellenwert von Gefühlen:

> „Die Gefühle stehen heute im Mittelpunkt des therapeutischen Ethos der Selbstfürsorge, durch den sich neoliberale Gesellschaften auszeichnen. Sie gelten als eine der Hauptquellen von körperlicher und geistiger Gesundheit sowie sozialer Anpassung, aber auch als Ursache von Leid, Verhaltensstörungen, körperlichen und seelischen Beschwerden, sodass die Individuen dazu angehalten sind, nichts zu unterlassen, um sie zu regulieren, ja zu steuern."[303]

3.2.4 Erfolg durch Aufblühen – Authentizität

In der Positiven Psychologie von Seligman wird der Zusammenhang von Glück und Erfolg nach der Analyse von Cabanas/ Illouz über den Begriff des Aufblühens hergestellt. Aufblühen meint hier die Entfaltung der authentischen Fähigkeiten einer Person, die zu einem wohlverdienten Erfolg führen. Hierin zeigt sich – zumindest in diesem Kontext – der entscheidende Unterschied zwischen Glück und Freude:

> „Gewiss können seiner Meinung nach manche Erfolge Freude und Zufriedenheit bringen, das wahre Glück aber wird nur erreicht, wenn sich ein wohlverdienter Erfolg auf die Entfaltung der authentischen Fähigkeiten einer Person zurückführen lässt. Erst dann verspüre das Individuum ein echtes Gefühl persönlichen Wachstums. Andernfalls, schließt er, ließen sich Glück und Freude leicht verwechseln."[304]

Authentizität ist also eine zentrale Eigenschaft einer glücklichen Persönlichkeit. Dabei greift die Positive Psychologie auf den Authentizitätsbegriff der Humanistischen Psychologie (Rogers/ Maslow) zurück, entwickelt diesen jedoch

---

302 Emotionale Intelligenz ist „die Fähigkeit, Gefühle wahrzunehmen und angemessen auszudrücken, Gefühle zu nutzen, um sich das Denken zu erleichtern, Gefühle zu verstehen und sie geschickt für die eigene emotionale Weiterentwicklung einzusetzen". Brackett u.a. zitiert nach: Ebd., 141.
303 Ebd.
304 Ebd., 158.

in evolutionärer und positivistischer Weise weiter und deutet den Authentizitätsbegriff zu einem psychischen Persönlichkeitsmerkmal um:

> „Damit wurde Authentizität zu einer stabilen Eigenschaft biologischer Art, die gemessen, klassifiziert und objektiv beschrieben werden kann."[305]

Authentizität ist hier gleichbedeutend mit der Übereinstimmung mit einer wahren Natur, weshalb authentische Handlungen zu Selbstakzeptanz, Selbstachtung und Selbstwirksamkeit führen. Cabanas/ Illouz schlussfolgern:

> „Authentizität wäre somit auf persönlicher Ebene gleichbedeutend mit geistiger Gesundheit und auf gesellschaftlicher gleichbedeutend mit Autonomie und Unabhängigkeit. [...] Auf wirtschaftlichem Feld ist Authentizität ein Synonym für Nützlichkeit."[306]

Auf den Punkt gebracht ist Authentizität also ein wesentliches Element, um das persönliche Glück zu finden bzw. aufzublühen.[307] Die verschiedenen Segmente der Glücksindustrie (wissenschaftlicher Bereich, Coaching etc.) richten ihre Angebote dementsprechend darauf aus.[308]

Die Logik des Aufblühens durch Authentizität als Marker für das Glück gilt nicht nur auf der individuellen, sondern auch auf gesellschaftlicher Ebene.[309] Im Blick auf die zentrale Bedeutung des Aufblühens für das Glücksempfinden halten Cabanas/ Illouz fest:

> „Der Gedanke des ‚permanenten Aufblühens' ist hier entscheidend. Die Positive Psychologie stellt sich das als einen unabgeschlossenen Prozess vor, der ein Ziel, aber keinen Endzustand kennt. Das Aufblühen wird nicht nur deshalb zu einem, wenn nicht dem zentralen Begriff für die Definition des glücklichen Menschen, weil es andere wichtige Begriffe

---

305 Ebd., 149.
306 Im Marktgeschehen ist Authentizität der Einzelnen ein wesentlicher Faktor, da der Markt voraussetzt und verspricht, dass das individuelle Selbst frei gestaltbar ist: jede Konsumwahl wird als individueller, authentischer Selbstausdruck von Personen verstanden. Markt und Glücksforschung stimmen damit in einem Credo überein: „Wenn Ihnen etwas ein gutes Gefühl vermittelt, dann greifen Sie zu." Vgl. ebd., 149-152.
307 Untersuchungen zeigen, dass insbesondere Heranwachsende das Glücksgebot verinnerlicht haben. In den sozialen Medien etwa gilt die Forderung, eine authentische, positive Version des Selbst zu kommunizieren: „Wer diesen Anspruch nicht erfüllen kann oder will und auch nur eine Spur von Negativität, Scheitern, Misserfolg oder gar politischer Dimension in seinem Selbstbild zu erkennen gibt, wird offen stigmatisiert und sanktioniert – mit allen Folgen, die das in jungen Jahren für Selbstwertgefühl und Sozialtauglichkeit hat." Ebd., 155f.
308 Vgl. ebd., 152ff.
309 Vgl. ebd., 158ff.

– wie die Selbststeuerung (seiner Gedanken und Gefühle) und die Authentizität (seiner Stärken und Tugenden) – einbezieht und verbindet, sondern vor allem auch deshalb, weil es das Glück als ein Streben, das auf permanenter Selbstverbesserung fußt, am besten zum Ausdruck bringt. Diese Forderung passt gut zu den zentralen Anforderungen fortgeschrittener kapitalistischer Gesellschaften nach Unersättlichkeit und permanenter Selbstoptimierung, [...]."[310]

3.3 Kritik des Glücksdiktats

Die bereits oben erwähnten Kritikpunkte von Cabanas/ Illouz an den Normierungen des Glücks lassen sich in vier Aspekten zusammenführen, nämlich Permanenz der Selbstoptimierung (3.3.1), eine einseitige Positivität (3.3.2), den Mangel an Mitleid und Mitgefühl (3.3.3) sowie den Mangel an Hoffnung und Gerechtigkeit (3.3.4).

3.3.1 Permanenz der Selbstoptimierung

Die Konstruktion des Glücks in der Positiven Psychologie stellt das Individuum in eine doppeldeutige Situation:

„Das Individuum müht sich also redlich darum, sich selbst zu formen, aber das gelingt ihm nie ganz, weil es ja definitionsgemäß immer noch besser und vollständiger es selbst sein kann. Wir haben es hier mit einem schwerwiegenden Paradox zu tun: Das Glück dient zwar dem Zweck, wie man uns sagt, erfüllte und höher entwickelte Individuen hervorzubringen, strickt aber zwangsläufig an einer Erzählung, in der das Selbst durch seine grundlegende und permanente Unvollständigkeit definiert ist."[311]

Die Angebote der Glücksindustrie setzen an der Erzählung an, dass der Mensch nie glücklich (attraktiv, schön, gut etc.) genug sei. Sich nicht verbessern zu wollen, d.h. nicht glücklicher sein zu wollen, wird in dieser Konstellation als psychischer Defekt gewertet. Cabanas/ Illouz vertreten die These, dass es in dieser Logik nicht primär um die persönliche Selbstvervollkommnung, sondern um die „Normalisierung der Besessenheit von der eigenen Selbstoptimierung" geht. Drastisch formulieren sie:

---
310 Ebd., 160.
311 Ebd., 160f.

„Zweifellos besteht das Interesse der Glücksindustrie darin, einen neuen Typus von ‚Glücksgestörten' hervorzubringen,[Fußnote gelöscht, SO] indem sie den Verbrauchern das Gefühl einflößt, die einzig wirklich normale und funktionale Lebensweise sei die, ständig sein Selbst zu erforschen, irgendwelche psychischen Defekte zu korrigieren und sich um die persönliche Transformation und Verbesserung zu kümmern."[312]

Zwar lassen sich durch Studien durchaus positive Effekte einzelner Methoden der Positiven Psychologie zeigen, doch müssen gerade auch die kontraproduktiven und paradoxen Konsequenzen deutlich gesehen werden. Denn der Fokus auf gesunde, normale und funktionierende Persönlichkeiten hat faktisch eine „Vielzahl permanent ungesunder, anormaler und dysfunktionaler Persönlichkeiten" zur Folge. Damit aber ist weder das Streben nach Glück ein Mittel gegen das Leid noch das Aufblühen ein Gegenmittel gegen mangelnde Selbstverwirklichung. Pointiert schreiben Cabanas/ Illouz:

„So gesehen ist nicht nur das Streben nach Glück kein Gegenmittel gegen das Leid, sondern ist auch das Aufblühen kein Gegenmittel gegen eine mangelnde Selbstverwirklichung, weil dieselben Erzählungen, die für das Glück und die Selbstoptimierung werben, genau die Erzählungen von Leid und grundsätzlicher Unvollständigkeit aus sich hervorbringen, auf denen sie aufbauen. [...] Dieses Streben könnte sich als eine erschöpfende, obsessive und letztlich enttäuschende Erfahrung erweisen."[313]

3.3.2 Einseitige Positivität

Ein zweiter Kritikpunkt bezieht sich auf die einseitige Positivität. Spezifisch für den gegenwärtigen Glücksdiskurs ist erstens die Annahme, dass ein glücklicher Mensch auch ein guter Mensch sei. Mit anderen Worten: Es liegt eine Identifizierung von Glück und Tugend, von Gefühlen und Empfindungen und moralischen Werten vor. Zweitens wird Unglück als Funktionsstörung betrachtet, Glück hingegen wird zum psychologischen Kriterium für gesundes, normales und funktionierendes Leben. Kurz:

„Ja, man kann sagen, dass die Rhetorik des Glücks sukzessive an die Stelle der Rhetorik der Funktionalität getreten ist (und dass das psychologische

---
312 Ebd., 162.
313 Ebd., 166f.

Kontinuum ‚Glück-Unglück' das Kontinuum ‚funktional-dysfunktional' abgelöst hat – und mit ihm die Kontinuen ‚gesund-ungesund', positiv-negativ', ‚gut-schlecht', normal-abnormal'). Das Glück ist zur Norm geworden und das glückliche Individuum zum Inbegriff der Normalität."[314]

Basal ist die Unterscheidung zwischen positiven und negativen Gefühlen und analog dazu funktionalem und dysfunktionalem Verhalten. Psychische Funktionalität wird dann auch nicht als psychisches und emotionales Gleichgewicht verstanden, sondern, dass positive Gefühle die negativen überwiegen. Hierbei handelt es sich um die Einführung einer neuen „Gefühlshierarchie", um Psyche und Gesellschaft aufeinander zu beziehen. Die Folge ist eine Spaltung des Gesundheitsbegriffes:

„Der Begriff Gesundheit wird so zweigeteilt: Optimismus, Hoffnung, Selbstachtung und Wohlbefinden zeugen von vollständiger geistiger Gesundheit, während Pessimismus, Unsicherheit und Unzufriedenheit mit dem eigenen Leben Anzeichen mangelnder geistiger Gesundheit sind."[315]

Für das Glücksempfinden ist demnach entscheidend möglichst viele positive Gefühle gegenüber möglichst wenigen negativen Gefühlen zu haben.[316]
Die Autoren kritisieren in diesem Zusammenhang, dass es keinen messbaren Zusammenhang dahingehend gibt, dass positive Gefühle ausschließlich gutes Handeln evozieren und umgekehrt negative nur schlechtes Handeln. Trotz dieser Kritik scheint es einen weitgehenden Konsens dahingehend zu geben, dass das Glück auf positive Gefühle und eine daraus resultierende positive Funktionalität reduziert und an Gesundheit, Erfolg und Selbstverbesserung koppelt:

„Dass wir unerwünschte Erinnerungen, negative Gefühle und Selbsteinschätzungen durch ein optimistisches Verhältnis zum Leben ersetzen müssen, ist anscheinend ein unverrückbares emotionales Erfordernis für unser subjektives Wohlbefinden und Selbstwertgefühl geworden."[317]

Es handelt sich laut Cabanas/ Illouz um einen reduktionistischen und naturalistischen Ansatz, der den komplexen und facettenreichen Charakter von Gefühlen ignoriert. Demgegenüber betonen sie:

---

314 Vgl. ebd., 172f.
315 Ebd., 175f.
316 Vgl. ebd., 173-180.
317 Ebd., 186.

„Das heißt nichts anderes, als dass es weder einen speziellen Zustand gibt, der sich unzweideutig als ‚Glück' bezeichnen ließe, noch einen Zustand, der nicht gleichzeitig gut und schlecht, positiv und negativ, angenehm und unangenehm, funktional und dysfunktional wäre."[318]

Dies hat auch gesellschaftliche Konsequenzen. Insofern nämlich negative Gefühle stigmatisiert werden, wird die emotionale Struktur gesellschaftlicher Miseren und Konflikte negiert. Anders gewendet: Mit der Überbetonung von Individualität und Stigmatisierung jeglicher Negativität wird auch verhindert, dass Zusammengehörigkeitsgefühl und kollektives Handeln entstehen können. Womit ein dritter Kritikpunkt in den Blick kommt.

3.3.3 Mangel an Mitleid und Mitgefühl

Das Leid wird im Glücksdiskurs in zweifacher Weise thematisiert: einerseits als sinnlos, wenn man ihm keine Positivität abringen kann und andererseits als selbstgewählt.

Cabanas/ Illouz konstatieren, dass es durchaus vernunftgemäß sein kann, einer negativen Situation etwas Positives abzugewinnen. Problematisch sei jedoch, wenn dies auf einer „tyrannischen Geisteshaltung" beruhe, die allein den Individuen die Verantwortung für ihr Unglück zuschreibt und diese Positivität objektiv zu begründen sucht. Dies ist letztlich ihre zentrale Kritik, weil damit Mitleid und Mitgefühl schwinden:

„Problematisch ist es jedoch, wenn die Positivität zu einer tyrannischen Geisteshaltung wird, die die Menschen für den Großteil ihres Unglücks und ihrer faktischen Machtlosigkeit selbst verantwortlich macht, und sei dies noch so blind, unbegründet oder ungerecht. Noch problematischer wird es, wenn eine Glücksforschung behauptet, diese tyrannische Positivität sei empirisch und objektiv begründet. In einer Welt, in der jeder für sein Leid selbst verantwortlich ist, ist kein Raum mehr für Mitleid und Mitgefühl.[Fußnote gelöscht, SO] Und es gibt in einer solchen Welt, in der jeder von Natur aus mit den erforderlichen Fähigkeiten ausgestattet ist, um Wichtigkeiten in Chancen zu verwandeln, auch keinen Platz für Beschwerden."[319]

---

318 Ebd., 182.
319 Ebd., 196f.

Sie kritisieren in diesem Zusammenhang, dass das Unterdrücken negativer Gefühle zur Rechtfertigung unausgesprochener sozialer Hierarchien beiträgt, weil es Leid banalisiert und Gefühle wie Wut, Ärger und Angst zu etwas Unerwünschtem, ja sogar Fruchtlosem und Unnützen macht.[320] Dies führe dazu, dass Leidende sowohl die Bürde ihrer Gefühle zu tragen haben und zugleich mit der Schuld leben, die sie nicht überwinden zu können. Alles in allem:

„Die Tyrannei des Positiven bestärkt uns darin, Traurigkeit, Hoffnungslosigkeit oder Trauer lediglich als kleine Rückschläge oder vergängliche Phasen im Leben zu sehen, die sich in Luft auflösen, wenn wir uns nur richtig bemühen. Eine solche Vision impliziert, dass die Negativität verschwinden kann und soll, ohne in unserer Seele die geringsten Spuren zu hinterlassen. [...] Doch das Beharren darauf, immer auf die heitere Seite des Lebens zu schauen, führt ungeachtet aller guten Absichten leicht dazu, dass wir diejenigen, die wirklich leiden, gründlich missverstehen und ihnen mit tiefer Gleichgültigkeit begegnen – und genau dafür auch noch blind sind."[321]

Insofern widersprechen die Autoren auch der Vorstellung eines einzigen, maximal authentischen höchsten Glücks als Lebensziel. Denn:

„Mit jeder moralischen Wahl, sei sie frei oder aufgezwungen, individuell oder kollektiv, wird immer irgendein anderes Gut geopfert – eine erstrebenswerte Identität, Werte, für die zu kämpfen sich lohnt, gesellschaftliche Projekte, die eine Umsetzung verdient hätten. Hierin liegt eine unaufhebbare Tragik der Wahl, die dem persönlichen, sozialen und politischen Leben innewohnt. Nicht einmal die beste aller Glückswissenschaften könnte uns die großen oder kleinen Schmerzen und Verluste ersparen, die unweigerlich mit den großen oder kleinen Opfern verbunden sind, die wir im Leben bringen müssen."[322]

Spätestens hier aber kommen Cabanas/ Illouz zu einer Kritik in anthropologischer, wenn man so will religiöser, Perspektive – und erweisen sich nicht

---
320 Cabanas/ Illouz kommen zu einer Fundamentalkritik an der „ideologischen Schuld" der Psychologie und weisen auf eine grundlegende Differenz zwischen der Positiven Psychologie und den kritischen Gesellschaftswissenschaften hin. Während erstere danach fragt, ob Menschen in der besten aller möglichen Welten leben, fragen letztere danach, ob Menschen in der besten aller vorstellbaren Welten leben. Vgl. ebd., 197f.
321 Ebd., 199f.
322 Ebd., 200.

zuletzt an dieser Stelle als in hohem Maße generativ für das vorliegende Forschungsinteresse.

3.3.4 Mangel an Hoffnung und Gerechtigkeit

Die Autoren erkennen positive Auswirkungen von Glücksforschung auf das Leben von Menschen an und bejahen insofern deren Legitimität. Sie zweifeln allerdings daran, dass das Glück jenes höchste Gut darstellt, als welches es die Positive Psychologie betrachtet. Vielmehr werde das Glück hier zu einem mächtigen Instrument „im Dienst der zeitgenössischen Macht", das Gehorsam erfordert. Mit anderen Worten: Die Suche nach Glück ist zu einem Instrument der Kontrolle über menschliches Leben geworden. Ein Instrument, dem sich Menschen freilich unterwerfen, obwohl sich das Glück nicht der Mehrdeutigkeit und Ambivalenz des menschlichen Daseins anpasst, sondern umgekehrt:

> „Wenn das Glück zu einem Instrument der Kontrolle über unser Leben geworden ist, so deshalb, weil wir uns von der besessenen Suche nach ihm haben völlig versklaven lassen. Nicht das Glück passt sich uns an, an das Helldunkel und die Komplexität unserer Gefühle, an die Mehrdeutigkeit unseres Denkens und die Vielschichtigkeit unseres Lebens: nein, wir sind es, die sich wie Sklaven an die konsumorientierte Logik des Glücks angepasst haben, um seinen ideologischen Ansprüchen zu genügen, die so tyrannisch wie undurchschaubar sind."[323]

Dennoch bleibt das Glück attraktiv für viele Menschen, weil es ein Gefühl der Hoffnung, der Macht und des Trostes vermittelt. Denn es bietet ein Versprechen, dass es einen Ausweg aus unsicheren und benachteiligten Lebenslagen gibt. Dies aber stellen die Autoren infrage:

> „Aber Glück ist nicht Hoffnung und schon gar nicht Macht – zumindest nicht die reduktionistische, psychologisierende und hegemonische Vorstellung, die sich diese Forscher und Spezialisten vom Glück machen. Der Kult ums Glück ist bestenfalls eine betäubende Ablenkung, kein Gegenmittel für unsere Schutzlosigkeit, Machtlosigkeit und Angst."[324]

Stattdessen fordern Cabanas/ Illouz:

---

[323] Ebd., 202.
[324] Ebd., 206.

„Gewiss brauchen wir Hoffnung, aber bitte ohne den abstumpfenden, tyrannischen, konformistischen und fast schon religiösen Optimismus, der mit dem Glück einhergeht [...]. Wir brauchen eine Form von Hoffnung, die auf kritischer Analyse, sozialer Gerechtigkeit und kollektivem Handeln beruht, die nicht paternalistisch ist, die nicht an unserer Stelle entscheidet, was gut für uns ist, und die nicht versucht, uns das Schlimmste vorzuenthalten, sondern uns in die Lage versetzt, es mit ihm aufzunehmen, nicht als isolierte Individuen, sondern zusammen, als Gesellschaft."[325]

Ihr Plädoyer, mit Rückgriff auf ein Argument von Robert Nozick:

„Nicht Glück, sondern Erkenntnis und Gerechtigkeit sind unverändert der revolutionäre moralische Sinn unseres Lebens."[326]

3.4 Zusammenfassung und Fazit

Cabanas/ Illouz bieten (theologisch gewendet) eine Kritik der „Zeichen der Zeit", indem sie auf Gefahren und Probleme des aktuellen Glücksdiskurses insbesondere hinsichtlich Individualität, Gefühlen und gesellschaftlicher Strukturen aufmerksam machen. Auf diese Weise wird prägnanter und detailreicher fassbar, was sich im kulturwissenschaftlichen Teil gezeigt hatte (vgl. I.5.2). Auch wenn man die Analyse von Cabanas/ Illouz nicht in allen Einzelheiten teilt und Kritik[327] an ihrer Position möglich ist, lassen sich doch folgende Aspekte zusammenfassend sichern:

Cabanas/ Illouz kritisieren die Versprechen der Positiven Psychologie, die Konstruktion des Glücks und die damit verbundenen Deutungsansprüche aus erkenntnistheoretischer, soziologischer, phänomenologischer und moralischer Perspektive. Aus erkenntnistheoretischer Perspektive kritisieren sie, dass sich Postulate und Logik als fehlerhaft erweisen; aus soziologischer Perspektive, dass auf dieser Basis das Modell einer individualisierten und atomisierten Gesellschaft mit den entsprechenden Wirkungen von Siegern und Verlierern gestützt wird; aus phänomenologischer Perspektive, dass die sog. Glückswissenschaft

---

325 Ebd., 206f.
326 Ebd., 207.
327 Zu fragen wäre etwa: Welche Definition bzw. Erfahrungswirklichkeit von Kapitalismus, Neoliberalismus etc. liegt ihrer Argumentation zugrunde? Berücksichtigen sie in ausreichendem Maße die ökonomischen Differenzierungen? Wie genau fassen sie den Sektor Glücksindustrie? Inwiefern kritisieren sie ein theoretisches Konstrukt?

ihre Ziele nicht nur oft verfehlt, sondern auch uneingestandene, unerwünschte und paradoxe Folgen haben kann; aus moralischer Perspektive, dass Positivität und Negativität, Glück und Leid als Fragen der persönlichen Wahl diametral entgegengesetzt konstruiert werden, womit Menschen nicht nur zum Glück genötigt werden, sondern auch verantwortlich gemacht werden für Unglück und Leid.

Glück ist laut Cabanas/ Illouz in der Moderne zum Gradmesser eines moralisch und psychologisch gelungenen Lebens geworden. Nicht nach Glück zu Streben wird als psychischer Defekt gewertet. Selbstverbesserung bzw. Selbstoptimierung wird zur Norm der Existenz erhoben und begründet einen entsprechenden Lebensstil von und mit Gefühlswaren einer Glücksindustrie.

Zentrales Kennzeichen einer glücklichen Persönlichkeit ist Authentizität, sie ist gleichbedeutend mit geistiger Gesundheit (individuell), mit Autonomie und Unabhängigkeit (gesellschaftlich) sowie mit Nützlichkeit (wirtschaftlich). Aufblühen markiert laut Cabanas/ Illouz den entscheidenden Unterschied zwischen wahrem Glück und Freude (resp. Zufriedenheit).

Glück wird in dieser Konstellation zur zweiten Natur, die den Menschen auf permanente Steigerung festlegt. Dies führt allerdings zu einer paradoxen Situation. Dieses Paradox besteht darin, dass Menschen angeregt werden, an einer Optimierung des Selbst zu arbeiten, die aber nie wirklich abgeschlossen werden kann. So produziert das Streben nach Glück permanent Leid und damit potentiell neue Kunden für den Glücksmarkt. Das Glücksstreben wird ad infinitum verlängert und generiert so eine obsessive, erschöpfende und schließlich enttäuschende Erfahrung.

Des Weiteren verweisen Cabanas/ Illouz darauf, dass das Gefühlsleben von Menschen reguliert wird, weil Glück durch Selbststeuerung erreicht werden soll. Es kommt demnach insbesondere zu einer Fokussierung auf positive Gefühle, Empfindungen und Stimmungen (hierzu gehören etwa Stärke, Autonomie, Selbstwirksamkeit, Optimismus, Hoffnung und Resilienz). Glück erscheint hier also nicht als Gleichgewicht von positiven und negativen Gefühlen, Handlungen etc., sondern ausschließlich als Übergewicht der Positiven. Negative Erlebnisqualitäten werden pauschal als Unglück disqualifiziert. Dieser reduktionistische Glücksbegriff geht einher mit einer einseitigen Betonung von Gesundheit, Erfolg und Selbstverbesserung. Zugleich liegt damit eine unangemessene Gleichsetzung von positiven Gefühlen und gutem Handeln vor. Die Positivität die sich im modernen Glücksdiskurs zeigt, kann Leid grundsätzlich nichts abgewinnen und unterstellt die Verantwortung für Leid den Einzelnen, da es ja bei entsprechender Selbstoptimierung zu vermeiden wäre. Damit aber führt es letztlich zum Schwinden von Mitleid und Mitgefühl.

Glück wird im Kontext der Positiven Psychologie und der entsprechenden Glücksindustrie zwar unter Verwendung einer neutralen und wissenschaftlichen Diktion individualistisch codiert. Damit erweist sich der Glücksdiskurs jedoch keineswegs neutral hinsichtlich gesellschaftlicher Strukturen. Er stützt vielmehr individualistische Gesellschaftskonzeptionen und birgt die Gefahr, dass sich Individuen aus gesellschaftspolitischen Sphären zurückziehen („Rückzug in die eigene Zitadelle"). Andere Lebensaspekte und ihre Beiträge zum Glück, wie z.B. Anerkennung oder ethische Aspekte insbesondere auch hinsichtlich ärmerer Weltregionen, werden damit – so die Kritik der Autoren – tendenziell ausgeblendet. Die Konzentration auf das Glück als höchstes Gut führt damit auch zu Indifferenz gegenüber notwendigen gesellschaftlichen Veränderungen, die ja potentiell auch durch negative Gefühle (wie Wut, Trauer oder Angst) katalysiert werden können. Auf diese Weise werden bestehende soziale Hierarchien stabilisiert und Leiden banalisiert.

Im ökonomischen Sektor – so Cabanas/ Illouz – kommt es durch den postmodernen Glücksdiskurs zu einer Umgestaltung der Identität, sodass Verhaltensmuster, Selbstwertgefühl und die persönlichen Aussichten von Mitarbeitenden besser der organisationalen Kontrolle unterworfen werden können. Das Autorenpaar vertritt die These, dass positive Gefühle ausgebeutet und in den Dienst der Produktivität gestellt werden und Lasten der Marktunsicherheit und Machtlosigkeit den Beschäftigten zugewiesen werden. Ferner gehe der Glücksdiskurs im ökonomischen Kontext mit grundlegenden Veränderungen einher: Galten vorher Glück und Zufriedenheit als Ergebnis des beruflichen Wirkens, so hat sich dies umgekehrt: glückliche Arbeitnehmer sind nun die Voraussetzung für erfolgreiche Organisationen. Parallel kommt es zu einer Moralisierung der Arbeitsverhältnisse (Unternehmenskultur, Arbeit als Berufung). Arbeit wird auf diese Weise zur Suche nach dem wahren Selbst und dessen Verwirklichung.

Der Fokus auf das Humankapital wird abgelöst von positivem psychologischem Kapital, in den Fokus gelangen also positive Eigenschaften und Gefühle. Dabei zeigt die Betonung von Autonomie als Quelle des Glücks im wirtschaftlichen Kontext mindestens zwei gravierende suggestive und paradoxe Wirkungen für die Individuen: zum einen werden Erwartungen der Unternehmen und Widersprüche internalisiert, zum anderen wird die Verantwortung für Fehlschläge an die Einzelnen delegiert.

Das Glück aber bleibt trotz dieser negativen Implikationen attraktiv für viele Menschen, weil es ein Gefühl der Hoffnung, der Macht, des Trostes und von Sinn vermittelt. Es verspricht schließlich einen Ausweg aus unsicheren und benachteiligten Lebenslagen durch eine Überbetonung des Individuums gegenüber der Sozialität und der Positivität gegenüber der Negativität. Diese religionsanaloge Bedeutung des Glücks schließlich kritisieren die Autoren scharf, weil es sich letztlich um jene vertröstende Wirkung handelt, die schon Marx hinsichtlich der Religion kritisierte.

In praktisch-theologischer Perspektive lassen sich folgende Schlussfolgerungen ziehen:

- Über die hier formulierte Kritik am Glücksdiskurs hinaus sind Möglichkeiten für einen Lebensstil auszuloten, der jenseits von permanenter Steigerung und Selbstoptimierung liegt und sich dabei den realen Bedingungen von Gefühlswaren stellt. Kritisch ist im Blick zu halten, ob und in welcher Weise die christliche Freude des Glaubens zu einem solchen Modus der Selbstverbesserung beiträgt. Diesbezüglich ist an Heiligkeits- und Vollkommenheitsstreben zu denken. Auch im Zusammenhang mit dem Stichwort Berufung wäre weitergehend zu prüfen, inwiefern hier eine vergleichbare Kultur der Selbstoptimierung gepflegt wird.
- Cabanas/ Illouz beschreiben die Folgen des Glücksdiskurses auf das Gefühlsleben im Sinne einer Identifizierung von Glück mit positiven Gefühlen und Empfindungen. Eine praktisch-theologische Erschließung ist herausgefordert, die damit verbundene Abwertung von negativen Gefühlen im Blick zu haben. Mit anderen Worten: Seelsorgepraxis hat sich an psychologischen Ansätzen zu orientieren, die den reduktionistischen Glücksbegriff der Positiven Psychologie im Sinne eines Übergewichts positiver Gefühle nicht teilen.[328] Auf den Punkt gebracht geht es darum, aus christlicher Perspektive Freude und Glück zwischen den Polen von Positivität/ Negativität aufzuspannen.
- Erneut zeigt sich der Zusammenhang von individualistischer Codierung des Glücks und gesellschaftlichen Implikationen. Eine theologische Erschließung der Freude des Glaubens darf sich hiervon nicht dispensieren und muss diese Dimension berücksichtigen. Zu prüfen ist, inwiefern die christliche Freude-Semantik Leiden banalisiert sowie Fragen der Gerechtigkeit berücksichtigt. Dies verweist auf eine angemessene Vermittlung von präsentischer und futurischer Eschatologie.
- Aufgrund der Ausführungen zur Ökonomie zeigen sich unterschiedliche Perspektiven. Erstens müssen jene Menschen im Blick sein, die unter den

---

[328] Dies wäre insbesondere gegen Bär einzuwenden, die von der Anschlussfähigkeit der Positiven Psychologie an die Theologie spricht. Vgl. Martina Bär, Gottebenbildlichkeit als Sinnpotential. Zum Verhältnis von Theologischer Anthropologie und Glücksforschung, in: Dies./ Paulin (Hg.): Macht Glück SInn? Theologische und philosophische Erkundungen, Ostfildern: Grünewald 2014, 205-234.

Bedingungen des Glücksdiskurses potentiell zu Verlierern werden, weil sie nicht glücklich (also positiv) sind oder weil an sie die Verantwortung für Fehlentwicklungen unzulässig delegiert wird. Zweitens ergeben sich Fragen an die „Unternehmenskultur" der Kirche: Inwiefern ist auch sie durch das oben beschriebene Modell der Positivität und alle damit verbundenen Folgewirkungen (Unterwerfung unter organisationale Kontrolle, Ausbeutung von positiven Gefühlen, Moralisierung der Arbeitsverhältnisse etc.) geprägt?[329]

- Und schließlich zeigt sich auch hinsichtlich der Profilierung der Freude des Glaubens die Gefahr, zur Vertröstung zu werden. Der Dispensierung des Glücksdiskurses gegenüber notwendigen gesellschaftlichen Veränderungen, die eben nicht individualisiert werden können, ist aus theologischer Sicht entgegenzutreten.

Damit liegt eine in sozial-psychologischer Perspektive sehr profilierte Kritik des Glücks in der Moderne vor, die sich im Sinne der Fremdprophetie in das Forschungsprogramm transversaler Weltentheologie einordnet. Wie angekündigt soll das Glück in der Moderne nun aus der Perspektive von Hartmut Rosa erschlossen werden.

4 Glück als gutes Leben

Mit seiner umfangreichen Monographie „Resonanz" legt der in Erfurt und Jena lehrende Soziologe Hartmut Rosa[330] eine sehr breit rezipierte „Soziologie der Weltbeziehung" vor.[331] Die in einem Zeitraum von zehn Jahren im Kontext des Kollegs Postwachstumsgesellschaften entstandene Schrift will eine Antwort auf die Diagnose der Beschleunigung geben. Prominent das Diktum von Rosa:

„Wenn Beschleunigung das Problem ist, dann ist Resonanz vielleicht die Lösung"[332].

---

[329] Hinsichtlich des Zusammenhangs von Christentum und Kapitalismus liegt eine Studie von Bucher vor: Rainer Bucher, Christentum im Kapitalismus. Wider die gewinnorientierte Verwaltung der Welt, Würzburg: Echter 2019.

[330] Aufschlussreich erweist sich im Rahmen dieser Studie die Tatsache, dass sich Rosa im Rahmen seiner Dissertation ausführlich mit Taylor befasst hat. Vgl. Hartmut Rosa, Identität und kulturelle Praxis. Politische Philosophie nach Charles Taylor (Dissertation), Frankfurt/M.: Campus 1998.

[331] Theologisch einschlägig ist hierzu der Sammelband: Tobias Kläden, Michael Schüßler (Hg.), Zu schnell für Gott? Theologische Kontroversen zu Beschleunigung und Resonanz (Quaestiones disputatae 286), Freiburg: Herder 2017. Ferner ist zu verweisen auf: Katholische Arbeitsstelle für missionarische Pastoral, Resonanz, in: Euangel 9 (2/2018).

[332] Vgl. Rosa, Resonanz, 13. Grundlegend zur Beschleunigungsthematik: Hartmut Rosa, Beschleunigung. Die Veränderung der Zeitstrukturen in der Moderne (suhrkamp taschenbuch

Rosa stellt mit der Resonanztheorie Form und Gehalt eines neuen – nicht von dynamischer Stabilisierung geprägten – Weltverhältnisses vor und lotet Wege zu einer entsprechenden Transformation aus. Mit anderen Worten versucht er zu einer Kritik von Lebensformen zu gelangen, die zu individueller und kultureller Entfremdung führen, weil sie Resonanz verhindern, hemmen oder blockieren. Es handelt sich also um eine Kritik der historisch realisierten Resonanzverhältnisse und damit – so sieht es Rosa selbst – um eine erneuerte Form der kritischen Theorie:

> „Intakte und scheiternde Weltverhältnisse bilden, so die Ausgangshypothese des Buches, die Basis für gelingendes und misslingendes Leben und liefern daher den unhintergehbaren Maßstab für eine Soziologie des guten Lebens. Intensive Momente subjektiven Glücksempfindens lassen sich dabei als Formen von Resonanzerfahrungen rekonstruieren, während die Empfindung von Unglück sich insbesondere dann und dort einstellt, wo sich die Welt entgegen unseren Erwartungen als indifferent oder gar abweisend (repulsiv) erweist, obwohl wir mit ihrem antwortenden Entgegenkommen gerechnet haben. Das gute Leben aber ist mehr als eine möglichst hohe Summe von Glücksmomenten (oder gar die Minimierung von Unglückserfahrungen), die es ermöglicht hat: Es ist das Ergebnis einer Weltbeziehung, die durch die Etablierung und Erhaltung stabiler Resonanzachsen gekennzeichnet ist, welche es den Subjekten erlauben und ermöglichen, sich in einer antwortenden, entgegenkommenden Welt getragen oder sogar geborgen zu fühlen."[333]

Während die Rekonstruktion des Glücks bei Cabanas/ Illouz sich weitgehend als Kritik am Glücksdiskurs gezeigt hatte, geht Rosa darüber hinaus, indem er mit dem Resonanzbegriff eine Alternative zu den bestehenden Verhältnissen der Beschleunigung vorschlägt und Glück nicht im Sinne von subjektivem Wohlbefinden, sondern als gutes Leben versteht.[334]

Die Soziologie der Weltbeziehungen ist also eine Soziologie des guten Lebens, deren Grundthese lautet, dass die Qualität des Lebens nicht durch die zur

---

wissenschaft 1760), Frankfurt/ M.: Suhrkamp 112016. Sowie: Hartmut Rosa, Beschleunigung und Entfremdung. Auf dem Weg zu einer kritischen Theorie spätmoderner Zeitlichkeit (Aus dem Englischen von Robin Celikates), Berlin: Suhrkamp 2013.

333 Rosa, Resonanz, 58f.

334 Einordnend weist Rosa darauf hin, dass Glück im Sinne von subjektivem Befinden und gutem Leben im Sinne einer objektiv bestimmbaren Lebensform in der Soziologie kaum behandelt werden. Diesen Befund führt er auf die Abgrenzungsgeschichte seines Faches gegenüber Philosophie und Psychologie zurück. Bereits vorher hat Rosa dies als ein entscheidendes Tabu gegenwärtiger Zeit vorgestellt. Vgl. ebd., 18.

Verfügung stehenden Ressourcen erklärt werden kann, sondern durch die Art und Weise des Weltverhältnisses bzw. der Weltbeziehung.[335] Anders formuliert: Das gute Leben drückt sich in resonanten Weltbeziehungen aus und weniger gutes Leben in weniger resonanten Weltbeziehungen. Weltbeziehungen aber werden niemals einfach individuell, sondern immer auch sozioökonomisch und soziokulturell geprägt.[336]

Für die Moderne spricht Rosa, wie bereits angedeutet, von einer grundlegend neuen Formation des Glücks (4.1). Diese bildet bei ihm die Hintergrundannahme dafür, dass Resonanz (4.2) von ihm als Synonym glücklichen, d.h. guten Lebens verstanden wird und zwar als korrelative Gegenerfahrung zu Entfremdung (4.3). Exemplarisch wird dies an den Resonanzachsen Religion und Natur entfaltet (4.4). Die Ergebnisse werden schließlich unter Berücksichtigung der kulturwissenschaftlichen Erträge zusammengefasst (4.5).

4.1 Veränderte Glücksformation

Rosa erschließt sein Resonanzkonzept vor dem Hintergrund einer spezifischen Formatierung des Glücksbegriffes in der Moderne. In der Moderne mit ihrem ethischen Pluralismus und Individualismus gibt es kein a priori bestimmbares Glück oder Leben mehr, vielmehr erweist sich hier die Gültigkeit des Sprichwortes, dass „jeder seines Glückes Schmied" ist (vgl. I.5.1). Dementsprechend konstituieren sich moderne Gesellschaften auch nicht mehr über Ziele, sondern über Rechte (z.B. Pursuit of happiness).[337] Zwar begrenzt die aufklärerische Vorstellung von Vernunft, Natur und Gemeinwohl zunächst noch den Selbstbestimmungsanspruch der Individuen, doch je mehr diese Vorstellung im Verlauf der Moderne an Bedeutung verliert, desto mehr wird der Autonomiegedanke zum zentralen Merkmal moderner Kultur, deren Basismedien Geld und Recht sind.[338] Im Blick auf das Glück bedeutet das nach Rosa, dass der autonome Mensch das Kriterium hierfür allein in Autonomie und Authentizität findet.[339]

Aufgrund dieser gestiegenen Bedeutung von Autonomie und Authentizität kommt es zur für die Moderne entscheidenden Lebensstrategie, die Optionen und Potentiale zu erweitern und auszudehnen, da man weder alle Lebensziele noch Lebensmöglichkeiten von vornherein kennen kann. Rosa konstatiert

---

335 Vgl. ebd., 53f.
336 Vgl. ebd., 20.
337 Vgl. ebd., 38.
338 Vgl. ebd., 40f.
339 Vgl. ebd., 42.

also, dass „Weltreichweitenvergrößerung" die entscheidende Strategie der Individuen wird, um das Glück zu erlangen:

> „Sich Rechte und Positionen zu sichern, mittels Geld, Wissen und Beziehungen buchstäblich die psychische, soziale und technische ‚Weltreichweite' zu vergrößern, seine Fähigkeiten zu erweitern, seine Netzwerke auszudehnen etc. erweist sich als eine, nein: als die geeignete Lebensstrategie unter Bedingungen ethischer Unsicherheit; sie sichert nicht per se ein glückliches Leben, verbessert aber die Ausgangsbedingungen dafür, es zu erreichen."[340]

Geld, Gesundheit und Gemeinschaft werden auf diesem Wege zur Voraussetzung bzw. Ressource von Glück und letztlich sogar identisch mit dem Glück selbst, wodurch ein Wandel der Kultur vollzogen wird:[341]

> „Damit aber vollzieht sich unter der Hand ein radikaler kultureller Wandel, indem das, was gute Chancen auf ein gelingendes Leben gewährleisten sollte (nämlich die dafür nötigen Ressourcen), nicht nur für das gute Leben selbst gehalten wird, sondern aufgrund der strukturellen Steigerungs- und Dynamisierungsimperative der Moderne auch die Lebensführungsenergien und -strategien der Individuen binden muss."[342]

Hierin bestätigt Rosa, wenn auch in anderer Diktion, die bisherige Rekonstruktion des Glücks in der Moderne (z.B. Cabanas/ Illouz). Spezifisch ist nun bei Rosa der Resonanz-Begriff.

4.2 Resonanz

Analog zum Beschleunigungsbegriff entwickelt Rosa einen soziologischen Resonanzbegriff aus einem physikalischen Grundbegriff. Dabei grenzt er den Begriff strikt von kausalen oder linearen Wechselwirkungen ab. Rosa bietet folgende Definition:

> „Resonanz ist eine durch Affizierung und Eomotion, intrinsisches Interesse und Selbstwirksamkeitserwartung gebildete Form der Weltbeziehung, in der sich Subjekt und Welt gegenseitig berühren und zugleich transformieren.

---

340 Vgl. ebd., 45.
341 Vgl. ebd., 46.
342 Ebd., 47.

Resonanz ist keine Echo-, sondern eine Antwortbeziehung; sie setzt voraus, dass beide Seiten mit eigener Stimme sprechen, und dies ist nur dort möglich, wo starke Wertungen berührt werden. Resonanz impliziert ein Moment konstitutiver Unverfügbarkeit. Resonanzbeziehungen setzen voraus, dass Subjekt und Welt hinreichend ‚geschlossen' bzw. konsistent sind, um mit je eigener Stimme zu sprechen, und offen genug um sich affizieren oder erreichen zu lassen. Resonanz ist kein emotionaler Zustand, sondern ein Beziehungsmodus. Dieser ist gegenüber dem emotionalen Inhalt neutral. Daher können wir traurige Geschichten lieben."[343]

Damit liegt eine kompakte Zusammenfassung seines Resonanzbegriffes vor. Menschen, die solchermaßen resonante Weltbeziehungen leben, führen nach Rosa ein gutes Leben.

Aus diesem Grund ist die Definition genauer zu entfalten und zwar hinsichtlich Resonanzachsen (4.2.1), Wechselwirkung von Affizierung und Emotion (4.2.2), Unverfügbarkeit (4.2.3) sowie Autonomieverlust und Verwandlung (4.2.4).

4.2.1 Resonanzachsen

Das Resonanzkonzept thematisiert eine spezifische „Art des In-Beziehung-Tretens zwischen Subjekt und Welt". Wobei Welt sehr umfassend vorgestellt wird. Welt können andere Menschen, Artefakte und Naturdinge, aber auch wahrgenommene Ganzheiten wie die Natur, der Kosmos, die Geschichte, Gott oder auch das Leben und nicht zuletzt auch der eigene Körper oder die eigenen Gefühlsäußerungen sein. Diese potentiellen Weltausschnitte für Resonanzbeziehungen fasst Rosa in drei Kategorien bzw. Sphären zusammen, indem er horizontale, diagonale und vertikale Resonanzsphäre unterscheidet.[344] Ein Weltverhältnis kann also bei Rosa ein Selbst-, Ding- oder Sozialverhältnis sein und gilt als resonant, wenn es die Ausbildung von Resonanzachsen zwischen Subjekt und Welt ermöglicht.

Methodologisch verweist Rosa darauf, dass die Grenzziehung zwischen den Resonanzsphären nicht trennscharf erfolgen kann:

„Wo es um Weltbeziehungen in einem umfassenden Sinn geht, sind die subjektive, die objektive und die soziale Welt immer mitberührt; das Resonanzkonzept widersetzt sich sowohl metaphorisch als auch begrifflich

---

343 Ebd., 298.
344 Vgl. ebd., 331. In der horizontalen Sphäre erschließt Rosa Familie, Freundschaft und Politik. Vgl. ebd., 341-380. Als potentielle diagonale Resonanzachsen untersucht er Objektbeziehungen, Arbeit, Schule und Sport/ Konsum. Vgl. ebd., 381-434. Als vertikale Resonanzsphären nennt er schließlich Religion, Natur, Kunst und Geschichte. Vgl. ebd., 425-514.

der Vorstellung einer Parzellierung der Selbst-Welt-Beziehung. Indessen ist aber die moderne Gesellschaft in ihren Handlungssphären funktional differenziert, und dies hat zur Folge, dass die korrespondierenden Resonanzachsen jeweils einen Primärbezug aufweisen – es geht in den jeweiligen Sphären (oder auf den jeweiligen Feldern) zunächst stets um einen bestimmten Weltbezug."[345]

Vor dem Hintergrund der Ausführungen von Cabanas/ Illouz zur Positivität des Glücksdiskurses ist hier nun besonders interessant, dass Resonanzachsen gegenüber dem emotionalen Zustand neutral sind. Mit anderen Worten kann es auch eine resonante Weltbeziehung in der Negativität von Gefühlen geben. Entscheidend ist die Wechselwirkung von Affizierung und Emotion.

4.2.2 Wechselwirkung von Affizierung und Emotion

Die Resonanzachsen zwischen Subjekt und Welt beschreibt Rosa mit dem Bild eines „vibrierenden Drahtes", der durch „Affekt" (lat. Antun) und „Emotion" (lat. Hinausbewegen) in zwei Richtungen der Beziehung gebildet wird.[346] Dabei gilt: Je resonanter eine Weltbeziehung ist, desto ‚heißer' ist dieser Draht. Resonanz ist also auf den drei Achsen durch eine doppelte Bewegungsrichtung zwischen Subjekt und Welt gekennzeichnet und wird prinzipiell als Beziehungsgeschehen gefasst, welches eine angemessene Balance von Offenheit und Geschlossenheit voraussetzt.

Explizit weist Rosa darauf hin, dass keineswegs alle Formen der Weltbeziehung der Logik der Resonanz folgen müssen. Vielmehr bleiben Formen von Verdinglichung (rechtlich, wissenschaftlich, ökonomisch) für die Sicherung von Lebensqualität bedeutsam.[347] Rosa warnt sogar davor, die Welt ausschließlich im Modus der Resonanz wahrzunehmen:

---

[345] Ebd., 339. Rosa diskutiert mit Rückgriff auf die Theorie der Anerkennung seines akademischen Lehrers Axel Honneth den Unterschied zwischen der horizontalen und den anderen beiden Sphären. Rosa stimmt mit Honneth dahingehend überein, dass es in der horizontalen Resonanzsphäre um Anerkennung geht. In den anderen beiden Sphären greife dies aber zu kurz: „Sie reicht zumindest dort nicht aus, wo es darum geht, unsere religiösen, naturbezogenen oder ästhetischen Bedürfnisse zu erklären. Die Resonanztheorie geht daher in ihrem Erklärungsanspruch über die Anerkennungstheorie hinaus, weil sie auch diejenigen Hoffnungen, Bedürfnisse und Sehnsüchte, aber auch Entfremdungs- und Frustrationserfahrungen zu erfassen und zu erklären vermag, die Menschen jenseits der Sozialsphäre haben oder machen." Ebd., 333.

[346] Auch hier positioniert er sich nochmals in Absetzung von Honneth: Resonanz meint stets ein Geschehen zwischen Subjekten während Anerkennung eher einseitig verliehen wird. Resonanz und Anerkennung sind also verwandte, aber keineswegs deckungsgleiche Phänomene. Die Resonanztheorie müsse insofern die Theorie der Anerkennung aufnehmen und sich in ihr verorten (weil Anerkennung eine wesentliche Bedingung der Identitätsbildung ist), gehe aber über diese hinaus. Vgl. ebd., 334-339.

[347] Vgl. ebd., 293ff.

„Denn diese [Resonanzerfahrungen, SO] sind nur möglich auf der Grundlage und vor dem Hintergrund einer Welt, die uns auch und sogar ganz wesentlich stumm und fremd gegenübersteht. Zu verlangen, dass sie sich im Ganzen anverwandeln und resonant machen ließe, führte zu Exzessen des Identitätsterrors und, schlimmer noch, des politischen Totalitarismus, weil alles, was ‚Verstimmung' im oben dargelegten Sinne (oder Entfremdungserfahrungen) erzeugte, als kritikwürdig und korrekturbedürftig erschiene."[348]

Einerseits ist eine Resonanzachse also geprägt durch Reagieren, Antworten („wo das Subjekt durch die Welt zum Klingen gebracht wird"). Andererseits aber sind gelingende Resonanzachsen davon geprägt, dass das Subjekt selbst Resonanz erzeugen will. Es kommt darauf an,

„dass Subjekte sich zutrauen, Herausforderungen zu meistern, kontrolliert auf die Umwelt Einfluss zu nehmen und damit planvoll etwas bewirken zu können."[349]

Insgesamt scheint das Entscheidende die im Prozess erfahrene Wechselwirkung zwischen Subjekt und Welt zu sein, damit Leben als glückend erlebt werden kann.[350]

4.2.3 Unverfügbarkeit

Resonanz ist eine bezogene Beziehung, eine Antwortbeziehung, die prinzipiell unverfügbar ist.[351] Wie bereits deutlich wurde, meint Resonanz also mehr als Konsonanz oder Harmonie. Ein Resonanzverhältnis setzt vielmehr die Erfahrung von Fremdem und Nichtverfügbarem voraus:

„Resonanz ist das (momenthafte) Aufscheinen, das Aufleuchten einer Verbindung zu einer Quelle starker Wertungen in einer überwiegend schweigenden und oft auch repulsiven Welt. Deshalb sind Momente intensiver Resonanzerfahrung (der Sonnenuntergang, die betörende Musik, das Verliebtsein) stets auch erfüllt von einem starken Moment der Sehnsucht: Sie bergen das Versprechen auf eine andere Form der

---

348 Ebd., 295.
349 Ebd., 271.
350 Ebd., 274.
351 Vgl. ebd., 306f. Rosa hat den Gedanken der Unverfügbarkeit in der Vergangenheit explizit weiterverfolgt: Vgl. Hartmut Rosa, Unverfügbarkeit (Unruhe bewahren), Wien: Residenz 52019.

Weltbeziehung – in gewisser Weise lässt sich vielleicht sogar sagen: ein Heilsversprechen --; sie vermitteln die Ahnung von einer tiefen Verbundenheit; aber sie beseitigen nicht die dazwischen liegenden Formen der Fremdheit und der Unverfügbarkeit."[352]

Resonanzerfahrungen als augenblickshafte Erfahrungen von Verbundenheit beinhalten aufgrund ihrer Unverfügbarkeit und Momenthaftigkeit also immer einen Sehnsuchtsmoment, ein Versprechen, das die Erfahrung von Fremdheit nicht aufhebt.

4.2.4 Autonomieverlust und Verwandlung

Unmittelbar anknüpfend an den Gedanken der Unverfügbarkeit richtet Rosa besondere Aufmerksamkeit auf die Differenz zwischen Resonanz und Autonomie bzw. Selbstwirksamkeit, deren Zueinander er folgendermaßen auf den Punkt bringt:

„Erfahrungen höchsten Gelingens und höchsten Glücks sind immer auch von einem Moment des Autonomieverlustes gekennzeichnet. Sie stellen sich genau dann ein, wenn wir von etwas überwältigt werden: von einer Idee, einer Musik, einer Person, in die wir uns verlieben, oder von einer Naturbegegnung zum Beispiel. Solche Begegnungen führen in aller Regel dazu, dass wir bestehende Pläne umwerfen, dass wir das Gefühl haben, etwas ändern zu müssen, dass wir uns verwandeln und noch dazu in eine Richtung, die wir weder vorhersagen noch kontrollieren können. Resonanz birgt ein transformatives Element, das unsere Autonomiefähigkeit übersteigt"[353].

Sein Leitbegriff ist die Resonanz, nicht die Autonomie, weil der Autonomiebegriff nur auf das Subjektende des Resonanzdrahtes fokussiert.[354] Gelingendes Leben kann laut Rosa jedoch nicht auf dieses eine Ende des Resonanzdrahtes reduziert werden, insofern es auf entgegenkommende Resonanzräume (eben ein anderes) angewiesen ist. Resonanz ist also nicht gleichbedeutend mit einem Verständnis von Selbstwirksamkeit[355] als Beherrschen und Verfügen (instrumentalistisch). Denn dies führt in sog. stumme Weltbeziehungen, in denen es lediglich um Erfolg oder Belohnung geht. Dementsprechend kommt Rosa auch zu einer Kritik des modernen Autonomieverlangens:

---
352 Ebd., 317.
353 Ebd., 756.
354 Vgl. ebd., 315.
355 Hier bezieht sich Rosa auf die Psychologie der Selbstwirksamkeitserwartung (Albert Bandura, Ralf Schwarzer).

"Der Autonomiebegriff fokussiert meines Erachtens nur auf das Subjekt-Ende des Resonanzdrahtes. [Fußnote gelöscht, SO] Und weil das so ist, stellt das Autonomieverlangen der Moderne nicht die Lösung für ihre Entfremdungserfahrungen dar, sondern bildet eher eine ihrer Ursachen, insoweit es dem Bestreben, immer mehr Welt in Reichweite und unter Kontrolle zu bringen, zugrunde liegt."[356]

Resonanzerfahrungen haben ferner nicht primär die Wirkung von Bestätigung und Bekräftigung im Sinne von Selbstwirksamkeitserfahrung, sondern von Verwandlung. Dazu ist jedoch konstitutiv „das Andere" notwendig.

Das Resonanzkonzept ist damit weder ein Identitäts- noch ein Authentizitätskonzept, denn hier werden beide Seiten (Selbst und Welt) als wandelbar gedacht, als Differente, aber Antwortende. Dies verhindert, dass die Resonanztheorie instrumentell missbraucht werden kann, im Sinne des Anspruches: „Machen sie ihr Leben resonant!". Stattdessen geht Resonanzsensibilität mit Entfremdungssensibilität einher.[357]

Das bedeutet aber: Insofern resonante Weltbeziehungen prinzipiell dem Modus der Unverfügbarkeit unterworfen sind, können sie nicht einfach kontradiktorisch der Entfremdung gegenübergestellt werden; denn auch sie selbst können ja wegen der Unverfügbarkeit stumm bleiben. Mit anderen Worten stehen Resonanz und Entfremdung in einem wechselseitigen Verhältnis zueinander.

Damit ist der Übergang zum Aspekt der Entfremdung markiert, dessen Aspekte oben bereits unkommentiert genannt wurden und nun vertiefend analysiert werden.

4.3 Entfremdung

Mit Rahel Jaeggi versteht Rosa Entfremdung[358] als einen Zustand, in dem Menschen zwar Beziehungen zur Umgebung haben, diese jedoch als gleichgültig oder stumm erleben. Es handelt sich um stumme Weltbeziehungen:

---

356 Ebd., 314.
357 Vgl. ebd., 318f. Rosa exemplifiziert dies anhand der Pubertät. Demnach ist die Pubertät jene Zeit in der Lebensgeschichte, in der die Welt dem Einzelnen als etwas Fremdes entgegentritt. Bis dahin lebt das Kind in einer symbiotischen Wechselbeziehung mit seiner Umwelt. Nach der Pubertät kann der Mensch dann in gefundene, reflektierte und erkämpfte Resonanzbeziehungen eintreten. Daher gilt: „Eine auf den Prozess des Erwachsenwerdens bezogene Kritik der Resonanzverhältnisse hätte daher nicht am Auftreten, sondern am Ausbleiben von Entfremdung anzusetzen: Resonanz und Entfremdung so zeigt sich einmal mehr, bilden keine einfachen Gegensätze, sondern erweisen sich hier als geradezu korrelativ." Ebd. 324.
358 Der Begriff Entfremdung wird sozialphilosophisch im Anschluss an Rousseau, Hegel und Marx vor allem von der Kritischen Theorie aufgegriffen, allerdings nach den 1970er Jahren kaum mehr verwendet. Einerseits geriet er in Misskredit wegen seiner begrifflichen Unschär-

„Stumme Weltbeziehungen sind dadurch gekennzeichnet, dass die Weltdinge (einschließlich der Menschen und des eigenen Körpers) nur als Ressourcen, Instrumente oder kausale Wirkursachen in den Blick geraten – die Beziehungen zu ihnen sind dann in diesem Sinne verdinglicht [...]. Verdinglichung beschreibt damit die Bewegung aus dem Subjekt heraus: Die Welt wird als stummes Ding behandelt, während Entfremdung die Art und Weise angibt, in der die Welt begegnet oder erfahren wird."[359]

Das Verstummen der Resonanzachsen, darauf weist Rosa explizit hin, darf nun aber nicht subjektivistisch reduziert werden. Dies führt er dahingehend aus, dass es durch strukturelle Zwänge der Spätmoderne zu solchen Entwicklungen kommt. Rosa nennt Befunde wie Zunahme an Burnout- und Depressionserkrankungen, Verringerung von Empathiefähigkeit und -bereitschaft durch kompetitive Orientierung, Beschleunigungszwänge sowie eine Kultur des gesenkten Blicks.[360] Rosa fasst den Begriff der Entfremdung folgendermaßen:

„Entfremdung bezeichnet eine spezifische Form der Weltbeziehung, in der Subjekt und Objekt einander indifferent oder feindlich (repulsiv) und mithin innerlich unverbunden gegenüberstehen. Daher kann Entfremdung auch als Beziehung der Beziehungslosigkeit (Rahel Jaeggi) bestimmt werden. Entfremdung definiert damit einen Zustand, in dem die ‚Weltanverwandlung' misslingt, so dass die Welt stets kalt, starr, abweisend und nichtresponsiv erscheint. Resonanz bildet daher ‚das Andere' der Entfremdung – ihren Gegenbegriff. Depression/ Burnout heißt der

---

fe, andererseits weil jeweils definiert werden muss, wovon die Entfremdung vollzogen wird. Dieses „Andere" aber ließ sich nicht trennscharf bestimmen. Die wahre menschliche Natur etwa, jedenfalls als substanzialistisches Konzept, lässt sich nicht als das „Andere" der Entfremdung benennen. Jaeggi und Seel verstehen Autonomie im Sinne von Selbstbestimmung als geeigneten Gegenbegriff zu Entfremdung. Nicht-entfremdet sind demnach Menschen, wenn sie das Gefühl der Kontrolle zumindest aber des Einflusses auf Handlungskontexte haben. Richtig daran ist laut Rosa, dass fehlende Selbstwirksamkeitsüberzeugungen Entfremdungserfahrungen verursachen. Rosa kritisiert allerdings, dass Menschen sich gerade dann am meisten bei sich selbst fühlen, wenn sie die Kontrolle über ihr Leben verlieren, z.B. in der Natur, in der Liebe, Musik, ... Auch Sinn ist nicht der passende Gegenbegriff zu Entfremdung. Ebenso wenig die in der Diktion Bourdieus fehlende Übereinstimmung zwischen Habitus und Feld. Vgl. ebd., 299-305.

359 Ebd., 307.
360 Vgl. ebd., 310f. Alain Ehrenberg spricht in diesem Zusammenhang von einem „erschöpften Selbst". Vgl. Alain Ehrenberg, Das erschöpfte Selbst. Depression und Gesellschaft in der Gegenwart (Frankfurter Beiträge zur Soziologie und Sozialphilosophie 6), Frankfurt/ M.: Campus 2004. Vgl. auch: Thomas Fuchs u.a. (Hg.), Das überforderte Subjekt. Zeitdiagnosen einer beschleunigten Gesellschaft (suhrkamp taschenbuch wissenschaft 2252), Berlin: Suhrkamp 2018.

Zustand, in dem alle Resonanzachsen stumm und taub geworden sind. Man ‚hat' beispielsweise Familie, Arbeit, Verein, Religion etc., aber sie ‚sagen' einem nichts: Es findet keine Berührung mehr statt, das Subjekt wird nicht mehr affiziert und erfährt keine Selbstwirksamkeit. Welt und Subjekt erscheinen deshalb gleichermaßen als bleich, tot und leer."[361]

Wie oben bereits angedeutet legt Rosa Wert darauf, dass die Entfremdung nicht subjektivistisch verengt werden darf, sondern an strukturelle, d.h. gesellschaftliche, Ursachen gebunden ist. Diese strukturelle Ursache der Entfremdung sieht Rosa im Phänomen der Beschleunigung (4.3.1) und der damit verbundenen Strategie von Ressourcenmaximierung und -steigerung (4.3.2).

4.3.1 Beschleunigung

Beschleunigung ist Ausdruck einer Eskalationstendenz der Moderne, die auf dem Modus der dynamischen Selbststabilisierung beruht, die Rosa folgendermaßen beschreibt:

„Das bedeutet, dass die modernen, kapitalistischen Gesellschaften sich immerzu ausdehnen, dass sie wachsen und innovieren, Produktion und Konsumption steigern, Optionen und Anschlusschancen vermehren, kurz: dass sie sich beschleunigen und dynamisieren muss, um sich selbst kulturell und strukturell zu reproduzieren, um ihren formativen Status quo zu erhalten."[362]

Damit verändert sich aber die Beziehung des Menschen zu Raum und Zeit, ja zu sich selbst und das wird zum Problem:

„Ein zielloser und unabschließbarer Steigerungszwang führt am Ende zu einer problematischen, ja gestörten oder pathologischen Weltbeziehung der Subjekte und der Gesellschaft als ganzer. Diese Störung lässt sich heute instruktiv studieren an den großen Krisentendenzen der Gegenwart: [...]".[363]

---

361 Rosa, Resonanz, 316.
362 Ebd., 13f. Ähnlich in kulturkritischer Absicht der Journalist Bernd Ulrich: „Die Ersatzreligion des Menschen, der den Odem Gottes in seinem Leben nur noch schwach verspürt und über die Existenz und Beschaffenheit des Jenseits ernste Zweifel hegt, ist: die Steigerung." Bernd Ulrich, Alles wird anders. Das Zeitalter der Ökologie, Köln: Kiepenheuer & Witsch 2019, 183. Diesen Hinweis verdanke ich Matthias Krentzek.
363 Rosa, Resonanz, 14. In ökonomischer Perspektive hat Matthias Binswanger diesen Steigerungszwang analysiert: Vgl. Mathhias Binswanger, Der Wachstumszwang – Warum die Volkswirtschaft immer weiterwachsen muss, selbst wenn wir genug haben, Weinheim: Wiley-VCH 2019.

Dabei ist ein gestörtes Weltverhältnis zugleich Ursache wie Folge der Beschleunigung. In Bezug auf die Steigerungslogik der Moderne führt Rosa aus, dass diese durch die Zerstörung sozialer Rhythmen die Ausbildung solcher Resonanzbeziehungen erschwere.[364] Beschleunigung hat demnach eine strukturelle und eine kulturelle Dimension:

> „Die Sozialformation der Moderne ist strukturell dadurch gekennzeichnet, dass sie sich nur dynamisch zu stabilisieren vermag, während ihr kulturelles Programm auf eine systematische Vergrößerung der individuellen und kulturellen Weltreichweite zielt."[365]

Allein aus Beschleunigung und Steigerungslogik ergibt sich der Zwang zu Verdinglichung und somit zu stummen Weltbeziehungen, die sich als Resonanzkrisen verstehen lassen. Um dieses Weltverstummen zu vermeiden wählen postmoderne Individuen laut Rosa mit Ressourcenmaximierung und Resonanzsteigerung eine Doppelstrategie.

4.3.2 Ressourcenmaximierung und Resonanzsteigerung

Angesichts der strukturellen Steigerungslogik und als Konsequenz des Autonomiestrebens verfolgen postmoderne Subjekte laut Rosa in ihrem Alltag eine Doppelstrategie. In dieser Doppelstrategie geht es einerseits um „Ressourcenmaximierung", womit gemeint ist, mehr Welt in Reichweite zu bekommen, und andererseits um „Resonanzsteigerung", worunter Rosa die Verkürzung der Weltreichweite versteht.[366] Beide Strategien zielen letztlich auf die Erhöhung von Selbstwirksamkeit und sind über ein Versprechen verbunden:

> „Bring mehr Welt in deine Reichweite, dann kannst du eine neue Heimat in Gestalt eines ansprechenden Weltausschnitts finden und dir aneignen, so lautet das Versprechen der Steigerungsmoderne, und in dieser Transformation des romantischen Fernwehs in eine Strategie der

---

364 Vgl. Rosa, Resonanz, 55.
365 Ebd., 518.
366 Vgl. ebd., 617ff. Rosa macht an anderer Stelle deutlich, dass das moderne Programm der Verfügbarmachung letztlich zu radikalen Formen von Entfremdung führt: „Unverfügbarkeit, die aus Prozessen der Verfügbarmachung hervorgegangen ist, erzeugt radikale Entfremdung. Das moderne Programm der Weltreichweitenvergrößerung, das die Welt in eine Ansammlung von Aggressionspunkten verwandelt hat, erzeugt daher auf gleich doppelte Weise die Furcht vor dem Weltverstummen und dem Weltverlust: Dort, wo ‚alles verfügbar' ist, hat uns die Welt nichts mehr zu sagen, dort, wo sie auf neue Weise unverfügbar geworden ist, können wir sie nicht mehr hören, weil sie nicht mehr erreichbar ist." Rosa, Unverfügbarkeit, 130. Unverfügbarkeit ist aus diesem Grund bei Rosa auch nicht einfach identisch mit Resonanz. Vgl. ebd., 48.

Verfügbarmachung liegt das Verbindungsglied zwischen den beiden Prinzipien."[367]

Das Zueinander von Ressourcenmaximierung und Resonanzsteigerung beschreibt Rosa genauer: Infolge der Verdinglichungserfahrung durch Ressourcenmaximierung wird oft als Strategie die Verkürzung der Weltreichweite als Resonanzsteigerung gewählt, um wieder in Resonanz zu kommen (z.B. durch einen Aufenthalt im Kloster, auf einem Berg oder in der Wildnis). Indem Menschen also Resonanz steigern, wollen sie sich nicht mehr um Reichweitenvergrößerung bemühen, sondern suchen dasjenige, in dem sie ganz aufgehen können.[368] Dabei ist die Resonanzsteigerung durch Aspekte wie Ästhetisierung, Psychologisierung, Emotionalisierung sowie eine Tendenz zur Kommerzialisierung geprägt.[369]

Die Folge dieser Doppelstrategie ist dramatisch:

„Selbst dort, wo spätmoderne Akteure in die Resonanzoasen der Natur oder der Religion oder in den Konzertsaal gehen, selbst dort, wo sie die Welt und das Leben zu spüren versuchen, und gerade dort, wo sie Leidenschaft für ihre Arbeit empfinden wollen (und sei es mit Hilfe von Ritalin), tun sie dies (auch) im Bewusstsein – und durchaus auf der Basis der Erfahrung –, dass sie dadurch ihre Erfolgschancen im Konkurrenzkampf der kapitalistischen Gesellschaft erhöhen, in dem nicht nur um Jobs und Geld, sondern auch um Privilegien und Positionen, um Freunde und Lebenspartner, um Status und Anerkennung gekämpft wird. [...] Dies aber führt just zu dem, was schon Marx beklagte: zur radikalsten Form der Selbstverdinglichung, in der noch die eigene Resonanzfähigkeit als Kern des eigenen Wesens zu einem Mittel im Existenzkampf gemacht und so in den Dienst der stummen Weltbeziehung gestellt wird."[370]

Allerdings widerspricht Rosa einer zu kritischen Lektüre dieses Befundes im Sinne der klassischen Kritischen Theorie. Denn die Kommerzialisierung der Resonanzsphären mag zwar Resonanzerfahrungen erschweren, aber sie verunmöglicht sie keineswegs. So bleiben z.B. ein Konzertgenuss trotz hoher Preise oder Freude an der Arbeit trotz Erfolgsdruck möglich. Hiermit zeigt sich, dass sich Resonanz nicht restlos nach beiden Seiten verdinglichen lässt (weder

---

367 Ebd., 619.
368 Vgl. ebd., 617ff.
369 Vgl. ebd., 615.
370 Ebd., 623.

durch Reichweitensteigerung noch durch Resonanzorientierung). Resonanz beinhaltet vielmehr ein „überschießendes Moment".[371]

Der These von der Verdinglichung der Resonanz kann also eine optimistischere These entgegengehalten werden. Denn angesichts der gesamten Reichweitenvergrößerung der Moderne sind die Voraussetzungen (zumindest unter Wohlstandsbedingungen) gegeben, dass Menschen ihr gesamtes Leben der Resonanzsuche widmen können.

Aus der Sicht Rosas ist es nun allerdings so, dass im Zuge der fortschreitenden Moderne die erste These die letzte überlagert, dass also in der Kultur „die Grundangst vor dem Weltverstummen stärker wird und die Resonanzverheißung zu verblassen beginnt."[372] Damit kommt es zur Resonanzkrise.[373] Und so gilt für die Moderne:

„Resonanz bleibt das Versprechen der Moderne, Entfremdung aber ist ihre Realität."[374]

Vor diesem Hintergrund kritisiert Rosa die Logik der Moderne:

„Der Irrtum der Moderne bestünde dann nicht in der Hoffnung, durch die Erhöhung von Selbstwirksamkeitserwartungen eine Verbesserung der Weltbeziehung und damit der Lebensqualität zu suchen, sondern in der Verwechslung einer stummen, auf Beherrschung und Verfügbarmachung ausgerichteten und ergebnisorientierten Selbstwirksamkeit mit der Erfahrung resonanter, einwirkender, prozessorientierter und antwort-orientierter Selbstwirksamkeit, welche nicht nur mit dem stets Unverfügbaren, Nichtbeherrschbaren, Widerständigen rechnet, sondern auf dieses sogar konstitutiv angewiesen bleibt."[375]

Mit der bisherigen Analyse einiger grundlegender Elemente des Resonanzkonzeptes ist nun die Voraussetzung gegeben um zwei exemplarische

---

371 Vgl. ebd., 624ff.
372 Vgl. ebd., 627-630.
373 Diese Krise betrachtet Rosa als Ursache aller gegenwärtigen gesellschaftlichen Krisenphänomene: „Weil die in die Institutionenordnung eingelassene Selbstwirksamkeitsorientierung der Moderne eine auf verdinglichende Beherrschung gerichtete ist, immunisiert sie sich sowohl gegenüber der horizontalen Resonanzachse demokratischer Gestaltung als auch gegenüber der vertikalen Achse der Naturbegegnung und der diagonalen Achse resonanter Arbeit: Die institutionalisierte Weltbeziehung der Spätmoderne erzeugt auf diese Weise eine Resonanzkrise gewaltigen Ausmaßes, die an der Wurzel der gegenwärtigen Krisentendenzen überhaupt liegt." Ebd., 706.
374 Ebd., 624.
375 Ebd., 278.

Resonanzachsen näher zu untersuchen, die für diese Untersuchung von besonderer Bedeutung sind, nämlich Religion und Natur.

4.4 Religion und Natur als Resonanzachsen

Religion und Natur sind laut Rosa zwei mögliche Resonanzachsen in der vertikalen Resonanzsphäre. Sie bieten Menschen die Möglichkeit, gelingende, glückende Weltbeziehungen zu etablieren, sind aber in besonderer Weise der oben beschriebenen Resonanzkrise ausgesetzt.

Im Hinblick auf beide Achsen wird dieser Vorgang abschließend nachgezeichnet (4.4.1 und 4.4.2), da hier weitere Hinweise für die praktisch-theologische Erschließung des Glücks in der Moderne zu erwarten sind.

4.4.1 Religion

Rosa ist der Auffassung, dass ein Kern der Attraktivität religiöser Erfahrung in der Idee einer antwortenden Welt begründet liegt.[376] Diese Religionsvorstellung geht im Wesentlichen auf Friedrich Schleiermacher[377] zurück. Im zwanzigsten Jahrhundert hat hieran der jüdische Religionsphilosoph Martin Buber mit Ich-Du und Ich-Es als zwei wesentlich verschiedenen Arten des Weltverhältnisses angeschlossen.[378] Für Buber ist die elementare Funktion von Religion, jenes Urvertrauen in die Resonanzfähigkeit der Welt zu fundieren, ohne welches ein Individuum keine Resonanzbeziehungen aufbauen kann.[379] Gerade die Bibel lässt sich in dieser Weise resonanztheoretisch deuten, denn sie gibt ein großes Gegenversprechen auf die menschliche Suche nach Antwort:

„Da ist einer, der Dich hört, der Dich versteht, und der Mittel und Wege finden kann, Dich zu erreichen und Dir zu antworten."[380]

---

[376] Eine Anfrage an Rosa ist, inwiefern das Religionsverständnis als vertikal gedachtes das spezifisch christliche Verständnis trifft. Denn trinitarisch zeigt sich dieser Gott ja gerade auch in der horizontalen und der diagonalen Sphäre. Im Blick auf den Gottesdienst kann er das ja auch sehen.

[377] Vgl. Friedrich Schleiermacher, Über die Religion. Reden an die Gebildeten unter ihren Verächtern, Stuttgart: Reclam 1969.

[378] Vgl. Martin Buber, Das dialogische Prinzip, Göttingen: Schneider 1994, 7. Im Anschluss hieran auch: Bernhard Waldenfels, Antwortregister, Frankfurt/ M.: Suhrkamp 2007, 557f.

[379] Eine wichtige Voraussetzung für Resonanzerfahrungen ist laut Rosa die „Grundlage eines basalen Resonanzvertrauens": „Resonanzbeziehungen können daher aus Entfremdungserfahrungen nur und erst dann entstehen, wenn die existentielle Grundierung des Weltverhältnisses zumindest ein Moment der Tiefenresonanz kennt und so etwas wie dispositionale Resonanz zulässt." Rosa, Resonanz, 325.

[380] Ebd., 441.

In diesem Sinne hat William James Gebetspraxis als „Beziehungspraxis"[381] verstanden. Im Gottesdienst kommt es zu einer Verquickung der drei Resonanzachsen (Gott, menschliche Gemeinschaft, Naturdinge), es entsteht ein sich gegenseitig verstärkender und aktivierender „sensorischer Resonanzverbund". Die Verbindung, hierauf weist Rosa explizit hin, geschieht jedoch nicht über Gefühle (auch wenn diese dazu gehören), sondern über Beziehung.

Rosa weist anhand protestantischen Liedgutes nach, wie eine Verschiebung der Resonanzsensibilität aus der Theologie in die Sphäre der Natur, Kunst und Ästhetik (Musik, Gesang) stattfindet.[382] Und es ist Peter Sloterdijk, der die religiöse Beziehung zwischen Gott und menschlicher Seele als „fundamentale" oder „radikale Resonanz" bezeichnet.[383]

Mit Beginn der Aufklärung und der aufklärerisch-rationalen Moderne in der Folge von Nietzsche und Camus ist die Vorstellung eines antwortenden Gottes allerdings obsolet geworden. Vor allem der Begriff der Absurdität als Weise der Weltaneignung bei Camus erweist sich schlichtweg als genaues Gegenteil der Welterfahrung von von Eichendorffs „ein Lied in allen Dingen".[384] Aus der Sicht Rosas lässt sich eine Entscheidung zwischen den beiden Positionen (James, Buber, Schleiermacher einerseits und Nietzsche, Camus andererseits) nicht mit den Mitteln des Verstandes treffen. Stattdessen verweist er auf die Notwendigkeit eines resonanzsensiblen Spürtests:

„Es lässt sich vielleicht nur resonanzsensibel ‚erspüren' und was bei diesem Spürtest herauskommt, hängt dann von der – nicht zuletzt im Bildungsprozess erworbenen – dispositionalen Resonanz oder Entfremdung eines Menschen ab."[385]

In jedem Fall aber scheint auch nachaufklärerisch ein existentielles Resonanzverlangen erhalten zu bleiben, das in der Moderne in resonanzfunktionale Äquivalente überführt wird, von denen die drei wichtigsten laut Rosa Natur, Geschichte und Kunst sind. Von ihnen wird die Erstgenannte abschließend nachgezeichnet.

---

381 Vgl. William James, Die Vielfalt religiöser Erfahrung. Eine Studie über die menschliche Natur, Frankfurt/M.: Insel 1997, 96f.
382 Vgl. Rosa, Resonanz, 444ff.
383 Vgl. Peter Sloterdijk, Sphären I: Blasen, Frankfurt/M.: Suhrkamp 1998, 556f.
384 Vgl. Rosa, Resonanz, 448-451. Diese Überlegungen werden hier nicht weiter vertieft.
385 Ebd., 450f.

4.4.2 Natur

Rosa zeigt, dass es wissenschaftlich (Physik) und alltagspraktisch (Horoskope) zahlreiche Formen gibt, eine Resonanzbeziehung zwischen Menschen und Natur herzustellen. Die Vorstellung jedoch, dass es die Natur gibt, ist eine moderne Entwicklung, die sich vielleicht gerade der Unabhängigkeit von Naturvorgaben verdankt:

> „Die Stimme der Natur ist eine moderne Erfindung.[Fußnote gelöscht, SO] Sie setzt voraus, dass Mensch und Natur als geschlossene, jeweils ihre eigene Sprache sprechende und deshalb auch sich potentiell widersprechende Entitäten wahrgenommen werden können. Sie setzt darüber hinaus auch voraus, dass Menschen Natur auch in einem Modus der stummen, verdinglichenden Beziehung instrumentell bearbeiten, behandeln und erfahren können."[386]

Vor diesem Hintergrund ist die Vorstellung in der Moderne sehr wirkmächtig geworden, dass man in die Natur gehen muss, um sich selbst zu finden:

> „Der Rückzug in die ('unberührte') äußere Natur gilt noch immer als eine der verlässlichsten Methoden, die Stimme unserer inneren Natur (gegen den Lärm der sozialen Welt) vernehmbar zu machen. In dieser Vorstellung lebt die in ihrem Ursprung romantische Idee einer heimlichen Korrespondenz und Resonanz zwischen innerer und äußerer Natur weiter. […] Die innere und die äußere Natur hören und verstehen zu lernen oder, mehr noch: die innere durch die äußere Natur zu begreifen, erscheint dabei als Voraussetzung für ein gelingendes Leben."[387]

Rosa folgert, dass in der Moderne die Natur zur zentralen Resonanzsphäre des Menschen wird.[388] Er nennt zahlreiche Beispiele, wie sich dies zeigt.[389] Rosa verweist in diesem Zusammenhang auf Martha Nussbaum, die die Fähigkeit,

---

386 Ebd., 455.
387 Ebd., 456.
388 Das Kölner Marktforschungsinstitut Rheingold fasst eine qualitative Studie zum „seelischen Kern von Outdoor" prägnant zusammen: „Outdoor is the new church". Auf der Basis von tiefenpsychologischen Interviews und Analysen identifizieren die Forscher*innen vier differierende „Outdoor-Verfassungen" von Menschen, die sich in der Natur bewegen: Zivilisierte Absicherung, kämpferisches und heroisches Bewältigen, natürliche Ursprünglichkeit und demütiges Eingliedern und Verbinden. Vgl. Rheingold Institut, Outdoor is the new church, in: https://www.rheingold-marktforschung.de/outdoor-is-the-new-church/ (04.02.2020).
389 Vgl. Rosa, Resonanz, 457-460.

in Verbundenheit mit der ganzen Natur zu leben, als Voraussetzung gelingenden Lebens betrachtet.[390] Dahinter steht die Überzeugung, dass es tief im Menschen eine Verbundenheit mit der Natur gibt, die unabhängig von bewusstem Denken und Empfinden gegeben ist.

Die Situation in der späten Moderne bzw. im Anthropozän[391] ist nun freilich eine gänzlich andere. Denn nun entsteht der Anschein, als könnten Menschen selbst entscheiden (z.B. Gentechnik, Transhumanismus), was ihre Fähigkeiten sein können bzw. sein sollen. Die Folge ist laut Rosa jedoch ein Verstummen der Resonanzbeziehung:

„Die Natur hat uns dann nichts mehr zu sagen, weil wir selbst bestimmen können, wie wir sein wollen und wie sie sein soll; unsere eigene und die äußere Natur erscheinen dann nicht mehr als gegeben, sondern als gemacht."[392]

Bemerkenswert ist die Lesart, dass die ökologische Grundangst der Gegenwart nicht durch den Verlust von Ressourcen geprägt ist, sondern dass sie in der Angst vor dem Verstummen der Resonanzsphäre besteht. Das eigentliche Umweltproblem besteht aus dieser Perspektive im Verstummen der Natur und ihrer Verfügbarmachung.[393]

Dass die Natur aber weithin als antwortende Entität gedacht wird, zeigen die zahlreichen Nachrichten im Kontext des Klimawandels. Hier wird oft davon gesprochen, dass die Natur zurückschlägt, womit quasi kontrafaktisch von einer resonanzfähigen Natur gesprochen wird. Naturvölker, die die Zeichen der Natur deuten können, so lauten dann auch entsprechende Berichte, konnten sich frühzeitig vor der Natur in Sicherheit bringen.[394]

---

390 Vgl. Martha Nussbaum, Gerechtigkeit oder Das gute Leben, Frankfurt/ M.: Suhrkamp 1998, 201.
391 Grundlegend zum Begriff des Anthropozän: Wolfgang Lucht, Verwüstung oder Sicherheit. Die Erde im Anthropozän, in: Bertelmann/ Heidel (Hg.): Leben im Anthropozän. Christliche Perspektiven für eine Kultur der Nachhaltigkeit, München: oekom 2018, 39-52. Und zu den christlichen Implikationen: Oliver Putz, Herausforderungen im Anthropozän. Christlicher Glaube und die Große Transformation zu mehr Nachhaltigkeit, in: Bertelmann/ Heidel (Hg.): Leben im Anthropozän. Christliche Perspektiven für eine Kultur der Nachhaltigkeit, München: oekom 2018, 53-64. Sowie: Eva Horn, Leben in einer beschädigten Welt. Das Denken des Anthropozäns und die Enzyklika Laudato si', in: Bertelmann/ Heidel (Hg.): Leben im Anthropozän. Christliche Perspektiven für eine Kultur der Nachhaltigkeit, München: oekom 2018, 65-75.
392 Rosa, Resonanz, 462.
393 Vgl. hierzu: Katharina Block, Von der Umwelt zur Welt. Die Bedeutung des Weltbegriffs für die Umweltsoziologie (Dissertation), Bielefeld: transcript 2014. Die Autorin versucht mittels der Anthropologie Plessners den Graben zwischen Umweltbewusstsein und Umwelthandeln zu überwinden.
394 Als ein Beispiel, wie diese Dimension der Naturverbundenheit mit Glück identifiziert wird, nennt Rosa den folgenden Bestseller: Daniel Leonard Everett, Das glücklichste Volk. Sieben Jahre bei den Pirahá-Indianern am Amazonas, München: Pantheon 2012.

Rosa kennzeichnet das moderne Naturverhältnis dann auch als gespalten in Umweltbewusstsein und Umwelthandeln:

„Festzuhalten bleibt, dass die kulturell etablierte Weltbeziehung der Moderne zwischen einem handlungspraktisch und institutionell dominanten Naturverhältnis, dem Natur als Ressource dient, die es intellektuell beherrschen, technisch zu bearbeiten und ökonomisch zu nutzen gilt, und einem psycho-emotionalen Naturverhältnis, in dem Natur als primordiale Resonanzsphäre fungiert, gleichsam vermittlungslos hin- und herpendelt. Im Umweltbewusstsein, in der stetig wachsenden Sorge vor Umweltzerstörung kommt die (ersehnte) Resonanzbeziehung und die Angst vor ihrem Verlust zum Ausdruck, im Umwelthandeln aber offenbart sich das stumme Weltverhältnis."[395]

Die fehlende Fähigkeit zum Ausgleich zwischen beiden Beziehungsweisen hängt ursächlich mit dem Auseinanderfallen der zwei Kerndimensionen von Resonanz, nämlich Berührtwerden und selbstwirksamem Handeln (Affekt und Emotion) zusammen. Und genau hier hat eine Kritik der modernen Resonanzverhältnisse anzusetzen. Denn in der späten Moderne wird die Natur tendenziell als Resonanzoase konzeptualisiert, als ästhetisch-romantischer außeralltäglicher Gegenort. Sie wird zur Projektionsfläche für das Schöne. Insofern aber bleibt die Resonanzbeziehung einseitig und halbiert. Es handelt sich um den Modus der Verdinglichung und Instrumentalisierung.[396] Kurz:

„Die Verbannung der Naturbegegnung in zeitlich und räumlich standardisierte und kommodifizierte Resonanzoasen ist deshalb eine problematische Form spätmoderner Resonanzpraxis. Es kann angesichts ihrer Defizite nicht verwundern, dass es einen wachsenden Trend zu ent-institutionalisierten Formen der Naturbegegnung wie Extrembergsteigen, individuelles Wüstenwandern, Skifahren abseits jeglicher Pisten etc. gibt."[397]

Solche Naturästhetik korrigiert die destruktiven Anteile des Naturverhältnisses jedoch nicht nur nicht, sondern begünstigt die spätmoderne Naturzerstörung und instrumentelle Aneignung. Demnach reicht die rein ästhetische Naturerfahrung nicht aus, um zu einer Wandlung zu kommen. Denn es handelt sich ja

---

[395] Rosa, Resonanz, 467.
[396] Vgl. ebd., 467f.
[397] Ebd., 469.

um eine Reduktion auf die pathische Seite der Resonanzbeziehung; es kommt dabei jedoch nicht zur Anverwandlung. Rosa kommt daher zu dem Schluss:

„Die ästhetisch-kontemplative Rezeption und die aktivisch-produktivistische Bearbeitung, Berechnung und Vernutzung der Natur bleiben so weiterhin unvermittelt und unvereinbar nebeneinander bestehen."[398]

An dieser Stelle sollen nun die wichtigsten Erträge des Resonanzkonzepts von Rosa im Blick auf das Glück in der Moderne auf der Basis der kulturwissenschaftlichen Erträge zusammengefasst werden.

4.5 Zusammenfassung und Fazit

Im Resonanzkonzept von Rosa wird Glück nicht als subjektives Wohlbefinden, sondern (umfassender) als resonantes, gutes Leben gefasst. Glückendes Leben besteht in Resonanz, wobei Rosa explizit hervorhebt, dass Leben nicht permanent resonant sein kann; im Gegenteil muss es geradezu notwendigerweise nichtresonante, d.h. verdinglichende Weltbeziehungen geben. Bei Rosa sind also Resonanzerfahrungen bzw. die Vermeidung von Entfremdungserfahrungen der Maßstab gelingenden Lebens, denn sie ersetzen die von ihm diagnostizierte Steigerungsdynamik.

Resonanzerfahrungen sind Erfahrungen des Berührt- oder Ergriffenseins, die eine emotionale Qualität haben, aber nicht einfach Emotionen sind. Wichtig ist dabei, dass Resonanz nicht ausschließlich durch positive Empfindungen konstituiert wird, sondern dass auch negative Empfindungen Resonanz bewirken können. Entscheidend ist nämlich die Beziehung, die zwischen Subjekt und Welt besteht, eine Antwortbeziehung, durch die und in der „etwas" zum Klingen kommt.

Resonanzerfahrung geschieht in horizontalen, diagonalen und vertikalen Achsen und besteht in einem ausgewogenen Verhältnis von Affekt (Antun) und Emotion (Herausbewegen). Resonanzerleben setzt insofern eine Ausgewogenheit von Offenheit und Geschlossenheit voraus. Das Resonanzkonzept bietet hier ein wichtiges Korrektiv bzw. eine Ergänzung zu der kulturellen Wahrnehmung, die Glück als Verbundenheitserfahrung hatte erscheinen lassen.

Resonanzerfahrungen als Momente geglückten Lebens sind bei Rosa immer unverfügbar und vorläufig. Rosa spricht von Erfahrungen des Autonomieverlusts, des Überwältigtseins oder der Anverwandlung. Dies hatte sich kulturell in analoger Weise im Augenblicksglück gezeigt. Resonanz beinhaltet

---

[398] Ebd., 471f.

dabei einen Überschuss, weil sie eine Ahnung davon vermittelt, dass die momenthaft erfahrene Resonanz oder Ganzheit als je tiefere und umfassendere Erfahrung noch aussteht. Rosa spricht in diesem Zusammenhang von einem Heilsversprechen, das in der Resonanzerfahrung liegt und das mit einer starken Sehnsucht korreliert.

Vor diesem Hintergrund kritisiert er ein Glücksverständnis als zu einseitig, welches das moderne Autonomieverständnis in den Mittelpunkt rückt, ohne dass er es jedoch gänzlich verwirft.[399] Es zeigt sich, dass Glück hier nicht identitäts- oder authentizitätstheoretisch codiert wird. Das Resonanzkonzept zielt auf Verwandlung und Entwicklung, was aber nicht im Sinne eines subjektivistischen Imperativs „Sorge dafür, dass du glücklich wirst!" verengt werden kann. Denn Resonanzerfahrung ‚verdankt' sich immer eines Anderen, eben eines unverfügbaren Weltausschnittes. Glückliches Leben ist damit bei Rosa korrelativ verwiesen auf Nicht-Resonanz.

Der Autonomiegedanke ist laut Rosa gleichbedeutend mit dem Verständnis, dass Optionensteigerung die Lebensqualität erhöht. Aufgrund einer einseitigen Betonung von Autonomie und Authentizität kommt es in der Moderne zur Strategie der Weltreichweitenvergrößerung. Durch diese Strategie wird nach Rosa nicht per se das glückliche Leben erreicht, aber zumindest die Erreichbarkeit des guten Lebens wahrscheinlicher. Letztlich aber fokussiert Autonomie laut Rosa zu einseitig auf das Subjekt und ist gleichbedeutend mit dem Streben, die Welt unter Kontrolle zu bringen, was nicht zu Resonanz, sondern in eine stumme Weltbeziehung (Verdinglichung bzw. Entfremdung) führt.

Dieser Vorgang des Verstummens darf jedoch aus der Sicht Rosas nicht subjektivistisch verengt werden (wie etwa in der Ratgeberliteratur), weil diese Erfahrung ursächlich mit strukturellen Zwängen der späten Moderne zusammenhängt, die Rosa wesentlich in der Beschleunigung sieht. Rosa hebt hier auf die strukturellen Rahmenbedingungen der Glückssuche, nämlich die ins Krisenhafte gesteigerte Notwendigkeit zu Privilegierung des Schnellen, der Konkurrenzorientierung, der Ressourcenakkumulation und der Optimierungszwänge ab. Die Welt erscheint hier im Sinne Webers als „stahlhartes Gehäuse".

Angesichts dieser Steigerungslogik besteht die Gefahr einer Flucht in Resonanzoasen, die eine degenerierte Form der Resonanzachsen darstellen und die durch Ästhetisierung, Psychologisierung, Emotionalisierung bzw. Kommerzialisierung gekennzeichnet sind. Letztlich erweisen sich solche Resonanzoasen als Strategie der Reichweitenvergrößerung und als Mittel im Existenzkampf.

Religion ist laut Rosa insofern als Resonanzachse (und damit als Achse glücklichen Lebens) attraktiv, weil ihr die Idee einer prinzipiell antwortenden

---

399 Diesbezüglich bleibt eine präzisere Verhältnisbestimmung offen.

Welt zugrunde liegt. Gebet kann in diesem Zusammenhang mit James als Beziehungspraxis verstanden werden und Gottesdienst lässt sich als sensorischer Resonanzverbund reformulieren, der alle drei Achsen (vertikal, diagonal und horizontal) verbindet. Rosa betont ferner, dass Gottesdienst nicht primär über Gefühl ‚funktioniert', sondern über Beziehung. Inwiefern die Religion eine Zukunft als Resonanzachse hat, lässt sich nach Rosa nicht rational klären, sondern muss resonanzsensibel erspürt werden. Dabei hängt aus seiner Sicht das Gelingen wesentlich von der „im Bildungsprozess erworbenen dispositionalen Resonanz oder Entfremdung ab". Solche dispositionale Resonanz ist für Rosa die Voraussetzung, dass auch Entfremdungserfahrungen bewältigt werden können.

Aus der Sicht Rosas wird die Natur in der Moderne zur zentralen Resonanzachse, weil der Mensch im Außen sein Inneres finden kann. Der Grund hierfür liegt in einer tiefen, vorbewussten Verbundenheitserfahrung. Das glückliche Leben findet demnach derjenige, der in Resonanz zur äußeren Natur steht, weil er hierin seine innere Stimme findet. Auf diese Weise rekonstruiert Rosa die romantische Natursehnsucht gesellschaftstheoretisch. Sie wird nun als Gegenerfahrung zur Entfremdung mit den herrschenden gesellschaftlichen Verhältnissen lesbar, womit er indirekt die Erträge von Weith zum Alb-Glück bestätigt.

Krisenhaft wird diese Resonanzachse mit dem Beginn der Anthropozän, da nun die Überzeugung der Selbstwirksamkeit überhand gewinnt, also die Idee, dass der Mensch mithilfe von Anthropotechniken entscheiden könne, wer er sein kann. Typisch für die Resonanzkrise der Natur ist ein unverbundenes Hin- und Herpendeln zwischen Umweltbewusstsein und Umwelthandeln, d.h. das Schwanken zwischen einem technisch-intellektuellem Naturverhältnis auf der einen und einem psycho-emotionalem Naturverhältnis auf der anderen Seite. Anders gewendet beschreibt Rosa, dass die Natur in der Moderne als Resonanzoase konzeptualisiert wird, als ästhetisch-romantischer außeralltäglicher Gegenort, als ästhetischer Raum bzw. als Projektionsfläche für das Schöne. Er kritisiert, dass es hierdurch zu Verdinglichung und Instrumentalisierung kommt, wodurch letztlich die spätmoderne Naturzerstörung und instrumentelle Aneignung forciert wird.

Im Blick auf die weitere praktisch-theologische Erschließung werden folgende Hinweise erkennbar:

- Grundlegend zeigt sich, dass Resonanz als Beziehung gefasst wird. Glückendes Leben wird hier also nicht identitätstheoretisch enggeführt, sondern bleibt variabel hinsichtlich Offenheit und Geschlossenheit. Dies impliziert ein spezifisches Bild des Menschen als Beziehungswesen, das

christlich anschlussfähig ist. Gebet als Beziehungsgeschehen wäre vor diesem Hintergrund eine wichtige Spur, um die christliche Freude als Beziehungsgeschehen zu profilieren.
- Ferner ist relevant, dass Resonanz als Ergriffensein mehr meint als (positive) Gefühle. Dies ist in zweifacher Weise für den Fortgang der Untersuchung aufschlussreich: Zum einen kann hieran eine christliche Sichtweise anknüpfen, die Freude nicht ausschließlich psychologisch konzeptualisiert. Zum anderen zeigt sich hier erneut ein Vorbehalt gegenüber einer einseitigen Positivität gelingenden Lebens.
- Auch bei Rosa zeigt sich eine enge Verbindung von Resonanz/ Glück und Augenblick, im Sinne von Unverfügbarkeit, Überwältigtsein, Autonomieverlust und Vorläufigkeit. Resonanzerleben ist demnach immer auf einen Anderen verwiesen und ist korrelativ mit Nicht-Resonanz verbunden. Resonanzerleben wohnt damit ein Moment der Erlösung, der Sehnsucht und der Differenz inne. Dies verweist theologische Rede von der Freude des Glaubens einerseits auf ihre prinzipielle Anschlussfähigkeit. Andererseits ist damit die Frage gestellt, inwiefern die christliche Freude als verfügbar konzeptualisiert wird oder ob sie auch die Unverfügbarkeit umgreift.
- Rosa verstärkt die bisherige Analyse, dass die christliche Rede von der Freude relevant ist in Bezug auf die Frage nach Autonomie und Freiheit des Menschen. Seine Kritik an einer Überbetonung des Autonomiestrebens, das mit Verdinglichung und Entfremdung einhergeht, wird in diesem Zusammenhang weiter im Blick zu halten sein.
- Die Steigerungslogik der Moderne kommt bei Rosa als strukturelle Ursache der Entfremdung und insofern von fehlendem geglücktem Leben in den Blick. Theologisch relevant ist dabei insbesondere eine veränderte Wahrnehmung von Raum und Zeit[400] sowie die Erkenntnis, dass die Bewältigung der damit verbundenen Optimierungszwänge dem Individuum aufgebürdet werden und gesellschaftliche Relevanz entfalten. Demnach wäre es eine Gefahr, Pastoral als Oase zu konzipieren, da sie damit genau jener Gefahr erliegen würde, die Rosa beschreibt.
- Von Rosa wird die gewachsene Bedeutung der Natur als Resonanzachse in der Moderne betont. Zu fragen ist daher, inwiefern die Natur ein

---

400 Aus praktisch-theologischer Perspektive wurden diesbezüglich in jüngerer Zeit folgende Entwürfe vorgelegt: Christian Bauer, Konstellative Pastoraltheologie. Erkundungen zwischen Diskursarchiven und Praxisfeldern (Praktische Theologie heute 146), Stuttgart: Kohlhammer 2017. Sowie: Michael Schüßler, Mit Gott neu beginnen. Die Zeitdimension von Theologie und Pastoral in ereignisbasierter Gesellschaft (Praktische Theologie heute 134), Stuttgart: Kohlhammer 2013. In systematisch-theologischer Perspektive ist zu verweisen auf: Hans-Joachim Sander, Glaubensräumen nachgehen (Glaubensräume – Topologische Dogmatik 1), Ostfildern: Grünewald 2019.

Erfahrungskontext christlicher Freude ist. (Frühere) Formen der Volksfrömmigkeit und Neuentdeckungen in christlichem Liedgut bieten diesbezüglich erste Hinweise. Schöpfungstheologie könnte sich hierzu positionieren.

- Außerdem lässt sich im Blick auf die Resonanzachse Religion zurückfragen, ob es hier möglicherweise zu einer ähnlichen Aufspaltung in intellektuelle und psycho-emotionale Gläubigkeit, mit Überbetonung der erstgenannten gekommen ist. Dann aber wäre nach einer christlichen Praxis zu fragen, die genau diese Spaltung überwindet, wie dies z.B. die Schöpfungsspiritualität anzielt.
- Ausgehend vom Resonanzkonzept ist schließlich hinsichtlich der Kirchenkrise zu fragen: Wenn laut Rosa die Steigerungslogik der Moderne die tiefste Ursache für die aktuellen Krisen ist, ist sie das dann auch für die Kirche? Anders gefragt: Ist die tiefere Ursache für die Kirchenkrise die Resonanzkrise als unabschließbarer Steigerungszwang, der zu einer pathologischen Weltbeziehung führt? Daraus wären gravierende Konsequenzen zu ziehen: Es reicht dann nämlich nicht, auf das individuelle Unvermögen, d.h. den mangelnden Glauben Einzelner abzuheben, sondern vielmehr müssten die strukturellen Bedingungen in den Blick genommen werden. Diese strukturellen Bedingungen sind dann nicht allein weltlich/ säkular geprägt, sondern auch in der christlichen Praxis wäre strukturell mit solchen Logiken der Beschleunigung und Entfremdung zu rechnen.[401]

5 Sozialwissenschaftlicher Ertrag

An dieser Schlüsselstelle zwischen sozialwissenschaftlicher und im engeren Sinne praktisch-theologischer Erschließung geht es nun um die angekündigte und notwendige Zuspitzung, Präzisierung und Fokussierung der bisherigen Analyse. Dazu werden zunächst die Perspektiven von Taylor, Cabanas/ Illouz und Rosa (vgl. 2.3, 3.4, 4.5) auf der Basis der kulturwissenschaftlich-dimensionalen Analyse (vgl. I.5.2) systematisch zusammengeführt.[402] Es folgt dann eine Diskussion des gesicherten sozialwissenschaftlichen Ertrages, an deren Ende Thesen im Hinblick auf den Fortgang dieser Untersuchung formuliert werden (5.2).

---

401 Diese strukturellen Bedingungen werden im Folgenden nicht weiterverfolgt.
402 Aus der vorgenommenen Auswahl der Referenzautoren ergibt sich im Rahmen des hermeneutischen Ansatzes dieser Studie eine spezifische Perspektivität auf das Glück in der Moderne.

5.1 Dimensionen des Glücks in moderner Kultur

Die im kulturwissenschaftlichen Teil herausgearbeitete Wahrnehmung, dass Glück ein Leitthema gegenwärtiger Kultur ist, konnte in diesem Teil unter Bezugnahme auf Taylor, Cabanas/ Illouz und Rosa vertiefend analysiert werden. Alle drei Autoren bestätigen den Befund, dass Glück ein Leitthema gegenwärtiger Kultur und insofern für praktisch-theologische Forschung in höchstem Maße relevant ist. Welche Konvergenzen und Differenzen zeigen sich nun hinsichtlich der vorliegenden sieben, nun sechs[403], Dimensionen?

5.1.1 Säkularität

In Teil I hatte sich gezeigt, dass der Zusammenhang von Glück und Religion in der modernen Kultur nicht nachvollziehbar ist. Auf der anderen Seite aber wurde das Glück in manchen Kontexten als Chiffre für Erlösung, Fülle oder Rettung erkennbar.

Besonders aufschlussreich bezüglich der Hintergründe des Zusammenhangs von Glück und Religion haben sich die Ausführungen von Taylor gezeigt. Die Kategorie der Fülle ist bei ihm zentral für das moralisch-spirituelle Leben der säkularen Moderne. Er sieht hierin eine Größe, die religiöse und nichtreligiöse Menschen verbindet. Allerdings markiert er eine Differenz im Erleben dieser Fülle. Gläubige Menschen, so Taylor, erfahren Fülle im Kontext einer persönlichen Beziehung und einer Praxis der Verehrung, des Gebets, der Barmherzigkeit und des Gebens. Sie ist verbunden mit dem Wissen um die eigene Begrenztheit, Vorläufigkeit und Distanz zum Ort der Fülle, die nur durch Öffnung, Verwandlung und Befreiung von außen überwunden werden kann. Nichtreligiöse Menschen machen Fülle-Erfahrungen innerhalb eines immanenten Rahmens, sei es durch Vernunftgebrauch oder (als Kritik daran) mit Berufung auf die stärkere Fokussierung auf Instinkt und Gefühl oder postmodern als radikale Kritik. Bei Taylor ist also in einem säkularen Zeitalter eine transzendente Fülle-Erfahrung möglich, aber nicht zwingend. Was umgekehrt auch für die immanente Perspektive gilt. Aufgrund des sog. gegenläufigen Druckes zeigt Taylor sich aber zuversichtlich hinsichtlich der Kommunizierbarkeit transzendenter Erfahrungen.

Cabanas/ Illouz schenken der Religion keine besondere Aufmerksamkeit, bis auf die Tatsache, dass sie die moderne Formation des Glücks als religionsäquivalente Vertröstungspraxis kritisieren. Jedwede Formation des

---

[403] Die beiden Dimensionen Konstruktivismus und Augenblicksglück werden hier im Gegensatz zu Teil I zusammengefasst, weil sich nun deutlicher deren gegenseitige Verwiesenheit gezeigt hat.

Glücks, die über rein immanente Begründungslogiken hinausgeht, lehnen sie ab.

Rosa hingegen geht ganz selbstverständlich davon aus, dass Religion eine Achse glücklichen Lebens darstellt, die er sogar als attraktiv bewertet, weil ihr die Idee einer prinzipiell antwortenden Welt zugrunde liegt. Gebet bezeichnet er mit James als Beziehungspraxis und Gottesdienst reformuliert er als sensorischen Resonanzverbund. Die Krise der Religion als Achse glückenden Lebens macht Rosa an deren nachaufklärerischer Infragestellung fest. Eine entscheidende Folgewirkung sieht er darin, dass das weiterhin bestehende Interesse an vertikaler Resonanz in resonanzfunktionale Äquivalente übersetzt wird. Die Zukunftsfähigkeit der religiösen Resonanzachse lässt sich nach Rosa nicht rational klären, sondern nur resonanzsensibel erspüren. Wichtig ist sein Hinweis, dass die religiöse Resonanzachse insbesondere deshalb attraktiv bleibt, weil sie die Ausbildung dispositionaler Resonanz ermöglicht.

5.1.2 Konstruktivismus – Augenblicksglück

Kulturwissenschaftlich hatte sich gezeigt, dass das Glück zur Orientierungshilfe in Unübersichtlichkeit und kontingenter Welterfahrung wird und damit ein Spezifikum moderner Existenz ist. Damit Glück diese universale Bedeutsamkeit gewährleisten kann, wird es konstruktivistisch gedeutet. Mit dem Stichwort Konstruktivismus wurde im kulturwissenschaftlichen Teil zunächst sehr unspezifisch die Beobachtung zusammengefasst, dass das Glück als machbar konzipiert wird und als Gut, für das der Einzelne verantwortlich ist („des eigenen Glückes Schmied sein"). Duttweiler spricht von einem praktischen Konstruktivismus am Selbst durch entsprechende Selbsttechniken. Glück wird also identifiziert mit Selbstbestimmung, Selbstvertrauen, Selbstliebe, Erfolg usw., Fremdbestimmung hingegen wird als Unglückserfahrung verstanden.

Die kulturwissenschaftliche These, dass es zu einer Technologisierung des Selbst und zu einem fortgesetzten Optimierungszwang kommt, stützen die Ausführungen Rosas eindeutig. Rosa kritisiert diese konstruktivistische Perspektive auf das Glück, indem er darauf hinweist, dass glückliche Augenblicke oft gerade im Autonomieverlust, im Überwältigtsein oder in der Anverwandlung bestehen. Ferner betont er, dass Resonanzerfahrung immer auf ein unverfügbares Gegenüber bezogen ist und sich Glück immer einem Anderen verdankt. Wie Taylor hebt auch er hervor, dass Resonanzerfahrungen sogar nicht nur bestätigend oder tröstend, sondern auch erschreckend und verstörend sein können, ja dass sie auch Ausgestoßensein und Negativität umfassen, was eine andere Perspektive öffnet als die Ratgeberliteratur.

Resonantes, glückendes Leben wird bei ihm als Leben in Verwandlung und Entwicklung verstanden, was aber nicht im Sinne des Imperativs „Sorge dafür, dass du glücklich wirst!" reduziert werden kann. Die einseitige Ausrichtung des Glücksverständnisses an Autonomie und Authentizität führt in seiner Analyse zu einem Steigerungszwang, dem bei ihm eine Strategie der Weltreichweitenvergrößerung entspricht. Diese Strategie führt dazu, dass die Welt nicht mehr anverwandelt wird, sondern verdinglicht wird. Genau dies ist in seinem Sinne keine glückende, sondern eine stumme Weltbeziehung, wenngleich er nicht in Abrede stellt, dass es prinzipiell auch solche Weltbeziehungen geben muss.

Cabanas/ Illouz bestätigen diese Sichtweise, indem auch sie analysieren, dass die Konstruktion des Glücks im Modus der Selbstverbesserung bzw. Selbstoptimierung als Normalzustand der Existenz geschieht, der Menschen auf permanente Steigerung festlegt. Genau dieser Optimierungszwang aber produziert dauerhaft Erschöpfungs-, Enttäuschungs- und Leiderfahrungen, weil dieser angestrebte Zustand ein nicht einlösbares Versprechen darstellt. Das auf diese Weise ad infinitum verlängerte Glücksstreben generiert – so ihre These – dauerhaft potentielle Kunden für den Glücksmarkt, der den entsprechenden Lebensstil mit Gefühlswaren versorgt. (vgl. weiterführend 5.1.6)

Als Gegenmodell hatte sich bereits in Teil I das Augenblicksglück gezeigt, wodurch eine Glückserfahrung gefasst wird, die die Unverfügbarkeit des Glücks zum Ausdruck bringt. Hierauf stellt in besonderer Weise Rosa ab, bei dem Resonanzerfahrungen immer unverfügbar und vorläufig sind. Diese Rekonstruktion des Glücks stellt heraus, dass jede Glückserfahrung einen Überschuss beinhaltet und eine Ahnung davon vermittelt, dass das augenblicklich erfahrene Glück immer nur vorläufig und begrenzt ist und auf eine je tiefere und umfassendere Erfahrung verweist. Rosa spricht in diesem Zusammenhang von einem Heilsversprechen, das mit einer starken Sehnsucht korreliert.

5.1.3 Erfahrungsqualitäten

Die empirische Glücksforschung der letzten Jahre hat dauerhaft Gesundheit, intakte soziale Nahbeziehungen (Familie/Freunde) sowie eine berufliche Tätigkeit, die eine ausreichende finanzielle Absicherung gewährleistet, als Quellen des Glücks erhoben. Dies entspricht der Auffassung Rosas, der darauf hinweist, dass Geld, Gesundheit und Gemeinschaft wichtige Ressourcen darstellen. Er geht aber insofern über die Umfragen hinaus, als er einen Wandel dahingehend diagnostiziert, dass diese Güter nicht mehr bloß Ressourcen des Glücks sind, sondern zum Glück selbst werden.

Im kulturwissenschaftlichen Teil wurde außerdem erkennbar, dass die Vorstellung davon, was Glück sei, in höchstem Maße subjektiv ist. Auch Cabanas/ Illouz rekonstruieren Glück als bedeutungsoffene Chiffre in moderner Zeit, die von Menschen auf je unterschiedliche Weise inhaltlich gefüllt werden kann.

Trotz der Tatsache, dass Glückserleben individuell konstelliert wird, zeigten sich alltagspraktisch mit Einssein/ Identität, Beziehung/ Kontakt, Heilsein/ Ganzsein/ Fülle, Schönheit und Sinn Erfahrungsqualitäten der Freude. Insbesondere Taylor (Fülle, Ganzheit usw.) und Rosa (z.B. Identität, Beziehung usw.), aber auch Cabanas/ Illouz (Sinn usw.), nehmen jeweils in unterschiedlicher Deutlichkeit auf diese Qualitäten Bezug.

Insbesondere der Bezug des Glücks zu Kontingenzerfahrungen hat sich in diesem Teil II noch einmal ganz anders gezeigt. Bei Rosa etwa mit der Einführung der dispositionalen Resonanz, die als Voraussetzung der Bewältigung von Entfremdungserfahrungen gedeutet wird.

5.1.4 Körper – Gefühle

Körperlich wahrnehmbare und zwar besonders positive Gefühle (Flow) gelten kulturell als Indikatoren des individuellen Glücks, wodurch auch plausibel wird, dass die Gesundheit einen bedeutsamen Rang für das Glücksempfinden einnimmt. In diesen Zusammenhang wird von Weith der Begriff doing emotions geprägt. Diese Perspektive wird von Cabanas/ Illouz vollumfänglich gestützt. Aus ihrer Perspektive hat die selbststeuernde Fokussierung auf das Glück in der Moderne regulatorische Wirkung auf das Gefühlsleben. Das Individuum zielt danach ausschließlich auf positive Gefühle, Empfindungen und Stimmungen. Glück ist also nicht ein Gleichgewichtszustand von positiven und negativen Gefühlen, Handlungen etc., sondern das Übergewicht von positivem gegenüber negativem Erleben.

Alles negative Empfinden wie Wut, Angst, Trauer wird hier strukturell entwertet und als Unglück gezeichnet. Sie sprechen von einem reduktionistischen Glücksbegriff, den sie kritisieren, weil dieser einseitig Gesundheit, Erfolg und Selbstverbesserung betont und zugleich in unangemessener Weise positive Gefühle und gute Handlungsführung identisch setzt. Außerdem verweisen sie darauf, dass solche Positivität leidvollen Erfahrungen grundsätzlich nichts abgewinnen kann, wobei Einzelnen suggeriert wird, dass sie die Verantwortung für Leid zu tragen hätten, da es mittels Selbstoptimierung vermeidbar wäre.

In gewisser Weise greift Rosas Resonanzkonzept diese Kritik an einem reduktionistischen Glücksbegriff auf und bietet mit seinem Resonanzkonzept ein alternatives Modell an. Resonanzerfahrungen haben bei ihm zwar eine emotionale Qualität, aber sie sind nicht einfach (positive) Emotionen. Vielmehr verweist er ausdrücklich darauf, dass auch negative Empfindungen resonante Welterfahrungen bedeuten können. Entscheidend ist bei ihm, dass zwischen Subjekt und Welt eine (Antwort-)Beziehung besteht, die in einem ausgewogenen Verhältnis von Affekt (Antun) und Emotion (Herausbewegen) besteht. Das Resonanzkonzept bietet hier ein wichtiges Korrektiv bzw. eine wichtige Ergänzung zu der kulturellen Wahrnehmung, die Glück als Identitäts- und Verbundenheitserfahrung hatte erscheinen lassen.

Auch bei Taylor kommt die Fülle (resp. das Glück) nicht nur als eine Erfahrung von höchster Erhebung, sondern auch als mittlere Erfahrung des Alltags in den Blick; er unterscheidet zwischen drei Ereignisorten der Fülle (Oben, Unten, Mitte). Dieser Blick auf die Mitte und das Alltägliche der Fülle-Erfahrung unterscheidet sich deutlich von einem reduktionistischen Glücksbegriff und kann als Bestätigung der empirischen Glücksforschung gewertet werden, die durchgängig diese Lebensbereiche als Quellen des Glücks gezeigt hatte.

5.1.5 Natur – Kultur

Im kulturwissenschaftlichen Teil erschien das Glück in der Natur als romantische Gegenerfahrung zu Erfahrungen in der technischen Welt und zu den Mühen und Sorgen des Alltags. Insofern impliziert die Suche nach Glück oftmals eine spezifische Konstruktion von Natur, die die menschliche Welt der natürlichen Welt gegenüberstellt. Natur wird hier vor allem als eine ästhetisch wahrgenommene Projektionsfläche, als Gegenwelt, als Gegenüber, als Heil- und Hilfsmittel, als Konsumort oder auch als Ort der Rettung konstruiert.

Rosa konstatiert, dass die Natur in der Moderne zur zentralen Resonanzachse wird. Sie wird – hier stützt er die kulturwissenschaftlichen Beobachtungen – als Gegenerfahrung zur Entfremdung mit den herrschenden gesellschaftlichen Verhältnissen lesbar. Allerdings wird diese Resonanzsphäre in der Moderne krisenhaft, weil der Mensch ihr gegenüber die Vorstellung entwickelt, mittels Anthropotechniken entscheiden zu können, wer er sein kann. Der kontaktlose Wechsel zwischen technisch-intellektuellem und psycho-emotionalem Naturverhältnis ist bei Rosa ein entscheidendes Merkmal dieser Resonanzkrise im Naturverhältnis.

Rosa vertritt also die Überzeugung, dass die Natur in der Moderne vor allem als Resonanzoase konzeptualisiert wird, als ästhetisch-romantischer, außeralltäglicher Gegenort, als ästhetischer Raum bzw. als Projektionsfläche für das Schöne. Er kritisiert, dass es hierdurch zu Verdinglichung und Instrumentalisierung kommt, wodurch letztlich die spätmoderne Naturzerstörung und instrumentelle Aneignung weiter forciert wird.

In Bezug auf die damit einhergehende ökologische Krise vertritt er die These, dass sich hier nicht primär eine Angst vor Ressourcenknappheit, sondern eine Angst vor einem Weltverstummen zeigt.

Trotz dieser kritischen Sicht bleibt in seinem Konzept eine wirkliche Resonanzbeziehung in der Natur-Sphäre denkbar.

5.1.6 Gesellschaft – Politik – Ökonomie

Im kulturwissenschaftlichen Teil zeigte sich bereits die gesellschaftspolitische Relevanz der Glücksthematik, etwa dort wo gesellschaftspolitische- und wirtschaftspolitische Rahmenbedingungen als Faktoren oder gar Stellschrauben des Glücks betrachtet wurden. Zunächst noch recht unspezifisch wurde dies etwa in der Frage nach grundlegenden materiellen Bedürfnissen sowie hinsichtlich sozialer und zunehmend auch ökologischer Gerechtigkeit im nationalen wie im internationalen Kontext deutlich. Besonders wurde erkennbar, dass sich die individuelle Glückssuche im Sinne neoliberaler Gouvernementalität stabilisierend auf gesellschaftliche Transformationsprozesse auswirkt.

Die nun analysierten sozialwissenschaftlichen Perspektiven bestätigen diesen Befund und gewähren einen differenzierteren Blick auf die Zusammenhänge.

Rosa etwa konstatiert, dass Verdinglichung der Weltdinge und Entfremdung (als Selbst-Erfahrung) als Gegenerfahrungen zu glückendem Leben nicht subjektivistisch verengt werden dürfen, weil dieses Verstummen der Resonanzachsen ursächlich mit strukturellen Zwängen der späten Moderne zusammenhängt, die Rosa wesentlich in der Beschleunigung sieht. Diese Beschleunigung und der Modus der dynamischen Selbststabilisierung moderner Gesellschaften sind der Grund dafür, dass sich das Verhältnis des Menschen zu Raum und Zeit und zu sich selbst strukturell verändert, und zwar in den Modus der Steigerungslogik mit den typischen Folgen von Privilegierung des Schnellen, der Konkurrenzorientierung, der Ressourcenakkumulation und der Optimierungszwänge. Diese strukturelle Ursache des Verstummens und nicht glückender Weltbeziehung darf nach Rosa nicht bagatellisiert oder individualisiert werden.

Auch vor einer Flucht mittels romantischer Verklärung in sog. Resonanzoasen, die eine degenerierte Form der Resonanzachsen darstellen, warnt er, weil es sich hierbei letztlich um Mechanismen von Ästhetisierung, Psychologisierung, Emotionalisierung und Kommerzialisierung handelt. Auf diese Weise würden die Resonanzachsen verzweckt, um die persönlichen Ressourcen zu steigern.

Cabanas/ Illouz bieten ausgehend von ihrer Analyse der Positiven Psychologie eine zugespitzt-kritische Perspektive auf die ökonomischen Zusammenhänge. Diese stütze das Modell einer individualisierten und atomisierten Gesellschaft mit den entsprechenden Wirkungen von Siegern und Verlierern und berge die Gefahr, dass sich Individuen aus gesellschaftspolitischen Sphären zurückziehen („Rückzug in die eigene Ziatdelle").

Im Hinblick auf Angestellte konstatieren sie, dass es zu einer Umgestaltung der Identität kommt, sodass Verhaltensmuster, Selbstwertgefühl und die persönlichen Aussichten von Mitarbeitenden besser der organisationalen Kontrolle unterworfen werden können. Die Autoren vertreten die These, dass positive Gefühle ausgebeutet und in den Dienst der Produktivität gestellt werden und Lasten der Marktunsicherheit und Machtlosigkeit den Beschäftigten zugewiesen werden. Dabei werden im unternehmerischen Kontext mindestens zwei gravierende, suggestive und paradoxe Wirkungen für die Individuen erkennbar: zum einen werden Erwartungen der Unternehmen und Widersprüche internalisiert, zum anderen wird die Verantwortung für Fehlschläge an die Einzelnen delegiert.

Ferner diagnostizieren sie einen grundlegenden Wandel: Während vormodern Glück und Zufriedenheit als Ergebnis des beruflichen Wirkens galten, kehrt sich dies um, weil nun glückliche Arbeitnehmer*innen die Voraussetzung für erfolgreiche Organisationen sind. Parallel hierzu kommt es zu einer Moralisierung der Arbeitsverhältnisse (Unternehmenskultur, Arbeit als Berufung). Arbeit wird auf diese Weise zur Suche nach dem wahren Selbst und dessen Verwirklichung. Andere Lebensaspekte und ihre Beiträge zum Glück, wie z.B. Anerkennung oder ethische Aspekte insbesondere auch hinsichtlich ärmerer Weltregionen, werden damit – so die Kritik der Autoren – tendenziell ausgeblendet.

Ein weiterer Aspekt steht aus ihrer Sicht im Zusammenhang mit der Positivität. Diese führt auf Dauer zum Schwinden von Mitleid und Mitgefühl und wirkt stabilisierend auf bestehende soziale Hierarchien und führt zu einer Banalisierung des Leidens. Die Konzentration auf das Glück als höchstes Gut führt damit auch zu Indifferenz gegenüber notwendigen gesellschaftlichen Veränderungen.

5.2 Diskussion der Erträge und Thesen zur theologischen Erschließung

Die anfangs formulierten Forschungsfragen werden nun vor dem Hintergrund des vorliegenden umfangreichen Ertrages auf der Basis ausgewählter sozialwissenschaftlicher Perspektiven zum Glück in der Moderne in praktisch-theologischer Absicht in fünf Dimensionen verdichtet diskutiert. In Thesen zugespitzt liegen damit schließlich wichtige Hinweise für eine zeitgemäße Recherche im theologischen Diskursarchiv vor.

5.2.1 Gott und Glück in der Säkularität

Der kulturelle Glücksdiskurs im säkularen Umfeld stellt gleichermaßen eine Chance wie auch eine Herausforderung für die religiös motivierte Rede von der Freude dar. Zunächst ist festzuhalten, dass die religiös motivierte Rede von Freude und Glück unter Druck geraten ist, und dies betrifft insbesondere und vor allem ihren Gottesbezug. In der empirischen Forschung etwa zeigt sich, dass es keinen messbaren Zusammenhang zwischen Religion (resp. Gottesdienstpraxis) und Glücksempfinden gibt. Rosa weist darauf hin, dass die nachaufklärerische Situation zu einem Relevanzverlust der religiösen Resonanzachse geführt hat und die Suche nach vertikaler Resonanz sich vor allem in den Bereich der Naturerfahrung ausgelagert hat. Taylor wiederum macht deutlich, dass in der von ihm als Säkularität 3 bezeichneten Situation die religiöse Fülle-Erfahrung im Vergleich zur nicht-säkularen Situation nur eine unter anderen Möglichkeiten darstellt. Es liegt die Vermutung nahe, dass sich hiermit eine Tiefenströmung zeigt, die zu der eingangs genannten freudlosen Grundstimmung des kirchlich verfassten Christentums sehr entscheidend beiträgt, weil sie damit defacto in ihrer ‚Kernkompetenz' angefragt ist.

Auf der anderen Seite aber zeigen sich auch weiterführende Perspektiven. Taylor argumentiert, dass Religion und mit ihr verbundene Fülle-Erfahrung in der Säkularität, wenn auch nicht die Einzige, so doch immerhin eine Option darstellt, weil die Modernisierung nicht zwangsläufig mit dem Ende der Religion verbunden ist und sich ein gegenläufiger Druck aufbaut. Kritisch zu hinterfragen ist das Konzept des gegenläufigen Drucks allerdings, wenn es von Taylor als Bedingung der Möglichkeit gedacht wird, überhaupt von transzendenten Fülle-Erfahrungen zu sprechen. Denn damit bestünde die Gefahr, dass sie lediglich eine Lückenbüßer-Funktion erfüllen, in dem Fall, dass immanente Fülle-Erfahrungen nicht mehr genügen.

Von theologischer Gottesrede ist Kenntnis zu nehmen, dass es einen grundlegenden Unterschied der Fülle-Erfahrung zwischen religiösem und nicht-religiösem Erleben (Außen/ Innen) gibt, der nicht nivelliert werden kann. Damit markiert Taylor eine eindeutige Grenze der religiösen Rede von der Freude, die nämlich unter den aktuellen Bedingungen niemals zwingend noch notwendig ist, sondern immer nur frei gewählt werden kann. Gleichzeitig besteht in der Fülle-Erfahrung selbst ein gemeinsames Erfahrungsfeld, wodurch religiöse Fülle-Erfahrung bis zu einem gewissen Grad erschließbar bleibt. Es ist außerdem festzuhalten, dass Rosa mit seinem Resonanzkonzept nicht die grundsätzliche Bedeutsamkeit von Religion als Resonanzachse bestreitet. Im Gegenteil stellt er sogar deren Potentiale (z.B. Gebet, Gottesdienst, dispositionale Resonanz) heraus. Allerdings bleibt seine Anmerkung, dass dispositionale Resonanz im Bildungsprozess anzueignen sei, unklar. Es stellt sich die Frage, ob daraus zu folgern ist, dass keine dispositionale Resonanz entwickelt werden kann, wenn ein bestimmter Zeitpunkt im (religiösen) Bildungsprozess verstrichen ist.

In historischer Perspektive ist aufschlussreich, dass der Weg in die Säkularität ganz ursächlich (anthropozentrischer Wandel) mit dem Christentum verbunden ist. Dies aber ermöglicht einen hoffnungsvollen Blick auf genau jene Säkularität. Sie muss dann aus religiöser Perspektive keineswegs als glaubensfeindlich betrachtet werden, sondern es wäre in ihr mit transformierten religiösen Anteilen von Glückserfahrungen zu rechnen und danach zu suchen. Rosa weist diesbezüglich – mit einer Nähe zu Taylor – auf das in Religionsäquivalenten gestillte Resonanzverlangen hin. Eine solche Sichtweise hat gravierende praktische Auswirkungen, weil sie vor einer Ghettoisierung christlicher Freude bewahrt und kirchliche Pastoral zu einer Spurensuche der Freude des Evangeliums in der Welt ermutigt. Mit anderen Worten kann christliche Pastoral damit rechnen, dass Gott in den Glücks- und Freude-Erfahrungen der Kultur auf sie wartet. Die im folgenden Teil III zu leistende Analyse des theologischen Diskursarchivs kann möglicherweise dazu beitragen, aus christlicher Sicht Kriterien solcher Glücks-Erfahrungen aufzudecken.

Damit wäre im Übrigen auch die Engführung der Religion als vertikale Resonanzachse bei Rosa aufgebrochen, der nicht ausreichend sieht, dass gerade das Christentum eine strikte Trennung in vertikale, diagonale und horizontale Achse etwa mit dem trinitarischen Gottesbild oder dem dreifachen Gebot der Gottes-, Nächsten- und Selbstliebe überschreitet.

Zu hinterfragen ist auch die Einschätzung Rosas, dass die religiöse Resonanzachse lediglich zu erspüren sei, wenn damit eine Infragestellung diskursiver Erschließung theologischer Erkenntnis verbunden sein soll. Dem ist entgegenzuhalten, dass aus theologischer Perspektive sehr wohl die Vernunftgemäßheit religiöser Resonanzerfahrung zu erschließen ist. Gleichwohl darf man seine Anmerkung als Hinweis interpretieren, dass es sich eben um existentiell grundierte Erfahrungen handeln muss.

Materialiter ergeben sich nun folgende Perspektiven für eine angemessene Gottesrede: Zu fragen ist, ob und auf welche Weise der Gott der Christen ein Gott der Fülle, der Freude, der Resonanz ist. Dabei wäre aufgrund der bisherigen

Erträge besonders relevant (und prekär) die Frage nach Erlösung und Rettung, weil sich diese als Chiffren des Glücks in der Moderne gezeigt haben.

- These 1: Eine praktisch-theologische Erschließung christlicher Freude berücksichtigt unter Würdigung der grundsätzlichen Optionalität christlicher Gottesrede den Zusammenhang von Glück und Heil und rechnet mit einem Gott der Fülle und Resonanz. Sie bietet spezifische Kriterien zur Deutung alltäglicher Glückserfahrungen und ist diesbezüglich sprachfähig.

5.2.2 Glück in der Spannung von Augenblick und Streben

Theologisch anschlussfähig ist die Tatsache, dass sich in den Erträgen durchgängig eine Dualität bzgl. der Herstellbarkeit (Selbsttechniken, Selbstoptimierung) und der Unverfügbarkeit (Augenblicksglück, Autonomieverlust) des Glücks gezeigt hat. Eine kulturrelevante praktisch-theologische Erschließung wird dies zu berücksichtigen haben. Diesbezüglich lassen sich auf den ersten Blick zwei Spuren benennen:

Einerseits scheint in der Tugendethik bzw. in einer theologischen Ethik des guten Lebens eine Spur gelegt zu sein, die Verknüpfungen zum erstgenannten Aspekt aufweist. Hinsichtlich des Augenblicksglücks ist demgegenüber an gnadentheologische Konzeptionen aus dem theologischen Diskursarchiv zu denken, die insbesondere die kairologische Dimension gläubigen Lebens in den Blick nehmen. Es wäre hier also vor allem im christologischen und pneumatologischen Archiv zu forschen (vgl. 5.2.4).

Dabei scheint eine in diesem Feld besonders wichtige Herausforderung darin zu bestehen, genau im Blick zu behalten, inwiefern theologische Optionen positiv an kulturelle Praxen anknüpfen können und an welcher Stelle im Sinne prophetischer Kritik differierende Perspektiven zu benennen sind.

- These 2: Eine praktisch-theologische Erschließung christlicher Freude bewährt sich im Spannungsfeld von auf Dauer gestellter Lebensführung und kairologischer Existenz.

5.2.3 Glück des Menschseins

Im bisherigen Verlauf der Studie wurden zahlreiche Aspekte des Glücks analysiert, die Fragen der theologischen Anthropologie berühren. Im Einzelnen sind folgende Themenfelder zu nennen:
Identität – Beziehung – Sozialität
Im Hinblick auf das Phänomen der konstruktivistischen Herstellbarkeit des Glücks hat sich die grundlegende Betonung von Autonomie, Freiheit, Selbststeuerung etc. für das gegenwärtige Glücksstreben gezeigt, die in der soziologischen Diskussion unter dem Stichwort der Individualisierung firmiert. Eine kulturrelevante theologische Erschließung christlicher Freude wird sich hierzu positionieren. Konkret stellt sich die Herausforderung, an die mit der Individualisierung positiv verbundenen Aspekte wie bspw. die positive Selbstwirksamkeit anzuknüpfen und zugleich Alternativen aufzeigen zu können, wo sich diese konstruktivistische Konstellation des Glücks als lebensfeindlich erweist.

Ein wichtiger Hinweis ist in der Konzeption Rosas zu sehen, dass Resonanzerleben grundlegend in Bezogenheit auf etwas oder jemand anderen geschieht. Mit dieser Konzeption verbindet sich bei Rosa, dass Identität nicht substanzialistisch enggeführt, sondern dass sie offen und dynamisch im Modus von Entwicklung und Anverwandlung gedacht wird. Dies konvergiert mit einer hohen Wertschätzung von Freude an Beziehung aus christlicher Sicht.

In religiöser Perspektive drängt sich in diesem Feld der Gedanke der Berufung auf und die Frage, inwiefern eine Berufungserfahrung eine Erfahrung der Freude ist. Dabei ergibt sich die kritische Frage, ob nicht auch die Dimension der Berufung mit Duttweiler bzw. Cabanas/ Illouz als eine Selbsttechnik missbraucht werden kann. Eine Gefahr läge hier etwa darin, dass es in analoger Weise Techniken des Glücks als spezifische Selbsttechniken und in Analogie zu neoliberaler Gouvernementalität auf der Basis und mit dem Ziel christlicher Freude gibt. Wenn dies aber so wäre, dann könnte sich hier eine Ursache für verlorene Freude im kirchlichen Kontext finden.

Körper – Gefühl
Insbesondere Cabanas/ Illouz haben den Zusammenhang von Glücksdiskurs und Gefühlsleben analysiert. In theologischer Hinsicht steht damit die Aufgabe im Raum, Körperlichkeit und Gefühle in theologischer Anthropologie als wesentliche Aspekte von Personalität zu erschließen.[404] Dabei ist einerseits eine

---
404 Aus praktisch-theologischer Perspektive reflektiert Schüßler die Bedeutung von Gefühlen: Vgl. Michael Schüßler, Du musst dein Fühlen ändern. Eine Recherche zu den Affektstrukturen christlicher Dispositive, in: Bechmann u.a. (Hg.): Abfall. Theologisch-kritische Reflexionen über Müll, Entsorgung und Verschwendung, Münster: LIT 2015, 109-136.

unsachgemäße Psychologisierung und Kommerzialisierung zu vermeiden. Andererseits wäre der Hypothese nachzugehen, ob nicht u.U. eine Unterbewertung bzw. Nicht-Beachtung der leiblich-emotionalen Dimension des Menschseins im christlichen Kontext dazu beigetragen hat, dass christliche Kirche heute in weiten Teilen moderner Kultur bezüglich des Glücks als nicht kompetent betrachtet wird. Konkret wäre etwa zu fragen, welche Bedeutung Körper und Gefühle in einer Theologie und Pastoral haben bzw. bekommen, in deren Mittelpunkt die Freude des Evangeliums steht.

Dabei scheint die Beobachtung wichtig, dass es im modernen Glücksdiskurs – laut Cabanas/ Illouz – zu einem reduktionistischen Glücksbegriff im Sinne eines Übergewichts positiver Gefühle kommt. Dies entspringt der Sichtweise von Rosa, der darauf verweist, dass Resonanzerleben nicht nur positive Gefühle, sondern auch gegenläufige (z.B. traurige) Gefühle umfassen kann. Vor diesem Hintergrund wäre Freude kulturkritisch ambivalenzsensibel zu profilieren.[405]

Entfremdung – Kontingenz
Nach Rosa werden die negativen Folgen der Entfremdung, die als Optimierungszwänge erkennbar werden, individualisiert. Weiterführend ist diesbezüglich der Hinweis bei Rosa, dass Entfremdungserfahrungen nur dann zu bewältigen sind, wenn es dispositionale Resonanz gibt. Zu denken ist hier wohl an jenes Phänomen, das psychologisch als Grundvertrauen bezeichnet wird. Dessen Entwicklung bzw. Pflege durch pastorale Praxis zu unterstützen, könnte im Kontext der Rede von christlicher Freude bedeutsam sein.

Ferner scheint der Hinweis von Taylor bedeutsam, dass Fülle-Erfahrungen nicht nur bestätigend, sondern auch erschreckend und verstörend sein können, dass sie auch Ausgestoßensein und negative Gefühle umfassen. Eine angemessene Thematisierung christlicher Freude muss also insofern kontingenzsensibel sein. Sie darf angesichts des Leidens und der Theodizee nicht vorschnell Gott dispensieren und einer naiven Freude das Wort reden, die Leiden verharmlost.

- These 3: Eine praktisch-theologische Erschließung christlicher Freude zielt auf ein im besten Wortsinn spannungsreiches Verständnis menschlicher Existenz im Modus der Beziehung, aufgespannt zwischen Individualität/ Sozialität, Offenheit/ Geschlossenheit, Verbundenheit/ Trennung, Einheit/ Ganzheit, Freude/ Trauer und Hoffnung/ Angst.

---

405 In pastoralpsychologischer Hinsicht wären entsprechende Ansätze stark zu machen, z.B.: Wolfgang Reuter, Heilsame Seelsorge. Ein psychoanalytisch orientierter Ansatz von Seelsorge mit psychisch Kranken (Theologie und Praxis 19), Münster: LIT 2003. Sowie weiterentwickelt: Ders., Relationale Seelsorge. Psychoanalytische, kulturtheoretische und theologische Grundlegung (Praktische Theologie heute 123), Stuttgart: Kohlhammer 2012.

5.2.4 Glück und Schöpfung

Kulturell ist das Thema Natur in höchstem Maße aktuell, und zwar mindestens in zwei Perspektiven: einerseits im Zeichen der ökologischen Krise und andererseits unter dem Siegel einer naturromantischen Sehnsucht.

Rosa rekonstruiert dies resonanztheoretisch, indem er eine Spaltung zwischen Umwelthandeln und Umweltbewusstsein sieht, die zu einer Resonanzkrise führt, die aufgrund der prinzipiellen Verbundenheit zwischen Menschen und Natur grundlegende Bedeutung für alle anderen gesellschaftlichen Krisen hat. Aus seiner Sicht ist sowohl eine romantische Ästhetisierung (Resonanzoase) als auch eine technische Instrumentalisierung nicht zielführend.

Darüber hinaus vertritt er die These, dass Naturerfahrung in der Gegenwart die bedeutendste Achse glückenden Lebens darstellt. Nicht zuletzt deshalb ist die Freude des Evangeliums in den Kontext der Schöpfungstheologie zu stellen.

Demnach wäre nach Schöpfungskonzeptionen zu suchen, die die von Rosa als ökologische Krise diagnostizierte Spaltung zwischen Ästhetisierung und Instrumentalisierung überwinden helfen. Möglicherweise scheint dies auf den ersten Blick eine vom Forschungsinteresse abweichende Perspektive zu sein. Jedoch könnte eine solche schöpfungstheologische Erschließung im Sinne Rosas zu glückendem Leben beitragen und bekäme insofern eine lebensdienliche Funktion.

Nur angedeutet sei ferner, dass Rosa selbst darauf hinweist, dass es in der protestantischen Liedkultur zu einer Entdeckung des Zusammenhangs von Natur und Glaube gekommen ist. Hinsichtlich der katholischen Tradition ist an dieser Stelle auf das Feld der Volksfrömmigkeit zu verweisen, die ja historisch betrachtet in der Lage gewesen ist, diesen Zusammenhang aufzuspannen. Möglicherweise ist auch hier ein Konnex zwischen der Krise dieser typisch katholischen Tradition und der krisenhaften Freude des Evangeliums zu suchen.

- These 4: Eine praktisch-theologische Erschließung christlicher Freude gewinnt kulturelle Relevanz und zukunftsweisendes Profil durch eine schöpfungstheologische Fundierung.

5.2.5 Glück als Lebensstil

Sowohl in kultur- als auch in sozialwissenschaftlicher Perspektive zeigt sich, dass das Glück ästhetisiert, psychologisiert, emotionalisiert oder kommerzialisiert wird (so etwa Rosa). Weiterführend machen Cabanas/Illouz darauf aufmerksam, dass im modernen Glücksdiskurs ein Lebensstil[406] geprägt wird, der in hohem Maße gesellschaftliche, politische und ökonomische Implikationen beinhaltet und der potentielle Verlierer*innen des Glücksdiskurses marginalisiert. Damit verweist der kulturelle Glücksdiskurs die Rede von der christlichen Freude auf Gefahren.

Demnach hat sich die praktisch-theologische Erschließung vor einem individualisierten Glücksverständnis zu hüten, das zu einem christlichen Lebensstil führt, der negative gesellschaftliche Folgewirkungen der Glückssuche ausblendet. Denn ihrem Selbstverständnis nach darf die Freude des Evangeliums nicht losgelöst von Gerechtigkeit gedacht werden.

Darüber hinaus verweist die bisherige Analyse auf die Gefahr, dass im Namen der Freude ein christlicher Lebensstil als romantisierende Resonanzoase und Kontrasterfahrung jenseits einer menschengemachten technischen Welt etabliert wird. Denn auf diese Weise würde der Gottesglaube als Vertröstung verzweckt und schlimmstenfalls zu einer Wellness-Spiritualität degradiert.

Eine besondere Rolle kommt dabei mutmaßlich der gottesdienstlichen Praxis zu, bezüglich derer sich in der empirischen Glücksforschung eine Problemanzeige ergeben hat. Rosa weist hier eine Spur, indem er Gottesdienst als sensorischen Resonanzverbund über alle drei Resonanzachsen vorschlägt. Im säkularen Zeitalter wäre es zukunftsweisend, wenn Christ*innen in dieser Hinsicht eine Praxis der Freude kultivieren, die aber gerade nicht den Charakter einer Resonanzoase annimmt.

Ferner sind die Erträge von Taylor im Blick zu halten, der darauf hinweist, dass die religiöse Fülle-Erfahrung mit der Erfahrung von Verehrung, Barmherzigkeit, Empfangen und Geben verbunden ist und aus dem Gebet erwächst. In einem immanenten Rahmen, in dem das Glück allseits gesucht wird, könnte sich ein solchermaßen geprägter Lebensstil gleichermaßen als kultur-kompatibel wie auch als kultur-different zeigen. Es ist von daher zu prüfen, inwiefern diese Aspekte auch im theologischen Diskursarchiv bezüglich der Freude des Glaubens thematisiert werden.

- These 5: Eine praktisch-theologische Erschließung christlicher Freude zielt auf eine Pastoral, die Freude als Lebensstil kultiviert und dabei nicht der Gefahr eines individualisierten Glücksbegriffes bzw. einer Oasenpastoral erliegt.

---

406 Im bisherigen Gang dieser Untersuchung tauchte der Lebensstil-Begriff zunächst bei Cabanas/ Illouz auf. Er ist auch, dies wird sich in Teil III zeigen, prägend für das Pontifikat von P. Franziskus. Grundlegend zu einem christlichen Lebensstil-Begriff ist zu beachten: Christoph Theobald, Christentum als Stil. Für ein zeitgemäßes Glaubensverständnis in Europa (Veröffentlichungen der Papst-Benedikt XVI.-Gastprofessur an der Fakultät für Katholische Theologie der Universität Regensburg), Freiburg: Herder 2018.

An dieser Stelle endet die sozialwissenschaftliche Analyse des modernen Glücksdiskurses, in deren Verlauf sich für das Forschungsinteresse und darüberhinausgehend zahlreiche weitere Aspekte und Fragestellungen gezeigt haben. In Form der vorliegenden fünf Thesen konnten die bisherigen Erträge in praktisch-theologischer Perspektive vorausblickend geöffnet werden. Sie bieten damit wichtige Orientierungen einer zeitgemäßen Erschließung christlicher Freude.

Gleichzeitig haben sich in der perspektivischen Wahrnehmung des modernen Glücksdiskurses im Sinne des eingangs skizzierten hermeneutischen Ansatzes transversaler Weltentheologie Aspekte von Fremdprophetie für die christliche Praxis angedeutet. Um diese jedoch explizit als für die christliche Praxis fremdprophetisch bzw. evangelisierend erfassen und einordnen zu können, ist zunächst die theologische Analyse zu gewährleisten. Die Deutung der hier erhobenen Erträge als für die christliche Praxis fremdprophetisch bzw. evangelisierend erfolgt dann im Schlussteil (vgl. V) dieser Untersuchung.

III PERSPEKTIVEN AUF GLÜCK UND FREUDE IM THEOLOGISCHEN DISKURSARCHIV

Im bisherigen Verlauf dieser Untersuchung hat sich gezeigt, dass das Glück ein Leitthema der gegenwärtigen Kultur ist. Es ist insofern von erheblicher Relevanz, sich der grundlegenden theologischen Implikationen eines christlichen Glücks- bzw. Freude-Begriffes zu vergewissern. Dieser Vergewisserung dient der nun folgende Teil. Dabei ist offensichtlich, dass es sich bei Glück und Freude um sehr facettenreiche Begriffe handelt. Es können hier also nur einzelne Perspektiven erschlossen werden, die notwendigerweise persönlich-biographisch gefärbt sind. Um diese aber nicht zu einseitig werden zu lassen, kann sich diese Untersuchung auf die klassischen Traktate der Theologie beziehen, denn insofern es sich bei der Freude um einen Kernbegriff des christlichen Glaubens handelt, muss sie ja in jedem der Traktate anschlussfähig sein. Der Zugriff erfordert dabei eine Auswahl, die sich auf die bisher aus der Kultur erarbeiteten Dimensionen bzw. Thesen stützen kann. Methodologisch gilt hier: die Theologie lässt sich ihre Themen von den Themen der Menschen vorgeben.

Im Einzelnen bedeutet dies für den Fortgang dieser Untersuchung: Nach einer einführenden begrifflichen Analyse (1) wird das Spezifikum christlicher Freude in drei Perspektiven erschlossen. Zunächst und wesentlich ist dabei eine soteriologische Fragestellung, da sich Glück als Erlösungsdimension und als erlösender Augenblick (vgl. II.5.2, 1. und 2. These) gezeigt hatte. Die Frage, die sich für die Theologie ergibt, lautet: Macht Glaube glücklich (2)? Eine zweite Hinsicht war die anthropologische Perspektive (vgl. II.5.2, 4. These). Es zeigte sich hier: Glück bedeutet für Menschen, dass sie zu sich selbst kommen. Im dritten Kapitel wird daher die Frage bearbeitet, auf welche Weise in der Theologie glückendes Menschsein thematisiert wird. Schließlich hatte sich als besonders relevant die schöpfungstheologische Perspektive gezeigt (vgl. II.5.2, 3. These). Hierauf wird das vierte Kapitel Bezug nehmen. Am Ende der drei Kapitel steht jeweils eine Diskussion im Hinblick auf die bereits vorliegenden Ergebnisse der ersten beiden Teile. Die Perspektive christlicher Praxis (vgl. II.5.2, 5. These) wird in diesem Teil als erkenntnisleitende Fragestellung durchgängig im Blick bleiben und im anschließenden Teil IV vertiefend analysiert. Ziel dieses Teils ist nunmehr, Differenzen und Konvergenzen religiöser und nichtreligiöser Glückskonstellationen wahrzunehmen.

1 Einführung

Ein erster Blick auf die theologische Literatur ergibt zwei interessante Beobachtungen. Erstens gibt es innerhalb der theologischen Wissenschaft keine eindeutige Positionierung zur Frage der Terminologie. Auffällig ist also zunächst, dass im theologischen Feld, anders als in den Sozialwissenschaften, die Debatte terminologisch vielfältiger geführt wird, insofern hier sowohl die Freude (1.1) als auch das Glück (1.2) reflektiert wird. Allerdings, und dies ist die zweite wichtige Beobachtung, lassen sich Aktualitätswellen der Thematisierung erkennen.

1.1 Zum Begriff Freude im theologischen Diskursarchiv

Seit der Mitte des zwanzigsten Jahrhunderts, vor allem in den 70er Jahren, avanciert die Freude verstärkt zum Thema theologischer Reflexion.[407] Auffallend ist, dass die Freude in dieser Zeit besonders im Kontext von Spiritualität[408] und Pastoralanthropologie[409] thematisiert wird, wobei dies an Beiträge aus der ersten Jahrhunderthälfte anknüpft.[410] Diese Aufmerksamkeit gegenüber

---

[407] Vgl. hierzu exemplarisch: Medard Kehl, Freude an der Kirche, in: Stimmen der Zeit 44 (5/1971), 321-328. Friedrich Wulf, Manifestieren die Kirchen die zukünftige christliche Freude? Ein Bericht, in: Concilium 4 (1968), 689-694. Hermann Volk, Von der Freude des Christen, in: Stimmen der Zeit 35 (4/1962), 245-254.

[408] Vgl. Hans Wallhof, Freude, in: Praktisches Lexikon der Spiritualität, Freiburg: Herder 1988, 407-411. Bernardin Schellenberger, Von der Freude des Fisches, im Netz gefangen zu sein. Oder von der Trauer und von der Freude des Christen, in: Stimmen der Zeit 50 (2/1977), 85-92. Corona Bamberg, Freude am Glauben – wer glaubt uns das?, in: Stimmen der Zeit 49 (6/1976), 404-421. Dies., Adventsfreude. Gedanken in einer Zeit wachsender Ratlosigkeit, in: Stimmen der Zeit 59 (6/1986), 401-405.

[409] Besonders Josef Sudbrack hat sich um das Thema verdient gemacht. Exemplarisch seien genannt: Josef Sudbrack, Freude, in: Praktisches Wörterbuch der Pastoralanthropologie, Freiburg: Herder 1975, 337-340. Ders., „Rühmend freuen wir uns über unsere Drangsale". Ein notwendiges Kapitel über die Freude der christlichen Gotteserfahrung, in: Stimmen der Zeit 50 (1/1977), 41-49. Ders., Die vollkommene Freude. Aus den Legenden um Gotamo Buddho und Franz von Assisi, in: Stimmen der Zeit 45 (3/1972), 213-218. Ders., Mut zur Freude! Paulus an die Gemeinde in Philippi (4,4-7), in: Stimmen der Zeit 43 (2/1970), 81-86. Weitere Beiträge in pastoralanthropologischer Hinsicht bieten u.a.: Klaus Winkler, Freude, in: Evangelisches Kirchenlexikon Bd. 1, Göttingen: Vandenhoeck & Ruprecht 31986, 1369ff. Ders., Freude und Lust, in: Wörterbuch des Christentums, München: Orbis 1995, 370f. Karl-Heinz Kleber, Über die rechte Freude. Ihre Grundbedeutung für die christliche Sittlichkeit, in: Breuer (Hg.): Ethik der Tugenden. Menschliche Grundhaltungen als unverzichtbarer Bestandteil moralischen Handelns (FS Piegsa) (Moraltheologische Studien – Systematische Abteilung 26), St. Ottilien: EOS Verlag 2000, 201-209. Friedrich Wulf, Die Dialektik von Hoffnung und Angst, Freude und Trauer, in: Stimmen der Zeit 49 (2/1976), 118-135.

[410] Exemplarische Beiträge aus dieser Zeit: Thomas Mönichs, Geistliche Freude, in: Stimmen der Zeit 11 (1/1936), 53-60. Annie Kraus, Über die Freude, in: Stimmen der Zeit 32 (2/1959), 84-87. Franz Hillig, Der Christ und die Freude, in: Stimmen der Zeit 21 (2/1948), 137-140. Franz Xaver Dander, Die christliche Freude nach dem Heiligen Thomas v. Aquin, in: Stimmen der Zeit 4 (4/1929), 366ff.

der Freude spiegelt sich seitdem in den entsprechenden theologischen Standardwerken wider.[411]

Dies steht in engem Zusammenhang mit der Tatsache, dass die Freude durch das Zweite Vatikanische Konzil, prominent etwa in der Pastoralkonstitution Gaudium et spes, eine besondere Aufmerksamkeit erhält. So bezeichnet Joachim Schmiedl die Freude gar als Programmwort des Konzils.[412] Wenig später widmet P. Paul VI. der Freude mit „Gaudete in Domino"[413] ein eigenes Lehrschreiben, das allerdings kaum rezipiert wurde.[414] Schließlich ist die Freude dann zu einem der prägenden Motive im Pontifikat von P. Franziskus geworden.[415]

---

[411] Wetzer und Welte's Kirchenlexikon bietet noch keinen Eintrag zum Thema Freude. Vgl. Joseph Cardinal Hergenröther, Franz Kaulen (Hg.), Wetzer und Welte's Kirchenlexikon oder Encyklopädie der katholischen Theologie und ihrer Hilfswissenschaften, Freiburg: Herder 21886. Das Lexikon für Theologie und Kirche bietet ab der zweiten Auflage einen Artikel zum Thema, zunächst in biblischer und moraltheologischer und in der dritten Auflage in theologisch-ethischer, biblisch-theologischer und praktisch-theologischer Perspektive. Die Erstauflage des Handbuchs theologischer Grundbegriffe bietet einen Artikel von Volk: Vgl. Hermann Volk, Freude, in: Handbuch theologischer Grundbegriffe Bd. 2, München: dtv 1970, 40-44. Interessanterweise verzichtet dann das Neue Handbuch wieder auf einen entsprechenden Beitrag: Vgl. Peter Eicher (Hg.), Neues Handbuch theologischer Grundbegriffe, München: Kösel 2005 (Neuausgabe). Einen besonders umfassenden Überblick zum Thema Freude bieten schließlich: Otto Michel, Freude, in: Reallexikon für Antike und Christentum Bd. 8, Stuttgart: Hiersemann 1972, 348-418. Sowie in theologiegeschichtlicher Hinsicht: Lothar Steiger, Freude II. Geistes- und theologiegeschichtlich, in: Theologische Realenzyklopädie Bd. XI, Berlin/ New York: de Gruyter 1983, 586-589. Und: Brian Horne, Freude IV. Christentum, in: Religion in Geschichte und Gegenwart Bd. 3, Tübingen: Mohr Siebeck 42000, 348f.

[412] Vgl. Joachim Schmiedl, Freude – eine konziliare Tugend, in: Diakonia 45 (1/2014), 40-42.

[413] Papst Paul VI., Apostolisches Schreiben GAUDETE IN DOMINO seiner Heiligkeit Papst Paul VI. an den Episkopat, den Klerus und die Gläubigen der ganzen Welt über die christliche Freude, 09.05.1975.

[414] Dabei konstatiert Rudolf Padberg in seiner Einleitung, dass das Schreiben über das damalige Heilige Jahr hinaus „eine grundsätzliche und epochale Bedeutung" habe, insofern es sich zu „einer bedeutungsvollen und zentralen Frage der christlichen Spiritualität" äußert. Rudolf Padberg, Einleitung zu „Gaudete in Domino", in: (Nachkonziliare Dokumentation 53), Trier: Paulinus 1976, 7-19, hier 7. Einen weiteren Kommentar bietet: Benedikt Pflüger, Der Weg zum Glück. Hymnus über die christliche Freude von und über Papst Paul VI., hg. v. Pflüger, Freiburg: Selbstverlag „Bruder in Not" 21978.

[415] Neben den einleitenden Hinweisen (vgl. 0.1.3) sei hier verwiesen auf die „großen" Dokumente seines Pontifikates, wie z.B.: Papst Franziskus, Nachsynodales Schreiben AMORIS LAETITIA des Heiligen Vaters Papst Franziskus an die Bischöfe, an die Priester und Diakone, an die Personen geweihten Lebens, an die christlichen Eheleute und an alle christgläubigen Laien über die Liebe in der Familie (Verlautbarungen des Apostolischen Stuhls 204), 19.03.2016. Papst Franziskus, Apostolische Konstitution VERITATIS GAUDIUM über die kirchlichen Universitäten und Fakultäten (Verlautbarungen des Apostolischen Stuhls 211), 27.12.2017. Papst Franziskus, Apostolisches Schreiben GAUDETE ET EXSULTATE des Heiligen Vaters Papst Franziskus über den Ruf zur Heiligkeit in der Welt von heute (Verlautbarungen des Apostolischen Stuhls 213), 19.03.2018. Vgl. einführend zum Begriff Freude bei P. Franziskus: Timothy Radcliffe, Joy, in: McElwee/ Wooden (Hg.): A Pope Francis Lexicon (Foreword by Ecumenical Patriarch Bartholomew), Collegeville: Liturgical Press 2018, 103-105.

Die Wiederentdeckung der Freude in den letzten sechzig Jahren kann unmittelbar an ihre zentrale biblische Bedeutung[416] – sowohl in der alttestamentlichen[417] als auch in der neutestamentlichen[418] Tradition – anknüpfen. Ferner liegen Beiträge aus philosophischer[419], ethischer[420], systematischer[421] und religionswissenschaftlicher bzw. interreligiöser[422] Perspektive vor.

Auffällig ist allerdings, dass die Freude im gegenwärtigen pastoraltheologischen Diskurs wenig Beachtung findet.[423] Wie oben bereits angedeutet, wird sie hier bisher vor allem in pastoralanthropologischer Perspektive

---

416 Einführend sei verwiesen auf: Rainer Kampling, Freude II. Biblisch-theologisch, in: Lexikon für Theologie und Kirche Bd. 4, Freiburg: Herder 31995, 130f. Besonders aufschlussreich sind die grundlegenden religionspsychologischen Ausführungen von Gerd Theißen zur Verknüpfung von Freude und Furcht im frühen Christentum: Gerd Theißen, Erleben und Verhalten der ersten Christen. Eine Psychologie des Urchristentums, Gütersloh: Gütersloher Verlagshaus 22017, 164-188.

417 Vgl. Georg Braulik, Freude II. Altes Testament, in: Religion in Geschichte und Gegenwart Bd. 3, Tübingen: Mohr Siebeck 42000, 347. Es liegen zahlreiche Untersuchungen zur Freude in den unterschiedlichen alttestamentlichen Schriften vor. Exemplarisch seien genannt: Zur Freude im Buch Kohelet: Ludger Schwienhorst-Schönberger, Gottes Antwort in der Freude. Zur Theologie göttlicher Gegenwart im Buch Kohelet, in: Bibel und Kirche 54 (4/1999), 156-163. Zur Freude in den Psalmen: Christine Abart, Lebensfreude und Gottesjubel. Studien zu physisch erlebter Freude in den Psalmen (Wissenschaftliche Monographien zum Alten und Neuen Testament 142), Göttingen: Vandenhoeck & Ruprecht 2014.

418 Grundlegend: Eduard Lohse, Freude des Glaubens. Die Freude im Neuen Testament, Göttingen: Vandenhoeck & Ruprecht 2007. Tim Schramm, Freude III. Neues Testament, in: Religion in Geschichte und Gegenwart Bd. 3, Tübingen: Mohr Siebeck 42000, 347f. Eckart Otto, Tim Schramm, Fest und Freude. Biblische Konfrontationen (Kohlhammer Taschenbuch 1003), Stuttgart: Kohlhammer 1977.

419 Beispielhaft: Holger Zaborowski, Vom Ereignis der Freude, in: Diakonia 45 (1/2014), 2-11. Ders., Freude, Spaß und die Zustimmung zur Wirklichkeit. Zum Geschenk erfüllter Zeit, in: Zaborowski (Hg.): Menschlich sein: philosophische Essays, Freiburg/ München: Karl Alber 2016, 17-35. Martin Steffens, Petit traité de la joie. Consentir à la vie, Paris: Salvator 2011.

420 Vgl. Gerfried W. Hunold, Freude I. Theologisch-ethisch, in: Lexikon für Theologie und Kirche Bd. 4, Freiburg: Herder 31995, 130.

421 Vgl. Walter Kasper, Die Freude des Christen, Ostfildern: Patmos 2018.

422 Ingvild Sælid Gilhus, Freude I. Religionswissenschaftlich, in: Religion in Geschichte und Gegenwart Bd. 3, Tübingen: Mohr Siebeck 42000, 346f. Johannes C. H. Wu, Die Weisheit des Ostens und der Geist der Freude. Zur Begegnung mit fernöstlicher Spiritualität, in: Stimmen der Zeit 54 (6/1981), 410-421. Klaus Herrmann, Freude V. Judentum, in: Religion in Geschichte und Gegenwart Bd. 3, Tübingen: Mohr Siebeck 42000, 349f.

423 Während eines pastoraltheologischen Fachkongresses zeigte sich ein Gesprächspartner überrascht bzgl. des Themas dieses Dissertationsprojektes und fragte, ob man nach Auschwitz noch zu diesem Thema arbeiten könne. Und tatsächlich entsteht diese Studie in dem Land, in welchem das Motto „Kraft durch Freude" in zynischer Weise missbraucht wurde. Diese Wahrnehmung stellt eine nicht zu dispensierende Rahmung für diese Studie dar. Zu den Konsequenzen, die hieraus zu ziehen sind, hat sich immer wieder Johann Baptist Metz positioniert. Vgl. hierzu: Jürgen Manemann, Johann Baptist Metz, Theologische Gespräche. Über Glück und Erfüllung, in: Theologie der Gegenwart 49 (2/2006), 118-125. Eine Problematisierung der Freude-Thematik findet auch aus evangelischer Perspektive statt, wenn auch aus anderen Gründen. Vgl. Dietrich Stollberg, Freude – ein Tabu, in: Deutsches Pfarrerblatt 82 (1982), 155-157.

thematisiert.[424] Hubert Windisch aber hebt die zentrale Bedeutung der Freude für die Pastoral heraus:

„Da die Wurzel jeder Freude die von Gott in Jesus Christus geschenkte und im Menschen bzw. in der Kirche weiterwirkende Liebe ist, in welcher der Glaube wirksam wird (vgl. Gal 5,6), zielt alle Pastoral letztlich auf einen Anreiz zur Freude am Glauben an Gott in Jesus Christus."[425]

Wenngleich seit dem Jahr 2004 drei theologische Fachzeitschriften der Freude ein Themenheft[426] gewidmet haben, ist es in jüngster Zeit wieder stiller um das Thema geworden. In den Fokus ist seither das Glück getreten.

1.2 Zum Begriff Glück im theologischen Diskursarchiv

Seit Aristoteles ist das Glück ein Klassiker der philosophischen Reflexion, sodass die Literatur zum Thema dementsprechend mannigfaltig ist. War es in der Folge von Kant zu einer spürbaren Zurückhaltung gegenüber dem Glück gekommen, so lässt sich seit dem Ende des vergangenen Jahrhunderts in der philosophischen Forschung ein neues Interesse an der Thematik feststellen.[427] An der Schnittstelle von Philosophie und Theologie hat das Glück besondere Relevanz im Bereich der Moraltheologie, wo es im Hinblick auf das gute Leben (Tugendethik)

---

424 Neben den bereits oben genannten Beiträgen sind insbesondere zu nennen: Hubert Windisch, Freude III. Praktisch-theologisch, in: Lexikon für Theologie und Kirche Bd. 4, Freiburg: Herder 31995, 131f. Leo Karrer, Freude. Ästhetik erlebten Glaubens, in: Feeser-Lichtenfeld (Hg.): Dem Glauben Gestalt geben. FS Walter Fürst (Theologie. Forschung und Wissenschaft 19), Berlin: LIT 2006, 203-215. Doris Nauer, Grund zur Freude. Christliche Anthropologie und lebenspraktische Folgen, in: Diakonia 45 (1/2014), 12-18. Klaus Vellguth, Weltweit auf der Suche nach Freude und Glück, in: Diakonia 45 (1/2014), 30-39. Umfangreiche aktuelle Studien zum Thema Freude liegen aus praktisch-theologischer Perspektive nicht vor.
425 Windisch, Freude, 132.
426 Hans Urs von Balthasar u.a., Die Freude (Themenheft), in: Internationale katholische Zeitschrift Communio 33 (4/2004). Holger Zaborowski u.a., Freude (Themenheft), in: Diakonia 45 (1/2014). Katholisch-Theologische Fakultät der Universität Erfurt (Hg.), Themenheft: Freude erschließen, in: Theologie der Gegenwart 58 (3/2015).
427 Neben dem bereits genannten Beitrag von Thomä (vgl. II.1) sei verwiesen auf: Robert Spaemann, Glück und Wohlwollen. Versuch über Ethik, Stuttgart: Klett-Cotta 1989. Ders., Die Zweideutigkeit des Glücks, in: Spaemann (Hg.): Grenzen. Zur ethischen Dimension des Handelns, Stuttgart: Klett-Cotta 22002, 95-106. Christoph Horn, Antike Lebenskunst. Glück und Moral von Sokrates bis zu den Neuplatonikern (Beck'sche Reihe 1271), München: Beck 1998. Ludwig Marcuse, Philosophie des Glücks: von Hiob bis Freud, Zürich: Diogenes 1972. Martin Seel, Versuch über die Form des Glücks: Studien zur Ethik (suhrkamp-taschenbuch wissenschaft 1445), Frankfurt/ M.: Suhrkamp 1999. Georg Schildhammer, Glück (utb Profile. Bd. 3236), Wien: Facultas 2009. Daniel M. Haybron, Was ist Glück? Eine Orientierung (Aus dem amerikanischen Englisch übersetzt von Jean Philipp Strepp), Stuttgart: Reclam 2016.

diskutiert wird.[428] Aber auch die biblische Theologie widmet sich dem Thema.[429] In den vergangenen Jahren war in einer größeren Öffentlichkeit insbesondere der Lebenskunstdiskurs prägend.[430]

In den vergangenen zwanzig Jahren sind nun auch vermehrt systematisch-theologische Studien zum Glück vorgelegt worden.[431] Während Wetzer und Welte's Kirchenlexikon[432] im Jahr 1886 noch keinen Eintrag zum Thema Glück bietet, wird das Stichwort im Lexikon für Theologie und Kirche[433] seit der zweiten Auflage berücksichtigt. Auffällig ist allerdings, dass hier keine Beiträge

---

428 Einführend hierzu: Gerfried W. Hunold, Thomas Laubach, Glück III. Theologisch-ethisch, in: Lexikon für Theologie und Kirche Bd. 4, Freiburg: Herder 32008, 760f. Zum Stichwort Eudämonismus: Werner Wolbert, Eudämonismus, in: Lexikon für Theologie und Kirche Bd. 3, Freiburg: Herder 32006, 977.

429 Vgl. hierzu einführend: Ludger Schwienhorst-Schönberger, Glück im Alten Testament, in: Internationale katholische Zeitschrift Communio 39 (2010), 480-498. Peter Müller, Viel Glück und viel Segen. Das Reden vom Glück in der Bibel, in: Englert (Hg.): Glück und Lebenskunst (Jahrbuch der Religionspädagogik 29), Neukirchen-Vluyn: Vandenhoeck & Ruprecht 2013, 40-50. Thomas Naumann, Glück in der Bibel – einige Aspekte, in: Bedford-Strohm (Hg.): Glück-Seligkeit. Theologische Rede vom Glück in einer bedrohten Welt, Neukirchen-Vluyn: Neukirchener Verlagsgesellschaft 2011, 69-89.

430 Prägend war diesbezüglich der Philosoph und philosophische Seelsorger Wilhelm Schmid. Aus der Fülle seiner Veröffentlichungen sei grundlegend genannt: Wilhelm Schmid, Philosophie der Lebenskunst. Eine Grundlegung (suhrkamp taschenbuch wissenschaft 1385), Frankfurt/M.: Suhrkamp 1998. Resonanzen aus religionspädagogischer Perspektive bietet der Sammelband: Rudolf Englert (Hg.), Glück und Lebenskunst (Jahrbuch der Religionspädagogik 29), Neukirchen-Vluyn: Vandenhoeck & Ruprecht 2013. Eine Reflexion aus pastoraltheologischer Perspektive bietet: Matthias Sellmann, Christsein als Lebenskunst. Eine pastoraltheologische Phänomenanalyse, in: Theologisch-Praktische Quartalschrift 157 (4/2009), 351-358.

431 Ein früher Proponent ist Gisbert Greshake: Gisbert Greshake, Glück oder Heil? Ein Paradigma für die Dissoziation von christlichem Glauben und säkularer Gesellschaft und der Versuch einer theologischen Vermittlung, in: Ders. (Hg.): Gottes Heil – Glück des Menschen. Theologische Perspektiven, Freiburg: Herder 1983, 159-206. Stilbildend war in den letzten Jahren vor allem der ev. Theologe Jörg Lauster: Jörg Lauster, Gott und das Glück. Das Schicksal des guten Lebens im Christentum, Gütersloh: Gütersloher Verlagshaus 2004. Ders., 13. Glück in der Theologie II. „Mitten in der Endlichkeit eins werden mit dem Unendlichen", in: Thomä (Hg.): Glück. Ein interdisziplinäres Handbuch, Stuttgart: Metzler 2011, 439-443. Ders., Glück und Gnade – religiöse Perspektiven der Anerkennung, in: Evangelische Theologie 76 (6/2016), 462-469. Des Weiteren sind zu nennen: Saskia Wendel, Glück im Christentum. Gerechtigkeit und die Hoffnung auf Vollendung, in: Thomä (Hg.): Glück. Ein interdisziplinäres Handbuch, Stuttgart: Metzler 2011, 351-356. Martin Rohner, Glück und Erlösung. Konstellationen einer modernen Selbstverständigung (Religion – Geschichte – Gesellschaft. Fundamentaltheologische Studien 41), Münster: LIT 2004. Martin Rohner, Glück und Erlösung. Eine philosophisch-theologische Skizze, in: Theologie der Gegenwart 49 (2006), 92-103. Johann Hinrich Claussen, Ein theologischer Blick auf die gegenwärtige Suche nach dem Glück, in: Praktische Theologie 45 (1/2010), 11-17. Jürgen Moltmann, Glück-Seligkeit, in: Bedford-Strohm (Hg.): Glück-Seligkeit. Theologische Rede vom Glück in einer bedrohten Welt, Neukirchen-Vluyn: Neukirchener Verlagsgesellschaft 2011, 128-130.

432 Unter dem Stichwort Glückseligkeit ist lediglich der Verweis auf den Artikel Seligkeit zu finden. Vgl. Joseph Huntheim, Seligkeit, in: Wetzer und Welte's Kirchenlexikon oder Enzyklopädie der katholischen Theologie und ihrer Hilfswissenschaften Bd. 11, Freiburg: Herder 21899, 87-98. Vgl. zu dieser Beobachtung die Analyse von Greshake unter 2.1.

433 In der Auflage aus dem Jahr 1960 zunächst in philosophischer und volkskundlicher, in der dritten Auflage dann in philosophischer, systematisch-theologischer und theologisch-ethischer Perspektive. Auch das Neue Handbuch theologischer Grundbegriffe bietet einen Ein-

aus praktisch-theologischer Perspektive zu finden sind. Gleichwohl wird das Glück in der praktisch-theologischen Forschung berücksichtigt.[434]

Eingangs wurde bereits auf die dreigliedrige (soteriologische, anthropologische und schöpfungstheologische) Perspektivität des nun folgenden Teils hingewiesen. Aufgrund des erhobenen Forschungsstandes im theologischen Diskursarchiv ist damit zu rechnen, dass hier sowohl Freude als auch Glück zum begrifflichen Gegenstand werden. Genauer: Insofern der Glücksbegriff eine lange philosophische Tradition hat, wird dieser in soteriologischer Perspektive relevant sein. Der Freude-Begriff hingegen wurde in der bisherigen Forschung, so hat die einführende Recherche gezeigt, vor allem im pastoralanthropologischen Kontext reflektiert, sodass dieser Begriff vor allem im zweiten Teil dieser Arbeit analysiert wird. Insofern Schöpfungstheologie als Synthese der ersten beiden Perspektiven konzipiert wird, werden in diesem Teil schließlich beide Begriffe ihre Berechtigung haben.

Schließlich ein letzter einführender Hinweis: Die Auswahl der Referenzautoren erfolgt in ökumenischer Offenheit, insofern dies sachlich-inhaltlich begründbar ist. In allen drei Perspektiven jedoch wird auf P. Franziskus Bezug genommen, da er das Thema Freude lehramtlich neu auf die Tagesordnung gebracht hat und damit einen Anstoß zu dieser Untersuchung gab.

2 Macht Glaube glücklich?

Es hat sich sowohl im kulturwissenschaftlichen Teil als auch bei Taylor gezeigt (und es gehört zur alltäglichen Erfahrung), dass der Gottesglaube und seine Relevanz für das Glückserleben in heutiger Kultur (oft) nicht nachvollziehbar sind. Auf der anderen Seite hat Taylor darauf verwiesen, dass die religiöse Fülle-Erfahrung in der Säkularität 3 durchaus eine legitime Option darstellt. Und auch Rosa konstatiert, dass Religion als vertikale Achse, eine Möglichkeit darstellt, wie Menschen Resonanz erfahren können. Damit aber steht die Frage des Verhältnisses von immanenten und transzendenten Fülle- bzw. Resonanzerfahrungen im Raum, die sich folgendermaßen zuspitzen lässt: Wie werden im theologischen Diskurs der Gottesglaube und das Glück thematisiert? In welcher Weise zeigt sich in christlicher Gottesrede, dass Glaube glücklich macht?[435]

---

trag. Vgl. Bernhard Lang, Glück, in: Neues Handbuch theologischer Grundbegriffe Bd. 2, München: Kösel 2005 (Neuausgabe), 40-51.
434 Vgl. hierzu etwa die bereits erwähnten Beiträge zu Ratgeberliteratur (I.3) und Lebenskunst (s.o.).
435 Eine Frage, die hier nicht umfassend, sondern nur perspektivisch erörtert werden kann. Vgl. weiterführend: Michael Roth, Macht Glaube glücklich?, in: Jahrbuch der Religionspädagogik (2013), 31-39. Ferner ist erneut auf Johann Baptist Metz zu verweisen, dessen Neue Politische

Diese Frage wird hier in dreifacher Perspektive untersucht. In einem ersten Zugriff bietet der em. Freiburger Prof. für Dogmatik und ökumenische Theologie Gisbert Greshake eine Analyse des Zusammenhangs von Glück und Heil, indem er für eine Vermittlung und Dissoziation beider Topoi eintritt (2.1). Auf der Basis dieser grundlegenden Verhältnisbestimmung wird dann die gnadentheologische Studie „Gott und das Glück" des evangelischen systematischen Theologen Jörg Lauster vorgestellt, der sich insbesondere um eine Vermittlung zwischen eudämonistischem Glücksstreben und Augenblicksglück bemüht (2.2). Und schließlich wird das eingangs genannte Apostolische Schreiben Evangelii gaudium von P. Franziskus analysiert (2.3). Dieses Kapitel endet schließlich mit einer Diskussion der drei theologischen Perspektiven im Kontext der bisherigen sozialwissenschaftlichen Erträge (2.4).

2.1 Glück und Heil

Greshake widmet sich in einem für das Thema noch heute grundlegenden Beitrag aus dem Jahr 1983 dem Zusammenhang von Glück und Heil. Er vertritt die These, dass die beiden Begriffe Glück und Heil über lange Zeit fast bedeutungsidentisch verwendet wurden, u.a. weil sie dem gleichen eudämonistischen Wortfeld zugehören. Erst in neuerer Zeit haben sich beide Begriffe sprachlich ausdifferenziert, in einen religiösen Sonderbegriff „Heil"[436], der sich auf das Jenseits bezieht, und einen auf das Diesseits bezogenen Begriff (Glück), der die lustvolle Befriedigung des Lebens meint. Heil ist nun ein abstrakter, erfahrungsferner Begriff, dessen Zusammenhang mit dem irdischen Wohl nicht mehr erkennbar ist. Der Glücksbegriff andererseits wird subjektiviert zum psychischen Wohlbefinden.[437] Damit sind laut Greshake beide Begriffe gleichermaßen eingeschränkt. Die damit vollzogene Trennung zwischen Glück und Heil führt zu der Herausforderung, die beiden Begriffe neu zu vermitteln und zuzuordnen, denn

---

Theologie sich letztlich immer kritisch um diese Frage bewegte, indem er dafür eintrat, dass Religion vor allem Kontingenzeröffnungspraxis darstellt.

436 Es meint laut Greshake die „unausdenkbare Vollendung und überströmende Erfüllung aller menschlichen Möglichkeiten, Sehnsüchte, Wünsche und Zielvorstellungen – in, durch und bei Gott." Dabei führt der Weg zum Heil über die Erlösung und Selbst-Offenbarung Gottes. Vgl. Greshake, Glück oder Heil?, 9. Vgl. ergänzend zum Heilsbegriff: Markus Knapp, Heil IV. Systematisch-theologisch, in: Lexikon für Theologie und Kirche Bd. 4, Freiburg: Herder 32006, 1262ff.

437 Wie sich im bisherigen Verlauf der Studie gezeigt hat, sieht Greshake hier einen wichtigen Aspekt des gegenwärtigen Glücksbegriffes. Gleichwohl wirkt seine Begriffsdefinition vor dem Hintergrund der kulturwissenschaftlichen Analyse auch ein wenig vereinfachend. Möglicherweise zeigt sich in dieser Beobachtung aber auch die zeitliche Distanz zum Zeitpunkt des Entstehens seines Beitrags.

gerade aus theologischer Perspektive handelt es sich, so Greshake, um eine unzulässige Reduktion des Heilsbegriffes.[438]

Die Argumentation von Greshake wird nachfolgend in drei Schritten nachgezeichnet. Ausgehend von einem theologiegeschichtlichen Durchblick (2.1.1) wird das Glück als unverfügbare Gabe profiliert (2.1.2), die für Menschen in Glaube, Hoffnung und Liebe erfahrbar wird und sich in der Spannung von Fragment und Vollgestalt zeigt (2.1.3). Unter 2.1.4 werden die Erkenntnisse für diese Studie zusammengefasst.

2.1.1 Aufpaltung von Glück und Heil – historischer Abriss

Greshake konstatiert, dass im biblischen Befund eine Unterscheidung zwischen irdischem Glück und göttlichem Heil aufscheint, die aber gleichzeitig zusammengehalten wird in der jesuanischen Reich Gottes-Botschaft. Er stellt bezüglich des hier vorliegenden Spannungsverhältnisses fest:

„So wird im Neuen Testament Glück verstanden als reale Vorwegnahme endgültigen Heils, das seinerseits kritische Norm aller Antizipationen bleibt und deshalb auch bestimmte (vordergründige) Glückserfahrungen als trügerisch und nicht mehr offen für das größere, endgültige, die Strukturen dieser Welt sprengende ‚Glück von Gott her' entlarvt. Damit ist ein spannungsvolles Verhältnis von immanentem und transzendentem Glück/ Heil begründet, das sich auch in der nachneutestamtlichen Zeit in einer kaum auf einen Nenner zu bringenden Vielfalt verschiedener Akzente artikuliert."[439]

Der späte Augustinus trennt dann strikt zwischen dem irdischen Glück und eschatologischen Heil. Abgesehen von kleineren schöpfungstheologischen und ekklesiologischen Vermittlungen sieht er beide in einem Konkurrenzverhältnis. Friedrich Heer merkt dazu kritisch an, dass hierin auch die Ursache für neuere Entwicklungen begründet ist; denn, wenn das Heil als idealistische Idee unendlich entfernt scheint, dann wird das Glück automatisch depraviert.

Bei Thomas von Aquin stehen das himmlische Glück der Gemeinschaft mit Gott und das irdische Glück nicht unverbunden nebeneinander. Bei ihm ist irdisches Glück als Vorschein des ewigen Glücks gegeben in der Verwirklichung der Tugenden, die laut Greshake „glückende Selbstverwirklichung" meinen. Damit verbunden sind zwei Einsichten: Erstens liegt Glück nicht im Haben,

---

[438] Vgl. Greshake, Glück oder Heil?, 159ff.
[439] Ebd., 170.

sondern im Sein. Zweitens wird dieser Selbstvollzug gnadenhaft geschenkt. Daher betont Thomas auch die kontemplativen Tugenden. In der Praxis der Kontemplation wird Gott als schön erkannt und auch die Schöpfung erscheint als schön.[440] Von hier her drängt die Erfahrung der Kontemplation (Schönheit, Liebe, Glück) ins Tun, in die sog. aktiven Tugenden. Dies ist der entscheidende Unterschied zu Augustinus: jede irdische Glückserfahrung ist transparent auf das Heil Gottes, weil die gesamte Wirklichkeit sakramentalen Charakter hat.[441] Greshake stellt zusammenfassend fest:

> „So ist der Weg des Menschen zu Gott nicht nur die ‚Vorbereitung auf den Empfang der Glückseligkeit, sondern der Prozess eines Wachstums der jetzt schon empfangenen beatitudo aus ihrer unvollkommenen irdischen Gestalt zu ihrer eschatologischen Vollendung'."[442]

Diese thomanische Synthese zerbrach dann allerdings durch die neue „anthropozentrische" Weltsicht. Glück wird danach das Ergebnis von Arbeit und Leistung (vgl. I). Dies wirkt sich auch auf die Theologie aus, die sich in der Folge nicht mehr mit dem Glück beschäftigt, sondern sich ganz auf das überzeitliche Heil konzentriert. Ist es zunächst noch die Vernunft, die notwendigerweise den Weg zum Erreichen des Glücks weist, so wird später das Glück als Lust-Erleben zum Ziel des Strebens (Hedonismus). Die Glücksidee wird damit letztlich subjektiviert und relativiert und autonom begründet. So wird für Greshake nachvollziehbar, warum Glück heute mit Wohlbefinden (Lust, Bedürfnisbefriedigung o.ä.) identifiziert wird.[443] Demgegenüber konturiert er das Glück als unverfügbare Gabe.

2.1.2 Glück als unverfügbare Gabe

Die verschiedenen Varianten des gegenwärtigen Glücksdenkens (insbesondere von empirischer Glücksforschung) sind aus der Sicht von Greshake problematisch. Denn entgegen ihrer Annahme kann das Glück aus seiner Sicht nicht hergestellt, sondern allenfalls Wege dorthin offengehalten werden. Modernes Glücksstreben scheint insofern religiös besetzt, als es einen Sprung über das faktisch Gegebene hinaus voraussetzt. Allerdings ist es hier der Mensch, der

---

[440] In philosophischer Perspektive in jüngerer Zeit vertiefend erschlossen durch: Richard Schaeffler, Das Gute, das Schöne und das Heilige. Eigenart und Bedingungen des ethischen, ästhetischen und der religiösen Erfahrung, Freiburg: Karl Alber 2019.
[441] Vgl. Greshake, Glück oder Heil?, 170-178.
[442] Ebd., 179.
[443] Vgl. ebd., 179-182.

den Sprung von der Endlichkeit in die Unendlichkeit vollziehen will, während der Glaubende die Überwindung dieser Differenz von Gott selbst her erwartet. Glück wird in den Modus der Arbeit, des Produzierens überführt und wird damit zugleich immer weniger zugänglich, weil es sich der Machbarkeit entzieht.

Glück ist demgegenüber aus der Sicht von Greshake nicht das Ergebnis autonomer Anstrengung, sondern Empfang einer unverfügbaren Gabe; und solches Empfangen geschieht in Spiel, Fest und Humor:

> „Mitte der Glückspraxis ist demnach Aneignung und Auswirkung des Glücksgeschenks, nicht Leistung. Diese Haltung äußert und verdichtet sich im Glück des Spiels, im Glück des Festes und im Glück des Humors [Fußnoten gelöscht, SO], ohne die es offenbar kein volles Glücklichsein des Menschen gibt."[444]

Heute werden nach Greshake Auswirkungen einer „Ideologie" sichtbar, die das totale Glück herstellen will – es ist ein Totalitarismus, der auf Kosten der Wirklichkeit geht. Dieses Pathos übersieht insbesondere die Leidenden und die Opfer.[445] Greshake fragt, wie jemand Glück finden kann, wenn nicht auch das Glück der anderen berücksichtigt wird. Gerade die Wirklichkeit von Leid und Tod stellt also die Glückssehnsucht von Menschen radikal in Frage. Es kommt dann letztlich zur Ablösung des Glücks durch Bedürfnisbefriedigung, wie es Nietzsche vom letzten Menschen beschrieben hatte. Damit wird aber aus der Sicht von Greshake deutlich: Der Mensch kann sein Glück unmöglich selbst machen, er erfährt aber zuweilen das geschenkte Glück.

Daher ergibt sich die Konzeption von der Paradoxie des Glücks: Der Mensch wird glücklich, indem er andere glücklich macht. Der Mensch wird glücklich, indem er geliebt wird und diese Liebe weiterschenkt. Zugespitzt formuliert: in der Liebe liegt das Wesen des Glücks. Wobei Liebe hier nicht nur intersubjektiv verstanden wird, sondern als Beziehung zur Welt, die dem Menschen als sinnenhafte Äußerung und vermittelndes Zeichen von Liebe entgegenkommt. Allein eine menschliche Liebe kann aber nicht ein letztes Glück gewähren, da die Liebenden ja gemeinsam über sich hinaus streben; sie können das Glück nie in sich selbst finden.

Ist die Folge aus dem Beschriebenen aber, dass der Mensch sich mit dem „kleinen Glück" und mit der Befriedigung seiner Bedürfnisse begnügen muss?

---

[444] Ebd., 192.
[445] Striet hebt in diesem Sinne auch die notwendige Spannung der Freude hervor: Magnus Striet, Gespannte Freude – oder: Wider eine verharmlosende Spiritualität der Klage, in: Internationale katholische Zeitschrift Communio 33 (4/2004), 317-334.

Greshake hält diesbezüglich fest, dass niemandem, der mit dem kleinen Glück zufrieden ist, sein Empfinden abzusprechen ist. Zugleich sei aber auch daran festzuhalten, dass Menschen immer auch nach dem größeren Glück streben und dass das kleine Glück immer auch an seiner Begrenztheit und Vorläufigkeit scheitern muss. Greshake wörtlich:

> „Nein, der Glücksuchende verlangt unersättlich, ‚alles' zu besitzen. Gäbe es irgendwo auf der Welt einen Wert, ein Gut, das der Mensch noch nicht hätte, er wollte es noch hinzu; kurz: er will das Gute, Werthafte, Schöne schlechthin, das, was – nach christlicher Überzeugung – als Heil von Gott her nur in Gott selbst und in ihm verwirklichbar ist."[446]

So wird aus seiner Sicht eine Entscheidung notwendig, ob das menschliche Glücksverlangen eine Illusion ist und der Mensch damit ein unrettbar „unglückliches Wesen" ist oder ob man das Glück als von Gott geschenktes Heil erwarten darf. Es handelt sich hier um eine Grundoption des Menschseins, die Maß daran zu nehmen hat, ob sich dieses Heil von Gott schon im Hier und Heute bewahrheitet.[447] Diese Bewahrheitung des Glücks erkennt Greshake in Glaube, Hoffnung und Liebe.

2.1.3 Glück in Glaube, Hoffnung und Liebe

Erneut: Durch Verjenseitigung, Verinnerlichung und Supranaturalisierung des christlichen Heils trägt die christliche Tradition eine Mit-Verantwortung für die neuzeitliche Dissoziierung von irdischem Glück und religiösem Heil. Diese Trennung kann, so Greshake, im Rückgriff auf die biblische und theologische Tradition überwunden werden. Aber auch aktuelle theologische Schulen[448] versuchen durch das Gespräch mit dem humanistischen Denken der Gegenwart neue Perspektiven zu eröffnen. Sie heben die politische Dimension des christlichen Glaubens heraus und verstehen das Christusgeschehen als „Antizipation des eschatologischen Heils in der Geschichte" (Pannenberg). So gilt:

> „Heutige Theologie versucht, gerade das Heil als Glück zu sehen und das Glück auf Heil hin zu verstehen. Diese neuere Tendenz lässt sich unter drei Gesichtspunkten entfalten."[449]

---

446 Greshake, Glück oder Heil?, 197.
447 Vgl. ebd., 188-197.
448 Exemplarisch nennt er Nouvelle Theologie, Theologie der Befreiung sowie „Black theology".
449 Ebd., 198.

Greshake erschließt diese drei Gesichtspunkte in folgender Weise[450]:
Glück im Glauben: Das Leben Jesu Christi ist Maßstab für jedes gelingende Leben. Der Glaube an ihn beauftragt Christ*innen zum Lebenseinsatz angesichts der schon jetzt erfahrenen Fülle. Es stellen sich in diesem Zusammenhang zwei Aufgaben:

Erstens ist die Schöpfungstheologie wieder neu zu gewichten, und zwar auch vor dem Hintergrund ihrer Vernachlässigung gegenüber Geschichtstheologie und Eschatologie. Denn in der Schöpfung erfährt der Mensch ja zeichenhaft Heil und Glück als vorgegeben.[451] Und dieser schöpfungstheologische Ansatz ist grundlegend christologisch zu denken. Dabei zeigt sich, etwa bei Franz von Assisi oder anderen, dass dies nicht gegen eine kreuzestheologische Sichtweise ausgespielt werden muss.

Zweitens müsste eine neue theologische Hermeneutik entwickelt werden. Denn bei Augustinus und Thomas war das Glück eng mit dem Schönen verbunden. Demgegenüber hat sich theologische Hermeneutik in der jüngeren Vergangenheit aber am „verum" orientiert, also an der Wahrheits-, speziell an der Sinnfrage. Auch in der Praktischen Theologie ging es dementsprechend um Vermittlung von Lebenswissen und Sinnerhellung. Dies führt aber in die Gefahr permanenter Dauerreflexion.

Es müsste nun mehr um die einende Mitte von Wahrheit und Liebe gehen, welche die Schönheit ist. Es ginge also um eine theologische Ästhetik, in der theologische Heilswahrheit als schön und faszinierend und als Einladung zum Glück erscheint. Greshake wörtlich:

„Nimmt die Theologie beide Aufgaben wahr, könnte deutlicher hervortreten, dass und wie Glaube und Glück aufs Tiefste zusammenhängen."[452]

Glück in der Hoffnung: In der Hoffnung weigert sich der Glaubende die Erfahrung von Leid als letzte Bestimmung des Daseins zu akzeptieren. Hoffnung wird so zu einer Kraft, die es vermag, die vorletzten Dinge dieser Welt auf die letzten Dinge hin umzugestalten. Deshalb ist die Schaffung einer gerechten Ordnung die Vorbedingung für irdisches Glück.

Menschen, die sich hoffend und wagend dafür engagieren, lassen schon in dieser Welt einen ersten Schein künftigen Glücks aufleuchten. Dabei handelt

---

450 Vgl. zum Folgenden: Ebd., 198-205.
451 Ähnlich betont auch Volk die Relevanz der Schöpfungswirklichkeit: „Freude ist für den Menschen möglich und von der Schöpfung her vorgesehen als Freude an den Dingen, an den Menschen und an Gott." Volk, Freude, 41.
452 Greshake, Glück oder Heil?, 201.

es sich nicht um Synergismus mit Gott, sondern um ein Geschenk des Geistes und Praxis befreiter Freiheit.[453]

Glück in der Liebe: Eine Glückserfahrung, so Greshake, fällt immer mit der Erfahrung von Liebe zusammen. Dabei stehen die begrenzte menschliche Liebe und die unendliche Liebe in einem Entdeckungszusammenhang.

Vor allem Augustinus verweist darauf, dass die Kirche der Ort dieses Zusammenhangs ist: geteilte „Bruderliebe" und gemeinsames Glauben und Hoffen sind hier schon erfahrbare Anzeichen der endgültigen Liebe, wodurch eine Ortlosigkeit der Heilsgnade vermieden wird. Die Frage, wo heute schon menschliches Leben im Glauben glückt, können Glaubende mit Verweis auf konkrete Kirchenerfahrungen beantworten. Freilich nicht als Glücksbesitz, sondern als Aufblitzen des Glücks. Dementsprechend ist die Frage nach Glück auch die Frage nach der christlichen Kirche, inwiefern in ihr Gottes Heil erfahrbar wird.

Greshake fasst seine Überlegungen dahingehend zusammen, dass in Glaube, Hoffnung und Liebe das transzendente Heil in menschliche Erfahrungen hineinwirkt. Hierdurch fangen Menschen an, schon im Hier und Heute glücklich zu werden. So wird das kleine Glück zu einer Vorahnung ewigen Heils.[454]

Dabei sind Glaube, Hoffnung und Liebe allerdings nicht vom Menschen herzustellende Fähigkeiten, sondern von Gottes Geist geschenkte „übernatürliche Tugenden". Der qualitative Sprung, von dem oben die Rede war, ist also von Gott geschenkt. Glück und Heil verhalten sich wie Anfang und Vollendung, wie Samen und Blüte, wie Fragment und Vollgestalt. So zeigt sich, dass das Glück wesenhaft Geschenk ist. Insofern Glaube, Hoffnung und Liebe

---

[453] Eine solche „Theologie der Hoffnung" (J. Moltmann) erweist gerade angesichts gesellschaftlich angstvoller Zeiten ihre bleibende Aktualität. Vgl. Franz Gruber, Theologie der Hoffnung in Zeiten der Angst, in: ThPQ 165 (4/2017), 364-374. Grundlegend hierzu: Moltmann, Glück-Seligkeit. Sowie der Beschluss der Würzburger Synode Unsere Hoffnung, der auf die enge Verknüpfung von Hoffnung und Freude aufmerksam macht: „Diese Freude ist dem Kindersinn unserer Hoffnung verwandt und gerade deswegen von künstlich oder verzweifelt gespielter Naivität ebenso weit entfernt wie von naturwüchsigem Daseinsoptimismus." Der Text warnt vor der Gefahr, zu viel von der Freude zu reden, und betont, dass man sie vor allem in der Feier und im Zeugnis anschauen kann: „Von ihr ist schwer zu reden und leicht ein Wort zu viel gesagt. Sie kann eigentlich nur angeschaut und erlebt werden an denen, die sich auf die Nachfolge einlassen und darin den Weg ihrer Hoffnung gehen. Sie wird vor allem dort erlebt, wo die Getauften ‚voller Freude' (Apg 2, 46) das Gedächtnis Jesu und in ihm die Heilstaten Gottes feiern, in denen unsere Hoffnung gründet." Würzburger Synode, Unsere Hoffnung. Ein Bekenntnis zum Glauben in dieser Zeit, in: Bertsch SJ (Hg.): Gemeinsame Synode der Bistümer in der Bundesrepublik Deutschland. Beschlüsse der Vollversammlung. Offizielle Gesamtausgabe I, Freiburg: Herder 1976, 84-111, hier 106.

[454] Moltmann positioniert sich zu diesem eschatologischen Vorbehalt ganz im Sinne der Theologie der Hoffnung: „Das ‚Noch-nicht' interessiert mich weniger als das ‚Jetzt-schon'. Im Leben kündigt sich das gute Leben schon an, im erfüllten Leben kommt schon die ewige Fülle des Lebens auf, und in der Gnade erfahren wir schon das Morgenlicht der Herrlichkeit Gottes." Vgl. Moltmann, Glück-Seligkeit, 130.

aber Tugenden des Menschen sind, verwirklicht sich der gute Geist in glückschaffenden Taten des Menschen.

Es bleibt aber eine Differenz zwischen Glück und Heil, weil nicht jede innerweltliche Glückserfahrung dem Wirken des Geistes entspringt. Eine Enttäuschung über erreichtes Glück, das sich als nicht dauerhaft erweist, kann zur Motivation der Suche nach dauerhaftem, göttlichem Heil werden. So wird das in Christus angebrochene Heilsglück zur Kritik an Glücksverwirklichungen, die sich dem Wirken des Ungeistes verdanken und nicht auf Liebe, sondern auf Selbstliebe beruhen. Greshake abschließend:

„Diese Differenz von Glück und Heil, die der pneumatologischen Zuordnung von beiden nicht widerspricht, ist in dieser Welt nicht überwindbar, da es nach christlichem Verständnis letztes Heil nur auf dem Weg der Nachfolge des Gekreuzigten gibt."[455]

2.1.4 Zusammenfassung und Ertrag

Angesichts einer erst historisch gewachsenen Unterscheidung zwischen Glück als immanentem, subjektivem Wohlbefinden und Heil als religiös abstraktem, erfahrungsfernem Begriff bemüht sich Greshake um eine neue Vermittlung der beiden Begriffe.

Greshake stellt heraus, dass der Mensch Heil und Glück bereits in der Schöpfung zeichenhaft vorgegeben findet, sodass er für eine christologisch fundierte Theologie der Schöpfung plädiert.[456]

Glaubende finden den Anfang des eschatologischen Heils im Glauben an Jesus Christus. In der jesuanischen Reich Gottes-Botschaft wird deutlich, dass endgültiges Glück von Gott kommt und dass immanentes und transzendentes Glück/ Heil in spannungsvollem Zueinander stehen. Insofern sind Glück und Heil einander zugeordnet wie Samen und Blüte bzw. Fragment und Vollgestalt.

In Glaube, Hoffnung und Liebe machen Menschen schon im Diesseits Erfahrungen transzendenten Heils und werden schon anfanghaft glücklich. Dabei sind Glaube, Hoffnung und Liebe zunächst unverfügbare Geschenke Gottes. Als menschliche Tugenden zeigen sie aber, dass Menschen sich dem Wirken des Geistes Gottes zur Verfügung stellen können. Ein solches tugendhaftes Leben kann mit Thomas von Aquin als „glückende Selbstverwirklichung" bezeichnet werden, wonach das Glück im Sein, das gnadenhaft geschenkt wird,

---

455 Greshake, Glück oder Heil?, 206.
456 Dieser Hinweis wird in Kapitel 4 aufgegriffen.

liegt und nicht im Haben. Ausgangspunkt solch glückender Selbstverwirklichung ist die Erfahrung von Gott als Schönheit, Liebe und Glück (z.B. in der Kontemplation).[457]

Greshake betont in diesem Zusammenhang, dass es der Theologie um die Einheit von Wahrheit und Liebe gehen müsse, die in der Schönheit zusammengehalten werden. Er wirbt also für eine Glaubensästhetik, in der die theologische Heilswahrheit als schön und faszinierend erscheint.

Kritisiert wird von Greshake ein Glücksbegriff, der die Opfer und Leidenden der Geschichte ignoriert. Denn so kann Glück nur als Bedürfnisbefriedigung gesehen werden. Ein solches Pathos der Glücksherstellung, das die Leidenden übersieht und den Tod verneint, ist aber wirklichkeitsfern.

Wirklichkeitsnäher erweist sich die von Greshake genannte Paradoxie des Glücks: der Mensch wird glücklich, indem er andere glücklich macht. Es ist die Paradoxie der Liebe. Eine Liebe, die unter irdischen Bedingungen letztlich nie gänzlich zu erfüllen ist, verweist den Gläubigen auf die immer größere Liebe Gottes. Mit anderen Worten: Die Liebe ist in dieser Welt immer schon ein Vorauszeichen ewigen Glücks und eine Glückserfahrung daher immer eine Liebeserfahrung. Die Liebe ist also das entscheidende Merkmal des Glücks und sie wird zum kritischen Maßstab für Glücksverheißungen, die ihr nicht gemäß sind. Dieser Zusammenhang aber braucht einen Ort, den Greshake mit Rückgriff auf Augustinus in der Kirche sieht, wo Geschwisterlichkeit, gemeinsames Glauben, Hoffen und Lieben anfanghaft endgültiges Heil erfahren lassen.

In der Hoffnung liegt Glück, weil sie eine Kraft ist, die die Dinge dieser Welt auf endgültiges Heil hin ausrichtet. Die Hoffnung stellt die Weigerung des Glaubens dar, dass Leiderfahrung der prägende Grund des Daseins ist. Sie ist damit auch eine Kraft zur Schaffung einer gerechten Ordnung als Voraussetzung des Glücks. Dies jedoch nicht als Selbsterlösung, sondern als Geschenk des Geistes und „Praxis befreiter Freiheit". Menschen, die sich hierfür einsetzen, lassen schon einen Schein des ewigen Glücks aufleuchten.

Die Enttäuschung über die Fragilität des diesseitigen Glücks kann zur Motivation werden, um ewiges Glück (Heil) zu suchen. Die Frage ist aber, ob das Glücksverlangen eine Illusion ist und der Mensch damit unrettbar hoffnungslos oder ob die Hoffnung auf letztes Heil (Glück) berechtigt ist. Die christliche Option des Heils als höchsten, endgültigen Wert, auf das alle Glückssuche

---

457 Ergänzend ist darauf zu verweisen, dass sich in der geistlichen Tradition ein enger Zusammenhang zwischen Schönheit, Liebe (Sexualität) und mystischer Erfahrung zeigt. Vgl. Anselm Grün, Gerhard Riedl, Mystik und Eros (Münsterschwarzacher Kleinschriften 76), Münsterschwarzach: Vier-Türme 92017. Einen künstlerischen Ausdruck findet dieser Zusammenhang in einer Skulptur von Gian Lorenzo Bernini in der Kirche Santa Maria della Vittoria (Rom): Die Entrückung der Heiligen Theresia (1647-1652).

hindeutet, wird diesbezüglich zum Garanten dafür, dass die Glückssehnsucht des Menschen, die prinzipiell nicht zu befriedigen ist, nicht sinnlos ist.

Schließlich nennt Greshake Humor, Fest und Spiel als Orte der Aneignung des Glücks.

Im Hinblick auf das Forschungsinteresse dieser Untersuchung sind folgende Aspekte als Ertrag zu sichern:

- Aufgrund der kritischen Vermittlung von Heil und Glück ist eine Befassung der Pastoral mit dem irdischen Glück notwendig und angemessen, nicht zuletzt, weil es in einem Entsprechungsverhältnis zum himmlischen Heil steht (Fragment – Vollgestalt). Glück ist insofern in der Spannung von „schon und noch nicht" des angebrochenen Gottesreiches zu denken. Es zeigt sich gnadenhaft und bewährt sich im tugendhaften Leben im Sinne „glückender Selbstverwirklichung".
- Glaube, Hoffnung und Liebe sind jene Merkmale christlicher Existenz, in denen diese glückende Selbstverwirklichung als Vermittlung von transzendentem und immanentem Heil und Glück geschieht. Die Sehnsucht nach Glück in der Kultur stellt die Kirche also vor die Frage, inwiefern sie diese Aspekte in ihrer eigenen Praxis aufscheinen lässt.
- Stilbildend müsste insbesondere die von Greshake benannte Paradoxie des Glücks (Liebe) sein. Pastoral, die an der Freude des Evangeliums Maß nimmt, hätte von hier her nicht primär auf subjektives Wohlbefinden zu zielen, sondern weiterführend Liebesfähigkeit und Leidsensibilität zu kultivieren. Hoffnung als Weigerung gegenüber dem Leid als letztem Grund des Lebens wird damit zur Kraft für die Schaffung einer gerechten Ordnung, welche eine Voraussetzung des Glücks ist.
- Wahrzunehmen ist der Hinweis, dass Kontemplation einen wichtigen Weg der Erfahrung Gottes als Heil, Schönheit und Glück darstellt. Von hierher ergibt sich der Hinweis auf eine Ästhetik, in der der Glaube als faszinierend und schön erscheint, weil in der Schönheit Wahrheit und Liebe zusammengehalten werden. In diesem Sinne ist nach einer christlichen Praxis zu fragen, in der solche Erfahrungen möglich werden.
- Ferner erscheinen hier Humor[458], Fest und Spiel als Aneignungs- und Ausdrucksweisen des Glücks, das nicht im Haben, sondern im Sein liegt.
- Schließlich ergibt sich aufgrund des Hinweises auf Dignität und Sakramentalität der Schöpfung die Frage nach deren Relevanz in einer Pastoralkultur, die sich der Freude verpflichtet.

---

458 In jüngerer Zeit hat Alexander Jaklitsch Humor als mystagogische Praxis erschlossen: Vgl. Alexander Jaklitsch, Heiterer Aufbruch des Geistes. Humor als postmoderne Mystagogie, in: Geist und Leben 88 (4/2015), 375-380.

2.2 Glück und Gnade

Der Münchener evangelische systematische Theologe Jörg Lauster legte mit „Gott und das Glück. Das Schicksal des guten Lebens im Christentum"[459] im Jahr 2004 eine systematisch-theologische Studie zum Glück im Christentum vor. Lausters Ansatz liegt zunächst ganz auf der Linie von Greshake.[460] Auch er vertritt einen umfassenden Glücksbegriff, der identisch ist mit der Frage nach dem guten und gelingenden Leben:

> „Das Glück ist eine Form, in der menschliches Dasein zur Erfüllung gelangt."[461]

Ihm sind allerdings wertvolle Hinweise auf die Zeitdimension der Glückserfahrung im Sinne von Augenblicks- und Strebensglück (2.2.1 bzw. 2.2.3) zu verdanken. Im Mittelpunkt seiner Überlegungen steht die Haltung „weltoffener Selbstbestimmung" (2.2.2). Existenzhermeneutische Überlegungen schließen seine Überlegungen ab (2.2.4). Die Erträge werden schließlich unter 2.2.5 gesichert.

2.2.1 Augenblicks- und Strebensglück

Der erste Teil seiner Untersuchung dient dazu, jene christlichen Theologien darzustellen, die darum bemüht sind, eine Verbindung zwischen antiker Glückslehre und christlicher Soteriologie herzustellen. Diese deuten das Glück als Einbruch der göttlichen Sphäre in die Lebenswirklichkeit.[462] Menschlichen Glückserfahrungen eignet damit eine theologische Dignität:

> „Der Transzendenzeinbruch, der sich in der Erfahrung des Glücks ereignet, wird als Gotteserfahrung interpretiert. Das Glück ist damit eine Art und Weise, die Wirklichkeit Gottes in der Welt zu erfahren. Der Zusammenhang von Religion und Glück ist im Christentum also genauer zu beschreiben als das Verhältnis von Gott und Glück."[463]

---

459 Diese Studie wurde vielfach rezipiert, z.B. durch: Ralf Miggelbrink, Können Christen von Glück reden? Theologische Überlegungen im Anschluss an eine Wiederentdeckung der Kategorie der Lebensfülle, in: Bedford-Strohm (Hg.): Glück-Seligkeit. Theologische Rede vom Glück in einer bedrohten Welt, Neukirchen-Vluyn: Neukirchener Verlagsgesellschaft 2011, 90-100.
460 Auch Lauster stellt fest, dass die Frage nach dem Glück in der Moderne in Misskredit geraten ist und in der Postmoderne zurückkehrt.
461 Lauster, Gott und das Glück, 188.
462 Vgl. ebd.
463 Ebd., 189.

In der Geschichte des Christentums sind der Aufstieg zu Gott und die Gottesschau Bilder für das Streben nach Glück und Glückserfahrung. An diese Bilder kann angeknüpft werden, auch wenn sie an philosophische Voraussetzungen (Platon) gebunden sind, die so heute nicht mehr gelten.

Bei Lauster ist das menschliche Glücksstreben Ausdruck der Gottebenbildlichkeit; in ihm zeigt sich der Bezug des Menschen zu einer transzendenten Dimension. Als Kehrseite des Glücks ist im Christentum immer von der Sünde (als Unglück) gesprochen worden. Sie entspricht jener Wirklichkeit im Menschen und der Welt, die dem Glück entgegensteht. Die Rede von der Sünde hängt aufs Engste mit der Erlösung zusammen:

> „Vor diesem Hintergrund ist eine christliche Theorie des Glücks nicht vom Gedanken der Erlösung zu trennen."[464]

Was religiös als Erlösung gefasst wird, dem entspricht in formaler Hinsicht das „Augenblicksglück".[465] Dieser Begriff bezeichnet zum einen die Erfahrung, dass das Glück nicht machbar ist. Zum anderen beinhaltet er die Erfahrung, dass der Mensch im Glück mehr erhält, als er erstrebt. Dieser Charakter der Unverfügbarkeit und Überbietung verweist im religiösen Sinne auf die Transzendenz.

Schließlich wird die Glückserfahrung zur Sinnerfahrung, da sich der Mensch in dieser Erfahrung in einem letzten Grund der Wirklichkeit aufgehoben weiß. Diese Einsicht wirkt befreiend, weil der Mensch erfährt, dass das gelingende Leben nicht allein von ihm und seinen Kräften abhängt. Lauster hebt diese positive lebenspraktische Dimension hervor:

> „Das Glück des Augenblicks hebt damit das Streben nach Glück nicht einfach auf. Es gewährt vielmehr die Gewissheit, dass sich das Gelingen des Lebens einem Grund verdankt, der vor allem Tun des Menschen liegt. Die Erfahrung des Glücks setzt eine existentielle Haltung frei, sie bildet den Mut und das Vertrauen aus, die nötig sind, um nach dem Glück des eigenen Lebens zu streben."[466]

Der religiöse Glücksbegriff stellt damit gängige Vorstellungen davon in Frage, was das Glück ist und wie es erreichbar sei. Theologische Rede vom Glück nimmt die Aufgabe wahr, daran zu erinnern, dass in menschlichen

---

464 Ebd.
465 Vgl. hierzu auch: Jörg Lauster, Augenblick und Ewigkeit. Aspekte einer Theologie des Glücks, in: Theologie der Gegenwart 49 (2006), 82-91.
466 Lauster, Gott und das Glück, 190.

Glückserfahrungen ein Transzendenzbezug gegeben ist und ein Überschuss an Wirklichkeit, der ihn die Wirklichkeit Gottes erahnen lässt.[467]

Korrespondiert das Augenblicksglück mit der Unverfügbarkeit Gottes, so steht das Strebensglück (Eudämonismus) im Zusammenhang mit der Gottebenbildlichkeit des Menschen.[468] Dieses Strebensglück ist aus der Sicht Lausters ebenso bedeutsam und der Grund hierfür ist ein anthropologischer: Der Mensch ist immer ein strebendes Wesen, einer der auf die Zukunft hin ausgerichtet lebt. Anders formuliert: Der Mensch strebt wesensgemäß nach Glück und das Glück würde zu Fun bzw. Spaß verkommen, wenn es gänzlich vom Glücksstreben abgetrennt würde.

Mit Augenblicks- und Strebensglück liegen also zwei sehr unterschiedliche Glückskonstellationen vor, die aber bei Lauster nicht unverbunden bleiben, sondern in der Perspektive „weltoffener Selbstbestimmung" integriert werden.[469]

2.2.2 Weltoffene Selbstbestimmung

Lauster hält es für theologisch geboten sowohl das Augenblicks- als auch das Strebensglück in einem Denkmodell zusammenzuführen. Für seinen integrativen Ansatz nimmt er Bezug auf den Philosophen Martin Seel, insofern dieser eine philosophische Integration von Strebens- und Augenblicksglück vorlegt.[470]
Seel bestimmt das Glück als „weltoffene Selbstbestimmung". Damit ist gemeint: der Mensch strebt nach Glück und er verfolgt Lebenspläne, die jedoch kontinuierlich an die Lebenswelt und die gegebenen Möglichkeiten angepasst werden müssen. Dabei ist es der erfüllte Augenblick, der das Streben nach Glück neu auszurichten vermag. Mit Weltoffenheit wird damit die Selbstbestimmung um die Praxis des „Sich bestimmen lassen" erweitert.[471] Dem Begriff der Weltoffenheit inhärent ist die Tatsache der Unabschließbarkeit:

> „Der Mensch wird sich selbst zu groß. Unter den Bedingungen der Endlichkeit kommt das Streben des Menschen nie an sein Ziel."[472]

---

467 Vgl. ebd.
468 Vgl. ebd., 170.
469 Vertiefend hierzu das Projekt einer „Integrativen Ethik" des Philosophen Hans Krämer. Vgl. Hans Krämer, Integrative Ethik (suhrkamp taschenbuch wissenschaft 1204), Frankfurt/ M.: Suhrkamp 22018.
470 Vgl. Seel, Versuch über die Form des Glücks: Studien zur Ethik.
471 Vgl. Lauster, Gott und das Glück, 171.
472 Ebd., 172.

In der christlichen Tradition wurde die daraus existentiell erwachsende Unruhe des Menschen gesehen (Lauster nennt Augustinus, Ficino u.a.). Zugleich wird hierin auch der Unendlichkeitsbezug des Menschen plausibilisierbar. Mit Bezug auf Jaspers hält Lauster fest:

> „Wird der Mensch in seinem Streben sich selbst zu groß, so bedeutet dies, dass er sich von etwas angezogen weiß, was ihn selbst und seine Lebenswirklichkeit unendlich übersteigt und doch in ihm als treibender Impuls seiner Lebensführung wirksam wird. [...] Unruhe und Rastlosigkeit sind die Kehrseite eines für den Menschen wesentlichen Bezugs zur Unendlichkeit."[473]

Lauster führt die „Idee des Guten" (Kant) ein, um genauer zu zeigen, wie das Sich bestimmen lassen von einer transzendenten Wirklichkeit geschieht: In der Idee des Guten fallen bei Platon der Einbruch der Unendlichkeit in das Bewusstsein und die Ausrichtung auf diese Unendlichkeit zusammen. In dieser Idee werden Eudämonismus und Augenblicksglück integriert:

> „Das menschliche Streben ist als eine Orientierung am Guten zu beschreiben, während der erfüllte Moment als das Sich-Zeigen des Guten definiert werden kann. Das Sich-Zeigen wiederum ist die Voraussetzung dafür, dass sich der Mensch überhaupt am Guten orientieren kann."[474]

So kommt Lauster zu der These, dass das Augenblicksglück als eine (nicht die einzige) Erschließungsform von Transzendenz zu deuten ist, die das eudämonistische Streben gestaltet und ausrichtet. Das Augenblicksglück ist also als Aufleuchten einer „höheren Wirklichkeit", einer „Dimension unbedingten Sinns", eines „Sich-Zeigen des Guten" zu beschreiben:

> „Er fühlt sich im Falle der Glückserfahrung erfreulich angegangen und angesprochen von woanders her, er vernimmt, spürt und ahnt etwas, was die Dimension seiner Lebenswirklichkeit übersteigt."[475]

Lauster stellt heraus, dass es sich hierbei nicht notwendigerweise um eine religiöse Erfahrung handeln muss, dass diese Transzendenzerfahrung aber zumindest

---

473 Ebd.
474 Ebd., 173.
475 Ebd., 174.

für eine christliche bzw. religiöse Deutung offen ist. Die Transzendenzerfahrung wird dann auf einen personalen Grund bezogen:

> „Zeigt sich das Gute so, wie es in erfüllten Momenten geschieht, so ist dies eine Form der Gottesbegegnung. Gott erschließt sich im Glück des Augenblicks dem menschlichen Bewusstsein – und das bleibt nicht ohne Folgen."[476]

In solchen Momenten von existentieller Betroffenheit erfährt der Mensch, dass das Augenblicksglück von anderer Art ist, als er selbst erreichen oder herstellen kann. Im Augenblicksglück, welches in der Weltoffenheit des Menschen gründet, erahnt der Mensch also, dass sein Leben gut ist und zwar unabhängig vom Gelingen seiner Pläne und Wünsche.

Das Paradox des Augenblicksglücks liegt nun darin, dass dies nicht dazu führt, dass der Mensch untätig wird, sondern dass dadurch in ihm das Streben nach Glück mächtig wird:

> „Der Mensch erfährt in existentieller Tiefe, dass sein Glück größer ist als er selbst, größer als seine Pläne, seine Wünsche, sein Handeln – und genau das verwandelt sein Streben selbst. Die Erfahrung des erfüllten Augenblicks ist ein entscheidender Motor für das unabschließbare Streben des Menschen nach Glück."[477]

Insofern nun aber dem Augenblicksglück eine spezifische, weil transzendenzeröffnende und orientierende Bedeutung zukommt, werden nachfolgend in phänomenologischer Absicht einige wesentliche Aspekte vertiefend vorgestellt.

2.2.3 Kleine Phänomenologie des Augenblicksglücks

Vielfalt der religiösen Erfahrung[478]: Der Einbruch des Augenblicksglücks kann sich im christlichen Gottesdienst ereignen und die Erfahrung solchen Glücks wird hier dargestellt und gefeiert. Der Einbruch des Augenblicksglücks ereignet sich aber keinesfalls ausschließlich hier. Ein entscheidendes Strukturmerkmal des Augenblicksglücks im religiösen Sinne liegt darin, dass es unverfügbar und „kontrafaktisch" ist. Es ist mehr als Summe und Quintessenz von glücklichen Begebenheiten oder Atmosphären.

---

476 Ebd.
477 Ebd., 175.
478 Vgl. grundlegend hierzu: James, Die Vielfalt religiöser Erfahrung. Eine Studie über die menschliche Natur, Frankfurt/ M.: Insel 1997.

Die Bandbreite dessen, was erfahren wird und was daraus folgt, ist weit. Es gibt radikale Lebensbrüche (Bekehrung), es wird Befreiung und Entlastung erlebbar, der Wert des eigenen Lebens oder anderer wird (neu) gewiss. Dann kommt es vielleicht nicht zu einer radikalen Wende, sondern eher zu einer abgeschwächten Freiheitserfahrung, wodurch Lebensziele und -werte modifiziert werden. Oder es kann als eine Sinnerfahrung („alles ist gut") erlebt werden, die die Erkenntnis birgt, dass das Leben mehr ist, als es scheint.[479]

Gebrochenheit des Strebens: Das Augenblicksglück lässt sich nicht automatisieren, denn die Widrigkeiten des Lebens und die menschliche Ungenügsamkeit wird damit nicht überwunden. Vielmehr wird eine Aussicht eröffnet.[480] Fragment und Teilhabe: Lauster hebt hervor, dass das Augenblicksglück ambivalent ist:

> „Das Glück des Augenblicks ist begrenzt, endlich und vorübergehend, und doch eröffnet es einen Ausblick auf den Mehrwert des Lebens von größter Anziehungskraft. Für die Tradition der christlichen Glückslehre ist dieses Spannungsverhältnis konstitutiv."[481]

Einseitig wird dieses Spannungsverhältnis aufgelöst – und damit das christliche Wirklichkeitsverständnis verkürzt – durch eine „Verjenseitigung" oder aber durch eine naive oder resignative Affirmation der Endlichkeit, die tatsächliche Lebenswirklichkeit ausblendet. Mit anderen Worten kann die präsentische und futurische Eschatologie des „schon jetzt und noch nicht" nicht ohne Substanzverlust aufgelöst werden. Denn:

> „Zwischen diesseitigem und jenseitigem Glück besteht vielmehr ein Zusammenhang, den man in der Tradition der christlichen Lehre vom Glück mit dem Begriff der Teilhabe bezeichnen konnte. Der für die christliche Theologie so entscheidende Begründungszusammenhang von Eschatologie und Ethik ist damit auch in der Frage nach dem Glück gewahrt."[482]

Im Augenblicksglück zeigen sich fragmentarische Spuren und Anzeichen von etwas, was noch nicht ist. Es weist über sich hinaus auf etwas, was im Christentum als jenseitige Vollendung geglaubt wird:

---

479 Vgl. ebd., 176f.
480 Vgl. ebd., 177f.
481 Ebd., 178.
482 Ebd., 179.

> „Im Glück des Augenblicks ereignet sich das Glück der Ewigkeit, in ihm hat der Mensch teil an der Unendlichkeit."[483]

Lebensorientierung: Das Augenblicksglück führt zur Ausbildung von Bewusstseinseinstellungen und Lebensorientierungen, die in der Tradition als die drei göttlichen Tugenden bezeichnet werden: Glaube, Hoffnung und Liebe. Lauster macht am Beispiel des Glaubens deutlich:

> „Diese drei Tugenden sind keine moralischen Leistungen, sie sind vielmehr Perspektiven auf das menschliche Dasein, die der Mensch nicht selbst herstellen kann. [...] Der Glaube ist also eine existentielle Haltung, ein Lebensgefühl und eine Lebensdeutung, die eine ganz bestimmte Perspektive auf das eigene Leben eröffnet."[484]

Er entfaltet dies theologisch in drei Dimensionen: die Glückserfahrung führt zu einem Sich bestimmen lassen, zur Hingabe an ein Gegenüber und zur Hoffnung auf Gutes:

> „In der Glückserfahrung hat sich das Gute einmal gezeigt und so zur Hoffnung Anlass gegeben, dass es sich wieder zeigen wird. Die Glückserfahrung ist so ein Sich bestimmen lassen vom Guten her auf das Gute hin. Das Gute freilich ist keine abstrakte Größe, sondern ein konkretes Gegenüber, das sich dem Menschen als ihm wohlwollend gesonnen und ihn bejahend zu erkennen gibt, ein Gegenüber also, das es gut mit dem Menschen meint. [...] Damit wird das Glück in einen übergreifenden, über den Augenblick hinausgehenden Zusammenhang gestellt. Das Glück in diesem Sinne ist dann eine Frage der Lebensdeutung."[485]

Vor diesem Hintergrund kommt Lauster zu einer spezifischen Formation des Glaubensglücks als Sinn, Mut, Vertrauen und heitere Gelassenheit[486].

---

483 Ebd., 179f.
484 Ebd., 180.
485 Ebd., 181.
486 Vgl. hierzu aus praktisch-theologischer Sicht: Christian Bauer, Spuren in die Nachfolge? Zukunft aus dem jesuanischen Wandercharisma, in: Pastoraltheologische Informationen 32 (2/2012), 13-34. Auch Bauer verweist auf die „heitere Gelassenheit". Er bezieht sich auf John Caputos Begriff des Quotidianismus, der das Bewusstsein kennzeichne, jeden Tag, jeden Augenblick in der Herrschaft Gottes zu leben. Anders als bei Heidegger lebe der Mensch damit nicht in Angst und Kampf.

2.2.4 Glaubensglück: Sinn, Mut, Vertrauen und heitere Gelassenheit

Ob ein Leben als glücklich (oder gut oder gelungen) zu bezeichnen ist, das hängt vor allem davon ab, wie jemand sein Leben deutet. Mit anderen Worten ist es eine existenzhermeneutische Frage. Eine mögliche existenzhermeneutische Deutung sieht Lauster in der Philosophie der Lebenskunst[487], weil sie Anknüpfungspunkte für die christliche Theologie bietet.

Eine Übereinstimmung sieht er etwa in der Überzeugung, dass das eigentliche Glück in einer Sinnannahme besteht. Glaube ist in diesem Sinne eine spezifische Existenzhermeneutik. Allerdings markiert Lauster auch Differenzen. Diese liegen zum einen darin, dass der Glaubende der Wirklichkeit den Sinn nicht abringt, sondern sich in einen größeren Sinnzusammenhang eingeordnet weiß. Zum anderen eignet sich der Glaubende eine Deutungsperspektive an, die er nicht selbst setzt, sondern die ihm von Gott zugesprochen wird. Für den Glaubenden bedeutet dies:

„Der Kern einer Glückserfahrung ist eine bestimmte Sinnerfahrung. Augenblickshaft erlebt sich der Mensch in einer höheren Dimension der Wirklichkeit geborgen, er erfährt sein Leben in diesem Moment als gut, gelungen und in Gott aufgehoben. Das Vertrauen überträgt nun diese aufleuchtende Augenblickserfahrung in eine Perspektive für das ganze Leben. Aus der Gotteserfahrung geht eine Lebensdeutung hervor."[488]

Vertiefend macht Lauster darauf aufmerksam, dass es vor allem das in Jesus Christus durch die Kirche repräsentierte vermittelte Wohlwollen Gottes ist, dass das Vertrauen in das Gelingen des Lebens erschließt. Das Augenblicksglück allein wäre hierfür viel zu fragmentarisch. Wenn es auch religiös fundiertes Vertrauen nicht ausbilden kann, so kann es aber doch bestärkend wirken und durch Verweis auf bestimmte Orte und Augenblicke zeigen, dass das Vertrauen in das Gelingen des Lebens nicht grundlos ist.

Aus religiöser Perspektive können die Grenzen des menschlichen Beitrags zum gelingenden Leben aufgezeigt werden. Der menschliche Beitrag muss aber keineswegs nivelliert werden. Denn Menschen können durchaus durch eigene Initiative Motivation für die eigene Zukunft generieren. Allerdings liegt die Grenze dort, wo der Mensch meint, Herr über sein Leben zu sein. Zum anderen aber weiß die religiöse Perspektive, dass es um mehr geht als um einzelne glückende Projekte. In der religiösen Perspektive sind alle Facetten

---
487 Vgl. hierzu die Hinweise unter 1.2.
488 Der evangelische Theologe Trutz Rendtorff bezeichnet die Glaubenserfahrung daher auch als „Antizipation des Gelingens". Vgl. Lauster, Gott und das Glück, 183.

der Wirklichkeit, auch die Fragmente, Ruinen und das Scheitern im höheren göttlichen Grund umfangen. Henning Luther spricht diesbezüglich vom „kontrafaktische[n] Vertrauen auf das Gelingen des Lebens"[489] und Paul Tillich vom „Mut zum Sein"[490].

So stellt Lauster zusammenfassend den Zusammenhang zwischen Augenblicksglück und Eudämonie über die Stichworte von Mut und Vertrauen her:

> „Es handelt sich um ein von dieser transzendenten Wirklichkeit geprägtes Vertrauen, das sich gleichermaßen entlastend und motivierend auf die Lebensführung auswirkt. Die erfüllten Momente des Augenblicksglücks sind Orte, an denen sich das Vertrauen und der Mut in das Streben nach Glück bestärkt und genau darin liegt der innere Zusammenhang zwischen dem Glück des Augenblicks und dem menschlichen Streben nach Glück."[491]

Letztlich – so Lauster – spiegeln sich in den beiden Glückskonzeptionen zwei theologische Grundoptionen, nämlich:

> „Ist die ersehnte und erhoffte Erfüllung unseres Daseins etwas, was in des Menschen Händen liegt oder allein ein Geschenk Gottes?"[492]

Beide Optionen sind aber als Extrempositionen theologisch nicht tragfähig, denn das Glück liegt eben nicht allein in der Hand des Menschen. Zugleich ist es aber auch nicht allein Geschenk Gottes, denn dann wäre das Glücksstreben des Menschen sinnlos und Gott zynisch. Diese Optionen führen also in die Irre und übersehen den Zusammenhang der beiden Glückskonzeptionen, den Lauster wie oben dargestellt in Mut und Vertrauen sieht. Entscheidend an der christlichen Vorstellung vom Glück ist demnach der Begründungszusammenhang:

> „Die Bemühungen und Anstrengungen, die Menschen unternehmen, um das Glück in ihrem Leben zu finden, sind nicht die Voraussetzung, um dieses Glück dann auch zu erreichen, sondern sie sind die Folge davon, dass Menschen sich von dem, was sie als Glück erleben, zutiefst ergriffen wissen. Das Glück, das der Mensch sucht, liegt ihm immer schon voraus."[493]

---

489 Ebd., 184.
490 Vgl. Paul Tillich, Der Mut zum Sein. Mit einem Vorwort von Christian Danz, Berlin: de Gruyter 22010 (Erstauflage 1952).
491 Lauster, Gott und das Glück, 185.
492 Ebd., 186.
493 Ebd., 186f.

Das Streben nach Glück ist also theologisch angemessen, insofern es Folge einer Erfahrung ist. Auch Christ*innen können Glück als „Akt humaner Selbstgestaltung" betrachten, allerdings in Freiheit und mit Gelassenheit. Zusammenfassend Lauster:

> „Der Mensch weiß sich vor all seinem Tun aufgehoben und angenommen in jener unendlichen Dimension der Wirklichkeit. Das befreit ihn davon, als Glück allein das zu begreifen, was das Produkt seiner Vorstellungen und seiner praktischen Verwirklichungsversuche ist. Es stimmt ihn gelassen, weil er das Gelingen seines Lebens in einem viel tieferen Grund schon vorweggenommen ahnt, als sich dies empirisch an den Erfolgen und Misserfolgen seiner Lebensführung messen lässt. In dieser Freiheit und in dieser Gelassenheit findet der Mensch das Vertrauen und den Mut etwas Ungeheures zu wagen: an seinem Glück zu arbeiten."[494]

2.2.5 Zusammenfassung und Ertrag

Lauster plädiert für eine Synthese von Augenblicksglück und Strebensglück. Ersteres spiegelt die Unverfügbarkeit Gottes. Letzteres spiegelt die Gottebenbildlichkeit des Menschen und hat seinen Wert, weil es das Glücksstreben des Menschen ernstnimmt. Beide Glückskonzeptionen dürfen nicht gegeneinander ausgespielt werden und haben theologisch ihre Berechtigung, zeigt sich in ihnen doch die Frage nach Gnade und Rechtfertigung. Noch einmal anders gewendet: Beide Konzeptionen haben mit dem transzendentalen Guten zu tun: in der ersten zeigt sich das Gute, in der zweiten wird es angestrebt.

Entscheidend ist dabei vor allem der Begründungszusammenhang: der Mensch strebt nach Glück, weil er eine Augenblickserfahrung gemacht hat – und nicht umgekehrt. Im Augenblicksglück erfährt der Mensch, dass das Glück größer ist als er selbst. Es bezeichnet eine Erfahrung, die nicht vom Menschen herzustellen ist und überbietet das, was der Mensch erstrebt. Dies kann befreiend wirken und zum Motor des Strebens werden; der Mensch kann in Freiheit und Gelassenheit das Glück suchen.

Glückserfahrungen können als Gotteserfahrungen (Transzendenz) interpretiert werden, es handelt sich um eine spezifische Weise, Gott in der Welt zu erfahren. Der Aufstieg zu Gott und die Gottesschau sind christliche Wendungen für das Streben nach Glück. Sünde ist die Kehrseite des Glücks (Unglück). Insofern gibt es eine enge Beziehung zwischen Erlösung und Glück. Damit

---
[494] Ebd., 187.

ergibt sich jedoch aus der Sicht von Lauster auch eine Skepsis gegenüber der Herstellbarkeit des Glücks, was jedoch den menschlichen Beitrag keineswegs einschränken muss.

Eine Phänomenologie des Augenblicksglück zeigt vier wesentliche Aspekte: Augenblicksglück ereignet sich erstens oftmals kontrafaktisch, u.a., aber nicht nur, im christlichen Gottesdienst. Es ist mehr als glückliche Momente bzw. Atmosphären und kann vielfältig erfahren werden (z.B. als Bekehrung, Befreiung, Entlastung, Gewissheit oder Sinnerfahrung). Zweitens eröffnet es eine Aussicht, durch die Widrigkeiten jedoch nicht zwingend überwunden werden. Drittens steht es in der Spannung von Fragment und Teilhabe, also der eschatologischen Spannung des schon und noch nicht. Viertens schließlich wirkt das Augenblicksglück als Lebensorientierung, indem es sich in Glaube, Hoffnung und Liebe verstetigt.

Das Glück des Glaubens skizziert Lauster mit Bezug auf Sinn, insofern sich Glaubende in einen größeren Sinnzusammenhang gestellt wissen. Glück ist also Sinn-Erfahrung, weil der Mensch sich durch das Glück im Letzten in Gott aufgehoben weiß. Es handelt sich um eine Deutungsperspektive, die Glaubende von Gott durch die Kirche zugesprochen bekommen. Das Augenblicksglück allein wäre dazu zu fragmentarisch, allerdings kann es dahingehend verstärkend wirken, dass das Vertrauen des Lebens nicht grundlos ist.

Außerdem beinhaltet die religiöse Perspektive das Wissen, dass es um mehr als glückliche Momente geht, insofern sie auch die Fragmente und Ruinen umfangen weiß. Die gläubige Glücks-Hermeneutik ist also eine „Antizipation des Gelingens" angesichts der Ruinen des Lebens, die bei der gläubigen Rede vom Glück niemals ausgeblendet werden dürfen. Glaube ist insofern ein „kontrafaktisches Vertrauen auf das Gelingen des Lebens" oder ein „Mut zum Sein". Er eröffnet eine Hoffnungsperspektive, bleibt aber fragmentarisch.

Im Blick auf das Forschungsinteresse sind folgende Erträge zu sichern:

- Grundsätzlich ist (auch) mit Lauster damit zu rechnen, dass Gott in den Glückserfahrungen von Menschen wartet und gefunden werden kann. Dabei sind sowohl das Augenblicksglück als auch der Eudämonismus in der christlichen Praxis zu verorten; eine einseitige Auflösung zu einer der beiden Seiten kann demnach keine Lösung für die Pastoral sein.[495]
- Christliche Freude ist auf präsentische Eschatologie verwiesen und die Kultivierung der christlichen Freude ist zu vollziehen in der Spannung des schon und noch nicht des Reiches Gottes.

---

495 Im Hinblick auf Pastoralkonzepte ist von hierher kritisch zu fragen, ob diese nicht zu einseitig von der Machbarkeit des ‚Kirchenglücks' ausgehen. Diese Frage wird hier nicht weiter vertieft.

- Insofern Lauster die zentrale Bedeutung des Augenblicksglücks betont, ist zu prüfen, inwiefern die Praxis der Kirche solche Erfahrungen im Blick hat oder sogar ermöglicht. Mit anderen Worten: Christ*innen sollten in der Lage sein, Glückserfahrungen religiös zu deuten und auf den dreieinen Gott zu beziehen. Es geht dabei sowohl um Sprachfähigkeit als auch um die rationale Vertretbarkeit des Gottesglaubens. Allerdings gibt es eine Begrenzung: Ein zwingender Beweis eines personalen Gottes ist mit der Erfahrung des Augenblicksglücks nicht verbunden. Außerdem ist es kein ‚Alleinstellungsmerkmal" der Kirche oder gar des christlichen Gottesdienstes. Aber, dass es „mehr als alles" (Sölle) gibt, das scheint mit Bezug auf die Erfahrung von Augenblicksglück durchaus kulturell anschlussfähig zu sein.
- In jedem Fall können aus dem Augenblicksglück existentielle Haltungen wie Sinn, Hoffnung, Mut, Antizipation des Gelingens, Freiheit, Gelassenheit, humane Selbstgestaltung etc. hervorgehen. Diesbezüglich wäre zu fragen, an welchen (kirchlichen) Orten diese Haltungen thematisiert und eingeübt werden bzw. inwiefern Christ*innen durch diese Haltungen die Gegenwartskultur prägen.
- Als Voraussetzung der Erfahrung des Augenblicksglücks benennt Lauster die Haltung „weltoffener Selbstbestimmung" oder das „Sich bestimmen lasen". Wenn auch das Augenblicksglück selbst nicht machbar ist, so wären aber doch diese Haltungen als wichtige Voraussetzungen für dessen Erfahrung in christlicher Praxis einzuüben.
- Theologischer Eudämonismus unterscheidet sich von konstruktivistischen Modellen und vielen Glücksberatern und Coaches, indem er nicht auf Wohlbefinden, sondern auf Bekehrung, Sinn, Befreiung, Umwandlung von Werten usw. abzielt. Sein Maßstab ist die Liebe. Die Rede von der Freude des Glaubens umfasst insofern immer auch die „Ruinen des Lebens" und bleibt notwendigerweise fragmentarisch. Dies bewahrt die christliche Rede vor einer euphorischen Konstellation des Glücks.

Nach dieser grundlegenden Analyse des Zueinander von Augenblicks- und Strebensglück wird nun eine letzte Perspektive hinsichtlich der Frage nach dem Zusammenhang Glaube und Glück analysiert.

2.3 Glück in Christus

Es wurde bereits darauf hingewiesen, dass sich P. Franziskus nicht nur in vielen Ansprachen auf die Freude bezieht, sondern dass sich auch seine „großen" Lehrschreiben darauf beziehen. Hans Waldenfels hat das Apostolische

Schreiben Evangelii Gaudium (EG) als seine Programmschrift bezeichnet.[496] Programmatisch ist dabei insbesondere der Titel, der sich aus den Anfangsworten von Evangelii nuntiandi und Gaudium et spes zusammensetzt.[497] EG ist das nachsynodale Schreiben zur XIII. ordentlichen Bischofssynode vom 7. bis 28. Oktober 2012 mit dem Titel „Die neue Evangelisierung für die Weitergabe des christlichen Glaubens".

Grund der Freude ist bei P. Franziskus Gottes barmherzige Liebe (2.3.1), die sich in einem spezifischen Lebensstil der Christ*innen zeigt (2.3.2). Auch am Ende dieses Abschnitts werden die Erträge zusammengefasst (2.3.3).

2.3.1 Barmherzige Liebe

Die Freude des Evangeliums stammt aus der Begegnung mit Jesus und erfüllt das Leben von Gläubigen in umfassender Weise. Zentral ist die Feststellung:

„Mit Jesus Christus kommt immer – und immer wieder – die Freude." (EG 1)

Die Freude ist also bei P. Franziskus eindeutig christologisch bestimmt, sie wächst in der Begegnung mit Jesus. Durch ihn gerettet erfahren Menschen Befreiung von Sünde, Traurigkeit, innerer Leere und Einsamkeit. Und die Begegnung mit ihm schenkt neue Würde:

„Niemand kann uns die Würde nehmen, die diese unendliche und unerschütterliche Liebe uns verleiht. Mit einem Feingefühl, das uns niemals enttäuscht und uns immer die Freude zurückgeben kann, erlaubt er uns, das Haupt zu erheben und neu zu beginnen." (EG 3)

Oder ex negativo:

„Unsere unendliche Traurigkeit kann nur durch eine unendliche Liebe geheilt werden." (EG 265)

---

[496] Hans Waldenfels, Evangelii gaudium – kirchliche Erneuerung durch missionarischen Aufbruch, in: Zeitschrift für Missionswissenschaft und Religionswissenschaft 99 (1-2/2015), 55-66. Praktisch-theologische Reaktionen zu Evangelii gaudium bieten u.a.: Mariano Delgado, Auf dem Weg zu einer pastoralen und missionarischen „Konversion" Überlegungen zu Evangelii gaudium, in: Zeitschrift für Missionswissenschaft und Religionswissenschaft 98 (1/2014), 142-147. Heribert Wahl, Freude und Hoffnung der Steuerleute, die vorwärts rudern und Ermutigung aller – im Boot und außerhalb. Pastoraltheologisch-psychologische Glosse zu „Evangelii gaudium", in: Trierer Theologische Zeitschrift 124 (3/2015), 245-260. Klaus Krämer, Klaus Vellguth (Hg.), Evangelii gaudium. Stimmen der Weltkirche (Theologie der einen Welt 7), Freiburg: Herder 2015.
[497] Christian Bauer bringt dies auf die Kurzformel: EN + GS = EG.

In Christus ist jene messianische Zeit angebrochen, die die prophetische Tradition angekündigt hat. Entscheidend für diese Freude ist – mit den Worten von P. Benedikt XVI. – kein ethischer Entschluss, sondern die Begegnung mit Jesus Christus (vgl. EG 7). Aus diesem Grund lädt P. Franziskus Christ*innen ein, die persönliche Beziehung zu Christus

> „zu erneuern oder zumindest den Entschluss zu fassen, sich von ihm finden zu lassen, ihn jeden Tag ohne Unterlass zu suchen." (EG 3)

Denn er schenkt die Liebe des barmherzigen Vaters, der Erlösung und Vergebung schenkt:

> „Die Frohe Botschaft ist die Freude eines Vaters, der nicht will, dass auch nur einer seiner Kleinen verlorengeht. So bricht die Freude im Guten Hirten auf, der dem verlorenen Schaf begegnet und es in den Schafstall zurückbringt." (EG 237)

Die Freude, die Hoffnung auf die Zukunft gibt, ist schließlich verbürgt in der Auferstehung:

> „Fliehen wir nicht vor der Auferstehung Jesu, geben wir uns niemals geschlagen, was auch immer geschehen mag." (EG 3)

Sie bewirkt Hoffnung auf Neuwerden, wo unter irdischen Bedingungen nur Resignation ist.

P. Franziskus erkennt an, dass man nicht zu allen Zeiten Freude spüren kann, ja dass angesichts von Leiden eine gewisse Traurigkeit nachvollziehbar sei, aber er legt Wert darauf, dass man für die Glaubensfreude offenbleiben muss und er beharrt darauf, dass die Glaubensfreude „jenseits von allem grenzenlos geliebt zu sein" (EG 6) nicht verloren gehen darf. Denn diese Freude ist Ausdruck von vollem Menschsein. Sie ist die Erfahrung von Gott in die (Selbst-)Transzendenz geführt zu werden.[498]

P. Franziskus benennt kulturelle Aspekte, die der Freude entgegenstehen, etwa die Gefahr von individualistischer Traurigkeit oder ein bequemes Herz, das sich mit oberflächlichen Vergnügungen zufriedengibt und aus einer abgeschotteten Geisteshaltung herrührt. Es ist ein Leben, das auf die eigenen Interessen beschränkt bleibt und nicht mehr offen ist für Andere, insbesondere die

---

498 Vgl. bei Hans Joas eine Phänomenologie der Selbsttranszendenz: Hans Joas, Braucht der Mensch Religion? Über Erfahrungen der Selbsttranszendenz (Herder Spektrum 5459), Freiburg: Herder ²2007.

Armen. In dieser Mentalität kann die Freude über Gottes Liebe und der Wille, das Gute zu tun, nicht mehr wachsen.

Die Gefahr einer solchen abgeschotteten Geisteshaltung sieht P. Franziskus keineswegs nur in der weltlichen Kultur, sondern auch in der Kirche.[499] Eine solche Lebenskultur, die negativ der Freude des Evangeliums gegenübergestellt wird, charakterisiert er knapp:

> „Das ist nicht die Wahl eines würdigen und erfüllten Lebens, das ist nicht Gottes Wille für uns, das ist nicht das Leben im Geist, das aus dem Herzen des auferstandenen Christus hervorsprudelt." (EG 2)

Er betont, dass die Begegnung mit Jesus erlösend auf eine abgeschottete Geisteshaltung und die Selbstbezogenheit wirkt und zu vollem Menschsein und eigentlicherem Sein und Sinn des Lebens führt.

Die Freude über den Mensch gewordenen Sohn Gottes ist bei P. Franziskus untrennbar mit Selbsthingabe, Zugehörigkeit zur Gemeinschaft, Dienst, Verkündigung und Versöhnung verbunden. Es sind Aspekte eines evangelisierenden Lebensstils.

2.3.2 Lebensstil Evangelisierung

Die Freude, die mit dem Kommen des Messias verknüpft ist, wird in den „kleinen Dingen des Alltags" (EG 4) konkret und sie ist die Basis für Evangelisierung.[500] Kurz:

> „Die Freude aus dem Evangelium, die das Leben der Gemeinschaft der Jünger erfüllt, ist eine missionarische Freude." (EG 21)

Dabei betont P. Franziskus die Inkarnation als wesentlichen Grund der Freude der Evangelisierung. Das Handeln, das am Beispiel Jesu Maß nimmt, ist Ergebnis einer Entscheidung und wird so zur Quelle der Freude. Freude ist aber auch eine Folge des evangelisierenden Handelns:

> „Aber wir tun dies nicht aus Pflicht, nicht wie eine Last, die uns aufreibt, sondern in einer persönlichen Entscheidung, die uns mit Freude erfüllt

---

[499] Auch auf diejenigen, die in der Seelsorge tätig sind, geht P. Franziskus explizit ein. Bei ihnen sieht er mit Individualismus, Identitätskrise und Rückgang des Eifers drei Grundübel, die die Missionsfreude einschränken. Vgl. EG 78.

[500] Vgl. Gregor Freiherr von Fürstenberg, Zustand permanenter Evangelisierung. Die Missionstheologie von Papst Franziskus, in: Herder Korrespondenz 69 (11/2015), 582-585.

und eine Identität gibt. [...] Auf diese Weise erfahren wir die missionarische Freude das Leben mit dem Volk zu teilen, das Gott treu ist, und versuchen zugleich, das Feuer im Herzen der Welt zu entzünden." (EG 269ff.)

Verkündigung und Freude stehen somit in einem wechselseitigen Erschließungsverhältnis:

„Eine erneuerte Verkündigung schenkt den Gläubigen – auch den lauen oder nicht praktizierenden – eine neue Freude im Glauben und eine missionarische Fruchtbarkeit." (EG 11)

Evangelisierung ist in diesem Sinne nicht einfach irgendeine Aufgabe oder Pflicht der Kirche, sondern das entscheidende Paradigma für alles Wirken, „Quelle der größten Freuden" (vgl. EG 15) und sie dient der Selbstverwirklichung der Kirche (vgl. EG 9f.), die Maß nehmen muss an der Barmherzigkeit des göttlichen Vaters.

Dies impliziert, mit dem Leid in Tuchfühlung zu gehen und sich insbesondere nicht über andere zu erheben:

„Unterdessen lädt das Evangelium uns immer ein, das Risiko der Begegnung mit dem Angesicht des anderen einzugehen, mit seiner physischen Gegenwart, die uns anfragt, mit seinem Schmerz und seinen Bitten, mit seiner ansteckenden Freude in einem ständigen unmittelbar physischen Kontakt." (EG 88)

Evangelisierung besteht darin Licht zu bringen, zu segnen, zu beleben, aufzurichten, zu befreien (vgl. EG 273f.). Die Verkündigung des Evangeliums geschieht insofern nicht naiv, sondern vor dem Hintergrund konkreter Herausforderungen, wie täglicher Unsicherheit, Angst und Verzweiflung, Respektlosigkeit und Gewalt. Umgekehrt können all diese Erfahrungen zum Erlöschen der Lebensfreude führen (vgl. EG 52).

In besonderer Weise und zuerst gilt die Mission also den Armen. Denn in ihnen ist Christus selbst gegenwärtig:

„Aus diesem Grund wünsche ich mir eine arme Kirche für die Armen. Sie haben uns vieles zu lehren. Sie haben nicht nur Teil am sensus fidei, sondern kennen außerdem dank ihrer eigenen Leiden den leidenden Christus. Es ist nötig, dass wir alle uns von ihnen evangelisieren lassen. Die neue Evangelisierung ist eine Einladung, die heilbringende Kraft ihrer Leben zu erkennen und sie in den Mittelpunkt des Weges der Kirche

zu stellen. Wir sind aufgerufen, Christus in ihnen zu entdecken, uns zu
Wortführern ihrer Interessen zu machen, aber auch ihre Freunde zu sein,
sie anzuhören, sie zu verstehen und die geheimnisvolle Weisheit anzunehmen, die Gott uns durch sie mitteilen will." (EG 198)

Wichtig ist hier insbesondere die Feststellung, dass die Evangelisierung keine ‚Einbahnstraße' darstellt, sondern wechselseitig geschieht, insofern die Kirche selbst – besonders in den Armen – immer wieder Christus entdecken muss.

Evangelisierung ist also ein Lebensstil, der sich gleichermaßen mit dem Evangelium wie mit den Menschen verbindet; keiner der beiden Aspekte darf unterschlagen werden:

„Um aus tiefster Seele Verkünder des Evangeliums zu sein, ist es auch
nötig, ein geistliches Wohlgefallen daran zu finden, nahe am Leben der
Menschen zu sein, bis zu dem Punkt, dass man entdeckt, dass dies eine
Quelle höherer Freude ist. Die Mission ist eine Leidenschaft für Jesus,
zugleich aber eine Leidenschaft für sein Volk." (EG 268)

Konkret wird dies, indem P. Franziskus Gebet[501] und Arbeit als zwei notwendige Aspekte der Verkündigung, die wie zwei Lungenflügel wirken, bezeichnet:

„Vom Gesichtspunkt der Evangelisierung aus nützen weder mystische
Angebote ohne ein starkes soziales und missionarisches Engagement
noch soziales oder pastorales Reden und Handeln ohne eine Spiritualität, die das Herz verwandelt." (EG 262)

Durch diesen Stil der Evangelisierung kann die Kirche der biblischen Aufforderung nachkommen: „Freut euch im Herrn zu jeder Zeit! Noch einmal sage ich: Freut euch!" (Phil 4,4)[502]. Dies führt bei P. Franziskus zu einem leidenschaftlichen Aufruf zum Aufbruch mit Mut und ohne Furcht:

„Mir ist eine ‚verbeulte' Kirche, die verletzt und beschmutzt ist, weil sie
auf die Straßen hinausgegangen ist, lieber, als eine Kirche, die aufgrund
ihrer Verschlossenheit und ihrer Bequemlichkeit, sich an die eigenen
Sicherheiten zu klammern, krank ist. Ich will keine Kirche, die darum

---

501 Aus systematisch-theologischer Perspektive wurde der Charakter des Bittgebetes in jüngerer Zeit kritisch reflektiert. Vgl. hierzu den Sammelband: Magnus Striet (Hg.), Hilft beten? Schwierigkeiten mit dem Bittgebet (Theologie kontrovers), Freiburg: Herder 2010.
502 Burkhard Josef Berkmann macht darauf aufmerksam, dass dies nicht im Sinne einer Aufforderung oder gar eines Befehls zu verstehen ist. Vgl. Burkhard Josef Berkmann, Freut euch zu jeder Zeit!, in: Geist und Leben 77 (1/2004), 15-25, hier 17.

besorgt ist, der Mittelpunkt zu sein, und schließlich in einer Anhäufung von fixen Ideen und Streitigkeiten verstrickt ist. Wenn uns etwas in heilige Sorge versetzen und unser Gewissen beunruhigen soll, dann ist es die Tatsache, dass so viele unserer Brüder und Schwestern ohne die Kraft, das Licht und den Trost der Freundschaft mit Jesus Christus leben, ohne eine Glaubensgemeinschaft, die sie aufnimmt, ohne einen Horizont von Sinn und Leben. Ich hoffe, dass mehr als die Furcht, einen Fehler zu machen, unser Beweggrund die Furcht sei, uns einzuschließen in die Strukturen, die uns einen falschen Schutz geben, in die Normen, die uns in unnachsichtige Richter verwandeln, in die Gewohnheiten, in denen wir uns ruhig fühlen, während draußen eine hungrige Menschenmenge wartet und Jesus uns pausenlos wiederholt: ‚Gebt ihr ihnen zu essen!' (Mk 6,37)." (EG 49)

Mit der Freude des Evangeliums ist also ein Lebensstil verbunden, der die Kirche stets über sich selbst hinausweist:

„Ihre Freude Jesus Christus bekannt zu machen, findet ihren Ausdruck sowohl in ihrer Sorge, ihn an anderen, noch bedürftigeren Orten zu verkünden, als auch in einem beständigen Aufbruch zu den Peripherien des eigenen Territoriums oder zu den neuen soziokulturellen Umfeldern." (EG 21)

Daraus ergeben sich schließlich einige Folgerungen für die Kirche als offenes Haus des göttlichen Vaters:

„Häufig verhalten wir uns wie Kontrolleure der Gnade und nicht wie ihre Förderer. Doch die Kirche ist keine Zollstation, sie ist das Vaterhaus, wo Platz ist für jeden mit seinem mühevollen Leben." (EG 47)

Evangelisierung geschieht im „Aufbruch", im Herausgehen aus sich selbst, nicht in der Einladung an andere zu kommen. Im Gleichnis vom Samen, der ausgesät wird, sieht P. Franziskus eine große Freiheit des göttlichen Vaters, die die Kirche akzeptieren muss (vgl. EG 22).
Anders gewendet ist das Evangelium als Quelle der Evangelisierung immer auch Quelle von Erneuerung:

„Jedes Mal, wenn wir versuchen, zur Quelle zurückzukehren und die ursprüngliche Frische des Evangeliums wiederzugewinnen, tauchen neue Wege, kreative Methoden, andere Ausdrucksformen, aussagekräftigere

Zeichen und Worte reich an neuer Bedeutung für die Welt von heute auf. In der Tat, jedes echte missionarische Handeln ist immer ‚neu'." (EG 11)

Dabei ist diese Neuheit nicht primär auf das Tun des Menschen zurückzuführen, sondern es verdankt sich in erster Linie dem Wirken Gottes und seines Geistes, der Freimut (Parrhesia) verleiht. Er ist die innere Mitte und die notwendige Quelle allen missionarischen Tuns. Es ist Aufgabe der Kirche, diese Initiative Gottes zu bezeugen; denn dies bewahrt nicht zuletzt sie selbst davor, die Freude zu verlieren (vgl. EG 12).

Diese Erneuerung steht dem Bewusstsein für die Tradition keineswegs entgegen, vielmehr steht die „Freude der Verkündigung" immer „vor dem Hintergrund der dankbaren Erinnerung" (EG 13). Mit Bezug auf Thomas von Aquin stellt er heraus, dass es der Evangelisierung dient, Traditionsbestände der Kirche kritisch zu hinterfragen und gegebenenfalls fallen zu lassen (vgl. EG 43). Wichtiger als das Ideal der Lehre ist angesichts der menschlichen Begrenzungen die Erfahrbarkeit von Gottes Liebe und Barmherzigkeit.

Um die frohe Botschaft allen Menschen zu verkünden, braucht es also die Konzentration auf das Wesentliche der Botschaft. P. Franziskus beruft sich in diesem Zusammenhang auf die Hierarchie der Wahrheiten, sowohl in der Glaubens- als auch in der Morallehre. Auch diesbezüglich verweist er auf Thomas von Aquin und seine Lehre, dass die Barmherzigkeit, die größte aller Tugenden sei (vgl. EG 37).

2.3.3 Zusammenfassung und Ertrag

Bei P. Franzskus zeigt sich deutlich eine christologische Grundierung der Freude. Die Freude besteht darin, dass Jesus Christus, die barmherzige Liebe des Vaters gezeigt hat. Insofern ist Christus die Freude. Wer ihm begegnet, der wird froh und findet zu vollem Menschsein, so P. Franziskus, weil Jesus Vergebung und Versöhnung schenkt. Entscheidend ist dabei kein ethischer Entschluss, sondern Begegnung mit ihm.

Es gibt bestimmte kulturelle Aspekte, die zu individualistischer Traurigkeit und einem bequemen Herzen führen und damit der Freude entgegenstehen (z.B. abgeschottete Geisteshaltung, Selbstbezogenheit, Angst, Verzweiflung, Respektlosigkeit, Gewalt).

P. Franziskus sieht durchaus, dass die Glaubensfreude nicht immer zu erfahren ist, aber er beharrt darauf, dass sie nie ganz verloren gehen darf. Die Frage, wie diese Erfahrung heute gemacht werden kann, beantwortet er ekklesiologisch. Es ist die evangelisierende Existenz, durch die die Barmherzigkeit Gottes praktisch erfahren wird. Dabei ist besonders bedeutsam die Existenz an der Peripherie und ein Lebensstil von Selbsthingabe, Dienst, Versöhnung etc. Denn die gläubige Erfahrung von Befreiung bewirkt Sensibilität für die Nöte anderer Menschen, besonders der Armen.

Freude und Evangelisierung stehen also bei P. Franziskus in einem korrelativen Verhältnis, insofern jede Erfahrung von Wahrheit und Schönheit auf Verbreitung dringt. So verbinden sich die Leidenschaft für Gott mit der Leidenschaft für die Menschen. Dies wird in einer Praxis deutlich, die aus zwei Lungenflügeln, nämlich Gebet und Arbeit lebt. Danach können weder Mystik allein noch sozial-pastorales Handeln allein der Freude des Evangeliums gerecht werden. So ist die Freude des Evangeliums bei P. Franziskus eine missionarische Freude und Evangelisierung ist nicht nur ein notwendiger Auftrag, also Folge der Freudeerfahrung, sondern vielmehr ist sie selbst Erfahrung von Freude.

Für die Kirche ist evangelisierende Existenz auch eine Erfahrung der Freude, weil sie hierin ständig neu wird. Entscheidendes Kriterium von Erneuerung der Kirche ist dabei aber weder die Tradition (auch wenn diese bedeutsam bleibt mit der Hierarchie der Wahrheiten) noch die Neuheit als solche, sondern ihre Fundierung in der barmherzigen Liebe Gottes in Jesus Christus durch das Wirken des Geistes sowie in der Beziehung mit den konkreten Lebensrealitäten der Menschen.

P. Franziskus wahrt so eine Spannung von der Freude als Geschenk, das der Einzelne durch die Barmherzigkeit des Vaters selbst erfährt, und zugleich einem entsprechenden Lebensstil und einer Kultur, die sich immer neu an diese Erfahrung zurückbindet und lebendig wird in der Lebenspraxis.
In dieser Spannung wird der Mensch zu seiner wahren Identität geführt, die wesentlich in Selbsttranszendenz gesehen wird. Diese Identität ist dabei unbedingt verknüpft mit Sozialität und dem Blick auf die Armen.
Für das Forschungsinteresse lassen sich folgende Erträge sichern:

- P. Franziskus erschließt den Christusglauben als eine Erfahrung von Liebe und Barmherzigkeit, die den Menschen zu wahrem Menschsein führt. Die Erinnerung an die Hierarchie der Wahrheiten und die entsprechende Schwerpunktsetzung stellt kirchliche Praxis vor die Frage, inwiefern sie sich dieser Perspektive verpflichtet weiß (Vaterhaus, nicht Zollstation).
- Freude wurzelt in Erfahrungen von Wahrheit und Schönheit, diese aber drängen darauf, nicht für sich zu bleiben, sondern auf Mitteilung an andere. Daher ist der Lebensstil der Freude die Evangelisierung. Es ist ein leibhaft-konkreter Lebensstil, insofern er auf den Alltag mit seinen konkreten Mühen bezogen ist. Um diesen Lebensstil zu leben, bedarf es der

Spannung zwischen Gebet und Arbeit. Es ergibt sich von hierher die kritische Anfrage, inwiefern dieser Modus christlicher Existenz unter den gegenwärtigen (kirchen-)kulturellen Bedingungen plausibel ist bzw. erlebbar wird. Anders gewendet: Im Sinne von P. Franziskus wäre eine mangelnde evangelisierende Kraft ein Grund für die Freudlosigkeit in der Kirche und nicht umgekehrt.

- P. Franziskus setzt einer wahrnehmbaren Freudlosigkeit die Christusbegegnung entgegen und bietet hierzu zahlreiche lebenspraktische Hinweise. Der Weg der Kirche muss demnach an die Peripherie führen, weil sie ein Ort potentieller Christusbegegnung ist und weil aus der Tuchfühlung mit dem Leid, Freiheit und Freude wachsen können. Aus solchem Tun entsteht, so P. Franziskus, eine Fruchtbarkeit, die jedoch nicht zwangsläufig quantifizierbar ist. Dies scheint sehr wichtig, weil es vor die Frage stellt, ob, und wenn ja wie, eine solche Pastoral quantitativ messbar ist. Anders formuliert werden hierdurch gängige Muster ausschließlich quantitativer Erfolgsmessung pastoraler Angebote in Frage gestellt.

Zum Schluss dieses Kapitels werden die bis jetzt gewonnenen Erträge wie angekündigt vor dem Hintergrund der sozialwissenschaftlichen Erträge diskutiert.

2.4 Diskussion: Macht Glaube glücklich?

Die ausgewählten theologischen Referenzautoren stimmen zunächst in der Diagnose überein, dass das Glück ein prekäres Thema des christlichen Glaubens geworden ist. Angesichts dieser Ausgangslage versuchen sie jeweils auf unterschiedlichen Wegen zu einer theologischen Rehabilitation des Glücks zu gelangen.

Greshake setzt beim Heilsbegriff an. Heil ist bei ihm die Vollendung des Menschseins in Gott, die auf der Erde anfanghaft erfahren werden kann. Dieses Heilsverständnis ist die theologische Voraussetzung dafür, dass christliche Freude auch in einem säkularen Zeitalter vermittelbar ist.

Auf dieser Basis kritisiert er die Gegenüberstellung von Glück und Heil und plädiert dafür, eine historisch gewachsene Unterscheidung der beiden Begriffe zu überwinden. Damit zielt Greshake auf die Erfahrbarkeit göttlichen Heils bereits im Hier und Jetzt, etwa schöpfungstheologisch fundiert und ekklesiologisch realisiert. Zugleich stellt er den transzendenten Charakter von Glück und Heil heraus und ist insofern anschlussfähig an die Unterscheidung, die Taylor benennt und die Rosa als vertikale Resonanzachse beschreibt. Greshake sieht die menschliche Glückssehnsucht vor diesem Hintergrund grundsätzlich positiv und urteilt, dass diese ernst zu nehmen sei.

Ferner hält Greshake fest, dass das moderne Glücksstreben insofern religiös sei, als es einen Sprung über das faktisch Gegebene voraussetzt. Damit zeigt er sich anschlussfähig an entsprechende sozialwissenschaftliche Einschätzungen, die Glück als Chiffre für Erlösung, Rettung etc. bezeichnen.

Als Weg zu glückender Selbstverwirklichung beschreibt Greshake die göttlichen Tugenden und zeigt damit einen möglichen Weg, wie die christliche Rede vom Heil an gegenwärtige Glückssuche anknüpfen kann. Glaube, Hoffnung und Liebe sind hier drei Weisen in denen, Augenblicksglück und Strebensglück zueinander finden und das Leben ausrichten, womit gleichermaßen das Glück in seiner Unverfügbarkeit, wie auch das auf Dauer gestellte Glücksstreben im Blick ist.

Theologische Kritik wird so an einem kulturellen Glücksverständnis möglich, das sich nicht an der Liebe orientiert. Insofern kritisieren alle drei Autoren, wie Cabanas/ Illouz, einen Glücksbegriff, der die Leidenden nicht berücksichtigt.

Gezeigt hat sich eine inhaltliche Nähe zwischen Greshake und Lauster, auch wenn der Zweitgenannte im Hinblick auf die Vermittlung zwischen Augenblicks- und Strebensglück anders ansetzt.

Mit dem Augenblicksglück betont Lauster die Unverfügbarkeit der Glaubensfreude und ihren transzendenten Charakter. Zugleich aber zeigt er sich aufgeschlossen für das Strebensglück der Gegenwart. Dabei legt er Wert darauf, dass die Erfahrung des gnadenhaften Glücks die Voraussetzung für das Strebensglück sei. Aus seiner Sicht sind Glückserfahrungen spezifische Gotteserfahrungen. Diese gläubige Deutung ist jedoch im säkularen Zeitalter nicht zwangsläufig. Hier liegt er ganz auf der Linie der Optionalität von Taylor.

Die Erfahrung des Augenblicksglücks ist bei Lauster nicht einfach identisch mit Wohlbefinden und Zufriedenheit, sondern sie kann auch Befreiung, Bekehrung, Gewissheit o.ä. bedeuten, womit er über einen kulturellen Glücksbegriff als Wohlbefinden hinausgeht.

Lauster betont, dass gläubige Menschen durch das Augenblicksglück in Freiheit und Gelassenheit nach Glück streben können, was sie vor Paradoxien des „Glücksdiktats" (Cabanas/ Illouz) schützt. Außerdem kommt es durch die gläubige Deutung des Glücks zu einer Lebensorientierung bzw. -einstellung als Mut zum Sein und Vertrauen. Solche Lebensorientierungen, die Rosa als dispositionale Resonanz beschreibt, erscheinen aus kultureller Sicht durchaus attraktiv angesichts der Fragmentarität menschlichen Lebens.

P. Franziskus schließlich setzt bei der in Christus erfahrbaren barmherzigen Liebe Gottes an und erschließt die Freude des Glaubens mit der Barmherzigkeit Gottes und seiner vorbehaltlosen Liebe. Diese Sicht markiert im Taylorschen Sinne eine eindeutige Differenz zur weltlichen Perspektive auf Fülle-Erfahrungen (Innen). Auch aus dieser Perspektive lässt sich Glück also nicht auf Wohlbefinden reduzieren.

Geradezu unverständlich muss die Überzeugung von P. Franziskus wirken, dass Tuchfühlung mit Leiden Freiheit und Freude bewirken kann und als evangelisierender Lebensstil selbst zur Quelle von Freude wird. Denn dieses Verständnis scheint nicht vermittelbar gegenüber einem Glücksverständnis, das auf Selbstverwirklichung setzt. Allerdings steht eine solche Glaubensfreude damit im Zusammenhang mit jenen Qualitäten, die Cabanas/ Illouz unter den Bedingungen des Glücksdiktats vermissen.

Ein evangelisierender Lebensstil, der Selbsthingabe, Gemeinschaft, Dienst, Vergebung, Solidarität, Versöhnung usw. impliziert, wahrt eine Spannung von der Freude als Geschenk, das der Einzelne durch die Barmherzigkeit Gottes selbst erfährt, und einer entsprechenden dauerhaften Lebenspraxis, die sich immer neu an diese Erfahrung zurückbindet. In dieser Spannung wird der Mensch zu seiner wahren Identität geführt, die wesentlich in Selbsttranszendenz gesehen wird.

Es zeigen sich damit im Hinblick auf die Ausgangsfragen dieser Untersuchung wichtige Hinweise, auf welche Weise christlicher Glaube und Glück verknüpft sind. Allerdings wird zugleich, insbesondere bei P. Franziskus, deutlich, dass diese nicht ohne Weiteres an kulturelle Glücksvorstellungen anschlussfähig sind.[503] Dies wird im Schlussteil (vgl. V) dieser Untersuchung im Hinblick auf die Frage der Prophetie zu berücksichtigen sein.

Im Hinblick auf die pastorale Praxis lassen sich die bisherigen theologischen Erkundungen folgendermaßen verdichten:

- Christliche Pastoral kann und muss sich aufgrund des Zusammenhangs von Heil und Glück mit dem irdischen Glück und dem Glücksstreben der Menschen befassen. Sie kann damit rechnen, dass sich in den Glückserfahrungen der Menschen der Anfang des anbrechenden Gottesreiches zeigt. Eine Herausforderung stellt dar, diese Erfahrungen religiös zu deuten und rational verantwortet als Erfahrung des dreieinen Gottes zu erschließen. Dies verweist auf die Notwendigkeit nicht nur von Sprach-,

---

503 Möglicherweise liegt hierin auch ein Motiv, warum P. Franziskus zwar in kirchlichen Kreisen im Allgemeinen – vor allem am Beginn seines Pontifikates – wohlwollend begrüßt wurde, im Hinblick auf diese Aspekte aber auch auf Kritik bzw. Desinteresse stößt. Vgl. hierzu auch die Rezeption seines Briefes an die Katholiken in Deutschland im Sommer 2019.

sondern vor allem von Denkfähigkeit. Kurz: Der christliche Gott ist in der heutigen Kultur nicht nur angesichts der Theodizee eine Frage, sondern auch angesichts immanenter Glückserfahrungen.[504]

- Diese Herausforderung kann bewältigt werden durch Räume, Orte und Zeiten, in denen erfahrbar wird, dass und wie Gott mit dem alltäglichen Glück zusammenhängt. Pastoral sollte also Orte aufsuchen und Räume zur Verfügung stellen, wo sich solche Erfahrungen ereignen (können). Zugleich kann sie jene Erfahrungen deuten lernen, die Menschen diesbezüglich an anderen Orten machen.[505] Kirche könnte sich so als ein Ort der Antizipation des Gelingens erweisen. Besonders bedeutsam erscheint hierfür die Peripherie des Lebens, wo Menschen durch Erfahrungen von Wahrheit, Befreiung, Schönheit, Segnen, Aufrichten, Empfangen und Geben Freude erfahren können. Das Glück des Glaubens wird dann auch in der Sakramentalität der Schöpfung erfahrbar. Diese ist der notwendige Rahmen für eine Glaubensästhetik, in der Gott als faszinierend und schön wahrnehmbar wird. Ferner wurden Humor, Fest und Spiel als wichtige existentielle Aneignungsorte genannt. Pastoral hätte sich solchen Orten und Erfahrungen auszusetzen, um hinsichtlich des Glücks des Glaubens sprachfähig zu sein.
- Grundlegend hat sich die Unterscheidung zwischen Augenblicks- und Strebensglück gezeigt, wobei das Strebensglück als Reaktion auf ein bereits erfahrenes Augenblicksglück gedacht und von diesem her motiviert wird. Während ersteres als unverfügbare Transzendenzeröffnung, die dem Menschen geschenkt wird, gedeutet werden kann, zielt letzteres auf glückende Selbstverwirklichung, die der Mensch selbst anstrebt. Zusammengehalten werden beide in den göttlichen Tugenden Glaube, Hoffnung und Liebe. Sie sind Qualität, Maßstab und Kriterium christlicher Glückserfahrung. Bei P. Franziskus wird diese Glückserfahrung darüber hinaus als Erfahrung von Barmherzigkeit gefasst.
- Aus theologischer Sicht steht das Glück immer in der eschatologischen Spannung des schon und noch nicht. Es ereignet sich gnadenhaft und bleibt insofern immer auch fragmentarisch. Diese Sichtweise erweist sich als realitätsnah und bewahrt vor einem totalitären Glücksanspruch.[506] Pastoral

---

504 Diesbezüglich erweist sich als anregend: Bruno Latour, Jubilieren. Über religiöse Rede. Aus dem Französischen von Achim Russer (suhrkamp taschenbuch wissenschaft 2186), Berlin: Suhrkamp 2016.
505 Zu denken ist hier etwa an die Förderung „Geistlicher Begleitung" resp. „Geistliche Leitung".
506 Diesem kritischen Prüfkriterium haben sich christliche Frömmigkeitsformen zu stellen. Vgl. diesbezüglich zum pentekostalen Christentum den Beitrag von Schüßler: Michael Schüßler, Gott erleben und gerettet werden? Praktiken und Affektstrukturen des pentekostalen Christentums in europäisch-theologischer Perspektive, in: Werner (Hg.): Gerettet durch Begeisterung.

wird daher nicht aus dem Blick verlieren, dass die Freude verloren gehen kann und sie wird sich gegenüber einem euphorisch, schwärmerischen und realitätsfernen Glücksbegriff kritisch positionieren.[507]

- Aus diesem christlichen Glücksbegriff, der verortet ist in einer präsentischen Eschatologie, ergibt sich ein spezifischer Lebensstil bzw. eine Haltung weltoffener Selbstbestimmung oder dankbarer Bejahung. Ein solcher Lebensstil besteht u.a. in Selbsthingabe Mut, Vertrauen, Freiheit, Gelassenheit. In einem solchen Lebensstil gilt die Paradoxie: Glücklich ist, wer andere glücklich macht. Die Freude des Evangeliums ist damit mehr als subjektives Wohlbefinden, sondern sie impliziert Sensibilität für die Not anderer und das Engagement für eine gerechte Ordnung als Voraussetzung dafür, dass Menschen Freude erfahren können. Dieser Stil ist nicht nur Ausfluss erfahrener Freude, sondern wird selbst Freude und wirkt insofern evangelisierend, weil er leibhaft-konkret ist, auf den Alltag mit seinen konkreten Mühen bezogen ist und in einer Spannung von Gebet (Kontemplation) und Arbeit besteht.

An dieser Stelle endet das erste Kapitel zum Zusammenhang von Glück bzw. Freude und Glaube, in dessen Verlauf einige wesentliche Aspekte analysierend herausgearbeitet werden konnten, ohne das Feld umfassend zu durchdringen. Hierzu wären weitere Untersuchungen anzufügen. Wie angekündigt soll nun die anthropologische Dimension des Forschungsgegenstandes in den Blick genommen werden.

3 Die Freude ein Mensch zu sein

In diesem Kapitel geht es um die Frage, in welcher Weise sich aus christlicher Perspektive Hinweise auf die Freude am Menschsein entdecken lassen. Dabei werden im Anschluss an den letzten Abschnitt zunächst die Codierung der Freude als „Heiligkeit" bei P. Franziskus (3.1) sowie Freude als „Selbstannahme" (3.2) bei Joseph Ratzinger/ P. Benedikt XVI. analysiert. Ausführlich wird auf den philosophisch orientierten Ansatz des Jesuiten Michael Bordt

---

Reform der katholischen Kirche durch pfingstlich-charismatische Religiosität? (Katholizismus im Umbruch 7), Freiburg: Herder 2018, 215-272.

507 Diesbezüglich erweist sich in jüngerer Zeit das Werk des französischen Jesuiten Michel de Certeau als höchst generativ. Vgl. hinsichtlich der hier benannten erforderlichen Sensibilität im Sprechen über die christliche Freude einen Beitrag von Hadwig Müller: Hadwig Müller, Croire bei Michel de Certeau oder die „Schwachheit zu glauben". Notizen von der Reise in ein Land, in dem es sich atmen lässt, in: Bauer/ Sorace (Hg.): Gott, anderswo? Theologie im Gespräch mit Michel de Certeau, Ostfildern: Grünewald 2019, 107-129, hier bes.: 122-129.

eingegangen (3.3). Dieser erschließt „Selbstverstehen" als Weg zu gelingendem Menschsein. Die Praktische Theologin Doris Nauer schließlich konturiert menschliche Freude als ambivalenzsensibel im Kontext ihres multidimensionalen Seelsorgeverständnisses (3.4). Auf diese Weise wird aus vier unterschiedlichen Perspektiven, die aber im Hinblick auf das praktisch-theologische Erkenntnisinteresse ergiebig sein werden, die Freude in anthropologischer Perspektive erschlossen und schließlich unter 3.5 mit den vorliegenden sozialwissenschaftlichen Erträgen zusammengeführt.

3.1 Heiligkeit

Das von P. Franziskus verfasste Apostolische Schreiben Gaudete et exsultate wurde am 9. April 2018 veröffentlicht. P. Franziskus geht es hierin um eine Erneuerung des Rufes zur Heiligkeit. Heiligkeit als Weg der Nachfolge, so P. Franziskus, ist dabei nicht weniger als der Weg zum „Glück, für das wir geschaffen wurden" (GE 1). Stilistisch auffällig ist, dass er den Lesenden oftmals direkt anspricht. So wird deutlich, dass es ihm nicht um eine theoretische Abhandlung über die Heiligkeit geht. Vielmehr will er Christ*innen ermutigen, Heiligkeit nicht als Ideal zu verstehen, sondern alltäglich zu leben. Der Vorsitzende der Deutschen Bischofskonferenz Reinhard Marx kommentiert, es komme P. Franziskus nicht auf eine „normative Verbotsethik", sondern auf eine „appellative Tugendethik, oder, wenn man so möchte, auf eine ‚Heiligkeitsethik'"[508] an. Insofern bietet dieses Schreiben in normativer Hinsicht Hinweise darauf, in welcher Weise der Weg zum Glück als Weg der Heiligkeit aus der Sicht von P. Franziskus zu gehen ist.

Die für P. Franziskus spezifische Verknüpfung von Freude und Heiligkeit (3.1.1) verweist bei ihm auf einen entsprechenden Lebensstil im Geist der Seligpreisungen (3.1.2). Die Erträge werden unter 3.1.3 gesichert.

---

508 Deutsche Bischofskonferenz, Kardinal Marx würdigt Apostolisches Schreiben Gaudete et exsultate von Papst Franziskus „über den Ruf zur Heiligkeit in der Welt von heute" (Pressemeldung Nr. 056), in: https://www.dbk.de/nc/presse/aktuelles/meldung/kardinal-marx-wuerdigt-apostolisches-schreiben-gaudete-et-exsultate-von-papst-franziskus-ueber-den-ru/detail/ (04.02.2020). Mit Leonardo Boff und Reinhard Feiter bezeichnet Michael Böhnke das Schreiben als einen Entwurf „praktischer Pneumatologie". Es handelt sich um „große Theologie [...], die Heiligkeit als Lebensstil thematisiert". Vgl. Michael Böhnke, Heiligkeit als „Lebensstil", in: http://www.theologie-und-kirche.de/boehnke-gaudete-et-exultate.pdf (05.02.2020). Jan-Heiner Tück kommentiert, dass der Titel des Schreibens an Lumen gentium 5 und Gaudium et spes anschließt, dass das Dokument auf eine „Demokratisierung des Heiligkeitsbegriffes" setzt und eine „klare Absage an ein Elitenprogramm der Heiligkeit" darstellt. Heiligkeit werde hier verstanden als Mystik der offenen Augen. Vgl. religion.ORF.at, Tück zu Papst-Schreben: „Absage an Elitenprogramm", in: https://religion.orf.at/stories/2906014/ (05.02.2020).

3.1.1 Die Liebe leben

Heiligkeit, so P. Franziskus, steht der Freude nicht entgegen. Vielmehr gilt, so formuliert er ex negativo, mit den Worten von Léon Bloy:

> „Im Grunde genommen gibt es [...] nur eine Traurigkeit im Leben: kein Heiliger zu sein." (GE 34)

Im ersten Kapitel „Der Ruf zur Heiligkeit" (G E 3-34) entfaltet P. Franziskus grundlegende Aspekte und Dimensionen des Rufes zur Heiligkeit. Die Heiligen bilden eine Gemeinschaft, die jeden Menschen auf dem persönlichen Lebensweg ermutigen und stärken können (vgl. GE 3-5). Die Heiligkeit kann also nicht individualistisch erreicht und gelebt werden, sondern nur im Volk Gottes:

> „Der Herr hat in der Heilsgeschichte ein Volk gerettet. Es gibt keine vollständige Identität ohne Zugehörigkeit zu einem Volk. Deshalb kann sich niemand allein, als isoliertes Individuum retten, sondern Gott zieht uns an, wobei er das komplexe Geflecht zwischenmenschlicher Beziehungen berücksichtigt, das der menschlichen Gemeinschaft innewohnt." (GE 6).

Mit besonderer Wertschätzung spricht er über die Heiligkeit „von nebenan" und die „Mittelschicht der Heiligkeit" (vgl. GE 7). Der Weg der Heiligkeit ist jedem Menschen aufgetragen, allerdings in der je eigenen, nicht kopierbaren Weise:

> „Es gibt Zeugnisse, die als Anregung und Motivation hilfreich sind, aber nicht als zu kopierendes Modell. Das könnte uns nämlich sogar von dem einzigartigen und besonderen Weg abbringen, den der Herr für uns vorgesehen hat." (GE 11)

Mit zahlreichen, sehr konkreten Beispielen macht P. Franziskus deutlich, dass das Wesen der Heiligkeit in der täglich gelebten Liebe besteht, die in Christus gründet und im Heiligen Geist gewirkt wird:

> „Wir alle sind berufen, heilig zu sein, indem wir in der Liebe leben und im alltäglichen Tun unser persönliches Zeugnis ablegen, jeder an dem Platz, an dem er sich befindet. [...] Im Tiefsten bedeutet Heiligkeit, in Einheit mit ihm die Geheimnisse seines Lebens zu leben. Sie besteht

darin, sich auf einzigartige und persönliche Weise mit dem Tod und der Auferstehung des Herrn zu verbinden, ständig mit ihm zu sterben und mit ihm aufzuerstehen. [...] Und erlaube dem Geist, in dir jenes persönliche Geheimnis zu formen, das Jesus Christus in der Welt von heute widerscheinen lässt." (GE 14. 20. 23)

Das Leben der Heiligkeit nimmt Maß an der Reich Gottes-Botschaft Jesu und wird konkret in der Spannung von Kontemplation und Aktion (vgl. GE 25ff.). Es braucht eine entsprechende Spiritualität, die den Dialog mit Gott sucht, die Sendung Gottes fortführt und keine Angst vor Selbstverleugnung[509] kennt, was angesichts der modernen Lebensbedingungen nicht leicht ist (vgl. GE 27-31). Schließlich hebt P. Franziskus hervor, dass die Anerkenntnis von Gottes zuvorkommender Gnade die Voraussetzung für Heiligkeit und damit für eine ansteckende Freude ist (GE 55).[510]

3.1.2 Seligpreisungen – Lebensstil der Heiligkeit

Das dritte Kapitel „Im Licht des Meisters" (GE 63-109) stellt eine Auslegung der Seligpreisungen[511] dar, in denen Jesus indirekt auf die Frage antwortet, wie Menschen heilig werden. Danach besteht Heiligkeit in einem spezifischen Lebensstil.

Zu diesem Lebensstil der Heiligkeit gehört, dass Menschen im Herzen arm sind, mit demütiger Sanftmut reagieren, mit anderen Menschen zu trauern wissen und Gerechtigkeit suchen. Ferner gehört zu diesem Weg, dass Menschen mit Barmherzigkeit sehen und handeln, das Herz rein halten von allem, was der Liebe entgegensteht, Frieden säen und den Weg des Evangeliums annehmen, auch wenn er Schwierigkeiten mit sich bringt. Dabei betont der Papst besonders die Bedeutung der Barmherzigkeit (vgl. GE 96-99).[512] Auch hier stellt

---

509 Grundlegend ist hierfür bei P. Franziskus der auf der Basis von Dorotheus von Gaza entwickelte Gedanke der Selbstanklage als Hinführung zur Lebenskunst. Vgl. Jorge Mario Bergoglio, P. Franziskus, Über die Selbstanklage. Eine Meditation über das Gewissen. Mit einer Einführung von Michael Sievernich SJ, Freiburg: Herder 2013.
510 In GE 35-62 setzt er sich mit „Neo-Gnostizismus" und „Neo-Pelagianismus" als „Feinden" der Heiligkeit auseinander. Beide theologischen Denkschulen sind demnach von großer Aktualität und stellen Häresien dar, in denen sich ein anthropozentrischer Immanentismus als katholische Wahrheit („vermeintlicher doktrineller und disziplinarischer Sicherheit") tarnt (vgl. GE 35). Im Kontext des Neupelagianismus sieht er die Gefahr, egozentrischer und elitärer Selbstgefälligkeit (vgl. GE 57f.
511 Auch Klemens Stock deutet die Seligpreisungen als Weg der Freude, vgl.: Klemens Stock, Der Weg der Freude. Die acht Seligpreisungen (I), in: Stimmen der Zeit 62 (5/1989), 360-373. Klemens Stock, Der Gott der Freude. Die acht Seligpreisungen (II), in: Stimmen der Zeit 62 (6/1989), 433-446.
512 Auch Thomas Merton weist darauf hin, dass Heiligkeit in der Fähigkeit zu lieben besteht, die in der Erfahrung von Wahrheit und Barmherzigkeit gründet. Vgl. Thomas Merton, Wachstum

er heraus, dass Heiligkeit weder von seiner spirituellen Wurzel (Christus) noch vom sozialen Engagement getrennt werden darf (vgl. GE 100-103).

Diese sehr grundlegenden Weisungen zur Freude auf der Basis der Seligpreisungen führt P. Franziskus schließlich vor dem Hintergrund einer Kultur, wie er sie gegenwärtig wahrnimmt, zu fünf Aspekten zusammen. Als wichtige Lebensweisungen nennt er hier Durchhaltevermögen, Geduld und Sanftmut (vgl. GE 112-121), Freude und Sinn für Humor (vgl. GE 122-128), Wagemut und Eifer (vgl. GE 129-139), Gemeinschaft (vgl. GE 140-146) sowie beständiges Gebet (vgl. GE 147-157).

3.1.3 Zusammenfassung und Ertrag

Viele der zentralen Themen aus Evangelii gaudium tauchen in Gaudete et exsultate in variierter Fassung auf und bestätigen die bisherige Analyse des Ansatzes von P. Franziskus. Während allerdings Evangelii gaudium durch einen appellativen Ton gekennzeichnet ist, so wird hier nun eine „Ethik der Freude" greifbar.

Die Anerkennung von Gottes Gnade durch Christus im Heiligen Geist ist die Voraussetzung für die Heiligkeit. Sie ist also trinitarisch fundiert, wird aber vor allem zu einer praktischen Pneumatologie entfaltet. Heiligkeit ist ein Synonym der Freude, denn die einzige Traurigkeit besteht darin, kein Heiliger zu sein.

Heiligkeit kann nur als persönlicher Weg der Nachfolge erreicht werden, der zugleich aber nicht individualistisch verengt und ohne Angst vor Selbstverleugnung gedacht wird. P. Franziskus denkt die Heiligkeit also als Gemeinschaftsprojekt, ohne welches keine Identität gedacht werden kann. Sie darf demnach weder von der Wurzel Christus noch von sozialem Engagement getrennt werden.

P. Franziskus wirbt für Heiligkeit als Lebensstil, wozu die Seligpreisungen Orientierungshilfen darstellen, wobei er auch in diesem Schreiben die Barmherzigkeit betont. Demnach finden Menschen zur Freude, indem sie die Seligpreisungen als Lebensweisungen verwirklichen, wonach als besonders bedeutsam Durchhaltevermögen, Geduld, Sanftmut, Freude, Sinn für Humor, Wagemut, Eifer, Gemeinschaft und Gebet genannt werden.

Der Ruf zur Heiligkeit gilt letztlich allen Menschen, insofern es darum geht, im alltäglichen Tun die Liebe und das je individuelle Lebensgeheimnis zu leben.

Im Hinblick auf die Fragestellung dieser Untersuchung lassen sich weiterführende Aspekte sichern:

---

in Christus (Fünftes Kapitel), in: Ders. (Hg.): Heilig in Christus, Freiburg: Herder 21965, 101-122.

- Heiligkeit als Lebensstil der Freude wird von P. Franziskus insbesondere gekennzeichnet durch ein Leben nach den Seligpreisungen und im Vertrauen auf die Gnade und Barmherzigkeit Gottes. Christliche Praxis erhält von hierher in der Vielfalt der gegenwärtigen Glücksoptionen eine spezifische normative Bestimmung.
- Heiligkeit wird hier verstanden als Entwicklung und Entfaltung einer wahren individuellen Personalität, die nicht losgelöst von Gemeinschaft gedacht werden kann. Die damit verbundene Heiligkeitsethik ist allerdings nicht einfach identisch mit Selbstverwirklichung, sondern umfasst auch den Aspekt der Selbstverleugnung. Diesbezüglich zeigen sich deutliche Widersprüche zur kulturellen Formation des Glücks.
- Auch in diesem Schreiben verweist P. Franziskus auf Kontemplation und Aktion, Gebet und tätige Liebe als praktische Aspekte eines christlichen Lebensstils, der der Freude des Evangeliums gemäß ist.
- Eine besondere Wertschätzung zeigt sich schließlich für den Alltag als Ort der Heiligkeit. Pastoral wird auch von hierher eine besondere Aufmerksamkeit auf die alltäglichen Orte christlicher Praxis richten.

3.2 Selbstannahme

Joseph Ratzinger/ P. Benedikt XVI.[513] legt mit seiner Theologischen Prinzipienlehre[514] im Jahr 1982 eine fundamentaltheologische Skizze in ökumenischer Perspektive vor. Im Abschnitt über Strukturen, Inhalte und Haltungen des christlichen Glaubens thematisiert er den Glauben zunächst als Umkehr (Metanoia) und als Erkenntnis und Praxis. Dann erschließt er den christlichen Glauben als Vertrauen und Freude. Hier finden sich grundlegende Hinweise zur Freude des Menschseins.

Ratzinger geht von der Beobachtung aus, dass die Freudlosigkeit des Christentums (3.2.1) dem Evangelium von der Selbsthingabe Gottes entgegensteht (3.2.2). Fest und Gemeinschaft kennzeichnet er als zwei Orte, um die Freude zu kultivieren (3.2.3). Die Erträge werden unter 3.2.4 zusammengefasst.

---

513 Aufgrund des Entstehungsdatums des Textes wird nachfolgend nur der bürgerliche Name des Verfassers genannt.
514 Joseph Ratzinger, Glaube als Vertrauen und Freude – Evangelium, in: Theologische Prinzipienlehre. Bausteine zur Fundamentaltheologie, München: Erich Wewel 1982, 78-87. Den Hinweis auf diesen Text verdanke ich Andreas Geßmann.

3.2.1 „Maladie catholique"

Ratzinger beginnt mit einer kritischen Gegenwartsdiagnose des Christentums, indem er vermerkt, dass die lebenspraktische Wahrnehmung des Christlichen oftmals der Erfahrung von Freude entgegensteht:

> „Aber meist vergleichen wir mit Melancholie oder auch mit Erbitterung dies einladende Etikett mit unserer tatsächlichen christlichen Erfahrung und mit dem Eindruck, der von den Christen ausgeht, mit der Freudlosigkeit, der verquälten Skrupulanz, der seelischen Enge, die uns als die stärkste Widerlegung des Christlichen erscheint. Das Gefühl, das Christentum stehe der Freude entgegen, der Eindruck des Quälerischen und Unfrohen, ist sicher ein weit stärkerer Grund der Entkirchlichung als all die theoretischen Probleme, die der Glaube heute aufgeben mag."[515]

Ratzinger vertritt hier die These, dass die mangelnde Erfahrbarkeit der Freude des gelebten christlichen Glaubens ein wesentlicher Grund für Entkirchlichungsprozesse sei. Diese lebenspraktische Seite sei jedenfalls relevanter als die Probleme der theoretischen Plausibilisierung des Glaubens.[516]

Mit Nietzsche und Camus bringt er die dahinterliegende philosophische Anfrage auf den Punkt. Diese lautet, dass das Christentum mit dem Baum der Erkenntnis alles auf der Erde verboten habe. In der französischen Psychiatrie wurde für eine lebensverneinende moralische Fixierung auf das vierte und sechste Gebot und deren neurotischen Folgen der Begriff von der „maladie catholique" geprägt.[517] Aus der Sicht Ratzingers aber führte der Weg von Nietzsche und Camus schließlich in Absurdität, Gewaltexzesse und Sinnleere und öffnete letztlich keinen Weg in die Freude.

Ratzinger besteht darauf, dass der Mensch auf Sinn hin angelegt sei und dass der Mensch diesen Sinn brauche, um Leben weitergeben zu können. Lebenssinn – weder Zucht noch Unzucht – ist seiner Ansicht nach sehr eng mit Freude verbunden und weist den Weg zu ihr.[518] Vor diesem Hintergrund setzt Ratzinger noch einmal neu an, um den Gehalt der christlichen Freude darzustellen.

---

[515] Ebd., 79.
[516] Einerseits mag er hier recht haben, insofern er hiermit auf das Glaubwürdigkeitsproblem (Authentizität) zu sprechen kommt. Auf der anderen Seite übersieht er damit auch die enormen Differenzen bzgl. philosophischer Grundannahmen (z.B. personales Gottesbild).
[517] Vgl. ebd., 79f.
[518] In einem Seitenhieb kritisiert er hier die Naivität mancher Konzilsväter, die in der Freude eine allzu einfache Sache gesehen hätten.

3.2.2 Selbsthingabe Gottes

Im Lukasevangelium, so Ratzinger, wird erkennbar, dass Freude ein Programmwort des christlichen Glaubens ist. Denn mit dem Gruß des Engels χαιρε beginnt die Inkarnation und den Hirten wird große Freude verkündet.[519] Er erinnert daran, dass „Evangelium" zu der Zeit Jesu Bestandteil politischer Theologie war: Erlasse des Kaisers wurden so bezeichnet, Botschaften also von dem, der die Welt nach damaliger Vorstellung zusammenhält. In diesem Kontext waren sie Ausdruck der Selbstverherrlichung eines Menschen.

Im christlichen Kontext wird diese Begriffsverwendung aufgenommen und überwunden:

> „Jesu Botschaft ist Evangelium, nicht weil sie uns auf Anhieb unbedingt gefällt oder bequem oder vergnüglich ist, sondern weil sie von dem kommt, der den Schlüssel zur wahren Freude hat. Die Wahrheit ist dem Menschen nicht allzeit bequem, aber nur die Wahrheit macht frei und nur die Freiheit froh."[520]

Ratzinger sieht die christliche Freude demnach als Folge von Freiheit, die eine Folge der Wahrheit ist.

Um genauer zu beschreiben, was den Frohsinn des Christlichen auszeichnet, führt Ratzinger die Unterscheidung zwischen Egoismus und Selbstannahme ein („Den ersten muss man überwinden, die zweite muss man finden."). Er kritisiert eine Verwechslung dieser beiden Vollzüge in der christlichen Pädagogik als Basis der „maladie catholique":

> „Wer nur übernatürlich, nur selbstlos sein will, ist zwar am Schluss ichlos, aber alles andere als selbstlos."[521]

Praktisch gewendet formuliert er:

> „Die Wurzel des Frohseins ist das Einverständnis des Menschen mit sich selber. Wer sich annehmen kann, dem ist das entscheidende Ja gelungen. Der lebt im Ja. Und nur wer sich annehmen kann, kann auch das Du annehmen, kann die Welt annehmen. Der Grund dafür, dass ein Mensch das Du nicht akzeptieren, mit ihm nicht ins Reine kommen

---

519 Vgl. ebd., 78f.
520 Ebd., 82.
521 Ebd.

kann, liegt darin, dass er sein Ich nicht mag und dann erst recht nicht ein Du annehmen kann."[522]

Die Ursache von Frohsein ist demnach, dass der Mensch zur Selbstannahme und damit zur Annahme eines Du fähig wird. Die Selbstannahme wiederum kann jedoch nicht aus eigener Kraft erfolgen.[523] Vielmehr verdankt sich das Ich einem Du. Die Selbstannahme des Kindes etwa verdankt sich der liebenden Annahme durch ein liebendes Gegenüber.[524]

Mit diesem Vorgang aber steht die Wahrheitsfrage im Raum, weil die Liebe in Wahrheit geschehen muss. Nur die Wahrheit verbürgt, dass der Mensch und überhaupt etwas Geschaffenes gut ist. Was wäre nämlich, wenn jemand seine Liebe zu einem anderen Menschen nur vorgaukelte? Die Folge müsste Trostlosigkeit und Verzweiflung sein – was Ratzinger etwa für Camus und ‚die neue Linke' in Rechnung stellt. Aus diesem Grund ist auch das Kreuz die entscheidende Mitte des Evangeliums, da in diesem radikalen Akt das Gutheißen der menschlichen Existenz erfolgt:

„Wer so geliebt wird, dass der Andere sein Leben mit der Liebe identifiziert und das Leben nicht mehr ohne diese Liebe zu führen bereit ist; wer bis in den Tod geliebt wird, der weiß sich wirklich geliebt. Wenn aber Gott uns so liebt, dann sind wir in Wahrheit geliebt. Dann ist die Liebe Wahrheit und die Wahrheit Liebe. Dann lohnt es sich zu leben."[525]

Aus diesem Grund ist das Christentum von seinem Kern her frohe Botschaft. Jeglicher Zweifel an der Möglichkeit von Selbstannahme wird bei Ratzinger ausgeräumt in der liebenden Selbsthingabe Gottes und der darin enthaltenen Identifikation von Wahrheit und Liebe.[526] Diese christliche Gewissheit gilt

---

522 Ebd., 83.
523 Diese Überlegungen korrespondieren mit: Romano Guardini, Die Annahme seiner selbst. Den Menschen erkennt nur, wer von Gott weiß (Topos Taschenbücher 490), Kevelaer: Topos plus 92010.
524 Vgl. Ratzinger, Evangelium, 83. Vgl. vertiefend: Josef Pieper, Über die Liebe, München: Kösel 2014.
525 Ratzinger, Evangelium, 84. Auch von Balthasar erschließt den Zusammenhang von Freude und Kreuz: Vgl. Hans Urs von Balthasar, Die Freude und das Kreuz, in: Internationale katholische Zeitschrift Communio 33 (4/2004), 306-316.
526 Entsprechend führt auch schon der Jesuit August Brunner aus: „Durch die erlösende Gnade wird dem Menschen die Fähigkeit zur Freude, zum wahren Glück und Heil, nicht nur wiederhergestellt, sondern über seine natürlichen Kräfte hinaus neu geschenkt. Nunmehr ist es seine Aufgabe, diese Gnade in seinem Leben wirksam werden zu lassen, die Wendung zum Wesentlichen immer entschiedener und umfassender zu vollziehen und dadurch die Fähigkeit zur Freude auszuweiten, bis sie die Grenzen seines Seins erreicht hat, und er ganz erfüllt ist. [...] Das Christentum hat das scheinbar Unmögliche geleistet und das Leiden selbst, den größten Feind der Freude, zu einer Quelle der Freude verwandelt. Nicht als ein krankhaftes Verlangen nach Leiden, weil der Mensch darin eine ungesunde Befriedigung findet, sich selbst zu bemitleiden oder von andern bemitleiden zu lassen und sich den Verpflichtungen des Lebens zu entziehen, sondern als eine echte innere Verwandlung, die das, was zunächst dem Menschen aufgezwungen war, durch die innere Annahme und das Ja des Einverständnisses um Christi

insbesondere den Beladenen und sie bleibt auch in dunklen Stunden gültig, so Ratzinger.

3.2.3 Fest und Gemeinschaft

Der frohmachende Charakter des Christentums, so Ratzinger, wird nicht durch perfekt durchgeführte Veranstaltungen erreicht. Er zeigt sich vielmehr vor allem in der Fantasie der Christen, die weite Räume erschließt.[527] Ratzinger benennt mit Fest und Gemeinschaft zwei Bereiche, in denen diese Freude konkret erfahren werden kann.[528]

Das Fest ist ein Ort einer Wirklichkeit ganz anderer Art, die zum Frohsinn ermächtigt. In ihm ereignet sich der Einbruch des Ganz-Anderen, es ist die Erfahrung zweckloser Schönheit. Aus diesem Grund kommt bei Ratzinger der Wiederentdeckung der Liturgie eine große Bedeutung zu; sie muss sich von den Zwängen der Rationalität befreien und den Glanz des Festes wieder neu ausstrahlen.[529]

In einer Gemeinschaft, die durch den Glauben begründet wird, ist der Mensch nicht mehr einsam. Es gibt eine Kommunikation vom Grunde her, die für alle offensteht. Hierin sieht Ratzinger eine konkrete Herausforderung für die Kirche: Angesichts von prekär gewordenen Gemeinschaftserfahrungen, kann sie Menschen Gemeinschaftserfahrungen anbieten und sie für Gemeinschaft öffnen.[530]

Ratzinger schließt mit dem Hinweis, dass die Freude in der Unterscheidung der Geister ein Zeichen der Gnade ist:

„Wer vom Grunde seines Herzens her heiter ist, wer gelitten und die Freude nicht verloren hat, der kann nicht weit vom Gott des Evangeliums sein, dessen erstes Wort an der Schwelle des Neuen Bundes lautet: Freue dich.[Fußnote gelöscht, SO]"[531]

---

willen zur eigenen, freien Tat überhöht." August Brunner, Das Geheimnis der christlichen Freude, in: Stimmen der Zeit 26 (6/1953), 414-422, hier 418f.
527 Vgl. Ratzinger, Evangelium, 85.
528 Grundlegende Überlegungen zur Bedeutung des Festes sind zu finden in: Harvey Cox, Das Fest der Narren. Das Gelächter ist der Hoffnung letzte Waffe. Aus dem Amerikanischen von W. Simpfendörfers, Stuttgart: Kreuz 1970. Josef Pieper, Zustimmung zur Welt. Eine Theorie des Festes, München: Kösel 1963. Hugo Rahner, Der spielende Mensch, Einsiedeln: Johannes 112008. In liturgiewissenschaftlicher Perspektive ist zu verweisen auf: Rupert Berger, Die Freude an Gott ist unsere Stärke. Gottesdienst – Fest der Freude, in: Internationale katholische Zeitschrift Communio 33 (4/2004), 335-343. In diesem Zusammenhang ist darauf hinzuweisen, dass die Freude in den Texten des römischen Messbuchs eine zentrale Bedeutung hat. Dabei zeigen sich im Jahreskreis mit einer eher jubelnden, österlichen Freude (vgl. Sonntag Laetare) und einer eher innerlich-stillen Freude des Weihnachtsfestes (vgl. Sonntag Gaudete) unterschiedliche Facetten.
529 Vgl. Ratzinger, Evangelium, 86.
530 Vgl. ebd., 87.
531 Ebd.

3.2.4 Zusammenfassung und Ertrag

Ratzinger erinnert daran, dass die Freude ein grundlegendes Merkmal des Evangeliums ist. Er geht dabei vom Geschehen der Inkarnation aus, denn die Menschwerdung Christi ist bei ihm Grund zu wahrer Freude, wie die Ankündigung des Engels programmatisch zeigt. In der Inkarnation zeigt sich, dass die Freude eine Folge von Wahrheit und Freiheit ist.

Er bescheinigt dem Christentum eine Neigung zur Skrupulanz (maladie catholique), die dem Wesenskern der Freude entgegensteht. Aufschlussreich ist seine Kritik an solch einem skrupulanten Christentum und seine These, dass dies ein wesentlich größeres Problem für die Evangelisierung sei als philosophisch-theologische Fragen.

Vor diesem Hintergrund erschließt er die Freude des Glaubens als Selbstannahme, die er als Wurzel des Frohseins betrachtet, weil sie den Einzelnen zum Ja und zur Annahme des Anderen und der Welt führt. Selbstannahme müsse gelingen, während Egoismus überwunden werden müsse. Solche Selbstannahme kann der Mensch aber nicht selbst herstellen, sondern sie wird ihm von einem Du geschenkt. Diese Annahme durch ein Du geschieht in der Liebe und muss in Wahrheit erfolgen. Unter irdischen Bedingungen bleibt die Wahrheit jeder liebenden Zuwendung aber immer unsicher und fragwürdig.

Von hierher zeigt sich das Kreuz als entscheidende Mitte christlicher Freude, weil der Mensch hier bis in den Tod und damit in Wahrheit geliebt wird. So ist das Kreuz Ursprung wahrhaftiger Freude. Denn die hier vollzogene liebende Selbsthingabe Gottes bleibt auch in dunklen Stunden gültig. Durch diese kreuzestheologische Fundierung der Freude eröffnet Ratzinger eine völlig neue Perspektive, die sich so deutlich bisher noch nicht gezeigt hatte.

An der praktischen Realisierung der Freude in der Kirche ist Ratzinger an dieser Stelle nur sehr begrenzt interessiert. Er nennt als Orte der Freude neben dem Zeugnis im Alltag vor allem das Fest als Ort zweckloser Schönheit und die Gemeinschaft, in der der Mensch nicht allein ist, sondern einem liebenden Gegenüber begegnet.

Im Blick auf die weitere Untersuchung sind folgende Aspekte zu sichern:

- Ratzinger betont die Bedeutung fehlender Freude im Christentum. Insofern fordert er Christ*innen auf, die Freude als Leitthema ihres Glaubens zu durchdringen. Ratzinger ruft hier in kirchenkritischer Perspektive zu Umkehr auf, wie dies auch P. Franziskus tut. Es geht demnach um Überwindung von Skrupulanz und seelischer Enge, des Quälerischen und Unfrohen.

- An die Suche nach Identität, die den Glücksdiskurs prägt, kann mit Bezug auf Ratzinger angeknüpft werden. Allerdings nicht im Sinne von Egoismus, sondern im Sinne von Selbstannahme. Eine solche christliche Selbstannahme geschieht durch die wahrhaftige Selbsthingabe Gottes in Jesus Christus, die nicht zurückgenommen werden kann. Von hierher wird insbesondere ein kreuzestheologischer Zugang zur Glaubensfreude erkennbar.
- Als Erfahrungsräume sind Fest und Feier (zu denken ist hier wohl besonders an die Liturgie) im Sinne zweckfreier Schönheit jenseits der Rationalität und Gemeinschaft, wo der Mensch einem bleibenden Gegenüber begegnet, in den Blick zu nehmen. Diese praktischen Schlussfolgerungen, also Fest und Gemeinschaft als Orte der Erfahrung christlicher Freude zu profilieren, sind allerdings vor dem Hintergrund der Krise des Christusglaubens in der gegenwärtigen Kultur (vgl. I.2) zu diskutieren.

Nach diesen grundlegenden Hinweisen zur Freude des Menschseins wird nun ausführlich der Ansatz von Michael Bordt analysiert.

3.3 Dankbare Bejahung

Der Münchener Jesuit und Prof. für Ästhetik, philosophische Anthropologie und Geschichte der Philosophie, Michael Bordt, bietet in „Die Kunst, sich selbst zu verstehen"[532] einen Zugang zum Thema, der sich zunächst grundlegend von den bisherigen Ansätzen unterscheidet.

Vorausblickend sei darauf hingewiesen, dass sich sein philosophisches Interesse sehr stark auf den begrifflichen Rahmen richtet und er weiterführende Überlegungen zu jenem Phänomen anbietet, das Lauster als das Strebensglück bezeichnet.

Bordt zeigt sich skeptisch gegenüber der Terminologie glückliches Leben und bevorzugt stattdessen den Terminus gelungenes Leben[533] (3.3.1). Weiterführend ist, dass Bordt insbesondere auf die kognitive und die affektive Ebene des Menschen eingeht und deren Bedeutung für das „Selbstverstehen" analysiert, das jene Kunst darstellt, die den Menschen in die Lage versetzt, ein gelungenes Leben zu führen (3.3.2). Dieses wird inhaltlich näher bestimmt mit Verweis auf Selbstbestimmung, Beziehung, Tätigsein sowie Leiden und Tod (3.3.3). Schließlich ergibt sich ein Zusammenhang von Freude, Spiritualität und Identität (3.3.4). Auch die umfangreichen Perspektiven von Bordt auf

---

532 Michael Bordt, Die Kunst, sich selbst zu verstehen. Den Weg ins eigene Leben finden. Ein philosophisches Plädoyer, München: ESV 22016.
533 Er spricht auch vom bestmöglichen Leben, da das gelungene Leben ein anzustrebender Wert ist, der nicht ständig erreicht werden kann.

gelungenes Menschsein werden schließlich zusammengefasst und als Ertrag gesichert (3.3.5).

3.3.1 Gelungenes Leben

Charakteristisch für den Terminus gelungenes Leben ist aus der Sicht von Bordt, dass sich dieser Begriff auf Tätigkeiten, also auf aktives Tun bezieht und zwar sowohl auf äußere Tätigkeiten und Handlungen als auch auf inneres Tun, wie Gedanken, Gefühle und die Haltung der Selbstwahrnehmung.[534] Mit anderen Worten: Bordt geht im Anschluss an sokratische Überlegungen zum tugendhaften Leben davon aus, dass gelungenes Leben viel mehr vom Menschen selbst als von den äußeren Umständen abhängt.

Er setzt sich allerdings von Sokrates ab, indem er nicht von Tugenden, sondern von „Haltung" (Einstellung, Perspektive) spricht. Seiner Ansicht nach hängt gelungenes Leben entscheidend von der Haltung ab, die Menschen gegenüber sich selbst und dem Leben einnehmen. Bordt wörtlich:

> „Ob wir unser Leben als gelungen oder misslungen betrachten, ist also immer eine Frage der Perspektive und einer Haltung, die man aktiv entwickeln kann. Und unser Projekt, über uns selbst nachzudenken, wie wir über das Nachdenken nachdenken sollten, ist Teil dieser inneren Arbeit, der Arbeit an einer Perspektive und einer Haltung unserem Leben gegenüber."[535]

Es wird nun in einem ersten Schritt analysiert, wie Bordt das gelungene Leben als höchsten Wert begrifflich fasst. Diese Klärung wird von Bordt selbst angestrebt, weil sich aus der Wahl der obersten Prämisse für das menschliche Leben sehr unterschiedliche Lebensentscheidungen ergeben können, sodass menschliches Leben letztlich ganz unterschiedlich verlaufen kann.[536]

Der Terminus gelungenes Leben beinhaltet laut Bordt Bedeutungsanteile, die in den Begriffen Glück, Gutes[537] bzw. Sinn[538] zum Ausdruck kommen, überbietet diese jedoch. Er vertritt die Einschätzung, dass gelungenes Leben als höchster Wert die positiven Aspekte der anderen Begriffe beinhaltet.

Im Kontext dieser Untersuchung ist von besonderem Interesse, in welches Verhältnis er seinen Begriff von gelungenem Leben zum Glücksbegriff setzt.

---
534 Vgl. ebd., 119-123.
535 Ebd., 120.
536 Vgl. ebd., 93-96.
537 Vgl. ebd., 104-109.
538 Vgl. ebd., 109-119.

Diesbezüglich unterscheidet er drei Bedeutungsebenen, wobei insbesondere die letztgenannte sehr wichtig ist.

Glück als eine intensive positive Emotion[539]: Als Substantiv bezeichnet Glück einen besonders günstigen Zufall (z.B. Lottogewinn, Aktienverkauf vor Börsencrash). Als Adjektiv bezeichnet glücklich eine intensive positive Emotion (z.B. erfolgreicher Arbeitsabschluss, Spaziergang durch verschneite Landschaft). Wäre in diesem Sinne Glück/ Glücklichsein der oberste Wert im Leben, dann wäre es wichtig, möglichst viele positive Zufälle und Emotionen zu erfahren.

Bordt nennt mehrere Argumente gegen Glück als obersten Wert in diesem Sinne. Zunächst gilt, dass der Mensch es dann nicht in der Hand hätte, dieses Ziel zu erreichen, sämtliche Werte in der Hierarchie wären damit losgelöst von diesem obersten Wert. Zweitens wäre es dann konsequent Stimmungsaufheller zu nehmen oder sich auf andere Weise ständig mit Glückserfahrungen zu versorgen.[540] Drittens zeigen Überlegungen Kants, dass Menschen nicht allein auf gute Gefühle aus sind, sondern dass Menschen vor allem daran interessiert sind, warum und wodurch es zu guten Gefühlen kommt. Menschen verbinden Glück mit der Erfahrung selbständig Entscheidungen und Handlungen zu verantworten, und sie sind froh, wenn der Zufall dabei hilft.

Glück als Zufriedenheit[541]: Dieser Begriff führt laut Bordt schon deutlicher an sein Verständnis eines bestmöglichen Lebens heran. Doch wendet er mit John Stuart Mill ein, dass auch Unzufriedenheit zu einem bestmöglichen Leben gehören kann.[542] Insofern resümiert Bordt, dass Zufriedenheit noch nichts darüber aussagt, ob Menschen das bestmögliche Leben führen.

Glück als dankbare Bejahung[543] ist laut Bordt eine angemessene Möglichkeit das bestmögliche Leben zu führen.

Dahinter verbirgt sich zunächst eine kognitive Einstellung (Bejahung) gegenüber dem Leben. Über den Weg des Selbstverstehens (vgl. 3.3.2) kann diese kognitive Einstellung der Bejahung eingeübt werden, die sich auf all das bezieht, was ‚im Menschen ist'. Diese rationale Bejahung führt zu einer Akzeptanz im Leben, die auch negative, leidvolle Erfahrungen anerkennen kann.

Darüber hinaus gibt es hier aber auch eine Gefühlsdimension, die Bordt mit dem Begriff der Dankbarkeit fasst. Diese Dankbarkeit richtet sich nicht

---

539 Vgl. ebd., 96-99.
540 Ein philosophisches Experiment von Robert Nozick zeigt aber, dass dies für die meisten Menschen nicht erstrebenswert ist.
541 Vgl. ebd., 100f.
542 „Es ist besser, ein unzufriedener Mensch zu sein als ein zufriedenes Schwein." Ebd.
543 Vgl. ebd., 101-104.

auf eine Person, wie im alltäglichen Sprachgebrauch, sondern geht darüber hinaus.[544]

Bordt zusammenfassend zum Begriff der dankbaren Bejahung:

„Unter Dankbarkeit in diesem Sinn verstehen wir also die affektive Qualität, die mit der Bejahung des eigenen Lebens einhergeht, und so können auch wir diesen Begriff übernehmen. Es sind weder die intensiven Glücksgefühle noch die satte Zufriedenheit, sondern die Dankbarkeit als das zur Bejahung gehörige Gefühl, auf die es im Leben ankommt, wenn es das bestmögliche werden soll. Das kann man dann, wenn man möchte, das glückliche Leben nennen – aber man sollte sich darüber im Klaren sein, dass vom Glück zu sprechen die Tür zu einigen begrifflichen Missverständnissen öffnet."[545]

Bejahung als kognitiver Akt und Dankbarkeit als affektive Qualität sind demnach bei Bordt zwei Weisen, die Ausdruck gelungener (glückender) menschlicher Existenz sind.

Bevor näher darauf eingegangen wird, in welchen vier Aspekten Bordt das gelungene Leben materialiter füllt, ist zunächst zum Verständnis noch ein Zwischenschritt erforderlich. Denn der Weg zu dankbarer Bejahung führt bei Bordt über die Kunst, sich selbst zu verstehen.

3.3.2 Selbstverstehen: Emotionen und Kognitionen

Das Urteil darüber, ob menschliches Leben gelungen ist, kann ausschließlich ein Individuum selbst fällen. Den notwendigen Weg der Deutung des Lebens bezeichnet Bordt als Selbstverstehen. Es handelt sich hierbei um ein holistisches Projekt, denn wer sich selbst versteht, der versteht nicht nur einen oder mehrere Teile seines Lebens, sondern lernt letztlich die teleologische Struktur seines Lebens als Ganzes kennen. Den Weg des Selbstverstehens fundiert er in grundlegenden anthropologischen Überlegungen zur Bedeutsamkeit von Gefühlen und Gedanken.

Selbstverstehen erfordert demnach einen Abstand zu Gefühlen und Gedanken, die im Menschen sind. Dieser Abstand entspricht nicht den alltäglichen Formen der Ablenkung. Es handelt sich um eine innere Wahrnehmung, für die das Körperempfinden hilfreich sein kann. Durch Meditation kann die

---

544 Er nimmt hier Bezug auf die angelsächsische Gratitude-Forschung.
545 Ebd., 104.

Selbstwahrnehmung und damit die innere Freiheit gegenüber Gedanken und Gefühlen – also der Abstand gegenüber sich selbst –, eingeübt werden.[546]

Solches Selbstverstehen umfasst Kognitionen und Emotionen auf mehreren Stufen.[547] Auf einer ersten Stufe kann der Mensch zum gelebten Leben kognitiv und affektiv in Kontakt treten. Dann denkt der Mensch über sein Leben nach und erlebt es unmittelbar durch Gefühle. Es gibt darüber hinaus aber Gefühle und Gedanken einer zweiten Stufe[548], die sich auf die Kognitionen und Affekte der ersten Stufe beziehen (Freude über Freude, Scham über Schadenfreude, Angst vor Prüfungsangst etc.). Zu den Gedanken zweiter Ordnung gehört, dass bisherige Gedanken (z.B. Vorurteile) kritisch hinterfragt werden. Hierzu gehören aber auch Überlegungen zu den Kriterien von Entscheidungen (etwa der Berufswahl, wie Menschen das Leben gestalten möchten usw.).

Im Bereich der kognitiven Einstellungen sind Werte besonders relevant.[549] Bordt verwendet den Begriff nicht im engeren Sinne von moralischen Werten, sondern allgemeiner im Sinne all dessen, was Menschen wichtig ist.[550] Während Menschen nur sehr bedingt willentlich entscheiden können, was sie wertvoll finden, können sie in einer kognitiven Einstellung zweiter Ordnung fragen, ob es nicht auch ganz andere Werte geben könnte.

Die Selbsterkenntnis steht in wesentlichem Zusammenhang mit der Kenntnis der teleologischen Ordnung der eigenen Werte.[551] Die Kenntnis der eigenen Werte ist deshalb wichtig, weil dadurch die eigene Motivationsstruktur verständlich wird. Es gilt: je weniger Menschen das große Ziel reizt, umso

---

546 Vgl. ebd., 37-44.
547 Vgl. zum Folgenden: Ebd., 25-36.
548 Die Existenz der zweiten Stufe ist aus der Sicht Bordts das Unterscheidungsmerkmal zwischen Mensch und Tier, da für Tiere sowohl die kognitive als auch die affektive Einstellung erster Stufe angenommen werden können, jedoch nicht die Reflexionsebene. Das gelungene Leben hängt demnach nicht so sehr von dem gelebten Leben (erste Stufe), sondern von den Einstellungen dazu ab (zweite Stufe). Vgl. ebd., 36.
549 Vgl. ebd., 57-73.
550 Er unterscheidet allerdings Werte als Ziele (etwas, das ich in Zukunft erreichen möchte, z.B. berufliches Fortkommen), Werte als Charaktereigenschaften (z.B. Treue, Toleranz) und Werte als Zustände (z.B. Einbettung in Freundschaft, Lebensstil). Manche von diesen Werten sind konstant, manche verändern sich, z.B. in Krisen. Außerdem vertritt er hier die These, dass Menschen in Bezug auf Werte nicht Erfinder, sondern Entdecker sind. Vgl. ebd., 57ff.
551 Die Werte, die für Menschen bedeutsam sind, sind in einer teleologischen Struktur einander zugeordnet. In einer solchen teleologischen Ordnung sind alle Werte einem oder mehreren Zielen/ Zwecken untergeordnet (Bordt verdeutlicht dies am Beispiel des Joggens: Joggen – Erholung – Gesundheit –usw. Der Hierarchie der Werte kommt man durch die Warum-Frage auf die Spur. Dabei ist allerdings der Einwand berechtigt, dass Werte auch jenseits ihrer Einordnung in eine solche teleologische Struktur einen Wert haben. Aus diesem Grund sind drei Arten von teleologischen Verbindungen zu unterscheiden: im ersten Fall ist der Wert tatsächlich ausschließlich Mittel zum Zweck (z.B. Migränemedikament). Im zweiten Fall hat der Wert einen Wert an sich (z.B. Gesundheit). Im dritten Fall sind Mittel und Ziel ganz unmittelbar miteinander verbunden (z.B. Wanderurlaub, Akt des Komponierens). Vgl. ebd., 60-63.

weniger werden sie motiviert sein, dieses Ziel zu erreichen. Mit der Motivationsfunktion der Wertkenntnis hängt die Begründungsfunktion zusammen, denn die Kenntnis der Werte begründet ganz lebenspraktisch, wie Menschen handeln (z.B. Karrierestreben).[552]

Bordt führt nun die Unterscheidung zwischen wahren und falschen Werten ein. Wahre Werte sind solche, die das Versprechen eines glücklicheren Lebens tatsächlich einlösen. Falsche Werte hingegen gaukeln Menschen diesen positiven erstrebenswerten Zustand vor, können ihr Versprechen aber nicht einlösen, sondern bewirken das Gegenteil.[553] Der oberste Wert, der keinem weiteren Wert als Mittel unterliegt, ist das bestmögliche (glückliche oder gelungene) Leben. Diesbezüglich macht es laut Bordt keinen Sinn, die Warum-Frage zu stellen, da sie ins Leere führt. Denn es gilt:

„Der Begriff des glücklichen, guten, sinnvollen, bestmöglichen Lebens soll ja gerade den Endpunkt all unseres Wollens markieren."[554]

Dabei sind bei Bordt Werte (Kognitionen) keineswegs strikt von Emotionen getrennt. Vielmehr haben Emotionen und Gedanken eine Verbindung, insofern Gefühle rational verstehbar sind und Gedanken durch Gefühle geprägt werden.[555] Deshalb können Emotionen als Wegweiser zu Werten und damit zum Selbstverstehen verstanden werden. Dies kann sogar gegenüber einem ausschließlich rationalen Weg sicherer sein, weil das Nachdenken über Werte von Selbstidealen, die den Einzelnen nicht entsprechen, beeinflusst sein kann.

Auf Thomas von Aquin geht der Gedanke zurück, dass hinter jeder (auch einer negativen) Emotion die Liebe zu etwas Gutem steht. Dieses Wissen kann dazu führen, dass die Aufmerksamkeit von negativen Emotionen auf die dahinterliegenden positiven Werte geführt wird. Das hat alltagspraktische Konsequenzen, etwa in Konflikten. Zu einem besseren Verständnis des Selbst gehört also, die Emotionen, die von bestimmten Objekten ausgelöst werden, besser

---

552 Vgl. ebd., 60-68.
553 Je weiter höher ein falscher Wert in der Hierarchie steht, umso fataler die Auswirkung (z.B. Berufswahl). Weiter untenstehende falsche Werte (z.B. Jogging) lassen sich schneller und einfacher korrigieren. Vgl. ebd., 68ff.
554 Ebd., 72.
555 Bordt unterscheidet zwischen klaren Emotionen (Freude, Trauer) und diffusen Stimmungen (Unruhe, Müdigkeit, Druck), die entweder körperliche oder psychische (unbewusste) Ursachen haben können. Nur erstere kann man laut Bordt verstehen lernen. Allerdings lässt sich aufgrund eines Körpergefühls nicht sicher auf die dahinterliegende Emotion schließen, da es verschiedene Ursachen geben kann (steifer Nacken, Magenschmerzen). Dennoch gibt es einen Zusammenhang zwischen Körper und Emotion, der durch körperliche Übungen gepflegt werden kann. Vgl. ebd., 78ff. Vertiefend zum Begriff des Gefühls: Vgl. Rebekka A. Klein, Was ist ein Gefühl? Interdisziplinäre Konzepte aus der Emotionsforschung, in: Kerygma und Dogma 63 (2/2017), 102-114.

wahrzunehmen. Dabei ist damit zu rechnen, dass man sich in seinen Emotionen irren kann.[556]

Vor diesem theoretischen Hintergrund des Selbstverstehens reflektiert Bordt vier Aspekte menschlicher Existenz, die besonders relevant sind für gelungenes Leben in dankbarer Bejahung.

3.3.3 Orte dankbarer Bejahung

Selbstbestimmung (Autonomie), Zugehörigkeit (Liebe) und wirksame Tätigkeit (Arbeit) sind bei Bordt besonders relevant für gelungenes Leben. Mit anderen Worten: Leben in der Spannung dieser drei Felder sollte von Menschen in allen Schwierigkeiten bejaht werden können.[557] Bordt wörtlich:

> „Das bestmögliche Leben ist eines, das selbstbestimmt ist, in dem ich mich anderen Menschen zugehörig weiß und in dem ich mit dem, was ich tue, meine Talente und Fähigkeiten entfalten kann. Damit hat der Begriff des Glücks als dankbare Bejahung des Lebens eine inhaltliche Füllung bekommen: Wir können unser Leben leichter bejahen und ein Gefühl der Dankbarkeit entwickeln, wenn wir selbstbestimmt leben, in erfüllende Beziehungen eingebettet sind und mit dem, was unseren Talenten und Fähigkeiten entspricht, so tätig sein können, dass wir für andere von Bedeutung sind."[558]

Darüber hinaus darf gelungenes Leben aus der Sicht von Bordt aber auch die Dimensionen von Leiden und Tod nicht negieren. Diese inhaltlichen Aspekte von gelungenem Leben werden im Folgenden vertiefend analysiert (3.3.3.1-3.3.3.4).

3.3.3.1 Selbstbestimmung: Freiheitsraum des schöpferischen Selbst

Im Blick auf diesen Aspekt konkretisiert Bordt seine grundlegenden Überlegungen zum Selbstverstehen (hier auch Selbstwahrnehmung). Dieses ermöglicht eine freie Entscheidung im Blick darauf, mit welchen Gedanken und Gefühlen sich Menschen identifizieren möchten. Immer wird Selbstverstehen in diesem Bereich in einer grundsätzlichen Spannung zwischen Faktizität und Ideal vollzogen.[559] Es gilt:

---

556 Vgl. Bordt, Sich selbst verstehen, 87-91.
557 Vgl. ebd., 70-73.
558 Bordt, ebd., 118.
559 Instruktiv zum Begriff des Ideals ist die Unterscheidung des Psychoanalytikers Dieter Funke zwischen Ich-Ideal und Ideal-Ich. Vgl. Dieter Funke, Idealität als Krankheit? Über die Ambi-

„Die Spannung zwischen dem, wer wir faktisch sind, und dem, wer wir gerne wären, gehört zu uns Menschen dazu, und das Ziel ist nicht, sie zu beseitigen, sondern ausgerichtet auf das reflektierte Ideal unser selbst in ihr zu leben. Sich selbst zu verstehen bedeutet nicht, das Ideal aufzugeben und sich selbst auf die nüchterne Faktizität zu reduzieren, sondern es bedeutet, sich der Diskrepanz zwischen Faktizität und Ideal bewusst zu sein."[560]

Ideale bilden demnach eine Möglichkeit zu gewichten, welche Gefühle und Gedanken der ersten und zweiten Ordnung nun tatsächlich zu einem Individuum passen, welche relevant werden sollen und mit welchen Gefühlen und Gedanken sich Menschen identifizieren wollen.[561]

Wichtiges Kriterium für die Entscheidung, welchen Gefühlen und Gedanken der Vorzug gegeben wird, ist das Ideal eines selbstbestimmten Lebens. Mit anderen Worten geht es immer darum, im Vielerlei der Stimmen die eigene Stimme wahrzunehmen.[562] Das heißt:

„Ich bin keineswegs fremdbestimmt, wenn ich die Erwartungen und Wünsche anderer erfülle. Aber ich sollte sicherstellen, dass ich es bin, der die fremden Erwartungen und Wünsche bejaht und erfüllt, und dass sie zu dem passen, wie ich sein will."[563]

Aus diesem Grund ist es wichtig, nicht nur in Distanz zu den eigenen Gefühlen und Gedanken zu kommen, sondern auch zu den Erwartungen anderer, um selbstbestimmte Entscheidungen treffen zu können. Die Erwartungen anderer können gewichtet werden, indem sie mit dem eigenen Idealbild abgeglichen werden. Doch hier liegt eine weitere Unsicherheit, da auch das Ideal fremdbestimmt sein kann. Insofern muss auch dieses beständig kritisch überprüft werden (so wie die Gefühle und Gedanken).[564]

---

valenz von Idealen in der postreligiösen Gesellschaft, Gießen: Psychosozial 2016, 145-157.
560 Bordt, Sich selbst verstehen, 47.
561 Vgl. ebd., 44-49.
562 In ähnlicher Weise spricht Leo Karrer von der Freude als Seismograph für die Identität: „Freude ist nicht zu ertrotzen noch willkürlich zu machen. Sie ist vielmehr so etwas wie eine leise Stimme, ein Seismograph für die innere Stimmigkeit des eigenen Lebens, sagen wir für das, was wir Identität nennen. [...] In nüchterner eher wissenschaftlicher Manier könnte man sagen, dass Freude die ästhetische ‚Matrix' oder besser Bestätigung ist, wo immer Menschen das Leben wahrzunehmen versuchen, sich nach Orientierung umsehen und in ihrem Tun und Verhalten das individuelle und gesellschaftliche Leben gestalten." Karrer, Freude. Ästhetik erlebten Glaubens, 207.
563 Bordt, Sich selbst verstehen, 50f.
564 Aufschlussreich ist hier der Hinweis von Freud, dass nicht naturgegebene Triebe (Sexualität und Aggression), sondern fremdbestimmte Ideale Menschen am selbstbestimmten Leben

Selbstbestimmung besteht also bei Bordt in einem „Freiheitsraum", der durch die Selbstwahrnehmung innerhalb der dem Einzelnen gegebenen Vorgaben gewonnen werden kann. Dieser Freiheitsraum besteht darin, dass Menschen ihren Gefühlen nicht unreflektiert nachgeben müssen und dass sie ihre Gedanken kritisch hinterfragen können.

Dieser Freiheitsraum ist aber nie identisch mit einer absoluten Identität. Vielmehr betont Bordt, dass sich die menschliche Identität (bei ihm verstanden als konstanter, fester Personkern) unter dem Vorbehalt der Perspektivität und damit unter einem letzten Vorbehalt steht. Die Folge:

„Was uns bleibt, ist eine Annäherung an uns selbst, bei der wir aber nie ganz sicher sein können, dass es wirklich wir selbst sind, dem oder der wir uns annähern. Es gibt für uns Menschen keine stabile Basis, es gibt kein Fundament, von dem aus wir den Prozess der Identifikation führen könnten."[565]

Auf den Punkt gebracht vertritt Bordt ein differenziertes Verständnis von Selbstbestimmung:

„Dieser Identifikation sind tatsächlich vielleicht etwas engere Grenzen gesetzt, als es die letzten Abschnitte nahegelegt haben. Wir konstruieren unser Leben nicht, wir können uns nicht vollständig frei dafür entscheiden, eine bestimmte Art von Mensch sein zu wollen. Wir sind an die Vorgaben gebunden, die wir in uns finden, und können uns durch die Selbstwahrnehmung innerhalb dieser Voraussetzungen Freiheitsräume erobern. [...] Dieser Freiheitsraum, den es zu erobern, manchmal auch innerlich zu erkämpfen gilt, zeigt aber auch, dass wir Menschen nicht determiniert, also nicht ausgeliefert sind, was Anlagen, Erziehung oder Umwelt in uns hineingelegt haben. Es gibt einen Spielraum für den schöpferischen Entwurf meiner selbst."[566]

Hierfür ist aber die Selbstwahrnehmung, wie oben gezeigt wurde, von entscheidender Bedeutung, wie Bordt zusammenfassend festhält:

„Wenn ich einen Ort der Konstanz suchen möchte, dann ist die Selbstwahrnehmung dafür am aussichtsreichsten. Die beobachtende, nicht wertende,

---

hindern. Vgl. Bordt, ebd., 53f.
565 Ebd., 55.
566 Ebd.

nicht kommentierende Wahrnehmung meiner selbst. Zwar verändert sich stets das, was ich wahrnehme. Aber die Haltung der Wahrnehmung selbst verändert sich nicht. Und, so kann ich staunend, beinahe ehrfurchtsvoll und vielleicht auch etwas neugierig fragen: Wer ist es eigentlich, der da wahrnimmt?"[567]

3.3.3.2 Zugehörigkeit: Gemeinsame Vorstellung vom guten Leben

Die den Menschen prägende Spannung zwischen Selbstbestimmung (Einzelwesen) und Zugehörigkeit (Gemeinschaftswesen)[568] verortet Bordt in der philosophischen Diskussion um Liebe und Freundschaft. Es gehört demnach zu einem gelungenen Leben, in Beziehungen zu leben.

Die Frage, der sich Bordt stellt, lautet, wie eine gelungene Beziehung näher zu beschreiben sei. Er nimmt diesbezüglich Bezug auf Aristoteles, der drei Arten von Freundschaften, nämlich Lustfreundschaft, Nutzenfreundschaft und Freundschaft zwischen Guten, unterscheidet. Demnach gibt es nur drei Gründe für Freundschaften: die Lust, den Nutzen oder das Gute.[569] Die Gründe, warum zwei Menschen eine Freundschaft pflegen, können durchaus differieren (X verbindet mit Y Nutzen, Y hingegen verbindet mit X Lust), die Grenzen zwischen den Motiven können fließend sein.

Die Freundschaft zwischen Guten ist allerdings immer gegenseitig. Aristoteles benennt für diesen Typ verschiedene Kriterien: Die Freundschaft zwischen Guten ist demnach nicht häufig, krisenerprobt und zeitintensiv, sie erfordert räumliche Nähe und in ihr wird das Leben miteinander geteilt.[570] Natürlich kann es auch in einer guten Beziehung Aspekte von Lust und Nutzen geben, doch sie lässt sich letztlich nicht auf diese beiden Gründe zurückführen. Vielmehr gilt laut Bordt:

„Weder die positiven Emotionen noch der Nutzen sind der Grund für diese Art von Beziehung. Wenn wir verstehen wollen, was der Grund unserer Liebesbeziehung oder unserer guten Freundschaft ist, kommen wir mit Gefühlen und Nutzen nicht weiter."[571]

---

567 Ebd., 56.
568 Bei Bordt haben beide Positionen einen wahren Kern und Grenzen. Vgl. ebd., 128-130.
569 Wichtig ist, dass Aristoteles nicht zwischen Liebe und Freundschaft unterscheidet. Mit anderen Worten sind auch Liebesbeziehungen (z.B. die Ehe) hier mitzudenken.
570 Vgl. ebd., 134.
571 Ebd., 135.

Demnach gilt, dass positive Emotionen für eine gute Freundschaft eine notwendige, jedoch keine hinreichende Bedingung darstellen.[572] Zu einer vergleichbaren Einschätzung kommt Bordt bzgl. der Nutzen-Dimension. Gegen die utilitaristische Position gilt auch hinsichtlich der Nutzen-Dimension in Freundschaft und Liebe, dass Nutzen eine notwendige, aber keine hinreichende Bedingung ist. Natürlich handeln Menschen immer auch, um davon selbst einen Nutzen zu haben, also selbstbezüglich. Sie sind damit aber noch nicht Egoisten, wie dies in der utilitaristischen Argumentation behauptet wird.

Relevant für eine gelungene Beziehung ist letztlich allein die gemeinsame Vorstellung von einem guten Leben. Hier tritt neben Nutzen und Freude aneinander nach aristotelischer Auffassung noch ein drittes, nämlich eine gemeinsame Vorstellung vom guten Leben hinzu. Auf diese Weise sind Partner*innen/ Freund*innen einander verbunden in der Vorstellung von ihren obersten Werten. Bordt bringt es auf den Punkt:

> „Je grundsätzlicher und umfassender die Vorstellungen sind, desto größer sind die Möglichkeiten einer tiefen und persönlichen Beziehung. Der Grund der Liebe ist weder der Nutzen, den beide voneinander haben, noch sind es die Gefühle, die sie einander entgegenbringen. Der Grund, das Fundament ihrer Beziehung ist die geteilte Auffassung davon, was für sie das gelungene Leben ausmacht. Wenn einer der beiden dieses Fundament verlässt, dann gerät ihre Liebe in ernsthafte Gefahr."[573]

Gleichzeitig profitiert eine solche Beziehung von den unterschiedlichen Perspektiven auf das gelungene Leben. Die Perspektive des anderen kann ergänzend und korrigierend für die eigene Sicht wirken. Im konkreten Miteinander ist dazu jedoch unbedingt wirkliches Verstehen notwendig, das vor allem auf der Selbstwahrnehmung beruht (vgl. 3.3.2).[574]

3.3.3.3 Tätigsein: In Spannungen wirksam sein

Arbeit und Beruf sind aus der Sicht von Bordt notwendigerweise mit Spannungen verbunden. Und zwar einerseits, wenn (berufliches) Tun nicht den

---
572 Ausführlich wird hier auf Aristophanes (Symposion) und Freud Bezug genommen: Das Phänomen der Verliebtheit ist demnach Ausdruck des Wunsches, eine verlorene Einheit wiederherzustellen bzw. das Trennungstrauma zu überwinden. Platon kritisiert dabei den „Emotivismus", der der Aristophanes-Rede zugrunde liegt, denn für Überlegungen, Abwägungen und Lebensplanungen gibt es darin keinen Platz. Eine echte Liebesbeziehung muss aber aus dem Status des Verliebtseins heraustreten und gestaltet werden Vgl. ebd., 136ff.
573 Ebd., 144.
574 Vgl. ebd., 145ff.

jeweiligen Talenten und Fähigkeiten entspricht, wenn es keine berufliche Perspektive gibt oder wenn Menschen das Gefühl haben, an etwas Falschem bzw. Sinnlosem zu arbeiten.

Andererseits kann Spannung entstehen, wenn mit der ausgeübten (beruflichen) Tätigkeit Rollenerwartungen verknüpft sind, die Menschen nicht teilen oder die deren Bedürfnissen und Wünschen entgegenstehen.[575] Um in diesen Spannungen selbstbestimmt zu leben, geht es nicht darum, das zu tun, was der Einzelne tun möchte, denn das wäre ein Leben jenseits aller Spannungen und insofern realitätsfern. Stattdessen plädiert Bordt dafür, wirksam tätig zu sein mit einem Bewusstsein des Was und Warum:

„Um selbstbestimmt in den Spannungsfeldern zu leben, muss ich aber wissen, was ich da tue und vor allem warum – auch das ist ein wesentlicher Schritt hin zu einem besseren Verständnis unserer selbst."[576]

Auch hier ist die Selbstwahrnehmung aus der Sicht Bordts das angemessene Mittel zum Zweck. Der Lohn als Gradmesser der Wertschätzung der Arbeit wird hingegen von Bordt kritisiert.[577]

Neben Selbstbestimmung, Zugehörigkeit und Tätigsein geht Bordt schließlich auch auf die Relevanz von Leiden und Tod im Hinblick auf gelungenes Leben ein.

3.3.3.4 Schattenseiten: Leiden und Tod

Bezüglich des Leidens greift Bordt noch einmal den Kerngedanken auf, dass der Mensch das Leben bejahen und dankbar annehmen können muss, damit er es als gelungen bezeichnen kann. Dabei kann widrigen äußeren Umständen mit tugendhaftem Leben begegnet werden:

„Die äußeren Ereignisse mögen es zwar je nachdem leichter oder schwieriger erscheinen lassen, tugendhaft zu handeln, aber es liegt immer an einem selbst, was man tut. Diesen Freiraum hat jeder. Es gehört zum Menschsein dazu. Diese Provokation ist hart. Sie ist hart, weil sie jeden Einzelnen dafür verantwortlich macht, dass sein Leben gelingt oder nicht."[578]

---

575 Vgl. ebd., 149-152.
576 Ebd., 156.
577 Vgl. ebd., 157f.
578 Ebd., 166.

Das Leiden steht aus der Sicht von Bordt in unmittelbaren Zusammenhang mit Versöhnung, Identität und Lieben.[579] Er macht hier deutlich: wer das bestmögliche Leben führen will, der hat ein Interesse daran, nicht nur Teile seines Lebens zu bejahen, sondern das ganze Leben. Dies, so seine These, ist aber nur durch Versöhnung möglich. Dabei ist ein wichtiger Schritt zur Versöhnung die Erkenntnis, dass Wut und Hass allein dem Menschen selbst schaden.[580] In der Bejahung von allem und in der Bereitschaft zum Leiden schließlich, werden Menschen frei von Hass, was ja das Wesen der Liebe darstellt.[581] Es ist die radikalste Weise sein Leben in Liebe zu bejahen.[582]

Für Bordt ist in Bezug auf den Tod die folgende Fragestellung interesseleitend: Ist es überhaupt sinnvoll, ein selbstbestimmtes, erfülltes Leben führen zu wollen, wenn am Ende im Tod doch alles untergeht? Er antwortet mit Martin Heidegger, der zwischen zwei Möglichkeiten unterscheidet, wie Menschen leben können.

Die erste nennt er „uneigentliche" oder „man"-Existenz (Menschen machen, was man so macht und finden nicht zu ihrer eigenen Identität). Die zweite und eigentliche Existenz aber finden Menschen durch den Tod. Er ist nicht erst am Ende präsent, sondern bereits in der täglichen Erfahrung von Angst. Im Tod und in der Angst erleben Menschen sich nämlich in Unvertretbarkeit und Einmaligkeit. Bordt wörtlich:

„Der Tod wird damit zur Voraussetzung dafür, ein selbstbestimmtes Leben führen zu wollen. Er mahnt uns ins eigene Leben."[583]

Heidegger spricht vom Menschsein zum Tode hin. Das Ende jeder Selbstbestimmung wird bei ihm zum Aufruf dazu, sein eigenes Leben zu führen.

---

579 Bordt verdeutlicht dies am Lebensschicksal von Oscar Wilde. Ferner verweist er auf die Vergebung einer Holocaust-Überlebenden gegenüber einem SS-Mann. Vgl. ebd., 168-171.
580 Eine Bitte um Verzeihung oder Wiedergutmachung können hilfreiche Aspekte zur Versöhnung sein, aber sie sind keine Voraussetzung dafür. Ein nächster Schritt besteht schließlich darin, den Hass aufzugeben und in eine Akzeptanz zu kommen, die dann wiederum überschritten wird zur Bejahung (in der Akzeptanz ist noch ein Rest Widerstand). Vgl. ebd., 172f.
581 Ganz ähnlich Hans Küng unter der programmatischen Überschrift „Christsein als radikales Menschsein": „Im Blick auf ihn, den Gekreuzigten und Lebendigen, vermag der Mensch auch in der Welt von heute nicht nur zu handeln, sondern auch zu leiden, nicht nur zu leben, sondern auch zu sterben. Und es leuchtet ihm auch dort noch Sinn auf, wo die reine Vernunft kapitulieren muss, auch in sinnloser Not und Schuld, weil er sich auch da, weil er sich im Positiven wie im Negativen von Gott gehalten weiß. So schenkt der Glaube an Jesus den Christus Frieden mit Gott und mit sich selbst, überspielt aber nicht die Probleme der Welt. Er macht den Menschen wahrhaft menschlich, weil wahrhaft mitmenschlich: bis zum Letzten offen für den Anderen, der ihn gerade braucht, den ‚Nächsten'." Hans Küng, Christsein, München: Piper 1974, 594.
582 Vgl. Bordt, Sich selbst verstehen, 173-176.
583 Ebd., 180.

Bordt folgert, dass jene Menschen, die ihr Leben schon jetzt mit Dankbarkeit leben, nicht viel an ihrem Lebensstil ändern werden, wenn sie das Datum ihres Todes kennen. Wenn ein Mensch sein Leben dankbar, sinnvoll gelebt hat, dann wird er möglicherweise weniger Angst vor dem Tod haben und kann leichter loslassen. Im umgekehrten Fall, wenn jemand noch gar nicht gelebt hat, fragt Bordt, wie soll er sein Leben loslassen können?[584]

Die Fragen von Leiden und Tod verweisen Menschen aus der Sicht von Bordt schließlich auf die Dimension der Spiritualität.

3.3.4 Identität und Spiritualität

Menschen, die mit der Einsamkeit, mit der Frage nach dem letzten Sinn oder mit dem Tod konfrontiert sind und darauf Antworten suchen, sind auf der Suche nach Spiritualität. Anders formuliert: Wer Spiritualität sucht, der sucht eine tiefere Erkenntnis oder eine existentielle Erfahrung. Solche Fragen und Erfahrungen von Spiritualität können, müssen aber nicht, in Religionen verortet werden und sie lassen sich nur bedingt sprachlich fassen.[585]

Ein Element, das viele religiöse Traditionen in der Meditation und Mystik verbindet, ist die Wahrnehmung des Atems, um auf diese Weise zur eigenen Identität zu finden.[586] Und diese Identität ist nicht exklusiv, sondern universell. Damit wäre die Identität jedes Menschen Gott. Damit aber „hat" kein Mensch seine Identität, vielmehr ist sie der Bezugspunkt des Lebens. Es ist eine Erfahrung, vielleicht auch nur eine Ahnung oder eine Sehnsucht.[587]

3.3.5 Zusammenfassung und Ertrag

Bei Bordt kommt als erstes seine Definition des gelungenen Lebens in den Blick. Dieses kann bei ihm im Rahmen dieser Untersuchung als Chiffre für geglücktes Menschsein verstanden werden, wenngleich Bordt deutlich macht, dass er dem Glücksbegriff aufgrund seiner terminologischen Unklarheit kritisch gegenübersteht.

Bordt vertritt die Auffassung, dass gelungenes Leben von der eigenen Haltung und Perspektive abhängt und weniger von äußeren Umständen, wobei er sich auf tugendethische Aspekte der philosophischen Tradition bezieht. Diese

---

584 Vgl. ebd., 181.
585 Vgl. ebd., 182.
586 Dorothee Sölle nennt Natur, Erotik, Leiden, Gemeinschaft und Freude als Orte der Mystik. Vgl. Dorothee Sölle, Mystik und Widerstand. Du stilles Geschrei, Hamburg: Hoffmann und Campe 51999, 131-238. Sehr viel ausführlicher als Bordt geht sie dann auch auf die andere Seite der Mystik ein, die sie Widerstand nennt.
587 Vgl. Bordt, Sich selbst verstehen, 186.

anzustrebende Haltung gegenüber dem Leben, die also Kennzeichen des gelungenen Lebens ist, bezeichnet er als dankbare Bejahung. Anders formuliert: Menschen, die ihr Leben dankbar bejahen können, sind glücklich. Eine solche dankbare Bejahung besteht weder in intensiven Glücksgefühlen noch in satter Zufriedenheit. Sie ist bei Bordt durch einen kognitiven Anteil (Bejahung) und einen emotionalen Anteil (Dankbarkeit) charakterisiert.

Dankbare Bejahung können Menschen aktiv im Selbstverstehen, also in der bewussten Wahrnehmung von Emotionen und Kognitionen (Werten), entwickeln. Beide Dimensionen des Menschen sind hier deshalb wichtig, weil sowohl Emotionen als auch Kognitionen (Werte) allein zu Einseitigkeiten führen können. In diesem Zusammenhang ist sein Hinweis bedeutsam, dass auch negative Emotionen wertzuschätzen sind, da sich auch in ihnen die Liebe zu etwas Gutem verbergen kann.

Die Haltung dankbarer Bejahung ist aus der Perspektive von Bordt zunächst im Hinblick auf Selbstbestimmung, Zugehörigkeit und Tätigsein relevant. Seine These lautet, dass Menschen dann ein gelungenes Leben führen, wenn sie diese Lebensbereiche dankbar bejahen können.

Selbstbestimmung meint einen Freiheitsraum innerhalb bestehender Vorgaben, also Freiheitsraum für den schöpferischen Entwurf des Selbst. Um zur Selbstbestimmung zu gelangen, ist Selbstwahrnehmung notwendig, denn sie setzt den Menschen zu sich selbst in ein kritisches Verhältnis und sie geschieht immer in Bezug zu seinen Idealen. Es handelt sich um einen Freiheitsraum, der ausgedehnt werden kann, der aber nie so weit wird, dass der Mensch zu seiner wahren Identität gelangen kann.

Ferner vollzieht sich gelungenes Leben in gelungenen Beziehungen. Diese bestehen nicht so sehr in Nutzen oder in positiven Gefühlen, sondern in der Orientierung an einem gemeinsamen Guten. Hierin liegt der Kern der Liebe.

Wirksames Tätigsein schließlich ist bei Bordt als gelungen zu betrachten im Wissen um Spannungen und in wachsender Selbstwahrnehmung.[588] Bordt plädiert dafür, dies anzuerkennen und nicht in ein Glücksstreben zu verfallen, dass solche Spannungen negiert.

Gelungenes Leben beinhaltet ferner die dankbare Bejahung von Leiden. Denn wer das bestmögliche Leben führen will, ist interessiert daran, sein ganzes

---

[588] Joseph Höffner formuliert hinsichtlich des Zusammenhangs von Freude und Tätigsein aus sozialethischer Perspektive recht pointiert: „Was man gemeinhin Glück zu nennen pflegt, besteht nicht an erster Stelle im Empfang von Renten und sonstigen Geldzuwendungen, sondern darin, seine Fähigkeiten in Leistungen umsetzen zu können und sich selbst dadurch eigenverantwortlich zu verwirklichen." Joseph Höffner, Soziale Sicherheit und Eigenverantwortung. Der personale Faktor in der Sozialpolitik, in: Nothelle-Wildfeuer/ Althammer (Hg.): Wirtschaftsordnung und Wirtschaftsethik (Ausgewählte Schriften 3), Paderborn: Schöningh 2014, 93-110, hier 107.

Leben zu bejahen. Die Bejahung von Leiden ist sinnvoll, weil der Mensch damit keinen Bereich seines Lebens ausspart. Und es entspricht dem Wesen der Liebe auch das Leiden zu bejahen, weil auf diese Weise die Versöhnung und nicht der Hass gegenüber dem Leben die Oberhand behält.

Schließlich ist die dankbare Bejahung des Todes bei Bordt die Voraussetzung für ein gelungenes Leben, weil dieser die Menschen an die Unvertretbarkeit und Einmaligkeit ihres Seins erinnert. Die Heideggersche Maxime, dass menschliches Leben zum Tode hin ist, ist aus der Sicht Bordts der Aufruf, sein eigenes Leben zu führen. Wer sein Leben angesichts des Todes in dankbarer Bejahung führt, dessen Leben kann letztendlich Bestand haben.

Die spirituelle Suche von Menschen ist bei Bordt angesichts der Anerkenntnis des Todes als Suche nach Erkenntnis und spiritueller Erfahrung zu verstehen. Eine übergreifende Form der Spiritualität, um zu gelungenem Leben in dankbarer Bejahung zu finden, sieht er in den Traditionen von Meditation und Mystik. Sie weisen den Weg zu einer menschlichen Identität, die universell (göttlich) ist.

Im Blick auf das leitende Forschungsinteresse sind folgende Aspekte bemerkenswert:

- Mit seiner Position, dass gelungenes Menschsein vor allem eine Frage der Haltung sei, ist Bordt einerseits an modernes Glücksstreben und andererseits an das theologische Modell des Strebensglücks (vgl. 2) anschlussfähig. Mit einer solchen tugendethischen Konzeption könnte sich Pastoral also in der gegenwärtigen Kultur als lebensrelevant erweisen, indem sie Menschen etwa im Selbstverstehen bzw. in der Selbstwahrnehmung, die Kognitionen und Emotionen beinhalten, unterstützt.
- Christliche Praxis kann von ihrer eigenen Tradition her an ein Verständnis anknüpfen, das gelungenes Leben und damit Lebensglück als dankbare Bejahung versteht. Christ*innen können also zuversichtlich Dankbarkeit und Bejahung, die aus dem Glauben erwachsen, kultivieren und dadurch zu gelungenem Leben finden und beitragen.
- Dabei bestätigt Bordt aus philosophischer Perspektive jene Erträge der empirischen Glücksforschung die Selbstbestimmung, Beziehung und Tätigsein als bedeutende Quellen/ Orte von Glück identifiziert haben (vgl. 2.2). Christliche Praxis hat diesen Feldern von daher im Blick auf die Freude des Evangeliums Aufmerksamkeit zu schenken.
- Auch seine normativen Bestimmungen bzgl. der hier genannten Aspekte gelungenen Lebens sind für die christliche Praxis relevant, insbesondere Selbstbestimmung als Freiheitsraum des schöpferischen Selbst, Beziehung

als Freundschaft von Guten, Tätigsein in Spannungen, Leiden als Aufruf zur Liebe.
- Insbesondere sein Verständnis von Selbstbestimmung als Freiheitsraum eines schöpferischen Entwurfs des Selbst ist aufzugreifen, weil es an christliche Perspektiven (vgl. 2.2) anschlussfähig und zugleich nicht konstruktivistisch verengt ist. Menschen, die sich an diesem Verständnis orientieren, werden sich so vor den negativen Folgen der Paradoxien modernen Glücksstrebens schützen können.
- Schließlich zeigt sich auch bei Bordt, dass Meditation und Mystik bedeutsame Erfahrungsfelder christlicher Praxis als Lernorte gelungenen Lebens sein können.

Nach dieser umfänglichen Analyse des Bordtschen Ansatzes zu gelungenem Menschsein wird dieses Kapitel abschließend aus einer pastoraltheologischen Perspektive ergänzt.

3.4 Multidimensionalität

Doris Nauer, Prof.in für Praktische Theologie/ Diakonische Pastoral an der Philosophisch-Theologischen Hochschule Vallendar, hat im Jahr 2007 eine umfangreiche Grundlegung einer multidimensionalen christlichen Seelsorgepraxis[589] vorgestellt und diese auch im Hinblick auf die Freude-Thematik[590] zugespitzt. Dabei hebt sie hervor, dass die Frage nach dem Menschen aus jüdisch-christlicher Perspektive nur im Bezug zu Gott beantwortet werden kann. Nauer knapp:

> „Theologie und Anthropologie stehen also in einem direkten Korrelationsverhältnis."[591]

Sie hebt hervor, dass dieses Korrelationsverhältnis trinitarisch zu erschließen ist. Denn erstens steht jeder Mensch in einem ganz persönlichen Gottesverhältnis, und zwar pneumatologisch über die Geist-Dimension des Menschseins. Zweitens – und das ist viel weitreichender – wird durch die Beziehung des dreieinen Gottes zur Menschheit insgesamt das Menschsein in allen Dimensionen verständlich. Was Menschsein bedeutet, ist also in jüdisch-christlicher

---

[589] Doris Nauer, Seelsorge. Sorge um die Seele, Stuttgart: Kohlhammer 2007.
[590] Nauer, Freude.
[591] Ebd., 12. Vgl. grundlegend zu theologischer Anthropologie, insbesondere im Verhältnis zur Gottesrede: Wolfhart Pannenberg, Anthropologie in theologischer Perspektive, Göttingen: Vandenhoeck & Ruprecht 22011, bes.: 11-23.

Perspektive trinitarisch zu erschließen.[592] Nauer schlussfolgert, dass aufgrund eines trinitarischen Verständnisses damit zu rechnen ist, dass Menschsein komplex, mehrdimensional und ambivalent ist.

Den trinitarischen Zusammenhang des Menschseins erschließt Nauer anthropologisch über das Verständnis des Menschen als Seelenwesen (3.4.1) und entwirft von hierher das Modell ambivalenzsensibler Freude (3.4.2). Auch ihre Überlegungen werden abschließend zusammengefasst (3.4.3).

3.4.1 Der Mensch als Seelenwesen

Nauer plädiert eindringlich dafür, den biblischen Seele-Begriff neu zu entdecken und für eine zukunftsfähige Seelsorgepraxis fruchtbar zu machen.[593] Zentral hebt sie dabei die alttestamentliche Perspektive hervor, dass der Mensch nicht eine Seele hat, sondern Seele ist – und zwar durch das Einhauchen des Gottesgeistes.[594]

Mit dieser theologischen Option, dass der Mensch ein Seelenwesen ist, wird zum Ausdruck gebracht, dass der Mensch in allen seinen Dimensionen[595] von Gott gewollt ist; er ist aus christlicher Sicht ein „multidimensionales Wesen":

> „Erst im komplexen Zusammenspiel der körperlichen, psychischen, geistigen, sozialen, kontextuellen und historischen Dimension konstituiert sich Mensch-Sein. Aus christlicher Sicht lässt sich der Mensch deshalb am treffendsten als ein multidimensionales Wesen umschreiben."[596]

Alle Dimensionen (nicht nur die geistig-spirituelle) gehören zu gelingendem Menschsein und dürfen nicht gegeneinander ausgespielt werden; sie bereichern und ergänzen sich und bewirken auf diese Weise, dass der komplexe, geheimnishafte Mensch ein ganzer Mensch sein kann. Dabei scheint hier nun ein spezifisches Verständnis von Ganzheitlichkeit auf:

---

592 Vgl. Nauer, Seelsorge, 70-109, bes.: 101-104.
593 Vgl. ebd., 43.
594 Vgl. Nauer, Freude, 14.
595 Nauer unterscheidet sieben Dimensionen des Menschen als Seelenwesen, nämlich: Körper-, Psyche-, Geist-, Sozial-, Kontext- und Geschichts-Dimension. Vgl. Nauer, Seelsorge, 130-147. Stefanie Spendel hingegen unterscheidet ausgehend vom alttestamentlichen Shalom nur vier Dimensionen, nämlich die physische, die psychische, die soziale und die spirituelle. Vgl. Stefanie Spendel, Heil V. Praktisch-theologisch, in: Lexikon für Theologie und Kirche Bd. 4, Freiburg: Herder 32006, 1264. Widl unterscheidet fünf Dimensionen (ohne Quellenangabe). Eine Diskussion hinsichtlich dieser Differenzen kann an dieser Stelle nicht geleistet werden. Es wird im Folgenden von „allen" Dimensionen gesprochen.
596 Ebd., 145.

„Der im multidimensionalen Ansatz verwendete Ganzheitlichkeitsbegriff widersetzt sich [...] ausdrücklich allen esoterisch angehauchten naiv-optimistischen, harmonisierend-idealisierenden Konnotationen, die unter Ideologieverdacht gestellt werden. Aus multidimensionaler Perspektive ist der Mensch gerade deshalb ein ganzheitlicher Mensch, weil auch die dunklen, fragmentarischen und ambivalenten Seiten seiner Existenz als elementar zu ihm dazugehörig betrachtet werden."[597]

Das bei Nauer trinitarisch fundierte Verständnis des Menschen als Seelenwesen zielt also darauf ab, einerseits den Geheimnischarakter des Menschseins vor allen funktionalen Zugriffen zu bewahren und andererseits die Unauflösbarkeit grundlegender Ambivalenzen des menschlichen Lebens gegenüber populären anthropologischen Ansätzen der Ganzheitlichkeit zu verteidigen.[598] Die Ambivalenz des Menschseins wird bei ihr zum Hintergrund dessen, was christliche Freude im Menschsein bedeutet.

3.4.2 Ambivalenzsensible Freude

Nauer greift zwei Ambivalenzen des Menschseins heraus, um die Erfahrung von Freude zu charakterisieren, nämlich einerseits die Erfahrung „fast Gott gleich und Staub" und andererseits „sündig und erlöst" zu sein. In der erstgenannten Konstellation skizziert Nauer christliche Freude folgendermaßen:

„Aufgrund ihres Ebenbildcharakters, der alle Menschen als in gottgewollte Freiheit entlassene Wesen ausweist, die im Rahmen ihrer geschöpflichen Möglichkeiten und Grenzen dazu aufgerufen sind, (ökologische) Mit-Verantwortung für den Fortbestand ihres Lebensraumes zu übernehmen, dürfen sich Menschen ein Leben lang daran erfreuen, trotz aller menschlichen Begrenztheit sozusagen als Repräsentanten und ‚Junior-Partner'[Fußnote gelöscht, SO] Gottes im aufrechten Gang vor ihm zu stehen und selbst unter schwierigen Lebensumständen ein sinnerfülltes Leben zu führen."[599]

---

597 Ebd.
598 Vgl. aus soziologischer Perspektive weiterführend zum Begriff der Ambivalenz: Kurt Lüscher, Ambivalenzen fordern heraus. Wie wir Identitäten herausbilden, in: Herder Korrespondenz (9/2018), 39-42. Und der Wuppertaler Praktische Theologe Michael Klessmann sieht in der postmodernen Ambivalenz eine bedeutsame Ressource für eine veränderte Glaubenspraxis. Vgl. Michael Klessmann, Ambivalenz und Glaube. Warum sich in der Gegenwart Glaubensgewissheit zu Glaubensambivalenz wandeln muss, Stuttgart: Kohlhammer 2018.
599 Nauer, Freude, 16.

Freude hängt demnach damit zusammen, dass Menschen sich gewollt, am richtigen Platz lebend empfinden und im Rahmen ihrer Möglichkeiten gestalterisch und kreativ Mit-Verantwortung für eine lebensförderliche Lebenswelt übernehmen.[600] Voraussetzung hierfür ist die von Gott geschenkte Freiheit, der sich immer schon für den Menschen entschieden hat. Freude ereignet sich in der Erfahrung, ein gelungenes Geschöpf Gottes zu sein (fast Gott gleich). Sie ereignet sich aber auch dann, wenn Menschen einstimmen können in die Begrenztheit und Endlichkeit des Lebens. Die zweitgenannte Ambivalenz (sündig und erlöst) verweist darauf, dass der Mensch aus der voraussetzungslosen Gnade Gottes lebt. Durch Jesus sind alle Menschen erlöst, auch wenn sie durch ihr Handeln ihrer Verantwortung nicht zu allen Zeiten gerecht werden. Letztlich ist in der Diktion Rahners das „Existential der Begnadetheit" dem „Existential der Sünde" übergeordnet – so wird hier Baumgartner zitiert:

„Menschsein ist zuerst Gabe vor Aufgabe, Sein-Dürfen vor Sein-Sollen, Zuspruch vor Anspruch."[601]

In der Ambivalenz von Versagen (Sünde) und Erlösung zeigt sich christliche Freude also darin, dass es immer eine Vorordnung der Gnade Gottes vor dem eigenen Versagen und der eigenen Schuld gibt. Dies ist aber gebunden an das Motiv des Gerichtes, also die Mit-Verantwortung des Menschen, und kein Freifahrtschein zu tun und zu lassen, was man will ohne Rücksicht auf Verluste.

Das christliche Menschenbild, das an einem trinitarischen Gottesbild ausgerichtet ist, nimmt also die Ambivalenzen des alltäglichen Menschseins ernst (Begrenztheit, Gottähnlichkeit, Sündhaftigkeit, Erlöstsein): Der Mensch darf sich als von Gott erlöst und geliebt wissen, weil er von Gott her eine unverlierbare Würde erhält. Diese Würde ist Grund zur Freude in dieser Welt, die sich u.a. in Übernahme von Mit-Verantwortung ausdrückt, und Grund zur Vorfreude auf die kommende Welt.[602] Christen verfallen daher nicht in Jammern; was nicht gegen die Klage spricht, die eine andere Qualität besitzt; Freude meint daher auch nicht eine oberflächliche, unangemessene Ignoranz gegenüber Leid, sondern eine Empfindsamkeit für das Leid, weil sie auch in solchen Erfahrungen, mit Gottes Gnade und Kraft rechnen kann. Nauer fasst zusammen:

---

600 Dies ist ein wichtiger Gedanke im Hinblick auf die gegenwärtige ökologische Krise. Christ*innen können Mit-Verantwortung übernehmen, weil sie sich an der Schöpfung erfreuen. Es handelt sich damit um eine andere motivationale Ressource als Angst oder Sorge.
601 Ebd., 17.
602 Nauer weist darauf hin, dass die Freude-Thematik im Kontext des Freiheitsdiskurses zu reflektieren ist, der ihrer Einschätzung nach ambivalent wird, da es zur „Qual der Wahl" kommt. Das Spezifikum christlicher Freude – so Nauer – wechsle diesbezüglich die Perspektive, insofern es davon spreche, dass es Gott sei, der sich für den Menschen entscheide.

„Wer den christlichen Glauben für sich entdeckt hat, wird sich schwer damit tun, jammernd, grimmig, farblos, freudlos und unerlöst durchs Leben zu gehen. Wollen Christinnen und Christen im Blick auf ihre religiösen Überzeugungen glaubwürdig für ihre Mitmenschen sein und Begeisterung für die christliche ‚Frohe Botschaft' entfachen, dann braucht es eine gehörige Portion an spürbarer Lebensfreude, humorvoller Zugewandtheit und entschleunigter Gelassenheit."[603]

3.4.3 Zusammenfassung und Ertrag

Aus dem Glauben an den dreieinen Gott ergibt sich bei Nauer, dass Menschsein komplex und mehrdimensional ist, was in der alttestamentlichen Vorstellung vom Seelenwesen zum Ausdruck kommt. Weil der Mensch als multidimensionales Seelenwesen in all seinen Dimensionen von Gott geschaffen ist, können Menschen dann zur Freude finden, wenn alle Dimensionen berücksichtigt werden.

Vor dem Hintergrund dieser trinitarischen Bestimmung des Menschseins ist ferner zu berücksichtigen, dass der Mensch ein Geheimnis und als solches vor allzu funktionalistischen Zugriffen von außen zu schützen ist.

Der von Nauer entwickelte Begriff von Ganzheitlichkeit umfasst insbesondere die dunklen, fragmentarischen, sündhaften und ambivalenten Seiten der Existenz.

Dabei bietet der christliche Glaube insbesondere in den beiden Ambivalenzen von Gottebenbildlichkeit/ Tod sowie Sünde/ Erlösung einen Anlass zur Freude. Im erstgenannten Kontext besteht die Freude des Glaubens in der Fähigkeit zu Mit-Verantwortung und als Repräsentant bzw. Junior-Partner Gottes ein sinnerfülltes Leben zu führen. Im zweiten Kontext ist es die Überordnung des „Existentials der Begnadetheit" vor dem Existential der Sünde, die im Gnadenhandeln Gottes ausgedrückt wird und das durch den Gedanken des Gerichts eingehegt wird.[604]

Nauer stellt heraus, dass es sich bei christlicher Freude im Blick auf die zukünftige Welt immer um Vor-Freude handelt, die in Lebensfreude, humorvoller Zugewandtheit und entschleunigter Gelassenheit zum Ausdruck kommt. Weiterführend lassen sich folgende Aspekte sichern:

---

603 Ebd., 18.
604 Vgl. weiterführend in praktisch-theologischer Perspektive zur Bedeutung des Jüngsten Gerichts hinsichtlich Versöhnung, Hoffnung und Gerechtigkeit: Ottmar Fuchs, Das Jüngste Gericht. Hoffnung über den Tod hinaus, Regensburg: Pustet 2018.

- Christliche Praxis, die die Freude kultivieren möchte, hat grundlegend zu berücksichtigen, dass der Mensch ein multidimensionales Seelenwesen ist. Pastoral hat von hierher alle Dimensionen des Menschseins als Ausdruck der Gottebenbildlichkeit des Menschen wertschätzend zu berücksichtigen.
- Dies beinhaltet ein spezifisches, nicht idealisierendes Ganzheitlichkeitsverständnis, wonach Menschen gerade auch in ihrer Fragmentarität, Geheimnishaftigkeit und Ambivalenz eine unverlierbare Würde besitzen. Dies führt christliche Praxis zu einem Einsatz gegen die Funktionalisierung des Menschen und zu einem Widerspruch gegenüber idealisierenden Ganzheitlichkeitsvorstellungen. Im Namen der Freude wird christliche Praxis also gerade nicht die Schattenseiten des Lebens ignorieren können.
- Auch in den existentiellen Ambivalenzen des Lebens kultivieren Christ*innen die Freude des Gottesglaubens, indem sie als Junior-Partner Gottes Mit-Verantwortung für das Leben übernehmen und so zu einer sinnerfüllten Lebenspraxis finden.
- Schließlich kann christliche Lebenspraxis durch die Vorordnung des Existentials der Begnadetheit geprägt sein, das sich in Lebensfreude, humorvoller Zugewandtheit und entschleunigter Gelassenheit zeigt.

Damit liegen nun vier unterschiedliche Perspektiven auf die Freude des Menschseins vor. Diese werden abschließend im Hinblick auf die Konstellation des Glücks in der Moderne reflektiert.

3.5 Diskussion: Die Freude ein Mensch zu sein

Der von P. Franziskus als Heiligkeit geprägte Begriff für gelingendes Menschsein nimmt Maß an den Seligpreisungen. Ein solches Verständnis gelingenden Menschseins lässt sich nicht innerweltlich verrechnen und erscheint zunächst gegenüber den kulturellen Konstellationen des Glücks (z.B. Glück als Erfolg und Authentizität) nicht vermittelbar. Zugleich trägt dieses Verständnis glückenden Menschseins einen Sinn-Überschuss in sich, weil jedes Menschsein immer schon als von Gott anerkannt gedacht wird.

Zur Freude des Menschseins kommt der Mensch hier nicht konstruktivistisch-individualistisch, sondern in Gemeinschaft und Verbundenheit. Der Mensch ist hier ein Sozialwesen und Heiligkeit ein Gemeinschaftsprojekt. Diese Sichtweise ist einerseits anschlussfähig an Rosa, der Resonanz ja als Beziehungsgeschehen konstelliert und sich gegen eine einseitige Fassung von Resonanz als Selbststeuerungspraxis ausspricht. Andererseits hatte sich der enge Zusammenhang von Beziehungsleben und Glück auch in der empirischen Glücksforschung gezeigt.

Ferner ist bei P. Franziskus die Heiligkeit ein alltäglicher Lebensstil, der also nicht auf die überwältigenden Erfahrungen drängt, wie sie oft in der Kultur gesucht werden.

Ratzinger konzipiert die Freude des Menschseins um die Begriffe von Selbst- und Du-Annahme. Danach ist es wesentlich für die christliche Freude, zu einer Selbstannahme zu gelangen, die von Ichlosigkeit auf der einen und Egoismus auf der anderen Seite abgegrenzt wird. Freude ist beim ihm eine Folge von Wahrheit und Freiheit, die er spezifisch christologisch fasst.

Sie wird letztlich möglich durch die Erfahrung einer Liebe, die der Mensch von Gott in Menschwerdung, Sterben und Auferstehung Jesu geschenkt bekommt, also durch göttliche Du-Annahme. Auch hier zeigt sich die Anschlussfähigkeit an Rosa, bei gleichzeitiger konsequenter christologischer Durchführung, deren Mittelpunkt das Kreuzesgeschehen darstellt: Endgültig beglaubigt wird die liebende Annahme im Kreuz Jesu Christi, weil dieses letzte Ja zum Menschen nicht mehr zurückgenommen werden kann. Im Kreuzesgeschehen, der liebenden Selbsthingabe Gottes, liegt also – in der Terminologie Rosas – aus christlicher Sicht eine dispositionale Resonanzachse vor.

Ratzinger sieht, dass der Mensch diese Erfahrung im Glauben braucht. Aus seiner Sicht sind dafür besonders geeignete Orte einerseits das Fest, das zwecklose Schönheit bedeutet, die den Menschen der Rationalität enthebt und ihn einer ganz anderen Wirklichkeit anderer Art gegenüberstellt. Die Gemeinschaft andererseits ist jener Ort, die den Menschen spüren lässt, dass er nicht allein ist. An dieser Stelle ergibt sich ein Anknüpfungspunkt an Cabanas/ Illouz, weil auch sie die Bedeutung der Gemeinschaft betonen bzw. dessen In-Frage-Stellung durch das Glücksdiktat kritisieren.

Anders als P. Franziskus und Ratzinger sieht Bordt in Selbstbestimmung einen wichtigen Aspekt gelungenen Menschseins, weil nämlich nur jeder Mensch individuell entscheiden kann, was gelungenes Leben heißt. Damit liegt ein Ansatz vor, der gut anschlussfähig ist an die moderne Konstellation des Glücks, die Autonomie und Selbstbestimmung in den Mittelpunkt des Glücksstrebens stellt, auch wenn Bordt deutlich andere inhaltliche Schwerpunkte setzt.

So ist gelungenes Menschsein bei ihm gefasst als dankbare Bejahung, die erreicht werden kann über das Selbstverstehen. Bordt scheint hier insofern mit Lauster konsensfähig zu sein, als Lebensführung und kairologische Existenz im Sinne des Selbstverstehens zusammengeführt werden. Der Mensch richtet sich an bestimmten Werten aus, bleibt aber gleichzeitig offen, weil er sich letztlich nie ganz selbstverstehen kann.

Kognitionen und Affekte erhalten bei ihm eine besondere Bedeutung für ein gelungenes Leben. Damit liegt hier ein Modell vor, in dem zwei wesentliche Grundgegebenheiten des Menschen integriert gedacht werden.[605]

Indem er Selbstbestimmung, Beziehung und Tätigsein als normative Felder für glückendes Menschensein nennt, bestätigt er die Glücksquellen der empirischen Glücksforschung. Indem er Selbstbestimmung als „Freiheitsraum für den schöpferischen Entwurf" seines Selbst fasst, setzt er sich allerdings in ein kritisches Verhältnis zum Konstruktivismus. Es handelt sich um einen Freiheitsraum, der ausgedehnt werden kann, der aber nie dazu führt, dass der Mensch zu seiner wahren Identität gelangen kann.[606] Beziehungen gehen nie darin auf, dass sie jemandem nutzen oder gute Gefühle bewirken, vielmehr ist das Gute letztlich entscheidend. Hier bietet er ein Kriterium für Beziehungen, das sich so, z.B. in der Ratgeberliteratur, nicht gezeigt hat. Ebenfalls normativ positioniert er sich hinsichtlich des Tätigseins, wenn er von nicht zu überwindenden Spannungen spricht. Letztlich legt Bordt Wert darauf, dass der Mensch sich nicht selbst konstruieren kann, sondern dass er an Vorgaben gebunden bleibt, was allerdings nicht deterministisch zu verstehen ist.

Dankbare Bejahung kann sich nicht nur auf positive Erfahrungen des Menschseins beziehen, insofern gelungenes Leben ja immer das Ganze umfassen soll. Bordt sieht demnach die Aufgabe, auch angesichts von Leiden und Tod das Glück des Lebens zu erwarten. Dies konvergiert mit Rosa, der betont, dass Resonanz auch negative Gefühle umfassen kann. Tod und Leiden sind hier letztlich der Ausgangspunkt für Spiritualität, die sich in verschiedenen Weisen ausdrücken kann, u.a. im Gottesglauben. Hier trifft er sich mit der Annahme der Optionalität von Taylor.

---

605 Diese Analyse ist vor dem Hintergrund von Interesse, dass für die westlich geprägten Nationen oftmals ein Verlust der emotionalen Ebene und eine Überbetonung der kognitiven Ebene analysiert wird. Vgl. Rosa.

606 Der Terminus Identität ist im bisherigen Studienverlauf immer wieder kommentarlos von den jeweiligen Autor*innen übernommen worden. An dieser Stelle ist darauf hinzuweisen, dass dieses Stichwort die Grenze zu einem umfangreichen wissenschaftlichen Diskursfeld markiert, das im Rahmen dieser Untersuchung nicht vertiefend erschlossen werden kann. Grundlegend hierzu sei verwiesen auf: Erik H. Erikson, Identität und Lebenszyklus (suhrkamp taschenbuch wissenschaft 16), Frankfurt/ M.: Suhrkamp 282017. Heiner Keupp, Renate Höfer (Hg.), Identitätsarbeit heute. Klassische und aktuelle Perspektiven der Identitatsforschung (suhrkamp taschenbuch wissenschaft 1299), Frankfurt: Suhrkamp 1997. In praktisch-theologischer Perspektive: Henning Luther, Identität und Fragment. Praktisch-theologische Überlegungen zur Unabschließbarkeit von Bildungsprozessen, in: Themen der praktischen Theologie – Theologia practica 20 (4/1985), 317-338. Vera Pirker, Fluide und fragil. Identität als Grundoption zeitsensibler Pastoralpsychologie (Zeitzeichen 31), Ostfildern: Grünewald 2013. Jochen Ostheimer, Begleitung bei der Identitätsarbeit. Überlegungen zur kulturellen Dimension der Seelsorge, in: Münchener Theologische Zeitschrift 68 (2017), 366-374.

Eine weitere Übereinstimmung zwischen beiden zeigt sich im Stichwort der Nichterreichbarkeit. Während Taylor davon spricht, dass der Ort der Fülle nie vollkommen erreichbar ist, formuliert Bordt dies analog im Hinblick auf die Identität, die bei ihm nie vollkommen erreichbar ist, sondern immer nur annäherungsweise gesucht werden kann.

Mit Bordt liegt keine explizit christologische oder pneumatologische Erschließung gelingenden Menschseins vor. Vielmehr erschließt er es mit philosophischen Kategorien, wobei er zahlreiche Anschlussmöglichkeiten für eine christliche Praxis bietet, etwa im Hinweis auf Meditation und Mystik als Wege der Einübung.

Nauer schließlich erkennt den Grund zu christlicher Freude darin, dass sich Menschen durch den Glauben in den Ambivalenzen des Lebens getragen wissen. Auch hier zeigt sich die schon mehrfach beobachtete Kompatibilität mit Rosa. Bei Nauer bildet die Basis hierfür ein trinitarisch fundiertes Menschenbild, das den Menschen als multidimensionales Seelenwesen beschreibt, das notwendigerweise mit Ambivalenzen leben muss.

Ambivalenzsensible Freude beinhaltet hier die Wahrnehmung und Wertschätzung aller Dimensionen des Menschseins. Auf diese Weise ergeben sich spürbare Lebensfreude, entspannte Gelassenheit und Zugewandtheit als wichtige Kennzeichen eines christlichen Lebensstils.

Deshalb bedeutet christliche Freude auch nicht Ignoranz gegenüber dem Leiden, sondern Empfindsamkeit für das Leiden, ohne Angst, weil dieses Leiden nicht zum Verlust der Existenz führen kann. Dieses Menschenbild steht ebenso einem illusorischen Glücksstreben in der Kultur entgegen wie auch einem idealistischen Glücksbegriff.

Ganzheitlichkeit wird hier nicht idealisiert und auf Positivität reduziert, wie dies Cabanas/ Illouz der Glücksindustrie vorwerfen. Der Mensch ist – trinitarisch begründet – ein Geheimnis und als solches vor allzu funktionalistischen Zugriffen zu schützen.

Schließlich wird der Mensch als Junior-Partner Gottes zur Verantwortungsübernahme fähig, worin sich Nauer mit P. Franziskus und Lauster trifft.
Im Hinblick auf das praktisch-theologische Forschungsinteresse ist der Ertrag des anthropologischen Kapitels nun verdichtend zu bündeln:

- In christlicher Perspektive zeigt sich die Freude des Menschseins sehr wesentlich und übereinstimmend als Freude an der Individualität des Einzelnen. Diese Individualität gründet wesentlich in der Würde als Seelenwesen, als Geschöpf Gottes und in der Liebe, die im Kreuzestod Christi unwiderruflich gegeben ist.

- Freude findet der Mensch in Selbstannahme (Ratzinger) bzw. in Selbstbestimmung (bei Bordt als bedingter Freiheitsraum konzipiert). Während Selbstannahme auf die Tatsache verweist, dass es um eine Erfahrung der Liebe geht, die der Mensch nicht selber herstellen kann (durchaus im Sinne eines unverfügbaren Augenblicksglück zu denken), verweist Selbstbestimmung stärker auf die Logik des Strebensglücks, das das Handeln des Einzelnen auszurichten vermag, ohne dass es hier um Konstruktivismus ginge. Beide Aspekte sind nicht gegeneinander auszuspielen. In diesem Sinne ist es eine vornehme Aufgabe der Pastoral, dabei zu helfen, dass Menschen sich selbst annehmen können und so zu ihrer Identität gelangen können, wobei Skrupulanz, seelische Enge und Quälerisches einer Kirchenkultur der Freude des Menschseins entgegenstehen. Anders gewendet: Kirchliche Pastoral kann sich als dienend erweisen, indem sie Menschen aufgrund des Christusereignisses in Selbstannahme und Selbstbestimmung unterstützt.
- Es hat sich ein spezifisches Verständnis von Ganzheitlichkeit als Merkmal der Identität gezeigt. Demnach findet der Mensch Freude, wenn er in allen seinen Dimensionen (multidimensionales Seelenwesen) zum Sein kommt. Aus diesem Grund hat kirchliche Praxis alle Dimensionen des Menschseins zu berücksichtigen (und nicht allein die geistliche). Ganzheitlichkeit meint dann auch nicht Perfektion, sondern wird in einem nichtidealistischen Sinne verstanden. Pastoral hat sich dazu der Alltäglichkeit des Menschseins auszusetzen, auch den Fragmenten und der Ambivalenz des Menschseins.
- Christliche Praxis erweist sich insofern als hilfreich, indem sie Menschen befähigt ihr Leben auch angesichts von Leiden und Tod zu bejahen und indem sie die Geheimnishaftigkeit des Lebens schützt. So trägt sie dazu bei, dass sich Menschen gegenüber Funktionalisierung behaupten können, die eine Bedrohung der Freude darstellt. In diesem Zusammenhang zeigt sich auch, dass Fest und Feier Räume sein können, in denen zweckfreie Schönheit erfahrbar wird und die damit Schutzräume jenseits der Rationalität darstellen.
- In allen Ansätzen kommt deutlich zum Ausdruck, dass die Freude des Menschseins nicht egoistisch erlangt werden kann. Als Gemeinschaftswesen findet der Mensch nur in Gemeinschaft und Beziehung zur Freude. Dabei geht es nach Bordt nicht primär um gute Gefühle (als Ziel und Selbstzweck), sondern um das Gute. Dementsprechend ist die Gemeinschaft und das Beziehungsleben aus christlicher Perspektive ein wichtiger Ort zur Erfahrung von Freude.
- Freude des Menschseins wird schließlich im Kontext einer sinnvollen Tätigkeit greifbar. In einer solchen kann sich der Mensch als Junior-Partner Gottes verstehen, der Mit-Verantwortung für das Geschenk des Lebens übernimmt.

- Außerdem kommt die Freude des Menschseins in einer spezifischen Lebensweise (bei P. Franziskus Heiligkeitsethik) zum Ausdruck. Konkrete Kennzeichen einer solchen Freude als alltagspraktische Haltung sind bspw. Durchhaltevermögen, Geduld, Sanftmut, Wagemut, Parrhesia, täglich gelebte Liebe, keine Angst vor Selbstverleugnung. Als normativer Maßstab sind die Seligpreisungen zu sehen. Die pastorale Praxis der Kirche hätte einen solchen Lebensstil zu kultivieren, zu begleiten und zu fördern.
- Schließlich hat sich als Basis und Ziel der Freude des Menschseins die Haltung dankbarer Bejahung gezeigt, die den Menschen den Sinn seines Daseins auch in Leiden und Tod erkennen lässt. Alle hier analysierten Autor*innen gehen mit ihrer Konstellation der Freude am Menschsein damit über ein Verständnis von Glück als Wohlbefinden und Zufriedenheit hinaus. Dabei zeigt sich mehrfach, dass die Haltung dankbarer Bejahung in der Spannung von Kontemplation und Aktion gefunden werden kann. Auch dies hat eine christliche Praxis, die sich der Freude des Evangeliums verpflichtet weiß, zu berücksichtigen.

An dieser Stelle endet die notwendigerweise perspektivische Erschließung der Freude am Menschsein. Diese Aspekte sowie die Erträge zum Glaubensglück (vgl. 2.4) stehen im Hintergrund, wenn nun die schöpfungstheologische Perspektive in den Blick genommen wird.

4 Freude an, in, mit und als Schöpfung

Eine letzte Perspektive auf die Freude bietet die Schöpfungstheologie.[607] Hier wird zunächst eine grundsätzliche Einordnung mit Rückgriff auf den in dieser Hinsicht profilierten australischen Theologen Denis Edwards (4.1) vorgenommen. Im Anschluss daran wird ein drittes Mal auf P. Franziskus Bezug genommen, in diesem Fall auf seine Enzyklika Laudato si (4.2). Und abschließend wird der pneumatologische Entwurf des evangelischen Theologen

---

607 Aus der umfangreichen Debatte zum Zusammenhang von Theologie und Ökologie sei exemplarisch verwiesen auf: Leonardo Boff, Mark Hathaway, Ökologie und die Theologie der Natur, in: Concilium 54 (5/2018), 509-518. Michael Welker, Gottes Gerechtigkeit, in: Neue Zeitschrift für systematische Theologie und Religionsphilosophie 56 (4/2014), 409-421. Gunter Wenz (Hg.), Theologie der Natur. Zur Konzeption Wolfhart Pannenbergs (Pannenberg Studien 5), Göttingen: Vandenhoeck & Ruprecht 2019. Interdisziplinär angelegt ist der folgende Sammelband: Hans J. Münk, Michael Durst (Hg.), Schöpfung, Theologie und Wissenschaft (Theologische Berichte 29), Fribourg: Paulus 2006. Einen Beitrag aus ethischer Perspektive bietet: Josef Römelt, Christliche Umweltethik – Ressource: Schöpfungsbewusstsein, Realismus, Hoffnung, in: Ders. (Hg.): Christliche Ethik in moderner Gesellschaft 2: Lebensbereiche, Freiburg: Herder 2009, 316-350.

Geiko Müller-Fahrenholz vorgestellt (4.3). Erneut werden alle Perspektiven abschließend im Hinblick auf die sozialwissenschaftlichen Erträge diskutiert (4.4).

4.1 Erlösung der ganzen Schöpfung

Der im Jahr 2019 verstorbene australische Professor für Systematische Theologie Denis Edwards hat sich schwerpunktmäßig mit dem Zusammenhang von Theologie und Ökologie befasst.[608] Die Erkenntnis der Verwobenheit allen Lebens auf der Erde und die Erfahrung ihrer Fragilität in der ökologischen Krise stellt aus seiner Sicht eine Herausforderung für die christliche Theologie dar, insofern sie eine anthropozentrische Fixierung des Erlösungswerkes überwinden muss.[609] Edwards ist damit der wertvolle Hinweis zu verdanken, dass der christliche Erlösungsgedanke in schöpfungstheologischer Perspektive geweitet werden muss. Eine christliche Theologie darf also weder anthropozentrisch noch biozentrisch sein, sondern muss ihrem Wesen nach theozentrisch sein. Mit anderen Worten: Theologie muss Inkarnations- und Erlösungsglauben neu durchbuchstabieren, um für die Ökologie fruchtbar zu werden.

Drei strukturelle Elemente der ökologischen Theologie von Edwards, nämlich Geist und Wort (4.1.1), Schöpfung und Erlösung (4.1.2) sowie Verwandlung des Menschen und anderer Geschöpfe in Christus (4.1.3), werden im Folgenden analysiert und im Blick auf den Fortgang der Studie zusammengefasst (4.1.4).

4.1.1 Geist und Wort

Yves Congar gab zu Beginn des 20. Jahrhunderts zu Bedenken, dass es zu einem Christomonismus in der westlichen Kirche gekommen sei und dass es angesichts dieser Tatsache gelte, den Geist neu zu entdecken.[610] Grundlage hierfür

---

608 Darüber hinaus liegen von Edwards insbesondere Arbeiten zu Trinitätslehre, Christologie und Ekklesiologie vor.
609 Die hier verhandelten Fragen sind keineswegs neu. Vgl. Jürgen Moltmann, Gott in der Schöpfung. Ökologische Schöpfungslehre, Gütersloh: Gütersloher Verlagshaus 1987. Arthur R. Peacocke, Biologische Evolution und christliche Theologie heute, in: Theologie der Gegenwart 28 (3/1985), 157-164. Günter Altner, Die Überlebenskrise in der Gegenwart. Ansätze zum Dialog mit der Natur in Naturwissenschaft und Theologie, Darmstadt: WBG 1987. Raphael Schulte, Natur als (Auf-)Gabe. Natur in der Perspektive der Theologie, in: Honnefelder (Hg.): Natur als Gegenstand der Wissenschaften (Grenzfragen 19), Freiburg: Karl Alber 1992, 191-227. Hans Kessler, Das Stöhnen Natur. Plädoyer für eine Schöpfungsspiritualität und Schöpfungsethik, Düsseldorf: Patmos 1990.
610 Vgl. Denis Edwards, Entwurf einer ökologischen Heilig-Geist- und Wort-Gottes-Theologie, in: Concilium (2011), 345-353, hier 345f. Grundlegend zur Pneumatologie seien genannt: Rudolf Bohren, Vom Heiligen Geist. Fünf Betrachtungen (Kaiser Traktate 57), München: Kaiser 1981. Bernd Jochen Hilberath, Heiliger Geist – heilender Geist, Mainz: Grünewald 1988. Edith

ist die Einsicht, dass sowohl das Christus-Ereignis als auch die Geschichte der Kirche im Wesentlichen ein Geist-Ereignis sind: In Christus und der Kirche sind beide am Werk, das Wort und der Geist. Aus der Sicht von Edwards ist diese Erkenntnis, die enge Beziehung von Wort und Geist, von grundlegender Bedeutung für eine zukunftsfähige ökologische Theologie. Dabei beruft er sich exemplarisch auf patristische Theologen wie Irenäus, Athanasius und Ambrosius:

> „Alle Dinge sind durch die Weisheit Gottes und im lebengebenden Geist geschaffen, und unsere Erlösung geschieht durch die Fleischwerdung der göttlichen Weisheit in der Macht des Geistes. Dieses Verständnis der wechselseitigen Beziehungen Geist und Weisheit/ Wort brauchen wir, wie ich hier darlegen will, für eine angemessene zeitgenössische ökologische Theologie."[611]

4.1.2 Gottes Selbstgabe in Christus in der Schöpfung

Edwards plädiert dafür, dass sich eine ökologische Theologie weder nur auf die Erfahrung der natürlichen Umwelt noch allein auf die Schöpfungstheologie beziehen darf, sondern auch das Christus-Ereignis mitdenken muss. Mit anderen Worten: Schöpfung und Christus-Ereignis müssen als Einheit gedacht werden.

Rahner hatte Christus als die Offenbarung Gottes als sich selbst mitteilende Liebe verstanden. In diesem Akt der trinitarischen Selbstoffenbarung sind Schöpfung und Erlösung eins:

> „Schöpfung und erlösende Inkarnation, Schöpfung und Neuschöpfung in Christus sind eins in Gottes trinitarischem Akt der Selbstmitteilung. Gott beschließt, das Nichtgöttliche in Liebe an Gottes Selbst teilhaben zu lassen, und so geschieht Schöpfung."[612]

Düsing u.a. (Hg.), Geist und Heiliger Geist. Philosophische und theologishe Modelle von Paulus und Johannes bis Barth und Balthasar (Geist und Seele Bd. 6), Würzburg: Königshausen & Neumann 2009.

611 Edwards, Entwurf, 348.
612 Ebd., 349. Bedeutsam ist hier die Unterscheidung zwischen Pantheismus und Panentheismus. In jüngerer Zeit hat sich insbesondere der Münsteraner Philosoph Klaus Müller für eine Rehabilitierung der panentheistischen Position ausgesprochen. Vgl. Klaus Müller, Paradigmenwechsel zum Panentheismus? An den Grenzen des traditionellen Gottesbildes, in: Herder Korrespondenz Spezial (2/2011), 33-38.

An anderer Stelle formuliert er in ähnlicher Weise:

> „The cross reveals that the way divine omnipotence works is in humility. There is every reason to believe the same power-in-love that characterizes the incarnation, and the cross and resurrection, also characterizes the divine relationship of continuous creation. If this is so, then God can be understood as creating in a way that respects the finite limits and the proper integrity of natural processes and the freedom of human beings. God waits upon the proper unfolding of these processes and upon human freedom."[613]

In der Tradition von Duns Scotus ist das Christus-Ereignis bei Rahner dabei nicht einfach ein Ausgleich für die Sünde oder eine Ergänzung zur Schöpfung, sondern vielmehr ist die Selbstmitteilung in der Inkarnation der eigentliche Zweck und Sinn der Schöpfung.

Und umgekehrt verdankt sich die Schöpfung der göttlichen Entscheidung, sich selbst in Liebe dem Nichtgöttlichen zu schenken. Damit entsteht und entwickelt sich das Universum und das Leben auf der Erde im Prozess der Selbstmitteilung Gottes.[614] Gott ist also allem Geschaffenen als sich selbst schenkende Liebe immanent und jedes Geschöpf ist auf seine Weise dazu bestimmt, seine Vollendung in Gott zu erreichen.

Für das christliche Gottesbild ist nun aber prägend, dass Gott und Welt auf ewig unterschieden bleiben. Durch die Auferstehung des Gekreuzigten im Geist aber bleibt das Wort für immer ein Teil der materiellen Welt:

> „In der Schöpfung, der Inkarnation und ihrem Höhepunkt, nämlich der Auferstehung, übergibt Gott Gottes Selbst an diese Welt, an dieses Universum und seine Geschöpfe, und er tut dies ewiglich."[615]

4.1.3 Vergöttlichende Verwandlung der ganzen Schöpfung

Demnach müsste eine ökologische Theologie von der Erlösung aller Geschöpfe sprechen, wobei sie an zahlreiche neutestamentliche Schriftstellen von der

---

613 Denis Edwards, The Natural World and God. Theological Explorations (ATF Scholars Collection 4), Adelaide: ATF Publishing Group 2017, 40.
614 Grundlegend zur sog. Prozessphilosophie von A. N. Whitehead: Hans-Joachim Sander, Natur und Schöpfung – die Realität im Prozess. A. N. Whiteheads Philosophie als Paradigma einer Fundamentaltheologie kreativer Existenz (Dissertation) (Würzburger Studien zur Fundamentaltheologie 7), Frankfurt: Lang 1991.
615 Edwards, Entwurf, 349f.

Versöhnung aller Dinge in Christus anschließen kann. Es ginge um eine zeitgemäße Alternative zu Theorien der Wiedergutmachung und der stellvertretenden Sühne.

Ein praktikabler Weg ist aus der Sicht von Edwards die „Vorstellung von der vergöttlichenden Verwandlung". [616] Hier bezieht er sich erneut auf Athanasius, der die Inkarnation als Eintritt in das leibliche Dasein und Sterben versteht, um beide durch die Auferstehung verwandeln zu können. Und dies bezieht er auf die ganze Schöpfung:

> „Erlösende Vergöttlichung betrifft nicht nur den Menschen, sondern die gesamte Schöpfung, und beide werden im Geist dem Wort anverwandelt."[617]

Der Geist erweist sich also dadurch, dass er die ganze Schöpfung vergöttlicht. Dieser Gedanke wurde auch von P. Johannes Paul II. aufgegriffen. So kann laut Edwards Erlösung auf drei Ebenen verstanden werden: menschlich (Sündenvergebung, Gotteskindschaft etc.), stofflich (Auferstehung als Beginn der Verklärung und Vergöttlichung der Gesamtwirklichkeit) und biologisch (Erfüllung der ganzen Schöpfung in Christus):

> „In dem fleischgewordenen Wort vereinigt sich Gott mit dem gesamten Leben auf der Erde samt all seinen evolutionären Prozessen in einem Ereignis, das zugleich radikale Gleichwerdung in Liebe und unberechenbares Versprechen ist."[618]

4.1.4 Zusammenfassung und Ertrag

Edwards plädiert für eine ökologische Theologie, die nicht gegen die klassische Lehre von der Erlösung durch Christus ausgespielt wird. Es geht ihm vielmehr um eine Verzahnung von Christologie und Pneumatologie. Im Zusammenhalten beider kann es gelingen, die Erlösung durch Christus auf menschlicher, stofflicher und biologischer Ebene zu denken. Dies erweist sich aber als notwendige Voraussetzung, um heute in angemessener Weise den Gedanken der Erlösung zu formulieren.

---

616 Aus der orthodoxen Perspektive bestätigt dies: Michael Schneider, Schöpfung in Christus, in: Horeb (14. Juli 2010), 1-14. Auch Pierre Teilhard de Chardin argumentiert vergleichbar: Pierre Teilhard de Chardin, Der Mensch im Kosmos (Sonderausgabe 1965), München: C. H. Beck 1959.
617 Edwards, Entwurf, 351.
618 Ebd., 352.

Dies ist insofern von enormer theologischer Relevanz, da der Erlösungs-Topos, wie sich oben gezeigt hat, ein zentrales theologisches Motiv der Freude des christlichen Glaubens ist.

Freude und Erlösung werden von Edwards darin zusammengefügt, dass der Mensch zurückfindet zur Schöpfung, in der die reale Gegenwart des Wortes und des Geistes gegeben sind.

Für den Fortgang dieser Studie ergibt sich von daher:

- Christliche Verkündigung steht vor der Herausforderung der Umkehr, die darin besteht, eine anthropozentrische Sicht der Erlösung in Christus zu überwinden.
- Die Botschaft der Erlösung, die das Zentrum der christlichen Gottesrede darstellt, müsste neu als Freude entfaltet werden, die der Mensch an, in, mit und als Schöpfung geschenkt bekommt.

Zwei ausgewählte theologische Ansätze sollen diese einleitenden Überlegungen nun vertiefend entfalten.

4.2 Freude als Mit-Geschöpf

P. Franziskus ist wohl der bekannteste Proponent einer entsprechenden Wiederentdeckung der Schöpfungstheologie, wie sie Edwards vertritt. Auf prominente Weise geschieht dies etwa in der Enzyklika Laudato si[619] aus dem Jahr 2015.

Die Enzyklika ist als eine prophetische Mahnung und als ein Weckruf angesichts gravierender ökologischer und sozialer Missstände zu verstehen. Der Zeitpunkt der Veröffentlichung nach dem G7-Treffen auf Schloss Elmau und vor der Weltklimakonferenz in Paris stützt diese These. Gerhard Kruip hat Laudato si als „Umweltenzyklika"[620] bezeichnet. Damit greift er aber wohl zu kurz, insofern hier „zentrale ethische Herausforderungen des 21. Jahrhunderts: Klimawandel, Armut und Ungleichheit"[621] thematisiert werden.

Es handelt sich um das erste päpstliche Lehrschreiben, das so eindeutig vom Klimawandel und seinen Auswirkungen handelt. Gleichwohl kann P. Franziskus auf eine Vielzahl kirchlicher Dokumente örtlicher Bischofskonferenzen

---

619 Papst Franziskus, Enzyklika LAUDATO SI. Über die Sorge für das gemeinsame Haus (Verlautbarungen des Apostolischen Stuhls 202), 24.05.2015. Resonanzen zu dieser Enzyklika bietet ein Themenheft der Zeitschrift Lebendige Seelsorge: Ottmar Edenhofer u.a., Laudato si', in: Lebendige Seelsorge 70 (1/2019).
620 Gerhard Kruip, Ein dramatischer Appell. Die neue Umwelt-Enzyklika des Papstes, in: Herder Korrespondenz 69 (7/2015), 341-344, hier 341.
621 Ottmar Edenhofer, Christian Flachsland, Laudato si'. Die Sorge um die globalen Gemeinschaftsgüter, in: Stimmen der Zeit 140 (9/2015), 579-591, hier 579.

zum Thema zurückgreifen. Ein wichtiger Ausgangspunkt seiner Überlegungen ist die grundsätzliche Anerkennung, dass der Mensch ein „Recht auf Leben und Glück" hat und eine „ganz besondere Würde" besitzt:

> „Wenn wir berücksichtigen, dass der Mensch auch ein Geschöpf dieser Welt ist, das ein Recht auf Leben und Glück hat und das außerdem eine ganz besondere Würde besitzt, können wir es nicht unterlassen, die Auswirkung der Umweltzerstörung, des aktuellen Entwicklungsmodells und der Wegwerfkultur auf das menschliche Leben zu betrachten." (LS 43)

Die gravierenden negativen Auswirkungen der gegenwärtigen Kultur werden hier also insofern relevant, als sie das Glück des Menschen, sein Leben und seine Würde in Frage stellen.[622] Vor diesem Hintergrund, um also Glück, Leben und Würde des Menschen zu sichern, bietet P. Franziskus eine kritische Sicht auf die gegenwärtige Kultur, jedoch nicht in anthropozentrischer Verengung, sondern in schöpfungstheologischer Weite.

Glück, Würde und Leben der Menschen werden grundlegend durch das sog. „technokratische Paradigma" (4.2.1) beeinträchtigt, das im Sinne ganzheitlicher Ökologie (4.2.2) transformiert werden soll, was einen entsprechenden ökologischen Lebensstil (4.2.3) erfordert. Unter 4.2.4 werden die Erträge dieses Abschnitts zusammengefasst.

4.2.1 Technokratisches Paradigma

P. Franziskus sieht im technokratischen Paradigma (LS 101) die menschliche Wurzel der ökologischen Krise. In diesem Paradigma kommt es sowohl zu einer Konzentration von Macht und Gewalt in den Händen einiger weniger Menschen gegenüber anderen Menschen als auch zu einer Konzentration

---

622 Ein konkretes Beispiel, auf welche Weise die Lebensfreude von Menschen gegenwärtig gemindert werden kann, sieht P. Franziskus in der Nutzung von Medien: „Die derzeitigen Medien gestatten, dass wir Kenntnisse und Gemütsbewegungen übermitteln und miteinander teilen. Trotzdem hindern sie uns manchmal auch, mit der Angst, dem Schaudern, mit der Freude des anderen und mit der Komplexität seiner persönlichen Erfahrung in direkten Kontakt zu kommen. Darum dürfte es nicht verwundern, dass sich gemeinsam mit dem überwältigenden Angebot dieser Produkte eine tiefe und wehmütige Unzufriedenheit in den zwischenmenschlichen Beziehungen oder eine schädliche Vereinsamung breitmacht." (LS 47) P. Franziskus weist hier auf die Gefahr hin, dass durch falsche Mediennutzung Beziehungen geschädigt und Vereinsamung gefördert werden können. Freude ist hier also zwischenmenschlich gedacht. Gleichwohl fällt auf, dass P. Franziskus sehr wohl positive Auswirkungen des technischen Fortschritts anerkennt. So etwa in LS 102, wo er im Blick z.B. auf Medizin, Informatik oder Digitalität festhält: „Es ist recht, sich über diese Fortschritte zu freuen und angesichts der umfangreichen Möglichkeiten, die uns diese stetigen Neuerungen eröffnen, in Begeisterung zu geraten, da ‚Wissenschaft und Technologie ein großartiges Produkt gottgeschenkter Kreativität' [Fußnote gelöscht, SO] sind." (LS 102).

von Macht und Gewalt in den Händen des Menschen gegenüber anderen Geschöpfen. Aus seiner Sicht ist dies sehr problematisch, da der Mensch die ihm zugewachsene Macht nicht mehr kontrollieren kann.

Das technokratische Paradigma ist daran zu erkennen, dass sich der Mensch der ihn umgebenden Natur mit einer Technik des Besitzens, des Beherrschens und des Umgestaltens nähert (LS 106). Es geht u.a. einher mit Beschleunigung (LS 18), fehlender Orientierung am Gemeinwohl (LS 18), einer Wegwerfkultur (LS 22) und dem Konsum (LS 50). So sieht er in den verschiedenen Formen der Umweltverschmutzung, im Klimawandel, in der Verknappung der natürlichen Ressourcen, im Verlust der biologischen Vielfalt und bedeutender Ökosysteme alarmierende Auswirkungen dieses Paradigmas.

Für die Menschheit – insbesondere für die Armen – ergibt sich in diesem Paradigma eine Verschlechterung der Lebensqualität, ja sogar eine existentielle Bedrohung und ein sozialer Niedergang (LS 45). P. Franziskus diagnostiziert hier eine „wirkliche ‚ökologische Schuld' – besonders zwischen dem Norden und dem Süden" (LS 51). Zwar nennt er vereinzelt positive Ansätze zur Veränderung der Situation, doch im Wesentlichen wirft er der Welt ein Verschließen der Augen gegenüber der Realität und eine Unterwerfung der Politik unter die Technologie und das Finanzwesen vor (LS 54).

Der Anspruch des technokratischen Paradigmas erscheint totalitär und es erweist sich als unfähig ganzheitliche, umfassende Lösungen für die Probleme der Menschheit zu schaffen, da es letztlich in einem modernen Anthropozentrismus wurzelt, in dem es

> „weder objektive Wahrheiten noch feste Grundsätze gibt außer der Befriedigung der eigenen Pläne und der eigenen unmittelbaren Bedürfnisse" (LS 109f.).

Die Folge daraus sieht P. Franziskus in einem fehlgeleiteten Lebensstil, den er als praktischen Relativismus (LS 122f.) bezeichnet (vgl. 4.2.3).

Aus diesen Gründen kritisiert P. Franziskus das technokratische Paradigma aufs Schärfste[623] und wirbt für eine Ablösung dieses Paradigmas durch eine „kulturelle Revolution" (LS 114) zu einer ganzheitlichen Ökologie.

4.2.2 Ganzheitliche Ökologie

Ganzheitliche Ökologie meint bei P. Franziskus die „Suche nach einer nachhaltigen und ganzheitlichen Entwicklung" und eine umfassende Zusammenarbeit

---

[623] Lediglich in LS 102 und 103 benennt er einige positive Aspekte.

um unser „gemeinsames Haus" zukunftsfähig zu bauen. Wesentlich ist hierfür das Zusammendenken von Umweltkrise und Armut (LS 13).[624] Eine ganzheitliche Ökologie kennt also keine substantielle Trennung von Klimawandel, Armut und Ungleichheit, sondern sieht vielmehr deren zusammenhängende Bekämpfung vor:

> „Wir kommen jedoch heute nicht umhin anzuerkennen, dass ein wirklich ökologischer Ansatz sich immer in einen sozialen Ansatz verwandelt, der die Gerechtigkeit in die Umweltdiskussion aufnehmen muss, um die Klage der Armen ebenso zu hören wie die Klage der Erde." (LS 49)

Mit anderen Worten: Eine solche ganzheitliche Ökologie integriert die Dimensionen von Human-[625], Kultur-[626], Umwelt-, Wirtschafts- und Sozialökologie.

Zu dieser ganzheitlichen Kultur gehört die Bildung von Leaderships, die u.a. nach den Prinzipien der Generationengerechtigkeit[627], Rechtssicherheit, Gerechtigkeit und Freiheit agieren (LS 53). Ganzheitliche Ökologie wird hier auf das Prinzip des Gemeinwohls verpflichtet gedacht, das nicht losgelöst werden kann von den anderen Prinzipien christlicher Soziallehre (Subsidiarität, Personalität, Solidarität). Und es wird zu einer vorrangigen Option für die Armen vertieft (LS 156-158).

624 Auch wenn dieser Ansatz als solcher in der päpstlichen Lehrverkündigung neu ist, so scheint es P. Franziskus ein Anliegen zu sein, durch die gewählten Zitate an die bisherige kirchliche Lehrverkündigung anzuschließen. Dies betrifft vor allem die katholische Soziallehre. In diesem Themenfeld gibt es mit der Erklärung, dass Klima und Atmosphäre Gemeinschaftsgüter sind, ein Novum. Hierzu konstatieren Edenhofer/ Flachsland: „Damit wird zum ersten Mal in der Geschichte der Soziallehre der Kirche das Prinzip der universalen Widmung der Erdengüter auch auf die globalen Kohlendioxid-Senken, Atmosphäre, Ozeane und Wälder angewandt." Edenhofer, Flachsland, Sorge, 583.

625 Unter Humanökologie versteht er u.a. die Fähigkeit trotz widriger Umweltbedingungen würdevolle Räume und Beziehungen der Menschlichkeit zu schaffen. Lebensqualität kann dort entstehen, wo menschliche Bedürfnisse bei der Gestaltung von Räumen berücksichtigt werden. Die Berücksichtigung der Wohnungsnot bzw. fehlender Besitz gehören für ihn ebenso zur Humanökologie wie die Gestaltung der Verkehrsverhältnisse und die Wertschätzung von Körperlichkeit und Geschlechtlichkeit (vgl. LS 147-155). Kruip verweist auf die veränderte Verwendung des Begriffes Humanökologie gegenüber der Lehrverkündigung von Johannes Paul II. und Benedikt XVI. Vgl. Kruip, Appell, 343.

626 Die Kulturökologie berücksichtigt bei der Gestaltung des Zusammenlebens die verschiedenen kulturellen Traditionen und bewahrt diese. P. Franziskus versteht dies zunächst hinsichtlich der partizipativen Gestaltung von Prozessen. Es gibt keinen einheitlichen, objektiven Blick auf die Wirklichkeit. Es braucht vielmehr Dynamik und Flexibilität (vgl. LS 143-146).

627 Mit der intergenerationalen Gerechtigkeit benennt der Papst einen weiteren wichtigen Aspekt. Sie ist geboten, da die Schöpfung den Menschen im Übergang vom Gestern ins Morgen nur anvertraut ist. Es verbietet sich daher der Gedanke der „Effizienz und der Produktivität für den individuellen Nutzen" (LS 159). Im Blick auf die für die nachfolgenden Generationen zu erwartenden Folgen des derzeitigen Konsums fordert der Papst sofortiges Handeln. Dabei darf aber die Sorge um das Wohlergehen zukünftiger Generationen keinesfalls gegen die Sorge um das Wohl der Benachteiligten der heutigen Generation ausgespielt werden (Vgl. LS 159-162).

Mit seinem Schreiben verbindet P. Franziskus eine Reihe von Vorschlägen, wie eine solche ganzheitliche Ökologie realisiert werden kann. Dabei ergeben sich keineswegs nur Empfehlungen für politisches, sozial- und naturwissenschaftliches Handeln. Auch für die christliche Kirche selbst lassen sich Herausforderungen für die Zukunft ableiten.[628]

Praktisch relevant wird dies u.a. in einem ökologischen Lebensstil und einer ökologischen Spiritualität.

4.2.3 Ökologischer Lebensstil und ökologische Spiritualität

Im sechsten Kapitel „Ökologische Erziehung und Spiritualität" des zweiten Teils „Erziehung zum Bündnis zwischen der Menschheit und der Umwelt" stellt P. Franziskus fest, dass Fortschritt und materielle Steigerungslogik nicht dazu führen, dass Menschen Sinn oder Freude finden:

> „Viele wissen, dass der gegenwärtige Fortschritt und die bloße Häufung von Gegenständen und Vergnügen nicht ausreichen, um dem menschlichen Herzen Sinn zu verleihen und Freude zu schenken, doch sie fühlen sich nicht fähig, auf das zu verzichten, was der Markt ihnen bietet." (LS 209)

Diese Feststellung wird für ihn zum Ausgangspunkt, um Vorschläge für einen neuen ökologische Lebensstil und eine neue ökologische Spiritualität zu formulieren.[629]

Dies ist aus seiner Sicht zunächst eine „erzieherische Herausforderung"[630]. Eine dementsprechende Erziehung zu einem ökologischen Lebensstil darf nicht bei wissenschaftlicher Information und Kritik der instrumentellen Vernunft

---

628 Vgl. Edenhofer, Flachsland, Sorge, 588f. Zu den drängenden Aufgaben der Kirche gehört demnach u.a., den Armen eine Stimme zu geben, eine globale Offensive in kirchlichen Bildungseinrichtungen zu beginnen, die Weiterentwicklung der Soziallehre, die Überprüfung kirchlichen Wirtschaftens und das Fortführen des begonnenen Gesprächs zwischen Kirche und Wissenschaft.

629 Hans-Joachim Höhn plädiert in diesem Zusammenhang für eine „ökologische Solidarität" im Sinne „advokatorischer Ethik". Vgl. Hans-Joachim Höhn, Verwundbare Natur? Thesen zum Ethos der Mitgeschöpflichkeit, in: Theologie der Gegenwart 56 (3/2013), 173-183. Auf der Basis der franziskanischen Tradition hat auch Jan Frerichs einen Vorschlag vorgelegt: Vgl. Jan Frerichs, Barfuß & wild. Wege zur eigenen Spiritualität, Ostfildern: Patmos 2018. Ferner liegt ein Beitrag auf der Basis benediktinischer Spiritualität vor: Vgl. Georg Wolfgang Winkler, Mit Freude und Hirnschmalz. Impulse benediktinischer Spiritualität für nachhaltige Lebens- und Wirtschaftsstile, München: oekom 2018.

630 Es braucht umfassende Bemühungen einer veränderten erzieherischen Kultur und nicht nur Gesetze. Tugenden, die im alltäglichen Leben konkret werden, sind dazu wichtig. In der Familie sieht P. Franziskus einen primären Ort, an dem solche ethischen Tugenden vermittelt werden. Politik und andere Institutionen haben unterstützende, sensibilisierende Funktion.

stehen bleiben. Sie muss vielmehr erweitert werden um den Aspekt der Solidarität, wurzelnd im „Mysterium":

> „[Sie muss, SO] die verschiedenen Ebenen des ökologischen Gleichgewichts zurückgewinnen: das innere Gleichgewicht mit sich selbst, das solidarische mit den anderen, das natürliche mit allen Lebewesen und das geistliche mit Gott. Die Umwelterziehung müsste uns darauf vorbereiten, diesen Sprung in Richtung auf das Mysterium zu vollziehen, von dem aus eine ökologische Ethik ihren tiefsten Sinn erlangt." (LS 210)

Ziel ist dabei die Veränderung von Gewohnheiten und Verhalten durch persönliche Verwandlung und dadurch die Prägung eines neuen Lebensstils, der durchaus in einem tugendhaften Leben bestehen kann (vgl. LS 211). Dieser Weg ist ein Weg in größere Tiefe:

> „Diese Handlungen verbreiten Gutes in der Gesellschaft, das über das Feststellbare hinaus immer Früchte trägt, denn sie verursachen im Schoß dieser Erde etwas Gutes, das stets dazu neigt, sich auszubreiten, manchmal unsichtbar. Außerdem gibt uns ein solches Verhalten das Gefühl der eigenen Würde zurück, führt uns zu einer größeren Lebenstiefe und schenkt uns die Erfahrung, dass das Leben in dieser Welt lebenswert ist." (LS 212)

P. Franziskus betont:

> „Denn es wird nicht möglich sein, sich für große Dinge zu engagieren allein mit Lehren, ohne eine ‚Mystik', die uns beseelt, ohne ‚innere Beweggründe, die das persönliche und gemeinschaftliche Handeln anspornen, motivieren, ermutigen und ihm Sinn verleihen'." (LS 216)

Hier zeigt sich, dass bei P. Franziskus das wesentliche Fundament eines ökologischen Lebensstils eine ökologische Spiritualität ist. In diesem Sinne stellt er fest:

> „Das Universum entfaltet sich in Gott, der es ganz und gar erfüllt. So liegt also Mystik in einem Blütenblatt, in einem Weg, im morgendlichen Tau, im Gesicht des Armen.[Fußnote gelöscht, SO] [Er bezieht sich hier auf den geistlichen Lehrer Ali Al-Khawwas, SO] Das Ideal ist nicht nur, vom Äußeren zum Inneren überzugehen, um das Handeln Gottes in der Seele zu entdecken, sondern auch dahin zu gelangen, ihm in allen

Dingen zu begegnen, wie der Heilige Bonaventura lehrte: ‚Die Kontemplation ist umso vollkommener, je mehr der Mensch die Wirkung der göttlichen Gnade in sich verspürt, oder auch je besser er versteht, Gott in den äußeren Geschöpfen zu begegnen.'" (LS 233, sowie: LS 75)[631]

Er vertieft dieses Argument, indem er Johannes vom Kreuz zitiert:

„Der heilige Johannes vom Kreuz lehrte, dass alles Gute, das es in den Dingen und Erfahrungen der Welt gibt, ‚auf unendlich vorzügliche Weise in Gott ist, oder, besser gesagt, jedes dieser großen Dinge, die genannt werden, ist Gott'.[Fußnote gelöscht, SO] Nicht, weil die begrenzten Dinge der Welt wirklich göttlich wären, sondern weil der Mystiker die innige Verbindung erfährt, die zwischen Gott und allen Wesen besteht, und so empfindet: Alle Dinge – das ist Gott." (LS 234)

Eine entsprechende ökologische Spiritualität gründet bei P. Franziskus in der Inkarnation Jesu Christi, die sakramental – insbesondere in der Eucharistie – in der Geschichte weiterwirkt (vgl. LS 235ff.). Und schließlich argumentiert er auch trinitätstheologisch:

„Die göttlichen Personen sind subsistente Beziehungen, und die Welt, die nach dem göttlichen Bild erschaffen ist, ist ein Gewebe von Beziehungen. Die Geschöpfe streben auf Gott zu, und jedes Lebewesen hat seinerseits die Eigenschaft, auf etwas anderes zuzustreben, so dass wir innerhalb des Universums eine Vielzahl von ständigen Beziehungen finden können, die auf geheimnisvolle Weise ineinandergreifen.[Fußnote gelöscht, SO] Alles ist miteinander verbunden, und das lädt uns ein, eine Spiritualität der globalen Solidarität heranreifen zu lassen, die aus dem Geheimnis der Dreifaltigkeit entspringt." (LS 240)[632]

---

[631] Ausgehend von biblischen Grundlagen legt er einige zentrale Aspekte des christlichen Glaubens in Bezug auf eine ökologische Spiritualität dar. Er geht zunächst auf Gen 1,28 ein und stellt heraus, dass sich hieraus kein despotischer Anthropozentrismus ableiten lässt. (LS 67-68) Vielmehr weist er darauf hin, „dass alles aufeinander bezogen ist und dass die echte Sorge für unser eigenes Leben und unsere Beziehungen zur Natur nicht zu trennen ist von der Brüderlichkeit, der Gerechtigkeit und der Treue gegenüber den anderen." (LS 71) Er spricht von einer universalen Gemeinschaft (Familie), in der der Mensch Verantwortung zu übernehmen habe, besonders hinsichtlich der Ungerechtigkeiten, die Menschen erfahren (vgl. LS 89f.). Diese Verantwortung ist vernetzt zu denken in den Dimensionen Friede, Gerechtigkeit und Bewahrung der Schöpfung. (LS 92) Insofern die Natur eingeordnet und geschaffen ist in der göttlichen Liebe, ist sie gute Schöpfung Gottes, die aber im Glauben entmythologisiert ist und damit keinen göttlichen Charakter mehr hat, sondern vielmehr entsprechend der Analogia entis-Lehre zu denken ist (vgl. LS 76-78.88). In der Schöpfung gibt es dadurch eine legitime Autonomie zu Freiheit, Wachstum, Kreativität, Erlösung und Liebe.

[632] Edwards kommentiert dies folgendermaßen: „It involves us in changes in lifestyle, in a new asceticism, in new priorities, and in personal and communal action to protect other creatures

Auf dieser Basis muss es aus der Sicht von P. Franziskus zu einer ökologischen Umkehr, die zu gesunden Beziehungen mit der Schöpfung, zur Verantwortungsübernahme füreinander (vgl. LS 229, sowie: LS 65-71) und zu einem Wandel des Herzens und der Tat (vgl. LS 217f, sowie: LS 76-83) führt, kommen. P. Franziskus begründet diese Umkehr damit, dass alle Menschen von Gott geschaffen und somit Schwestern und Brüder sind. Und er weitet diesen Gedanken dann auf die gesamte Schöpfungswirklichkeit aus:

> „Darum können wir von einer universalen Geschwisterlichkeit sprechen." (LS 228)

Dabei betont er, dass es sich um eine gemeinschaftliche Umkehr handelt, die nicht individualistisch verengt gedacht werden darf:

> „Auf soziale Probleme muss mit Netzen der Gemeinschaft reagiert werden, nicht mit der bloßen Summe individueller positiver Beiträge." (LS 219)

Ein ökologischer Lebensstil ist vor diesem Hintergrund eine wesentliche Aufgabe der Christ*innen, keine Kür christlicher Existenz, sondern deren immanenter Bestandteil. Denn:

> „Die christliche Spiritualität schlägt ein anderes Verständnis von Lebensqualität vor und ermutigt zu einem prophetischen und kontemplativen Lebensstil, der fähig ist, sich zutiefst zu freuen, ohne auf Konsum versessen zu sein. Es ist wichtig, eine alte Lehre anzunehmen, die in verschiedenen religiösen Traditionen und auch in der Bibel vorhanden ist. Es handelt sich um die Überzeugung, dass ‚weniger mehr ist'." (LS 222)

Dieser ökologische Lebensstil ist ferner geprägt durch Dankbarkeit für das Leben (ohne Anhänglichkeit an Besitz und Gram über Nicht-Besitz), Unentgeltlichkeit, Verzicht, Großzügigkeit, Kreativität, Genügsamkeit, Begeisterung und er macht froh. Zu ihm gehören Wachstum mit Mäßigung, Rückkehr zu Einfachheit sowie die Vermeidung der Dynamik der Herrschaft und der bloßen Anhäufung von Vergnügen (vgl. LS 222):

---

and to enable their flourishing. But a deeply theological foundation for all of this is offered in Pope Francis's Trinitarian conviction that we human beings grow into ourselves, mature and participate in the holiness to which we are called, in so far as we learn to go out of ourselves to live in communion with other human beings, with plants, animals, rivers, seas and mountains, and with the living God." Edwards, Theological Explorations, 132f.

„Man kann wenig benötigen und erfüllt leben, vor allem, wenn man fähig ist, das Gefallen an anderen Dingen zu entwickeln und in den geschwisterlichen Begegnungen, im Dienen, in der Entfaltung der eigenen Charismen, in Musik und Kunst, im Kontakt mit der Natur und im Gebet Erfüllung zu finden." (LS 223)

Und weiter zugespitzt im Hinblick auf das Glück:

„Das Glück erfordert, dass wir verstehen, einige Bedürfnisse, die uns betäuben, einzuschränken, und so ansprechbar bleiben für die vielen Möglichkeiten, die das Leben bietet." (LS 223)

Auch die Demut ist in diesem Zusammenhang eine Tugend, die es besonders zu kultivieren gilt. Denn sie bewahrt den Menschen davor, sich aus dem ökologischen Gesamtzusammenhang herauszustellen und sich darüber zu erheben:

„Das Verschwinden der Demut in einem Menschen, der maßlos begeistert ist von der Möglichkeit, alles ohne jede Einschränkung zu beherrschen, kann letztlich der Gesellschaft und der Umwelt nur Schaden." (LS 224)

Es ist aber der Gottesglaube, der eine solche Demut lehrt:

„Es ist nicht leicht, diese gesunde Demut und eine zufriedene Genügsamkeit zu entwickeln, wenn wir eigenständig werden, wenn wir Gott aus unserem Leben ausschließen und unser Ich seinen Platz einnimmt, wenn wir glauben, es sei unserer Subjektivität anheimgestellt zu bestimmen, was gut und was böse ist." (LS 225)

Die Bedeutung von Demut widerspricht nun keineswegs der Wertschätzung der individuellen persönlichen Würde des Menschen. So macht P. Franziskus darauf aufmerksam, dass solche Demut eng mit „innerem Frieden" verbunden ist:

„Der innere Friede der Menschen hat viel zu tun mit der Pflege der Ökologie und mit dem Gemeinwohl, denn wenn er authentisch gelebt wird, spiegelt er sich in einem ausgeglichenen Lebensstil wider, verbunden mit der Fähigkeit zum Staunen, die zur Vertiefung des Lebens führt." (LS 225)

Ein ökologischer Lebensstil, der zu innerem Frieden führt, ist also mit innerem Frieden, Ökologie und Gemeinwohl und Staunen verbunden:

> „Eine ganzheitliche Ökologie beinhaltet auch, sich etwas Zeit zu nehmen, um den ruhigen Einklang mit der Schöpfung wiederzugewinnen, um über unseren Lebensstil und unsere Ideale nachzudenken, um den Schöpfer zu betrachten, der unter uns und in unserer Umgebung lebt, und dessen Gegenwart ‚nicht hergestellt, sondern entdeckt und enthüllt werden' [EG 71] muss." (LS 225)

4.2.4 Zusammenfassung und Ertrag

P. Franziskus anerkennt in Laudato si das Recht auf Leben und Glück des Menschen und er führt aus, wie glückliches Leben behindert wird bzw. gefördert werden kann.

Das sog. technokratische Paradigma steht aus der Sicht von P. Franziskus Leben und Glück entgegen, weil der Mensch hierin eine Technik des Nutzens, Beherrschens, Umgestaltens usw. gegenüber Mitmenschen und anderen Geschöpfen kultiviert. Aus seiner Sicht handelt es sich hierbei um einen totalitären und anthropozentrischen Ansatz, dessen Folge ein fehlgeleiteter Lebensstil ist, den er als praktischen Relativismus bezeichnet.

Dieser ist durch eine kulturelle Revolution hin zu einer ganzheitlichen Ökologie zu überwinden, denn nur in einer ganzheitlichen Ökologie finden Menschen Leben und Glück. Prägend hierfür ist eine nachhaltige Entwicklung und eine universale Solidarität, die die Umwelt als Mitwelt sowie Gegenwart und Zukunft zusammendenkt. P. Franziskus plädiert also für eine Humanökologie, die den Menschen als Teil der Schöpfung anerkennt. Anders formuliert: Hier ist eine pneumatologisch-schöpfungstheologische Gestalt des glücklichen Menschseins im Blick, die dazu führt, dass nicht Kampf und Sorge um den Planeten vorherrschen müssen, sondern Hoffnung und Freude überwiegen können.

Diese ganzheitliche Ökologie wird verwirklicht in einem ökologischen Lebensstil. Zu diesem gehört ein ökologisches Empfinden, das durch eine entsprechende Umwelterziehung gefördert wird, die mehr als wissenschaftliche Information und Kritik instrumenteller Vernunft ist. Sie muss auf Wiedergewinnung des ökologischen Gleichgewichts mit sich selbst, Solidarität mit anderen Menschen, mit anderen Lebewesen und geistliches Gleichgewicht mit Gott zielen. P. Franziskus wirbt hier für eine universale Geschwisterlichkeit, die er christologisch begründet, insofern Christus in der Eucharistie in der Schöpfung weiterwirkt.

Ein solcher Lebensstil ist insbesondere gekennzeichnet durch Mäßigung, Staunen, Gelassenheit, Einfachheit, Dankbarkeit usw., er lehrt Demut und er bewahrt Menschen davor, sich aus dem ökologischen Ganzen zu erheben. Eine solche Demut widerspricht keineswegs der individuellen Würde, sondern führt vielmehr zu innerem Frieden. So findet der Mensch durch diesen Lebensstil Erfüllung, wobei vorausgesetzt ist, dass der Mensch sein Ich nicht an die Stelle Gottes setzt. Es ist ein prophetischer und kontemplativer Lebensstil, der sich ohne Konsum freuen kann, der konkret wird in kleinen Gesten des Alltags und der zusammengeführt wird in einer Kultur der Liebe, die auch in politischen Vereinigungen konkret wird.

Christ*innen können hierzu auf einen entsprechenden Schatz ökologischer Spiritualität zurückgreifen. Dabei geht es um einen Sprung ins Mysterium, da das große Ziel der ganzheitlichen Ökologie nur mit innerer Mystik zu erreichen ist, die mit Umkehr beginnt. Diese Spiritualität einer globalen Solidarität hat letztendlich ihren Ursprung in der göttlichen Trinität, weil die gesamte Wirklichkeit eine trinitarische Prägung besitzt.

In der Feier des Sonntags sieht P. Franziskus die Ermöglichung zur Erweiterung der Aufmerksamkeit auf die ganze Schöpfung, denn an diesem Tag kommt alles zur Ruhe und entdeckt seine Dignität, die in Gottgemäßheit und nicht in Marktkonformität besteht.

P. Franziskus gibt schließlich auch konkrete Hinweise, wie die Kirche durch ihre Praxis zur Entwicklung einer ganzheitlichen Ökologie beitragen kann. So müsse sie den Armen eine Stimme geben, die Soziallehre weiterentwickeln, kirchliche Bildung offensiver fördern, kirchliches Wirtschaften überprüfen bzw. das Gespräch mit der Wissenschaft vertiefen. Durch die Pflege der Sakramente sieht er eine vollständige Aufwertung alles Geschöpfliche, da in ihnen – besonders in der Eucharistie – Himmel und Erde vereint werden.

Im Blick auf das Forschungsinteresse dieser Studie sind von hierher folgende Aspekte zu sichern:

- Mit P. Franziskus hat eine zukunftsfähige Pastoral für die Bejahung des Rechts auf Glück und Würde einzutreten und gegen alles, was dem entgegensteht (technokratisches Paradigma, insbesondere Anthropozentrismus), einzutreten.
- Pastoral sollte demnach die Schöpfung als Thema und Lebensraum entdecken und zur Etablierung einer ganzheitlichen Ökologie beitragen, weil der Mensch nur als Mit-Geschöpf und in universaler Geschwisterlichkeit seine

Würde und Glück findet. Vor diesem Hintergrund können Christ*innen in den aktuellen gesellschaftlichen Diskurs aufgrund ihres Gottesglaubens die Perspektive einbringen, dass die Schöpfung nicht zuerst ein Gegenüber oder ein Problem darstellt, sondern als Grund zur Freude zu entdecken ist.
- Christliche Freude wird konkret verwirklicht durch einen ökologischen Lebensstil mit Haltungen wie Demut, Staunen, Gelassenheit, Dankbarkeit, Einfachheit usw. Dabei mahnt P. Franziskus an und verhehlt nicht, dass es sich bei seinem Vorschlag um einen prophetischen Lebensstil handelt.
- Die Basis für einen entsprechenden Lebensstil ist eine ökologische Spiritualität mit innerer Mystik und gemeinsamem Handeln, gesunden Beziehungen und innerem Gleichgewicht. P. Franziskus stellt damit die Anfrage an gegenwärtige Pastoral, ob in ihr Schätze einer ökologischen Spiritualität, bspw. aus franziskanischer Tradition, hinreichend präsent sind und durch eine entsprechende Glaubensästhetik wertgeschätzt werden.
- Zu suchen wäre schließlich nach Netzwerken in der Gesellschaft, die einen ähnlichen Lebensstil zu kultivieren suchen.

Die folgenden Überlegungen werden den Ansatz von P. Franziskus weiter in praktisch-theologischer Perspektive vertiefen und dabei die soteriologische und anthropologische Analyse (vgl. 2 & 3) integrieren.

4.3 Schöpfungsfriede als Freude

Im Jahr 1992 legte der evangelische Systematiker Geiko Müller-Fahrenholz seinen Entwurf einer „angewandten Pneumatologie" vor.[633] Er verfolgt hier in theologischer Perspektive die Absicht, konstruktive Lösungen für die krisenhaft gewordene Situation der Moderne zu entwerfen. Dabei ist die pneumatologische Erschließung – so seine These – hilfreich, um den Zusammenhang zwischen der ökologischen Krise und ihren sozial-anthropologischen Implikationen aufzudecken. Bei ihm werden Ökumene und Pastoralpsychologie als grundlegende Forschungsperspektiven erkennbar.[634]

Im Folgenden wird zunächst noch einmal, anknüpfend an Edwards, das grundlegende Zueinander von Soteriologie und Schöpfungslehre erschlossen (4.3.1), das sich bei Müller-Fahrenholz besonders angesichts einer Zivilisation der Artifizialität als dringlich erweist (4.3.2). Demgegenüber sind es Wahrheit,

---

633 Geiko Müller-Fahrenholz, Erwecke die Welt. Unser Glaube an Gottes Geist in dieser bedrohten Zeit, Gütersloh: Kaiser 1993. Der hier vorgestellte grundlegende Ansatz wurde noch einmal neu vorgelegt in: Geiko Müller-Fahrenholz, Heimat Erde. Christliche Spiritualität unter endzeitlichen Lebensbedingungen, Gütersloh: Gütersloher Verlagshaus 2013.
634 Vgl. Müller-Fahrenholz, Erwecke die Welt, 9f.

Trost und Treue als Kräfte des Gottesgeistes, die ein alternatives pastoraltheologisches Paradigma eröffnen (4.3.3). Christlich-schöpferische Weltgestaltung ist bei ihm das Kennzeichen einer Praxis, die sich der Freude im Sinne von Schöpfungsfrieden verantwortlich weiß (4.3.4). Auch die Erträge dieses Ansatzes werden schließlich in einer Zusammenfassung gebündelt (4.3.5)

4.3.1 Soteriologie und Schöpfungslehre

In der Theologiegeschichte kam es laut Müller-Fahrenholz zu zwei Missverständnissen hinsichtlich des Verhältnisses zwischen Gott und der Schöpfung. Das erste Missverständnis besteht darin, Gott als alternden Mann, der bald sterben wird, zu betrachten. Das zweite Missverständnis hängt eng damit zusammen und besteht darin, zu denken, Gott entziehe sich nach dem (einmalig gedachten) Schöpfungsakt. Demnach wäre die Schöpfung einmal geschaffen und kann getrost sich selbst überlassen werden. Allein die Erlösung des Menschen – nicht aber der übrigen Geschöpfe – steht in der Wirkungsgeschichte dieser Sichtweise im Zentrum der Soteriologie.[635]

Die wechselseitige Erschließung von Schöpfungstheologie und Pneumatologie – so Müller-Fahrenholz – kann diese Missverständnisse aufbrechen und zu einer neuen Synthese von Soteriologie und Schöpfungslehre führen. Demnach ist der Gottesgeist das andauernde Lebensprinzip der creatio continua und der innerste Angelpunkt des prozessualen Wesens der Geschichte. Mund-zu-Mund-Beatmung oder Schwangerschaft schlägt Müller-Fahrenholz als Bilder für diese enge Verbundenheit zwischen Gott und der Schöpfung im Geist vor.[636] Kritisch hebt er hervor, dass diese intime, liebevolle Dimension des Zueinander von Geist und Schöpfung in einem männlich geprägten Christentum lange Zeit verdrängt wurde:

> „Männlich geprägte Kirche und Theologie hat diese liebevolle Intimität und leidenschaftliche Nähe gerne abgeschwächt. Dass gerade dieser ‚Lebenskuss' das Lebenselixier der Ruach ist, musste verleugnet werden. So wurde die Ruach spiritualisiert, enterotisiert und damit entmachtet."[637]

Diese Sichtweise ermöglicht es, auch und gerade Naturvorgänge, die Menschen als Katastrophe, Bruch etc. verstehen, als Ausdruck eines lebensstiftenden Gottesgeistes zu deuten, der in der ganzen Schöpfung und in allen Prozessen

---
635 Vgl. ebd., 43ff.
636 Vgl. ebd., 45f. Kritisch zu hinterfragen ist, ob diese Bilder ausreichend sensibel hinsichtlich des Autonomie-Strebens der Moderne sind.
637 Ebd., 46.

des Werdens und Vergehens atmet.⁶³⁸ Der Tod in der Schöpfung – nicht jedoch die Gewaltgeschichte des Menschen – ist dann nicht als Folge des Sündenfalls, sondern als Segen Gottes zu verstehen:

„Ein Schöpfungsglaube, der realistisch und aufrichtig bleiben will, nimmt das große ‚Stirb und Werde' nicht als Sünde, sondern als Segen. [...] Dass alles Lebendige sterben muss, ist bei aller subjektiven Qual kein Verhängnis, sondern Segen."⁶³⁹

4.3.2 Zivilisation der Artifizialität

So sehr der Geist in der Schöpfung ohne Wenn und Aber als lebendige Segensquelle zu verstehen ist, so sehr gehört es in den Kontext des menschlichen Lebens, dass die lebensspendende Bedeutung des Geistes in ihr Gegenteil verkehrt werden kann. Denn durch das menschliche Bewusstsein wird die natürlich vorgegebene Gottgemäßheit der Schöpfung gebrochen, wenn Menschen Gotteslob verweigern und die gottgeschaffene Harmonie aufheben:

„Vielleicht können wir sagen, dass das, was wir Sünde nennen, vergiftetes Bewusstsein und destruktive Fruchtbarkeit ist. Sie bleibt Gottes Energie, weshalb sie auch so stark ist, aber ins Eigenmächtige pervertiert."⁶⁴⁰

Darauf aufbauend wird ein spezifisches Verständnis von Erbsünde formuliert. Diese besteht im Anschluss an den bisherigen Gedankengang darin, dass der Mensch zum Bewusstsein kommt und damit eine Geschichte fortschreibt, in der die Ruach zum Ungeist wird. Diese Sünde zeigt sich in drei Dimensionen von Gewalt, nämlich der Gewalt gegen sich selbst, gegenüber anderen Menschen und gegenüber der Erde.⁶⁴¹

---

638 Carl Amery macht darauf aufmerksam, dass dem nationalsozialistischen Weltbild ein gänzlich anderes Verständnis der Natur nämlich als „grausame Königin" zugrunde liegt, dass die Ursache für die schrecklichen Gräueltaten der NS-Diktatur wurde. Angesichts der Möglichkeit, dass dieses Naturverständnis (wenn auch in anderem Gewand) kulturprägend bleibt bzw. wird, wagt Amery die These, dass „Hitler als Vorläufer" zu betrachten sei. Vgl. Carl Amery, Hitler als Vorläufer. Auschwitz – der Beginn des 21. Jahrhunderts?, München: Luchterhand 2002. Auch vor diesem Hintergrund erweist sich eine christliche Schöpfungstheologie wie sie hier analysiert wurde als relevant
639 Müller-Fahrenholz, Erwecke die Welt, 47f.
640 Ebd., 50.
641 Die Sünde gegenüber Gott kommt hier nicht explizit zu Wort, sondern erscheint vermittelt über die Gewalt in den genannten Dimensionen.

Diese Formen von Gewalt und Sünde haben ihre Quelle und ihren Ursprung in einer Logik der Verobjektivierung. Beide Weisen der Weltaneignung basieren letztlich auf einem Dualismus, der die natürlich gegebene Synergie der Schöpfung aufhebt:

> „Wir müssen jedoch noch einen Schritt weitergehen und das Element der Gewalt auch in der Reflexion selbst aufsuchen. Es begegnet überall dort, wo die kreative Polarität, die das Gewebe der Schöpfung durchwirkt, in Dualismen aufgebrochen wird."[642]

Diese Dualismen finden sich im Bereich der Naturwissenschaften, im Bereich der Religion, sowie in Produktion, Alltagskultur und Medizin; es handelt sich um ein globalisiertes Phänomen, das Müller-Fahrenholz als „Zivilisation der Artifizialität" bezeichnet.[643]

Im Kontext dieser Zivilisation der Artifizialität ist die Sünde gegen den Geist – eine Sünde, die nach Mt 12,31f. nicht vergeben werden kann – neu zu denken. Insofern der Geist nämlich fortdauernd in der Schöpfung gegenwärtig gedacht wird, besteht die Sünde gegen den Geist im Versuch, die Schöpfung zu vernichten. Die Vernichtung der Schöpfung würde zwar nicht zum Tode des Gottesgeistes führen, wohl aber zum Ende von dessen kreativ-schöpferischer Kraft:

> „Mit dem Tod der Geschöpfe würde zwar nicht die Ruach sterben. Sterben würde aber die Erinnerung an sie. Verstummen würde das Wort. Ersticken würde der Odem Gottes. Was übrigbleiben würde, wäre nur noch jener ‚Gottessturm' von Gen 1,2, der über eine erloschene Erde brausen würde. Aber das ‚leise Wehen' der Gegenwart Gottes wäre tot."[644]

Mit dem Ende dieser schöpferischen Kraft käme es zu einer absoluten Rückkehr des Chaos, das im Schöpfungskontext dauerhaft ‚an die Tür klopft' und ebenso dauerhaft durch die creatio continua im Geistwirken zurückgedrängt wird.[645]

4.3.3 Geisteskraft: Wahrheit, Trost und Treue

Gegenüber einer solchen Zivilisation der Artifizialität ist es Müller-Fahrenholz nun darum zu tun, den Zusammenhang zwischen Soteriologie und

---
642 Ebd., 52.
643 Vgl. ebd., 50-53.
644 Ebd., 53.
645 Vgl. ebd., 53ff.

Schöpfungstheologie zu profilieren, indem er Wahrheit, Trost und Treue als pneumatologische Dimensionen eines neuen pastoralen Paradigmas konturiert.[646] Dabei werden Wahrheit (4.3.3.1), Trost (4.3.3.2) und Treue (4.3.3.3) von Müller-Fahrenholz nicht als (im paulinischen Sinne) Früchte des Geistes verstanden, sondern als Dimensionen, die einen Raum der Freude prägen, weil durch sie Verzweiflung, Depressivität und Mangel an Vitalität überwunden werden.[647]

4.3.3.1 Kraft der Wahrheit

Müller-Fahrenholz kann auf die johanneische Schrifttradition zurückgreifen, wenn er den Geist Gottes als Kraft der Wahrheit entfaltet.[648] Dieser Geist der Wahrheit ist von existentieller Bedeutung für den Menschen. D.h. es geht für den Menschen darum, in der Wahrheit zu leben (und nicht nur von dieser zu reden), um auf diese Weise wahrhaftig, zuverlässig, geradlinig und unmissverständlich zu werden.

Die Anerkennung des Geistes der Wahrheit impliziert die Bejahung der Welt einschließlich der eigenen Persönlichkeit und ihrer Geschichte sowie deren dankbare Annahme. Diese Anerkennung beinhaltet die Suche nach einem integrierten Bild der Wirklichkeit, im Wissen darum, dass die Wahrheit der Welt nur gemeinschaftlich ergründet werden kann.

Das Leben im Geist der Wahrheit bedeutet schließlich auch Kampf gegen Strukturen, die die wahre Wirklichkeit verschleiern, wozu auch die eigene Schuld gehören kann.

Im Blick auf den Geist der Wahrheit als existentielle Qualität hält Müller-Fahrenholz zusammenfassend fest:

„In der Wahrheit zu sein bedeutet, die Ordnungen und die Energie der Schöpfung zu bejahen und zu feiern. Es bedeutet auch, alle Gestalten der Lüge und Täuschung, der Schuld und des Selbstbetrugs als Schädigungen des Lebens zu erkennen. Daher dient die Wahrheit der Wohlfahrt der Schöpfung. Sie ist das Licht, das wir unbedingt benötigen, um den Weg des Schöpfungsfriedens immer wieder zu finden."[649]

---

646 Unter Paradigma versteht er „ein Verstehens- und Aktionsmodell, das fundamentale Wesenszüge des Pneuma aufnimmt und als Grundzüge einer ökumenischen Pastoral dienen kann." Ebd., 141.
647 Vgl. ebd., 140.
648 Vgl. ebd., 121-127.
649 Ebd., 127.

Und weiter im Blick auf die Wahrheit als Qualität des Geistes selbst:

> „Wahrheit bezeichnet die kritische, unterscheidende Dimension. In ihr teilt sich das Pneuma Gottes als durchdringende, prüfende, analysierende Vernunft mit, als die treibende Kraft intellektueller Erkenntnis, aber auch als unerschrockene Kraft der Erhellung von Irrtum und Schuld."[650]

4.3.3.2 Kraft des Trostes

Daran anknüpfend erschließt Müller-Fahrenholz den Geist ausgehend von johanneischen und paulinischen Texten als Kraft des Trostes.[651] Demnach bedeutet Trost Erfahrung von Zuwendung, einen Raum zum Atmen und die glaubende Zuversicht, dass alle irdischen Schmerzen in schöpfungstheologischer Perspektive als Geburtswehen zu deuten sind (was aber die Klage nicht verbietet).

Der hier anklingende enge Zusammenhang von Trost mit Trübsal bzw. Leid ist – insbesondere bei Paulus – christologisch grundiert, da sich im Geist des Trostes der Gekreuzigte und Auferstandene mit den Getauften verbindet. Neben dieser aufbauenden Dimension hat der Trost dann (insbesondere bei Paulus) auch noch eine ermahnende bzw. gestaltende und solidarische Qualität (Trost: lat. consolatio, consolidus gediegen, fest, echt, wahrhaftig). Zusammenfassend bezeichnet Müller-Fahrenholz Trost als

> „[...] die synthetische, aufbauende Dimension. In ihr zeigt sich das Pneuma als bergende, ermutigende, versöhnende Kraft, als Heimstatt und Heimat."[652]

Besonders die Trost-Dimension des Geistes sieht Müller-Fahrenholz in einer dreifachen Krise. Kritisch sieht er, dass die positive, mehrdimensionale Energie des Trostes in Gefahr gerät durch erstens eine „Privatisierung des Trostes" (z.B. im Aufkommen des seelsorglichen Gespräches), zweitens im „Missverständnis von Trost als Therapie" (Trost als Medikament und nicht als bergende Kraft) und drittens, wenn „Trost ohne Wahrheit" (Schönfärberei) gelebt wird.

---

650 Ebd., 141.
651 Vgl. ebd., 128-135.
652 Ebd., 141.

4.3.3.3 Kraft der Treue

Schließlich ist der Geist Gottes bei Müller-Fahrenholz die Kraft der Treue.[653] Sie ist gleichbedeutend mit Ausdauer, Geduld und Bleiben. Gemeint ist damit kein passives Abwarten, sondern vielmehr ein aktives Bemühen, um in Beziehung zu bleiben. Ganz menschlich beschreibt Müller-Fahrenholz diese pneumatologische Dimension:

> „Wir nennen Menschen treu, wenn sie zuverlässig und ausdauernd arbeiten, ohne stur und mechanisch zu werden. Wir nennen Menschen treu, die ihren Ehepartnern liebevoll und aufmerksam zugetan bleiben, ohne unachtsam oder hart zu werden. Treue Menschen halten an ihrer Aufgabe fest, ohne sich fanatisch an sie zu klammern. Treue setzt Ausgeglichenheit, Flexibilität und Wahrhaftigkeit voraus, sie erwächst aus tiefer Selbstachtung und aus dem Empfinden, getragen und geborgen zu sein."[654]

Pneumatologisch gewendet heißt dies:

> „Treue steht für die prospektivische Dimension. In ihr zeigt sich das Pneuma als kämpferische, ausdauernde, durch die Zeiten tragende Kraft, als Widerstandsenergie, welche die eschatologische Offenheit der Zukunft verbürgt."[655]

Jede menschliche Treue und ihre je verschiedenen Ausprägungen – beispielhaft werden Treue im Gebet und im Leiden genannt – wurzeln in einem spezifischen, vertrauenden Verhältnis zu der Zeit. Insofern Gottes Geist als lebendige Kraft der creatio continua wirksam ist und bleibt und Leben schafft, wird die Zeit mit Sinn und Perspektive auf Zukunft hin gefüllt. Die bleibende Treue des Gottesgeistes ist demnach als Bedingung der Möglichkeit und der Sinnhaftigkeit menschlicher Treue zu denken.

Kennzeichnend für dieses „triadische" Verstehens- und Aktionsmodell von Wahrheit, Trost und Treue ist eine wechselseitige Durchdringung der drei Dimensionen, wodurch ein Lebensraum entsteht, in dem Freude, Weisheit und Friede wachsen können. Umgekehrt führt eine Isolierung der Dimensionen zu unguten Einseitigkeiten:

---

653 Vgl. ebd., 136-140.
654 Ebd., 136.
655 Ebd., 141.

„Wahrheit ohne Trost und Treue würde uns rechthaberisch, kalt und rücksichtslos machen. Trost ohne Wahrheit und Treue wäre nichts anderes als schwächliche Vertröstung, frömmelnde Heuchelei. Treue ohne Wahrheit und Trost müsste fanatisch und blind, stur und hart werden."[656]

Christologisch ist diese „komplementäre und perichoretische Einheit" bereits in Jesus von Nazareth als ewiges Wort der Wahrheit, Trost der Welt und als treuer Bürge des Reiches in Person realisiert. Sein dreifaches Dienstamt (Prophet, Priester, König) spiegelt die hier erschlossenen drei pneumatologischen Dimensionen des pastoraltheologischen Paradigmas wider. Es wird zum entscheidenden pastoraltheologischen Kriterienkatalog:

„Und so wenig diese drei Wirkweisen in Christus getrennt werden können, so wenig dürfen sie auch im Leben der Christengemeinden auseinandergerissen werden. Die prophetische Wahrheit, der priesterliche Trost, die königliche Treue – sie geben dem pastoraltheologischen Paradigma, das wir suchen, eine kraftvolle und leidenschaftliche Vitalität."[657]

In kritischer Absicht deutet Müller-Fahrenholz schließlich durch sechs Aspekte an, welche praktischen Konsequenzen sich in dem so gezeichneten pastoraltheologischen Verstehens- und Aktionsmodell ergeben.[658]

4.3.4 Lebensraum der Freude (Schöpfungsfriede)

Schließlich legt Müller-Fahrenholz dar, wie durch diese Dimensionen des Gottesgeistes ein Lebensraum der Freude konkret realisiert werden kann. Er nennt diese christlich-schöpferische Existenz Ökodomie.[659] Diese Ökodomie basiert auf einem Geist, der schöpferisch, aufbauend, verändernd bzw.

---

656 Ebd.
657 Ebd., 142.
658 Dies sind: 1. Pastoralpsychologische Arbeitsformen dürfen nicht von ihrem pneumatologischen Grund gelöst werden, weil der Geist einen Mehrwert beinhaltet, der über therapeutische Methoden hinausgeht. 2. Psychologische und gruppendynamische Arbeitsformen dürfen nicht zu einer Weltvergessenheit führen, die die gesellschaftliche, politische und kosmische Dimension der Wirklichkeit ausklammert. 3. Pastoraltheologie hat sowohl die emotionalen, somatischen und affektiven Kräfte als auch intellektuelle, rationale und reflexive Kräfte zu integrieren. Beide Seiten dürfen nicht einseitig gegeneinander ausgespielt werden. 4. Der unter drei genannte Aspekt wird hier auf dem Hintergrund historischer Vereinseitigungen (Intellektualisierung) plausibilisiert. 5. Das neue pastoraltheologische Paradigma widersteht einem unreflektierten Anthropomorphismus, weil es sich im „Oikos der Schöpfung" verortet. 6. Das Pneuma Gottes ist der Garant einer andauernden Verbindung von Erd- und Heilsgeschichte, Schöpfung und Erlösung, schöpferischer Energie und der Kraft liebender Selbsthingabe. Vgl. ebd., 143f.
659 Vgl. zum Hintergrund dieses Begriffes ausführlich: Ebd., 154-163.

transformierend wirkt und zielt auf den Schöpfungsfrieden, in dem der Mensch in der Natur verortet ist.

Schöpfungsfriede meint bei Müller-Fahrenholz jenen

„Prozess, in welchem alles Leben seine Kräfte und Potentiale möglichst schöpferisch entfalten und anpassen kann."[660]

Schöpfungsfriede versteht er also nicht als vollkommene Harmonie, Ruhe oder Konfliktfreiheit, sondern vielmehr als einen Spannungszustand, der es ermöglicht, die oftmals konflikthafte Weltsituation schöpferisch zu gestalten, ohne daran zu verzweifeln oder zu zerbrechen. Mit anderen Worten:

„Nur wenn wir Friede als die kreative Gestaltung von Widersprüchen und Gegensätzen verstehen, können wir von dem Frieden der Schöpfung sprechen."[661]

Bereits Jürgen Moltmann – darauf weist Müller-Fahrenholz explizit hin und schließt sich diesem mit Differenzierungen an – hatte betont, dass dieser Spannungszustand nur insofern erreicht werden kann, als menschliche Kultur und Natur in eine gedeihliche Beziehung kommen, die nicht in der Machtergreifung des Menschen, sondern in dauerhafter Beheimatung besteht. Müller-Fahrenholz zitiert Moltmann:

„Das Ziel der Geschichte kann nicht länger die Machtergreifung des Menschen über die Natur, sondern muss die dauerhafte Beheimatung der menschlichen Kultur in der Natur des Erdorganismus sein. Einwohnung und Ausgleich sind die Ziele, die dem Leben und Überleben dienen."[662]

Dieser Schöpfungsfriede wird realisiert durch ökodomische Fantasie (4.3.4.1) und soll das Kennzeichen christlicher Gemeinde sein (4.3.4.2). [663]

4.3.4.1 Ökodomische Fantasie

Es handelt sich bei ökodomischer Fantasie um ein schöpferisch-denkerisches Vermögen, das ganz dem Geist Gottes entspricht, indem es eine lebendige Kultur gestaltet. Müller-Fahrenholz wörtlich:

---
660 Ebd., 210.
661 Ebd., 211.
662 Ebd., 210.
663 Ebd., 212.

„Ich verstehe ‚Fantasie' im Sinne von transformativem Denken, als die Kraft der Imagination, welche die Erinnerungen an unausgelebte Möglichkeiten der Vergangenheit in Träume und Entwürfe für eine lebens- und liebenswürdige Kultur von morgen überführt."[664]

Diese schöpferische Fantasie ist damit um des umfassenden Schöpfungsfriedens untrennbar mit der Frage nach Gerechtigkeit verbunden.[665] Müller-Fahrenholz führt dies konkret im Hinblick auf „kosmische Güter"[666], eine „ökosystemische Ökonomie"[667] und „neue Bilder würdiger Armut"[668] aus.

Von entscheidender Bedeutung ist, dass die ökodomische Fantasie zu einem Miteinander der Kulturen, zu Verständigung und Vertrauen führt – und zugleich darauf basiert. Dabei spielen die Religionen und ihre jeweilige Praxis eine bedeutende Rolle.

Ausführlich geht Müller-Fahrenholz auf eine Seelsorgepraxis der Kirchen ein, die sich spezifischen Aspekten der Gegenwartskultur entgegenstellt, die dieser ökodomischen Fantasie (und zwar als Zynismus, Fundamentalismus und in Gewalt) entgegenstehen. Dies wird nun in einem Exkurs vertiefend

---

664 Ebd.
665 Der Gerechtigkeits-Topos verweist weiterführend auf Anschlüsse in sozialethischer Hinsicht, die hier nicht weiterverfolgt werden können. Exemplarisch sei aus der umfangreichen Debatte verwiesen auf: Elke Mack, Eine christliche Theorie der Gerechtigkeit. Die Wende zu einer pluralismusfähigen Ethik mit globaler Reichweite, Baden-Baden: Nomos 2015.
666 Zeit, Luft, Wasser und Erde bezeichnet er als kosmische Güter des Lebens bzw. als Güter Gottes, die von Gottes Geist in dieser Welt durchwirkt werden. In ökodomischer Fantasie mit diesen Gütern umzugehen bedeutet, dass sie niemals Eigentum von Menschen werden können, weil sie ihr „Daseinsrecht in sich" haben. Konkret folgert er daraus eine Kritik der Eigentumsverhältnisse und eine Überprüfung des Eigentumsverständnisses. Das betrifft ebenso das Wissen, Wissenschaft, Kunst und Kultur, denn auch diese sind „universale Güter" und damit Teil eines globalen Austausches. Vgl. Müller-Fahrenholz, Erwecke die Welt, 213-222.
667 Eine solche Ökonomie trägt durch ökodomische Fantasie zur Gerechtigkeit des Schöpfungsfriedens bei. Er nennt bspw. kosmopolitanisches Denken statt Herrschaft durch artifizielle Manipulation; Beheimatung menschlicher Kulturen und Wirtschaftsformen innerhalb der Vielfalt der von der Natur vorgegebenen Bioregionen, d.h. Bioregionen der Erde als ökomische und politische Einflusszonen; lokale Gemeinwesen; nicht „Grenzen des Wachstums", sondern „Wachstum der Grenzen". Vgl. ebd., 222-229.
668 Ökodomische Fantasie als Weg zum Schöpfungsfrieden ist eine Frage der Gerechtigkeit für die Armen bzw. Option für die Armen, die gleichermaßen die Situation verelendeter Menschen wie der verelendeten Natur in den Blick nimmt. Hierzu gehört die Forderung nach Entschuldung, Kampf um Demokratie, Verbesserung der Bildung. Er konkretisiert dies einerseits im Hinblick auf die Verelendung in den Elendsquartieren der Mega-Städte. Diesbezüglich schlägt er drei Prioritäten vor: Perspektiven für die nachfolgende Generation, Unterstützung der Frauen resp. Mütter und schließlich Unterstützung und Förderung der Männerbewegung zur Entwicklung zukunftsfähiger Rollenmodelle. Die Option für die Armen konkretisiert er andererseits für die industrialisierten Länder, indem er als Entwicklungsziel „anspruchsvolle Genügsamkeit" nennt, die mit einer Befreiung vom Konsumismus und Entwicklung bioregionaler Volkswirtschaften verbunden ist. Vgl. ebd., 229-239.

erläutert, bevor die Praxis der christlichen Gemeinden als ökodomische Gemeinden abschließend dargestellt wird.

Exkurs: „psychic numbing" – Zynismus und Fundamentalismus

Müller-Fahrenholz geht von der Grundannahme aus, dass es eine Interdependenz zwischen äußerer und innerer Wirklichkeit des Menschen gibt und dass sich diese Interdependenz in der Gegenwartskultur insbesondere auf negative Weise zeigt. Im Hinblick auf sein Verständnis von Seelsorge bedeutet dieses Wechselspiel:

> „Da zwischen den äußeren Verhältnissen und den seelischen Kräften ein fortwährendes Wechselspiel stattfindet, gehören (sozial)psychologische Überlegungen eng mit den ökonomischen, ökologischen und politischen Faktoren zusammen. [...] In diesem Kontext verstehe ich Seelsorge als eine Arbeit für die Lebensenergie, die nicht nur uns, sondern alle Kreaturen beseelt und erhält. So ist Seelsorge gewiss etwas zutiefst Persönliches, weil es um den Kern unserer Subjektivität geht. Zugleich ist sie etwas zutiefst Soziales und Öffentliches, weil sie die Bedingungen der Empfänglichkeit und damit des Wachsens zwischen den Lebewesen zum Gegenstand hat. Angesichts der noch nie dagewesenen Belastungen unserer Epoche muss es darum gehen, unsere seelische Belastbarkeit und Erlebnisfähigkeit zu erweitern und zu stärken. Das kann m.E. nur so geschehen, dass wir uns dabei auf jene Kraft besinnen, die die Schöpfung zusammenhält und daher auch unseren Seelen neue Flügel wachsen lassen kann."[669]

Der Geist kommt bei Müller-Fahrenholz also im Kontext seelsorglichen Handelns als therapeutische Kraft der Seele in den Blick. Angesichts der von Müller-Fahrenholz geschilderten Situation ist die menschliche Seele überfordert, da die neuen Gefahren zu komplex, unanschaulich und zukünftig sind.

So kommt es zu verstörten Reaktionen, wie z.B. Ausweichen, Abschwächen, Beschönigen oder Verharmlosen.[670] Der nordamerikanische Psychologe Robert Jay Lifton hat für dieses Verhalten den Begriff des psychic numbing geprägt. Diesen Begriff übernimmt Müller-Fahrenholz. Aus seiner Sicht stellt „numbing eine Grundbefindlichkeit unserer Epoche"[671] dar.

---

669 Ebd., 76f.
670 Vgl. ebd., 78-82.
671 Ebd., 87.

Im Folgenden erschließt Müller-Fahrenholz numbing als Grundbefindlichkeit in drei pathologischen Ausprägungen, nämlich in Zynismus, Fundamentalismus und Lust auf Gewalt.[672]

Zynismus – ein Habitus seelischer Verstörung
Müller-Fahrenholz versteht Zynismus als

> „pathologische Gestalt einer systemisch und mithin gesellschaftlich manifest gewordenen psychischen Verstörung"[673],

die insbesondere jene Funktionsträger der Gesellschaft betrifft, die Macht und Einfluss haben (Journalisten, Manager, Politiker). Mit anderen Worten handelt es sich bei Zynismus um eine „Perversion von Macht" angesichts der schwer erträglichen Erfahrungen von Leid und Unrecht.

Müller-Fahrenholz sieht im Zynismus insofern einen Angriff auf den Geist Gottes, weil er das Interesse am Ganzen, insbesondere am Recht des Schwächeren, der Schöpfung und des Morgens, verliert.[674]

Fundamentalismus – Verzweiflung an der Ohnmacht:
Mit dem Stichwort Fundamentalismus kommen bei Müller-Fahrenholz jene Menschen in den Blick, die sich gegenüber den Mechanismen der Kultur als ohnmächtig erleben (beispielhaft nennt er Anhänger evangelikaler Sekten in Lateinamerika oder des arabisch-islamischen Fundamentalismus).[675] Er vertritt die These,

> „dass der Fundamentalismus die pathologische Folge einer tiefen Verstörung ist, welche wiederum aus der Ausweglosigkeit kulturellen, politischen und religiösen Elends entstanden ist"[676].

Dass es auch unter Mächtigen Phänomene des Fundamentalismus gibt, führt er ebenfalls auf Ohnmachtserfahrungen zurück. Die Ohnmacht der Mächtigen besteht demnach darin, der Komplexität der gegenwärtigen Kultur nicht mehr durch klassische Denk- und Handlungsmodelle gerecht werden zu können.

---

672 Im Rahmen dieses Exkurses werden nur die ersten beiden Ausprägungen vorgestellt. Vgl. zur Gewalt die Ausführungen unter 4.3.2.
673 Ebd., 93.
674 Vgl. ebd., 88-93.
675 Vgl. ebd., 94-102.
676 Ebd., 98.

Schließlich gibt es nach Müller-Fahrenholz das Phänomen des apokalyptischen Fundamentalismus. Dieser reagiert in einer dualistischen Weltdeutung auf die als übermächtig, problematisch und bedrohlich empfundene Wirklichkeit. Ihr Wesen besteht in einem Mangel an „leidenschaftlicher und liebender Empathie".

Müller-Fahrenholz resümiert, dass fundamentalistischen Strömungen ein verabsolutierter Dualismus zugrunde liegt. Indem fundamentalistische Denkfiguren zu einer radikalen Trennung zwischen Gut und Böse, Schöpfer und Schöpfung, von der Sünde befreiten Seelen und der massa perditionis neigen, verlieren sie das trinitarische Wesen Gottes und der Schöpfung aus dem Blick. Als gravierende praktische Folgen zeigen sich der Verlust religiöser Erlebnisfähigkeit, mangelndes Vertrauen und Geistvergessenheit. Müller-Fahrenholz pointiert:

„[So, SO] können wir auch folgern, dass fundamentalistische Systeme das trinitarische Wesen Gottes und damit der Schöpfung nicht verstehen können. Sie sind also weitverbreitete Ausprägungen einer verstörten religiösen Erlebnisfähigkeit. Diese ‚Unfähigkeit zu vertrauen' ist damit letztlich ein Verrat an Gottes Geist, der Seele der Welt."[677]

Demgegenüber wird sich eine christliche Gemeinde nach Müller-Fahrenholz durch grundlegend andere Merkmale auszeichnen.

4.3.4.2 Ökodomische Gemeinde

Müller-Fahrenholz legt Wert darauf, dass der Mensch gemeinsam mit der Natur ein Haus bewohnt. Allgemein meint das griechische Wort oikodomie zunächst den Aufbau eines Hauses. Bei Paulus ist spezifischer der Gemeindeaufbau gemeint. Die christliche Gemeinde wächst dabei nicht organisch, sondern sie wird schöpferisch gestaltet. Der Gemeindeaufbau ist in diesem Sinn auf Zukunft gerichtet und hat eine „eschatologisch-konstruktive Qualität"[678].

Zugleich hatte die Gemeinde in der Frühzeit des Christentums den Charakter einer radikalen Alternative zu bestehenden Systemen und Religionen. Heute stehen Gemeinden nach Müller-Fahrenholz erneut vor der Herausforderung sich als ökodomische Gemeinschaften zu verstehen. Das bedeutet: sie haben sich an einer dem oikos dienenden Gestaltung zu beteiligen, indem sie an Gottes Shalom als Schöpfungsfrieden mitwirken. Dies impliziert Kritik an

---

677 Ebd., 102.
678 Vgl. ebd., 156.

bestehenden Verhältnissen, kann aber nicht in romantischer Verklärung auf die Herstellung vorindustrieller Zustände zielen. Vielmehr geht es um eine „ökosystemisch verträgliche Transformation der Weltzivilisation" und zwar indem sich Christ*innen als Dienende und Mitarbeitende Gottes verstehen.[679]

Die oben erschlossenen Kräfte des Geistes als Wahrheit, Trost und Treue entfaltet Müller-Fahrenholz als Kennzeichen eines ökodomischen Bundes der Gemeinden. Ihr Ziel bzw. ihre Kennzeichen sind Feste des Friedens, nämlich das Sakrament des Sabbats, der Taufe und der Eucharistie:

1. Es ist die biblische Sabbat-Ordnung, die einem „spannungsvollen Rhythmus des Friedens innerhalb der Schöpfung" dient. Denn dieser Rhythmus sorgt dafür, dass Menschen regelmäßig von ihrer Arbeit Abstand gewinnen und ihr seelisches Gleichgewicht finden können. Die Berücksichtigung der Sabbat-Ordnung gewährleistet darüber hinaus die Erinnerung an die sakramentale Dimension der Schöpfung, in dem die segnende Präsenz Gottes erfahrbar wird und damit der Lebenssinn des Daseins aufstrahlt.

    Daraus folgert Müller-Fahrenholz, dass es ein ganz wesentliches Kennzeichen ökodomischer Gemeinde sei, eine dementsprechende sabbatlich-sonntägliche Feierkultur zu pflegen, um auf diese Weise einen Schutz- und Schonraum vor Überlastung zu bieten und so die heilsame Gnade Gottes wirksam und zeichenhaft zu repräsentieren.[680]

2. Die Taufe ist ein zweites zentrales Merkmal ökodomischer Gemeinde. Die Taufe wird hier verstanden als

„Symbol für den Eintritt in ein Leben in der Neuen Schöpfung. [...] Die Taufe wird damit zum Sakrament der Ermächtigung, ein Leben im Licht von Wahrheit, Trost und Treue zu führen. Das Leben in der Kraft des Heiligen Geistes ist ein Leben in der Heiligung."[681]

Heiligung meint damit nicht eine frömmelnde Abkehr von Leiblichkeit und Welt, sondern Feier des Lebens, Freude am Dasein und an der Schönheit der Welt und sie dient auf diese Weise der Stärkung des göttlichen Schöpfungssegens, ist damit der Grund für den Widerstand gegen die Zerstörung dieses göttlichen Segens.

Dieser Gedanke führt dahin, dass die christliche Taufe aufs Engste mit der Heiligung der Schöpfung verknüpft ist. Ferner betont Müller-Fahrenholz

---

679 Vgl. ebd., 157f.

680 Vgl. ebd., 240-245. Hier wird auch die gesellschaftspolitische Forderung der Einführung von Sabbat- und Freijahren genannt.

681 Ebd., 246f.

ausdrücklich, dass sie in ökumenischer Perspektive das entscheidende Sakrament der Einheit ist.[682]
3. Schließlich erschließt Müller-Fahrenholz die Eucharistie als das

„Wege-Sakrament des wandernden Gottesvolkes, das Sabbatfest im ökodomischen Bund"[683].

Diesem wohnen drei Kennzeichen inne: In der Eucharistie finden Gemeinden erstens den Raum zu Reflexion, Kontemplation und Feier; es ist damit jene Versammlung, in der die Gemeinschaft auf dem Weg sich sammelt und zu sich selbst kommt:

„Hier wird die Wahrheit gesucht und ausgetauscht, hier wird Trost geübt und erfahren, hier wird die Treue erneuert."[684]

In ihr kommen zweitens die verschiedenen Gaben der Gemeinde feierlich zur Geltung und die Gemeinde übt sich zugleich in eine Praxis der Wandlung von einem Für-sich-Sein in ein Für-andere-Sein ein. Und schließlich formuliert Müller-Fahrenholz, dass Eucharistie das „Fest bedingungsloser Gemeinschaft" sein solle.[685]

Zusammenfassend hält Müller-Fahrenholz im Blick auf die Feste ökodomischer Gemeinde fest:

„Die Feste des Friedens sind die Zeit-Räume, in denen die Arbeit für den Frieden der Schöpfung wieder verheißungsvoll wird. Der Sabbat-Sonntag wird zur Segnung der Zeit, die Taufe zur Segnung des Anfangs, die Eucharistie zur Segnung des Weges."[686]

So verwirklichen Menschen ihr Wesen als Kinder des Geistes: sie wissen um ihre Liebesbedürftigkeit und suchen nach Gemeinschaften, wo sie diese leben können. Sie wissen um den Geheimnischarakter der Welt und bleiben dieser Welt hoffend verbunden. Es geht in der Ökodomie darum, Leben zu erhalten und Gewalt nicht mit Gewalt zu beantworten.[687]

---

682 Vgl. ebd., 246-250.
683 Ebd., 252.
684 Ebd., 253.
685 Vgl. ebd., 250-254.
686 Ebd., 257.
687 Vgl. ebd., 261f. Leonardo Boff nennt diese Qualitäten (in einem Buchtitel über Franz von Assisi) „Zärtlichkeit und Kraft".

4.3.5 Zusammenfassung und Ertrag

Müller-Fahrenholz entfaltet den Gedanken der creatio continua pneumatologisch. Demnach ist der Geist Gottes, der bleibend in der Schöpfung gegenwärtig ist, die dynamische Kraft aller lebendigen Prozesse und Veränderungen und er erweist sich als permanent Leben schaffend. Im Geist wird der Segen Gottes in der Schöpfung ins Werk gesetzt und bleibend erhalten.

Müller-Fahrenholz hebt hervor, dass diese Sichtweise eine positive Bewertung auch von Sterben und Vergehen einschließt, insofern dieses nicht vom Menschen zu verantworten ist. Tod und Vergehen in der Schöpfung sind demnach nicht Folge des Sündenfalls und somit auch nicht Kennzeichen einer gefallenen Welt, sondern segensreich, insofern sie einen spezifischen Beitrag zum Leben schaffenden Wirken des Gottesgeistes darstellen, auch wenn dies aus menschlicher Perspektive mit Erschrecken als leidvoll wahrgenommen wird.

Sünde besteht bei Müller-Fahrenholz in der Auflehnung gegen das geistlich-kreatorische Lebensprinzip. Sie kommt in einer dualistischen, verobjektivierenden Weltaneignung und einer Kultur der Artifizialität zum Tragen. Durch diese Kultur der Artifizialität wird jenes Ur-Chaos gestärkt, das in der kontinuierlichen Schöpfung Gottes permanent verwandelt wird, und sie wendet sich damit gegen das Leben, das Gottes Ruach stets neu schafft. In klassischer Diktion bedeutet dies: Als Erbsünde ist das Eingebundensein des Menschen in jene Wirklichkeit zu verstehen, die zur Gewaltgeschichte wird, indem sich der zu Bewusstsein gelangte Mensch gegen den in der Schöpfung wirkenden Geist wendet. Diese sündhafte Struktur ist insofern besonders schwerwiegend (i.e. nicht zu verzeihen), weil sie der ordnenden Kraft Gottes zuwiderläuft.

Den Geist erschließt Müller-Fahrenholz als dreifache Kraft der Wahrheit, des Trostes und der Treue. Diese Aspekte des Geistes durchdringen sich gegenseitig und sind in Jesus Christus als treuem Zeugen bereits verwirklicht, was sich in seinem dreifachen Dienstamt widerspiegelt.

Der Geist als Kraft der Wahrheit ist von existenzieller Bedeutung, denn er hilft dem Menschen seine Wahrheit zu leben, er schützt den Menschen vor Selbstbetrug, integriert den einzelnen in den Schöpfungszusammenhang und er ist die Kraft der Erhellung von Schuld und Versagen.

Der Geist als Kraft des Trostes ist gleichbedeutend mit der Zuversicht, dass jeder Schmerz im Sinne von Geburtswehen zu deuten ist und er eröffnet einen Raum des Atmens und der Zuwendung. Im Geist des Trostes verbindet sich der Gekreuzigte mit den Getauften. Er hat darüber hinaus eine ermahnende, gestaltende und solidarische Qualität.

Der Geist der Treue meint die Kraft zum Leben in Beziehung, zu Ausdauer ohne Sturheit, Ausgeglichenheit und Flexibilität. Es handelt sich um eine Widerstandsenergie und um die Bedingung menschlicher Treue. Er kann Verzweiflung und Depressivität überwinden und zu neuer Lebensfreude führen. Diese verschiedenen Ausprägungen der Treue wurzeln in einem vertrauenden Verhältnis gegenüber der Zeit.

Ökodomie ist in der praktischen Pneumatologie von Müller-Fahrenholz der Leitgedanke christlicher Weltgestaltung und damit Wesensmerkmal christlicher Gemeinden. Dabei geht es um Kritik an bestehenden Verhältnissen, nicht um romantische Verklärung, sondern um eine Transformation der Weltzivilisation, weil der Geist selbst schöpferisch wirkt und den Menschen mit der Natur verbindet.

Ökodomische Gemeinschaften haben den Auftrag am schöpferischen Wirken des Geistes zu partizipieren und zur Gestaltung des Schöpfungsfriedens des gesamten oikos mitzuwirken. Schöpfungsfriede meint hier nicht Ruhe, sondern einen Spannungszustand und einen Prozess, in dem alles Leben seine Kräfte und Potentiale entfalten kann. Es ist ein Friede, der in der Gestaltung von Widersprüchen und Gegensätzen besteht. Dazu müssen Natur und Kultur in eine gedeihliche Beziehung kommen, die nicht auf Machtergreifung, sondern auf Beheimatung zielt.

Hierzu dient ökodomische Fantasie als ein transformatives Denken, welches Erinnerung an unausgelebte Potentiale in eine liebenswürdige Kultur des Morgens führt. Sie ist aufs Engste mit Gerechtigkeit verbunden: Gerechtigkeit im Hinblick auf kosmische Güter des Lebens (Wasser, Luft etc.); Gerechtigkeit in ökonomischer Hinsicht und in sozialer Hinsicht (Armut, Frauenfrage, Stadt-Land).

Ökodomische Gemeinden sind gekennzeichnet und finden ihr Ziel in Festen des Schöpfungsfriedens, besonders in einer Sabbat-Kultur, in Taufe und Eucharistie.

Im Hinblick auf das Forschungsinteresse sind abschließend folgende Erträge zu sichern:

- Auch der schöpfungstheologische Ansatz von Müller-Fahrenholz impliziert für die Pastoral die Notwendigkeit von Umkehr und Selbstevangelisierung. Denn sie selbst hat zunächst Schöpfungstheologie und Pneumatologie als wichtige Implikationen der jesuanischen Reich Gottes-Botschaft zu entdecken und diese in ihrem Verhältnis zu christologischen und anthropologischen Entwürfen aufzuwerten.

- Pastoral kann die Geistqualitäten der Wahrheit, des Trostes und der Treue kultivieren und so zu einer Praxis von Befreiung, Zuversicht, Zuwendung, Solidarität und Widerstandsenergie beitragen. Anders formuliert: Christliche Gemeinden finden zu ihrem Ziel und ihrer Berufung, indem sie aus dem Geist der Wahrheit, des Trostes und der Treue handeln. Eine christliche Praxis, die sich auf diese Weise dem Wirken des Geistes verpflichtet, bietet ein Sinn- und Hoffnungspotential, das Menschen neue Freude schenken kann.
- Die Kultivierung von ökodomischer Fantasie führt Kultur und Pastoral, Kontemplation und Aktion zusammen und richtet christliche Praxis auf einen Schöpfungsfrieden als Spannungszustand von Natur und Kultur aus. Christliche Gemeinde wäre von hierher als Gemeinschaft derer zu verstehen, die an die Erlösung durch den Geist Jesu Christi für die gesamte Schöpfung – und nicht nur für den Menschen – glaubt. Sie wird daher zu einer netzwerkartigen Gemeinschaft, die nicht primär durch eine Kultur der Artifizialität geprägt ist, sondern durch das Wirken des Geistes in einem kontinuierlichen Prozess auf-, ab- und umgebaut wird, woraus sich eine offene Gestalt ergibt.
- Dabei wird der Segen Gottes in der Feier einer sonntäglich-sabbatlichen Ordnung, der Taufe und der Eucharistie verheißungsvoll erfahren. Diese sakramentalen Feiern als Feste des Friedens sind demnach ein wesentliches Kennzeichen zukünftiger christlicher Praxis.
- Im Blick auf Krisenerfahrungen kirchlicher Pastoral, die ja häufig mit Veränderungen verbunden sind (z.B. Gemeinden zusammenlegen, Kirchengebäude schließen, Verbände auflösen usw.) und anthropomorph als Sterben gedeutet werden, bietet Müller-Fahrenholz zwei unterscheidbare Deutungsmöglichkeiten. Solche Prozesse können demnach einerseits Ausdruck des schöpferischen Gottesgeistes und anderseits Folge eines sündhaften menschlichen Bewusstseins bzw. Handelns sein. Im ersten Fall wären sog. kirchliche Sterbeprozesse lebensnotwendige Prozesse, die im Kontext der creatio continua zu verstehen sind und Grund zur Hoffnung geben. Im zweiten Fall können diese Prozesse jedoch Ausdruck einer kirchlichen Kultur der Artifizialität sein und damit auf eine notwendige Umkehr verweisen. Damit liefe diese Pneumatologie auf eine Kritik eines modernen Christentums hinaus, dass das Wachstum des Reiches Gottes mit einer Kirchenkultur der Artifizialität verwechselt. Kirchenentwicklung erfordert folglich wesentlich die Fähigkeit zur geistlichen Unterscheidung.[688]

---

688 Diese Überlegungen werden hier nur angedeutet und nicht weiter vertieft.

Die hier vorgestellten schöpfungstheologischen Perspektiven werden wie angekündigt abschließend im Hinblick auf die sozialwissenschaftlichen Erträge diskutiert.

4.4 Diskussion: Freude an, in, mit und als Schöpfung

In der ökologischen Theologie von Edwards liegt ein Entwurf vor, Pneumatologie und Christologie zusammenzuführen und Erlösung als Ereignis der Freude für die ganze Schöpfung zu erschließen. Er vertritt damit einen theologischen Ansatz, der hinsichtlich der Schöpfung die Spezifika des christlichen Glaubens berücksichtigt, ohne dass dies hier im Detail nachgezeichnet werden konnte. Will sich christliche Praxis auf das Feld der kultureller Natur-Erfahrung beziehen, das ja laut Rosa zur entscheidenden vertikalen Resonanzachse der Moderne geworden ist, so kann sie an diese theologische Konzeption anknüpfen.

Dabei ist dieser Erschließung der Hinweis zu verdanken, dass Natur aus christlicher Perspektive aufgrund ihrer christologischen und pneumatologischen Dignität weit mehr ist als eine „Kulisse des Glücks".

Ferner liegt hiermit ein Ansatz vor, der sich den Herausforderungen des modernen Weltbildes (Evolutionstheorie), das ja eine Anfrage an christlichen Anthropozentrismus ist, und den damit verbundenen kulturellen Vorbehalten gegenüber dem Gottesglauben stellt.

In dieser Spur verstehen auch P. Franziskus und Müller-Fahrenholz die Natur nicht einfach als Resonanzoase, sondern als unser gemeinsames Haus, das alle Geschöpfe in universaler Geschwisterlichkeit verbindet. Damit überwinden auch sie das Modell des Alb-Glücks (vgl. I.4), das die Natur lediglich zur Projektionsfläche des eigenen Wohlbefindens macht.

Hatte Rosa die ökologische Krise als bedeutendste Krise der gegenwärtigen Zeit bezeichnet, so knüpft P. Franziskus hieran an, indem er in Laudato si' darauf verweist, dass die Krise aus seiner Sicht auf einem bestimmten Entwicklungsmodell beruht. Dabei reduziert er die Krise nicht auf das Fehlverhalten einzelner, wie dies Cabanas/ Illouz dem Glücksdiskurs unterstellen.

Stattdessen machen P. Franziskus und Müller-Fahrenholz auf strukturelle Ursachen (technokratisches Paradigma bzw. Kultur der Artifizialität) aufmerksam und entfalten eine ganzheitliche Ökologie mit einem entsprechenden Lebensstil.[689] Im Mittelpunkt dieser ganzheitlichen Ökologie stehen der

---

689 In diesem Zusammenhang ist vertiefend auf das Bemühen von Hildegund Keul hinzuweisen, das Stichwort Vulnerabilität im theologischen Diskurs aufzuwerten. Vgl. exemplarisch: Hildegund Keul, Inkarnation. Gottes Wagnis der Verwundbarkeit, in: Theologische Quartalschrift 192 (3/2012), 216-232.

Gedanke einer universellen Solidarität und eine Humanökologie, die den Menschen als Teil der Schöpfung sieht. Bemerkenswert ist hier insbesondere die Kritik am Anthropozentrismus, der auch mit der Geschichte des Christentums verbunden ist.

Der Entwurf einer ganzheitlichen Ökologie zielt letztlich darauf ab, die von Rosa diagnostizierte Trennung von Umweltbewusstsein und Umwelthandeln (Ästhetisierung und Individualisierung) zu überwinden und das Recht auf Leben und Glück zu verteidigen.

Dieses Ziel ist laut P. Franziskus nur zu erreichen mit einer inneren Mystik, die das gemeinsame Handeln prägt. Eine solche Spiritualität beginnt mit der Umkehr, die zu gesunden Beziehungen mit der Schöpfung und zur Verantwortungsübernahme führt. Dies geht einher mit einem Glücksbegriff, der nicht am Besitzen, sondern am Sein ausgerichtet ist und damit Teilen des kulturellen Glücksbegriffes entgegensteht. Denn es handelt sich um einen kontemplativen Lebensstil, der von Mäßigung, Einfachheit, Dankbarkeit geprägt ist.

Müller-Fahrenholz entwickelt seine praktische Pneumatologie vor dem Hintergrund einer spezifischen Lesart der Moderne, nämlich angesichts der Grenzen des Wachstums und der ökologischen Krisenerfahrungen, die in der Entstehungszeit seines Beitrages viele Menschen beschäftigten. Wenngleich die Überlegungen von Müller-Fahrenholz ihrem Ursprung nach bereits dreißig Jahre vor der Enzyklika Laudato si' von P. Franziskus formuliert wurden, so fällt doch eine erstaunliche Übereinstimmung der beiden Autoren ins Auge. Seine Pneumatologie erweist sich auch heute noch, angesichts einer multidimensionalen ökologischen Krise, als aktuell und sensibel für die Zeichen der Zeit und stellt eine Möglichkeit dar, theologisch verantwortete, lebensrelevante und ermutigende Gottesrede zu wagen. Im Sinne von P. Paul VI. erscheint sein Ansatz als ein geeigneter Versuch, den „Bruch zwischen Evangelium und Kultur" (EN 20) zu überwinden.

Im Hinblick auf die lebensweltliche Thematisierung von Lebensfreude (zu denken ist hier an das weite Feld säkularer, spiritueller Bewegungen z.B. Yoga, Achtsamkeit usw.) bietet seine praktische Pneumatologie zahlreiche Anknüpfungspunkte. Es hatte sich gezeigt, dass in der gegenwärtigen Kultur Glück (z.B. im Kontext von Natur- und Outdoor-Erfahrungen) gleichgesetzt wird mit der Erfahrung zu sich selbst zu kommen und bei sich selbst zu Hause zu sein. Die theologische Rede vom Geist als Wahrheit und Geist als Trost ist in dieser Hinsicht anschlussfähig. Dabei ist mit Müller-Fahrenholz insbesondere die prophetische und kritische Dimension des Geistes der Wahrheit zu hervorzuheben. Die pneumatologische Dimension der Treue ist anschlussfähig an einen weiteren wichtigen Aspekt des Freude- bzw. Glücksdiskurses, insofern in diesem Diskurs zwischen der zeitlichen Dimension des Augenblicksglücks und einer andauernden Freude als Haltung unterschieden wird. Müller-Fahrenholz spricht hier von der Fähigkeit zu Treue und Zuverlässigkeit in der Zeit, ohne hart oder stur zu werden, also kairologisch sensibel zu bleiben.

Aufgrund der schöpfungstheologischen Diskussion lässt sich thesenartig folgender Ertrag sichern:

- Grundlegend für die Erfahrung der Freude ist die Überwindung von Anthropozentrismus und Geistvergessenheit in der Theologie. Denn die Frage nach dem Glück des Menschen lässt sich nur beantworten, insofern sich der Mensch als Teil der Schöpfung verstehen und auf das Wirken des dreieinen Gottes in der Schöpfung vertrauen lernt. Das bedeutet zunächst und vor allem, dass Kirche selbst zur Umkehr und Selbstevangelisierung aufgefordert ist. Vor diesem Hintergrund hat christliche Praxis im Namen der Freude des Evangeliums allem entgegenzutreten, was der Würde des Menschen als Mit-Geschöpf entgegensteht sowie eine neue ganzheitliche Ökologie bzw. Humanökologie zu kultivieren, die den Menschen die Freude an, in, mit und als Schöpfung erfahren lässt.
- Dies ist verbunden mit einer spezifischen ökologischen Spiritualität, die in unterschiedlicher Weise ausgefaltet werden kann. Als gemeinsame Merkmale haben sich hier Mystik, kontemplativer Lebensstil und gemeinsames Handeln in gesunden Beziehungen gezeigt. Und als bedeutsame Haltungen wurden u.a. Demut, Staunen, Gelassenheit und Einfachheit genannt. Die christliche Freude kann ihren konkreten Ausdruck ferner in einer schöpfungstheologischen Fundierung der Sakramente und in der Kultivierung einer entsprechenden Sonntagskultur finden. Diese sind als Lebensraum zu profilieren, in dem Trost, Wahrheit und Treue zu Kennzeichen des Christlichen werden. So kann ein Erfahrungsraum der Freude entstehen, weil Wahrheit befreiend und identitätsstiftend wirkt, Trost Zuversicht, Zuwendung und Solidarität stiftet und Treue zum Widerstand befähigt.
- Die christliche Freude an, in, mit und als Schöpfung ist dann auch mit gesellschaftlichem Engagement verbunden, bis hin zu einer prophetischen Existenz. Christ*innen können sich mit ökodomischer Fantasie und als ökodomische Gemeinde einbringen, die sich hoffnungsvoll und zukunftsgerichtet auf den Schöpfungsfrieden ausrichtet, der einen spannungsvollen Zustand von Natur und Kultur in Gerechtigkeit meint. Entsprechende innerkirchliche Netzwerke und Initiativen wären zu fördern und für christliche Praxis fruchtbar zu machen.

- Das pastorale Paradigma einer solchen Kirche wird das Netzwerk[690], eine offene Gestalt, die sich aufgrund ihrer pneumatologischen Fundierung in permanenten Erneuerungsprozessen befindet. Dabei kann kirchliche Erneuerung bzw. Veränderung zu einem Grund der Freude werden, insofern es sich hierbei um schöpfungsgemäße Prozesse handelt. In diesem Zusammenhang wird die Fähigkeit zur Unterscheidung der Geister im ignatianischen Sinne an Bedeutung gewinnen.

5 Theologische Relecture des sozialwissenschaftlichen Ertrags

Gegenstand dieses Teils III war die perspektivische Erschließung von Freude und Glück aus dem theologischen Diskursarchiv heraus, um der Frage nach dem Verhältnis von Freude und Glück in Kultur einerseits und Theologie andererseits nachzugehen. Auf den Punkt gebracht werden sollen nun, wie angekündigt, in einem ersten Schritt (5.1) Differenzen und Konvergenzen aber auch der Mehrwert und der Bedeutungsüberschuss, die der Gang in das theologische Diskursarchiv ergeben hat. Dazu liegen einerseits die theologischen Perspektiven dieses Teils und andererseits die Erträge aus den ersten beiden Teilen vor. In einem zweiten Schritt (5.2) werden diese in der Reflexion gewonnenen Erkenntnisse dann im Hinblick auf Teil IV in fünf Optionen reformuliert und so der Übergang zur Analyse christlicher Praxis angebahnt.

5.1 Dimensionen christlicher Freude in moderner Kultur

Im Folgenden wird auf die fünf Dimensionen und Thesen des letzten Teils (II.5.2.1 bis II.5.2.5) zurückgegriffen.

5.1.1 Freude in der Säkularität

Inwiefern, so lautet die Frage am Ende des letzten Teils, erweist sich der christliche Gott als ein Gott der Fülle (Taylor) oder der Resonanz (Rosa) und inwiefern bietet Theologie eine Verknüpfung zwischen Erlösung und Glück? Diesbezüglich hat sich gezeigt, dass es im Laufe der Theologiegeschichte zu einer Trennung zwischen irdischem Glück und transzendentem Heil gekommen

---

690 Vgl. vertiefend zum Aspekt der Kirche als Netzwerk: Michael Schüßler, Den Kontrollverlust erforschen. Theologische Archäologie der Kirche als Institution, Organisation und Netzwerk, in: Seewald (Hg.): Ortskirche. Bausteine zu einer zukünftigen Ekklesiologie (FS G. Fürst), Ostfildern: Grünewald 2018, 147-165.

ist, die in der neueren theologischen Forschung zu überwinden versucht wird. Kernpunkt ist dabei die Wiederentdeckung der jesuanischen Reich Gottes-Praxis. Auf ihrer Basis kann heutige Theologie damit rechnen, dass das kleine Glück des Alltags sich als Anfang eines zukünftigen Heils darstellt. Irdisches Glück steht demnach immer in der eschatologischen Spannung des Schon und Noch nicht.

Vor diesem Hintergrund ergibt sich die Konsequenz, dass Christ*innen nicht nur deshalb bezüglich des Glücks sprachfähig und auskunftsfähig sein sollten, weil es ein Leitthema der gegenwärtigen Kultur ist, sondern insbesondere deshalb, weil es ein zentrales Thema des christlichen Glaubens ist. Mit anderen Worten haben Christ*innen sensibel zu sein für die Glückserfahrungen in der Säkularität, weil sich hierin potenziell Erfahrungen mit einem Gott verbergen, der das Glück der Menschen will. Freude in der Säkularität erweist sich damit als Lernherausforderung in doppelter Weise: zum einen haben Christ*innen zu lernen den Anfang des Heils in der Säkularität wahrzunehmen und dies dann zugleich auch nicht rein immanent, sondern transzendent zu deuten. Sie haben insofern immer neu zu lernen, den Urkunden ihrer Glaubenstradition zu vertrauen.

Theologisch wird die Erfahrung von Fülle bzw. Resonanz von P. Franziskus als Erfahrung von Gottes Barmherzigkeit gefasst. Lauster und Greshake erschließen den christlichen Glücksbegriff mit den drei göttlichen Tugenden Glaube, Hoffnung und Liebe. Bei beiden Autoren erscheinen diese drei Tugenden als normative Qualitäten eines christlichen Glücksbegriffes.

Eng damit verbunden ist die theologische Erkenntnis der Schönheit (als Zusammenklingen von Liebe und Wahrheit) und der Heiligkeit Gottes, die nicht ohne Folgen für die christliche Existenz bleibt.

In all dem wird deutlich, dass das Glück des christlichen Gottesglaubens sich nicht reduzieren lässt auf eine vertikale Resonanzachse (Rosa). Vielmehr zeigt sich das Glück des christlichen Gottesglaubens primär und nicht nachrangig auch in horizontalen und diagonalen Weltbeziehungen.

5.1.2 Freude in der Spannung von Augenblick und Streben

In der kultursoziologischen Analyse hatte sich eine Polarität bzgl. der Herstellbarkeit (Selbsttechniken, Selbstoptimierung) und der Unverfügbarkeit (Augenblicksglück, Autonomieverlust) gezeigt. An diese Polarität des Glücks schließt die Theologie an.

In der systematisch-theologischen Erschließung wird zwischen dem Augenblicksglück, das sich als unverfügbare Transzendenz gnadenhaft ereignet, und dem Strebensglück, für das der Mensch im Sinne glückender Selbstverwirklichung selbst verantwortlich ist, unterschieden.

Die Tatsache, dass sich das Augenblicksglück dem Menschen entzieht, stellt in der gegenwärtigen Kultur jenen Aspekt dar, in dem der christliche Glaube sein spezifisch theologisches Profil, seine Optionalität, erhält. Denn diese Unverfügbarkeit ist deutungsoffen: ein solches Augenblicksglück lässt sich als Zufall, als Wink des Schicksals etc. oder eben als gnadenhafte Zuwendung des dreieinen Gottes deuten.

Und auch im Hinblick auf das Strebensglück ist eine spezifische Option des christlichen Gottesglaubens erkennbar geworden. Augenfällig ist diesbezüglich die eindeutige Vorordnung des Augenblicksglücks gegenüber dem Strebensglück. Letzteres wird als Ausfluss des ersteren vorgestellt und von diesem her motiviert. Christliches Streben ist damit vor einer Übersteigerung und Überlastung als totalitärem Anspruch an das Gelingen gefeit. Es verleiht dem Streben eine heitere Gelassenheit, die Menschen vor Optimierungszwängen bewahren kann.

So sehr sich also im christlichen Diskursarchiv hinsichtlich der formalen Unterscheidung zwischen Augenblicks- und Strebensglück eine Konsonanz mit der kulturellen Analyse ergibt, so sehr zeigt sich aber auch deren spezifische inhaltliche Differenz, die bei Lauster und Greshake prominent in den drei göttlichen Tugenden gefasst wird (vgl. 5.1.1).

5.1.3 Freude des Menschseins

Die Freude des Menschseins lässt sich auch nach dem theologischen Durchgang in drei Dimensionen skizzieren:

Identität – Beziehung – Sozialität
Autonomie, Selbststeuerung und Freiheit haben sich in der Kultur als grundlegende Maßstäbe des Glücks gezeigt. Die herangezogenen theologischen Quellen erweisen sich insofern als anknüpfungsfähig, als hier die Unterscheidung zwischen positiven Aspekten (z.B. Selbstwirksamkeit) und negativen Aspekten (z.B. konstruktivistische Konstellation) aufgegriffen und z.T. explizit thematisiert wird.

Es hat sich gezeigt, dass christliche Freude sehr eng verbunden ist mit der Vorstellung, dass der einzelne Mensch zu seiner ganz individuellen Persönlichkeit heranreifen kann. Dieser Prozess wurde von den hier analysierten Autoren als Selbstannahme oder Selbstbestimmung bezeichnet. Selbstbestimmung wird jedoch nicht als absolut konzipiert, sondern als beschränkter Freiheitsraum.

Hiermit ist diese Studie an den aktuellen Freiheitsdiskurs gestoßen, der in diesem Rahmen nicht weiter erschlossen werden kann.[691] Für das vorliegende Forschungsinteresse genügt zunächst die Wahrnehmung, dass auch alle genannten Autoren die Möglichkeit zur Selbstwerdung als ein wichtiges Merkmal christlicher Freude betrachten, dass sie dies aber in relationaler Weise einbinden.

So stimmen die Ansätze darin überein, dass Freude weder durch Egoismus noch durch Konstruktivismus erlangt werden kann. Die Suche nach der Freude des Menschseins verweist vielmehr auf einen anderen bzw. auf Beziehung. Glückendes Menschsein ist in theologischer Perspektive also als relationales Geschehen zu denken, d.h. dass der Mensch dieses Glück nicht selbst herstellen kann, sondern sich der liebenden Erfahrung durch einen anderen, letztlich durch Gott in Jesus Christus verdankt. Hier wird die Logik der Kultur, in der andere Menschen zur Quelle des eigenen Glücks werden, umgekehrt. Prägnant wird die notwendige Bezogenheit der Freude auf Andere hin auf den Punkt gebracht in dem Diktum: Glücklich ist, wer andere glücklich macht.

Außerdem wurde erkennbar, dass die Verwirklichung einer individuellen Persönlichkeit auch in christlicher Perspektive sehr eng mit der Möglichkeit verbunden ist, eine sinnvolle Tätigkeit (im weitesten Sinne) auszuüben. Dies ist zunächst insofern anschlussfähig an die gegenwärtige Kultur, als sich hier die Arbeit als Quelle des Glücks gezeigt hatte. Eine spezifische Dignität und damit auch einen Schutz vor Missbrauch und Entwürdigung stellt dabei jedoch die theologische Einsicht dar, dass solches Tätigsein sich als verantwortlich gegenüber dem Schöpferwillen Gottes zu zeigen hat.

Schließlich impliziert das christliche Schöpfungsverständnis auch, dass der Mensch seine Identität unter weltlichen Bedingungen nie abschließend erreichen kann. Vielmehr zeigte sich, dass menschliche Identität notwendigerweise immer in Entwicklung zu denken ist und dass der Mensch seine letzte Identität erst in Gott verwirklicht. Hierdurch ist im christlichen Glauben ein Schutz gegenüber einer identitätstheoretischen Überhöhung des Glücksstrebens gegeben.

---

691 Grundlegend hierzu: Thomas Pröpper, Erlösungsglaube und Freiheitsgeschichte. Eine Skizze zur Soteriologie, München: Kösel 1988. Der transzendentale Ansatz Pröppers ist bis heute prägend für die theologische Debatte. Vgl. Stephan Goertz, Autonomie kontrovers. Die katholische Kirche und das Moralprinzip der freien Selbstbestimmung, in: Goertz/ Striet (Hg.): Nach dem Gesetz Gottes. Autonomie als christliches Prinzip (Katholizismus im Umbruch 2), Freiburg: Herder 2014. Vgl. weiterführend zu Freiheit und Selbstsorge im Diskurs mit Michel Foucault: Anna Katharina Flamm, In aller Freiheit. Selbstsorge neu denken mit Michel Foucault, hg. v. Böhm u.a. (Freiburger Theologische Studien 192), Freiburg: Herder 2019.

Ganzheitlichkeit
Cabanas/ Illouz weisen nach, wie sehr der kulturelle Glücksdiskurs die Wahrnehmung von Gefühlen und Körperlichkeit beeinflusst. Dabei kritisieren sie insbesondere eine einseitige Fixierung auf positive Gefühle. Demgegenüber vertritt Rosa mit seinem Resonanzkonzept die Ansicht, dass Resonanzerleben auch negative Gefühle umfassen kann.

Diesem Ansatz entspricht Nauer mit ihrem Verständnis von Ganzheitlichkeit. Sie meint damit, dass der Mensch als multidimensionales Seelenwesen von Gott ins Dasein gerufen ist. Will er zur Freude des Menschseins finden, so ist er in allen seinen Dimensionen zu würdigen. Unter Ganzheitlichkeit wird hier also nicht Perfektion im Sinne von makelloser Harmonie verstanden. Damit wird die grundsätzliche Fragmentarität jedes menschlichen Lebens anerkannt. Auf dieser Basis kann sich christliches Glücksstreben dann auch nicht auf das Erreichen von Perfektion ausrichten. Vielmehr zielt christliche Freude darauf, dass Menschen befähigt werden, in den Ambivalenzen des Lebens Glück zu finden. Dies impliziert nun aber, dass in allen Dimensionen des Menschseins negative Aspekte nicht verdrängt oder abgewertet werden müssen. Dies unterscheidet sich deutlich von einem Glücksbegriff, der ausschließlich Positivität als Glück versteht.

Entfremdung – Kontingenz
Die Erfahrung von Entfremdung und Kontingenz stellt eine große Herausforderung für die theologische Rede von der Freude dar. Insgesamt lässt sich festhalten, dass alle hier analysierten theologischen Ansätze die Frage des Leids in den Blick nehmen.

Dies geschieht als erstes in der Weise, dass Glückserfahrung keineswegs ausschließlich als affirmativ codiert wird. Andere Qualitäten sind darüber hinaus gehend z.B. Erfahrungen von Bekehrung, Sinn, Befreiung, Umwandlung von Werten usw., womit die theologischen Perspektiven an Taylor anschließen.

Im Anschluss an die Ausführungen von Rosa, der von dispositonaler Resonanz als Voraussetzung von Resonanzerleben spricht, lässt sich ferner festhalten, dass christliche Freude ein Grundvertrauen in Gott und die Welt bezeichnet. Bordt kennzeichnet das Spezifikum eines solchen Freude-Begriffes treffend mit dem Stichwort dankbare Bejahung. Hierin findet der Mensch zur Anerkennung von Sinn im Dasein, letztlich auch angesichts von Leiden und Tod. Glaubensfreude erweist sich also auch angesichts von Leiderfahrungen als tragfähig.

Gleichwohl, dies sieht P. Franziskus klar, kann es auch im Leben von Christ*innen zu Phasen kommen, in denen die Freude nicht erlebt wird. Es ist nicht auszuschließen, dass konkrete Aktualisierungen der Freude prekär, flüchtig oder brüchig sind. Aufgrund der oben beschriebenen Ambivalenzsensibilität besteht nun die Chance eines spezifisch christlichen Freude-Begriffes darin, diese Entfremdungserfahrung nicht vorschnell überspringen zu müssen. Einen Versuch dies denkerisch einzuholen bietet der pneumatologische Ansatz von Müller-Fahrenholz, in dem der Geist Gottes Sterben und Werden gleichermaßen bewirkt.

5.1.4 Freude und Schöpfung

Aus der Sicht von Rosa ist die Naturerfahrung zu der bedeutendsten vertikalen Resonanzachse der Moderne avanciert. Schöpfungstheologische Ansätze vollziehen diese Entdeckung der Natur im Feld der Spiritualität nach und begleiten diese. Dabei wird erkennbar, dass christlicher Gottesglaube sich von bestimmten Strömungen der Gegenwartskultur inspirieren lassen kann, insofern sie zu einer Überwindung von christlichem Anthropozentrismus und Geistvergessenheit führen. Mit anderen Worten kann die christliche Tradition an dieser Stelle von bestimmten kulturellen Entwicklungen – im Sinne von Fremdprophetie – profitieren. Wo dies geschieht, kann aus christlicher Sicht (wieder) klarer hervortreten, dass die Frage nach Glück und Freude des Menschen sich nur beantworten lässt, insofern er sich als Teil der Schöpfung versteht, die durch den Gottesgeist lebendig ist. Kurz: Freude findet der Mensch dort, wo und insofern er sich als Mit-Geschöpf erlebt.

Eine solche schöpfungstheologische Verortung der Freude kann dazu beitragen, die von Rosa diagnostizierte Spaltung in Ästhetisierung und Instrumentalisierung der Natur zu überwinden. Erstere zeigte sich etwa in der Untersuchung von Weith zum Alb-Glück, insofern die Natur hier zur Kulisse des Glücks wird, konstruiert als Gegenwelt zur fordernden Alltagswelt. Sowohl P. Franziskus als auch Müller-Fahrenholz zeigen, dass der Zusammenhang von Freude und Schöpfung deutlich über einen solchen ästhetischen Ansatz hinausgeht.

Freude in der Schöpfung meint hier die Kultivierung einer ganzheitlichen Humanökologie, in der sich der Mensch als Mit-Geschöpf entfalten kann. Zur Freude führt die Entdeckung eines Geistes, der Werden und Vergehen umfängt und sich in allem als segensreich zeigt. Ein solcher Geist ist Kraft zu Wahrheit, Trost und Treue, die als drei Qualitäten von Lebensfreude analysiert wurden. Wahrheit führt demnach zu Freude, weil sie Freiheit und Identität stiftet. Trost ist ein Aspekt von Freude, insofern er in Zuversicht, Zuwendung und Solidarität verwirklicht wird. Und Treue ist ein Kennzeichen von Freude, weil sie zum Widerstand befähigt. Mit diesen pneumatologisch begründeten Aspekten ist ein Mehrwert sowohl gegenüber einem ästhetischen als auch gegenüber einem instrumentellen Verständnis von Freude in der Natur gegeben. Noch einmal anders gewendet: in schöpfungstheologischer Perspektive ist die Schöpfung Gottes ein Grund zur Freude, die jedoch nicht als romantischer Rückzugsraum fungiert, sondern als Ort der andauernden Gegenwart Gottes in der andauernden Präsenz von „stirb und werde".

In diesem Kontext wird aus christlicher Sicht der Schöpfungsfriede (Shalom) zum Synonym für die Freude des Daseins. Dieser besteht aber nicht in friedlicher Ruhe oder einseitiger Positivität. Er meint vielmehr einen spannungsvollen Zustand von Natur und Kultur, den der Mensch fantasievoll und hoffnungsvoll mitgestalten kann, ohne sich gegenüber anderen Mit-Geschöpfen zu erheben. Ein schöpfungstheologisch gegründeter Freude-Begriff impliziert damit Aspekte von Hoffnung, Solidarität und Gerechtigkeit und kommt in einem spezifischen Lebensstil zum Ausdruck (vgl. 5.1.5).

Dies betrifft auch die Kirche selbst. Denn in den hier analysierten schöpfungstheologischen Ansätzen wird ein Paradigma erkennbar, in dem Kirche eine netzwerkartige, offene Struktur annimmt, die pneumatologisch und schöpfungstheologisch begründet permanente Erneuerungsprozesse als natürlich erscheinen lässt.

Ferner kann ein pneumatologisch-schöpfungstheologischer Freude-Begriff, wie er bei P. Franziskus und Müller-Fahrenholz analysiert wurde, auch dazu beitragen, dass eine möglicherweise bestehende Aufspaltung in intellektuelle und psycho-emotionale Gläubigkeit überwunden werden kann. Dies ist in Bezug auf Rosa festzuhalten, der in einer solchen Aufspaltung einen tieferliegenden Grund für die Krisenphänomene der Moderne sieht. Anders gewendet wäre an anderer Stelle weiterführend zu untersuchen, ob tatsächlich eine Korrelation zwischen theologischer Geistvergessenheit, Unterbewertung von Schöpfungsspiritualität und krisenhafter christlicher Praxis besteht.

Schließlich zeigt sich ein weiterer Mehrwert eines schöpfungstheologischen Zugangs zur Freude des Glaubens im Hinblick auf die gegenwärtige ökologische Krise. Denn im Hinblick auf die Krise ist diese Freude nicht nur Anlass für gläubige Weltverantwortung, sondern die gläubige Sicht auf die Natur als Schöpfung Gottes bewahrt auch vor einer resignativen, unheilvollen Weltsicht.

5.1.5 Freude als Lebensstil

Cabanas/ Illouz hatten in ihrer Kritik des Glücksdiktats für einen anderen Lebensstil geworben, der nicht auf Selbstoptimierung und Steigerung setzt. Es hat sich gezeigt, dass der bereits in der soziologischen Theoriebildung verwendete Stilbegriff, insbesondere bei P. Franziskus ein zentraler Begriff ist. Dessen spezifische Qualitäten wurden oben ausführlich dargestellt und können daher an dieser Stelle noch einmal erinnernd benannt werden.

So fasst P. Franziskus Freude als Lebensstil mit Aspekten wie Mut, Vertrauen, Freiheit, Gelassenheit, Dienst, Versöhnung etc. Und er grenzt ihn ab von Selbstbezogenheit, Gewalt und Respektlosigkeit. Ein solcher Lebensstil, darauf weist P. Franziskus eindringlich hin, kann selbst Freude hervorrufen und ist insofern ein wichtiges Merkmal der Evangelisierung. Damit zeigt sich erneut, dass ein theologischer Glücksbegriff nicht individualistisch verengt werden darf, insofern er sensibel und solidarisch für die Notlagen der Zeit bleibt.

Zu einem solchen christlichen Lebensstil der Freude gehört damit auch der Einsatz für eine gerechte Ordnung, insofern diese eine wichtige Voraussetzung für glückendes Leben darstellt. Ein solcher christlicher Lebensstil ergibt sich u.a. aus der schöpfungstheologisch begründeten Freude und der Berufung zum Junior-Partner Gottes.

Er geht außerdem einher mit einer ökologischen Spiritualität, die u.a. kultiviert wird in Geduld, Sanftmut, Parrhesia, täglich gelebter Liebe, Demut, Staunen, Dankbarkeit, Einfachheit aber auch fehlender Angst vor Selbstverleugnung, Kampf, Wachsamkeit sowie der Fähigkeit zur Unterscheidung der Geister. In diesen Haltungen ökologischer Spiritualität sind wichtige Ausdrucksformen und Quellen von christlicher Freude erkennbar geworden. Die Seligpreisungen gelten diesbezüglich als normativ.

P. Franziskus kennzeichnet diesen Stil als Heiligkeitsethik darüber hinaus durch die Spannung von Kontemplation und Aktion, womit sich nicht nur eine Anschlussfähigkeit an die kritische Position von Cabanas/ Illouz erweist, sondern auch an die Überlegungen von Taylor, der u.a. Verehrung, Barmherzigkeit, Empfangen und Geben als wichtige Aspekte christlicher Fülle bezeichnet hatte, die aus dem Gebet erwachsen. Diese theologischen Perspektiven sind hinsichtlich des Lebensstils also anschlussfähig an die genannten soziologischen Positionen. Beide hingegen erweisen sich als prophetisch-kritisch gegenüber einen andersartigen kulturellen Lebenspraxis.

Ein auf dieser Basis profilierter christlicher Lebensstil eignet sich damit aber weder als romantischer Rückzugsort (von Weith als Ästhetisierung, Psychologisierung, Emotionalisierung oder Kommerzialisierung bezeichnet) noch für

Verzweckung oder Legitimation ungerechter gesellschaftlicher Strukturen, die sich als lebensfeindlich erweisen (Cabanas/ Illouz). Anders gewendet ist damit deutlich, dass die hier gewählten Einblicke in das theologische Diskursarchiv der Gefahr entgegentreten, die Freude des Evangeliums im Sinne einer Oasenpastoral zu kultivieren.

5.2 Freude und Glück als Optionen für die christliche Praxis

Durch die Relecture des sozialwissenschaftlichen Ertrages mittels ausgewählter Beiträge aus dem theologischen Diskursarchiv liegen somit fünf Dimensionen der Freude des Evangeliums vor, die mutmaßlich relevant sind in einer Kultur, zu deren Leitthemen das Glück gehört. Diese fünf Dimensionen werden abschließend perspektivisch verdichtet und im Hinblick auf christliche Praxis optional systematisiert.[692]

5.2.1 Das alltägliche Glück als Gottesglück entdecken und deuten

Das irdische Glück gehört zum „Kerngeschäft" christlicher Praxis, insofern in irdischen Glückserfahrungen der Anbruch des Gottesreiches konkret erfahrbar wird. Christliche Praxis kultiviert also eine präsentische Eschatologie, die damit rechnet, dass das Heil Gottes sich anfanghaft bereits im Alltagsleben der Menschen als kleines Glück ereignet. Kirche ist daher präsent an den Peripherien des Lebens, wo Menschen etwa in Wahrheit, Befreiung, Schönheit, Segen, Aufrichten, Empfangen und Geben anfanghaft Freude über gelingendes Leben erfahren. Gläubige Praxis kann solche Erfahrungen als Antizipation des Gelingens auf das große Glück Gottes hin deuten. Denn unter den Bedingungen der Säkularität 3 kommt es entscheidend darauf an, irdische Glückserfahrungen als Gotteserfahrungen erschließen zu können. Dabei lebt sie aus dem Vertrauen, dass Gott Heil, Glück und Freude der Menschen auch über den institutionell verfassten Raum der Kirche hinaus bewirkt, weil Gottes Geist die gesamte Schöpfung kontinuierlich verwandelt. Kennzeichen der Pastoral ist dabei eine Haltung des Entdeckens. Christ*innen werden sich kritisch gegenüber einer schwärmerischen und naiven Thematisierung der Freude schützen, insofern eine solche Freude immer anfanghaft, vorläufig und fragmentarisch

---

[692] Die Optionen beziehen sich aufeinander und sind insofern nicht absolut voneinander abzugrenzen. Insbesondere die Optionen drei und vier sind sehr eng miteinander verwoben und überschneiden sich besonders deutlich, insofern sich beide auf das Strebensglück beziehen. „5.2.3 Freude als Lebensstil kultivieren" richtet sich dabei mehr auf motivationale, innerliche bzw. persönliche Aspekte, während „5.2.4 Gerechte und solidarische Netzwerke verantwortlich mitgestalten" eher auf nach außen gerichtete, soziale und strukturelle Aspekte zielt. Die Differenzierung dieser zwei Optionen ist jedoch keineswegs zwingend.

ist. Auf diese Weise wird eine dualistische Gegenüberstellung von transzendentem Heil und irdischem Glück überwunden. Schöpfungstheologisch auf den Punkt gebracht geht es dieser Option darum, dass Menschen Gottes Schöpferwirken als Ursprung der Freude wahrnehmen können.

5.2.2 Ganzheitliche menschliche Entwicklung fördern

Bedeutsam für die Erfahrung von Freude ist, dass Menschen ihre eigene Identität entwickeln können. Es ist also eine zentrale Aufgabe christlicher Praxis, dass Menschen diesen Entwicklungsweg ohne Skrupulanz, seelische Enge und Quälerisches beschreiten können. Daher unterstützt christliche Pastoral Menschen in ihrer individuellen Entwicklung, wobei eine positive Berücksichtigung aller Dimensionen des Menschen als Geschöpf Gottes, der in Jesus Christus Mensch geworden ist, prägend ist. Die Freude des Glaubens erweist sich darüber hinaus nicht jenseits von, sondern in Ambivalenz und Geheimnis menschlicher Existenz und vertritt dementsprechend ein spezifisches Verständnis von Ganzheitlichkeit. Anlass zur Freude ist die von Gott her hoffnungsfroh zu erwartende Ganzwerdung menschlichen Seins im Kontext einer Schöpfung, die „in Geburtswehen" liegt. Christliche Freude basiert grundlegend auf einem im besten Wortsinn spannungsreichen Menschenbild im Modus der Beziehung, aufgespannt zwischen Individualität/ Sozialität, Offenheit/ Geschlossenheit, Verbundenheit/ Trennung. Aus schöpfungstheologischer Perspektive geht es dieser Option darum, dass Menschen aus der Freude als einzigartige Schöpfung Gottes leben können.

5.2.3 Freude als schöpfungsgemäßen Lebensstil kultivieren

Christliche Praxis, die sich der Freude des Evangeliums verpflichtet, gewinnt kulturelle Relevanz und zukunftsweisende Qualität durch ihr schöpfungstheologisches Profil. Denn Christ*innen glauben, dass ihr Glück in der Schöpfung grundgelegt ist und die Schöpfung von ihrer Grundstruktur her sakramentalen Charakter und durch Jesus Christus, das ewige Wort des Vaters, erlöst ist. Grund zu dieser Freude ist das Vertrauen auf die Gegenwart des Gottesgeistes in allem Lebendigen. In der christlichen Praxis ist daher (weiterhin) ein christlicher Anthropozentrismus durch eine ganzheitliche Ökologie und Schöpfungsspiritualität zu überwinden, die Menschen zur Freude als Mit-Geschöpf führt. Hierzu gehört ein jeweils individueller Lebensstil, der geprägt ist durch Staunen, Gelassenheit, Demut, Einfachheit usw. Schöpfungstheologisch zugespitzt geht es hier um einen menschlichen Lebensstil, der die Freude in der Schöpfung Gottes erfahrbar werden lässt.

5.2.4 Gerechte und solidarische Netzwerke verantwortlich mitgestalten

In unmittelbarer Konsequenz aus den drei erstgenannten Optionen ergibt sich eine auf Dauer ausgerichtete christliche Praxis, die die Freude des Evangeliums nicht ohne Mit-Verantwortung, Solidarität und den Einsatz für Gerechtigkeit lebt. So wird das Streben nach Glück umfassend ausgerichtet und geweitet. Pastoral lebt dabei aus dem Bewusstsein, dass es gesellschaftliche Strukturen und Mechanismen gibt, die dem glückenden Leben entgegenstehen. Ein solches Bewusstsein bewahrt die christliche Freude vor individualistischer Enge, Binnenfixierung und Reduktion auf Wellness-Spiritualität. Christliche Praxis weiß sich damit der Würde des Menschen verpflichtet, wirkt gegen seine Funktionalisierung und dient auf diese Weise dem gelingenden Leben. Sie kann also wegen der Freude des Evangeliums, die ihr Ursprung ist, nicht binnenkirchlich begrenzt bleiben, sondern führt in gesellschaftliche Mit-Verantwortung für das gemeinsame Haus und für gerechte gesellschaftliche Strukturen. Sie nimmt mit der Freude über die göttliche Berufung zum Mit-Geschöpf eine prophetische (ökodomische) Existenz an, wo gesellschaftliche Strukturen der Freude und dem Glück entgegenstehen. Dazu bringen Christ*innen ihre Charismen in gesellschaftliche Netzwerke ein, in denen Alternativen zu einer Kultur der Artifizialität oder zum technokratischen Paradigma gelebt werden. Schöpfungstheologisch reformuliert verweist diese Option darauf, dass Menschen die Freude mit der Schöpfung Gottes verantwortet leben.

5.2.5 Gottes Schönheit feiernd wahrnehmen

Aufgabe der Pastoral ist es, Menschen dazu zu befähigen, Gottes Gegenwart, die glückendes Leben bedeutet, wahrzunehmen. Sie kann dazu die Traditionen von Kontemplation, Meditation und Mystik als einen besonderen Ort entdecken, an dem Gott als heilig, faszinierend und schön erfahren werden kann und sich als tiefster Grund von Freude dem Menschen zueignet. Auf diese Weise können Christ*innen die Haltung dankbarer Bejahung bzw. weltoffener Selbstbestimmung einüben. Die Sakramente (besonders Taufe und Eucharistie) sind festliche Feiern, in denen zweckfreie Schönheit erfahrbar wird, die Schutzzonen der rationalen Verwertung darstellen und damit auch eine Quelle der Resistenz und prophetischen Kritik sind. Diese festliche Ästhetik wird zusammengefasst in der Pflege einer entsprechenden Sonntagskultur als Erfahrungsraum des Geistes. Kirchliche Pastoral stellt somit Räume und Ausdrucksformen zur Verfügung, wo und wie Menschen irdische Glückserfahrungen als Gotteserfahrungen deuten und feiern können. Schöpfungstheologisch reformuliert zielt diese Option darauf, dass Menschen die Freude an Gottes Schöpfung dankbar feiern können.

An dieser Stelle endet Teil III dieser Untersuchung, nicht jedoch ohne erneut eine kurze Reflexion der begrifflichen Zuordnung von Freude und Glück.

IV FREUDE ALS CHRISTLICHE PRAXIS

Ausgangspunkt dieser Untersuchung war die Beobachtung, dass der Zusammenhang von Freude und Pastoral in der gegenwärtigen Kultur prekär geworden ist. Im Studienverlauf konnte dann gezeigt werden, dass Freude und Glück gleichermaßen Leitthemen der Kultur wie auch der christlichen Glaubenstradition sind. Die Freude ist also ein Aspekt des christlichen Glaubens, der an die Qualitätsanforderung gegenwärtiger Kultur anschlussfähig ist. Die Zukunftsfähigkeit der Pastoral, so die These dieser Untersuchung, hängt also entscheidend davon ab, ob sie Freude als Qualität ihrer Präsenz entdecken und entwickeln kann. Diesbezüglich wurden fünf Optionen zur Kultivierung christlicher Freude entwickelt (vgl. III.5.2).

Diese Optionen stehen damit für Entdeckungen im pastoralen Feld zur Verfügung (1), wobei christliche Praxis als Entdeckungsort mit eigener theologischer Dignität betrachtet wird. Auf der Basis der solchermaßen gewonnenen Erträge werden die fünf entwickelten Optionen abschließend im Kontext pastoraltheologischer Theoriebildung diskutiert (2).

1 Entdeckungsorte

Die fünf Optionen zur Kultivierung der Freude werden hinsichtlich ihrer Relevanz vertiefend analysiert, wobei zwei Fragestellungen leitend sind: In welcher Weise zeigen sich die im Rahmen dieser Studie entwickelten Optionen in gegenwärtiger christlicher Praxis? Und bietet die Praxis umgekehrt neue Perspektiven auf die formulierten Optionen? Vorausgesetzt wird hierbei, dass es im christlichen Praxisfeld trotz aller Krisenhaftigkeit Erfahrungsräume der Freude gibt.

Exemplarisch werden vier Entdeckungsorte ausgewählt, wobei für die Auswahl vier Kriterien leitend sind. Zum einen handelt es sich um Entdeckungsorte, die mir selbst durch persönliche Erfahrung zugänglich sind. Zweitens werden solche Erfahrungsfelder ausgewählt, die im Anspruch an Verbindlichkeit und Beteiligung, die sie an den Einzelnen richten, deutlich voneinander abweichen. Ein drittes Kriterium ist, dass sich diese Orte in unterschiedlicher Weise den kirchlichen Grundvollzügen zuordnen lassen (vgl. 2.2.3). Viertens sollen sie annäherungsweise jene Felder reflektieren, in denen sich kulturell die Thematisierung von Freude und Glück gezeigt hatte.

Ausgehend von dieser Kriteriologie werden ein kirchliches Mitgliedermagazin (1.1), der sog. Grieser Weg als eine spezifische Weise kontemplativer Spiritualität (1.2), eine Notschlafstelle für Jugendliche (1.3) und die internationalen Arche-Gemeinschaften (1.4) analysiert.[693] Unter 1.5 wird schließlich im Sinne des hermeneutischen Ansatzes dieser Untersuchung eine Verschränkung zwischen dem Glück in der Kultur und der Freude als christlicher Praxis angestrebt.

1.1 leben! Katholisches Magazin für Lebensfreude

In den letzten Jahren sind die Abonnentenzahlen zahlreicher Bistumszeitungen so zurückgegangen, dass stattdessen oder zusätzlich sog. Mitgliedermagazine entwickelt worden sind. Diese stellen ganz neue Formate kirchlicher Verkündigungspraxis dar. Exemplarisch wird das Magazin des Bistums Münster analysiert.[694]

Dazu wird zunächst das Profil des Magazins einführend vorgestellt (1.1.1) bevor ausgewählte Rückmeldungen von Leser*innen ausgewertet werden (1.1.2). Schließlich werden diese Wahrnehmungen im Hinblick auf die formulierten Optionen christlicher Freude zusammengefasst (1.1.3).

1.1.1 Profil

Das Mitgliedermagazin im Bistum Münster „leben! Katholisches Magazin für Lebensfreude" führt in seinem Untertitel das Wort Lebensfreude und greift damit ein Thema auf, dem sich auch zahlreiche andere Zeitschriften widmen (vgl. Teil I).

Das Magazin für Lebensfreude wird seit April 2018 in unregelmäßiger Folge (etwa zwei Mal pro Jahr) kostenlos an alle Mitglieder der katholischen

---

693 Im Rahmen dieser Untersuchung wären sicher auch andere Entdeckungsorte christlicher Praxis von Interesse. Ein Blick in die aktuelle kirchliche Praxis deutet insbesondere auf die Relevanz von schöpfungsspirituellen Angeboten hin, wie eine Vielzahl von Einzelinitiativen und Projekten nahelegt, bspw.: Joerg Urbschat, http://www.schoepfungsspiritualitaet.de (04.02.2020). Uwe Habenicht, https://minimalistisch-unterwegs.jimdofree.com (04.02.2020). Deutsche Franziskanerprovinz, https://franziskaner.net/tag/schoepfung/?doing_wp_cron=15 24129944.5448129177093505859375 (04.02.2020). Kloster Maihingen, https://www.kloster-maihingen.de/angebote/erlebnisraeume/was-wir-tun/schöpfungsspiritualität.html (04.02.2020). Jan Frerichs, https://www.barfuss-und-wild.de (05.02.2020). Augenscheinlich besitzen solche Angebote gegenwärtig eine Attraktivität und werden entsprechend nachgefragt. Der Eindruck ist, dass es vor allem Einzelpersonen und basisnahe Gemeinschaften sind, die diesen Bereich prägen. Zu untersuchen wäre an anderer Stelle, ob und inwiefern die Ideen und Lernerfahrungen dieser Protagonisten für eine zukunftsfähige pastorale Entwicklung aufgegriffen werden können.

694 Im Rahmen dieser Untersuchung kann keine ausführliche Inhaltsanalyse geleistet werden.

Kirche im Bistum Münster ab 25 Jahren versendet.[695] Die vierte Ausgabe des 36-Seiten umfassenden Magazins wurde im Herbst 2019 als Printmedium veröffentlicht, ist aber auch digital einsehbar.[696] Die beiden zuletzt erschienenen Hefte haben jeweils ein Schwerpunktthema, das aus verschiedenen, lebensnahen Perspektiven beleuchtet wird. Nummer 3 hat den Schwerpunkt „Alles Liebe" und bietet fünf Schwerpunktartikel.[697] Nummer 4 hat den Titel „Wofür ich brenne" und bietet ebenso wie Nummer 3 fünf Schwerpunktartikel.[698]

Kennzeichnend für den Duktus der Artikel ist das fragende und neugierige Interesse an konkreten Lebenserfahrungen von Menschen. Einzelpersonen erhalten hier einen Raum, in dem sie von ihren ganz persönlichen Geschichten von Hoffnung, Sehnsucht, Befreiung, Glück, Misserfolg, Liebe usw. erzählen.

1.1.2 Leser*innenstimmen

Auf der Website des Magazins werden zu jeder Ausgabe Rückmeldungen von Leser*innen veröffentlicht, wobei nicht ersichtlich ist, ob es sich bei den veröffentlichten Zitaten um eine Auswahl handelt.

Zahlreiche Leser*innen stellen heraus, wie sehr sie sich über das Magazin freuen; exemplarisch:

> „Ich freue mich jedes Mal über die Zeitschrift leben! Und lese sie gerne. Ich bin vom Ruhrgebiet 2016 ins Münsterland gezogen und bekam dort immer die Zeitschrift ‚Bene' und hatte sie anfangs vermisst, bis ich nun leben! zugeschickt bekam. Macht weiter so!!!"[699]

---

695 Es ist damit eines von zahlreichen Nachfolgern des ersten bundesrepublikanischen Bistumsmagazins „Bene" des Bistums Essen, das im Januar 2019 von der Deutschen Post AG zum „Besten Kundenmagazin Deutschlands" gekürt wurde. Vgl. Bistum Essen, https://www.bene-magazin.de/service/das-ist-bene/ (04.02.2020). Anders als die Münsteraner Redaktion bietet die Bene-Redaktion auf ihrer Website auch umfangreiche Mediendaten.
696 Vgl. Bistum Münster, https://www.magazinleben.de (04.02.2020).
697 Die Überschriften der Artikel lauten: Raum für große Gefühle. Heiraten in der barocken Kirche in Zwilbrock; Berufung aus Nächstenliebe. Magdalena arbeitet bei der Caritas; Was wissen wir über Maria? Wer sie ist und warum sie fasziniert; Samuel Koch fühlt sich von Gott geliebt; Wichtige Selbstliebe. Was ich mir selbst Gutes tun kann. Darüber hinaus: 5xLiebe; Tipps zur kirchlichen Hochzeit; Der erste Kuss; Das große Liebesquiz; Einsatz für die Partnerschaft; Bruder Stefan kennt die Liebe; Oma ist verliebt; ein Liebeslied.
698 Die Überschriften des Themenschwerpunktes dieser Ausgabe lauten: Feuerwehrfrau Marie. Ein Job nicht nur für Kerle; Stefan Gödde. TV-Moderator hat an Israel sein Herz verloren; Letzte Momente. Ulrike Steinberg besucht Menschen im Hospiz; Unbequemer Zeitgenosse. Pfarrer Kossen kämpft für Leiharbeiter; Er rettet Heilige. Jan Peters hat tausende Figuren auf Lager. Außerdem bietet das Heft folgende Beiträge: 5xMut; Kreuz als Bekenntnis; Mein Hobby – mein Ding; Michael Steinbrecher Interview; Das große Quiz der Vorbilder; Eine Frau besiegt die Sucht; Feuriger Wirsingeintopf.
699 Bistum Münster, Reaktionen auf leben! #4, in: https://www.magazinleben.de/reaktionen-auf-leben-4/ (04.02.2020).

Oder:

> „Jetzt bin ich 87; endlich mal ein Lebenszeichen meiner Kirche, mit dem ich etwas anfangen kann. Danke!"[700]

Dabei wird von einigen Leser*innen die inspirierende und berührende Qualität der Texte hervorgehoben:

> „Wir (von unserer 19-jährigen Tochter bis hin zum 89-jährigen Vater) sind nach wie vor begeisterte Leser. Das Magazin inspiriert, berührt, regt zum Nachdenken, Reden ... an und vieles mehr. Wir finden, die Investition von 55 Cent/ Heft ist gerechtfertigt."[701]

Besonders betont wird u.a. die Lebensnähe der Beiträge:

> „Mit ganz besonderem Interesse habe ich Euer (mein) Magazin leben gelesen. Besonders gefällt mir, dass nicht dauernd alles katholisch und heilig ist. In dem Magazin werden Menschen beschrieben, die christlich, menschlich handeln. Gut gefallen hat mir Stefan Gödde und der unermüdliche Pastor Kossen. Aber Steinbrecher und Co dürfen nicht unerwähnt bleiben."[702]

Dabei weisen einige Rückmeldungen auch auf existentielle Bedeutsamkeit für manche Leser*innen hin:

> „Eine tolle Zeitung, weiter so. Der Artikel über Pfarrer Kossens hat mich sehr berührt. Man liest oft über ihn. Aber seine Beweggründe und etwas mehr Persönliches zu erfahren war sehr ermutigend. Liebe Grüße, eine Christin, die den Glauben an die Kirche fast verloren hat, den Glauben an Jesus aber nicht. Ihre Zeitung zeigt Menschen, wo man wieder Hoffnung haben kann."[703]

Es gibt aber durchaus auch ablehnende Einschätzungen, wobei sich eine erste kritische Perspektive auf den finanziellen Aspekt richtet:

---

700 Ebd.
701 Ebd.
702 Ebd.
703 Ebd.

„Schade, schade. Jetzt werden von der Kirchensteuer Magazine gedruckt, die kein Mensch braucht."[704]

Differenzierter wird Kritik geäußert hinsichtlich eines Übergewichts an sozialen oder ökologischen Inhalten sowie bzgl. der kirchenpolitischen Ausrichtung, wie etwa diese Leser*innen-Stimme ausdrückt:

„Wir bestellen das ‚katholische' Magazin für Lebensfreude leben! ab. Es erscheint uns in der jetzigen Gestalt und insbesondere dem Inhalt überflüssig und für das, was unserer Kirche nottäte, geradezu kontraproduktiv. Die Kritik richtet sich zum einen gegen die Übergewichtung sozialer und ökologischer Beiträge, gegen glattgebügelte biblische Texte (z.B. Jungfrauengeburt), zum anderen gegen unklare Stellungnahmen nicht katholischer Einrichtungen wie z.B. Maria 2.0. Im übrigen finden wir es perfide, wie über die Kirchensteuer Indoktrination gegen die katholische Kirche betrieben wird neben den bekannten, legitimen medialen u.a. Informationsmöglichkeiten."[705]

Andererseits richtet sich Kritik aber auch darauf, dass nicht kritisch genug berichtet wird, wie eine andere Rückmeldung zeigt:

„Ich danke Ihnen für die Zusendung der o.g. Zeitschrift und möchte Sie bitten einmal etwas kritischere Artikel zu veröffentlichen. [...] Die gesamten Artikel vermitteln mir das Gefühl als ob es in der Kath. Kirche nicht Probleme gibt die man nicht offen ansprechen soll oder Stellung dazu nimmt. Es wird mir das Gefühl vermittelt, dass alles in bester Ordnung ist. Natürlich sind die von Ihnen beschriebenen Personen großartig und leisten der Gesellschaft sehr viele gute Dinge."[706]

Schließlich kritisiert ein anderer Leser die politische Ausrichtung und den mangelnden Bekenntnischarakter des Magazins, wobei sich diese Rückmeldung auf andere Felder kirchlicher Praxis erweitert:

„Sie machen keinen Unterschied zu allen weltlichen Medien. Zu politisch, jeder hört die Abneigung zu einer gewissen Partei heraus. Warum Maria 2.0? Wofür? Die armen Frauen, die sich in der Kirche diskriminiert

---

704 Ebd.
705 Ebd.
706 Ebd.

fühlen. Worum geht's denn Frau? Vielleicht um Macht? Geht es nicht um Nachfolge Jesu? Geht es nicht um Power für Jesus? Fürs Evangelium, es zu verkünden, es zu erklären? Ich bin einfach traurig wenn ich so Zeitschriften sehe, oder z.B. Frau und Mutter oder Kirchenzeitung. Die Art und Weise gefällt mir nicht. 100 mal lieber lese ich Zeitschriften der Frei Kirchen: Die Brennen für Jesus!!!! Wenn es die verschiedenen Gemeinschaften nicht gäbe, Wie Seligpreisung, Totus Tuus, Regnum, Schönstatt. Und so weiter, wäre nicht mehr nicht mehr viel los bei uns Katholiken. Dies fehlt meiner Meinung nach: Anbetung, hl. Messe, den Leuten die Sakramente erklären, Lobpreis. Es gibt kaum Raum Werbung in den Kirchen für Radio Horeb, Marsch fürs Leben, und so weiter... Warum???"[707]

Mit diesen ausgewählten Rückmeldungen von Leser*innen liegen Perspektiven vor, die im Folgenden berücksichtigt werden können, wenn Zusammenhänge zwischen den fünf Optionen und dem Mitgliedermagazin aufgezeigt werden.

1.1.3 Fazit

Das Mitgliedermagazin des Bistums Münster versteht sich als Zeitschrift für Lebensfreude. Es zeigt sich in einem zeitgemäßen und professionellen Layout und erhält überwiegend positive Reaktionen von Leser*innen, wobei insbesondere die Lebensnähe und qualitative Durchdringung der gewählten Schwerpunktthemen hervorgehoben werden. Kritische Leser*innen bemängeln die (kirchen-)politische Ausrichtung sowie ein Übergewicht an sozialen und ökologischen Themen und den fehlenden Bekenntnischarakter.

Option 1: Der Titel des Magazins erscheint insofern passend, als Freude sich hier vor allem auf alltägliche Lebenserfahrungen und persönliches Erleben richtet. Exemplarische Lebenszeugnisse dienen diesbezüglich als Kulissen. Die redaktionelle Gestaltung lässt den Leser*innen die Freiheit, inwiefern sie die hier geschilderten Geschichten des Alltags gläubig deuten, wobei allein die Rahmung in einem kirchlichen Magazin sicher die Option eröffnet, die geschilderten Lebensgeschichten auf die Gottesfrage hin zu lesen. Dies geschieht jedoch sehr unaufdringlich.

Option 2: Dabei werden keineswegs nur gelungene Lebensgeschichten präsentiert. Vielmehr wird das Leben in seinen Ambivalenzen thematisiert und in seiner ganzen Bandbreite thematisiert, sofern dies auf der Basis von vier

---
707 Ebd.

Ausgaben zu beurteilen ist. Von der Anlage her werden aber alle Dimensionen des Menschseins gleichermaßen berücksichtigt. Insbesondere Fragmentarität und Ambivalenzen menschlicher Existenz werden dabei nicht nur nicht ausgeblendet, sondern in besonderer Weise thematisiert. Die Vermutung liegt nahe, dass Leser*innen hierdurch zu Hoffnung in eigenen Erfahrungen von Vulnerabilität angeregt werden können. Einzelne Rückmeldungen bestätigen diese Einschätzung.

Option 3: In allen bisherigen Ausgaben werden Lebensgeschichten präsentiert, die Grund zur Freude geben, insofern Menschen am Lebensschicksal ihrer Mitmenschen und ihrer Umwelt partizipieren. Dies geschieht im Sinne eines Zeugnisses, dass die ausgewerteten Rückmeldungen von Leser*innen überwiegend als anregend, inspirierend und eindrücklich für die eigene Lebenspraxis und einen entsprechenden Lebensstil wahrnehmen.

Option 4: Die Zeitschrift bietet in jeder Ausgabe konkrete Beispiele von Menschen, die sich gesellschaftlich engagieren und sich für solidarischere und gerechtere Strukturen einsetzen. Die Lebensfreude, die sich auf diese Weise zeigt, ist eine des Miteinanders und der Solidarität. Es wird eine Lebensfreude ansichtig, die in und durch gemeinsame Netzwerke konkret wird. Hinweise, wie Leser*innen Teil eines solchen Netzwerkes werden können bzw. wie sie solche Netzwerke unterstützen können, werden jeweils genannt. Dieser Aspekt wird von Leser*innen sowohl positiv als auch negativ (als zu dominant) wahrgenommen.

Option 5: Die inhaltliche Konzeption und die Bildsprache des Heftes regen dazu an, die Schönheit der Welt wahrzunehmen. In einem ersten Überblick zeigen sich in vielen Beiträgen der Geist von Weltoffenheit und dankbarer Bejahung. So entsteht der Eindruck, dass es sich hierbei um eine Sehschule gläubiger Weltsicht handelt, die Mut und Vertrauen vermittelt. Indem das Magazin Geschichten aus dem Alltag Raum gibt, in denen es nicht primär um zu vermittelndes Wissen geht, das sich für Leser*innen funktional operationalisieren lässt, bietet es Anlass für zweckfreie Weltaneignung. Dabei zeigt sich ein Gottesbezug nur sehr subtil und wenig bekenntnishaft.

1.2 Kontemplation – Haus Gries

Seit dem Jahr 1984 ist die Deutsche Provinz der Jesuiten Trägerin des Exerzitienhauses Gries in der Erzdiözese Bamberg, das von P. Franz Jalics SJ gegründet wurde. Seit dieser Zeit werden hier ausschließlich kontemplative Exerzitien im Geist des sog. Grieser Weges angeboten.[708]

Einführend werden zunächst die Grundlagen (1.2.1) und Angebotsformate (1.2.2) des Grieser Weges vorgestellt. Die konzeptionelle Bedeutung von Freude und Dankbarkeit wird unter 1.2.3 analysiert, bevor unter 1.2.4 exemplarische Rückmeldungen von Kursteilnehmer*innen vorgestellt werden. Auch am Ende dieses Abschnitts steht ein Fazit hinsichtlich der oben genannten Optionen christlicher Freude (1.2.5).

1.2.1 Grieser Weg

Die kontemplative Spiritualität des Grieser Weges wurzelt in einem breiten und tiefen Strom der spirituellen Tradition. Sie speist sich ebenso aus biblischen Quellen wie aus der Tradition der Wüstenväter, der Mystik und ignatianischer Spiritualität. Ferner sind Kenntnisse moderner (Tiefen-)Psychologie integriert worden. Der Grieser Weg basiert auf der Gottesoffenbarung im brennenden Dornbusch und weiß um das Wirken des Heiligen Geistes im Einzelnen, der als Lebensatem jeden Menschen beseelt. Im Namen Jesu findet der Mensch Erlösung, weil dieser mit der Gegenwart Gottes in Beziehung bringt, was in besonderer Weise in der eucharistischen Gemeinschaft der Kirche gefeiert wird.

Ziel des kontemplativen Weges ist die Wahrnehmung des Wirkens Gottes in dieser Welt und im Leben des meditierenden Menschen. Insofern wollen kontemplative Exerzitien im Haus Gries als Wahrnehmungsschule verstanden werden. Hierzu dient in der Praxis das sog. Jesusgebet, das seinen Ursprung bereits bei den Wüstenvätern des vierten Jahrhunderts hat.

Zur Hinführung zum Jesusgebet, das im Zentrum dieser Exerzitienform steht, dienen Wahrnehmungsübungen in der Natur, des Atems und der Hände sowie die Meditation mit einem inneren Wort.

Besondere Kennzeichen und Wirkungen dieser kontemplativen Praxis sind:[709]

---

708 Dieses Exerzitienmodell folgt weitgehend dem Konzept von: Franz Jalics, Kontemplative Exerzitien. Eine Einführung in die kontemplative Lebenshaltung und in das Jesusgebet, Würzburg: Echter 172018. Das Werk von Jalics wurde in zahlreiche Sprachen (u.a. Ungarisch, Spanisch, Englisch, Französisch, Chinesisch, Italienisch) übersetzt und gilt als Standardwerk bzgl. christlicher Kontemplation. Diese Form der kontemplativen Exerzitien basiert auf den Exerzitien des Hl. Ignatius von Loyola und entwickelt diese konzeptionell weiter. Alternative Entdeckungsorte im Bereich der Exerzitienspiritualität sind z.B. das Modell der von Christian Herwartz SJ begründeten „Straßenexerzitien". Vgl. einführend: Maria Jans-Wenstrup, Klaus Kleffner, Exerzitien am anderen Ort: Straßenexerzitien als geistliche Erfahrung durch fremde Orte, in: Lebendige Seelsorge 68 (3/2013), 215-220. Oder ein innovatives Modell von „Garten-Langzeit-Exerzitien", vgl. Pfarrei St. Pankratius, Hochgebeete, in: https://pankratius-osterfeld.de/2019/01/20/garten-langzeit-exerzitien-2019/ (10.02.2020).

709 Vgl. Haus Gries, Der Grieser Weg. Einführung, in: https://www.haus-gries.de/grieser-weg/einfuehrung/ (04.02.2020).

- eine klare Methodik, die durch konkrete Übungsschritte zum Erlernen alltagstauglicher kontemplativer Grundhaltungen beiträgt;
- zweckfreie und urteilsfreie Wahrnehmung der Wirklichkeit, in der persönliche Stärken und Schwächen akzeptiert werden dürfen;
- Kontaktnahme mit inneren persönlichen Verletzungen im Licht Gottes und Ausrichtung auf Versöhnung und Heilung;
- Gebet und Meditation, die in die Beziehung mit Jesus Christus führen;
- eine neue Beziehungspraxis mit Gott, Mitmenschen und sich selbst.

1.2.2 Angebotsvielfalt

Den Schwerpunkt von Haus Gries bilden seit 1984 die zehntägigen kontemplativen Exerzitienkurse. Diese basieren auf durchgängigem Schweigen, gemeinsamen Gebetszeiten in der Gruppe, täglicher Eucharistiefeier und einem täglichen Gespräch mit einer Exerzitienbegleiter*in.

Viele Teilnehmende melden sich zu diesen Kursen an, weil sie das Buch „Kontemplative Exerzitien" von Jalics gelesen haben und im ‚Selbstversuch' bereits erste Erfahrungen mit der Kontemplation gemacht haben. Auch die Einführung von Jalics stellt also ein erstes wichtiges Angebot für Einzelpersonen dar, um den Grieser Weg kennenzulernen.

Seit dem Jahr 2014 wurde das Angebot von Haus Gries unter der Leitung von P. Joachim Hartmann SJ und Dr. Annette Clara Unkelhäußer, insbesondere im Hinblick auf eine jüngere Zielgruppe, für die eine zehntägige Exerzitienzeit oftmals eine zu große Hürde darstellt, sukzessive erweitert.

Im Jahr 2020 werden zwei Kurse („Time out" Meditationstage) von je fünf Tagen für junge Erwachsene im Alter zwischen 18 und 33 Jahren zum sechsten bzw. siebten Mal angeboten. Zum zweiten Mal wird ein viertägiger Meditationskurs für sog. „Young professionals/ parents" im Alter zwischen dreißig und vierzig Jahren angeboten.[710]

Darüber hinaus haben die Verantwortlichen das Angebot „Grieser unterwegs" aufgesetzt. Dieses Angebot verfolgt die Zielsetzung, den Grieser Weg in Gruppen, Berufsgruppen, Institutionen, Schulen, Unternehmen, Pfarreien oder im Rahmen von Fort- und Weiterbildungen bekannt zu machen.[711]

---

710 Laut Ausschreibung richtet sich dieses Angebot an Menschen mit hohen beruflichen Anforderungen, etwa dem Aufbau einer beruflichen Existenz oder wachsender Verantwortung und Führungsaufgaben. Vgl. Haus Gries, Young professionals, in: https://www.haus-gries.de/young-professionals (05.02.2020).
711 Vgl. Haus Gries, Grieser unterwegs, in: https://www.haus-gries.de/unterwegs/ (05.02.2020).

Nicht erst auf diese Weise ist im Raum der Bundesrepublik und weltweit ein Netzwerk von Meditationsgruppen entstanden, die sich dem Grieser Weg verbunden fühlen.[712]

Bereits im Jahr 2009 wurde die Initiative „Kontemplation in Aktion" gegründet, die mittels einer gleichnamigen Website das Ziel verfolgt, eine Vernetzungsplattform für Menschen zu schaffen, die Kontemplation im Stil des Grieser Weges praktizieren. Die Website bietet neben Hinweisen zu Literatur, Kontaktadressen, Exerzitienangeboten und Meditationsgruppen auch Informationen zur alttäglichen Praxis der Kontemplation. Ferner wird ein Onlinekurs als Einführung in das Kontemplative Gebet nach Jalics angeboten.[713]

1.2.3 Freude und Dankbarkeit

In dem Gesprächsband „Freude an Gott. Das innere Feuer neu entfachen"[714] stellen Hartmann/ Unkelhäußer aus ihrer Erfahrung als Exerzitienbegleiter*in neun wesentliche Themen der kontemplativen Exerzitien vor. Ein Kapitel widmen sie dabei dem Thema „Dankbarkeit und Freude".

Sie stellen heraus, dass Exerzitien schon bei Ignatius von Loyola eine „Schule der Freude an Gott" sind.[715] Ausgehend von den paulinischen Forderungen, sich zu jeder Zeit zu freuen, ohne Unterlass zu beten und für alles zu danken (vgl. 1 Thess 5, 16-18), thematisieren sie den Zusammenhang von Freude mit Gebet und Dankbarkeit. Aus der Sicht von Hartmann/ Unkelhäußer lässt sich diese unbegrenzte, scheinbar nicht zu erfüllende Forderung als Verweis auf ein Leben in der Gegenwart verstehen:

> „Ich glaube, dass es darum geht, gegenwärtig zu sein. Paulus spricht die Dimension des Bleibenden inmitten des vergänglichen Lebens an. Als wolle er damit sagen: Wenn ihr diesen Zustand, der sich aus der Verbindung mit dem gegenwärtigen Gott einstellt, in eurer Seele bewahren könnt, dann ist alles da, was ihr braucht. Die Wahrnehmung der Gegenwart Gottes erfüllt Paulus mit Dankbarkeit und Hoffnung auch für die Zukunft."[716]

---

712 Eine entsprechende Übersicht ist auf der Website zu finden: Vgl. Haus Gries, Meditationsgruppen, in: https://www.haus-gries.de/meditationsgruppen/ (05.02.2020).
713 Vgl. Kontemplation in Aktion e.V., http://www.kontemplation-in-aktion.de (05.02.2020).
714 Joachim Hartmann, Annette Clara Unkelhäußer, Freude an Gott. Das innere Feuer neu entfachen, hg. v. Kiechle u.a. (Ignatianische Impulse 78), Würzburg: Echter 2018.
715 Vgl. ebd., 23.
716 Ebd., 22.

Sie schildern, dass eine regelmäßige Gebetspraxis oder auch ein abendlicher Tagesrückblick in Dankbarkeit „Freude, Glück und Zufriedenheit" mehren können.[717] Dabei setzen sie sich jedoch explizit von der Technik des positiven Denkens ab.

Sie betonen, dass der Dank nicht dazu dienen darf, schwierige Situationen und Gefühle oder gar Konflikte zu vermeiden. Sie heben vielmehr hervor, dass im Vertrauen auf Gott, der alles zum Guten führt, alles – also auch Negatives – wahrgenommen werden darf.

Zunächst beginnt der Weg zu umfassender Dankbarkeit allerdings mit dem Dank für Schönes und Gutes. Hieraus kann dann auch die dankbare Annahme der dunklen Seiten der Existenz erwachsen:

„Alfred Delp zeigt sich hier als ein durch und durch wahrnehmender Mensch. Genau das üben wir ein bei kontemplativen Exerzitien: ganz gegenwärtig und empfänglich zu sein für das, was uns aus der Fülle des Daseins entgegenquillt. Das wirkt in uns Freude und Dankbarkeit."[718]

Jesus ist aus ihrer Sicht dann auch als

„Verkörperung der Freude zu verstehen, der die Freude in den Menschen durch sein Dasein geweckt hat."[719]

1.2.4 Rückmeldungen von Teilnehmenden

Teilnehmer*innen der Meditationstage für junge Erwachsene geben in kurzen Interviews Einblicke in ihre Erfahrungen mit der Meditation auf dem Grieser Weg. Exemplarisch werden hier vier Rückmeldungen ausgewählt.[720]

So berichtet Simeon über seine Motivation zur Teilnahme an den Exerzitien:

„Meine Motivation war einfach mal wegzukommen von allem: Von der Arbeit, vom ganzen Chaos, vom getakteten Alltag. Um einfach mal raus in die Natur zu gehen, Ruhe zu haben, neue Leute kennenzulernen, aber auch, sich Gedanken zu machen, über den Glauben – und darüber,

---

717 Vgl. ebd., 22f.
718 Ebd., 24. In diesem Kontext beziehen sich die Autoren auch auf die Natur als wichtigen Ort der Wahrnehmung.
719 Ebd., 27.
720 Alle Statements sind auf dem Youtube-Kanal von Haus Gries einsehbar: Vgl. Haus Gries, Youtube-Kanal, in: https://www.youtube.com/channel/UC7XIYqFfottdlqnixysQgeg (05.02.2020).

wie man das Hier und Jetzt im Leben genießen kann. Aber auch, wie man weiterleben will."

Exerzitien sind hier zunächst ein Angebot, um den Herausforderungen des Alltags zu entkommen. Dies stellt aber nicht einfach eine Flucht dar. Vielmehr geht es um Orientierung. Der Aufenthalt soll dazu dienen, das Hier und Jetzt im Leben zu genießen. Erwartet wird also eine Hilfestellung, den Alltag lebendig zu erfahren. Dies betrifft keineswegs nur den Augenblick, sondern auch die Lebensführung.

Ein anderer Teilnehmer (Franz) stellt heraus, dass er in der Meditation eine Glaubenserfahrung gemacht hat, die ihn mit Glück erfüllt hat. Diese Erfahrung umfasst nicht nur positive Gefühle, sondern bewahrheitet sich auch im Mut, Schmerz zuzulassen:

„Für mich in Gries während der Meditation war es sehr schön, dass der Glaube so lebendig wurde. Dass ich mich so tief fallen lassen konnte, und in der Praxis gespürt habe, dass ich aufgefangen werde von einem Glücksgefühl, von einer bestimmten Wärme, die mich durch die Meditation getragen hat, mit dem Bewusstsein, dass alles sein darf. Und dass ich auch das zulassen kann, was da kommt. Dass jeder Schmerz, den ich sonst gerne verdrängt hätte, dann auch seine Berechtigung hat. Und dass ich mich mit meinem ganzen Mut dem stellen kann, weil ich weiß: Gott kann damit umgehen. Das war für mich eine sehr tiefe Erfahrung, die mich erfüllt und den Glauben für mich auch so lebendig macht."

Von einer weiteren Teilnehmerin (Anne) wird der Grieser Weg als Möglichkeit verstanden, den eigenen Gottesglauben eigenverantwortlich zu reflektieren. Die Zeit der Stille wird hier thematisiert als eine Möglichkeit, einen Raum für eigene Fragen und Themen zu haben:

„Ich wollte für mich die Frage nach Gott in meinem Leben selbst für mich beantworten. Das, was ich aus meiner Kindheit mitbekommen habe, wollte ich für mich nochmal als Erwachsene hinterfragen. Ich wollte auch Antworten auf Fragen finden, die ich so in der Kirche nicht beantwortet bekommen hab. Hier in Gries, in der Ruhe, im Verständnis, in den wertschätzenden Gesprächen habe ich ganz viel Raum gefunden für die Dinge, die mich bewegen und beschäftigen. Ich weiß nicht, ob ich unbedingt Antworten auf ganz viele Fragen bekommen hab, aber auf jeden Fall eine Richtung, mit der ich mich sehr wohlfühle."

Dieser Raum, so eine andere Teilnehmerin (Magda), steht dabei keineswegs unverbunden neben dem Alltag. Vielmehr ermöglicht die in den Exerzitien eingeübte Praxis der Wahrnehmung auch eine Sensibilität für Augenblicke, in denen etwas Besonderes passiert:

> Frage: „Kannst du etwas von den Exerzitien mit in den Alltag nehmen?"
> Antwort Magda: „Ja, ich glaube diese Wahrnehmung, gerade auch im Alltag, dass man diese kleinen Momente spürt: ‚Ah – da ist was!' Oder: ‚Da passiert was!' Und einfach genau hinspüren, was ist das? Auch wenn's vielleicht nur ein Moment ist, aber dass das einen im Alltag immer wieder berühren kann."

1.2.5 Fazit

Die Webpräsenzen sowohl von Haus Gries als auch von Kontemplation in Aktion richten sich an Menschen, die ihre Umwelt als laut und hektisch wahrnehmen und die eine einfache und stille Gebetsweise suchen, um ihrer inneren Sehnsucht Raum zu schenken. So werden Menschen angesprochen, die ihren Weg eigenverantwortlich gestalten wollen und die Gruppe als Inspiration und zur Unterstützung suchen. Es werden ferner Menschen angesprochen, die eine Spiritualität suchen, die einerseits die persönliche Christusbeziehung stärkt, die andererseits aber auch alltagstauglich und lebensnah ist und in sozialer Verantwortung und gelingenden Beziehungen mündet. Explizit angesprochen werden Menschen mit Glaubensfragen, Zweifeln und schwierigen Kirchenerfahrungen, die spirituelle Erfahrungen mittels christlicher Tradition machen wollen. Zugleich wird angesichts der Erfahrungsberichte deutlich, dass das Angebot so offen ist, dass auch Nicht-Christen oder Zweifelnde an diesem Angebot partizipieren können. Gleichwohl scheint die Hürde zur Teilnahme recht hoch zu sein. Anders formuliert: Es handelt sich anscheinend in der Wahrnehmung von vielen Menschen um einen anspruchsvollen spirituellen Weg, der sehr schwer erscheint.

Option 1: Im Mittelpunkt der kontemplativen Praxis des Grieser Weges steht das Einüben der Wahrnehmung von Gottes Gegenwart im Hier und Jetzt. Alle Elemente sind auf dieses Ziel hin orientiert. Dementsprechend werden Menschen genau zu diesem Aspekt christlicher Freude hingeführt, nämlich im alltäglichen Glück (und Unglück) Gottes Gegenwart zu entdecken und dieser Erfahrung deutend Ausdruck zu verleihen. Der Grieser Weg antwortet damit angesichts des Relevanzverlustes der Gottesrede auf eine der bedeutsamsten pastoralen Herausforderungen gegenwärtiger Kultur und erweist sich insofern als sehr praxisrelevant.

Menschen werden hier dazu angeregt, in eine Bewegung evangeliumsgemäßer Umkehr, Freude und Lebensbejahung zu gelangen. Der christliche Gottesglaube wird hier unmissverständlich, selbstbewusst und dabei menschennah zur Sprache gebracht, ohne Menschen zu vereinnahmen. Freude erwächst aus der Zusage und Erfahrung, dass Gottes Geist den Menschen auf seinem Weg stärkt und in Christi Kreuz Heilung schenkt.

Option 2: Ein Kennzeichen dieser Spiritualität ist, dass der Glaubensweg primär in der individuellen Beziehung des Einzelnen zu Gott gesehen wird, wobei sich ein komplexes trinitarisches Gottesbild zeigt. Auf dieser Basis werden alle Dimensionen des Menschseins berücksichtigt, sodass eine ganzheitliche menschliche Entwicklung unterstützt wird. Neben der geistlichen sind dies auch die psychische, physische und die soziale, wie die obigen Erfahrungsberichte zeigen. Allein die kognitive und die Handlungs-Dimension werden, als Gegengewicht und Korrektiv zur Alltagspraxis, zurückgestellt, jedoch keineswegs vernachlässigt.[721] Kontemplation erscheint hier als Weg, wie Menschen ihre individuelle Gottes-, Welt- und Selbstbeziehung erneuern und dadurch zu mehr Lebendigkeit finden können.

Es ist ein Weg, der nicht auf Leistung und Erfolg zielt, sondern auf Aufmerksamkeit für die Freude am zweckfreien Dasein. Dabei werden insbesondere Leid- und Verwundungserfahrungen angesprochen und in die göttliche Gegenwart ‚gestellt'. Diese Freude ist also leidsensibel und beinhaltet eine anthropologische Option von Selbstverantwortung und Resilienz. Die hier enthaltene Botschaft lautet: Christliche Freude ist (auch) in Gebrochenheit, Scheitern und Brüchen zu finden.

Option 3: Schöpfung ist als eines der Tore zur Wahrnehmung ein zentraler Bestandteil der kontemplativen Exerzitien in Haus Gries. Dabei wird sie als Ort der Gegenwart Gottes wertgeschätzt und dient zugleich als Lehrmeisterin. Natur steht hier im unmittelbaren Zusammenhang mit der kontemplativen Lebenspraxis. Dabei wird allerdings die Gefahr erkennbar, dass die Natur zu einseitig ästhetisiert bzw. psychologisiert wird.

---

721 Diesbezüglich sind etwa die Ansprachen in der täglichen Eucharistiefeier zu nennen.

Option 4: In einem Spannungsfeld von Kontemplation und Aktion sind kontemplative Exerzitien zweifelsohne vor allem im ersten Feld zu verorten. Nichtsdestotrotz wird von den Verantwortlichen betont, dass christliche Kontemplation ihrem Verständnis nach nicht auf Weltflucht abzielt, sondern im Gegenteil Weltengagement ermöglicht. Einen ersten Ausdruck findet dies in einer entsprechenden Bewirtschaftung des Hauses, in der Haushaltsführung und in einem Lebensstil der Einfachheit. Auch die zahlreichen Gebetsgruppen und Vernetzungsstrukturen dienen wohl letztlich dem Ziel, Menschen durch die Kontemplation zu einem christlichen Weltengagement zu befähigen, wenngleich dies nicht sonderlich herausgestellt wird.

Option 5: Vor allem aber dient der Grieser Weg dazu, die Schönheit Gottes und die Erfahrung tiefer innerer Freude an Gott, so der Titel des Buches von Hartmann/ Unkelhäußer, wahrzunehmen. Die Meditation, das Gebet und die tägliche Eucharistiefeier wollen hierzu beitragen. Ausdrücklich wird dabei betont, dass sich der Mensch zwar durch Meditation/ Gebet disponieren kann, dass er aber in keiner Weise über Gott verfügen oder bestimmte Zwecke der Kontemplation anzielen kann.

1.3 Raum_58 – Notschlafstelle für Jugendliche

Die Notschlafstelle für Jugendliche Raum_58 in Essen existiert seit dem Sommer 2001. Sie wird gemeinsam getragen von der CVJM Essen Sozialwerk gGmbH und der cse gGmbH, in der sich der Caritasverband für die Stadt Essen e.V. und der Sozialdienst katholischer Frauen Essen-Mitte e.V. zusammengeschlossen haben.[722]

Das Angebot der Notschlafstelle ist ein sog. niederschwelliges Angebot für Jugendliche im Alter zwischen 14 und 21 Jahren, „die ihren Lebensmittelpunkt auf der Straße haben und augenblicklich ohne ‚Zuhause' sind". In allen sieben Nächten der Woche (zwischen 21.00 und 9.00 Uhr) bietet Raum_58 bis zu acht jungen Menschen einen Übernachtungsplatz sowie Abendessen und Frühstück. Drei Mitarbeiterinnen sind hauptberuflich in der Einrichtung tätig. Sie werden für die Nachtdienste von Studierenden der Fachrichtungen soziale Arbeit und Sozialpädagogik im Rahmen geringfügiger Beschäftigungsverhältnisse unterstützt.

Im Blick auf das diakonal ausgerichtete Angebot der Notschlafstelle Raum_58 in Essen wird zunächst das Konzept analysiert (1.3.1), in dem „Freude und Spaß" eine besondere Bedeutung eingeräumt wird (1.3.2). Auch im

---
[722] Vgl. Raum_58, https://www.raum-58.de (05.02.2020).

Kontext dieses Entdeckungsortes folgt schließlich ein zusammenfassendes Fazit hinsichtlich der vorliegenden Optionen (1.3.3).

1.3.1 Konzept

Auf der Basis des Konzeptes, das letztmalig im Jahr 2016 überarbeitet wurde, werden hier die Zielgruppe (1.3.1.1) und das pädagogische Angebot (1.3.1.2) analysiert.

1.3.1.1 Zielgruppe

Die Lebenssituation der Jugendlichen, die potentiell zur Zielgruppe gehören, wird folgendermaßen beschrieben:

„Die Lebenssituation vieler junger Menschen ist häufig gekennzeichnet durch eine Anhäufung von Problemkonstellationen, wie Wohnungslosigkeit, Gewalt und Missbrauch, mangelnde Teilhabe an Gesellschaft und deren Ressourcen, in Teilen Drogenkonsum, kurzer oder abgebrochener Schulbesuch, Beziehungslosigkeit und weitgehenden Selbstwertverlust. Beziehungen zu Eltern oder Betreuer_innen haben sie als wenig tragfähig erlebt. Sie haben häufig Fluchterfahrungen (Elternhaus, Heime, Psychiatrie, vor der Polizei usw.) hinter sich und erleben ihre Überlebensstrategien für die Straße als sowohl im Erziehungssystem als auch gesellschaftlich nicht anerkannt. Sie erleben herkömmliche Jugendhilfeangebote (Heim, Erziehungsberatungsstelle) als zu hochschwellig oder lehnen diese sogar offen ab. Die gesundheitlichen und hygienischen Bedingungen, sowie die psychische Belastung, unter denen sie leben, tragen zu weiteren Gefährdungen bei."[723]

Weitergehend wird innerhalb des Konzeptes zwischen drei Untergruppen in der Zielgruppe unterschieden:[724]

- Als „Ausgegrenzte" werden Jugendliche bezeichnet, die ein verfestigtes Straßenleben führen und die sich über längere Zeit am Rand von subkulturellen Kreisen bewegen.

---

[723] Raum_58, Konzept, in: http://www.raum-58.de/wp-content/uploads/Konzept-RAUM58aktuell2016.pdf (05.02.2020) 4.
[724] Vgl. ebd., 4f.

- „Als Auffällige" werden Jugendliche genannt, die die Straße als Ort der „Selbstinszenierung", zur Identitätsfindung und für den „Ausstieg aus der Unbedeutsamkeit" nutzen.
- Als „Gefährdete" werden jene gesehen, die sich zeitweise auf die Straße begeben, um sich elterlicher Kontrolle zu entziehen. Sie stammen aus benachteiligten Stadtquartieren und pendeln häufig zwischen den regulären Sozialisationsinstanzen (Heim/ Elternhaus) und der Straßenszene, sodass ein langsames und dauerhaftes Abgleiten droht.

Im Konzept werden vor allem die traumatischen Vorerfahrungen der Jugendlichen hervorgehoben:

„Kaum einer von ihnen hat keine Gewalt (in emotionaler oder physischer Form), Vernachlässigung oder tragfähige, erwachsene und liebevolle, stabile und dauerhaft zugewandte Beziehungen erlebt. Damit oft verbundene Symptome wie Sucht, Aggression und scheinbare Unverbindlichkeit lassen sie oft in anderen Bereichen der Erziehungshilfe scheitern, gehen aber oft aus eben diesen Bewältigungsstrategien hervor. Resilienzen, wie z.B. ein hohes Maß an Selbstbestimmtheit, das auf der Straße überlebensnotwendig ist, machen eine Wiedereingliederung in Regeleinrichtungen oft schwierig, wenn nicht gar unmöglich. [...] Viele von ihnen suchen von alleine nicht mehr den Weg zu einer zuständigen Hilfeinstitution oder verweigern sich bewusst diesen."[725]

Vor diesem Hintergrund erschließt sich das pädagogische Angebot von Raum_58.

1.3.1.2 Pädagogisches Angebot

Grundsätzlich gilt für das Angebot:

„Die Notschlafstelle RAUM_58 versteht sich als zunächst bedingungslosen, in Intensität der Nutzung selbst zu ‚dosierenden' Neueinstieg eines Kontaktes, der auf Wunsch auch die eigenen Pläne der Jugendlichen verstärkt, Interessen anwaltlich vertritt und Brücken schlägt."[726]

Das Angebot der Mitarbeitenden setzt dabei an den Fähigkeiten der Jugendlichen an und versucht diese aufzudecken, um Überleben zu unterstützen und

---
[725] Ebd., 5f.
[726] Ebd., 6.

Selbstwert zu stärken. Dabei geht es wesentlich darum, dass die jungen Menschen sich vom Leben auf der Straße erholen, Kräfte sammeln und ihre gesundheitliche Situation verbessern können. Dahinter steht als Ziel:

„Durch das offene (nicht zwingende) Angebot von Beziehung und selbstbestimmter Auseinandersetzung sollen die Mädchen und Jungen annehmende und korrigierende Erfahrungen machen können, die es evtl. ermöglichen, sich auf weitergehende Prozesse im bestehenden Hilfesystem einzulassen."[727]

Konzeptionell wird die Tätigkeit der Mitarbeitenden besonders aus dem Handlungsansatz und der Grundhaltung der Traumapädagogik gestaltet.[728] Hierzu gehört explizit die Pflege einer Atmosphäre von „Spaß und Freude".

1.3.2 Spaß und Freude

Im Konzept wird darauf hingewiesen, dass in der Notschlafstelle oft eine heitere Stimmung herrscht, die nicht nur beiläufig in Kauf genommen, sondern bewusst gefördert wird:

„Neben ernsten Themen und Situationen sollte immer auch Platz sein für gemeinsame Gesellschaftsspiele (welche oft mehr als der Fernseher genutzt werden), Erzählungen, Leichtigkeit, Lachen und zeitweise Angebote von Freizeitaktivitäten."[729]

Es wird hervorgehoben, dass auf diese Weise oftmals neue Seiten der jugendlichen Persönlichkeiten erkennbar werden, ein wohltuendes „Stück Normalität" erlebbar und Gemeinschaft gebildet wird:

„Für die Pädagog_innen wie für die Jugendlichen ist es dabei gleichermaßen wichtig zu sehen, welche neuen Seiten hier zum Vorschein kommen, wieviel Freude neben dem Leid zu spüren ist, wieviel ‚normaler Alltag' auch im Alltag des Straßenlebens vorkommt."[730]

Und weiter:

---
[727] Ebd., 7.
[728] Vgl. ebd., 7-11.
[729] Ebd., 9.
[730] Ebd.

„Gleichzeitig werden diese Momente oft immer wieder erzählt und erinnert und von den Jugendlichen als gemeinschaftsstiftend begriffen (‚heilende Gemeinschaften' im Sinne von Wilma Weiß[Fußnote gelöscht, SO] können auch in diesen Momenten und Situationen erlebt werden und zum Tragen kommen)."[731]

Auf der Basis der vorliegenden konzeptionellen Überlegungen der Notschlafstelle Raum_58 können nun erneut die fünf entwickelten Optionen reflektiert werden.

1.3.3 Fazit

Das Angebot der Notschlafstelle Raum_58 erschließt ganz neue, lebensrelevante Perspektiven auf Freude und Glück in der gegenwärtigen Kultur.[732] Dabei fällt im Hinblick auf das Konzept auf, dass es im Wesentlichen aus sozialpädagogischer bzw. sozialarbeiterischer Perspektive formuliert ist und theologische Aspekte an keiner Stelle ausdrücklich genannt werden. Dennoch werden bedeutende Verständigungsbrücken zu den praktisch-theologisch entwickelten Optionen der Freude erkennbar.

Option 1: Es zeigt sich eine hohe Wertschätzung für das kleine Glück des Alltags. Angesichts der prekären Situation der Zielgruppe erweist sich der Raum der Notschlafstelle selbst als ein Erfahrungsraum von Befreiung und gelingendem Leben. So wird im Flyer der Einrichtung ein Jugendlicher mit den Worten zitiert: „Das Beste an Raum_58 ist, dass es so was überhaupt gibt." Darüber hinaus zeichnet sich die Haltung der Mitarbeitenden dadurch aus, dass sie auch in der Lebensrealität der Jugendlichen auf der Straße keineswegs nur eine defizitäre Lebenssituation erkennen, sondern auch hier Heil und Glück zu entdecken suchen (bspw. in den Fähigkeiten der Jugendlichen ihre Situation zu gestalten). Gleichwohl ist nicht zu erkennen, dass diese Erfahrungen des kleinen Glücks im Sinne präsentischer Eschatologie gedeutet werden.

Option 2: Besonders prägend für das Profil von Raum_58 ist die Orientierung an den Bedürfnissen der Jugendlichen. Ihre individuelle Situation und ihre spezifischen Bedürfnisse erscheinen als prägendes Merkmal dieses Ortes. Dabei werden die jeweiligen biografischen Vorerfahrungen zum Ausgangspunkt, um das Selbstwertgefühl zu stärken und individuelle Ressourcen zu

---
731 Ebd.
732 Und dieser Entdeckungsort führt zu einer größeren Demut und Ambivalenzsensibilität der theologischen Erschließung der Freude selbst.

fördern. Mittels der Prinzipien der „Annahme eines guten Grundes" und der „Wertschätzung" aus der Traumapädagogik werden die Lebenserfahrungen der jungen Menschen ernstgenommen. Die Achtung vor der Geheimnishaftigkeit der Einzelnen kommt in dem offenen, nicht zwingenden Angebot zum Ausdruck. Das Beziehungsangebot der Mitarbeitenden soll annehmende Erfahrungen ermöglichen, reflektiert aber zugleich eine Spannung von Offenheit und Geschlossenheit. Des Weiteren wird die Erfahrung der Freude sehr konkret erfahrbar in der Würdigung basaler gesundheitlicher und hygienischer Bedürfnisse. Ein Hinweis darauf, wie wichtig es ist, in umfassender Weise „alle Dimensionen des Menschseins" im Blick zu haben.

Option 3: Auf die Schöpfungswirklichkeit wird im Konzept nicht explizit Bezug genommen. Dennoch entsteht der Eindruck, dass die Mitarbeitenden neben den im Konzept genannten Haltungen einen Lebensstil der Hoffnung, der Demut und der Gelassenheit pflegen. Außerdem wird Raum_58 selbst zu einem Ort, der Staunen darüber lehrt, wie und wo Gott gegenwärtig ist. Aus theologischer Sicht wird man ferner damit rechnen können, dass sich in einer solchen Praxis bei den Jugendlichen potentiell ein neues Vertrauen in die Wirklichkeit des eigenen Lebens anbahnt, was ja zumindest konzeptionell angezielt wird.

Option 4: In der Praxis der Notschlafstelle wird in besonderer Weise die Mit-Verantwortung für Solidarität und Gerechtigkeit erkennbar. Von seinem Ursprung her basiert dieses Angebot auf einer wahrgenommenen Leerstelle im kommunalen Hilfesystem und konkreter menschlicher Not. Die kirchlichen Träger und die Mitarbeiter*innen reagieren insofern auf gesellschaftliche Herausforderungen sowie persönlichen Unterstützungsbedarf und tragen so zu einer menschenwürdigen (Stadt-)Gesellschaft bei. Hierzu pflegt die Notschlafstelle den Kontakt zu anderen gesellschaftlichen Institutionen und lebt von der Vernetzung mit Spender*innen, die das Angebot unterstützen. Außerdem bietet Raum_58 den Jugendlichen, sofern diese es wollen, Vermittlung und Kontakt zu weiteren Einrichtungen im Netzwerk der Jugendhilfe.

Option 5: Wie oben bereits angedeutet wird eine sakramentale Ästhetik nicht explizit erkennbar. Allerdings werden im Konzept Spiel und Humor als wichtige Elemente der pädagogischen Praxis genannt, die ja auch aus theologischer Perspektive bedeutsame Erfahrungsformen von Freude sind. Das Konzept weist diesbezüglich explizit darauf hin, dass es sich hier um „heilende Gemeinschaft" handelt. Auf dieser Basis lässt sich der Raum_58 als ein Erfahrungsraum der Gegenwart Gottes verstehen, wo mutmaßlich alle Beteiligten die Haltung „dankbarer Bejahung" sehr konkret erfahren können.

1.4 Internationale Arche-Gemeinschaften

Zunächst werden Entstehung und Profil der Arche-Gemeinschaften einführend (1.4.1) vorgestellt. Vertiefend werden die Charta (1.4.2) und Überlegungen zum Menschsein von Jean Vanier (1.4.3) analysiert. Zusammenfassend wird dargestellt, wie sich in diesem Feld christlicher Praxis die Freude zeigt (1.4.4).

1.4.1 Entstehung und Profil

Die Arche-Gemeinschaften sind eine Föderation von Lebensgemeinschaften von Menschen mit und ohne Behinderung. Die erste Arche-Lebensgemeinschaft hat der Kanadier Jean Vanier[733] 1964 in Trosly/ Frankreich angesichts der erschütternden Lebensbedingungen von Menschen mit geistiger Behinderung gegründet.[734] Im Jahr 1969 wurde die Arche Daybreak in Kanada als erste Arche außerhalb Frankreichs gegründet.[735] Inzwischen gehören zur Internationalen Föderation der Arche etwa 150 Gemeinschaften weltweit; in Deutschland sind derzeit drei Gemeinschaften Mitglied der internationalen Föderation.

Im Mittelpunkt jeder einzelnen Arche-Gemeinschaft stehen sog. Bewohner*innen mit einer Behinderung („core members"). Daneben gibt es sog. Assistent*innen, d.h. angestellte Mitarbeiter*innen, Freiwillige oder Ehrenamtliche, die z.T. gemeinsam mit den Bewohner*innen im Haus leben und deren Lebensweg freundschaftlich im Sinne der Charta begleiten. Darüber hinaus gibt es unterschiedliche Möglichkeiten der Zugehörigkeit. Neben der finanziellen Unterstützung (z.B. als Spender, Stifter oder Vereinsmitglied) lebt jede Arche-Gemeinschaft

---

[733] Jean Vanier ist am 7. Mai 2019 gestorben. Er gründete neben der Arche-Gemeinschaft auch die geistliche Gemeinschaft Glaube und Licht. Im Jahre 2015 wurde ihm der Templeton Preis verliehen. Das King's University College richtete ein Jean Vanier Research Center ein. Vgl. King's University College, https://www.kings.uwo.ca/research/research-centres/jean-vanier-research-centre-at-kings/ (05.02.2020).

[734] Erst in jüngerer Zeit ist öffentlich bekannt geworden, dass mit dem Dominikanerpater Père Thomas Philippe (+1993) eine prägende geistliche Gründerpersönlichkeit der Arche jahrelang gegenüber Frauen sexuellen Missbrauch beging. Vgl. Daniel Bogner, Hubertus Lutterbach, Erwachsen im Glauben, Kinder in der Kirche (Briefwechsel), in: https://www.feinschwarz.net/erwachsen-im-glauben-ein-gespraech/ (05.02.2020).

[735] Diese wurde besonders bekannt durch den geistlichen Schriftsteller Henri Nouwen, der seine dortigen Erfahrungen schildert in: Henri Nouwen, Adam und ich. Eine ungewöhnliche Freundschaft, Freiburg: Herder 2005 (Neuausgabe).

besonders von Freundeskreisen, die die Hausgemeinschaften ehrenamtlich durch ihre Freundschaft und ihr Engagement unterstützen.[736]
Vanier hatte anfangs die Vorstellung, dass seine Gründung auf der Basis der Seligpreisungen in der katholischen Kirche beheimatet sein werde. Da seine Vision aber auch Menschen anderer Konfessionen und Religionen ansprach, wuchs die Arche-Föderation bis heute zu einer interreligiösen Gemeinschaft, die ihre Wurzeln im Gebet und im Vertrauen zu Gott sieht.[737]

1.4.2 Charta der Arche-Gemeinschaften

Die Grundsätze der Arche sind in einer Charta festgehalten. Danach versteht sich die Arche als Zeichen dafür, dass menschliche Gemeinschaft auf der „Annahme und Achtung ihren ärmsten und schwächsten Gliedern gegenüber gegründet sein muss" sowie als „Zeichen der Hoffnung, [...] der Einheit, der Treue und der Versöhnung".[738] Grundlegend für die Entfaltung der Persönlichkeit und der individuellen Würde jedes Menschen sind zwischenmenschliche Beziehungen in Vertrauen, Sicherheit und gegenseitiger Zuwendung.

Menschen mit einer sog. geistigen Behinderung halten durch ihre besonderen Gaben in der Gesellschaft die Bedeutung von Werten wach, „ohne die Wissen, Können und Macht letztlich keinen Sinn haben".

Schwachheit und Verwundbarkeit sehen die Arche-Gemeinschaften nicht als Hindernis, sondern als Ausgangspunkt auf dem Weg zu Gott. Sie verstehen sich als Glaubensgemeinschaften, in denen jedes Mitglied ermutigt wird, in seiner Glaubenstradition zu leben.

Maßstab des Gemeinschaftslebens ist eine Liebe, die durch einen einfachen Lebensstil, gegenseitiges Engagement und Solidarität, Treue und Verzeihen gelebt wird. Die Gemeinschaften sind zur Einheit berufen und dienen zugleich dem Wachstum der Einzelnen. Dazu legen sie Wert auf die Integration in ein lokales und internationales Netzwerk, das dem Wachstum von Solidarität und Gerechtigkeit dient.[739]

---

736 Vgl. Arche Deutschland, https://www.arche-deutschland.de (05.02.2020). Sowie: L'Arche, https://www.larche.org/in-the-world#all (05.02.2020).
737 Vgl. Internationale Föderation der Arche, Charta, in: http://www.imnauen.ch/sites/default/files/Charta_A4.pdf (05.02.2020), III.1.1. Ihren besonderen Ausdruck findet die religiöse Prägung in regelmäßig stattfindenden ökumenischen Begegnungstagen, sog. Katimavic. Vgl. Arche Deutschland, Katimavic, in: https://www.arche-deutschland.de/ueber-uns/katimavic/ (05.02.2020).
738 Vgl. Internationale Föderation der Arche, Charta, I.1-4.
739 Vgl. ebd., II.

1.4.3 Erfülltes Menschsein

Prägend für die religiöse Praxis der Arche-Gemeinschaften ist die spezifische Verbindung von Anthropologie und christlichem Gottesglauben, wie sie Vanier im Laufe seines Lebens immer weiter entfaltet hat.[740]
Zentral ist bei ihm der Gedanke, dass jeder Mensch zu einem erfüllten Leben nur in Gemeinschaft und Beziehung finden kann. Daher ist aus seiner Sicht die Beziehungs- und Begegnungsfähigkeit des Menschen von entscheidender Bedeutung, die oftmals aber von diversen Ängsten beeinträchtigt wird.[741] So betont der Essener Kirchenhistoriker Hubertus Lutterbach in seiner Erinnerung an Vanier:

„Jean Vanier zeigt sich gewiss, dass das christliche Leben seinen Referenzpunkt in der Begegnung hat: in der Begegnung zwischen den Menschen und in der Begegnung der Menschen mit dem Göttlichen. Die horizontale und die vertikale Begegnung wirken bestärkend aufeinander, wie er in häufigem Rückgriff auf die Begegnungstraditionen des Christentums in Erinnerung ruft: ‚Johannes vom Kreuz sagt, die Liebe Gottes und die Nächstenliebe haben denselben Ursprung und dasselbe Ziel. Wächst man in der Nächstenliebe, so wächst man auch in der Gottesliebe. Verschließt man sein Herz den anderen, so verschließt man es auch Gott.'"[742]

Vanier beschreibt in seinem Buch „Mensch Sein", das fünf Vorträge am Massey College der Universität Toronto aus dem Jahr 1998 bündelt, dass die Liebe Menschen aus Einsamkeit und Angst befreien sowie zu innerem Frieden und Selbstvertrauen führen kann. Dabei differenziert er zwischen sieben Aspekten:[743]
Offenbaren: Die Liebe besteht nicht nur darin, dass eine Person etwas für eine andere tut. Sie besteht vor allem darin, dass eine Person einer anderen ihre Schönheit und Liebenswürdigkeit offenbart. Vanier wörtlich:

---

740 Vgl. Philippe Pozzo di Borgo u.a., Ziemlich verletzlich, ziemlich stark. Wege zu einer solidarischen Gesellschaft, Berlin: Hanser 22012. Jean Vanier, Ich und Du: dem anderen als Mensch begegnen, Schwarzenfeld: Neufeld 2013. Jean Vanier, Zeichen der Zeit. Für eine Kirche, die Hoffnung schenkt (Mit einem Geleitwort von Medard Kehl), Schwarzenfeld: Edition Wortschatz 2016. Jean Vanier, Von Liebe, Hoffnung und den letzten Dingen. Erinnerungen vom Gründer der Arche (Deutsch von Ulrike Strerath-Bolz), Freiburg: Herder 2017.
741 Vgl. Jean Vanier, Einfach Mensch sein. Wege zu erfülltem Leben (Aus dem Englischen von Bernardin Schellenberger), Freiburg: Herder 2001, 84-99.
742 Vgl. Hubertus Lutterbach, Jean Vanier – Pionier der Inklusion, in: https://www.feinschwarz.net/vanier/ (05.02.2020).
743 Vgl. Vanier, Mensch sein, 29-40.

„Der Glaube an die innere Schönheit jedes Menschenwesens macht das Herz der ‚Arche' aus, und er ist der Kern jeder echten Erziehung und der Kern des Menschseins. Sobald man anfängt, Menschen zu sortieren und zu beurteilen, statt sie anzunehmen, wie sie sind, mit ihrer gelegentlich ganz verborgenen Schönheit und auch mit ihren weitaus häufigeren sichtlichen Schwächen, hemmt man Leben, statt es zu fördern. Offenbart man dagegen den Menschen, dass man an sie glaubt, kommt ihre verborgene Schönheit zum Vorschein."[744]

Verstehen: Liebe impliziert die Absicht den anderen Menschen in seiner Andersheit verstehen zu wollen, auch und gerade in jenen Ausdrucksformen, die zunächst nicht nachvollziehbar sind. Dahinter steht die Überzeugung, dass jeder menschliche Ausdruck einen sinnvollen Grund hat.

Kommunizieren: Damit Menschen nicht nur von anderen verstanden werden, sondern auch sich selbst verstehen, benötigen sie Hilfe. Dies geschieht etwa dadurch, dass unverstandene Gefühle oder Erfahrungen ins Wort gehoben und benannt werden.

Feiern: Es genügt nicht, Menschen zu offenbaren, dass sie eine Würde haben, sondern diese muss auch gefeiert werden:

„Aber jedes Kind, jeder Mensch bedarf des Wissens, dass er auch eine Quelle der Freude ist. Jedes Kind, jeder Mensch braucht es, gelegentlich gefeiert zu werden. Erst wenn wir alle unsere Schwächen als Bestandteil unseres Menschseins angenommen haben, können wir unsere negativen, gebrochenen Bilder von uns selbst in positive Bilder umwandeln."[745]

Ermächtigen: In der Liebe geht es darum, dass ein anderer Mensch zur Selbständigkeit befähigt wird und den Sinn seines Lebens erkennen kann. Dabei ist das Ziel nicht Normalität, sondern Wachstum ins je eigene Geheimnis.
Zusammensein: Liebe ist kein starrer Zustand, sondern wechselseitiges Vertrauen, Zueinander-Gehören und Verletzlichkeit. Vanier wörtlich:

„Gemeinsam sein macht das Herz des Geheimnisses unseres Menschseins aus. Es bedeutet, die Gegenwart eines anderen in seinem eigenen Inneren zuzulassen und zu erkennen, dass man berufen ist, sich aufeinander einzulassen. Zum Zusammensein gehört die Sicherheit und zugleich die Unsicherheit des Vertrauens. Darum ist das Zusammensein

---
744 Ebd., 32.
745 Ebd., 35.

vom ständigen Ankämpfen gegen alle Mächte der Angst und Selbstsucht in uns und auch gegen das scheinbar unausrottbare Bedürfnis, den anderen zu bestimmen, begleitet."[746]

Und weiter:

„Wenn wir für einen anderen ganz offen sind, verlieren wir ein Stück weit die Kontrolle über unser ganzes Leben. Die Gemeinsamkeit von Herzen ist etwas Wunderbares, aber auch etwas Gefährliches. Wunderbar ist es, weil es eine neue Form der Befreiung darstellt. Er ermöglicht eine ganz neue Freude, weil man nicht mehr länger allein ist."[747]

Vergeben: Weil jeder Mensch in sich gebrochen ist, kann niemand die Liebe dauerhaft und ungebrochen leben. Gerade dort, wo Menschen eng miteinander verbunden sind, gehören daher notwendigerweise wechselseitige Vergebung und Verzeihung zum Leben.

All diese Aspekte sind bei Vanier, wie oben bereits angedeutet wurde, nicht rein zwischenmenschlich zu verwirklichen, sondern bedürfen vielmehr auch eines spirituellen Wachsens und Reifens, wie es etwa im Gebet eingeübt wird. Zum Gebet schreibt er:

„Wir brauchen eine Zeit, in der wir auf die innere Stimme der Hoffnung hören, die uns zum Wesentlichen der Liebe zurückführt, zu all den wirklich wichtigen Dingen, die wir vor lauter Geschäftigkeit und Kreisen um uns selbst vielleicht aus den Augen verloren haben. Beten ist deshalb eher ein Hören als ein Sprechen. Beten heißt, sich wieder auf die Liebe zu konzentrieren. Dabei geht es darum, das Tiefste in uns an die Oberfläche, ins Bewusstsein kommen zu lassen. Für mich bedeutet beten besonders dies – neben vielem anderen, was dabei wichtig sein kann. Beten ist zudem eine Begegnung mit dem, der mich liebt, der mir meinen verborgenen Wert offenbart, mich ermächtigt, anderen Leben zu schenken, Begegnung mit dem, der uns alle liebt und uns zu immer größerer Liebe und immer wacherem Mitempfinden beruft. Beten heißt, in der stillen, gütigen Gegenwart Gottes auszuruhen."[748]

Mit diesen für Vanier zentralen Überlegungen zur Bedeutung von Beziehung und Liebe für ein erfülltes Menschsein liegen Erfahrungen christlicher Praxis

---

746 Ebd., 38.
747 Ebd.
748 Ebd., 41.

zum erfüllten Menschsein vor, die nun abschließend im Hinblick auf die genannten fünf Optionen der Freude des christlichen Glaubens reflektiert werden.

1.4.4 Fazit

Auffällig ist, dass Freude und Glück in den Schriften der Arche-Gemeinschaft und von Vanier nominell keine herausragende Bedeutung haben. Dies steht allerdings der Erfahrungstatsache gegenüber, dass viele Menschen die Arche-Gemeinschaften sehr wohl als Orte von Lebensfreude wahrnehmen.

Option 1: Im regelmäßigen Tagesrückblick ist eine geistliche Praxis zu erkennen, die den Alltag immer wieder auf die Gegenwart Gottes hin durchsichtig werden lässt, indem momenthafte Erfahrungen von Glück, Heil, Befreiung zu Wort kommen und in Gespräch, Gebet oder Gesang gläubig gedeutet werden. Dies gilt auch für die regelmäßig stattfindenden sog. Katimavic.

Option 2: Die Praxis der Arche-Gemeinschaften fokussiert auf die ganzheitliche individuelle Entwicklung der Menschen und lässt sie gerade hierin zur Freude finden. Ganzheit wird hier nicht im Sinne von ungebrochener Positivität und vollendetem Heil gesehen, sondern als Entwicklungsweg und ausstehende Verheißung, als Grundlage einer Sehnsucht, die von Gott gestillt wird. So wird in den Arche-Gemeinschaften das Fragmentarische menschlichen Lebens zum herausragenden Entdeckungsort der Gnade Gottes, ohne dass die herausfordernden und belastenden Erfahrungen ignoriert würden.

Für die Mitglieder besteht die Freude augenscheinlich darin, dass sie in der Arche einen Raum finden, in dem sie hautnah ihre Würde erfahren können und als Menschen auf Augenhöhe akzeptiert werden. Eine besondere Bedeutung hat das Glück der Liebe und der Vergebung.

Option 3: In den Arche-Gemeinschaften wird also sehr konkret erfahrbar, dass der Geist Gottes alles Lebendige durchströmt, auch in Gebrochenheit. Dies wird in den Arche-Gemeinschaften kultiviert in einem entsprechenden Lebensstil von Einfachheit (z.B. Sprache, Essen etc.), Gelassenheit, Demut etc.

Option 4: Das spezifische Charisma der Arche-Gemeinschaften bleibt nicht isoliert für sich, sondern bildet ein Netzwerk mit der Vision einer menschen- und gottgerechteren Gesellschaft. Verzweigte Netzwerke der Unterstützung dienen dazu, gesellschaftliche Strukturen und gesellschaftliches Bewusstsein zu gestalten, das glückendem Leben dient. Die Arche-Gemeinschaften selbst sind dabei, zumindest aus der Sicht eines kulturellen Diskurses, der Glück mit Erfolg identifiziert, eher als Gemeinschaften an der Peripherie des Lebens zu verstehen.[749]

Option 5: Es wurde deutlich, dass das Fest in der Spiritualität der Arche eine sehr wesentliche Bedeutung hat, weil, so Vanier, Menschen hier nicht nur hören, sondern auch erleben, dass sie wertvoll sind und eine Würde haben. Dieses Merkmal verbindet alle Arche-Gemeinschaften in interreligiöser Verbundenheit und in Treue zu den jeweiligen Traditionen.

Die hier exemplarisch ausgewählten und analysierten Entdeckungsorte christlicher Praxis lassen erkennen, dass die im Verlauf dieser Untersuchung theologisch entwickelten Aspekte einer freudesensiblen Gottesrede schon heute zum Profil christlicher Existenz gehören, denn alle fünf im Rahmen dieser Untersuchung entwickelten Optionen der Freude christlichen Glaubens sind mit unterschiedlicher Gewichtung in den Praxisfeldern wahrnehmbar.

1.5 Verschränkungen von christlicher Praxis und Kultur

Von besonderem Interesse ist nun, welche Konvergenzen und Differenzen sich im Blick auf die kulturelle Praxis zeigen. Hinsichtlich der sieben Dimensionen des Glücks in der Kultur (vgl. I.5) ergibt sich folgende Analyse.[750]

1.5.1 Säkularität

Die Wahrnehmung, dass aus kultureller Perspektive ein Zusammenhang von Religion und Glück nicht nachvollziehbar ist, lassen sich zwei Hinweise aus der christlichen Praxis zuordnen.

Einerseits stellen die hier analysierten christlichen Praxisorte in ihrer Außendarstellung selbst keinen besonders auffälligen Zusammenhang zu Freude und Glück her. Zwar wird das Thema im Mitgliedermagazin des Bistums Münster im Untertitel (Lebensfreude), im Buchtitel von Hartmann/Unkelhäußer (Freude) sowie im Konzept der Notschlafstelle Raum_58 (Freude) erwähnt.

---

749 Gleichwohl ist anzumerken, dass sich gegenüber der Gründungszeit der Arche im Jahr 1964 zumindest in der westeuropäischen Kultur ein Bewusstseinswandel hinsichtlich von Integration und Inklusion vollzogen hat.

750 Es mag zunächst fragwürdig erscheinen, dass nun wieder auf diese Dimensionen Bezug genommen wird. Dies scheint jedoch plausibel, weil sich pastorale Praxis, die die Freude kultivieren möchte, im Kontext kultureller und alltäglicher Wahrnehmungen ereignet.

Die entsprechende Wirkung wird in der weitergehenden Präsentation allerdings nicht übermäßig betont.[751] Gleichwohl ist den Rückmeldungen der Leser*innen (Magazin), der Teilnehmer*innen (Grieser Weg) sowie der Mitglieder (Arche) zu entnehmen, dass sie durch die jeweiligen Formen christlicher Praxis Erfahrungen von Freude und Glück machen.[752]

Andererseits wird diese nominelle Zurückhaltung zugleich der spezifischen Ambivalenzsensibilität christlicher Freude-Erfahrung gerecht. Anders formuliert: Möglicherweise haben Christ*innen aufgrund der Erfahrungsqualität christlicher Freude Respekt, Ehrfurcht und/ oder Zurückhaltung gegenüber einer zu forcierten Thematisierung der Freude, weil es sich ja um eine Erfahrung der Heiligkeit Gottes handelt, die auch unaussprechliches Geheimnis bedeutet.

Umso wichtiger erscheint, dass die Arche-Gemeinschaften und die kontemplative Exerzitienspiritualität des Grieser Weges, Erfahrungsräume öffnen, wo Menschen Freude und Glück anfanghaft und in allen Dimensionen des Menschseins erfahren können. Aber auch Raum_58 ist diesbezüglich beeindruckend, insofern sich in dieser lebensdienlichen Praxis die heilende Gegenwart Gottes anfanghaft zeigen kann (vgl. 2.2.2).

1.5.2 Konstruktivismus

Ein gravierender Unterschied zeigt sich in Bezug auf die konstruktivistische Formatierung des Glücks in der Kultur. Hier hatte das Glück seinen Zielpunkt in der Kategorie des Erfolges gefunden, der durch „Techniken des Selbst" erreicht wird. Zwar wird auch in den hier untersuchten christlichen Praktiken das gelingende Leben des Einzelnen in den Fokus gerückt; allerdings wird dies immer im Fokus seiner Beziehungsfähigkeit zu anderen Menschen gesehen.

Augenfällig ist ferner, dass in den hier ausgewählten Entdeckungsorten immer die Fragmentarität menschlicher Selbsterfahrung thematisiert und im Erfahrungsraum der Liebe bzw. im Fall der Notschlafstelle der Solidarität umfangen wird. Auf diese Weise zeigt sich eine Dissonanz gegenüber der analysierten kulturellen Sicht, dass Fremdbestimmung eine Gefahr für die Selbstbestimmung darstelle.

---

751 Möglicherweise zeigt sich also in der (mangelnden) Kommunikation eine weitere Ursache dafür, dass kirchliche Praxis oft als freudlos wahrgenommen wird.

752 Hinsichtlich der Arche-Gemeinschaften und der Notschlafstelle liegen leider keine zitationsfähigen Rückmeldungen vor. Durch das zeitweise Mitleben in der Arche in Dornach (CH) sowie durch Gespräche mit Mitgliedern der Arche-Gemeinschaft in Essen, die allerdings nicht zur Internationalen Föderation gehört, wird diese Auffassung allerdings gestützt. Dies gilt auch für die Notschlafstelle Raum_58.

Andererseits verweist vor allem das Angebot von Raum_58 darauf, dass es auch aus christlicher Sicht eine legitime und lebensnotwendige Form von Selbstbestimmung, Selbstliebe und Selbstvertrauen gibt, die von christlicher Gottesrede nicht vorschnell als Egoismus abgewertet werden darf.

1.5.3 Augenblicksglück

An allen vier Entdeckungsorten ist genauso wie in der Kultur die signifikante Relevanz der Dimension des Augenblicksglücks erkennbar, das als unverfügbares Erleben der Machbarkeit durch den Menschen entzogen ist. Das Augenblicksglück ist daher vor dem Hintergrund der analysierten Praxisfelder eine wichtige Dimension der Vermittelbarkeit christlicher Freude-Erfahrung.

Die Deutung von Augenblicksglück im Hinblick auf die Gottesdimension zeigt sich dabei in der Exerzitienspiritualität am deutlichsten. Hier dient die meditative Praxis des Einzelnen dazu, sich für die Gotteserfahrung zu disponieren.

1.5.4 Erfahrungsqualitäten

In der Analyse der Kultur hatte sich gezeigt, dass das Glück an subjektives Erleben und Individualität gebunden ist. Eine solche individuelle Codierung des Glücks wird besonders im Kirchenmagazin erkennbar, insofern hier einzelne Lebensgeschichten Raum haben. Und auch Raum_58 basiert grundlegend auf der Annahme, dass das Glück des Einzelnen nicht zu normieren ist. Dementsprechend wird hier soweit wie möglich auf Reglementierungen verzichtet. Demgegenüber lassen sowohl der Grieser Weg (als Übungsweg) als auch der Lebensstil der Arche (als Gemeinschaft) normative Ansprüche bzgl. der Art und Weise erkennen, wie Menschen Fülle-Erfahrungen machen können. Dennoch zielen auch diese Praxisorte darauf ab, dass Einzelne in ihrer Individualität zur Freude finden.

Als Quellen des Glücks hatten sich in der Glücksforschung Gesundheit, intakte soziale Nahbeziehungen sowie eine Tätigkeit, die wirtschaftliche Absicherung ermöglicht, gezeigt. Insbesondere Gesundheit ist an allen vier Praxisorten bedeutsam, besonders in der Notschlafstelle ist sie als hohes Gut relevant.

Auch der Wert von intakten zwischenmenschlichen Beziehungen wird hier wie an den anderen Entdeckungsorten fokussiert. Dabei zeigt sich sowohl im Magazin leben! als auch in den Arche-Gemeinschaften deutlicher als in der Kultur eine Wechselseitigkeit der Beziehung als Glücksquelle, die sich folgendermaßen zuspitzen lässt: Glücklich ist nicht der Mensch, der von einem anderen geliebt wird, sondern derjenige, der eine*n andere*n liebt.

Auch das Tätigsein des Menschen wird in der christlichen Praxis als wichtige Quelle der Freude am Menschsein gesehen. So legen etwa die Arche-Gemeinschaften Wert darauf, dass ihre Mitglieder gemäß ihren Fähigkeiten wirken können. Gleichwohl entsteht hier der Eindruck, dass es dabei um die Dimension von Kreativität und Selbstausdruck geht und weniger um die ökonomische Bedeutung. Dieser Zusammenhang wäre aber sicher vertiefend zu untersuchen.

Die Erfahrungsqualitäten von Identität, Beziehung, Heil, Schönheit und Sinn zeigen sich sowohl in der kulturellen als auch in der christlichen Praxis von Glück und Freude. Dabei wird jedoch ein gravierender Unterschied hinsichtlich der Einschätzung von Kontingenzerfahrungen deutlich. Während Kontingenzerfahrungen in der Kultur dem Glück eher kontrastiv gegenüberstehen, werden sie in der christlichen Praxis ‚integriert' und können sogar auf Freude und Glück hin durchsichtig werden, ohne dass sie damit in ihrer Leidhaftigkeit negiert werden. Insbesondere hinsichtlich der Jugendlichen, die ihren Lebensmittelpunkt auf der Straße haben, wird konzeptionell hervorgehoben, dass ihre kontingenten Lebenserfahrungen wertschätzend und ressourcenorientiert, also nicht defizitär, betrachtet werden.

1.5.5 Körper – Gefühle

In der Spiritualität der kontemplativen Exerzitien kommt die Wertschätzung der inneren Beziehung von körperlicher und emotionaler Dimension des Menschseins mit der geistlichen Dimension zum Tragen. Wie in der Kultur so zeigt sich auch hier, dass jedes menschliche Erleben, also auch das Erleben von Freude und Glück, an den Körper gebunden ist. Jedoch spielt in der meditativen Praxis gerade auch die körperliche Erfahrung von Schmerz eine große Rolle. Einer einseitigen Positivität wird hier also explizit nicht das Wort geredet. Auch im Kontext der Arche-Gemeinschaften zeigt sich die Ambivalenz körperlicher Kontingenz. Der Weg zu Freude wird hier aber nicht jenseits dieser Kontingenzerfahrung gesucht, sondern in der Anerkennung derselben. Analoges gilt für die Praxis der Notschlafstelle Raum_58, insofern hier die körperlichen und emotionalen Bedürfnisse der Jugendlichen im Fokus stehen.

1.5.6 Natur – Kultur

Alle vier gewählten Entdeckungsorte thematisieren den Zusammenhang von Freude und Natur-Kultur-Dichotomie nur ansatzweise. Dabei wird durch die gewählten Entdeckungsorte der Zusammenhang von Ökologie und christlicher

Praxis nur annäherungsweise ansichtig und wäre durch andere Entdeckungsorte christlicher Praxis sicherlich ergänzungsfähig.

Dies vorausgeschickt ergibt sich die Vermutung, dass die Relevanz von Natur und Schöpfung für die christliche Praxis der Freude ein Erfahrungsfeld darstellt, das noch nicht in Gänze erschlossen ist. Gleichwohl erhält die Natur insbesondere in den kontemplativen Exerzitien als „Tor" eine bedeutsame Rolle. Insgesamt erscheint sie aber auch hier tendenziell eher in der Gefahr zu stehen, als Ort romantischer Gegenerfahrung, als Rückzugsort, als Gegenerfahrung zur Betriebsamkeit des Alltags, als Raum der Stille jenseits der Welt konstruiert zu werden und damit letztlich wie in der Kultur als ästhetische Projektionsfläche.

1.5.7 Gesellschaft – Politik – Ökonomie

Sowohl im Mitgliedermagazin als auch in der Praxis der Notschlafstelle und der Arche-Gemeinschaften wird die gesellschaftspolitische Dimension des Glücks berücksichtigt. Die kontemplative Spiritualität negiert diese Dimension nicht, legt aber als Übungspraxis einen anderen Schwerpunkt. Die Frage von gerechter Gestaltung gesellschaftlicher Prozesse wird im Magazin exemplarisch thematisiert und durch entsprechende Hinweise an die Leser*innen auf Möglichkeiten des eigenen Engagements flankiert. Der Raum_58 reagiert explizit auf eine soziale Herausforderung und die Arche-Gemeinschaften bemühen sich um eine exemplarisch-prophetische Lebensweise, indem sie ihre Kompetenzen in entsprechende gesellschaftliche Netzwerke einbringen.

Damit liegen vor dem Hintergrund der entwickelten fünf Optionen und aus der Perspektive der vier ausgewählten Entdeckungsorte exemplarische Hinweise hinsichtlich Konvergenzen und Differenzen christlicher Praxis und gegenwärtiger Kultur vor. Abschließend ist nun danach zu fragen, ob und wie sich die im Rahmen dieser Untersuchung entwickelten Optionen in den gegenwärtigen pastoraltheologischen Diskurs einordnen lassen.

2 Pastoraltheologische Vergewisserung

Die Fragwürdigkeit der Freude des christlichen Glaubens wurde im Rahmen dieser Studie durchgängig als postmoderne Fragestellung verstanden, und zwar sowohl hinsichtlich des Formalobjektes als auch hinsichtlich der Materialobjekte. Die spezifische Situation der Postmoderne ist nun auch im Hinblick auf die pastoraltheologische Vergewisserung und Einordnung des vorliegenden Forschungsbefundes ausschlaggebend.

Aus der Vielstimmigkeit der aktuellen pastoraltheologischen Debatte[753] wird hier, die hermeneutischen Vorüberlegungen aufgreifend, der Ansatz der Erfurter Praktischen Theologin Maria Widl berücksichtigt, die in umfassender Weise Kennzeichen einer postmodernen pastoralen Praxis entwickelt hat.

Zunächst werden grundlegende Überlegungen zu postmoderner Religiosität nachgezeichnet (2.1), die bei Widl zu einer spezifischen Formatierung von Kirchlichkeit in der Postmoderne führen (2.2). Die Diskussion und Integration der oben entwickelten Optionen von Freude als christliche Praxis in die Grundvollzüge der Kirche erfolgt in Abschnitt 2.3.

2.1 Postmoderne Religiosität

In einem Beitrag zum Handbuch der Praktischen Theologie erläutert Widl die Charakteristika postmoderner Religiosität.[754] Sie nähert sich dem Begriff, indem sie drei Sozialformen der Religiosität differenziert (2.1.1). Vor diesem Hintergrund skizziert sie vier Grundmuster postmoderner Religiosität (2.2.2), die zur Herausforderung von Kirchlichkeit werden.

2.1.1 Sozialformen

In der Moderne verlieren die Kirchen durch Säkularisierung und Individualisierung ihr Monopol auf Religiosität.[755] Dabei wird die Funktion von Religiosität in der Gesellschaft aus religionssoziologischer Sicht auf verschiedene Weise strukturiert.[756] Drei verschiedene Sozialformen, nämlich Volksreligiosität, Zivilreligion und Neue Religiöse Kulturformen, gewinnen in der Postmoderne (neu) an Bedeutung:

Die Volksreligiosität, die im Rahmen der Moderne abgelehnt wird, erweist sich als alltagsnahe Religiosität, die jedoch nicht leicht vom Aberglauben zu unterscheiden ist. Sie beinhaltet Riten, Formen, Anschauungen und Lebenshaltungen,

---

753 Im Studienverlauf wurde bereits auf andere praktisch-theologische Perspektiven verwiesen.

754 Maria Widl, Religiosität, in: Haslinger (Hg.): Handbuch Praktische Theologie. Bd. 1: Grundlegungen, Mainz: Grünewald 1999, 352-362. Die hier skizzierten Überlegungen knüpfen an die Ausführungen der Einleitung (0.2.2) an, spitzen diese nun aber auf Kirchlichkeit zu.

755 Einleitend macht Widl deutlich, dass ‚Religiosität' letztlich nicht zu definieren sei. Sie weist dazu auf die etymologische Wurzel hin, die aber bereits eine Einschränkung auf den lateinischen Kulturkreis darstellt: „[...] bedeutet Religiosität sowohl die Gott geschuldete gemeinschaftlich-rituelle Verehrung als auch die persönliche freie Glaubensentscheidung; sie steht also immer in der Spannung zwischen institutioneller Form und individueller Gestaltung." Vgl. ebd., 352.

756 Widl selbst vertritt mit Franz-Xaver Kaufmann einen multifunktionalen Ansatz (Identitätsstiftung, Handlungsführung, Kontingenzbewältigung, Sozialintegration, Kosmisierung, Weltdistanzierung), den sie von strukturfunktionalistischen (Parsons), systemtheoretischen (Luhmann) und wissenssoziologischen (Berger/ Luckmann) Ansätzen abgrenzt. Vgl. Widl, Missionsland, 56-59.

die oft einer bäuerlichen Kultur entspringen und die insofern heute nicht mehr selbstverständlich von Individuen übernommen werden. Diese religiöse Sozialform wurde von der kirchlichen Hierarchie kritisch betrachtet, gewinnt jedoch neu an Bedeutung und Wertschätzung.[757]

Als Zivilreligion (Hermann Lübbe) sind christliche Ethik und Moral öffentlich wirksam, jedoch kirchlichem Deutungseinfluss entzogen. Sie zeigt sich als gesellschaftlicher Minimalkonsens von Werten, der Politik begrenzt und totalitäre Übergriffe verhindert. Hinsichtlich des europäischen Kontextes weist Widl darauf hin, dass der Begriff aufgrund der divergierenden Geschichte nicht unmittelbar aus dem US-amerikanischen Kontext übertragbar sei.[758]

Drittens bilden Neue Religiöse Kulturformen, beheimatet in städtischen Milieus, die moderne Variante der traditionellen Volksreligiosität. Es handelt sich hier um ganz neue Akteure, die den Anspruch erheben, das Religiöse zu repräsentieren.[759]

Zusammenfassend stellt sie hinsichtlich der Religiosität in der späten Moderne fest:

„Religiosität präsentiert sich – in einer für postmoderne Gesellschaften typischen Gleichzeitigkeit des Ungleichzeitigen – in vormodernen, modernen und eben postmodernen Mustern.[Fußnote gelöscht, SO] Traditionalistische bzw. fundamentalistische Einstellungen, die den Menschen an eine statische, als gottgewollt behauptete Ordnung binden, stehen neben einer Indienstnahme des Religiösen für die Bedürfnisse des Menschen; dieser wiederum wird eine Neuorientierung am Heiligen, Mythischen und Irrationalen entgegen-, oder eben besser: danebengestellt."[760]

Trotz dieser Gleichzeitigkeit des Ungleichzeitigen lässt sich postmoderne Religiosität nach der Einschätzung Widls in Grundmustern beschreibend zusammenfassen.

2.1.2 *Grundmuster postmoderner Religiosität*

Widl unterscheidet mit Bewusstseinswandel, Ganzheitlichkeit, Spiritualität und Netzwerk vier Grundmuster postmoderner Religiosität:[761]

---

757 Vgl. Widl, Religiosität, 355.
758 Vgl. ebd., 356.
759 Vgl. ebd., 352f.
760 Widl, ebd., 359.
761 Vgl. ebd., 360.

Bewusstseinswandel: Postmoderne Religiosität ist geprägt durch eine wachsende Bereitschaft zur Umkehr mit der Hoffnung auf einen neuen Geist bzw. ein neues Paradigma und zwar angesichts der Krise der Moderne, die das postmoderne Bewusstsein prägt, und aufgrund der Erkenntnis, dass die Moderne ihre eigenen Ziele verrät.

Ganzheitlichkeit: Postmoderne Religiosität kritisiert die Einteilung der Moderne in Sparten und sucht die Bereitschaft zu einer Sicht auf das Ganze, die sich zugleich der eigenen Begrenztheit bewusst ist.

Spiritualität[762]: Postmoderne Religiosität lebt mit der Überzeugung, dass der Mensch einen eigenen Ort nur durch eine ganz andere Welterfahrung, letztlich durch die Konfrontation mit dem ganz Anderen (Gott), findet.[763]

Netzwerk: Postmoderne Religiosität sucht nach Möglichkeiten des offenen und flexiblen Miteinanders zwischen verschiedenen Paradigmen, die zwar jeweils in sich beständig, zugleich aber aufeinander bezogen sind.
Aus der Sicht von Widl ergibt sich aus diesen Grundmustern die Herausforderung an die Kirche, das Religiöse neu in ihrer Praxis zu berücksichtigen:

> „Die Herausforderung der Postmoderne an die Kirche – und damit eine Aufgabe der Praktischen Theologie – besteht darin, das Religiöse im Kirchlichen neu zu verorten. [...] Die Kirche war in jenen Zeiten ihrer Geschichte stark, in denen sie den Alltag der Menschen umfassend prägen konnte."[764]

---

762 Vgl. weiterführend zum Thema Spiritualität: Jon Sobrino, Spiritualität und Nachfolge Jesu, in: Ellacuría/ Ders. (Hg.): Mysterium Liberationis. Grundbegriffe der Theologie der Befreiung. Bd. 2, Luzern: Edition Exodus 1996, 1087-1114. Diesen Hinweis verdanke ich Simon Harrich. Höhn, Identität – Authentizität - Spiritualität. Zeitdiagnostische Schlaglichter. Roman A. Siebenrock, Johannes Panhofer, Spiritualitäten. Thesen zur Orientierung, in: Zeitschrift für katholische Theologie 138 (2/2016), 133-158. Georg Schmid, Spiritualität im Trend? Erwägungen zum religiösen Markt der Gegenwart, in: Theologisch-Praktische Quartalschrift 154 (2006), 127-134. Margit Eckholt u.a. (Hg.), Die große Sinnsuche. Ausdrucksformen und Räume heutiger Spiritualität, Ostfildern: Grünewald 2016. Hierin besonders: Michael Schüßler, Differenzen der Spiritualität – praktisch-theologisch beobachtet, in: Eckholt u.a. (Hg.): Die große Sinnsuche. Ausdrucksformen und Räume heutiger Spiritualität, Ostfildern: Grünewald 2016, 21-40.

763 Der Bayreuther Religionswissenschaftler Christoph Bochinger bringt diese Existenzweise auf den Begriff des „spirituellen Wanderers". Vgl. Christoph Bochinger u.a., Die unbekannte Religion in der sichtbaren Religion – Formen spiritueller Orientierung in der religiösen Gegenwartskultur (Religionswissenschaft heute 3), Stuttgart: Kohlhammer 2009. Diesen Hinweis verdanke ich Marcus Minten.

764 Widl, Religiosität, 360.

Und weiter:

> "Unter diesen Voraussetzungen wird ein alle Lebensvollzüge umfassendes christliches Paradigma notwendig und möglich, das im Sinne des Konzils ‚Freude und Hoffnung, Trauer und Angst der Menschen von heute' (GS 1) in den Raum des Geistes Gottes stellt. An einer solchen explizit christlichen Religiosität und einer entsprechenden ‚Weltenpastoral'[Fußnote gelöscht, SO], die an ihrem Einsatz für Gerechtigkeit und für eine Optionalität zugunsten der Opfer zu messen sein wird, entscheidet sich heute und morgen die Relevanz der Kirchen."[765]

Vor dem Hintergrund dieser sehr grundsätzlichen Positionierung zu den Chancen postmoderner Religiosität profiliert Widl schließlich ein Anforderungsprofil postmoderner Kirchlichkeit.

2.2 Kirchlichkeit in der Postmoderne

Die für die Postmoderne typischen Deutungsmuster[766] sind auch für die Kirche gültig (2.2.1) und die konziliare Selbstbestimmung kirchlicher Sakramentalität (2.2.2) ist bei Widl das Fundament für die Reformulierung der kirchlichen Grundvollzüge[767] unter den Bedingungen der Postmoderne (2.2.3).

2.2.1 Deutungsmuster in der Kirche

In den 50er/ 60er/ 70er Jahren des letzten Jahrhunderts entstanden drei grundsätzlich differierende Deutungsmuster als Reaktion auf die Moderne. Widl unterschied zwischen dem traditionalen, modernen und postmodernen Deutungsmuster:[768]

---

765 Ebd., 361.
766 Englert definiert Deutungsmuster folgendermaßen: „Deutungsmuster sind durch signifikante Bezugsgruppen vermittelte, gedanklich meist eher einfach strukturierte, relativ dauerhafte Sichtweisen, die es dem einzelnen ermöglichen, eine Vielzahl von Orientierungsproblemen unaufwändig, ‚plausibel' und im Einklang mit seiner lebensgeschichtlich ausgebildeten Identität zu ‚bewältigen'." Englert zitiert nach: Widl, Weltentheologie, 149.
767 Grundlegend zu den kirchlichen Grundvollzügen: Rolf Zerfaß, Die kirchlichen Grundvollzüge – im Horizont der Gottesherrschaft, in: Konferenz der bayrischen Pastoraltheologen (Hg.): Das Handeln der Kirche in der Welt von heute. Ein pastoraltheologischer Grundriss, München: Don Bosco 1994, 32-50.
768 Vgl. zum Folgenden: Maria Widl, Christliche Pluralität in der Differenz der Deutungsmuster - Herausforderungen und Perspektiven, in: Krieger/ Sieberer (Hg.): Christlich leben in der Welt von heute, Linz: Wagner 2015, 13-32. Widl bezieht sich auf Englert, der zwischen antimodernistischem, modernem und transmodernem Deutungsmuster unterscheidet. Die drei Deutungsmuster werden dann von Widl weitergehend in fünf Lebensmustern ausdifferenziert.

Das moderne Deutungsmuster ist geprägt durch Emanzipation und Individualisierung der Personen, Vielfalt an Möglichkeiten und Werthaltungen, kritische Rationalität, methodischen Atheismus und Fortschrittsfaszination. Innerkirchlich findet dieses Deutungsmuster seine Entsprechung (und größten Früchte) auf dem Konzil. Es geht hierbei um einen existentiellen Glaubenszugang der Einzelnen, die gemeindliche Gestaltung des Kirchlichen und aktive Beteiligung der Laien.

Das traditionale Deutungsmuster entsteht im Erschrecken über die 68er-Bewegung. Die Moderne gilt diesem Muster als gefährlich für den Glauben, da ihr nichts mehr heilig ist und sie der Kirche die Macht entzieht. Dieses Deutungsmuster ist geprägt von der Angst vor Pluralität und erzeugt die Neigung zum Fundamentalismus. Rettend kann sich eine Umkehr zum wahrhaften Glauben und zu den alten Spielregeln des römisch-katholischen erweisen.

Das postmoderne Deutungsmuster entsteht angesichts des Bruchs des Fortschrittmythos am Beginn der 70erJahre (z.B. durch den Ölschock oder den Bericht „Die Grenzen des Wachstums"). Es wird zum prägenden Muster am Anfang des 21. Jahrhunderts. Dieses Deutungsmuster ist von massiven religiösen Sehnsüchten und der Suche nach pragmatischen Lösungen geprägt. Ein zugespitzter Individualismus findet in diesem Muster keinen Zugang mehr zum Gemeindechristentum. Bedeutsam ist hierbei ferner, dass eine globalisierte Wirtschaft eine neue Religion des Geldes prägt.

Die drei Deutungsmuster bestehen in Gesellschaft und Kirche der Postmoderne nebeneinander, sehen unterschiedliche gesellschaftliche Grundübel und schlagen daher auch unterschiedliche Lösungen vor:

Moderne sehen das Problem darin, dass mit der individuellen Freiheit nicht die Solidarität gewachsen ist. Die Lösung sehen sie in der Freiheit, die frei macht von der Angst, zu kurz zu kommen, und so bereit macht zum bestmöglichen Leben für alle.

Traditionale erachten Unübersichtlichkeit und damit verbundene Wertlosigkeit als Grundübel. Sie wollen zurück zu den alten Werten und zu daraus neu gefassten Lebensregeln.

Postmoderne erkennen das Problem in der Funktionalisierung des Lebens und dem damit verbundenen Sinnverlust. Die Lösung sehen sie in der Förderung von Lebensqualität als Kulturleistung. Hierdurch erwarten sie Zufriedenheit, weil die Dinge, die gebraucht werden, gut sind.

Diese Deutungsmuster widersprechen einander also sehr deutlich und können als Erklärung für innerkirchliche Konflikte herangezogen werden.[769]

---

[769] Widl vertritt hier die These, dass Kirchenkonflikte immer Paradigmenkonflikte sind, was etwa im Hinblick auf das derzeitige Projekt des Synodalen Weges eine erhellende Analyse darzustellen scheint. Vgl. zum Stichwort Paradigmenverschränkung Kapitel 0.2.

Da die Muster in hohem Maße different sind, lassen sie sich letztlich nicht harmonisieren oder überwinden, sondern nur durch Perspektivenverschränkung hinsichtlich ihrer Entwicklungsfähigkeit ausfalten. Englert beschreibt dies konkret im Hinblick auf Erwachsenenbildung:

> „Es geht darum, den positiven Gehaltsinn eines perspektivisch eingeschränkten Deutungsmusters zu erkennen (1), die ‚Richtung' zu erfassen, in welche dieses Deutungsmuster von daher zu entwickeln wäre (2), das kontrapunktische (Glaubens-)Motiv zu sehen, für das es in diesem Entwicklungsprozess besonders aufzuschließen gilt (3), auf die Verengungen einzugehen, denen die jeweilige Sichtweise durch eine solche Öffnung zu entgehen vermag (4), und schließlich die Aufgabe näher zu umreißen, die sich für eine perspektivenverschränkende Erwachsenenbildung in diesem Zusammenhang auftun."[770]

Dies greift Widl im Blick auf die Kirchlichkeit auf:

> „Ein Paradigma wird von seinen Stärken her beurteilt. Es wird dazu in seinen Wertmaßstäben erfasst. Konstruktive Kritik eröffnet ihm bisher verstellte Perspektiven. Diese wirken in den bisherigen Verengungen befreiend. Dieser Vorgang braucht und eröffnet Räume des Vertrauens. Ein mit Blick auf den gemeinsam bezeugten dreieinigen Gott so geführter Widerstreit über die je eigene Perspektive von Glaube, Hoffnung und Liebe ist kirchenkonstitutiv."[771]

Damit liegt ein pastoraltheologischer Ansatz vor, der postmoderne Perspektivität auf die kirchliche Situation hin konstruktiv erschließt. Diese Differenz der Deutungsmuster steht notwendigerweise im Hintergrund jeder weiterführenden Überlegung zur Praxis der Kirche in der Postmoderne, wie sie nachfolgend dargestellt wird.

2.2.2 Sakramentalität der Kirche

Die Konzilskonstitutionen Gaudium et spes und Lumen gentium erschließen wechselseitig das Selbstverständnis der Kirche als Sakrament des Geheimnisses der Liebe Gottes. Sakramentalität der Kirche ist demnach daran gebunden, dass auf der Pilgerschaft des Volkes Gottes alles menschliche Empfinden in

---

770 Englert zitiert nach: Widl, Weltentheologie, 153.
771 Ebd., 154f.

den Herzen der Gläubigen widerhallt. Die Schlussfolgerung daraus ist gravierend. Denn die Kirche selbst ist bereits Symbol (Sakrament), noch bevor sie sakramental (symbolisch) handelt.[772] Implizit prägen christliche Inhalte zwar weiterhin die Gesellschaft, doch explizit werden diese nun nur noch kirchlich sichtbar. Widl pointiert:

„Was Christsein ist, ist am Verhalten der Kirchen zu erkennen."[773]

Noch einmal anders angesetzt: Das Konzil hat Kirche verstanden in der Paradigmenverschränkung von Evangelium mit den realen Lebenswelten. Insofern sieht das konziliare kirchliche Selbstverständnis das Wesen der Kirche in der Sorge um den Menschen und das Wesen des Volkes Gottes in der Heiligung der Welt. Hierin vollzieht und konstituiert sich Kirche und hieraus ergeben sich aus der Sicht von Widl unter den Bedingungen der Postmoderne folgende Konsequenzen[774]:

1. Die implizite wirkt wesentlich stärker als die explizite kirchliche Symbolik, d.h. die Kirche kann keinen liebenden Gott verkünden, wenn nicht auch ihr Verhalten so wahrgenommen wird.
2. Kirche muss angesichts der Heterogenität der Lebenswelten zu einer Heterogenität ihrer Symbolisierungen gelangen, die nicht nur modern oder traditional, sondern auch postmodern sprachfähig sein müssen.
3. Kirche kann Engagiertheit in ästhetischen Fragen lernen, ohne in Verschwendungssucht zu verfallen.
4. Die Qualität kirchlicher Grundvollzüge ist viel stärker alltäglich zu suchen, denn wenn diese fehlt, kann sie nicht sakramental verdichtet werden. Es braucht eine größere Aufmerksamkeit für die Spuren Gottes im Alltag, d.h. auch den Abschied von der Säkularität. Nicht im Sinne moralischer Anstrengung, sondern im Sinne des ignatianischen „Gott suchen und finden in allen Dingen".
5. Die Symbolkraft des christlichen Handelns ist an einen Ort bzw. ein Ereignis gebunden, nämlich Freude und Hoffnung der Menschen. Dabei geht es nicht um Wellness, sondern um das Reich Gottes (Gerechtigkeit, Frieden, Freude). Darum muss es Kirche in allen Anfechtungen des menschlichen

---

[772] Dies korrespondiert mit der Analyse von Franz-Xaver Kaufmann, der von einer „Verkirchlichung des Christentums" spricht. Franz-Xaver Kaufmann, „Wir erleben derzeit einen Gärungsprozess". Ein Gespräch mit dem Soziologen Franz-Xaver Kaufmann, in: Herder Korrespondenz (9/2012), 447-452, hier 448.
[773] Widl, Gott im Weltlichen, 92.
[774] Vgl. ebd., 99f.

Lebens ganz real gehen. Nur dadurch wird sie auch ihrem sakramentalen Selbstverständnis gerecht.

Noch einmal anders formuliert: Unter den Bedingungen impliziter Symbolgestalt von Kirche ist jede Begegnung eines Menschen mit der Kirche bzw. mit Christ*innen, die aus ihrer Berufung leben, im Sinne der kirchlichen Grundvollzüge kairologisch zu verstehen:

„Die Dimensionalität der Grundvollzüge ist die Quelle des Kairos. Ohne sie wird der Blick auf Gott verstellt; in ihr bricht der Gottesgeist als Ereignis durch, in welchen Zusammenhängen und durch wen immer. Die Dimensionalität der Grundvollzüge ist damit die evangelisatorische Qualität der Kirche. Sie füllt die Sakramente der Kirche und die Kirche selbst als Grundsakrament mit leibhaftigem und geisterfülltem Leben. Sie ist auch der theologische Angelpunkt, um den Lebensstil einer Gesellschaft zu kritisieren, ihr also prophetisch ihre lebensfreundlichen Möglichkeiten unter den Augen Gottes offenkundig zu machen."[775]

Was bedeutet dies nun aber konkret für die kirchlichen Grundvollzüge?

2.2.3 Kirchliche Grundvollzüge postmodern reformuliert

Unter den Bedingungen postmoderner Religiosität suchen Menschen das Christsein nicht in der Kirche, sondern im Leben, sodass an die Kirche neue Erwartungen bzgl. Qualität gerichtet werden. Kirche kann sich dieser Herausforderung nicht zuletzt wegen ihres sakramentalen Selbstverständnisses stellen und so das Eigentliche des christlichen Glaubens der Zeit angemessen zum Ausdruck bringen und gestalten. Konkretisiert wird dies laut Widl in fünf Bereichen:[776]

Lebenshilfe bezeichnet die diakonische Seite des Christseins. Sie wird erfahrbar in Unterstützung, Beistand, Trost, Heilung, Befreiung, Versöhnung und Ermächtigung. Ihr Qualitätsmaßstab ist der Dienst. Es geht darum, einander nach den eigenen Möglichkeiten hilfreich zu sein, wie es dem anderen nach seinen Maßstäben guttut.

Berufung bezeichnet die gemeindliche Seite des Christseins. Hier geht es um Beheimatung im eigenen Ich in sozialen Gefügen (bis zur Kirche) und im Angesicht Gottes. Qualitätsmaßstab dieser Dimension ist die Liebe, ihr

---

775 Ebd., 98f.
776 Vgl. zum Folgenden: Widl, Pluralität 2015, 30-32.

Schlüsselthema sind die Charismen. Es geht darum, das dem Individuum Gemäße liebevoll zu entwickeln, sodass es zu einem wertvollen Mitglied der Gemeinschaft werden kann und so sein Lebensglück und die Berufung durch Gott erfährt. Explizit geht Widl darauf ein, dass die postmoderne Suche nach Lebensglück ein guter Anknüpfungspunkt für das christliche Verständnis von Berufung sei.

Orientierungswissen bezeichnet die verkündigende Seite des Christseins: Menschliche Lebenserfahrungen sind auf das Evangelium hin zu erschließen und Menschen von diesem her herauszufordern. Qualitätsmaßstab ist hier eine Wahrheit in Barmherzigkeit; das Schlüsselthema ist die Umkehr der Werte vom normalen Blickwinkel (Selbstdarstellung, Eigennutz, Bequemlichkeit) zur Ausrichtung an Gerechtigkeit (Solidarität und Verantwortung), Schöpfungsfrieden (paradiesische Lebensgestaltung nach Gärtner*innen-Art) und Freude im Heiligen Geist (gelassene Arbeit und heiteres Gottvertrauen).

Verheißung und kritische Unterscheidung bezeichnen die prophetische Seite des Christseins. Das Reich Gottes wird zur lebendigen Erfahrung, wo der Möglichkeitssinn der Hoffnung die Perspektivlosigkeit der Sachzwänge ersetzt. Dementsprechend wird hier die Hoffnung der Qualitätsmaßstab und positive Kritik zum Schlüsselthema. Auf diese Weise kann sich Befreiung zu je größeren gottgewollten Perspektiven ereignen. Wichtig ist bei Widl, dass die Verheißung die Lebenshilfe ergänzt, denn dadurch wird verhindert, dass Pastoral zu einem schlichten Wellness-Angebot verkommt.

Erlöste Lebendigkeit bezeichnet die sakramentale Seite des Christseins. Hierbei geht es um die spirituelle Verankerung des ganzen Menschen im Heiligen durch existentiell-sakramentale Einzelerfahrungen. Diese führen zu Staunen, ehrfürchtiger Dankbarkeit und strahlender Lebensfreude. Qualitätsmaßstab ist hier eine heitere Gelassenheit. Kreuz und Auferstehung werden zum Schlüsselthema, weil Christ*innen immer Gekreuzigte, zwischen Himmel und Erde, zwischen der Logik des Alltags und der Logik des Reich Gottes sind. Da christliches Leben bereits den Samen der Auferstehung birgt, ist es Aufgabe des Christseins, diese zum Keimen und Wachsen zu bringen. Dabei sollte Gottes Anteil eher zu groß als zu klein eingeschätzt werden.

Widl bringt ihre Überlegungen zu den kirchlichen Grundvollzügen bereits in ihrer Habilitationsschrift auf den Punkt:

„Die koinonale Dimension ist durch die Qualität der Begegnung bestimmt. Sie wird in der Versöhnung geübt und gipfelt im gemeinsamen Mahl, für das die Schwerter zu Pflugscharen und die Messer zu Essbesteck werden. Die doxologale Dimension entfaltet sich auf der Basis des Vertrauens. Sie wird in Gebet und Liebe geübt und gipfelt in Glück, Gesang und Ektase. Die diakonale Dimension entscheidet sich an der Gerechtigkeit, die den Marginalisierten und den Opfern nach deren Wertmaßstäben des Guten zuteilwird. Sie gipfelt im Schöpfungsfrieden, der ein Leben in Fülle für alle bedeutet. Die martyriale Dimension wurzelt, wie schon ausgeführt, in der Berufung. Sie gipfelt in den großen Taten, die die Herrlichkeit Gottes verkünden."[777]

Alle fünf Bereiche sind kirchenkonstitutiv und haben in der Postmoderne nur in ihrem Zusammenwirken evangelisierenden Charakter:

„Von daher kann ein Handeln postmodern nur dann als kirchlich gelten, wenn darin die christliche Berufung in all ihren Dimensionen gleichermaßen wahrgenommen werden will. [...] Wo umgekehrt in kirchlichen Handlungsfeldern diese Dimensionalität der Grundvollzüge negiert wird oder unbeachtet bleibt, geht ihr evangelisierendes Potential verloren; sie verkommen zu Geschäftigkeit oder Bürokratie."[778]

In welchem Verhältnis stehen nun die im Gang der vorliegenden Untersuchung entwickelten Optionen christlicher Freude zu den hier skizzierten postmodern-reformulierten kirchlichen Grundvollzügen?

2.3 Freude im Kontext kirchlicher Grundvollzüge

Die im Rahmen dieser Untersuchung entwickelten fünf Optionen einer Pastoral, die sich der Freude des Evangeliums verpflichtet weiß, sind in weiten Teilen anschlussfähig an die von Widl postmodern formulierten kirchlichen Grundvollzüge. Im Einzelnen zeigt sich dies folgendermaßen:

2.3.1 Freude und Lebenshilfe

Die diakonische Seite des Christlichen erschließt Widl als Lebenshilfe, die in spezifischen Qualitäten (sie nennt Unterstützung, Trost, Heilung, Befreiung, Versöhnung und Ermächtigung) zu erfahren ist. Dabei ist die entscheidende Qualität der Dienst, der sich nach den je eigenen Möglichkeiten an den Bedürfnissen des Anderen ausrichtet.

Diese Perspektive hatte sich in dieser Untersuchung vor allem darin gezeigt, dass die Freude des Evangeliums eine Praxis einschließt, die die ganzheitliche Entwicklung von Menschen, und zwar in allen Dimensionen des

---
777 Widl, Welttheologie, 224f. Hier fehlt allerdings die prophetische Seite.
778 Ebd., 224.

Menschseins, im Blick hat. Dabei ist in besonderer Weise das kleine Glück des Alltags als glaubensrelevant in den Blick gekommen, weil sich hierin oftmals jene Erfahrungen zeigen, die Menschen guttun (Befreiung, Liebe, Trost usw.). Für christliche Praxis, die an der Freude Maß nimmt, wurde dabei als besonders relevant die Haltung des Entdeckens erkennbar. Ein Spezifikum christlicher Lebenshilfe könnte dabei die Perspektive sein, dass sie immer mit der Fragmentarität und Vorläufigkeit solcher Erfahrungen rechnet, ohne diese abzuwerten.

Von Widl abweichend wäre hier aber auch eine prophetisch-kritische Dimension[779] darin zu sehen, dass das, was Menschen guttut, auch sozial eingebunden sein muss. Mit anderen Worten: In gesellschaftlicher Hinsicht erweist sich eine Pastoral, die an der Freude des Evangeliums Maß nimmt und sich insofern als Lebenshilfe versteht, als prophetisch-kritisch, wenn sie in der Spur Jesu die sozialen Zusammenhänge von Freude und Glück bzw. deren Mangel aufdeckt, ohne dabei die Hoffnung auf die je größeren Möglichkeiten Gottes zu verlieren.

Um der Freude willen erweist sich Pastoral also auch als Lebenshilfe, insofern sie Strukturen und Mechanismen kritisiert, die der Freude entgegenstehen. Die Peripherien des Lebens und unser gemeinsames Haus sind dabei für die Pastoral der Kirche Orte von herausragender Bedeutung.

2.3.2 Freude und Berufung

Die gemeindliche Dimension kirchlicher Praxis reformuliert Widl in der Perspektive von Berufung. Sie betont, dass die postmoderne Suche nach Lebensglück in dieser Perspektive besonders anknüpfungsfähig ist. Die Dignität der individuellen Berufung kommt in der Wertschätzung der Charismen zum Vorschein und wird in ihrer Verwirklichung schön. Diesbezüglich ist bei Widl die Liebe die entscheidende Qualität. Dabei ist die Berufungsperspektive keineswegs individualistisch verengt, sondern notwendigerweise auf Gemeinschaft hin offen im Angesicht Gottes – bis hin zur Kirche.

Diese Dimension war ein Schwerpunktthema dieser Untersuchung. So wurde die Auffassung vertreten, dass die Pastoral Menschen in ihrer individuellen Entwicklung zu fördern habe, weil dies eine entscheidende Voraussetzung für die Erfahrung von Freude und glückendem Menschsein darstellt. Dabei wurde explizit darauf aufmerksam gemacht, dass hierzu ein positiver Zugang zu allen Dimensionen des Menschseins unter der Anerkennung der

---

779 Im Rahmen dieser Studie erweist sich die kritisch-prophetische Dimension als ‚cantus firmus', der auch alle übrigen Dimensionen prägt.

Geschöpflichkeit erforderlich ist. Es wurde herausgestellt, dass kirchliche Pastoral Räume und Ausdrucksformen zur Verfügung stellen kann, wo Menschen – auch in diesem Sinne – Glückserfahrungen als Gotteserfahrungen deuten und feiern können. Dass Menschen das Glück ihres Lebens finden können, wurde dann auch als Ziel von Pastoral bezeichnet, wobei sich dies in der Spur Jesu bewegt.

Über Widl hinausgehend wurde aber auch formuliert, dass insbesondere die regelmäßigen Feiern von Taufe und Eucharistie Erfahrungsräume zweckfreier Schönheit sind. Insgesamt ist aber der Einschätzung von Widl zuzustimmen, dass die postmoderne Suche nach Lebensglück besonders anknüpfungsfähig ist für die kirchliche Praxis.

Zugleich jedoch zeigt sich in diesem Bereich als kritisch-prophetischer Aspekt, dass sich eine Pastoral, die sich der Freude des Glaubens verpflichtet weiß, jenen kulturellen Vorstellungen widersetzt, die Identität als abgeschlossene Ganzheit betrachten. Demgegenüber sind von christlicher Pastoral, Entwicklungsfähigkeit und -bedürftigkeit, Ambivalenzen und Geheimnishaftigkeit der Existenz offenzuhalten.

2.3.3 Freude und Orientierungswissen

Mit dem Stichwort Orientierungswissen kennzeichnet Widl die martyriale Dimension kirchlicher Praxis. Ein solches Wissen braucht es, um menschliches Leben auf die Frohe Botschaft hin zu erschließen und Menschen dadurch zugleich herauszufordern. Zu diesen Wissensbeständen des christlichen Glaubens gehören insbesondere eine Umkehr der Werte in Richtung von Gerechtigkeit, Schöpfungsfrieden und Freude im Heiligen Geist. Als Qualitätsmaßstab nennt Widl Wahrheit in Barmherzigkeit.

Auch bezüglich der martyrialen Dimension ergeben sich zahlreiche Anknüpfungsmöglichkeiten. So hat sich gezeigt, dass eine Pastoral, in deren Mittelpunkt die Freude steht, grundlegend um den schöpferisch-präsenten Gottesgeist in allem Lebendigen weiß. Sie anerkennt außerdem die Geschöpflichkeit, die ihn mit allem Lebendigen verbindet und eine entsprechende Umkehrbewegung erfordert. Es wurde deutlich, dass Pastoral sich deshalb auch im Raum der Schöpfung zu verorten hat, der ja ein Ort der Gegenwart des Gottesgeistes ist. Ferner wurden Solidarität und Gerechtigkeit als wichtige Schlüsselthemen benannt.

Ein Wissen um die Freude des christlichen Glaubens erweist sich also besonders dann als prophetisch-kritisch, wenn menschliche Perspektiven an ein

Ende gelangen. Denn sie ist gebunden an die kritische Erinnerung an das Wort Gottes, das sich nicht rein innerweltlich sprechen lässt.

2.3.4 Freude und Verheißung

Die Verheißungs-Dimension als Prophetie verweist bei Widl auf die je größere Perspektive, die Gott schenken kann. Sie äußert sich konkret in einer Hoffnung, die auch noch dort lebendig ist, wo Menschen angesichts von individuellen oder gesellschaftlichen Grenzen keine Perspektiven mehr sehen können. Insofern beinhaltet diese Dimension bei Widl den Aspekt von positiver Kritik an gegenwärtigen Verhältnissen. Theologisch betrachtet wird dies immer dort wirklich, wo Menschen die eschatologisch ausstehende Vollendung der Gottesherrschaft schon präsentisch erfahren. Auch im Hinblick auf die Freude des Evangeliums zeigte sich in dieser Studie die Notwendigkeit, einen Zusammenhang zwischen präsentischer und zukünftiger Eschatologie herzustellen.

Hier differieren allerdings auch die Ansätze. Widl geht davon aus, dass die eschatologische Perspektive einen kritischen Impuls für die Praxis beinhaltet. In dieser Studie wurde der Zusammenhang dagegen insofern hergestellt, als die Erfahrung präsentischer Eschatologie den Ausblick auf ausstehende Vollendung ermöglicht. Hier wurde also der prophetische Charakter nicht gesehen. Dennoch fällt er auch hier keineswegs aus.

Die prophetisch-kritische Dimension einer Pastoral, die sich an der Freude orientiert, gründet dann in der Erfahrung von Barmherzigkeit und im Maßstab der Seligpreisungen.

2.3.5 Freude und erlöste Lebendigkeit

Staunen, ehrfürchtige Dankbarkeit und strahlende Lebensfreude sind bei Widl Folgewirkungen von existentiell-sakramentalen Einzelerfahrungen, die von ihr als Dimension erlöster Lebendigkeit (sakramentale Seite) erschlossen werden. Christ*innen verorten sich demnach als mit Jesus Gekreuzigte zwischen Himmel und Erde, zwischen Reich Gottes und Alltag, zwischen Kreuz und Auferstehung, was sie zur Qualität heiterer Gelassenheit führt. Ihre Aufgabe besteht darin, in ihrem Leben die Auferstehung zum Keimen und Wachsen zu bringen, im Vertrauen auf die größeren Möglichkeiten Gottes.

Eindeutig zeigt sich hier die Anschlussfähigkeit in der Betonung von Gelassenheit, Staunen, Dankbarkeit und Lebensfreude als Elementen eines spezifisch christlichen Lebensstils. Darüberhinausgehend hatten sich in dieser

Untersuchung auch Demut, Einfachheit, Bejahung und weltoffene Selbstbestimmung als Ausdrucksformen einer ökologischen Spiritualität gezeigt.

Dieser Lebensstil erweist sich insofern als prophetisch-kritisch, als er Menschen vor übersteigerten Machbarkeits- und Allmachtsphantasien erlöst.

Soweit zu Konvergenzen und Differenzen zwischen den vorgeschlagenen Optionen der Freude als christliche Praxis und den fünf Grunddimensionen kirchlicher Praxis bei Widl.

Im Hinblick auf die von Widl skizzierten Konsequenzen impliziter Kirchlichkeit in der Postmoderne (vgl. 2.2.2) und vor dem Hintergrund der exemplarisch analysierten Entdeckungsorte (vgl. 1) lässt sich abschließend die spezifische ekklesiologische Perspektive der fünf Optionen thesenartig verdichten:

- Vor dem Hintergrund eines spezifischen Interesses der Postmoderne am Lebensglück kann die christliche Kirche die Freude des Evangeliums nur dann (verbal) verkünden, wenn auch ihre implizite Praxis entsprechend wahrgenommen werden kann.
- Angesichts der kulturellen Vielfalt von Glückserfahrungen in den heterogenen Lebenswelten ist es für die Kirche zukunftsweisend, diesbezüglich sprachfähig zu sein und diese Erfahrungen in heterogener Vielfalt zu symbolisieren.
- Kirche kann sich um der Freude des Evangeliums willen in ästhetischer Perspektive pluralisieren, ohne dabei der Gefahr einer Ästhetisierung zu erliegen, die der Freude des Evangeliums zuwiderläuft.[780]
- Augenblicksmomente und das kleine Glück im Alltag stellen einen großen Schatz für die Kirche dar. Diese sind mit Aufmerksamkeit, Neugierde und Entdeckergeist als Spuren Gottes im Alltag wahrzunehmen, auch im Sinne eines Abschieds vom Säkularisierungsparadigma. Denn solche Erfahrungen sind die Voraussetzung (und nicht das Gegenteil) sakramentaler Verdichtung.

Dem fünften von Widl benannten Aspekt ist ohne Abstriche zuzustimmen:

- „Ein neues Bewusstsein für die Ästhetik des Glaubens und die Symbolkraft christlichen Handelns ist an den Ort gebunden, den das Konzil angibt: die Freuden und Hoffnungen, Trauer und Ängste der Menschen. Eine Kirche, die nach Auschwitz und angesichts moderner Armutsfallen und globaler Ausbeutung keine Option der Gerechtigkeit für die Armen, die Ausgebeuteten

---

[780] Insofern wären die hier formulierten praktisch-theologischen Optionen bspw. im Hinblick auf unterschiedliche Deutungsmuster, Milieus, Generationen, pastorale Handlungsorte, aber auch in kirchenentwicklerischer Perspektive weiterzuführen.

und die Opfer trifft, macht aus der kraftvoll prophetischen Ästhetik des Glaubens eine schwächliche liebliche Oberflächenkosmetik. Die Kirche ist Sakrament, weil sich durch sie verlässlich das Reich Gottes immer neu Bahn bricht. Es bedeutet Gerechtigkeit, Frieden und Freude – ganz real und erst dadurch symbolisch."[781]

Damit hat sich gezeigt, dass die Fokussierung auf die Freude des Evangeliums als Maßstab der Pastoral angesichts einer Kultur, die u.a. das Glück als Leitthema kennt, an gegenwärtige pastoraltheologische Theoriebildung anknüpft und diese fortschreibt.

Die umfangreichen Studienergebnisse werden im folgenden Teil zusammengefasst, wobei insbesondere die terminologische Frage nach Freude oder Glück abschließend beantwortet wird.

---

781 Widl, Gott im Weltlichen, 100.

V RÜCKBLICK: CHRISTLICHE FREUDE ALS GLÜCK

Wie kann die Freude des christlichen Glaubens unter den Bedingungen gegenwärtiger Kultur profiliert und kultiviert werden? Zur Beantwortung dieser Frage wollte diese Studie, insbesondere vor dem Hintergrund einer als krisenhaft wahrgenommen Situation der Kirche, einen Beitrag leisten.

Am Beginn stand die These, dass die Freude des christlichen Glaubens in der Praxis prekär geworden ist. Dies stellt, so hat sich gezeigt, in zweifacher Hinsicht eine Problemanzeige dar: Erstens, weil die Suche nach Glück und gelingendem Leben in der gegenwärtigen Kultur ein Schlüsselthema geworden ist. Es muss gesehen werden, dass der Glücksdiskurs „wie ein Gottesdienst" (Schulze) alle gesellschaftlichen Bereiche durchzieht und in allen Wissenschaftsbereichen reflektiert wird, wie Bellebaum und Leimgruber konstatieren. Zweitens, weil Freude und Glück Schlüsselthemen des christlichen Glaubens sind. So spricht P. Franziskus davon, dass der Mensch ein „Recht auf Leben und Glück" (LS 43) hat und dass mit Jesus Christus immer die Freude verbunden ist (vgl. EG 1). Der Eindruck, dass das Christentum der Freude entgegensteht, ist, so Ratzinger in seiner Prinzipienlehre, bedeutsamer für „Entkirchlichung als all die theoretischen Probleme, die der Glaube heute aufgeben mag".

Es ist also davon auszugehen, dass es in der gegenwärtigen Kultur nicht nur die Theodizee ist, die den Gottesglauben für viele Menschen prekär macht, sondern auch die Tatsache, dass das Glück immanent gesucht und gefunden werden kann. Insofern gilt es, Freude und Glück des Lebens (neu) als Thema christlicher Praxis zu entdecken; Christ*innen sollten diesbezüglich denk- und sprachfähig sein.

Im Studienverlauf wurden in dieser Hinsicht fünf Optionen für die pastorale Praxis entwickelt:

- Das alltägliche Glück als Gottesglück entdecken und deuten
- Ganzheitliche menschliche Entwicklung fördern
- Freude als schöpfungsgemäßen Lebensstil kultivieren
- Gerechte und solidarische Netzwerke verantwortlich mitgestalten
- Gottes Schönheit feiernd wahrnehmen

Diese Optionen sind als mögliche Antworten auf die Ausgangsfrage und damit als Vorschläge zu verstehen, in welcher Weise die Freude des christlichen Glaubens neu profiliert werden kann. Einzuräumen ist zweifelsohne, dass diese

Optionen in kulturwissenschaftlicher, sozialwissenschaftlicher und theologischer Hinsicht perspektivisch erschlossen wurden und damit diskussionswürdig und ergänzungsbedürftig sind.

Am Ende dieser Studie steht eine entscheidende Erkenntnis: Die Freude des Evangeliums kann nicht einfach hergestellt oder plakativ zur Schau gestellt werden. Sie kann nur auf vielschichtige Weise erfahren werden und ist insofern ein der postmodernen Multiperspektivität angemessenes einheitsstiftendes und über die sichtbaren Kirchengrenzen hinausweisendes Merkmal christlicher Existenz.

Wichtig scheint, dass die Freude in der „Analogia entis" (DH 806) verwurzelt ist. Lebenspraktischer formuliert: Christ*innen können Freude dankbar erfahren als Augenblicksglück, das ihr Streben, ihren gelassenen Lebensstil ausrichtet und das sie in Netzwerke der Mit-Verantwortung als Mit-Geschöpfe in allen Dimensionen ihrer Existenz führt.

Will man die Freude aber reflektierend einholen und mit Begriffen fassen, so geht das nur im Wissen um ihre je größere Geheimnishaftigkeit. Denn als eine ‚Schwester der Stille' entzieht sich die Freude, sobald man über sie spricht oder Menschen in ihrem Namen vereinnahmen will. Zu versuchen, die Freude dennoch perspektivisch zu erschließen, war Anliegen dieser Studie. Mit den hier erschlossenen fünf Optionen liegen Diskussionsbeiträge im Hinblick auf eine zukünftige pastorale Praxis vor, die ihr zentrales Motiv darin sieht, christliche Freude als Glück zu kultivieren.

DANK

Eine Promotion ist ein Entwicklungsprozess im umfassenden Sinne, ein Promovere in allen Dimensionen des Menschseins. Ich bin dankbar, dass ich in diesem Sinne in den Jahren 2015 bis 2020 Gelegenheit zum Voran-schreiten hatte. Die vorliegende Studie ist ein Ergebnis dieser Pro-motionszeit. Sie wurde im Februar 2020 vor Beginn der sog. Corona-Pandemie an der Katholisch-Theologischen Fakultät der Universität Erfurt eingereicht und im Juli 2020 als Dissertation angenommen. Sie liegt hier in leicht gekürzter Fassung vor.

Ich danke dem Bischof von Essen, Dr. Franz-Josef Overbeck, und seinen engsten Mitarbeitenden für die Ermöglichung dieses Projektes und die überaus wohlwollende, interessierte und fördernde Begleitung.

Der Gemeinde am Jugendhaus St. Altfrid in Essen-Kettwig gilt mein Dank für alle geistliche Verbundenheit während dieser Zeit. Ich habe mich hier sehr getragen gefühlt.

Ich danke den Mitgliedern des Erfurter Oberseminars – namentlich Johannes Döring, Eva Escher, Alexander Heinze, Cordula Schonert-Sieber und Florian Ulbrich – für viele anregende Diskussionen, für jede kollegiale Beratung und für manches kritische Feedback.

Auch danke ich denjenigen, die mich bei der Erstellung des Manuskriptes durch inhaltliche und formale Korrekturen unterstützt haben, besonders Peter Gerding, Dr. Simon Harrich, Sarah Laudinski, Marcus Minten, Patrick Schoden und Christiane Weiser.

Ein Dank gilt ferner Frau Prof.in Dr. Julia Knop für die Erstellung des Zweitgutachtens, den Herausgebern der „Erfurter Theologische Studien", Prof.in Dr. Elke Mack, Prof. Dr. Josef Römelt und Prof.in Dr. Myriam Wijlens, für die unkomplizierte Aufnahme in die Reihe und Herrn Heribert Handwerk, dem zuständigen Lektor beim Echter Verlag.

Besonders aber danke ich meiner Doktormutter Frau Prof.in Dr. Maria Widl. Danke, dass Du mein Projekt mit Vertrauen, geistlichem Tiefgang und wissenschaftlicher Expertise begleitet hast!

Ich widme diese Dissertationsschrift schließlich jenen Menschen, die mich seit dem ersten Augenblick meines Daseins die Freude gelehrt haben.

Essen, 12. Januar 2021
Stefan Ottersbach

VI LITERATURVERZEICHNIS

Abart, Christine, Lebensfreude und Gottesjubel. Studien zu physisch erlebter Freude in den Psalmen (Wissenschaftliche Monographien zum Alten und Neuen Testament 142), Göttingen: Vandenhoeck & Ruprecht 2014.

Altner, Günter, Die Überlebenskrise in der Gegenwart. Ansätze zum Dialog mit der Natur in Naturwissenschaft und Theologie, Darmstadt: WBG 1987.

Amery, Carl, Hitler als Vorläufer. Auschwitz – der Beginn des 21. Jahrhunderts?, München: Luchterhand 2002.

Ansorge, Dirk, Kehl, Medard, Und Gott sah, dass es gut war. Eine Theologie der Schöpfung, Freiburg: Herder 32018.

Arzt, Shabnam und Wolfgang, Umarmen und loslassen. Was wir in 13 Jahren mit unserer totkranken Tochter über das Leben gelernt haben, München: Ludwig 2017.

von Balthasar, Hans Urs, Die Freude und das Kreuz, in: Internationale katholische Zeitschrift Communio 33 (4/2004), 306-316.

Ders., Striet, Magnus, Berger, Rupert, Möllenbeck, Thomas, Kahrs, Jean-Rodolphe, Lobkowicz, Nikolaus, Die Freude (Themenheft), in: Internationale katholische Zeitschrift Communio 33 (4/2004).

Bamberg, Corona, Adventsfreude. Gedanken in einer Zeit wachsender Ratlosigkeit, in: Stimmen der Zeit 59 (6/1986), 401-405.

Dies., Freude am Glauben – wer glaubt uns das?, in: Stimmen der Zeit 49 (6/1976), 404-421.

Bär, Martina, Gottebenbildlichkeit als Sinnpotential. Zum Verhältnis von Theologischer Anthropologie und Glücksforschung, in: Dies./ Paulin, Maximilian (Hg.): Macht Glück Sinn? Theologische und philosophische Erkundungen, Ostfildern: Grünewald 2014, 205-234.

Dies., Irdisches Glück mit Gott und heutiger Sinn im Glauben, in: Dies./ Paulin, Maximilian (Hg.): Macht Glück Sinn? Theologische und philosophische Erkundungen, Ostfildern: Grünewald 2014, 8-17.

Dies., Paulin, Maximilian (Hg.), Macht Glück Sinn? Theologische und philosophische Erkundungen, Ostfildern: Grünewald 2014.

Baraz, James, Alexander, Shoshana, Freude. Mit einem Geleitwort von Jack Kornfield und einem Vorwort von Ram Dass, München: Nymphenburger 2011.

Bauer, Christian, Konstellative Pastoraltheologie. Erkundungen zwischen Diskursarchiven und Praxisfeldern (Praktische Theologie heute 146), Stuttgart: Kohlhammer 2017.

Ders., Spuren in die Nachfolge? Zukunft aus dem jesuanischen Wandercharisma, in: Pastoraltheologische Informationen 32 (2/2012), 13-34.

Bauman, Zygmunt, Wir Lebenskünstler. Aus dem Englischen von Frank Jakubzik (edition suhrkamp 2594), Berlin: Suhrkamp 2010.

Baumann, Klaus, Büssing, Arndt, Frick, Eckhard, Jacobs, Christoph, Weig, Wolfgang (Hg.), Zwischen Spirit und Stress. Die Seelsorgenden in den deutschen Diözesen, Würzburg: Echter 2017.

Bellebaum, Alfred, Glück. Erscheinungsvielfalt und Bedeutungsreichtum, in: Ders. (Hg.): Glücksforschung. Eine Bestandsaufnahme, Konstanz: UVK 2002, 13-42.

Ders., Bartheier, Klaus (Hg.), Glücksvorstellungen. Ein Rückgriff in die Geschichte der Soziologie, Wiesbaden: VS 1997.

Ders., Schaaf, Herbert, Zinn, Karl-Georg (Hg.), Ökonomie und Glück. Beiträge zu einer Wirtschaftslehre des guten Lebens, Opladen: Westdeutscher 1999.

Berger, Rupert, Die Freude an Gott ist unsere Stärke. Gottesdienst – Fest der Freude, in: Internationale katholische Zeitschrift Communio 33 (4/2004), 335-343.

Bergmann, Ute, Glücksversprechen. Diskursive Formationen einer Verheißung, hg. v. Schmidt, Andreas (Praxis und Kultur 3), Göttingen: Cuvillier 2013.

Bergoglio, Jorge Mario, P. Franziskus, Über die Selbstanklage. Eine Meditation über das Gewissen. Mit einer Einführung von Michael Sievernich SJ, Freiburg: Herder 2013.

Berkmann, Burkhard Josef, Freut euch zu jeder Zeit!, in: Geist und Leben 77 (1/2004), 15-25.

Betz, Otto, Willst du normal sein oder glücklich? Aufbruch in ein neues Leben und Lieben, München: Heyne 2011.

Ders., Zum Glück gibt es die Freude (Münsterschwarzacher Kleinschriften 190), Münsterschwarzach: Vier-Türme 2014.

Binswanger, Mathias, Der Wachstumszwang – Warum die Volkswirtschaft immer weiterwachsen muss, selbst wenn wir genug haben, Weinheim: Wiley-VCH 2019.

Ders., Die Tretmühlen des Glücks. Wir haben immer mehr und werden nicht glücklicher. Was können wir tun?, Freiburg: Herder 2006.

Ders., Why Does Income Growth Fail to Make Us Happier? Searching for the Tread-mills Behind The Paradox of Happiness, in: Journal of Socio-Economics 35 (2/2006), 366-381.

Block, Katharina, Von der Umwelt zur Welt. Die Bedeutung des Weltbegriffs für die Umweltsoziologie (Dissertation), Bielefeld: transcript 2014.

Bochinger, Christoph, Gebhardt, Winfried, Engelbrecht, Martin, Die unbekannte Religion in der sichtbaren Religion – Formen spiritueller Orientierung in der religiösen Gegenwartskultur (Religionswissenschaft heute 3), Stuttgart: Kohlhammer 2009.

Boff, Leonardo, Hathaway, Mark, Ökologie und die Theologie der Natur, in: Concilium 54 (5/2018), 509-518.

Bohren, Rudolf, Vom Heiligen Geist. Fünf Betrachtungen (Kaiser Traktate 57), München: Kaiser 1981.

Bollnow, Otto Friedrich, Vom Geist des Übens. Eine Rückbesinnung auf elementare didaktische Erfahrungen, Stäfa: Rothenhäusler 31991.

Bordt, Michael, Die Kunst, sich selbst zu verstehen. Den Weg ins eigene Leben finden. Ein philosophisches Plädoyer, München: ESV 22016.

Bormans, Leo (Hg.), Glück. The New World Book of Happiness. Mit den neuesten Erkenntnissen aus der Glücksforschung, Köln: DuMont 2017.

Bosmans, Phil, Vergiss die Freude nicht, Freiburg: Herder 2019.

Braulik, Georg, Freude II. Altes Testament, in: Religion in Geschichte und Gegenwart Bd. 3, Tübingen: Mohr Siebeck 42000, 347.

Braun, Annegret, Wie Frauen Glück erleben, Freiburg: Kreuz 2013.

Bröckling, Ulrich, Das unternehmerische Selbst. Soziologie einer Subjektivierungsform (suhrkamp taschenbuch wissenschaft 1832), Frankfurt/ M.: Suhrkamp 2007.

Ders., Gute Hirten führen sanft. Über Menschenregierungskünste (suhrkamp taschenbuch wissenschaft 2217), Berlin: Suhrkamp 2017.

Ders., Krasmann, Susanne, Lemke, Thomas, Gouvernementalität. Neoliberalismus und Selbsttechnologien. Eine Einleitung, in: Ders./ Krasmann, Susanne/ Lemke, Thomas (Hg.): Gouvernementalität der Gegenwart: Studien zur Ökonomisierung des Sozialen (suhrkamp taschenbuch wissenschaft 1490), Frankfurt/ M.: Suhrkamp 2007, 7-40.

Brunner, August, Das Geheimnis der christlichen Freude, in: Stimmen der Zeit 26 (6/1953), 414-422.

Buber, Martin, Das dialogische Prinzip, Göttingen: Schneider 1994.

Bucher, Anton A., Psychologie des Glücks. Ein Handbuch, Weinheim: Beltz 2009.

Bucher, Rainer, Christentum im Kapitalismus. Wider die gewinnorientierte Verwaltung der Welt, Würzburg: Echter 2019.

Ders., Pluralität als epochale Herausforderung, in: Haslinger, Herbert (Hg.): Handbuch Praktische Theologie. Bd. 1 Grundlegungen, Mainz: Grünewald 1999, 91-101.

Ders., „... wenn nichts bleibt, wie es war". Zur prekären Zukunft der katholischen Kirche, Würzburg: Echter 2013.

Bude, Heinz, Das Gefühl der Welt. Über die Macht von Stimmungen, München: Carl Hanser 2016.

Bund, Kerstin, Glück schlägt Geld. Generation Y: Was wir wirklich wollen, Hamburg: Murmann 2014.

Cabanas, Edgar, Illouz, Eva, Das Glücksdiktat. Und wie es unser Leben beherrscht (Aus dem Englischen von Michael Adrian), Berlin: Suhrkamp 2019.

de Chardin, Pierre Teilhard, Der Mensch im Kosmos (Sonderausgabe 1965), München: C. H. Beck 1959.

Claussen, Johann Hinrich, Ein theologischer Blick auf die gegenwärtige Suche nach dem Glück, in: Praktische Theologie 45 (1/2010), 11-17.

Cox, Harvey, Das Fest der Narren. Das Gelächter ist der Hoffnung letzte Waffe. Aus dem Amerikanischen von W. Simpfendörfers, Stuttgart: Kreuz 1970.

Csikszentmihalyi, Mihal, Seligman, Martin, Positive Psychology. An Introduction, in: American Psychologist 55 (2000), 5-14.

Ders., Finding Flow: the psychology of engagement with everyday life, New York: Basic Books 1998.

Ders., Flow. Das Geheimnis des Glücks, Stuttgart: Klett-Cotta 62019.

Dander, Franz Xaver, Die christliche Freude nach dem Heiligen Thomas v. Aquin, in: Stimmen der Zeit 4 (4/1929), 366ff.

David, Susan A., Boniwell, Ilona, Ayers, Amanda Conley (Hg.), The Oxford Handbook of Happiness (Oxford Library of Psychology), Oxford: OUP 2014.

Delgado, Mariano, Auf dem Weg zu einer pastoralen und missionarischen „Konversion". Überlegungen zu Evangelii gaudium, in: Zeitschrift für Missionswissenschaft und Religionswissenschaft 98 (1/2014), 142-147.

van der Loo, Hans, van Reijen, Willem, Modernisierung. Projekt und Paradox, München: dtv 1997.

Dessoy, Valentin, Lames, Gundo, Lätzel, Martin, Hennecke, Christian (Hg.), Kirchenentwicklung. Ansätze – Konzepte – Praxis – Perspektiven (Gesellschaft und Kirche – Wandel gestalten 4), Trier: Paulinus 2015.

di Fabio, Udo, Recht auf Glück? Contradictio in adjecto?, in: Internationale katholische Zeitschrift Communio 39 (2010), 547-554.

Dick, Stephan Josef, Wengst, Gertraud, Dick, Iris, Wertschätzung. Wie Flow entsteht und die Zahlen stimmen – Impulse und Praktiken zur Gestaltung gelingender Zusammenarbeit, München: Vahlen 2017.

Dobelli, Rolf, Die Kunst des guten Lebens. 52 überraschende Wege zum Glück, München: Pieper 2017.

Donauer, Sabine, Faktor Freude. Wie die Wirtschaft Arbeitsgefühle erzeugt, Hamburg: edition Körber-Stiftung 2015.

Dorst, Tankred, Die Freude am Leben. Drama/ Kupsch. Monolog. Stücke und Materialien (Mitarbeit Ursula Ehler) (edition suhrkamp theater 3409), Frankfurt/ M.: Suhrkamp 2001.

Dreamer, Oriah Mountain, Die Einladung (übersetzt von Ulla Rahn-Huber), München: Goldmann 2000.

Dürkheim, Karlfried Graf, Der Alltag als Übung. Vom Weg zur Verwandlung, Göttingen: Hohgrefe 122018.

Düsing, Edith, Neuer, Werner, Klein, Hans-Dieter (Hg.), Geist und Heiliger Geist. Philosophische und theologische Modelle von Paulus und Johannes bis Barth und Balthasar (Geist und Seele Bd. 6), Würzburg: Königshausen & Neumann 2009.

Duttweiler, Stefanie, Sein Glück machen. Arbeit am Glück als neoliberale Regierungstechnologie, Konstanz: UVK 2007.

Easterlin, Richard A., Does Economic Growth Improve the Human Lot?, in: David, Paul A. David / Reder, Melvin W. (Hg.): Nations and Households in Economic Growth: Essays in Honor of Moses Abramovitz, New York Academic Press 1974, 89-125.

Ebertz, Michael N., Sinn, Glück, Erfolg. Glück in den Sinusmilieus, in: Thomas, Peter Martin/ Calmbach, Marc (Hg.): Jugendliche Lebenswelten. Perspektiven für Politik, Pädagogik und Gesellschaft, Berlin: Springer Spectrum 2013, 299-316.

Eckholt, Margit, Siebenrock, Roman A., Wodtke-Werner, Verena (Hg.), Die große Sinnsuche. Ausdrucksformen und Räume heutiger Spiritualität, Ostfildern: Grünewald 2016.

Edenhofer, Ottmar, Bolz, Norbert, Vogt, Markus, Wallacher, Johannes, Maier, Martin, Becka, Michelle, Laudato si', in: Lebendige Seelsorge 70 (1/2019).

Ders., Flachsland, Christian, Laudato si'. Die Sorge um die globalen Gemeinschaftsgüter, in: Stimmen der Zeit 140 (9/2015), 579-591.

Edwards, Denis, Entwurf einer ökologischen Heilig-Geist- und Wort-Gottes-Theologie, in: Concilium (2011), 345-353.

Ders., The Natural World and God. Theological Explorations (ATF Scholars Collection 4), Adelaide: ATF Publishing Group 2017.

Ehrenberg, Alain, Das erschöpfte Selbst. Depression und Gesellschaft in der Gegenwart (Frankfurter Beiträge zur Soziologie und Sozialphilosophie 6), Frankfurt/ M.: Campus 2004.

Eicher, Peter (Hg.), Neues Handbuch theologischer Grundbegriffe, München: Kösel 2005 (Neuausgabe).

Englert, Rudolf (Hg.), Glück und Lebenskunst (Jahrbuch der Religionspädagogik 29), Neukirchen-Vluyn: Vandenhoeck & Ruprecht 2013.

Ders., Religiöse Erwachsenenbildung. Situation – Probleme – Handlungsorientierung (Praktische Theologie heute 7), Stuttgart: Kohlhammer 1992.

Erikson, Erik H., Identität und Lebenszyklus (suhrkamp taschenbuch wissenschaft 16), Frankfurt/ M.: Suhrkamp 282017.

Esch, Tobias, Die Neurobiologie des Glücks. Wie die Positive Psychologie die Medizin verändert, Stuttgart: Thieme 32017.

Everett, Daniel Leonard, Das glücklichste Volk. Sieben Jahre bei den Pirahá-Indianern am Amazonas, München: Pantheon 2012.

Feiter, Reinhard, Das Evangelium wird zur „guten Nachhricht", in: Ders./ Müller, Hadwig (Hg.): Frei geben. Pastoraltheologische Impulse aus Frankreich (Bildung und Pastoral 1), Freiburg: Herder 2012, 137-151.

Ders., Von der pastoraltheologischen Engführung zur pastoraltheologischen Zuspitzung der Praktischen Theologie, in: Göllner, Reinhard (Hg.): „Es ist so schwer, den falschen Weg zu meiden." Bilanz und Perspektiven der theologischen Disziplinen, Münster: LIT 2004, 127-136.

Finger, Evelyn, „Freude kann man lernen!" (Interview Salah Ahmad), in: Die Zeit (51/2018), 56.

Fisch, Heinrich, Glück: Politische und ökonomische Einflüsse, in: Bellebaum, Alfred (Hg.): Glücksforschung. Eine Bestandsaufnahme (Analyse und Forschung: Sozialwissenschaften 39), Konstanz: UVK 2002, 213-226.

Flamm, Anna Katharina, In aller Freiheit. Selbstsorge neu denken mit Michel Foucault, hg. v. Böhm, Thomas/ Nothelle-Wildfeuer, Ursula/ Striet, Magnus (Freiburger Theologische Studien 192), Freiburg: Herder 2019.

Frerichs, Jan, Barfuß & wild. Wege zur eigenen Spiritualität, Ostfildern: Patmos 2018.

Frings, Thomas, Aus, Amen, Ende? So kann ich nicht mehr Pfarrer sein, Freiburg: Herder 2017.

Fromm, Erich, Haben oder Sein. Die seelischen Grundlagen einer neuen Gesellschaft, München: dtv 442017.

Fuchs, Ottmar, Das Jüngste Gericht. Hoffnung über den Tod hinaus, Regensburg: Pustet 2018.

Ders., Plädoyer für eine radikale Pluralitätsethik, in: Zeitschrift für Missionswissenschaft und Religionswissenschaft 77 (1/1993), 62-77.

Ders., „Sein-Lassen" und „Nicht-im-Stich-Lassen!". Zur Pluralitätsprovokation der „Postmoderne", in: Hilpert, Konrad/ Werbick, Jürgen (Hg.): Mit den anderen leben. Wege zur Toleranz, Düsseldorf: Patmos 1995, 132-160.

Ders., Umgang mit der Bibel als Lernschule der Pluralität, in: Una sancta 44 (3/1989), 208-214.

Fuchs, Peter, Die magische Welt der Beratung, in: Schützeichel, Rainer/ Brüsenmeister, Thomas (Hg.): Die beratene Gesellschaft. Zur gesellschaftlichen Bedeutung von Beratung, Wiesbaden: VS 2004, 239-257.

Fuchs, Thomas, Iwer, Lukas, Micali, Stefano (Hg.), Das überforderte Subjekt. Zeitdiagnosen einer beschleunigten Gesellschaft (suhrkamp taschenbuch wissenschaft 2252), Berlin: Suhrkamp 2018.

Funke, Dieter, Idealität als Krankheit? Über die Ambivalenz von Idealen in der postreligiösen Gesellschaft, Gießen: Psychosozial 2016.

Fürstenberg, Friedrich, Entkrampfung. Der fröhliche Weinberg. – Carl Zuckmayers Bild von Lebensfreude und Glück, München: GRIN 2004.

Ders., Soziale Muster der Realisierung von Glückserwartungen, in: Kundler, Herbert (Hg.): Anatomie des Glücks, Köln: Kiepenheuer & Witsch 1971, 58-70.

von Fürstenberg, Gregor Freiherr, Zustand permanenter Evangelisierung. Die Missionstheologie von Papst Franziskus, in: Herder Korrespondenz 69 (11/2015), 582-585.

Gabriel, Karl, Christentum zwischen Tradition und Postmoderne (Quaestiones disputatae 141), Freiburg: Herder 72000.

Gärtner, Stefan, Kläden, Tobias, Spielberg, Bernhard (Hg.), Praktische Theologie in der Spätmoderne. Herausforderungen und Entdeckungen (Studien zur Theologie und Praxis der Seelsorge 89), Würzburg: Echter 2014.

Geiselberger, Heinrich (Hg.), Die große Regression. Eine internationale Debatte über die geistige Situation der Zeit, Berlin: Suhrkamp 2017.

Gilhus, Ingvild Sælid, Freude I. Religionswissenschaftlich, in: Religion in Geschichte und Gegenwart Bd. 3, Tübingen: Mohr Siebeck 42000, 346f.

Goertz, Stephan, Autonomie kontrovers. Die katholische Kirche und das Moralprinzip der freien Selbstbestimmung, in: Ders./ Striet, Magnus (Hg.): Nach dem Gesetz Gottes. Autonomie als christliches Prinzip (Katholizismus im Umbruch 2), Freiburg: Herder 2014.

Gommel-Baharov, Julia (Hg.), Lebensfreude: Das große Lesebuch für glückliche Stunden, Frankfurt/ M.: S. Fischer 2019.

Greshake, Gisbert, Glück oder Heil? Ein Paradigma für die Dissoziation von christlichem Glauben und säkularer Gesellschaft und der Versuch einer theologischen Vermittlung, in: Ders. (Hg.): Gottes Heil – Glück des Menschen. Theologische Perspektiven, Freiburg: Herder 1983, 159-206.

Greverus, Ina-Maria, Das wandelbare Glück. „Pursuit of Happiness" in Amerika und Europa, in: Jeggle, Utz (Hg.): Volkskultur in der Moderne. Probleme und Perspektiven empirischer Kulturforschung (Rowohlts Enzyklopädie 431), Reinbek: Rohwolt 1986, 270-289.

Grimm, Robert, Raffelhüschen, Bernd, Deutsche Post Glücksatlas 2019, hg. v. Deutsche Post AG, München: Penguin 2019.

Gross, Peter, Die Multioptionsgesellschaft (edition suhrkamp 1917), Frankfurt/M.: Suhrkamp 111994.

Ders., Jenseits der Erlösung. Die Wiederkehr der Religion und die Zukunft des Christentums, Bielefeld: transcript 2007.

Großhans, Hans-Peter, Perspektivität des Erkennens und Verstehens als Grundproblem theologischer Rationalität, in: Theologische Literaturzeitung 128 (4/2003), 351-368.

Gruber, Franz, Theologie der Hoffnung in Zeiten der Angst, in: ThPQ 165 (4/2017), 364-374.

Grün, Anselm, Die eigene Freude wiederfinden, Freiburg: Herder 2017 (Neuausgabe).

Ders., Riedl, Gerhard, Mystik und Eros (Münsterschwarzacher Kleinschriften 76), Münsterschwarzach: Vier-Türme 92017.

Guardini, Romano, Die Annahme seiner selbst. Den Menschen erkennt nur, wer von Gott weiß (Topos Taschenbücher 490), Kevelaer: Topos plus 92010.

Han, Byung-Chul, Close-Up in Unschärfe. Bericht über einige Glückserfahrungen, Berlin: Merve 2016.

Hartmann, Joachim, Unkelhäußer, Annette Clara, Freude an Gott. Das innere Feuer neu entfachen, hg. v. Kiechle, Stefan/ Lambert, Willi/ Müller, Martin (Ignatianische Impulse 78), Würzburg: Echter 2018.

Haybron, Daniel M., Was ist Glück? Eine Orientierung (Aus dem amerikanischen Englisch übersetzt von Jean Philipp Strepp), Stuttgart: Reclam 2016.

Hennecke, Christian, Glänzende Aussichten. Wie Kirche über sich selbst hinauswächst, Münster: Aschendorff 2011.

Hergenröther, Joseph Cardinal, Kaulen, Franz (Hg.), Wetzer und Welte's Kirchenlexikon oder Encyklopädie der katholischen Theologie und ihrer Hilfswissenschaften, Freiburg: Herder 21886.

Herriegel, Eugen, Zen in der Kunst des Bogenschießens, München: O. W. Barth 102010.

Herrmann, Klaus, Freude V. Judentum, in: Religion in Geschichte und Gegenwart Bd. 3, Tübingen: Mohr Siebeck 42000, 349f.

Hilberath, Bernd Jochen, Heiliger Geist – heilender Geist, Mainz: Grünewald 1988.

Hillig, Franz, Der Christ und die Freude, in: Stimmen der Zeit 21 (2/1948), 137-140.

Hinrichs, Imke, Vom Glück, ein Mensch zu sein. Ein theologischer Blick auf das Menschenbild in Glücksratgebern, in: Praktische Theologie 45 (1/2010), 24-31.

von Hirschhausen, Eckart, Esch, Tobias, Die bessere Hälfte: Worauf wir uns mitten im Leben freuen können, Hamburg: Rowohlt 52018.

Höffner, Joseph, Soziale Sicherheit und Eigenverantwortung. Der personale Faktor in der Sozialpolitik, in: Nothelle-Wildfeuer, Ursula/ Althammer, Jörg (Hg.): Wirtschaftsordnung und Wirtschaftsethik (Ausgewählte Schriften 3), Paderborn: Schöningh 2014, 93-110.

Höhn, Hans-Joachim, Auf der Suche nach dem „wahren" Ich. Erkundungen in säkularen und religiösen Szenen, in: Internationale katholische Zeitschrift Communio 45 (4/2016), 288-298.

Ders., Gewinnwarnung. Religion – nach ihrer Wiederkehr, Paderborn: Schönigh 2015.

Ders., Identität – Authentizität – Spiritualität. Zeitdiagnostische Schlaglichter, in: Pastoralblatt (10/2018), 302-307.

Ders., Verwundbare Natur? Thesen zum Ethos der Mitgeschöpfichkeit, in: Theologie der Gegenwart 56 (3/2013), 173-183.

Horn, Christoph, Antike Lebenskunst. Glück und Moral von Sokrates bis zu den Neuplatonikern (Beck'sche Reihe 1271), München: Beck 1998.

Horn, Eva, Leben in einer beschädigten Welt. Das Denken des Anthropozäns und die Enzyklika Laudato si', in: Bertelmann, Brigitte/ Heidel, Klaus (Hg.): Leben im Anthropozän. Christliche Perspektiven für eine Kultur der Nachhaltigkeit, München: oekom 2018, 65-75.

Horne, Brian, Freude IV. Christentum, in: Religion in Geschichte und Gegenwart Bd. 3, Tübingen: Mohr Siebeck 42000, 348f.

Hubbard, L. Ron, Der Weg zum Glücklichsein, Kopenhagen: New Era 2007.

Hunold, Gerfried W., Freude I. Theologisch-ethisch, in: Lexikon für Theologie und Kirche Bd. 4, Freiburg: Herder 31995, 130.

Ders., Laubach, Thomas, Glück III. Theologisch-ethisch, in: Lexikon für Theologie und Kirche Bd. 4, Freiburg: Herder 32008, 760f.

Huntheim, Joseph, Seligkeit, in: Wetzer und Welte's Kirchenlexikon oder Enzyklopädie der katholischen Theologie und ihrer Hilfswissenschaften Bd. 11, Freiburg: Herder 21899, 87-98.

Illouz, Eva, Gefühle in Zeiten des Kapitalismus (suhrkamp-taschenbuch wissenschaft 1857), Frankfurt/ M.: Suhrkamp 2007.

Dies. (Hg.), Wa(h)re Gefühle. Authentizität im Konsumkapitalismus. Mit einem Vorwort von Axel Honneth. Aus dem Englischen von Michael Adrian (suhrkamp taschenbuch wissenschaft 2208), Berlin: Suhrkamp 22018.

Institut für Demoskopie Allensbach, Glücksdefinitionen und -erfahrungen der Bevölkerung. Ergebnisse einer qualitativen und quantitativen Befragung, hg. v. Identity Foundation (Schriftenreihe der Identity Foundation 5), Düsseldorf 2002.

Jaenicke, Florian, Ein glücklicher Mensch (Wer bist du?), in: Zeit-Magazin (1/2020), 16.

Jaklitsch, Alexander, Heiterer Aufbruch des Geistes. Humor als postmoderne Mystagogie, in: Geist und Leben 88 (4/2015), 375-380.

Jalics, Franz, Kontemplative Exerzitien. Eine Einführung in die kontemplative Lebenshaltung und in das Jesusgebet, Würzburg: Echter 172018.

James, William, Die Vielfalt religiöser Erfahrung. Eine Studie über die menschliche Natur, Frankfurt/ M.: Insel 1997.

Janis-Norton, Noel, Glückliche und entspannte Jungs. Wege zu einer stressfreien Erziehung, München: mvg 2016.

Jans-Wenstrup, Maria, Kleffner, Klaus, Exerzitien am anderen Ort: Straßenexerzitien als geistliche Erfahrung durch fremde Orte, in: Lebendige Seelsorge 68 (3/2013), 215-220.

Joas, Hans, Braucht der Mensch Religion? Über Erfahrungen der Selbsttranszendenz (Herder Spektrum 5459), Freiburg: Herder 22007.

Ders., Die Macht des Heiligen. Eine Alternative zur Geschichte von der Entzauberung (suhrkamp taschenbuch wissenschaft 2303), Berlin: Suhrkamp 2019.

Kalbheim, Boris, Francis, Leslie J., Ziebertz, Hans-Georg, Christlicher Glaube und Glück. Eine empirische Studie zum Zusammenhang von Religiosität und Glückserfahrungen, in: Archiv für Religionspsychologie 25 (2003), 42-61.

Kämpfer, Horst, Wer schmiedet wessen Glück? Arbeitsüberlastung: Individualisierung als Entsolidarisierung, in: Wege zum Menschen 68 (2016), 325-338.

Kampling, Rainer, Freude II. Biblisch-theologisch, in: Lexikon für Theologie und Kirche Bd. 4, Freiburg: Herder 31995, 130f.

Karle, Isolde (Hg.), Lebensberatung – Weisheit – Lebenskunst, Leipzig: Evangelische Verlagsgesellschaft 2011.

Karrer, Leo, Freude. Ästhetik erlebten Glaubens, in: Feeser-Lichtenfeld, Ulrich u.a. (Hg.): Dem Glauben Gestalt geben. FS Walter Fürst (Theologie. Forschung und Wissenschaft 19), Berlin: LIT 2006, 203-215.

Kasper, Walter, Die Freude des Christen, Ostfildern: Patmos 2018.

Katholisch-Theologische Fakultät der Universität Erfurt (Hg.), Themenheft: Freude erschließen, in: Theologie der Gegenwart 58 (3/2015).

Katholische Arbeitsstelle für missionarische Pastoral, Resonanz, in: Euangel 9 (2/2018),

Katie, Byron, Mitchell, Stephen, Eintausend Namen für Freude: Leben in Harmonie mit dem Tao, München: Goldmann 2012.

Kattilathu, Biyon, Der Rikscha-Fahrer, der das Glück verschenkt, München: Gräfe und Unzer 2019.

Kaufmann, Franz-Xaver, Kirchenkrise. Wie überlebt das Christentum?, Freiburg: Herder 2011.

Ders., „Wir erleben derzeit einen Gärungsprozess". Ein Gespräch mit dem Soziologen Franz-Xaver Kaufmann, in: Herder Korrespondenz (9/2012), 447-452.

Ders., Zwischenräume und Wechselwirkungen. Der Verlust der Zentralperspektive und das Christentum, in: Theologie und Glaube 96 (3/2006), 309-323.

Kehl, Medard, Freude an der Kirche, in: Stimmen der Zeit 44 (5/1971), 321-328.

Kessler, Christoph, Glücksgefühle. Wie Glück im Gehirn entsteht und andere erstaunliche Erkenntnisse der Hirnforschung, München: Bertelsmann 2017.

Kessler, Hans, Das Stöhnen Natur. Plädoyer für eine Schöpfungsspiritualität und Schöpfungsethik, Düsseldorf: Patmos 1990.

Keul, Hildegund, Inkarnation. Gottes Wagnis der Verwundbarkeit, in: Theologische Quartalschrift 192 (3/2012), 216-232.

Keupp, Heiner, Höfer, Renate (Hg.), Identitätsarbeit heute. Klassische und aktuelle Perspektiven der Identitasforschung (suhrkamp taschenbuch wissenschaft 1299), Frankfurt: Suhrkamp 1997.

Kläden, Tobias, Schüßler, Michael (Hg.), Zu schnell für Gott? Theologische Kontroversen zu Beschleunigung und Resonanz (Quaestiones disputatae 286), Freiburg: Herder 2017.

Kleber, Karl-Heinz, Über die rechte Freude. Ihre Grundbedeutung für die christliche Sittlichkeit, in: Breuer, Clemens (Hg.): Ethik der Tugenden. Menschliche Grundhaltungen als unverzichtbarer Bestandteil moralischen Handelns (FS Piegsa) (Moraltheologische Studien – Systematische Abteilung 26), St. Ottilien: EOS Verlag 2000, 201-209.

Klein, Rebekka A., Was ist ein Gefühl? Interdisziplinäre Konzepte aus der Emotionsforschung, in: Kerygma und Dogma 63 (2/2017), 102-114.

Klessmann, Michael, Ambivalenz und Glaube. Warum sich in der Gegenwart Glaubensgewissheit zu Glaubensambivalenz wandeln muss, Stuttgart: Kohlhammer 2018.

Klinger, Elmar, Das absolute Geheimnis im Alltag entdecken. Zur spirituellen Theologie Karl Rahners, Würzburg: Echter 1994.

Ders., Das Zweite Vatikanum und der Glaube an die Berufung des Menschen. Der pastorale Fortschritt – ein dogmatischer Fortschritt, in: Ders. (Hg.): Armut – eine Herausforderung Gottes. Der Glaube des Konzils und die Befreiung des Menschen, Zürich: Benzinger 1990, 71-154.

Ders., Der Glaube des Konzils. Ein dogmatischer Fortschritt, in: Ders./ Wittstadt, Klaus (Hg.): Glaube im Prozess. Christsein nach dem II. Vatikanum (FS Karl Rahner zum 80. Geb.), Freiburg: Herder 1984, 615-626.

Knapp, Markus, Heil IV. Systematisch-theologisch, in: Lexikon für Theologie und Kirche Bd. 4, Freiburg: Herder 32006, 1262ff.

Knop, Julia, Dem Christsein Gestalt geben. Weichenstellungen des Pastoralkonzils, in: Münchener Theologische Zeitschrift 63 (2012), 294-307.

Dies. (Hg.), Die Gottesfrage zwischen Umbruch und Abbruch. Theologie und Pastoral unter säkularen Bedingungen (Quaestiones disputatae 297), Freiburg: Herder 2019.

Kohler-Spiegel, Helga, Glück im Märchen, in: Englert, Rudolf (Hg.): Glück und Lebenskunst (Jahrbuch der Religionspädagogik 29), Neukirchen-Vluyn: Vandenhoeck & Ruprecht 2013, 96-105.

Könemann, Judith, Wendel, Saskia (Hg.), Religion, Öffentlichkeit, Moderne. Transdisziplinäre Perspektiven (unter Mitarbet von Martin Breul), Bielefeld: transcript 2016.

Konferenz der deutschsprachigen Pastoraltheologen und Pastoraltheologinnen, Wissenschaftstheorie, in: Pastoraltheologische Informationen 35 (2/2015).

Dies., Zur Debatte gestellt: die Seelsorgestudie, in: Zeitschrift für Pastoraltheologie 37 (1/2017).

Konrád, György, Glück, Frankfurt/ M.: Suhrkamp 22004.

Krämer, Hans, Integrative Ethik (suhrkamp taschenbuch wissenschaft 1204), Frankfurt/ M.: Suhrkamp 22018.

Krämer, Klaus, Vellguth, Klaus (Hg.), Evangelii gaudium. Stimmen der Weltkirche (Theologie der einen Welt 7), Freiburg: Herder 2015.

Kraus, Annie, Über die Freude, in: Stimmen der Zeit 32 (2/1959), 84-87.

Kreutzer, Ansgar, Gnade für das unternehmerische Selbst. Eine theologische Kritik der überzogenen Leistungsgesellschaft, in: Stimmen der Zeit 139 (8/2014), 547-557.

Kruip, Gerhard, Ein dramatischer Appell. Die neue Umwelt-Enzyklika des Papstes, in: Herder Korrespondenz 69 (7/2015), 341-344.

Kuhn, Thomas S., Die Struktur wissenschaftlicher Revolutionen, Frankfurt/ M.: Suhrkamp 21976.

Ders., Neue Überlegungen zum Begriff des Paradigmas, in: Ders. (Hg.): Die Entstehung des Neuen. Studien zur Struktur der Wissenschaftsgeschichte, Frankfurt/ M.: Suhrkamp 1977, 389-420.

Kühnlein, Michael, Einführung: Taylors Gegenwart, in: Ders. (Hg.): Charles Taylor: Ein säkulares Zeitalter (Klassiker Auslegen 59), Berlin: de Gruyter 2019, 1-15.

Küng, Hans, Christsein, München: Piper 1974.

Ders., Was meint Paradigmenwechsel?, in: Ders./ Tracy, David (Hg.): Theologie – wohin? Auf dem Weg zu einem neuen Paradigma, Gütersloh: Gütersloher Verlagshaus Mohn 1984, 19-25.

Kunkel, Benjamin, Roth, Marco, Glück, in: n+1-Research (Hg.): Ein Schritt weiter. Die n+1-Anthologie. Aus dem Amerikanischen von Kevin Vennemann (edition suhrkamp 2539), Frankfurt/ M.: Suhrkamp 2006, 63-136.

Kunze, Anne, Einer, der Glück verkauft. Der Zoohändler Stephan Wulfhorst erfährt, wonach sich Menschen sehnen, die sich Haustiere zulegen, in: Die Zeit (31/2018), 28.

Lang, Bernhard, Glück, in: Neues Handbuch theologischer Grundbegriffe Bd. 2, München: Kösel 2005 (Neuausgabe), 40-51.

Latour, Bruno, Das terrestrische Manifest (Aus dem Französischen von Bernd Schwibs), Berlin: Suhrkamp 2018.

Ders., Jubilieren. Über religiöse Rede. Aus dem Französischen von Achim Russer (suhrkamp taschenbuch wissenschaft 2186), Berlin: Suhrkamp 2016.

Lauster, Jörg, 13. Glück in der Theologie II. „Mitten in der Endlichkeit eins werden mit dem Unendlichen", in: Thomä, Dieter u.a. (Hg.): Glück. Ein interdisziplinäres Handbuch, Stuttgart: Metzler 2011, 439-443.

Ders., Augenblick und Ewigkeit. Aspekte einer Theologie des Glücks, in: Theologie der Gegenwart 49 (2006), 82-91.

Ders., Glück und Gnade – religiöse Perspektiven der Anerkennung, in: Evangelische Theologie 76 (6/2016), 462-469.

Ders., Gott und das Glück. Das Schicksal des guten Lebens im Christentum, Gütersloh: Gütersloher Verlagshaus 2004.

Legatum Institute (Hg.), The Legatum Prosperity Index 2019, London: o.A. 2019.

Lehmann, Karl, Entsteht aus dem verfälschten Christentum die Moderne? Zur Begegnung von Charles Taylor und Ivan Illich, in: Kühnlein, Michael/ Lutz-Bachmann, Matthias (Hg.): Unerfüllte Moderne? Neue Perspektiven auf das Werk von Charles Taylor, Berlin: Suhrkamp 2011, 327-349.

Leimgruber, Walter, Überglückt: wohin man blickt, nur Glück, in: Schweizerisches Archiv für Volkskunde 106 (1/2010), 47-54.

Lewis, Clive Staples, Überrascht von Freude. Eine Autobiographie, Gießen: Brunnen 62014.

Lieber, Ron, Die Verwöhnfalle. Wie man seine Kinder zu verantwortungsbewussten und glücklichen Menschen erzieht, München: mvg 2015.

Loffeld, Jan, Das andere Volk Gottes. Eine Pluralitätsherausforderung für die Pastoral (Erfurter Theologische Studien 99), Würzburg: Echter 2011.

Lohse, Eduard, Freude des Glaubens. Die Freude im Neuen Testament, Göttingen: Vandenhoeck & Ruprecht 2007.

Lucht, Wolfgang, Verwüstung oder Sicherheit. Die Erde im Anthropozän, in: Bertelmann, Brigitte/ Heidel, Klaus (Hg.): Leben im Anthropozän. Christliche Perspektiven für eine Kultur der Nachhaltigkeit, München: oekom 2018, 39-52.

Lüscher, Kurt, Ambivalenzen fordern heraus. Wie wir Identitäten herausbilden, in: Herder Korrespondenz (9/2018), 39-42.

Luther, Henning, Identität und Fragment. Praktisch-theologische Überlegungen zur Unabschließbarkeit von Bildungsprozessen, in: Themen der praktischen Theologie – Theologia practica 20 (4/1985), 317-338.

Ders., Religion und Alltag. Bausteine zu einer Praktischen Theologie des Subjekts, Stuttgart: Radius 1992.

Lütz, Manfred, Wie sie unvermeidlich glücklich werden. Eine Psychologie des Gelingens, München: Penguin 2017.

Lutz-Bachmann, Matthias (Hg.), Postsäkularismus. Zur Diskussion eines umstrittenen Begriffs, Frankfurt/ M.: Campus 2015.

Mack, Elke, Eine christliche Theorie der Gerechtigkeit. Die Wende zu einer pluralismusfähigen Ethik mit globaler Reichweite, Baden-Baden: Nomos 2015.

Manemann, Jürgen, Metz, Johann Baptist, Theologische Gespräche. Über Glück und Erfüllung, in: Theologie der Gegenwart 49 (2/2006), 118-125.

Marcuse, Ludwig, Philosophie des Glücks: von Hiob bis Freud, Zürich: Diogenes 1972.

Maslow, Abraham H., Motivation und Persönlichkeit, Hamburg: Rowohlt 151981.

Mathes, Carina, Curriculum Schulfach Glückskompetenz: Leitfaden für den Glücksunterricht (2 Teile), Norderstedt: Books on Demand 2016.

McCarthy, Michael, The Moth Snowstorm: Nature and Joy, New York: New York Review Books 2018.

Merkle, Rolf, Wolf, Doris, Der Lebensfreude Kalender 2020, München: PAL 2019.

Merton, Thomas, Wachstum in Christus (Fünftes Kapitel), in: Ders. (Hg.): Heilig in Christus, Freiburg: Herder 21965, 101-122.

Mette, Norbert, Das Problem der Methode in der Pastoraltheologie. Methodologische Grundlagen in den Handbüchern des deutschsprachigen Raumes, in: Pastoraltheologische Informationen 11 (2/1991), 167-187.

Ders., Kritischer Ansatz der Praktischen Theologie, in: van der Ven, Johannes A./ Ziebertz, Hans-Georg (Hg.): Paradigmenentwicklung in der Praktischen Theologie (Theologie und Empirie 13), Kampen-Weinheim: Deutscher Studienverlag 1993, 201-224.

Michel, Otto, Freude, in: Reallexikon für Antike und Christentum Bd. 8, Stuttgart: Hiersemann 1972, 348-418.

Miggelbrink, Ralf, Können Christen von Glück reden? Theologische Überlegungen im Anschluss an eine Wiederentdeckung der Kategorie der Lebensfülle, in: Bedford-Strohm, Heinrich (Hg.): Glück-Seligkeit. Theologische Rede vom Glück in einer bedrohten Welt, Neukirchen-Vluyn: Neukirchener Verlagsgesellschaft 2011, 90-100.

Moltmann, Jürgen, Glück-Seligkeit, in: Bedford-Strohm, Heinrich (Hg.): Glück-Seligkeit. Theologische Rede vom Glück in einer bedrohten Welt, Neukirchen-Vluyn: Neukirchener Verlagsgesellschaft 2011, 128-130.

Ders., Gott in der Schöpfung. Ökologische Schöpfungslehre, Gütersloh: Gütersloher Verlagshaus 1987.

Mönichs, Thomas, Geistliche Freude, in: Stimmen der Zeit 11 (1/1936), 53-60.

Montgomery, Sy, Vom magischen Leuchten des Glühwürmchens bei Mitternacht. Und anderen kleinen großen Wundern der Natur, München: Knesebeck 2019.

Müller, Andreas, Die Suche nach Glückseligkeit. Ratgeber-Literatur in der Geschichte des Christentums, in: Praktische Theologie 45 (1/2010), 31-38.

Müller, Hadwig, Croire bei Michel de Certeau oder die „Schwachheit zu glauben". Notizen von der Reise in ein Land, in dem es sich atmen lässt, in: Bauer, Christian/ Sorace, Marco A. (Hg.): Gott, anderswo? Theologie im Gespräch mit Michel de Certeau, Ostfildern: Grünewald 2019, 107-129.

Müller, Klaus, Paradigmenwechsel zum Panentheismus? An den Grenzen des traditionellen Gottesbildes, in: Herder Korrespondenz Spezial (2/2011), 33-38.

Ders., Vox dei? Zum theologischen Status von Umfragen, in: Lebendige Seelsorge 57 (4/2006), 216-220.

Müller, Peter, Viel Glück und viel Segen. Das Reden vom Glück in der Bibel, in: Englert, Rudolf (Hg.): Glück und Lebenskunst (Jahrbuch der Religionspädagogik 29), Neukirchen-Vluyn: Vandenhoeck & Ruprecht 2013, 40-50.

Müller-Fahrenholz, Geiko, Erwecke die Welt. Unser Glaube an Gottes Geist in dieser bedrohten Zeit, Gütersloh: Kaiser 1993.

Ders., Heimat Erde. Christliche Spiritualität unter endzeitlichen Lebensbedingungen, Gütersloh: Gütersloher Verlagshaus 2013.

Münk, Hans J., Durst, Michael (Hg.), Schöpfung, Theologie und Wissenschaft (Theologische Berichte 29), Fribourg: Paulus 2006.

Müthing, Kathrin, Razakowski, Judith, Gottschling, Maren, Jetzt sind wir dran! Stimmungen, Meinungen und Trends von Kindern und Jugendlichen. LBS-Kinderbarometer Deutschland 2018, Recklinghausen: o.A. 2018.

Naker, Nick, Wild leben! Unser Weg zurück zur Natur (aus dem Engl. von S. Schmidt-Wussow), Darmstadt: wbg Theiss 2018.

Nassehi, Armin, Muster. Theorie der digitalen Gesellschaft, München: C.H. Beck 32019.

Nauer, Doris, Grund zur Freude. Christliche Anthropologie und lebenspraktische Folgen, in: Diakonia 45 (1/2014), 12-18.

Dies., Seelsorge. Sorge um die Seele, Stuttgart: Kohlhammer 2007.

Dies., Bucher, Rainer, Weber, Franz (Hg.), Praktische Theologie. Bestandsaufnahmen und Zukunftsperspektiven (FS Fuchs) (Praktische Theologie heute 75), Stuttgart: Kohlhammer 2005.

Naumann, Thomas, Glück in der Bibel – einige Aspekte, in: Bedford-Strohm, Heinrich (Hg.): Glück-Seligkeit. Theologische Rede vom Glück in einer bedrohten Welt, Neukirchen-Vluyn: Neukirchener Verlagsgesellschaft 2011, 69-89.

von Nayhauß, Dirk, Die Welt ist so groß geworden. Interview mit Sascha Lobo (Fragen an das Leben 162), in: Chrismon (10/2019), 36.

Nietzsche, Friedrich, Werke in drei Bänden. Bd. 2, München: Carl Hanser 1954.

Nouwen, Henri, Adam und ich. Eine ungewöhnliche Freundschaft, Freiburg: Herder 2005 (Neuausgabe).

Nussbaum, Martha, Gerechtigkeit oder Das gute Leben, Frankfurt/ M.: Suhrkamp 1998.

Oehler, Alina, Wo bleibt da die Freude? Die Anziehungskraft von Miesepetern ist begrenzt, in: Christ und Welt (08/2018), 6.

Osho, Freude: Das Glück kommt von innen, Berlin: Allegria 2005.

Ostheimer, Jochen, Begleitung bei der Identitätsarbeit. Überlegungen zur kulturellen Dimension der Seelsorge, in: Münchener Theologische Zeitschrift 68 (2017), 366-374.

Otto, Eckart, Schramm, Tim, Fest und Freude. Biblische Konfrontationen (Kohlhammer Taschenbuch 1003), Stuttgart: Kohlhammer 1977.

Otto, Gerd, Handlungsfelder der Praktischen Theologie (Praktische Theologie 2), München: Kaiser 1988.

Otto, Rudolf, Das Heilige. Über das Irrationale in der Idee des Göttlichen und sein Verhältnis zum Rationalen (Beck'sche Reihe 328), München: Beck 2014.

Padberg, Rudolf, Einleitung zu „Gaudete in Domino", in: (Nachkonziliare Dokumentation 53), Trier: Paulinus 1976, 7-19.

Pannenberg, Wolfhart, Anthropologie in theologischer Perspektive, Göttingen: Vandenhoeck & Ruprecht 22011.

Papst Franziskus, Apostolische Konstitution VERITATIS GAUDIUM über die kirchlichen Universitäten und Fakultäten (Verlautbarungen des Apostolischen Stuhls 211), 27.12.2017.

Ders., Apostolisches Schreiben EVANGELII GAUDIUM des Heiligen Vaters Papst Franziskus an die Bischöfe, an die Priester und Diakone, an die Personen geweihten Lebens und an die christgläubigen Laien über die Verkündigung des Evangeliums in der Welt von heute (Verlautbarungen des Apostolischen Stuhls 194), 24.11.2013.

Ders., Apostolisches Schreiben GAUDETE ET EXSULTATE des Heiligen Vaters Papst Franziskus über den Ruf zur Heiligkeit in der Welt von heute (Verlautbarungen des Apostolischen Stuhls 213), 19.03.2018.

Ders., Enzyklika LAUDATO SI. Über die Sorge für das gemeinsame Haus (Verlautbarungen des Apostolischen Stuhls 202), 24.05.2015.

Ders., Nachsynodales Schreiben AMORIS LAETITIA des Heiligen Vaters Papst Franziskus an die Bischöfe, an die Priester und Diakone, an die Personen geweihten Lebens, an die christlichen Eheleute und an alle christgläubigen Laien über die Liebe in der Familie (Verlautbarungen des Apostolischen Stuhls 204), 19.03.2016.

Ders., Prefazione, in: Mirilli, Maurizio (Hg.): Un briciolo di goia ... purché sia piena, Cimisello Balsamo: Edizioni San Paolo 2018, 5-7.

Papst Paul VI., Apostolisches Schreiben EVANGELII NUNTIANDI seiner Heiligkeit Papst Paul VI. an den Episkopat, den Klerus und alle Gläubigen der Katholischen Kirche über die Evangelisierung in der Welt von heute (Verlautbarungen des Apostolischen Stuhls 2), 8.12.1975 (Neuauflage 2012),

Ders., Apostolisches Schreiben GAUDETE IN DOMINO seiner Heiligkeit Papst Paul VI. an den Episkopat, den Klerus und die Gläubigen der ganzen Welt über die christliche Freude, 09.05.1975.

Peacocke, Arthur R., Biologische Evolution und christliche Theologie heute, in: Theologie der Gegenwart 28 (3/1985), 157-164.

Pew Research Center, Religion's Relationship to Happiness. Civic Engagement and Health Around the World, Washington: o.A. 2019.

Pflüger, Benedikt, Der Weg zum Glück. Hymnus über die christliche Freude von und über Papst Paul VI., hg. v. Pflüger, Benedikt, Freiburg: Selbstverlag „Bruder in Not" 21978.

Pieper, Josef, Über die Liebe, München: Kösel 2014.

Ders., Zustimmung zur Welt. Eine Theorie des Festes, München: Kösel 1963.

Piper, John, Wenn die Freude nicht mehr da ist, Bielefeld: CLV 22017.

Pirker, Vera, Fluide und fragil. Identität als Grundoption zeitsensibler Pastoralpsychologie (Zeitzeichen 31), Ostfildern: Grünewald 2013.

Pitschel-Walz, Gabriele, Lebensfreude zurückgewinnen: Ratgeber für Menschen mit Depressionen und deren Angehörige, München: Elesvier 22017.

Pollack, Detlef, Rosta, Gergeley, Religion in der Moderne. Ein internationaler Vergleich (Religion und Moderne 1), Frankfurt/ M.: Campus 2015.

Pozzo di Borgo, Philippe, Vanier, Jean, de Chrisey, Laurent, Ziemlich verletzlich, ziemlich stark. Wege zu einer solidarischen Gesellschaft, Berlin: Hanser 22012.

Prisching, Manfred, Die Ratgeber-Gesellschaft, in: Theologisch-Praktische Quartalschrift 154 (2/2006), 115-126.

Pröpper, Thomas, Erlösungsglaube und Freiheitsgeschichte. Eine Skizze zur Soteriologie, München: Kösel 1988.

Putz, Oliver, Herausforderungen im Anthropozän. Christlicher Glaube und die Große Transformation zu mehr Nachhaltigkeit, in: Bertelmann, Brigitte/ Heidel, Klaus (Hg.): Leben im Anthropozän. Christliche Perspektiven für eine Kultur der Nachhaltigkeit, München: oekom 2018, 53-64.

Radcliffe, Timothy, Joy, in: McElwee, Joshua J./ Wooden, Cindy (Hg.): A Pope Francis Lexicon (Foreword by Ecumenical Patriarch Bartholomew), Collegeville: Liturgical Press 2018, 103-105.

Radzik-Bolt, Dorothea, Gesichter des Glücks. Glück und Unglück im Lebensrückblick alter Menschen (Dissertation), Zürich: o.A. 2006.

Rahner, Hugo, Der spielende Mensch, Einsiedeln: Johannes 112008.

Ratzinger, Joseph, Glaube als Vertrauen und Freude – Evangelium, in: Theologische Prinzipienlehre. Bausteine zur Fundamentaltheologie, München: Erich Wewel 1982, 78-87.

Reckwitz, Andreas, Die Gesellschaft der Singularitäten. Zum Strukturwandel der Moderne, Berlin: Suhrkamp 2019.

Reinwarth, Alexandra, Das Glücksprojekt: Wie ich (fast) alles versucht habe, der glücklichste Mensch der Welt zu werden, München: mvg 2010.

Reuter, Wolfgang, Heilsame Seelsorge. Ein psychoanalytisch orientierter Ansatz von Seelsorge mit psychisch Kranken (Theologie und Praxis 19), Münster: LIT 2003.

Ders., Relationale Seelsorge. Psychoanalytische, kulturtheoretische und theologische Grundlegung (Praktische Theologie heute 123), Stuttgart: Kohlhammer 2012.

Rohner, Martin, Glück und Erlösung. Eine philosophisch-theologische Skizze, in: Theologie der Gegenwart 49 (2006), 92-103.

Ders., Glück und Erlösung. Konstellationen einer modernen Selbstverständigung (Religion – Geschichte – Gesellschaft. Fundamentaltheologische Studien 41), Münster: LIT 2004.

Romberg, Johanna, Federnlesen. Vom Glück, Vögel zu beobachten, Köln: Ehrenwirth 2018.

Römelt, Josef, Christliche Umweltethik – Ressource: Schöpfungsbewusstsein, Realismus, Hoffnung, in: Römelt, Josef (Hg.): Christliche Ethik in moderner Gesellschaft 2: Lebensbereiche, Freiburg: Herder 2009, 316-350.

Rosa, Hartmut, Beschleunigung und Entfremdung. Auf dem Weg zu einer kritischen Theorie spätmoderner Zeitlichkeit (Aus dem Englischen von Robin Celikates), Berlin: Suhrkamp 2013.

Ders., Beschleunigung. Die Veränderung der Zeitstrukturen in der Moderne (suhrkamp taschenbuch wissenschaft 1760), Frankfurt/ M.: Suhrkamp 112016.

Ders., Identität und kulturelle Praxis. Politische Philosophie nach Charles Taylor (Dissertation), Frankfurt/ M.: Campus 1998.

Ders., Resonanz. Eine Soziologie der Weltbeziehung, Berlin: Suhrkamp 2016.

Ders., Unverfügbarkeit (Unruhe bewahren), Wien: Residenz 52019.

Ders., Strecker, David, Kottmann, Andrea, Soziologische Theorien (utb 2836), Konstanz: UVK 32018.

Rosenberger, Michael, Selbstständig machen, nicht abhängig. Die Moral der Beratung auf dem Prüfstand, in: Theologisch-Praktische Quartalschrift 154 (2006), 147-154.

Roth, Michael, Macht Glaube glücklich?, in: Jahrbuch der Religionspädagogik (2013), 31-39.

Sander, Hans-Joachim, Glaubensräumen nachgehen (Glaubensräume – Topologische Dogmatik 1), Ostfildern: Grünewald 2019.

Ders., Natur und Schöpfung – die Realität im Prozess. A. N. Whiteheads Philosophie als Paradigma einer Fundamentaltheologie kreativer Existenz (Dissertation) (Würzburger Studien zur Fundamentaltheologie 7), Frankfurt: Lang 1991.

Schaeffler, Richard, Das Gute, das Schöne und das Heilige. Eigenart und Bedingungen des ethischen, ästhetischen und der religiösen Erfahrung, Freiburg: Karl Alber 2019.

Schall, Rainer, Waldbaden mit allen Sinnen. Die Heilkraft der Natur erleben, Stuttgart: Kosmos 2019.

Scheler, Max, Vom Verrat der Freude, in: Frings, Manfred S. (Hg.): Schriften zur Soziologie und Weltanschauungslehre. Mit einem Anhang von Maria Scheler (Gesammelte Werke 6), Bonn: Bouvier 31986, 73-76.

Schellenberger, Bernardin, Von der Freude des Fisches, im Netz gefangen zu sein. Oder von der Trauer und von der Freude des Christen, in: Stimmen der Zeit 50 (2/1977), 85-92.

Schildhammer, Georg, Glück (utb Profile. Bd. 3236), Wien: Facultas 2009.

Schleiermacher, Friedrich, Über die Religion. Reden an die Gebildeten unter ihren Verächtern, Stuttgart: Reclam 1969.

Schleiter, André, „Glück, Freude, Wohlbefinden – Welche Rolle spielt das Lernen?". Ergebnisse einer repräsentativen Umfrage unter Erwachsenen in Deutschland, hg. v. Bertelsmann-Stiftung, Gütersloh: o.A. 2008.

Schmemann, Alexander, Aus der Freude leben. Ein Glaubensbuch der orthodoxen Christen, Köln: Koinonia-Oriens-e.V. 2000.

Schmid, Georg, Spiritualität im Trend? Erwägungen zum religiösen Markt der Gegenwart, in: Theologisch-Praktische Quartalschrift 154 (2006), 127-134.

Schmid, Wilhelm, Philosophie der Lebenskunst. Eine Grundlegung (suhrkamp taschenbuch wissenschaft 1385), Frankfurt/ M.: Suhrkamp 1998.

Schmied, Gerhard, Die Erleuchteten sind unter uns. Spiritualität als moderner Weg zum Glück?, in: Bellebaum, Alfred/ Hettlage, Robert (Hg.): Glück hat viele Gesichter, Wiesbaden: VS 2010, 371-385.

Schmiedl, Joachim, Freude – eine konziliare Tugend, in: Diakonia 45 (1/2014), 40-42.

Schneider, Michael, Schöpfung in Christus, in: Horeb (14. Juli 2010), 1-14.

Ders., Süss, Joachim (Hg.), Nebelkinder. Kriegsenkel treten aus dem Traumaschatten der Geschichte, Berlin: Europa 22015.

Schramm, Tim, Freude III. Neues Testament, in: Religion in Geschichte und Gegenwart Bd. 3, Tübingen: Mohr Siebeck 42000, 347f.

Schroeter, Udo, Bin am Meer. Eine Erzählung für Männer, Asslar: adeo 62015.

Schulte, Raphael, Natur als (Auf-)Gabe. Natur in der Perspektive der Theologie, in: Honnefelder, Ludger (Hg.): Natur als Gegenstand der Wissenschaften (Grenzfragen 19), Freiburg: Karl Alber 1992, 191-227.

Schulze, Gerhard, Die Erlebnisgesellschaft. Kultursoziologie der Gegenwart, Frankfurt/ M.: Campus 82000.

Ders., Kulissen des Glücks. Streifzüge durch die Eventkultur, Frankfurt/ M.: Campus 1999.

Schüßler, Michael, Den Kontrollverlust erforschen. Theologische Archäologie der Kirche als Institution, Organisation und Netzwerk, in: Seewald, Michael (Hg.): Ortskirche. Bausteine zu einer zukünftigen Ekklesiologie (FS G. Fürst), Ostfildern: Grünewald 2018, 147-165.

Ders., Differenzen der Spiritualität – praktisch-theologisch beobachtet, in: Eckholt, Margit/ Siebenrock, Roman A./ Wodtke-Werner, Verena (Hg.): Die große Sinnsuche. Ausdrucksformen und Räume heutiger Spiritualität, Ostfildern: Grünewald 2016, 21-40.

Ders., Du musst dein Fühlen ändern. Eine Recherche zu den Affektstrukturen christlicher Dispositive, in: Bechmann, Ulrike/ Bucher, Rainer/ Krockauer, Rainer / Pock, Johann (Hg.): Abfall. Theologisch-kritische Reflexionen über Müll, Entsorgung und Verschwendung, Münster: LIT 2015, 109-136.

Ders., Gott erleben und gerettet werden? Praktiken und Affektstrukturen des pentekostalen Christentums in europäisch-theologischer Perspektive, in: Werner, Gunda (Hg.): Gerettet durch Begeisterung. Reform der katholischen Kirche durch pfingstlich-charismatische Religiosität? (Katholizismus im Umbruch 7), Freiburg: Herder 2018, 215-272.

Ders., Mit Gott neu beginnen. Die Zeitdimension von Theologie und Pastoral in ereignisbasierter Gesellschaft (Praktische Theologie heute 134), Stuttgart: Kohlhammer 2013.

von Schwartz, Maximilian, Calmbach, Marc, Möller-Slawinski, Heide, Generation what? Europabericht, hg. v. SINUS Markt- und Sozialforschung, Heidelberg: o.A. 2017.

Schwarz, Christian A., Natürliche Gemeindeentwicklung in der katholischen Kirche, Vallendar: Patris 2003.

Schwienhorst-Schönberger, Ludger, Glück im Alten Testament, in: Internationale katholische Zeitschrift Communio 39 (2010), 480-498.

Ders., Gottes Antwort in der Freude. Zur Theologie göttlicher Gegenwart im Buch Kohelet, in: Bibel und Kirche 54 (4/1999), 156-163.

Seel, Martin, Versuch über die Form des Glücks: Studien zur Ethik (suhrkamp-taschenbuch wissenschaft 1445), Frankfurt/ M.: Suhrkamp 1999.

Seligman, Martin, Flourish – Wie Menschen aufblühen. Die Positive Psychologie des gelingenden Lebens, München: Kösel 2012.

Sellmann, Matthias, Christsein als Lebenskunst. Eine pastoraltheologische Phänomenanalyse, in: Theologisch-Praktische Quartalschrift 157 (4/2009), 351-358.

Ders., Gemeinde ohne Zukunft? Theologische Debatte und praktische Modelle (Theologie kontrovers), Freiburg: Herder 2013.

Siebenrock, Roman A., Panhofer, Johannes, Spiritualitäten. Thesen zur Orientierung, in: Zeitschrift für katholische Theologie 138 (2/2016), 133-158.

Sloterdijk, Peter, Sphären I: Blasen, Frankfurt/ M.: Suhrkamp 1998.

Sobrino, Jon, Spiritualität und Nachfolge Jesu, in: Ellacuría, Ignacio/ Sobrino, Jon (Hg.): Mysterium Liberationis. Grundbegriffe der Theologie der Befreiung. Bd. 2, Luzern: Edition Exodus 1996, 1087-1114.

Sölle, Dorothee, Mystik und Widerstand. Du stilles Geschrei, Hamburg: Hoffmann und Campe 51999.

Spaemann, Robert, Die Zweideutigkeit des Glücks, in: Spaemann, Robert (Hg.): Grenzen. Zur ethischen Dimension des Handelns, Stuttgart: Klett-Cotta 22002, 95-106.

Ders., Glück und Wohlwollen. Versuch über Ethik, Stuttgart: Klett-Cotta 1989.

Spendel, Stefanie, Heil V. Praktisch-theologisch, in: Lexikon für Theologie und Kirche Bd. 4, Freiburg: Herder 32006, 1264.

Sperlich, Thorsten, Die Megatrends unserer Gesellschaft und ihr Potenzial für Lebensfreude (Coca-Cola Happiness Studie), hg. v. Happiness Institut by Coca-Cola, Berlin 2014.

Steffens, Martin, Petit traité de la joie. Consentir à la vie, Paris: Salvator 2011.

Steiger, Lothar, Freude II. Geistes- und theologiegeschichtlich, in: Theologische Realenzyklopädie Bd. XI, Berlin/ New York: de Gruyter 1983, 586-589.

Steinkamp, Hermann, Lange Schatten der Pastoralmacht, Münster: LIT 2015.

Stock, Klemens, Der Gott der Freude. Die acht Seligpreisungen (II), in: Stimmen der Zeit 62 (6/1989), 433-446.

Ders., Der Weg der Freude. Die acht Seligpreisungen (I), in: Stimmen der Zeit 62 (5/1989), 360-373.

Stollberg, Dietrich, Freude – ein Tabu, in: Deutsches Pfarrerblatt 82 (1982), 155-157.

Striet, Magnus, Gespannte Freude – oder: Wider eine verharmlosende Spiritualität der Klage, in: Internationale katholische Zeitschrift Communio 33 (4/2004), 317-334.

Ders. (Hg.), Hilft beten? Schwierigkeiten mit dem Bittgebet (Theologie kontrovers), Freiburg: Herder 2010.

Sudbrack, Josef, Die vollkommene Freude. Aus den Legenden um Gotamo Buddho und Franz von Assisi, in: Stimmen der Zeit 45 (3/1972), 213-218.

Ders., Freude, in: Praktisches Wörterbuch der Pastoralanthropologie, Freiburg: Herder 1975, 337-340.

Ders., Mut zur Freude! Paulus an die Gemeinde in Philippi (4,4-7), in: Stimmen der Zeit 43 (2/1970), 81-86.

Ders., „Rühmend freuen wir uns über unsere Drangsale". Ein notwendiges Kapitel über die Freude der christlichen Gotteserfahrung, in: Stimmen der Zeit 50 (1/1977), 41-49.

Taylor, Charles, Ein säkulares Zeitalter (Aus dem Englischen von Joachim Schulte), Frankfurt/ M.: Suhrkamp 2009.

Ders., Vorwort, in: Illich, Ivan (Hg.): In den Flüssen nördlich der Zukunft. Letzte Gespräche über Religion und Gesellschaft mit David Cayley (Aus dem Englischen von Sebastian Trapp), München: C. H. Beck 2006, 9-14.

Theißen, Gerd, Erleben und Verhalten der ersten Christen. Eine Psychologie des Urchristentums, Gütersloh: Gütersloher Verlagshaus 22017.

Theobald, Christoph, Christentum als Stil. Für ein zeitgemäßes Glaubensverständnis in Europa (Veröffentlichungen der Papst-Benedikt XVI.-Gastprofessur an der Fakultät für Katholische Theologie der Universität Regensburg), Freiburg: Herder 2018.

Thomä, Dieter, Einleitung, in: Thomä, Dieter u.a. (Hg.): Glück. Ein interdisziplinäres Handbuch, Stuttgart: Metzler 2011, 1-10.

Ders., Vom Glück in der Moderne (suhrkamp taschenbuch wissenschaft 1648), Frankfurt/ M.: Suhrkamp 2003.

Ders., Henning, Christoph, Mitscherlich-Schönherr, Olivia (Hg.), Glück. Ein interdisziplinäres Handbuch, Stuttgart: Metzler 2011.

Thoreau, Henry David, Vom Glück durch die Natur zu gehen, Köln: Anaconda 2010.

Ders., Walden oder Leben in den Wäldern, Berlin: elv 2017.

Tiefensee, Eberhard, Ökumene mit den Religionslosen. Anerkennung der Alterität, in: Herder Korrespondenz Spezial (1/2010), 39-43.

Tillich, Paul, Der Mut zum Sein. Mit einem Vorwort von Christian Danz, Berlin: de Gruyter 22010 (Erstauflage 1952).

Ulrich, Bernd, Alles wird anders. Das Zeitalter der Ökologie, Köln: Kiepenheuer & Witsch 2019.

Ustorf, Anne-Ev, Wir Kinder der Kriegskinder. Die Generation im Schatten des Zweiten Weltkriegs, Freiburg: Herder 42013.

Vanier, Jean, Einfach Mensch sein. Wege zu erfülltem Leben (Aus dem Englischen von Bernardin Schellenberger), Freiburg: Herder 2001.

Ders., Ich und Du: dem anderen als Mensch begegnen, Schwarzenfeld: Neufeld 2013.

Ders., Von Liebe, Hoffnung und den letzten Dingen. Erinnerungen vom Gründer der Arche (Deutsch von Ulrike Strerath-Bolz), Freiburg: Herder 2017.

Ders., Zeichen der Zeit. Für eine Kirche, die Hoffnung schenkt (Mit einem Geleitwort von Medard Kehl), Schwarzenfeld: Edition Wortschatz 2016.

Veenhoven, Ruut, Glück als subjektives Wohlbefinden: Lehren aus der empirischen Forschung (aus dem Englischen übersetzt von Reiner Ansén), in: Thomä, Dieter u.a. (Hg.): Glück. Ein interdisziplinäres Handbuch, Stuttgart: Metzler 2011, 396-403.

Vellguth, Klaus, Weltweit auf der Suche nach Freude und Glück, in: Diakonia 45 (1/2014), 30-39.

Vohland, Katrin, Paulsch, Axel, Marquard, Elisabeth, Henle, Klaus, Häuser, Christoph, Neßhöver, Carsten, Biodiversitätsforschung und politisches Handeln, in: Beck, Erwin (Hg.): Die Vielfalt des Lebens. Wie hoch, wie komplex, warum?, Weinheim: Wiley-VCH Verlag 2013, 225-234.

Volk, Hermann, Freude, in: Handbuch theologischer Grundbegriffe Bd. 2, München: dtv 1970, 40-44.

Ders., Von der Freude des Christen, in: Stimmen der Zeit 35 (4/1962), 245-254.

Wahl, Heribert, Freude und Hoffnung der Steuerleute, die vorwärts rudern und Ermutigung aller – im Boot und außerhalb. Pastoraltheologisch-psychologische Glosse zu „Evangelii gaudium", in: Trierer Theologische Zeitschrift 124 (3/2015), 245-260.

Waldenfels, Bernhard, Antwortregister, Frankfurt/ M.: Suhrkamp 2007.

Waldenfels, Hans, Evangelii gaudium – kirchliche Erneuerung durch missionarischen Aufbruch, in: Zeitschrift für Missionswissenschaft und Religionswissenschaft 99 (1-2/2015), 55-66.

Wallhof, Hans, Freude, in: Praktisches Lexikon der Spiritualität, Freiburg: Herder 1988, 407-411.

Warkus, Iris, 365 Wege zur Achtsamkeit: Wertvolle Tipps für mehr Gelassenheit und Lebensfreude, Köln: Naumann und Göbel 2017.

Wehrs, Thomas, Störfall Mensch! Verlieren wir im digitalen Rausch unsere Lebensfreude, Emotionalität und Beziehungsfähigkeit?, Lichtenau: MBS 2018.

Weith, Carmen, Alb-Glück. Zur Kulturtechnik der Naturerfahrung, hg. v. Bausinger, Hermann u.a. (Untersuchungen des Ludwig-Uhland-Instituts der Universität Tübingen 116), Tübingen: TVV 2014.

Welker, Michael, Gottes Gerechtigkeit, in: Neue Zeitschrift für systematische Theologie und Religionsphilosophie 56 (4/2014), 409-421.

Wendel, Saskia, Glück im Christentum. Gerechtigkeit und die Hoffnung auf Vollendung, in: Thomä, Dieter u.a. (Hg.): Glück. Ein interdisziplinäres Handbuch, Stuttgart: Metzler 2011, 351-356.

Wenz, Gunter (Hg.), Theologie der Natur. Zur Konzeption Wolfhart Pannenbergs (Pannenberg Studien 5), Göttingen: Vandenhoeck & Ruprecht 2019.

Widl, Maria, Christliche Pluralität in der Differenz der Deutungsmuster. Anstößigkeiten und Perspektiven, in: Dies. (Hg.): Das Volk Gottes auf dem Weg durch die Postmoderne. Eine kleine Pastoraltheologie, Ostfildern: Grünewald 2018, 101-113.

Dies., Christliche Pluralität in der Differenz der Deutungsmuster – Herausforderungen und Perspektiven, in: Krieger, Walter/ Sieberer, Balthasar (Hg.): Christlich leben in der Welt von heute, Linz: Wagner 2015, 13-32.

Dies., Die katholische Kirche in Mittel- und Ostdeutschland. Situation und pastorale Herausforderungen angesichts der Säkularität, in: Pickel, Gert/ Sammet, Kornelia (Hg.): Religion und Religiosität im vereinigten Deutschland. Zwanzig Jahre nach dem Umbruch (Veröffentlichungen der Sektion Religionssoziologie der Deutschen Gesellschaft für Soziologie), Wiesbaden: VS 2011, 191-204.

Dies., Evangelisierung städtischer Kulturen. Eine zentrale Herausforderung der Postmoderne, in: Dies./ Schulte, Andrea (Hg.): Folge dem Stern! Missionarische Projekte am Weihnachtsmarkt (Erfurter Theologische Schriften 36), Würzburg: Echter 2009, 151-160.

Dies., Gott im Weltlichen wahr-nehmen. Über die Kraft impliziter Symbolik als evangelisatorische Qualität, in: Dies. (Hg.): Das Volk Gottes auf dem Weg durch die Postmoderne. Eine kleine Pastoraltheologie, Ostfildern: Grünewald 2018, 91-100.

Dies., „Mein Joch drückt nicht und meine Last ist leicht" (Mt 11,30). Über den Glauben als Suchbewegung, in: Dies. (Hg.): Das Volk Gottes auf dem Weg durch die Postmoderne. Eine kleine Pastoraltheologie, Ostfildern: Grünewald 2018, 11-19.

Dies., Maria, Missionsland Deutschland Beobachtungen und Anstöße. Skizzen einer Baustelle, in: Dies. (Hg.): Das Volk Gottes auf dem Weg durch die Postmoderne. Eine kleine Pastoraltheologie, Ostfildern: Grünewald 2018, 43-64.

Dies., Pastorale Weltentheologie – transversal entwickelt im Diskurs mit der Sozialpastoral (Praktische Theologie heute 48), Stuttgart: Kohlhammer 2000.

Dies., Religiosität, in: Haslinger, Herbert u.a. (Hg.): Handbuch Praktische Theologie. Bd. 1: Grundlegungen, Mainz: Grünewald 1999, 352-362.

Dies., Sehnsuchtsreligion. Neue Religiöse Kulturformen als Herausforderung für die Praxis der Kirchen (Dissertation) (Europäische Hochschulschriften. Reihe 23 Theologie 501), Frankfurt/ M.: Peter Lang 1994.

Dies., Transversalität. Eine inhaltliche Brücke zwischen Christentum und säkularer Welt gestalten, in: Dies. (Hg.): Das Volk Gottes auf dem Weg durch die Postmoderne. Eine kleine Pastoraltheologie, Ostfildern: Grünewald 2018, 23-32.

Wienhardt, Thomas, Qualität in Pfarreien. Kriterien für eine wirkungsvolle Pastoral (Angewandte Pastoralforschung 3), Würzburg: Echter 2017.

Willems, Ulrich, Pollack, Detlef, Basu, Helene, Gutmann, Thomas, Spohn, Ulrike (Hg.), Moderne und Religion. Kontroversen um Modernität und Säkularisierung, Bielefeld: transcript 2013.

Windisch, Hubert, Freude III. Praktisch-theologisch, in: Lexikon für Theologie und Kirche Bd. 4, Freiburg: Herder 31995, 131f.

Winkler, Georg Wolfgang, Mit Freude und Hirnschmalz. Impulse benediktinischer Spiritualität für nachhaltige Lebens- und Wirtschaftsstile, München: oekom 2018.

Winkler, Klaus, Freude, in: Evangelisches Kirchenlexikon Bd. 1, Göttingen: Vandenhoeck & Ruprecht 31986, 1369ff.

Ders., Freude und Lust, in: Wörterbuch des Christentums, München: Orbis 1995, 370f.

Wolbert, Werner, Eudämonismus, in: Lexikon für Theologie und Kirche Bd. 3, Freiburg: Herder 32006, 977.

Wolf, Notker, Walter, Rudolf (Hg.), Die sieben Säulen des Glücks. Tugenden zum Leben, Freiburg: Herder 2019.

Wu, Johannes C. H., Die Weisheit des Ostens und der Geist der Freude. Zur Begegnung mit fernöstlicher Spiritualität, in: Stimmen der Zeit 54 (6/1981), 410-421.

Wulf, Bernhard, „Sehnsucht, die ins Unendliche reicht". Zur Spiritualität von Glücks-Ratgebern, in: Praktische Theologie 45 (1/2010), 17-24.

Wulf, Christoph, Suzuki, Shoko, Zirfas, Jörg, Kellermann, Ingrid, Inoue, Yoshitaka, Ono, Fumio, Takenaka, Nanae (Hg.), Das Glück in der Familie. Ethnographische Studien in Deutschland und Japan, Wiesbaden: VS 2011.

Wulf, Friedrich, Die Dialektik von Hoffnung und Angst, Freude und Trauer, in: Stimmen der Zeit 49 (2/1976), 118-135.

Ders., Manifestieren die Kirchen die zukünftige christliche Freude? Ein Bericht, in: Concilium 4 (1968), 689-694.

Würzburger Synode, Unsere Hoffnung. Ein Bekenntnis zum Glauben in dieser Zeit, in: Bertsch SJ, L. u.a. (Hg.): Gemeinsame Synode der Bistümer in der Bundesrepublik Deutschland. Beschlüsse der Vollversammlung. Offizielle Gesamtausgabe I, Freiburg: Herder 1976, 84-111.

Zaborowski, Holger, Freude, Spaß und die Zustimmung zur Wirklichkeit. Zum Geschenk erfüllter Zeit, in: Ders. (Hg.): Menschlich sein: philosophische Essays, Freiburg/ München: Karl Alber 2016, 17-35.

Ders., Vom Ereignis der Freude, in: Diakonia 45 (1/2014), 2-11.

Ders., Hartmann, Doris, Reuter, Wolfgang, Vellguth, Klaus, Schmiedl, Joachim, Brose, Thomas, Pauels, Willibert, Freude (Themenheft), in: Diakonia 45 (1/2014).

Zerfaß, Rolf, Die kirchlichen Grundvollzüge – im Horizont der Gottesherrschaft, in: Konferenz der bayrischen Pastoraltheologen (Hg.): Das Handeln der Kirche in der Welt von heute. Ein pastoraltheologischer Grundriss, München: Don Bosco 1994, 32-50.

Zirfas, Jörg, Glück als Erziehungsziel. Pädagogische Gedanken zum Kinderglück, in: Englert, Rudolf (Hg.): Glück und Lebenskunst (Jahrbuch der Religionspädagogik 29), Neukirchen-Vluyn: Neukirchener Verlagsgesellschaft 2013, 21-30.

Zizek, Slavoj, Glück? Nein danke! Die Grundlagen der Wahlbeeinflussung durch Cambridge Analytica lieferte die Glücksforschung. Diese gehört auf den Prüfstand gestellt, in: Die Zeit (15/2018), 43.

Zola, Émile, Die Lebensfreude, Berlin: elv 2013.

Zuckmayer, Carl, Der fröhliche Weinberg. Theaterstücke 1917-1925, Frankfurt/M.: Fischer ³1995.

VII INTERNETQUELLEN

Arche Deutschland, https://www.arche-deutschland.de (05.02.2020).

Dies., Katimavic, in: https://www.arche-deutschland.de/ueber-uns/katimavic/ (05.02.2020).

ARD Themenwoche, Sowas wie Glück. Eine Reise mit Anke Engelke, in: https://www.ardmediathek.de/ard/player/Y3JpZDovL2Rhc2Vyc3RlLm-RlL3JlcG9ydGFnZSBfIGRva3VtZW50YXRpb24gaW0gZXJzdGVuLzE5M-TEzNzQ2Mjk/ (30.01.2020).

Beßler, Susanne, Am Ende ist noch Platz für Glück. Ein Ärzteteam begleitet todkranke Kinder, in: https://www.mdr.de/tv/programm/sendung871086.html (02.02.2020).

Bischoff, Michael, Wolfrum, Katharina, Illi, Claudia, von Hoermann, Florian, http://www.institutfuergluecksfindung.de (30.01.2020).

Bistum Essen, https://www.bene-magazin.de/service/das-ist-bene/ (04.02.2020).

Bistum Münster, https://www.magazinleben.de (04.02.2020).

Ders., Reaktionen auf leben! #4, in: https://www.magazinleben.de/reaktionen-auf-leben-4/ (04.02.2020).

Bogner, Daniel, Lutterbach, Hubertus, Erwachsen im Glauben, Kinder in der Kirche (Briefwechsel), in: https://www.feinschwarz.net/erwachsen-im-glauben-ein-gespraech/ (05.02.2020).

Böhnke, Michael, Heiligkeit als „Lebensstil", in: http://www.theologie-und-kirche.de/boehnke-gaudete-et-exultate.pdf (05.02.2020).

Börsenblatt des Deutschen Buchhandels, https://www.boersenblatt.net/bestseller/ratgeber (14.10.2019).

Börsenverein des Deutschen Buchhandels, https://www.boersenverein.de/marktdaten/marktforschung/wirtschaftszahlen/warengruppen/ (04.02.2020).

Bucher, Rainer, Kulturwissenschaft des Volkes Gottes, in: https://www.feinschwarz.net/kulturwissenschaft-des-volkes-gottes/ (05.02.2020).

Center, Pew Research, https://www.pewforum.org (04.02.2020).

Centre for Bhutan Studies & GNH Research, A compass towards ajust and harmonious society. 2015 GNH Survey Report, in: http://www.grossnationalhappiness.com/wp-content/uploads/2017/01/Final-GNH-Report-jp-21.3.17-ilovepdf-compressed.pdf (30.01.2020).

Deutsche Bischofskonferenz, Kardinal Marx würdigt Apostolisches Schreiben Gaudete et exsultate von Papst Franziskus „über den Ruf zur Heiligkeit in der Welt von heute" (Pressemeldung Nr. 056), in: https://www.dbk.de/nc/presse/aktuelles/meldung/kardinal-marx-wuerdigt-apostolisches-schreiben-gaudete-et-exsultate-von-papst-franziskus-ueber-den-ru/detail/ (04.02.2020).

Deutsche Franziskanerprovinz, https://franziskaner.net/tag/schoepfung/?doing_wp_cron=1524129944.5448129177093505859375 (04.02.2020).

Domradio, https://www.domradio.de/themen/erzbistum-koeln/2017-01-10/priester-aus-dem-erzbistum-koeln-schlagen-veraenderungen-der-kirche-vor (05.02.2020).

Frerichs, Jan, https://www.barfuss-und-wild.de (05.02.2020).

Gallup Advanced Analytics, https://www.gallup.com/analytics/232838/worldpoll.aspx (30.01.2020).

GmbH, G+J Medien, https://www.geo.de/magazine/walden (04.02.2020).

Group, Deutsche Post DHL, https://www.dpdhl.com/de/presse/specials/gluecksatlas.html (04.02.2020).

Habenicht, Uwe, https://minimalistisch-unterwegs.jimdofree.com (04.02.2020).

Happiness Research Organisation, https://www.happiness-research.org/de/ (30.01.2020).

Haus Gries, Der Grieser Weg. Einführung, in: https://www.haus-gries.de/grieserweg/einfuehrung/ (04.02.2020).

Ders., Grieser unterwegs, in: https://www.haus-gries.de/unterwegs/ (05.02.2020).

Ders., Meditationsgruppen, in: https://www.haus-gries.de/meditationsgruppen/ (05.02.2020).

Ders., Young professionals, in: https://www.haus-gries.de/young-professionals (05.02.2020).

Ders., Youtube-Kanal, in: https://www.youtube.com/channel/UC7XIYqFf0ttdlqnixysQgeg (05.02.2020).

Helliwell, John F., Layard, Richard, Sachs, Jeffrey D., World Happiness Report 2019, in: https://worldhappiness.report/ed/2019/#read (30.01.2020).

Identity Foundation, https://www.identity-foundation.de (04.02.2020).

Internationale Föderation der Arche, Charta, in: http://www.imnauen.ch/sites/default/files/Charta_A4.pdf (05.02.2020).

King's University College, https://www.kings.uwo.ca/research/research-centres/jean-vanier-research-centre-at-kings/ (05.02.2020).

Kloster Maihingen, https://www.kloster-maihingen.de/angebote/erlebnisraeume/was-wir-tun/schöpfungsspiritualität.html (04.02.2020).

Kontemplation in Aktion e.V., http://www.kontemplation-in-aktion.de (05.02.2020).

Kreichgauer, Karl, https://www.gluecksarchiv.de/index.htm (30.01.2020).

L'Arche, https://www.larche.org/in-the-world#all (05.02.2020).

Legatum Institute, https://li.com (30.01.2020).

Lutterbach, Hubertus, Jean Vanier – Pionier der Inklusion, in: https://www.feinschwarz.net/vanier/ (05.02.2020).

Mönks, Michael, https://www.lebensfreude-akademie.com (30.01.2020).

New Economics Foundation, http://happyplanetindex.org (30.01.2020).

Pfarrei St. Pankratius, Hochgebeete, in: https://pankratius-osterfeld.de/2019/01/20/garten-langzeit-exerzitien-2019/ (10.02.2020).

Raum_58, https://www.raum-58.de (05.02.2020).

Ders., Konzept, in: http://www.raum-58.de/wp-content/uploads/Konzept-RAUM-58aktuell2016.pdf (05.02.2020).

religion.ORF.at, Tück zu Papst-Schreben: „Absage an Elitenprogramm", in: https://religion.orf.at/stories/2906014/ (05.02.2020).

Rheingold Institut, Outdoor is the new church, in: https://www.rheingold-marktforschung.de/outdoor-is-the-new-church/ (04.02.2020).

Sagmeister, Stefan, https://www.youtube.com/watch?v=F3Rl4E6K6ck (30.01.2020).

Schöler, Gina, https://ministeriumfuerglueck.de (30.01.2020).

Schubert, Fritz, https://www.fritz-schubert-institut.de (30.01.2020).

Schüßler, Michael, Mit Gott gegen Wissenschaft?, in: https://www.feinschwarz.net/mit-gott-gegen-wissenschaft/ (05.02.2020).

Späth, Olaf, https://www.akademie-des-gluecks.de (30.01.2020).

Statista, https://de.statista.com/statistik/daten/studie/308267/umfrage/umfrage-unter-norddeutschen-zum-erleben-von-gluecksmomenten-in-der-natur/ (30.01.2020).

Temmel, Jan, http://www.naturundfreiheit.de/item/101-freiheit-des-menschen (04.02.2020).

Tempel, Katharina, https://www.gluecksdetektiv.de (30.01.2020).

UN General Assembly, Happiness: towards a holistic approach to development, in: https://undocs.org/en/A/RES/65/309 (30.01.2020).

Urbschat, Joerg, http://www.schoepfungsspiritualitaet.de (04.02.2020).

WHR 2019, FAQ, in: https://worldhappiness.report/faq/ (30.01.2020).

World Values Servey, http://www.worldvaluessurvey.org/wvs.jsp (04.02.2020).

Zeitschrift FLOW, https://www.presseplus.de/Flow-Abo (30.01.2020).

Zeitschrift Happinez, https://www.presseplus.de/Happinez-Abo (30.01.2020).

Zeitschrift Happy way, http://www.happy-way.de (30.01.2020).

Zeitschrift Hygge, https://www.gujmedia.de/print/portfolio/hygge/profil/ (30.01.2020).